Rechtsvergleichende Untersuchungen zur deutschen und japanischen Verfassung

日独比較憲法学研究の論点

初宿　正典
masanori shiyake

成文堂

謹んで、本書を土子三男氏（一九四五年六月一〇日～二〇一四年五月一日）の霊前に捧げる

まえがき

一

本書は、私がこれまでにとくに「ドイツの憲法との比較」という観点から執筆してきたものを中心に、内容の上から多少とも体系的にまとめたものである。発表の時期からすると、いちばん古いものは一九八〇年で、いちばん新しいものは二〇一四年であるから、その間三〇年以上の開きがある。また、その際に検討の対象としてきたのは、一八四九年のフランクフルト憲法から現行の基本法まで、時代的にも一六〇年以上にわたっているが、これらを今、改めて通覧してみると、そのほとんどが、理論的な深みを目指したものというよりも、むしろ、淡々と事実をして語らしめることを主眼としており、憲法に関わるドイツの制度や特定の条項について、それらの制度や条項がどういう趣旨で成立し、また改正がどういう経緯でなされたのか、といった問題意識から出発して、可能な限りその制定過程に遡って検討しようとする姿勢において、ほぼ共通しているように思われる。もちろん、ドイツの憲法や法律をその制定過程から再検討することには、史料的にも限界があり、多くの場合、第一次史料を復刻したものや、そうした資料を基にして書かれたものを参照して検討することとせざるをえなかった部分も少なくないことは確かである。

もとより私は、ドイツに関しても、これらとは異なった観点からの論稿（たとえば、本書でも何度か名前が出てくるC・シュミット、G・ライプホルツのほか、H・プロイス、F・シュティア＝ゾムロなどに関するものなど）もいくつか公表してきているが、それらは、本書の体系的な配慮から、ここには収載しなかった。

冒頭に述べたように、各章の論稿は、かなり長い期間にわたって書かれた独立のものであり、当初から本書のような形でまとめる意図をもって書かれたものではないので、部分的には、同じ趣旨のことが別の論稿で繰り返し述べられているところがあったり、同じ語のドイツ語の原語を繰り返しカッコ内で書いたりしている箇所も散見されたので、これらを本書にまとめるに当たっては、文意からしてとくに必要がなければ、そうした繰り返しは避けて、「凡例」や「引用文献一覧」として記載するなどの修正を加えた。内容的考慮から叙述の一部を別の章に移し替えたりした箇所もある。もちろん引用文献も、執筆当時使用したものが改版などで全く新しくなっていることも少なくないが、そこで引用した箇所が新しい版にはそのままの形ではなかったりすることもあり、また、とくにドイツの文献については(わけてもコメンタールの類の場合には)、各章の執筆時期によって異なる版が用いられていることもあるが、これらをもっとも新しい版の該当箇所に当たって逐一調べ直して統一するまでの作業は、きわめて煩雑なため、断念せざるを得なかった箇所もある。それでも、現時点において新しい状況があることが分かったいくつかの点については、注の中で補ったほか、文脈上の考慮から、本文中にではなく、各章末尾に「補遺」の形で補足した。

二

本書に収載するにあたっては、各章のタイトルについても、全体の統一性の観点から修正をしたが、末尾の初出一覧には公表当時のタイトルと初出の出典を掲げておいたほか、注の中で本書の別の章の参照がなされている場合にも、初出当時の事情を多少とも反映するために、初出の出典を併記した箇所がある。

では、以下では、多少とも各章の内容に関連して、解題しておくこととしたい。

(1)　まず、序章として収めた「比較の中の二つの憲法――ドイツと日本」は、本書の中では最も新しく公表したたもので、その前半部分(第二節まで)は、二〇一二年秋に京都大学名誉教授懇談会での半時間の講演で語ったことを基に書き直したものである。またその後半部分(第三節)は、二〇一一年七月に聖学院大学総合研究所での講演を基にしたもので、その後ほどなく同研究所の紀要に公表されたが、まったくの筆者の不注意で、脱落や誤字が少なくなかったため、これら前半と後半を一緒にして私の現在の勤務先の『産大法学』に掲載する際に、そうした脱落や誤りを修正したり、また文章を補ったりした。この序章は、いずれにせよ、本来は法律家としては専門家でない研究者に向けられたものであるが、期せずして、本書全体に収めたものについての《導入》(Einführung)として位置づけうるものとなっているように思われる。

(2)　つづく本論部分の合計一六章は、便宜上、三つの編に分けた。まず第I編(第一章から第三章)は、基本法の前文、《人間の尊厳》を謳う第一条、それに、三十数箇条に及ぶ数多い経過・終末規定の中でも、現行憲法典以前の旧憲法典の一部を現行憲法典の一部を構成するものとしている特殊な規定たる第一四〇条を扱ったものである。内容からすると、必ずしも最善のタイトルとは言えない嫌いがあるが、便宜上「基本法の成立に関わる特殊論点」というタイトルをつけた。

このうち、第一章は、野田宣雄名誉教授が京都大学を退職されるに当たって編まれた『法学論叢』の記念号に寄稿したものである。私自身も、以前から、アメリカの独立宣言や州憲法あるいはヨーロッパ諸国の多くの憲法の前文に《神》とか《造物主》といった語があることに、少なからず関心を抱いていたが、野田先生が、一九九〇年の統一後のドイツにおける宗教状況に関連して、基本法の前文に「神および人間に対する責任を自覚して」という文言が(本書六六頁参照)あることに注目して書かれた文章に接したのを契機として、書いたものである。

佐藤幸治先生の還暦記念論文集に寄稿した第二章は、ドイツの憲法典の中では基本法第一条に初めて登場した《人権》という語に着目して、これが基本法の保障する国民の《基本権》の概念といかなる関係にあるのかという、これも従来から抱いていた関心から書いたもので、このテーマについては、すでに以前にも別稿をものしているが、改めてこの条文の成立過程に遡りつつ、併せて、連邦憲法裁判所の判例における取り扱われ方を検討したものである（第三節で加筆・修正をした箇所がいくつかあるが、ごく最近の事例についてまで詳細に検討することはできなかった）。

第三章は、ヴァイマル憲法から基本法へという、第二次大戦の前後における歴史的転換に関わって、戦後の混乱期に暫定的なものとして制定された基本法に特殊な、いわゆる《宗教条項》にかかわる経過規定の成立過程を追究したもので、内容的には次の第Ⅱ編（とくに第四章および第五章）とも大いに関係があるが、右に述べた趣旨から、第Ⅰ編に入れた。

(3)　第四章から第一〇章を構成する第Ⅱ編には、主として基本法における《基本権》規定について扱ったものを収載した。そのうち前半の四つの章は（先の第三章も含めて）ドイツ憲法における《宗教》ないし《宗教団体》に関わる一連のテーマについて書いたものである。まず第四章は、二〇一〇年五月から三か月間、フンボルト財団の奨学金を得て、「ドイツおよび日本の憲法における宗教・世界観及び文化に関する比較法研究」をテーマとしてヴュルツブルク大学に滞在していた間に、同大学への受入教員（Betreuer）であったエーリク・ヒルゲンドルフ教授からの依頼を受けて引き受けた、日本における宗教状況について講演原稿の準備をしている過程で、不思議に思い始めた特殊ドイツ的ともいえるテーマについて、帰国後思い立って本格的に調べはじめて書いたものである。もとよりこのテーマは、ドイツ人にとってはほとんど衆知の事柄であるはずであるが、恥ずかしながら私自身は、寡聞にしてそれまでこの問題をあまり深く考えたことがなかった。ちょうど、同僚の大石眞教授の還暦記念論文集に寄稿を依頼された際、その書物のタイトルが「憲法改革の理念と展開」であったこともあり、基本法上は明文の根拠がないにもかかわらず、かなり古くから、ヴァイマル憲法を経て基本法下の現在まで、ほとんどのラントで厳として存在・維持されている《国立大学神学部》の位置づけについてまとめたものである（なお、右に触れたヴュルツブルク大学での二回の講演は、その後、ヒルゲンドルフ教授のご配慮により、„Verfassung und Religion in Japan" というタイトルで、Schriftenreihe des Zentrums für rechtswissenschaftliche Grundlagenforschung Würzburg, Band 5 として、二〇一一年にNOMOS-Verlag (Baden-Baden) から出版されている）。なお、本章には、ドイツ統一後の新五ラントの憲法典の規定に関する叙述の一部に不正確な説明があったので、修正を加えた箇所がある。

続く第五章は、すでに前世紀末（一九九九年）に書いたもので、その後もかなり展開があったテーマであるが、基本法制定当初から《ブレーメン条項》として通用していた、宗教教育についての例外規定たる基本法第一四一条が、統一後のドイツの他の一部のラントでも適用されるべきではないのかという議論が憲法裁判にまで発展した、ブランデンブルクの学校法を中心に書いたものである。注（47）あたりにも言及しているように、一九九八年九月に、文化庁の海外宗教事情調査の委託を受けてポツダムのブランデンブルク州学術・研究・文化省の職員への調査を行なった際に得た情報も踏まえたもので、私としても当時のなつかしい思い出と重なっている。末尾の部分で、この問題のその後の展開について若干の加筆をして対応した。

高橋和之先生の古稀記念論文集に寄せた第六章は、逆に、ごく最近書いたものであるが、時間の関係もあってきわめて不充分な検討に終わっていた部分があったので、その一部について、末尾に連邦行政裁判所の関連判決を中心に補筆を施した。

第七章は、栗城壽夫先生の古稀記念論文集に寄稿したもので、この論文のみは、基本法自体ではなく一九六四年の結社法という通常法律が二〇〇一年に改正される経緯を検討して、それによって、「公法上の社団」たる地位を持ちえない一部の宗教・世界観団体もその規制対象となり、内務大臣の解散等の命令に服することとなる経過と、その実際の適用事例について検討したものである。なお、この論稿については、これが江湖に出る前に、これをごく短く要約したものを、「ドイツの結社法改正と宗教団体の地位」という標題で、ジュリストの一二四三号(二〇〇三年四月一五日号)五〇〜五一頁に公表した。

第八章から第一〇章までの三本は、《宗教》以外のテーマに関するものである。そのうち、まず第八章は、わが国の憲法学の中ではあまり問題とならないテーマで、これまで殆ど本格的に取り上げられたことがないように思われる《芸術の自由》について主に論じたものである。この当時私が在籍していた京都大学法学研究科・法学部は、一八九九年の創立で、その創立百周年を迎える記念すべき年であった一九九九年に、これを記念する論文集が編纂された。ドイツの文脈では、《芸術》の自由は一九一九年のヴァイマル憲法以来、つねに《学問》の自由と一体のものとして保障されてきたと考えられる経緯があるので、この全三巻の論文集への寄稿として、京都大学法学部にとってはいろいろな意味でつねに想起すべき、また歴史的にも重要な意味を持つ、いわゆる京大事件について、これを《学問の自由》との関連で多少の歴史的回顧をしたあと、学問の自由に関わるいわゆるポポロ事件判決の中で学問と芸術に関連して述べられた個別意見に触れ、これを導入として、ドイツにおける芸術・学問・研究・教授の自由について検討することとしたという次第である。

集会の自由に関わる第九章は、かねてよりドイツでは、基本法第八条一項が、届出や許可なしに平穏に武器を持たずに集会をする権利を保障しつつ、同条二項で、とくに《屋外》での集会のみについては法律による規制を認めるとする旨を定めていることに関心を抱いていたので、この第八条二項がどういう趣旨で成立してきたのかという経緯を探ることを試みたものである。

第Ⅱ編の最後に収めた第一〇章は、東西冷戦の真っただ中の一九六八年六月になされた基本法の大改正で基本法第二〇条に第四項として新たに付加された、いわゆる《抵抗権》条項について、その成立過程を追ったものである。この論稿は、初出誌の末尾の注にも記したように、もともとは、一九八〇年五月一一日に金沢大学で開催された比較法学会第四三回総会の大陸法部会での報告として準備したものであった。その要旨は、「抵抗権の理論――とくにボン基本法の『非常事態憲法』との関連において」というタイトルで同学会誌『比較法研究』四二号（一九八〇年）一二五～一三六頁に掲載されたが、そこでは、報告の時間の点でも紙幅の点でもかなり割愛した部分が少なくなかったので、その後、『法学セミナー』誌上にその全文を公表したものである。私の京都大学大学院での修士論文は、「抵抗権論の史的考察」を試みたものであり、私はその後しばらく、抵抗権に関連していくつかのものを書いている（序章の注(62)参照）が、本書に掲載したものは、基本法にはもともとなかった規定が基本法の改正という形で付加された経緯をかなり詳細に検討しているので、本書に収載するのに適していると判断したものである。もっとも、基本法上の《抵抗権》が、基本権の章にではなく、連邦共和国たるドイツの基本原則にかかわる第二〇条に入れられていることからすると、基本権に関するものをまとめた本書第Ⅱ編のコンセプトからはやや離れるといえる面もないわけではないが、この章の本文や序章でも論じている如く、基本法第九三条一項四a号を通じて、抵抗権侵害を理由とする憲法訴願（憲法異議）の対象となることが認められており、いわば基本権類似の権利としての位置づけがなされているので、あえてこれを第Ⅱ編の最終章として収載した次第である。この論文はすでに四半世紀近く前のもので、当時のものは今と違って原稿のファイルが保存されていなかったので、これを再現するのに少し手間がかかったが、その再現の過程で少し史料を見直して加筆し、また末尾でも、この権利に関わる最近までの（おそらく唯一の連邦憲法裁判所の判決にも触れた補遺を入れた。

(4)　第Ⅲ編としてまとめた六つの論稿は、いわゆる統治システムに関わるテーマのもので、便宜上、日本国憲法の統治機構の章の順序に倣って、立法権・執行権・裁判権に関わるテーマについて書かれている順に配列した。まず第一一章は、選挙制度に関わるもので、これをこの第Ⅲ編の冒頭に置いたのは、タイトルが示すように、ここでのテーマが《立候補の自由》という、第Ⅱ編のテーマに連なっているためでもあるが、ここで主として扱っている基本法第四八条は、もとより基本権の章ではなく連邦議会の章に含まれている規定であり、しかもこの第四八条上の権利は、右に述べた抵抗権とは違い、その侵害に対する憲法訴願が認められていないのであって、その点では、立候補の自由に関わるこの権利は、憲法訴願の対象となりうる第三八条二項の被選挙権それ自体とは異なる取扱いがなされていることはたしかである。しかし、いずれにせよ、第三八条の選挙権・被選挙権、および立候補の自由を十全に確保するための第四八条一項・二項上の権利はすべて、ドイツでは、基本権そのものとしてではなく、国民の代表として立法権を担う連邦議会を構成する議員を選出するためのシステムとして理解されている点に構造的な特徴がある。

続く第一二章は、ビスマルク憲法以来のドイツの議会制度の特質を成しているといってよい《参議院》(Bundesoder Reichsrat) の憲法上の地位について論じたもので、ドイツの《参議院》の権限を検討することを通じて、これが明治以来のわが国の憲法下において両院の一院をなす参議院とは、組織・権限・機能の点でいささか異なっていることを示そうとしたものである。ここでも、このテーマに関わって書かれた最近のいくつかの文献について補遺を付けた。

第一三章は、基本法上の《行政》の概念が、基本法の改正によって《執行権》と改められた経緯とその趣旨を、日本国憲法上の《行政権》の概念と関連させながら論じたもので、日本国憲法上の行政権に関わる規定の成立過程にも多少踏み込んでいる点では、本書の中では、他の章とはいささか違った色彩の論じ方をしているといえよう。この論稿は、注などに若干の補足をした以外は、ほとんど初出当時のままである。

第一四章は、本書に収載したものの中では、ドイツの現行憲法に直接的には関わりのない「フランクフルト憲法」の憲法裁判所構想について、その制定経緯に即して検討したものである。周知のように、この憲法典は、帝国皇帝に選出されたプロイセン国王が王権神授説を信奉していて、国民に選出された皇帝として即位することを拒否したこともあって、施行されないまま机上の産物のまま終わってしまったのであるが、にもかかわらず、すでに一九世紀半ばの時点で、基本法の先駆者として、憲法訴願をはじめとする憲法裁判所制度が構想されていたことは、それ自体として大いに注目すべき事実であるように思われる。ちなみに本章は、成立過程での各草案を表形式で対比して検討している点でも、他の章とは叙述のスタイルを異にしている。

第一五章は、基本法下の連邦憲法裁判所についてその構成や権限などの基本的な事柄について概説したものである。他の多くの章とは異なって、この制度の成立過程についての検討をせず、むしろ現在の姿を描くことにほとんどの紙幅を費やしているのは、このテーマについては(注でも示したように)すでに優れた先行研究があるので、屋上屋を架すの弊を避けるためである。もとより、このテーマについて学会で報告した当時からはかなり経っているので、制度の運用の実際についての統計上の数字など、最新の情報によって加筆した部分があるが、それ以外は、ほぼ初出時の原形を留めている。

最終章(第一六章)は　園部逸夫・元最高裁判所裁判官の古稀記念論文集に寄せたものである。日本国憲法制定時には、最高裁判事の身分をアメリカ合衆国の連邦最高裁判所判事のように終身とするかどうかについて議論があり、最終的に、憲法上は定年制を導入する趣旨のみを規定した上で、具体的な定年年齢については法律で定めること(憲法第七九条五項、第八〇条ただし書参照）となった経緯を、当時の史料の検討によって明らかにすると同時に、ドイツの連邦憲法裁判所の判事の場合、制度発足から二〇年を経た一九七〇年になって、《少数意見制度》の導入とのパックで、現在のような定年制が確立した経緯とその趣旨を、その成立過程にも遡って検討を加えたものである。その論述の方法の点においても、本書の他の多くの章のそれと共通しているといえる。

三

本書を、本年五月一日に逝去された成文堂編集部の故土子三男氏に謹んで捧げたいと思う。土子さんには生前、私が四半世紀の長きにわたって、二歳年上の兄のように、たいへん親しくしていただいた。二年ほど前に病を得て闘病生活をお続けになっていたが、まことに残念ながらその甲斐むなしく、逝ってしまわれた。享年六八歳。まことに痛恨の極みである。その死の知らせを聞いたとき、悲しみとショックでしばらく茫然として言葉を失い、数日間、私の心は定まらなかった。

私が初めて土子さんにお目にかかったのは、私の記憶に間違いがなければ、一九八七年に早稲田大学で「国家と宗教団体」という統一テーマの下で開催された比較法学会のための事前の打ち合わせとして、たしか早稲田大学の近くで、報告者が集まった時のことではなかったかと思う（この時の各報告は、その後一九九二年に岩波書店から佐藤幸治・木下毅編『現代国家と宗教団体』というタイトルで出版されており、私の「日本における宗教団体とその紛争処理」についての報告もそこに掲載されている）。それからしばらくして、私が土子さんに一般教育科目用の教科書『基本判例 憲法25講』（初版、一九八九年刊）の出版をお願いした頃から、とくに土子さんと私はたまたま誕生日がまったく同じ六月一〇日であることもあって、お互いに大いに親しみを感じ、いつの頃からか、毎年の誕生日になると、電話やメールでお互いの誕生日を想起しあうほどであった。私が諸用で東京に行く機会があれば、待ち合わせて一緒に酒を酌み交わして歓談することが稀でなかったし、土子さんが京都に来られた時も、よく声をかけて下さって、お酒を飲みながら夜遅くまで、文字どおり忌憚のない会話を楽しんだものだ。『憲法2 基本権』(初版一九九六年)の出版の頃には、中学生の修学旅行以来久しぶりに、芦ノ湖と十国峠に(妻ともども)連れていってもらったりもした。

この度、これまで私が書いてきた論稿の一部をまとめて、こうした形で出版社・成文堂から公刊することを強く願ったのには、土子さんの早すぎる逝去が、その大きな契機にもなった。もとより、実はかなり前からこうした形でまとめたいと願っていて、土子さんはいつもこれについても出版を勧めて下さっていたのであるが、土子さんを失った今、それを実現させようとする気持ちがさらに強くなった次第である。本来ならば、土子さんが生きておられるうちに、懸案の『憲法1』を完成したかったのであるが、私の怠慢のゆえにそれを果たせないうちに先に天国に旅立ってしまわれた。まことに内心忸怩たる思いである。本書は、土子さんがこうして常々強く勧めてくださっていたことの一端であり、この度こうした形で出版できたのが、私にとってのせめてもの慰めと、自己満足するほかはない。

最後になったが、土子さん亡き後、このような趣旨の本書の出版をご快諾くださった阿部耕一社長と、編集の作業を引き受けて下さった編集部の飯村晃弘氏に心から感謝する。

二〇一四年一〇月

初宿正典

目次

第Ⅱ編　基本権に関わる論点

第Ⅲ編　統治の仕組みに関わる論点

凡　例

1　本書に収載したものの初出は、本書末尾の一覧表のとおりであるが、本書に収載するに当たっては、タイトルも含めて、全体的に見直し、また本文および注にもできる限りの修正を加えたり、章によっては末尾に補遺をつけたりして補足したりしている。ただし、ドイツのコメンタールの類で最新版を入手し得ていないものもあり、旧版のままの引用にとどめているものもある。

2　各章の初出の時期と現在とでは、ドイツ語のいわゆる正書法(Rechtschreibung)が変わっており、たとえば、現在では「委員会」は Ausschuss と表記することとなっているが当時は Ausschuß と表記されていた場合などがあり、本書では、原典に従い当時の表記のままにしている。

3　日本語の送り仮名遣いなどの一部や、「及び」と「および」のように、判例などの引用においては原文のままとしたが本文中では異なる表記をしている場合があり、必ずしも一語一表記の原則を採用してはいない。法令の条名中の「第」についても同様とする。

4　注は各章ごとの通し番号として、各章末尾にまとめた。なお、注の中の欧文文献において Anm. としているのは、引用原典にある注ではなく、その章中の注番号を意味する。引用文献中の注は FN. としてこれと区別した。

5　頻度の高い文献だけは、煩雑の解消と紙幅の確保のため、略記して、「主な引用文献略称一覧」として次々頁以下にまとめた。

6　基本法制定会議や連邦議会の委員会などの名称は、次のように表記した。左記以外の委員会については、適宜、原語を付した。

Parlamentarischer Rat ＝議会評議会

Allgemeiner Redaktionsausschuß ＝全般編纂委員会

Grundsatzausschuß (Ausschuß für Grundsatzfragen) ＝基本原則委員会

Hauptausschuß ＝中央委員会

Organisationsausschuß ＝組織委員会

主な引用文献略称一覧(Abkürzungen)

AöR……Archiv des öffentlichen Rechts

BT-Drucks.……Drucksache des Deutschen Bundestages

BVerfGE……Entscheidungen des Bundesverfassungsgerichts

BVerwGE……Entscheidungen des Bundesverwaltungsgerichts

DÖV……Die öffentliche Verwaltung

HA-Steno.……Parlamentarischer Rat. Verhandlungen des Hauptausschusses Bonn 1948/49, Bonn 1950.

Huber, Deutsche Verfassungsgeschichte, Bd. 1……*Ernst Rudolf Huber*, Deutsche Verfassungsgeschichte seit 1789, Bd. 1, zweite, verb. Auflage, 1990.

Huber, Deutsche Verfassungsgeschichte, Bd. 2……*Ernst Rudolf Huber*, Deutsche Verfassungsgeschichte seit 1789, Bd. 2, 3. überarbeitete Auflage, 1988.

Huber, Deutsche Verfassungsgeschichte, Bd. 6……*Ernst Rudolf Huber*, Deutsche Verfassungsgeschichte seit 1789, Bd. 6, 1981.

Huber, Deutsche Verfassungsgeschichte, Bd. 7……*Ernst Rudolf Huber*, Deutsche Verfassungsgeschichte seit 1789, Bd. 7, 1984.

JÖR, Bd. 1……*Gerhard Leibholz* und *Hermann v. Mangoldt* (Hrsg.), Jahrbuch des Öffentlichen Rechts der Gegenwart, N. F. Bd. 1, 1951.

JuS……Juristische Schulung

JZ……Juristen-Zeitung

NJW……Neue Juristische Wochenschrift

NVwZ……Neue Zeitschrift für Verwaltungsrecht

PR, Bd. 2……Der Parlamentarische Rat 1948-1949. Akten und Protokolle, hrsg. vom Deutschen Bundestag und vom Bundesarchiv unter Leitung von *Kurt G. Wernicke* und *Hans Booms*, Band 2: Der Verfassungskonvent auf Herrenchiemsee, bearbeitet von *Peter Bucher*, 1981.

PR, Bd. 5/I-II……Der Parlamentarische Rat 1948-1949. Akten und Protokolle, hrsg. vom Deutschen Bundestag und vom Bundesarchiv unter Leitung von *Rupert Schick* und *Friedrich P. Kahlenberg*, Band 5/I-II: Ausschuß für Grundsatzfragen, bearbeitet von *Eberhard Pikart* und *Wolfram Werner*, 1993

PR, Bd. 7……Der Parlamentarische Rat 1948-1949. Akten und Protokolle, hrsg. vom Deutschen Bundestag und vom Bundesarchiv unter Leitung von *Rupert Schick* und *Friedrich P. Kahlenberg*, Band 7: Entwürfe zum Grundgesetz, bearbeitet von *Michael Hollmann* mit Unterstützung der Forschungsstelle für Zeitgeschichte des Verfassungsrechts, 1995.

PR, Bd. 14……Der Parlamentarische Rat 1948-1949. Akten und Protokolle, hrsg. vom Deutschen Bundestag und vom Bundesarchiv unter Leitung von *Horst Risse* und *Hartmut Weber*, Band 14, Teilband I und II, bearbeitet von *Michael F. Feldkamp*, 2009.

『ドイツ憲法集』……高田敏・初宿正典編訳『ドイツ憲法集〔第六版〕』（信山社、二〇一〇年）

『ドイツの憲法判例』……ドイツ憲法判例研究会・編（栗城壽夫・戸波江二・根森健 編集代表）『ドイツの憲法判例（第

二版）』（信山社、二〇〇三年）
『ドイツの憲法判例Ⅱ』……ドイツ憲法判例研究会・編（栗城壽夫・戸波江二・石村修 編集代表）『ドイツの憲法判例Ⅱ（第二版）』（信山社、二〇〇六年）
『ドイツの憲法判例Ⅲ』……ドイツ憲法判例研究会・編（栗城壽夫・戸波江二・嶋崎健太郎 編集代表）『ドイツの憲法判例Ⅲ』（信山社、二〇〇八年）

序　章　比較の中の二つの憲法――ドイツと日本

はじめに――ドイツ憲法史における《九》の偶然？

どの学問分野にも、ある程度まで通じることであると思われるが、二つまたはそれ以上のものごとを相互に比較することによって、そうしなければ見えてこなかったような、それぞれのものごとの間の類似点や相違点、あるいはそのものごとのもつ特色とか特異性とかいったものを浮き彫りにすることができることがある。

わが国の《国のかたち》についても事情は同じであり、他の国のそれと比較研究してみると、わが国の《国のかたち》がもつ特色、独自性あるいは特異性といったものが見えてくるといえる。

この序章の標題は樋口陽一の著書のひとつ[1]に倣ったものであるが、それはさておき、樋口は十年後の一九八九年に書かれた別の著書の中で、「四つの'89年という歴史の物差しの刻み」について述べている[2]。すなわちそこでは、一六八九年(イギリスの権利章典)、一七八九年(フランス人権宣言)、一八八九年(大日本帝国憲法)、一九八九年(フランス革命二〇〇年)という、偶然とはいえあまりにも見事な百年刻みの出来事に注目しつつ叙述を展開している。もとより、本書の筆者にとっては、一九八九年は同時に《ベルリーンの壁》の崩壊(一一月九日)という、ドイツ現代史を画する年でもあるのだが、樋口の前記の著書が江湖に出た時期(同年一一月二〇日発行)から考えると、このことに触れられなかったのは当然のことである。

ここでは、とくにドイツの近代憲法史に注目して、さらにこれら「四つの'89年」の間にある、一八四九年、一九一九年、一九四九年という年に注目したい。すなわち、一八四九年のフランクフルト憲法、一九一九年のヴァイマル憲法、そして一九四九年の現行憲法という、近代ドイツの主要な三つの憲法典の成立と、それに上記の一九八九年一一月九日の《ベルリーンの壁》の崩壊を加えると、数十年ごとに四つの《九》の年があり、さらにこれらに、たとえば一九二九年の世界大恐慌とか一九三九年のナチス・ドイツによるポーランド侵攻などの大事件を付け加えれば、何ゆえ、偶然とはいえかくも見事に《九》のつく年に、今日のドイツにまで至る大きな憲法的出来事が起こっているのか、大変興味深いところである。以上を改めて一覧すると、次のようになる。

一六八九年――イギリス・権利章典制定(一二月一六日)
一七八九年――フランス・人権宣言採択(八月二六日)
一八四九年――ドイツ・フランクフルト憲法案採択(三月二八日)
一八八九年――日本・大日本帝国憲法公布(二月一一日)
一九一九年――ドイツ・ヴァイマル憲法成立(八月一一日)
一九二九年――世界大恐慌勃発(一〇月二四日)
一九三九年――ドイツ・ポーランド侵攻＝第二次世界大戦勃発(九月一日)
一九四九年――ドイツ・基本法＝現行憲法公布(五月二三日)
一九八九年――ドイツ・ベルリーンの壁崩壊始まる(一一月九日)

しかし、今ここでこの歴史の全体に触れ始めれば、あまりにも紙幅を費やすので、詳細は略することとし、本書の以下の各章での考察の対象とするのは、主として一八四九年、一八八九年、一九一九年および一九四九年のみであることを確認した上で、以下の論述を論を進めることとする。

第一節　日本憲法の系譜概観

1　大日本帝国憲法（明治憲法）とドイツ・オーストリア

一八八九年制定の大日本帝国憲法（いわゆる明治憲法）は、その七年前の一八八二（明治一五）年の伊藤博文らの立憲制度導入取調べに端を発し、帰国後の伊藤や井上毅らを中心とする人たちの作業によるものであることは衆知のとおりである。そもそも《憲法》という語が今日のように国家の根本法という意味で用いられるようになったのは、この時以来であって、それまでは「憲法」という語はむしろ「法律一般」の呼び名であったとされている。(3) それはさておき、伊藤らは、ベルリーンのグナイストおよびモッセ、ヴィーンのシュタインらに学び、帰国後、帝国憲法典の制定作業に取り掛かることになるのであるが、当時のドイツはビスマルクによって統一されたいわゆる第二帝政の時代であって、ビスマルク憲法と俗称されている一八七一年のドイツ帝国憲法（Verfassung des Deutschen Reichs vom 16. April 1871）が通用していたが、この憲法典には国民の《権利》とか《自由》に関する規定がまったくなかった。このこともあって、当時の明治政府に雇われていた《お雇い外国人》の一人であったロェースラーの強い示唆などを受けて、明治憲法の主たる模範とされたのは、むしろプロイセンの一八五〇年の欽定憲法（Verfassungsurkunde für den Preußischen Staat vom 31. Januar 1950）であったとされていることも、ここでは詳述しない。

2　日本国憲法の成立とアメリカ

これに対して、現在のわが国の憲法である一九四六年一一月三日公布の日本国憲法の場合、その制定作業は、実質的には連合国総司令部GHQの内部で、同年二月上旬の一週間という短期間の突貫作業で起草された総司令部草案を基礎として、同年四月一七日に公表された「帝国憲法改正草案」が、その後、一言一句の細部に至るまでGHQ側との文言の調整をしながら、約半年にわたる国会での審議を経て作られたのであるが、その作業は(右の草案の標題にもあるように)一貫して一八八九年の帝国憲法(明治憲法)の全面改正という形で進んでいった。そのためもあって、日本国憲法の構造自体は、明治憲法のそれを基本的には維持している。すなわち、第一章に天皇に関する規定を置き、そのあとに第三章として国民の基本的人権の章を置き、それに続いて、国会(第四章)、内閣(第五章)、司法(第六章)、財政(第七章)というように、国の仕組みの規定を置くという構造になっている。もちろん、現行憲法には、戦争放棄に関する第九条(第二章)とか、地方自治(第八章)の規定のように、明治憲法にはなかった章も含まれてはいるが、構造的には、基本的に同じなのである。その意味で日本国憲法は、いわば、「ドイツ流の《器》(構造)にアメリカ産の《果実》(内容)を盛り込んだもの」ということもできるであろう。

第二節　ドイツの現行憲法(一九四九年)の全般的特徴
――日本国憲法との比較の観点から

1　基本法の特徴概観

以下では、日本国憲法と比較して、ドイツの現行憲法である一九四九年の「ドイツ連邦共和国基本法」(Grundgesetz für die Bundesrepublik Deutschland vom 23. Mai 1949)〔以下、本書では単に「基本法」と略称する〕について、その特徴を、日本国憲法と比較しながら、やや順不同で列挙することとする。

(1)　憲法典の名称　まず、この基本法が第二次大戦後の米英仏三国とソ連(当時)の厳しい対立から、とりあえずは米英仏の管理下にあった西側にだけ通用する暫定憲法として成立したという特殊な事情があって、《憲法》(Verfassung)という伝統的な名称をつけず、あえて意識的に「ドイツ連邦共和国基本法」という名称にしたことは、周知の事柄に属する。――もとより日本にも「基本法」という名称が付いた法律は、教育基本法、環境基本法、公害対策基本法など、数多くあり、二〇一〇年七月現在で合計三八の法律があるようであるが[4]、それらがすべて通常法律であることはもちろんである。その意味では基本法(ドイツ語でいうGrundgesetz)も《法律》なのである。わが国では、憲法典は法律とは別の法形式のように観念されてきたようにも思われるが、ドイツでは、憲法典も法律であり、通常法律と異なるのは、改正手続において通常法律とは異なった特別多数(三分の二)を要するという点においてである、と一般に認識されている。そのことは、たとえば後述する基本法の幾多の改正が、常に「基本法を改正する法律」(Gesetz zur Änderung des Grundgesetzes)という名称の下でなされてきていることにも明白に表れている。

(2)　ヴァイマル憲法の一部の編入　次に、このこととも関係するが、基本法が、宗教制度に関連するヴァイマル憲法(Verfassung des Deutschen Reichs vom 11. August 1919)の一部(第一三六条、第一三七条、第一三八条、第一三九条および第一四一条)を、基本法の構成部分(Bestandteil)として、そのまま(en bloc)受容していることである(第一四〇条)[5]。もっとも、公立の国民学校での《宗教の授業》(Religionsunterricht)についての規定や、信教の自由の規定のように、基本法自身が新たに定めている規定もある一方で、国立大学の神学部の存置に関する規定(ヴァイマル憲法第一四九条三項)のように、基本法上には明文の根拠規定がないにもかかわらず、後述するように、ほとんどのラントにおいてカトリック神学および(または)福音主義神学の学部が設置(ないし戦前から設置されていた神学部が戦後も存置)されているのも、ドイツ独特の制度であると言ってよい[6]。

もとより、このように旧法の規定を新法施行後も引き続き通用せしめる方式は、わが国でも法律の附則等の中で「……については、なお従前の例による」といった形で、法律の改廃に伴う過渡的な措置としてはよく見られることであるが、基本法が、一九四九年の制定以来、今日に至るまで上記のような形を残していることはきわめて珍しいと言える。この点も後述するとおりである(本書第三章および第四章参照)。

(3)　基本権の章の憲法典上の位置　第三に、国民の《基本権》の規定の位置づけである。「憲法が国民に保障する」自由および権利は、日本国憲法では「基本的人権」と言われているが[7]、ドイツではGrundrechte(基本権)と表現されている。(8) この基本権に関する章が、それまでのドイツの諸憲法とは異なって、憲法典の冒頭の第一章に置かれることとなった点も、基本法の特徴のひとつと言ってよかろう。このような基本権の位置づけの変化は、「人間の尊厳は不可侵である。これを尊重し、かつ、これを保護することは、すべての国家権力の義務である」と定める第一条一項に如実に示されている。日本の場合、戦後、天皇の地位はそれまでとは大きく変化しはしたものの、日本国憲法の第一章（第一条〜第八条）は、帝国憲法と同様、やはり「天皇」の章であって、ここにも、上述した明治憲法と日本国憲法との連続性の一端があると言える。

(4)　基本権の規定の文言の詳細さ　第四に、その基本権に関する規定であるが、条文の数は合計二一か条（第一条から第一九条ならびに第一二a条、第一六a条および第一七a条）で、日本国憲法に比べて少ないが、個々の規定の文言がたいへん詳細であることも特徴として挙げられる。たとえば「住居の不可侵」に関する第一三条の現行規定などは、きわめて長く、岩波文庫の訳で言えばちょうど二頁分に及ぶ分量がある。――これに対して、日本国憲法第三章の「国民の権利及び義務」に関する規定は第一〇条から第四〇条までで、合計で三一か条あるが、基本法の文言と比べると、概してきわめて簡潔である。中でも、いちばん短い第二三条（学問の自由）の、「学問の自由は、これを保障する」との文言は、俳句のように五七五になっているが、ここまで短くないにしても、たいていは数行以内で終わっている。このような簡潔な文章であることもあって、その規範内容について、民法をはじめとする他の法律に比べても、法解釈の余地がさらに広いといってもよいであろう。基本法の個々の基本権規定については後に第三節でさらに触れることとする。

(5)　統治機構の特徴　次に、基本法下のドイツの権力分立制には独特の特徴が見られる。ドイツの議会については、往々にして日本の衆議院・参議院と同じように《二院制》(Zweikammersystem)が採られているというような説明がなされ、連邦議会のことを誤って《下院》と言い換えられたりすることもあるが、本書で詳細に触れるように(第一二章)、ドイツの議会制度は、少なくともわが国の二院制(両院制)とはかなり異なった仕組みになっている。また、これも後で少し触れるが、法令などの憲法違反に関する判断を独占する憲法裁判所が設置されている点も、わが国のような最高裁判所を頂点とする一元的な裁判制度とは大きく異なっている。さらに、戦後のドイツでは、連邦制(Bundesstaatlichkeit)が採られていて、現在一六のラントが連邦共和国を構成している関係もあって、大学教育を含む教育や教会、宗教および文化に関しては、ベルリーンの中央政府ではなく、各ラントに基本的に権限が留保されている(第七〇条以下)。これは講学上、《文化高権》(Kulturhoheit)と言われているところであるが、たとえば大学の入学許可や修了認定についても、各ラントによってかなり違いがあり、宗教についてもしかりである。

(6)　頻繁な憲法改正　(イ)　しかし、日本とドイツを比較したときに、何といっても最も特徴的なのは、おそらく、憲法改正がきわめて頻繁になされてきたという点であろう。日本国憲法が、制定後今日まで六七年間、一度も改正されていないことは周知のことである。現在通用している世界の憲法典の中で、制定後一度も改正がない憲法としては、日本国憲法が最古のものとなっている。

これに対してドイツでは、憲法改正がきわめて頻繁に行われてきており、二〇一二年七月一一日の直近の改正[9]に至るまで、通算五九回もの憲法改正が行われている。基本法は、一九四九年五月二四日の施行後、すでにその二年後の一九五一年に第一回改正がなされており、その後一九七〇年前半までは、ほぼ毎年のように改止がなされている。しかも、たとえば一九六九年には、なんと一年の間に八回、しかも同年五月一二日には一日のうちに三回も改正がなされている。このような状況は、われわれ日本人の感覚からすると、およそ想像もできないことであろう。

(ロ)　基本法がこのように頻繁に改正される原因は、いくつか考えられる。一つには、上述のごとく、そもそも憲法という名称がつけられなかったことにも表れているように、もともと基本法が暫定的なものとして制定されたという事情がある。しかしそれ以外にも、いくつかの要因が考えられる。ひとつには、一九九〇年のドイツ統一という大きな出来事があったことも大きく影響しているし、また、ドイツが連邦共和国で、連邦とラントの権限分配や財源の分配等、連邦制に関する規定が非常に多く、これを修正しようとすると、通常法律レベルの改正では済まずに、ほとんど常に憲法改正にならざるをえないという事情もある。たとえば日本では、国鉄や郵便・電信電話事業等の民営化は通常法律の改正で対応してきたが、ドイツではこういった制度改正はすべて同時に憲法改正を伴わざるをえなかったということである（たとえば、第七三条、第七四条、第八〇条、第八七ｅ・ｆ条など）。さらに、とくに最近十年ぐらいの時期の改正の中には、ＥＵの進展に伴うものが多くある（たとえば、第二三条、第四五条、第五〇条、第五二条、第八八条、第一〇四ａ条など）のも当然のことであろう。

(ハ)　基本法の場合、日本国憲法とは異なって、改正の要件として、国民投票を必要としないことも、基本法の頻繁な改正の理由として挙げられるかもしれないが、改正がどうしても必要であれば改正に必要な連邦議会議員（および連邦参議院の票決数）の三分の二以上の合意を形成することができる政治状況があるということが重要なのであって、昨今のわが国の憲法改正論議において、日本国憲法第九六条の規定による国会の発議要件（衆参両院の総議員の三分の二の賛成）が重すぎるために、憲法改正について国民投票を通じて民意を問う機会が少なくなっているという理由で、国会による発議要件を「過半数の賛成」に緩和しようというのは、やや本末転倒した議論と言わざるをえない。

(ニ)　一九四九年の制定時点で合計一四六箇条を有していた基本法は、施行以来のこのような度重なる改正と追加や削除の結果、現在では(筆者の計算では)一八五箇条にまで膨れあがっている。これほど頻繁にかつ大規模な憲法改正がなされた国は、おそらくドイツ以外にはあまり類を見ないであろう。ちなみに、こうした多くの憲法改正の中には、新聞やテレビなどでもほとんど報じられなかった場合もあるぐらいで、筆者が情報を得ていた最近の改正のひとつについて、ドイツ人の憲法学者がまだ知らなかったという筆者の経験もあるほどである。

(7)　補則について　　最後に触れるべきことは、基本法には補則(経過規定ないし終末規定)が極めて多いことである(第一一六条～第一四六条)。しかも、基本法のこれらの多くの経過規定の中には、その後改正されたり追加されたりした規定も少なくなく、現在でも重要な規定が多く含まれている。これに対して日本国憲法の場合、補則は第一〇〇条から第一〇三条までの合計四箇条であるが、時の経過によって、現在ではほとんど適用可能性のない規定となっていることも多言を要しない。

2　基本権に関連するいくつかの特色について

(1)　《人間の尊厳》条項　　基本法の第一条一項は、すでに言及したように、《人間の尊厳》(Würde des Menschen, Menschenwürde)の尊重・保護を国家の義務として謳っている。この《人間の尊厳》は、ドイツの現行憲法のいわば至上命題であり、もちろんこれは、一九三三年以降のナチズム支配によるユダヤ人大量虐殺等の悲惨な経験の遺産でもあるが、連邦憲法裁判所における幾多の裁判においても、この条項が大きな役割を果たしており、現在では、終末医療や遺伝子技術といった現代的問題との関連でも引き合いに出されることが少なくない。

(2)　《たたかう民主制》のための基本権制限　次に、基本法には、「自由で民主的な基本秩序」に敵対する行為については、たとえそれが基本権の行使であっても、制限ないし禁止することができる旨を定めた規定が多く存在することもよく知られている。これらは一般に《たたかう民主制》(streitbare Demokratie, wehrhafte Demokratie, usw.)と形容されてきたものである。たとえば第一八条は、「意見表明の自由、特に出版の自由（第五条一項）、教授の自由（第五条三項）、集会の自由（第八条）、結社の自由（第九条）、信書、郵便及び電信電話の秘密（第一〇条）、所有権（第一四条）、又は庇護権（第一六ａ条）を、自由で民主的な基本秩序に敵対するために濫用する者は、これらの基本権を喪失する。それらの喪失とその程度については、連邦憲法裁判所によって宣告される。」と定めている。[10]また政党についても、「政党のうちで、その目的又はその支持者の行動からして、自由で民主的な基本秩序を侵害し若しくは除去し、又はドイツ連邦憲法裁共和国の存立を危うくすることを目指すものは、違憲である」とし（第二一条一項）、連邦憲法裁判所がこの問題について決定することとしている（同条二項）。こうした規定は、当時の東西冷戦の時代を象徴するものと言え、その中には、一九六八年六月の憲法改正で付け加えられたいわゆる《抵抗権》(Widerstandsrecht)の規定のように、議会や学界で大きな議論を呼び起こした規定もあるが、[11]一九九〇年の冷戦終焉後、こうした諸規定は今や別の機能を果たしていると言える。その最大の問題のひとつは、イスラーム原理主義などによるテロリズムとの関係であり、今後も大きなテーマとなりうるであろう。

(3)　学校における宗教の位置づけ　基本法下の公立学校においては、「宗教の授業」(Religionsunterricht)が原則として正課の授業科目（第七条）であり、とくに小学校などの子どもについては、親が子どもをどの宗教の授業に参加させるかを決定することとなっている。バイエルンでは、小学校の教室にキリストの磔の十字架像（Kurzifix）を設置していることをめぐる連邦憲法裁判所の判決が大きな話題になったことがあるし[12]、それと多少とも関連して言えば、国立（すなわちラント立）のほとんどの大学には、現在でもカトリックや福音主義の神学部が設置され運営されており、これも上述したラントの《文化高権》に基づくものであるが、この制度自体には基本法上の明文の根拠がなく、その合憲性について議論があることは[13]、後述するとおりである（本書第四章）。

3　統治の仕組みの特色概観

（1）　連邦制　現在のドイツの統治の仕組みの第一の特徴として挙げられるのは、連邦制（Bundesstaatlichkeit）である。現在ドイツには、首都ベルリーンを含む合計一六のラント（Bundesländer）があり、それぞれのラントに政府および議会のみならず裁判所もある。現在のドイツは、日本やフランスとは異なって、中央集中型ではなく、むしろ分散型の国家であると言ってよい。ドイツの総人口は約八、二〇〇万であるが、人口が百万を超える都市は、ベルリーン、ハンブルク、ミュンヒェンの三つのみである。上述したラントの《文化高権》も、この連邦制と関連するものであって、大学を含む教育、文化、宗教に関する権限は原則としてラントに留保されている。すなわち、基本法によれば、「国家の権能の行使及び国家の任務の遂行」は、基本法が「別段の定めをなさず、又は許していない範囲で、ラントの任務である」とされ（第三〇条）、ラントは、基本法が連邦に立法の権限を付与していない限度で、立法権を有する（第七〇条一項）とされている。したがって、連邦が立法権限を有している領域を列挙している第七三条以下の規定の中には、宗教を含む文化にかかわる事項は存在しておらず、こうした事項は、原則的にラントの管轄に属するということになる[14]。

基本法は、これ以外の領域における立法・行政権限についても、連邦が専属的立法権を有する領域（第七三条）と、連邦とラントが競合的に立法権を有する領域（第七四条）とについて、きわめて詳細な権限分配規定を置いている（なお第七〇条二項、第七二条も参照）。憲法改正が頻繁とならざるを得ないのも、こうした連邦制の構造に由来することは、上述したとおりである。

(2)　議会制　(イ)　立法機関たる連邦議会　次に議会制であるが、ドイツの立法機関は《連邦議会》（Bundestag）であり、《連邦参議院》（Bundesrat）として通称されている機関は、「連邦の立法及び行政並びに欧州連合の事務に協力する」機関（第五〇条）として位置づけられている。すなわち、連邦法律は連邦議会の議決のみで成立するのが原則なのである（第七七条、第七八条参照）が、憲法典中に、個々の領域の連邦法律について「連邦参議院の同意を要する」旨を規定している場合にのみ、連邦参議院の同意が連邦法律成立の必要条件となる[15]。この点だけから見ても、日本の衆議院・参議院という二院制とは異なった制度と言ってよく[16]、その意味でも、この „Bundesrat" を「連邦参議院」と邦訳することは実はややミスリーディングであり、より適切な訳語が定着することが望ましいように思われる[17]。いずれにせよドイツは、日本やアメリカのように、二つの議院での議決がなければ法律が成立しないことを原則とする国とは異なっている。

(ロ)　連邦議会選挙　連邦議会は四年任期で小選挙区比例代表併用制で選出された六〇〇人前後の議員で組織されている。選挙権及び被選挙権はいずれも満一八歳以上の国民が有している（第三八条二項）。被選挙権が選挙権と同じ年齢以上の者に与えられている点がわが国と異なる。法律の定める議員定数（現在では五九八人）の半数が小選挙区選出議員、残り半分がラントごとに比例代表選出議員で選出される。有権者はそれぞれ二票をもっていて、そのうちの第一票で小選挙区の個人候補者リストに、第二票で各政党が決めた順序で記載されたラントの候補者リストに投票するのであるが、比例代表選挙においては大政党に相当数の超過議席ないし調整議席が発生することが多く、選出される議員数は法定数よりも多くなるのが普通である。またいわゆる五％条項によって、小政党が乱立するのを防いでいる点も、ドイツの選挙制度に特徴的なことであるが、この点の詳細は触れる余裕はない。

そもそも連邦議会には、日本のように通常国会・臨時国会・特別国会（正式には常会・臨時会・特別会）のような《会期》はなく、四年間という《立法期》(Legislaturperiode)のすべての期間が活動時期となっている上に、解散ができる場合が基本法上きわめて制限されている（第六七条、第六八条参照）。その結果、一九四九年以来現在までの間に、解散は合計三回しか行われておらず、その点でも議会の活動は非常に安定しているといえる。(18)

(ハ)　連邦参議院　ドイツの連邦参議院に関してきわめて特徴的なのは、連邦参議院が各ラント政府の代表者の合議機関であって、ラントの人口に応じて三から六の票決数が与えられており、現時点では合計で六九であるが、この数字は、議員数ではなくラントの票決数の合計であるということである。つまり、連邦参議院の構成員は選挙で選ばれることはなく、連邦議会議員やわが国の国会議員のような《任期》というものもなく、毎月一回程度の定例の会議に、その都度、ラント政府の代表が集会して会議を開くのである。普通はラントの首相などの政治家がひとりで出席することも少なくないようであるが、当該ラントが議決に際して行使しうる票決数は、その時々に出席している政治家の数ではなく、たとえばバイエルン州の首相がひとりで出席して、ある議案にJa（賛成）と言えば、そのラントの票決数六がその議案に賛成したという計算になり、これが六九の過半数に達したときに、その議案が可決されたということになるわけである。もちろん「各ラントは、その票決権と同数の構成員を派遣することができる」が、各ラントの票決は「一括してのみ」行使することができ、各出席者がバラバラに手を挙げて賛否を表明することはできないことになっている（第五一条二項）。それゆえ、連邦参議院の構成は、各ラントの政府がどの政党によって担われているかに大きく左右されることになる。

議場も、連邦議会と連邦参議院は全く別の建物にあり（この点はフランスなども同じであるが）、ブランデンブルク門のすぐ近くにある連邦議会のほうは、ドイツ統一後、かつての帝国議会（Reichstag）のあった建物を改修し、それにガラス張りの近代的な建物を増築して使われているが、連邦参議院のほうは、そこからは離れたライプツィヒ通りというところにある一九〇四年建造の建物で、かつてプロイセンの貴族院が使っていた建物が、二〇〇〇年以来、連邦参議院の議場として使われている。ドイツにおける連邦参議院の憲法上の位置づけ全般については、本書第一二章で検討するとおりである。

(3)　議院内閣制　内閣と議会とが密接な関係を保ちつつ、相互のコントロールに服さしめる制度、つまり内閣の存立を議会の信任に依存させ、議会（とくに下院）が内閣を不信任する権限をもっているような制度を、広い意味で議院内閣制と形容しうるとすれば、ドイツの制度も議院内閣制と言えないわけではない。しかし、上述したように、連邦議会と連邦参議院は、日本の国会を構成する衆議院・参議院という二院と同じような関係にはないという理解からすると、連邦議会は二院を構成する《院》（Haus, House）ではないのであるから、その限りでは《議院内閣制》という語は適切でないことになる。ドイツ語では Parlamentarisches Regierungssystem と表現するのが通例であるが、これを適切に表現する訳語として定着しているものはないように思われる。それに、ドイツの場合は連邦議会が不信任を突きつけることができるのは、《連邦首相》に対してであって、《内閣》に対してではない。つまり、その意味では《内閣不信任》という日本のような制度はドイツにはなく、あくまで《首相不信任》の制度である（基本法第六七条）。しかも、その場合、基本法の規定によると、「連邦議会は、その議員の過半数をもって連邦首相の後任を選出し、連邦大統領に対し、連邦首相を罷免すべきことを要請することによってのみ、連邦首相に対して不信任を表明することができる」のであり、この《建設的不信任制度》と呼ばれる制度によって、連邦議会の不信任決議が制約されると同時に、旧内閣と新内閣との断絶が避けられているのである。

(4)　連邦首相と連邦大統領　(イ)　連邦首相と連邦大臣　右のこととも関連するが、現在のドイツの《連邦首相》（Bundeskanzler）は、「政治の基本方針を定め、それについて責任を負う」立場にあり（第六五条一項）、連邦首相の提案に基づいて連邦大統領によって任免される各連邦大臣は、連邦首相の定める基本方針の範囲内において、独立して、自己の責任において自己の所轄事務を指揮する立場にある。

(ロ)　連邦大統領　現在のドイツには、《連邦大統領》という連邦最高機関（基本法第九三条一項一号参照）が置かれており、連邦議会議員と、ラント議会が選出する、これと同数の議員とで構成される連邦会議（Bundesversammlung）によって選挙される（第五四条）が、連邦大統領の地位は、――国際法上連邦を代表し、外国と条約を締結するなどの権限を有し、訴追されることがあるなどの点では天皇とは異なるとはいえ――わが国の天皇の地位とやや類似した象徴的機能（たとえば外国の使節の信任・接受、連邦首相や連邦大臣等の任免、恩赦など）が中心である（詳細は第五九条～第六〇条等を参照）。これに対して、政治の実権は連邦首相にあり、その強い権限からすると、連邦首相というよりも《連邦宰相》と呼ぶのが相応しいかもしれない。しかしここではこの点についても詳述はしない。

(5) **裁判制度——五つの連邦最高裁判所と連邦憲法裁判所**　(イ)　連邦最高裁判所　日本の裁判制度は、一つの最高裁判所を頂点とする一元的な裁判制度であるが、ドイツの裁判制度は二重の意味で多元的であることが大きな特徴である。すなわち、一方で、現在のドイツには、連邦最高裁判所（Oberste Bundesgerichte）が五つ設置されており[19]、裁判管轄事項ごとに別々の地に設置された各最高裁判所[20]（第九五条一項）が裁判するという仕組みになっている。基本法によるこの列挙は限定的列挙と解されており、したがって、連邦はこれら以外の最高裁判所を設置することはできないとされている[21]。裁判の統一を保持するために、これらの裁判所の合同法廷（Gemeinsamer Senat）が、後述する連邦憲法裁判所と同じく、カールスルーエに設置されている。またこれらの五つの連邦最高裁判所は、連邦憲法裁判所とは異なり、基本法の意味における連邦最高機関[22]（Oberste Bundesorgane）ではないと一般に解されている。

(ロ)　ラントの裁判所　他方で、上述した連邦制に由来する裁判制度の多元性が見られる。すなわち、各ラントには、憲法裁判所[23]も含めて、上記と同様の各専門裁判所が存在する。

(ハ)　連邦憲法裁判所　以上とは別に、憲法問題に関する特別の権限を有する連邦憲法裁判所（Bundesverfassungsgericht=BVerfG）が、一九五一年にカールスルーエに設置されて現在に至っている。この連邦憲法裁判所は、各八人ずつの裁判官で組織される二つの法廷（Senat）で構成され、各法廷は、連邦憲法裁判所法の定める管轄権の分配規定に従って[24]、原則としてそれぞれ独立に判断を下す。その権限は基本法第九三条等が具体的に列挙している。

(ニ)　違憲判断集中型　日本と大きく異なるのは、この連邦憲法裁判所以外の連邦裁判所は、具体的な裁判で法律の効力が問題となっている場合であっても、連邦法律等の憲法違反の判断ができないことで、その意味で違憲判断集中型ということになる（基本法第一〇〇条一項）。ただ、留意すべきは、この仕組みは《合憲性》判断集中型ではなく、あくまでも《違憲》判断集中型だということである。すなわち、連邦法律に限っていえば、裁判所が、係属している事件において「ある法律の効力が問題となっている場合に、その法律が違憲であると思料するとき」には、連邦憲法裁判所の判断を求めなければならないが、当該法律を合憲であると考えるときは、連邦憲法裁判所の判断を求めることなく、みずから判断ができるということである（この点については本書第一五章参照）。それゆえ、連邦法が基本法に適合するかどうかについての裁判所の判断の全体像を見るためには、連邦憲法裁判所の判例だけでは不充分であって、他の最高裁判所、とりわけ、連邦行政裁判所の判例の分析も必要だということになる。

(ホ)　抽象的規範統制　わが国の裁判制度の性質との関連でよく比較されるのは、ドイツの憲法裁判所には抽象的違憲審査権があるという点である。[25]ここでも留意すべきは、連邦憲法裁判所の抽象的規範統制（抽象的審査）を提起しうるのは、「連邦政府、ラント政府、又は連邦議会構成員の四分の一」（基本法第九三条一項二号）のみであって、ドイツにおいても、わが国の警察予備隊違憲訴訟（最大判昭和二七年一〇月八日民集六巻九号七八三頁）のように特定の個人（この事件では当時の左派社会党委員長・鈴木茂三郎）が提起した裁判において、連邦憲法裁判所が抽象的規範統制権を行使しうるわけではないという点である（この点についても本書第一五章参照）。

加えて、連邦憲法裁判所のこの《抽象的規範統制》（Abstrakte Normenkontrolle）は、基本法第九三条および連邦憲法裁判所法§一三が列挙している同裁判所の管轄権のごく一部であり、しかも、この権限が行使された例は、連邦憲法裁判所に継続した全件数のごくわずか（〇・一％未満）のみであって、全件数の九六％以上が、いわゆる《憲法訴願》（憲法異議または憲法抗告 Verfassungsbeschwerde）であり、二番目に件数の多いのが基本法第一〇〇条の定めるいわゆる《具体的規範統制》（Konkrete Normenkontrolle）である。[26]すなわち、連邦憲法裁判所の機能としては、具体的な基本権侵害が争われた事案に対する裁判がそのほとんどだということを意味する。[27]その意味では、ドイツの憲法裁判所についてその抽象的審査権を強調しすぎることは、その実像を見失う虞れが大いにあると言えよう。

(ヘ)　違憲判決の効力　連邦憲法裁判所で法令等が憲法違反と判断されると、その判断は原則として法律としての効力をもち、連邦法律公報（Bundesgesetzblatt）に公布されるので、日本の場合とは異なって、議会による法律改正を待たずに連邦憲法裁判所によって法律改正がなされるのと同じ結果になる。[28]

(ト)　連邦憲法裁判所の裁判官　連邦憲法裁判所の裁判官の半数以上は、大学の法学の教授であり、しかも教授職と裁判官職を兼務することが認められている。[29]このことも日本の最高裁判所判事の場合とはまったく違う点である。ちなみに、日本の最高裁判所裁判官の場合は、もともとは大学教授枠が二つあったが、ある時期から一人に減ってしまっていることは残念である。もちろん、連邦憲法裁判所裁判官の場合、連邦からの裁判官としての給与とラントからの大学教授としての給与のダブル・インカムであるから、相当の年収額になるようであるが、統計資料でみる限り、取り扱うべき件数は相当厖大な数に上っていることを考えると、そう楽な仕事ではなさそうである。

(6)　欧州連合（EU）とドイツ　(イ)　欧州連合　一九九二年二月七日にオランダのマーストリヒトで欧州共同体構成国によって欧州連合条約（いわゆるEU条約）の調印がなされ、これによっていわゆる欧州連合が設立された。附帯議定書では、単一通貨であるユーロの創設と、「欧州共同体」「共通外交・安全保障政策」「司法・内務協力」という三本柱構造の導入が規定された。[30]ドイツでは、この条約の批准のために、連邦議会が同年一二月二一日に連邦参議院の同意を得て第三八回目の基本法改正を行い、それによって合計八箇所に及ぶ大規模な改正がなされ（BGBl. I 2086）、また同月二八日には、同条約に対する同意法律が可決された（BGBl. II 1251）。この法律に対しては、その合憲性を争って連邦憲法裁判所に提訴（憲法訴願手続）がなされたが、同裁判所第二法廷は翌一九九三年一〇月一二日にこれを合憲とした（BVerfGE 89, 155）。[31]その結果、同条約は同年一一月一日に発効した。

(ロ)　欧州連合と基本法改正　その後も、ＥＵの発展に伴って、基本法はそれに伴う内外の必要から、幾度か改正されているが、ここでは、上記の第二三八回改正によって全く新しくなった第二三条の改正について多少とも言及しておくにとどめる。すなわち、この第二三条は、元来は基本法の適用範囲の限定（当時の西ドイツ領域）に関する規定であり、「この基本法は、さしあたり、バーデン、バイエルン……の諸ラントの領域に適用される。ドイツのその他の部分については、それらの〔連邦共和国への〕加入後に効力を生じるものとする」という文言であった。ところがこの第二三条は、一九九〇年に旧東独の五ラントが連邦共和国に加入する形で統一がなされたために不要となり、同年八月三一日に調印された統一条約によっていったんは削除されたが、その後、上記の第三八回改正によって全七項からなる全く新しい条文に取って代わられたのである。同条はその後二〇〇六年（第五二回改正）と二〇〇八年（第五三回改正）にも変更されている。[32]　もとよりわが国の場合も、国際人権規約等の条約と憲法の関係が問題となりうるが、ドイツの場合は、ＥＵとその発展に伴って、憲法を含む法制度の大変革が必要となることが多い。その際には、上記の第二三条の新規定とともに、第二四条一項が「連邦は、法律により、高権的諸権利（Hoheitsrechte）を国際機関に委譲することができる」としているのが重要な憲法上の根拠となる。

第三節　基本権規定の特色

1　基本権

基本法は「基本権」（Grundrechte）という表題をもつ第一章（第一条から第一九条）において、合計二一箇条の条文を置いている。そのうち三箇条は、後の改正で付加挿入された規定である。以下では、個別の規定の内容上の特色を、日本国憲法との比較という視点に立って、概略述べることとする（本章末尾の付表参照）が、個々の条文の逐一の文言については、紙幅の関係上、触れる余裕がない。

(1)　人間の尊厳、人権、基本権

(イ)　基本法第一条　ナチズムという二十世紀最大の深刻で悲惨な歴史的経験を経た敗戦後のドイツは、人間存在に対する尊厳の回復と保護を、戦後の新しい法秩序における最大の課題とした。その表現が、すでに言及した第一条一項の《人間の尊厳》条項である。《人間の尊厳》こそ、現行のドイツ憲法の唯一の基本原理ないし最大の原理だとさえ言われている[33]。だからこそ、第一条二項には、この《人間の尊厳》条項の帰結として、「それゆえに」(darum)という接続詞を伴って、「ドイツ国民は、世界のすべての人間共同体、平和及び正義の基礎として、不可侵にして譲り渡すことのできない人権を信奉する」という文言が続いていると見ることができる。ここで用いられている《人権》(Menschenrechte)という語は、基本法上ここだけに登場する用語であり、しかも、人間の尊厳原理から帰結するこの《人権》を、ドイツ国民が《承認する》(anerkennen)のではなく、《信奉する》(bekennen)とされていること、すなわち、人権への信念の表明がなされていることも興味深いところである。ドイツ語の „bekennen“ は、文字どおりの意味では「信仰を告白する」ことだからである。その意味では、《人権》が人間に由来するものではなく、基本法前文にいう《神》(本書第一章参照)に由来するものであるとの、一種の信仰告白が示されていると言ってもよかろう。この条項については、日本国憲法第一三条前段の「個人の尊重」原理との異同が、かつてわが国の学説上の論議となったことはすでに旧聞に属する[34]。

(ロ)　人権と基本権　さて、第一条三項は、「以下の基本権は、直接に適用される法として、立法、執行権及び裁判を拘束する」と定めている。ここにいう《基本権》(Grundrechte) の概念が上記の二項の《人権》の概念とどう関わるのかが解釈上の問題となりうる。この点については、かつてマルティン・クリーレ (*Martin Kriele*, 1931-　) が、「基本権は実定的権利であり、人権は自然権である」と述べていたことが注目される。すなわちクリーレは、《人権》という場合には、時代的・場所的な制約のない普遍的なものとして、自然もしくは神の創造秩序に根拠づけられた、神聖で不可侵なものと観念されるのに対し、《基本権》という場合には、それは法的・制度的に保障された人権であって、その妥当性は、時代的にも場所的にも制約を受けたものと考えられる、とする。したがって、クリーレによれば、人権が基本権の中に制度化されている場合には、「法的に見れば基本権、哲学的に見れば人権」ということになり、両者の区別は観方の問題だとされることになる。[35] 学説においては、基本法の保障する基本権のうち、ドイツ国民にのみではなくすべての人に適用されるものは《人権》でもある、とする理解があり、その根拠としては、基本法上、「すべてのドイツ人」という文言と「何人も」という文言とが使い分けられていることが挙げられるが、連邦憲法裁判所の判例上も、必ずしもこのような区別が厳密になされているわけではない。このあたりの問題については後述する。[36] なお、第一条三項後段の文言についても、《執行権》の概念に関連して後述するところを参照されたい。[37]

(2)　人格を発展させる自由の権利　　第二条は、「自己の人格を自由に発展させる権利」を保障している。この規定は、上述した第一条の《人間の尊厳》条項と結びついて、日本国憲法第一三条の「生命・自由及び幸福追求権」条項と類似した包括的基本権としての機能を果たしているが、ここで注目すべきことはむしろ、この権利には「他人の権利を侵害せず、かつ、憲法的秩序又は道徳律に反しない限りにおいて」という留保がつけられている点である。日本国憲法第一三条も、「公共の福祉に反しない限り」という留保をつけているが、ここにいう「公共の福祉」の意味が抽象的であるのと比較すると、制限の可能性がより具体的に表現されていることが分かる。この条項に関連しては、連邦憲法裁判所による判例の豊富な蓄積がなされてきている。

(3)　**平等原則**　第三条は原則を定めた規定である。ドイツ憲法では、日本国憲法第一四条一項のように「法の下の平等」とは異なって、伝統的に「法律の前の平等」(Gleichheit vor dem Gesetz)という表現がなされてきている。かつては、この文言から、平等原則は「法の適用上の平等」であると解すべきだとする理解が通説であったが、ヴァイマル期の一九二五年のライプホルツの『平等論』(38)以来、今日では「法の内容上の平等」も意味するとするのが一般の理解であるとされている。第二項では特に男女の同権が定められているが、同項後段の「国は、女性と男性の同権が現実的に達成されることを促進し、現に存する不利益の除去を目指す」という文言は、第三項の「何人も、その障害を理由として不利益を受けてはならない」との規定とともに、一九九四年の第四二回改正で付加された規定である。平等についても、連邦憲法裁判所による判例の豊富な蓄積がなされてきている。

(4)　**信仰・良心等の自由**　(イ)　良心の自由、良心的兵役拒否　第四条一項は、「信仰、良心の自由、並びに宗教及び世界観の告白の自由は、不可侵である」としている。日本国憲法の第二〇条に対応する条文であるが、日本国憲法では、《良心の自由》は第一九条で(《思想の自由》とともに)独立に規定しているのに対して、基本法では、《良心の自由》(Freiheit des Gewissens)が《信仰の自由》(Freiheit des Glaubens)と並べて書かれている点が第一の特徴である。多くの(特にキリスト教国の)憲法典では、《良心の自由》がしばしば《宗教の自由》の意味で用いられてきた(39)ことから、この両者の区別が問題となりうる。ここでも、《良心の自由》が宗教的な信条と密接に結びついた概念として用いられてきたことは、第三項に、「自己の良心に反して武器を持ってする軍務を強制されない権利」、いわゆる《良心的兵役拒否》（Kriegsdienstverweigerung）の権利が保障されていることからも、疑いないところであろう。もっとも、良心的兵役拒否に関する制度の実際の運用上では、必ずしも厳密に宗教的な信条に基づく場合でなくとも兵役拒否が認められてきたのであって、両者がまったく同義に解されてはいないことも事実である[40]。また、こうした内心における自由権と並んで、宗教上・世界観上の告白の自由も、不可侵であるとされている（第一項後段）。ここにいう《世界観》（Weltanschauung）が何を意味し、《宗教》と区別する基準は何なのかについても、問題になりうるところであるが、この点については後に改めて検討する[41]。

(ロ)　義務兵役の廃止　なお、上記の《良心的兵役拒否》については、二〇一一年一月から義務兵役が停止されたので、今後は当面は実際に問題となることはあまりないが、ドイツでは、これまで良心上の理由から兵役を拒否した若者に対して、いわゆる《代役》（Ersatzdienst）を課し、それが老人介護や障害者援助などのための豊富な（しかも費用の点でも予算を多く使わないで済む点で安価な）人材源となってきたという経緯があるので、今後こうした社会福祉行政等を実施していく上で、予算・費用のかからないこうした安価な人材がどのように確保されていくのかが、注目されるところである。なお、この点は第一二a条に関連して後でも多少触れる。

(5)　意見表明の自由、知る権利、報道の自由、芸術・学問の自由　第五条は、上記の第四条とともに、いわゆる精神的自由権の規定であるが、ここには多くの自由権が一括して規定されている。これらの権利は、民主政に関連する権利として特に重要なものでもあるので、以下ではそれぞれの規定について簡単に触れておくこととする。

(イ)　意見表明の自由と知る権利　　まず、基本法第五条一項一文は、「言語、文書及び図画によって自己の意見を自由に表明」する権利(意見表明(Meinungsäußerung)の自由)を、自己の意見を「流布させる権利」と並んで保障している。この規定は、日本国憲法第二一条一項にいう「言論、出版その他一切の表現の自由」に対応する規定である。わが国の最高裁判例や学説の解釈では、《表現の自由》の中には、情報の収集・受領権としての《知る権利》(Recht, sich zu unterrichten)が含まれていると解されているが、[42] 基本法ではこれが明文化されている点に特色が見られる。それと同時に、この《知る権利》に関しては、「一般に近づくことのできる情報源から妨げられることなく」知る権利として、やや具体的・制限的な自由権として規定されていることも特徴的である。

(ロ)　出版(プレス)の自由、放送・報道の自由　　次に、基本法は、同じく第五条一項二文で、日本国憲法でいう表現の自由の具体的例示としての《出版の自由》(Pressefreiheit)を、放送(Rundfunk)とフィルムによる《報道の自由》(Freiheit der Berichterstattung)と並んで規定している。日本国憲法上は、報道機関が表現主体である場合の《報道の自由》に関する明文規定はないが、基本法ではこれが《放送の自由》とともに明記されている点に特徴が見られる。わが国では、《放送の自由》は、表現手段の一種としての《報道》のうち、NHKを含む放送事業者が行う「無線通信の送信」を《放送》といい(電波法、放送法参照)、放送に関する自由権を講学上《放送の自由》と言っているが、放送は従来から、電波の稀少性等を理由にして法律による規制に服しており、その点で、自由権とは言っても、一般的な表現等の場合とは相当に異なった自由であることは言うまでもない。[43]

なお、基本法第五条一項三文は、「検閲はこれを行わない」としており、日本国憲法第二一条二項前段と対応しているが、この点に関しても、ここではその詳細に触れない。

(ハ)　制限可能性の明文化　　基本法第五条二項は、上記(同条一項)の意見表明等の自由の保障に関連して、「これらの権利は、一般的法律の規定、青少年保護のための法律上の規定、個人的名誉権によって制限を受ける」としている。日本国憲法は、規定の上では制限の可能性を明記していないため、表現を法律によって制限することの合憲性がつねに問題となり（たとえば、わいせつ文書の頒布・販売等や名誉毀損的表現を規制する刑法の規定、戸別訪問による選挙運動等を禁止する公職選挙法の規定等）、これに関わる判例も数多い。(44) 特に、青少年の保護のための法律上の規定による制限が明記されている点は、近時のわが国での青少年健全育成条例や児童ポルノ禁止法等との関連でも重要であろう。

(二)　芸術・学問・研究・教授の自由　第五条三項は、「芸術及び学問、研究及び教授は、自由である」と定めている。ここで注目されるのは、まず、《芸術の自由》(Kunstfreiheit) が学問の自由等と並んで規定されている点である。《芸術の自由》は、すでに一九一九年のヴァイマル憲法（第一四二条）にも、学問・研究の自由とともに、基本法と類似の文言で保障されていた。ナチス時代には、実際問題としても、特定の芸術家の展覧会が禁止されたりした深刻な自由権侵害の歴史がある。日本国憲法は《芸術の自由》を保障する明文規定はなく、むしろ上記の表現の自由の一部と解されている。(45) 基本法においては、上述のごとく、意見表明や出版等の自由については、法律等による制限が憲法上も認められているのに対し、芸術の自由についてはそうした明文規定による制限の可能性がないため、たとえば小説や詩などの文学作品を芸術の自由として捉えるか出版の自由として捉えるかによって、規制の合憲性についての判断基準が異なってくる可能性がある。(46) また、《教授の自由》(Lehrfreiheit) についても、日本国憲法上は、学問の自由の保障規定の内容の一部をなすものと解されているが、(47) 明文規定はないのと比べると対照的である。

ちなみに、上述したように、現在ドイツでは、ほとんどのラントの大学に神学部または神学講座が《制度体保障》（カール・シュミット）(48) として存置されているが、神学部の教授が、カトリック教会または福音主義教会の教義に拘

束された存在であることから生じる、学問の自由条項との抵触が深刻な問題となる場合がある。(49)

なお、同条三項二文は、「教授の自由は、憲法に対する忠誠を免除するものではない」という留保をつけている。この条項も、旧ソ連との東西対立の中で成立した基本法を特徴づけていた《たたかう民主制》の表現のひとつである。この点はすでに第一八条との関連で少し触れたが、さらに、第二〇a条との関連で後に触れる。

(6)　婚姻、家族、母性及び子の保護　「婚姻及び家族は、国家秩序の特別の保護を受ける」(第六条一項)とか、「すべての母親は、共同社会の保護と配慮とを請求することができる」(同条四項)といった規定は、基本法においては、きわめて例外的な社会権的保障規定として位置づけられている。同時にこの第六条では特に、一方で、「子どもの育成及び教育は、親の自然的権利であり、かつ、何よりもまず親に課せられた義務である」(第二項一文)として、子どもの教育に対する親の権利・義務が明文化されていることと、他方で、親権者に故障がある場合や、その他の理由で子どもが放置されるおそれがある場合には、法律の根拠に基づいて、親権者の意思に反して、子供を家族から引き離すことが許されるとされている(第三項)のが大きな特徴である。また、「嫡出子でない子に対しては、法律の制定によって、肉体的及び精神的発達について、並びに社会におけるその地位について、嫡出子に対すると同様の条件が作られなければならない」(第五項)として、いわゆる非嫡出子と嫡出子の平等の実現が図られていることも特色である。

日本国憲法では、教育について定める第二六条が、「教育を受ける権利」と「義務教育を受けさせる親の義務」を規定するが、親の教育権については明文の規定が存在しない。また、非嫡出子(婚外子)については、日本国憲法制定過程の初期段階では、上記の規定と類似した規定を設けることが構想されていたが、実現しなかったという経緯があり、従前は、非嫡出子と法定相続分を嫡出子の二分の一と定める民法第九〇〇条四号ただし書前段の規定について、最高裁判所は多くの判例で憲法違反ではないとしてきていた（最大決平成七年七月五日民集四九巻七号一七八九頁など）が、ごく最近になって、この規定を憲法違反とする判断を示した（最大決平成二五年九月四日判時二一九七号一〇頁）(50)。

(7)　宗教教育、私立学校設立の権利等　　基本法第七条は、全学校制度に対する国〔ラント〕の監督権限について定める（第一項）と同時に、私立学校設立権を規定する（第四項・第五項）。しかしここでは、上記の第六条とも関連する《宗教の授業》(Religionsunterricht)（第二項・第三項）についてのみ触れておく。すなわち、宗教の授業は、「無宗派学校を除く公立学校において、正課の授業科目」であるとされ（第三項）、親権者は、子どもを宗教の授業に参加させることについて決定権を有しているとされている（第二項）。この点については、上述（第二節1(2)参照）のように、基本法の経過規定に属する第一四〇条が、宗教に関連する一九一九年のヴァイマル憲法の諸規定（第一三五条から第一三九条まで及び第一四一条）をこの基本法の構成部分であるとして、そのまま取り込みつつ、第七条の宗教の授業については、同じくヴァイマル憲法第一四九条にも類似規定が存在するにもかかわらず、改めて基本法自身に規定を置いている。また、上記第七条三項にいう宗教の授業については、基本法が施行されるより前の一九四九年一月一日時点で「ラントの法による特別の定めが存在していたラントにおいては、これを適用しない」とする例外規定（第一四一条）が置かれており、ドイツ統一までの旧西ドイツ時代においては、この例外規定が適用されるのはブレーメン州のみであったため、第一四一条は《ブレーメン条項》(Bremer Klausel)と形容するのが通例であったが、一九九〇年のドイツ統一後のラントのうち、上記時点より前から憲法典を有していた他のラント（たとえば

ブランデンブルク）にも適用されるかどうかが問題となったことがある。(51)

(8)　集会の自由　すべてのドイツ人に「平穏に、かつ武器を携帯せずに集会する自由」を保障する第八条については、日本国憲法と比較した場合には、同条二項が特に《屋外での集会》（Versammlungen unter freiem Himmel）について、法律による制限可能性を明示している点に特徴がある。日本国憲法はこのように屋外の集会について特別の規制可能性を定めていないが、多くの地方公共団体の条例の中にも、とくに屋外での集会について事前の許可を特別に求める例が見られる。(52)

(9)　結社の自由　(イ)　結社としての労働組合結成の自由　結社の自由を定める第九条については、日本国憲法のように第二一条一項の結社の自由一般とは別に第二八条で勤労者の権利のひとつとして団結権を定めるのとは異なり、基本法が、第九条三項で「労働条件及び経済的条件を維持し促進するために団体を結成する権利は、何人にも、かつ、いかなる職業に対しても保障されている」とし、この権利を制限したり妨害したりする試みなどを違法化しているのが第一の特徴といえよう。

(ロ)　結社の禁止　もうひとつの特徴は、ここでもすでに第一八条との関連で触れた（第二節2(2)）いわゆる《たたかう民主制》の思想の表れとして、第九条二項が、結社の目的や活動が「憲法的秩序若しくは諸国民のあいだの強調の思想に反するもの」を禁止する旨の規定を設けている点であるが、結社の自由に関しては、同条二項が特に「自由で民主的な基本秩序に敵対する」結社の禁止を明示している点が特徴的であると言える。この点に関連して言えば、連邦議会は、二〇〇一年にイスラーム原理主義等の宗教団体の解散を可能とする結社法改正を行い、また現に、その改正法の施行直後にこれを適用して、権限を有する連邦内務大臣が、イスラーム原理主義団体等を解散させた例が複数ある。(53)

なお、《たたかう民主制》に関わる規定は、以上に触れた以外にも、たとえば信書・郵便・電信電話の秘密を保障する第一〇条二項、全連邦領域内での移転の自由に関する第一一条二項などにも表れている。ここではこれらの規定についての詳細にまで触れる余裕はないが、すでに示唆したように、ベルリーンの壁の崩壊と旧ソ連の体制崩壊、およびドイツ統一等によって冷戦構造が終結して以来、元来は社会主義陣営に対する自由主義国家の自衛的方法として果たしていた、こうした諸規定の役割は、上記の宗教的過激団体の解散の例を見ても分かるように、機能変化していくこととなろう。

(10)　職業選択・遂行の自由、強制労働の原則的禁止等

(イ)　職業遂行の自由　基本法第一二条一項は、すべてのドイツ人に「職業、職場及び養成所を自由に選択する権利」を保障しつつ、「職業の遂行」については、法律による制限の可能性を明示している。これに対応する日本国憲法の規定は第二二条一項であるが、同項では、「公共の福祉に反しない限り、……職業選択の自由を有する」という文言しかなく、そのことが、職業選択の自由の中に、選択した職業を遂行する自由としての職業活動の自由が含まれるのかどうか、その制限のあり方はどうなのかが、議論になりえた（いわゆる《営業の自由》論争）が、職業活動（職業遂行）の自由と営業の自由とを同義に解することの問題性(54)も含めて、この点の詳細もここでは触れない。

(ロ)　労働強制の禁止　第一二条二項は、何人も、「伝統的で一般的な、すべての人に平等に課せられる公的な役務給付義務の範囲内にある場合を除き、特定の労働を強制されてはならない」とし、日本国憲法では第一八条の

奴隷的拘束と意に反する苦役の禁止規定がこれに対応する。また、「強制労働は、裁判によって命じられる自由剥奪の場合にのみ許される」という規定は、日本国憲法の第一八条または第三一条がこれに対応するといえよう。なお、日本国憲法は第二七条三項で、「児童の酷使」を禁じているが、これに対応する基本法上の規定は存在しない。

⑾　国防その他の役務従事義務　(イ)　第一二a条　第一二a条は、一九六八年六月二四日の第一七回改正によって新たに追加されたもので、基本権の規定ではなく、むしろ国民の基本義務に関する規定である。その文言はきわめて詳細である。(55) ちなみに、第一二条のあとにこの義務規定が挿入されたのは、元来の第一二条（上述）の規定が、ドイツの再軍備に伴う一九五六年三月一九日の第七回改正法律で条文が追加・変更されたあと、上記の第一七回改正で新たな規定となったためである。

(ロ)　義務兵役の廃止　同条一項は「男子に対しては、満一八歳から、軍隊、連邦国境警備隊又は民間防衛団における役務に従事する義務を課すことができる」とし、第二項は、上述の第四条三項と関連して、良心的兵役拒否者に対して「代役に従事する義務」を課していた。しかしその後、二〇一一年一月からは義務兵役が廃止されたため、この規定も今後はあまり意味がなくなっていくであろうが、この制度変更によっても基本法の改正がなされていないのは、同条一項の規定が「義務を課すことができる」とするにとどまっているためで、今後、再び義務兵役を課す必要が生じても基本法改正をする必要はないということになろう。

(ハ)　女子への兵役の認容　また、もともとは一九五六年改正で第一二条三項に置かれていた女子の兵役義務に関する規定、すなわち、「女子は、法律によって軍隊内における役務給付を義務づけられてはならない。武器をもってする役務に女子を用いることは、いかなる場合にも許されない」という規定は、現行の第一二a条四項二文に相当する文言であった。その当時は女性を「武器をもってする役務」に徴用することを全面的に禁止する趣旨であったが、二〇〇〇年一二月一九日の第四八回改正によって、現行規定のように、「女子は、いかなる場合にも、武器をもってする役務を義務づけられてはならない」こととなった。これにより、逆に女性であっても、自らの意思で武器を伴う軍務に就く意思を有する場合は、これが禁じられないことになった。これは、国防義務が男子にのみ課されることが平等原則（基本法第三条）との関係で問題とされたことによるものであったが、この規定も、上述のように義務兵役制が廃止されたあとは、どういう意味を持つようになるのか、今後の展開に注意を払っておきたい。

⑿　住居の不可侵　個人の住居の不可侵の保障は、近代立憲主義憲法の中核的な規定の一つである。日本国憲法は、第三五条で「住居、書類及び所持品」について、裁判所の発する正当な令状がなければ、「侵入、捜索及び押収」を受けないというように刑事犯罪に関する手続にかかわる保障として規定しているが、本来は、この基本法の規定のように（明治憲法も同様）、実体的な権利として端的に住居の不可侵の保障規定として読むべきだと思われる（住居の不可侵の保障が刑事手続にのみ縮減されることになれば、ひいては明治憲法よりも保障の範囲がかえって狭くなるということになりはしまいか）。

基本法第一三条は、このような一般的な「住居の不可侵」の規定のあとに、捜索について裁判官等の令状によって、法律の定める形式によってのみ行うことを許容しているが、ここで注目すべきことは、一九九八年の第四五回改正で、「一定の事実によって、ある者が法律上個別に定められた特に重大な罪を犯したとの嫌疑が根拠づけられるとき」であって、「事件の追及が他の方法によっては比較にならないほど困難になり、あるいは見込みがなくなるであろうと考えられる場合」には、裁判官の命令に基づいて、「被疑者が滞在していると推測される住居を聴覚的に監視するための技術的手段を講じること」を認める詳細な規定が挿入されたことである（第三項から第六項まで）。この措置は、毎年、連邦議会に報告されるものとすることによって、「議会による統制」を行うことになっている。こうした措置はわが国では法律レベルで対応されているが、この問題についてもドイツでは基本法の改正で対処したことが留意されよう。

⒀　所有権・相続権・公用収用　基本法第一四条は、所有権・相続権を保障しつつ、その内容と限界を法律で定めるとしており、この点は、日本国憲法第二九条一項・二項と対応する。日本国憲法では、財産権の内容を「公共の福祉」に適合するように法律で定めるとしている（第二九条二項）が、基本法でも、「所有権には義務が伴う。その行使は、同時に公共の福祉に役立つべきである」として、類似した規定ぶりとなっている（第一四条二項）。「公用収用」についての第三項も日本国憲法第二九条三項と対応しており、補償を与えることによって所有物を「公共のために用ひる」ことを認めている点でも類似した規定と言える。この公用収用とは別に、基本法第一五条は、土地・天然資源・生産手段についてのいわゆる《社会化》（Vergesellschaftung）の規定を置いている。これによって、個人の土地等を、補償を与えて「公有又はその他の共同経済の形態に移す」ことができることになるが、このように基本法が第一四条三項の公用収用とは別にこうした社会化の規定を置いていることの趣旨が、社会主義への移行までも容認するものかどうかについては、議論のありうるところである。

⒁　国籍剥奪の禁止、国籍の喪失、外国への引渡しの禁止　㈠　国籍の喪失　第一六条一項は、ドイツ国籍を《剥奪》することを禁止しつつ、「国籍の喪失」については、法律の根拠に基づいて、当人の意思に反する場合

には、当人が無国籍にならない場合に限りにおいて認めている。日本国憲法第二二条二項は、「国籍の離脱」を自由権として保障しており、日本国籍法によれば、日本国民の国籍は、「自己の志望によつて外国の国籍を取得したとき」にのみ日本の国籍を失うこととなっている（第一一条）。ドイツの場合と同様に、国籍の喪失によって無国籍となることまでは認めていない点では軌を一にしている。

(ロ)　国外引渡しの禁止　第一六条二項は、ドイツ人が外国に引き渡されることを禁止している。当初の規定では、この後に「政治的に迫害された者は、庇護権を有する」とする文言があったが、この庇護権の規定は、その後、一九九三年の改正によって、新たに付加された第一六a条に移された。この新規定の追加は、ドイツがトルコなどから多くの外国人労働者を受け入れてきた従前の外国人政策を変更して、「政治的に迫害された者」であれば別として、いわゆる《経済難民》の受入れを制限ないし拒否する方向に転換したことを意味するものであった。したがって、「欧州共同体を構成する国家から入国する者、又は、難民の法的地位に関する協定並びに人権及び基本的自由の保護に関する条約の適用が保障されているその他の第三国から入国する者」が《庇護権》を援用することはできなくなった。欧州共同体の外にある国家からの入国についても、法律でその国家が「その法的状態、法適用及び一般的政治状況からして、そこにおいては政治的迫害も行われておらず、かつ、残酷若しくは屈辱的な処罰若しくは処遇も行われていない国家であること」を決定すれば、同様に、「政治的に迫害されていることが明らかとなる事実を摘示するとき」は別として、原則として、庇護権を与えられないこととされている。この基本法改正（第一六a条の追加）については、憲法改正の限界を超えた「違憲の憲法改正」(verfassungswidrige Verfassungsänderung) ではないかとして連邦憲法裁判所で争われたことがあるが、連邦憲法裁判所はこれを否定して、この改正が有効な改正であることを認めた。(56) なお、基本法は、ドイツ人の概念規定を置いて、《ドイツ人》の範囲を定めている（第一一六条）。

ちなみに日本国憲法には、庇護権の規定も含めて、基本法第一六条二項に対応する規定は存在しない。

⒂　基本権の制限と限界、法人の基本権享有主体性、基本権侵害の救済　(イ)　基本権制限の場合の原則　基本法第一九条[57]は、基本権を法律によって制限する場合のルールを定めたものである。まず、基本権を制約する法律は、「一般的に適用されるものでなければならず、単に個々の場合にのみ適用されるものであってはならない」(法律の一般性[58])し、さらに、基本権を制限する法律には、それによって制限される基本権が基本法のどの条項の基本権であるかをはっきりと挙示しなければならないとしている(第一項)。この規定は、特にヴァイマル憲法の定めていた基本権が、ナチス期の法律(特に政府制定の法律)によって、不明確な形で極端に制限されたことの反省に立ったものであるとされ、立法者の法律制定行為に憲法上の枠をはめたものである。「いかなる場合でも、基本権はその本質的内実において侵害されてはならない」とされる(第二項)のも、法律による基本権の制限に限界を設定するものである。[59] もとより、何がそれぞれの基本権の「本質的内容」であるかについての判断は難しい問題があるが、基本法が基本権を保障している意義を無にしてしまうような法律は、憲法違反とされることになる。

(ロ)　内国法人の基本権享有主体性　次に、憲法が保障する基本権の主体について、基本法上は、「ドイツ国民」、「すべての人」または「何人」というように、文言にはいくつかの類型があるが、基本権の享有の主体が元来《自然人》であることは言うまでもない。しかし、たとえば新聞社や放送会社が意見表明の自由や出版の自由を有しうることや、宗教上の結社が自然人と同様に、団体としての宗教上の行為・実践を行いうることは当然と考えられる。この点、基本法は、基本権が「その本質上内国法人に適用しうる限りにおいて」、そうした内国法人にも適用されることを明示している点が特徴的である。日本国憲法にはこれに類する規定はないため、この点が議論になりえたが、周知のように、最高裁判所は、八幡製鉄政治献金事件判決（最大判昭和四五年六月二四日民集二四巻六号六二五頁）において、「憲法第三章に定める国民の権利および義務の各条項は、性質上可能なかぎり、内国の法人にも適用されるものと解すべきである」とし、会社も「自然人と同様、国や政党の特定の政策を支持、推進しまたは反対するなどの政治的行為をなす自由を有する」としている。この判示が、基本法第一九条三項の規定の文言を直接の模範としたかどうかは別として、趣旨を同じくするものであることは明らかである。

(ハ)　**裁判を受ける権利**　最後に第一九条四項は、「何人も、公権力によって自己の権利を侵害されたときは、裁判で争う途が開かれている。他の〔機関の〕管轄が認められていない限度において、通常裁判所への出訴の途が与えられている」と定めている。これは、元来ドイツの裁判所が、国民の権利の保護を第一義的な職権を有する機関というよりも、むしろ国家機関どうし等の権限紛争に関する審査機関としての機能が中核的であったということから、基本法下の裁判所のもつ基本権保護機能を明確にした規定と言えるであろう。すなわち、たしかにヴァイマル憲法下でも、《裁判を受ける権利》は保障されており（第一〇五条）、通常裁判所による民事・刑事の裁判が行われ、また行政裁判所に関する規定も置かれていた（第一〇七条）[60]が、基本法下の連邦憲法裁判所のように、国民の基本権の保護を重要な任務とする裁判所はヴァイマル共和制期には存在せず、むしろ、プロイセンとドイツ国（ライヒ）の憲法紛争に見られるように、権限紛争を裁決する国事裁判所（Staatsgerichtshof＝ヴァイマル憲法第一〇八条参照）による裁判が憲法裁判の典型であったのである。これに対して、連邦憲法裁判所が国民の基本権の保護に関してきわめて重要な役割を果たしていることは、すでに述べたとおりである[61]（連邦憲法裁判所の権限については、基本法第九三条および第一〇〇条などを参照）。なお、基本法は、第一九条とは別に、第一〇一条で「裁判を受ける権利」を定めている（後述の2(5)参照）。

2　基本権の章以外における基本権類似の権利の保障

以上に見てきた基本法第一章の《基本権》規定以外にも、基本法には基本権に類似する権利を定めたいくつかの規定があるので、これらについても、順次、多少とも触れておくこととする。

(1)　抵抗権　戦後のドイツにおいて、基本法に先立って制定されたラント憲法の中には、たとえばヘッセン憲法（第一四七条）のように、圧制に対する国民の抵抗権（Widerstandsrecht）を定めたものがあったが、それは明らかに一九三三年以来のナチズム体験を念頭に置いたものであった。しかし、制定当初の基本法自身には、議論はあったものの、こうした規定は置かれるには至らなかった。しかし、東西ドイツの対立が激化して冷戦構造がますます進展していく中で、一九六八年六月二四日の第一七回基本法改正によって、すでに幾度か言及した《たたかう民主制》のための抵抗権の規定が新たに付加された。すなわち、「連邦とラント」という章題をもつ基本法第二章（第二〇条以下）の冒頭を飾る、ドイツの国家構造の基本原則とも言うべき民主制・連邦制・社会的法治国家等を定めた第二〇条に、新たに第四項として、《抵抗権》条項が加えられたのである。その文言は、「この秩序を排除することを企てる何人に対しても、すべてのドイツ人は、他の救済手段が可能でない場合には、抵抗する権利を有する」というものであった。この規定は、たしかに抵抗権の規定とも言いうるものではあるが、この条項の成立過程およびその内容からすると、抵抗権の向けられる相手方は、国家権力を濫用した公権力とは限らず、したがって市民およびその集団に対しても行使される可能性があることに注意すべきである。抵抗権の思想は、元来、国王等の権力の横暴（圧制）に対して抵抗する、国民の側に残された最後の手段（ultima ratio）であると言えるが、この第二〇条四項の規定が、基本権に関する第一九条までの章の中に入れられなかった点もさることながら、上記のような規定ぶりからすると、むしろ、ここでの抵抗権はきわめて国家緊急権的な性格を有するものへと変質してしまっているのではないかとの疑念が残るからである(62)（詳細は本書第一〇章参照）。

それはともかくとして、連邦憲法裁判所の管轄権を列挙する基本法第九三条一項に、一九六九年一月の第一九回改正で新たに付加された第四a号は、同裁判所が「各人が、公権力によって自己の基本権の一つ、又は、第二〇条第四項、第三三条、第三八条、第一〇一条、第一〇三条及び第一〇四条に含まれている諸権利の一つを侵害されている、とする主張をもって提起することができる憲法訴願（Verfassungsbeschwerde）について」管轄権を有する旨を規定しているから、この抵抗権（第二〇条四項）も、国民が「公権力によって」自己の権利を侵害されたとして《憲法訴願》を提起することができるとされている限りにおいて、これも基本法の定める（本来の《基本権》とまでは言えないが、それと類似した）国民の権利の一つと解されている。

(2)　政党結成の自由と違憲政党の解散　右に引用した連邦憲法裁判所法第九三条一項四a号に言及されているその他の権利については、少し後に(3)以下で）触れるとして、ここでの関連では、次に、第二一条一項の「政党結成の自由」についても言及しておく必要があろう。

そもそも、政党について憲法典の明文規定で置く例は、むしろあまり一般的ではなく、ドイツ以外では、たとえばフランスの現行憲法（一九五八年の第五共和制憲法）の第四条やイタリア憲法（一九四八年）の第四九条、および（憲法裁判所制度も含めてドイツの基本法の影響を受けたことが推測される）現行の大韓民国憲法（一九八七年）の第八条ぐらいであろう。日本国憲法も、政党については沈黙しているが、一般には第二一条一項の結社の一種として理解されている。最高裁判所も、上記の八幡製鉄政治献金判決において、「憲法は、政党について規定するところがなく、これに特別の地位を与えてはいないのであるが、憲法の定める議会制民主主義は政党を無視しては到底その円滑な運用を期待することはできないのであるから、憲法は、政党の存在を当然に予定しているものというべきであり、政党は議会制民主主義を支える不可欠な要素なのである」としている。基本法第二一条一項は、政党について、「国民の政治的意思形成に協力する」ものとして性格づけた上で、「政党の結成は自由である」とするが、同時に、「政党の内部秩序は、民主制の諸原則に合致していなければならない。政党は、その資金の出所及び用途について、並びにその財産について、公に報告しなければならない」として、政党の内部秩序についても規律している。したがって、同条二項が、「政党のうちで、その目的又はその支持者の行動からして、自由で民主的な基本秩序を侵害し若しくは除去し、又はドイツ連邦共和国の存立を危うくすることを目指すものは、違憲である」（第一文）と定めているのは、上述した《たたかう民主制》の思想からしても当然のこととなる。具体的に政党が違憲かどうかの問題については、連邦憲法裁判所が決定することとなっており（同項二文、連邦憲法裁判所法第一三条および第四三条以下）[63]、現に、これまでに二つの政党について、憲法違反の決定がなされたことはよく知られている[64]。なお、一般の結社については、内務大臣等の行政機関によって解散等の命令が出せる[65]のに対して、政党については（連邦議会やラント議会の《会派》と同様に）結社法の意味での結社には含まれず（結社法§二第二項）、民主的国家にとって政党のもつ重要な地位に鑑みて、行政官庁による解散等を認めていないことも指摘しておくべき点である。

(3)　公民権、不利益取扱いの禁止　公民としての権利義務、公務就任における平等と不利益取扱いの禁止を定める基本法第三三条は、部分的には明治憲法第一九条に対応する。すなわち明治憲法は、「日本臣民ハ法律命令ノ定ムル所ノ資格ニ応シ均ク文武官ニ任セラレ及其ノ他ノ公務ニ就クコトヲ得」と定めていた。明治憲法上はこの規定が《平等》に関わる唯一の規定であった。日本国憲法には法の下の平等と差別禁止を定める規定がある(第一四条一項)が、公務就任については特に言及していないため、日本国憲法上、公務就任権の根拠がどこにあるかが議論になる。学説の一部には、明治憲法の上記規定との関連で憲法第一四条一項後段の「政治的関係において、差別されない」という文言の根拠を求めるものがあるのも、その意味ではまったく誤りとは言えまいが、むしろ多数の学説は、公務就任権の憲法上の根拠をそれとは別の条項に見出している。(66)

基本法第三三条は、「すべてのドイツ人」に、等しく「公民としての権利を有し義務を負う」とし(第一項)、「その適性・資格及び専門的能力に応じて」、平等に公務に就任することができるとし(第二項)、これらの権利が、「宗教上の信仰のいかんによって左右されることはない」し、何らかの信条や世界観に属するか否かによって不利益を受けないことを保障している(第三項)。なお、上述(1)のとおり、公民権に関する不平等や不利益取扱いについても、以下に述べる各権利と同様、その侵害を主張して連邦憲法裁判所に憲法訴願を提起することができることとなっている。

(4)　選挙権・被選挙権　次に、基本法は、選挙権・被選挙権について、第三章の連邦議会の章の中で規定している。その点、日本国憲法が「国民の権利及び義務」に関する第三章の第一五条で「国民固有の権利」として「公務員を選定し、及びこれを罷免する」権利を保障しているのは、諸外国の憲法と比較した場合には、むしろ例外的とも言える。日本国憲法は、国会に関する第四章の第四四条で、「両議院の議員及びその選挙人の資格」について定める法律が、「人種、信条、性別、社会的身分、門地、教育、財産又は収入」によって差別することを禁止しており、このような規定ぶりの方が、むしろ多くの国の憲法典における選挙権の位置づけと通じるものとも言える。この点では、基本法第三八条は、「ドイツ連邦議会の議員は、普通、直接、自由、平等及び秘密の選挙によって選挙される」とするとして、近代選挙法の諸原則としての普通選挙、直接選挙、自由選挙、平等選挙および秘密選挙を明記している（第一項一文）のが特徴的である。(67)

また選挙権と被選挙権については、「満一八歳以上」の「ドイツ人」が有している（基本法第三八条二項、連邦選挙法第一二条一項一号、第一五条一号・二号）。この点も、日本国憲法は成年（現行法令上は年齢満二十年以上の国民）に対する選挙権(68)のみを明文で保障し（第一五条）、被選挙権については明文規定がないが、最高裁判所は、いわゆる三井美唄労組事件判決（最大判昭和四三年一二月四日刑集二二巻一三号一四二五頁）の中で、「被選挙権または立候補の自由」が、憲法第一五条一項に明記されてはいないものの、それは「選挙権の自由な行使と表裏の関係」にあり、「自由かつ公正な選挙を実施するうえで、きわめて重要である」から、同項の保障する「重要な基本的人権の一つと解すべきである」としている。(69)なお、上述のとおり、基本法第三八条の権利についても、基本法第九三条一項四a号を通じて、その侵害を主張して連邦憲法裁判所に憲法訴願を提起することができる（この点は、以下で触れる諸権利についても同様である）。

⑸　裁判を受ける権利・例外裁判所の禁止　(イ)　裁判を受ける権利　「裁判を受ける権利」を保障した基本法第一〇一条一項は、上述した（第三節1⒂(ハ)）第一九条四項と関連するが、日本国憲法第三二条が「何人も、裁判所において裁判を受ける権利を奪はれない」として、「裁判所」における裁判を受ける権利を、文字どおりの《権利》として憲法典の第三章の中で保障しているのに対し、基本法の規定は、基本権の章にではなく「裁判」に関する第

九章の中のものであり、しかも、「何人も、法律の定める裁判官を奪われない」という規定になっているから、字義どおりに解せば、「奪われない」のは、厳密には「裁判を受ける権利」そのものではなく「裁判官」である。両者のこの文言の違いに着目して言えば、わが国で二〇〇九年五月二一日から施行されている裁判員制度（平成一六年法六三号）と憲法第一七条・第三二条・第七六条三項等の諸規定との関係が問題にされたこともあるが、日本国憲法は、裁判に参加する者がすべて裁判官であることを要請しているとまでは言えず、「裁判所」においてなされる裁判に国民から選ばれた裁判員が参加することも、憲法に違反することはないことになる。(70) 基本法の文言からは、国民が参加する裁判であっても、その国民は単なる「裁判員」でなく、あくまでも「裁判官」でなければならないことになるはずであり、ドイツが採用している「参審制」（Schöffensystem）に参加する国民が「素人裁判官」（Laienrichter）であり名誉裁判官（ehrenamtlicher Richter）として位置づけられているのも、このことと関わりがあろう。(71)

(ロ)　例外裁判所の禁止　　基本法第一〇一条は、《例外裁判所》（Ausnahmegerichte）を禁止している（第一項一文）。この部分は日本国憲法第七六条二項にいう《特別裁判所》の設置の禁止と対応しており、この禁止規範は国民の基本権保障との関連もないわけではないが、この点についての詳細は、第一〇一条二項の「特別の専門分野についての裁判所」の設置の問題とともに、ここでは触れない。

(6)　刑事裁判手続上の権利　　基本法第一〇三条は、「何人も、裁判所において、法律上の審問を請求する権利を有する」（第一項）とし、同時に「遡及的刑法の禁止」（第二項）と「二重処罰の禁止（nebis in dem）」（第三項）を定めている。これらの規範は、日本国憲法では、第三七条二項が、刑事被告人が「すべての証人に対して審問する機会を充分に与へられ、又、公費で自己のために強制的手続により証人を求める権利」を保障し、また、第三九条が「遡及処罰の禁止と一事不再理」を定めているのと対応している。日本国憲法のこれらの規定は、アメリカ合衆国憲法修正第五条を模範として作られたものであることが知られている。日本国憲法上は、これらの権利が、上記の「裁判を受ける権利」と同様に、憲法第三章の基本権の中に含まれているのに対し、基本法上は「裁判」に関する第九章の中に含まれているのも特徴的である。このことは、次に触れる「人身の自由」と自由剝奪の際の権利保障の規定についても同様である。

(7)　人身の自由の制限と剝奪　(イ)　人身の自由　基本法第一〇四条は、人身(Person)の自由の制限が「正式の法律上の根拠及びその法律に規定されている方式を遵守してのみ、制限することができる」こと(第一項)、自由剝奪の許容やその継続については「裁判官の命令に基づいてのみなされる」べきこと(第二項・四項)、および逮捕の際の手続的保障(第三項)などについて定めている。基本法は、基本権に関する第一章の第二条二項一文において、すでに「生命への権利及び身体を害されない権利」および「人身の自由の不可侵」を定めており、したがって、第一〇四条は、第二条二項一文を裁判上の手続としてさらに具体的に定めたものと言える。これらの権利は、日本国憲法でも、第三三条・三四条において国民の基本権として規定されている。これに対して、日本国憲法ではきわめて重要な権利として規定されている「残虐な刑罰の禁止」(第三六条)、「迅速な刑事裁判の保障」(第三七条)、「自己に不利益な供述の強要の禁止」(第三八条)のような規定については、基本法上はこれらに直接に対応する規定はない。同様に、日本国憲法第三一条のいわゆる適正手続規定そのものに相当する規定も、基本法には見当たらない。

(ロ)　死刑の廃止　もっとも、日本国憲法第三六条の「残虐な刑罰の禁止」に関連していると言えるのは、基本法第一〇二条が「死刑は、廃止されているものとする」と規定していることであろう。ドイツにおいては、すでに一八四九年のいわゆるフランクフルト憲法が、原則的に死刑を廃止することを予定していた（§一三九）が、この憲法は施行されないままに終わったし、その後は、ヴァイマル憲法においても何ら定められないままであった。ところがその後、ナチスの時代に、国会議事堂放火事件に絡んで、その翌日の一九三三年二月二八日にヒンデンブルク大統領が出した「民族と国家を保護するためのドイツ国大統領命令」(72)において、内乱、毒物投与、放火等の一定の重大犯罪に該当し、「無期懲役を科すべき犯罪」については、死刑をもって罰する旨が定められたこともあって、戦後の基本法はこれを明文で廃止した。その意味では、「死刑はこれを廃止する」(Die Todesstrafe *wird* abgeschafft.)という文言ではなく、「廃止されているものとする」(Die Todesstrafe *ist* abgeschafft.)という完了形の文言になっている理由が多少気になるところであるが、これは、死刑が永久に廃止されており、したがって、今後、基本法や刑事法令の改正によって死刑を復活することも禁じている趣旨と解されているようである。(73)

日本国憲法との関連では、死刑が憲法第三六条の「残虐な刑罰」に該当するとする学説もあるが、最高裁は憲法第一三条や第三一条を根拠に、現行憲法の下においても死刑を存置することは違憲ではないとし、残虐な刑罰は死刑の執行方法の問題であるとしている。(74)

(8)　自然的生活基盤の保護義務　　最後に触れるべきなのは、一九九四年の基本法改正で新たに付加された第二〇ａ条にいう「自然的生活基盤の保護義務」である。もとよりこの規定は基本権そのものではないし、これまで触れてきた「基本権類似の権利」とも言えないが、わが国での《環境権》の議論と関連するので、ここで少しだけ触れておくことが適切であろう。すなわち、基本法第二〇ａ条は、「国は、来たるべき世代に対する責任を果たすためにも、憲法的秩序の枠内において立法を通じて、また、法律及び法の基準に従って執行権及び裁判を通じて、自然的生活基盤及び動物を保護する」と定めている。このうち「及び動物」の文言については、二〇〇二年の第五〇回改正で付加されたものである。

この条項は、その文言からしても、《環境》に対する国民の権利を定めたものでなく、むしろ「自然的生活基盤」としての《環境》を保護すべき国の責務を定めたものであることが明らかである。わが国においても、憲法第一三条や第二五条を根拠にして《環境権》という国民の権利が保障されているとする考えもありうるところであるが、「環境に対する権利」の概念が不明確であること等もあり、裁判ではこれを明確に認めた例はほとんどなく、「環境基本法」等の法律も、「環境の保全」についての国や事業者・国民の責務を明らかにして、「現在及び将来の国民の健康で文化的な生活の確保に寄与するとともに人類の福祉に貢献すること」を目的として制定されたものとされている。その意味で、基本的には基本法の規定の仕方と軌を一にしているといえよう。

3　まとめ

以上、基本法の定める個々の基本権と、厳密な意味では基本権とはされていないが、基本権類似の権利としてその侵害に対して裁判で争いうるような諸権利について、個々の条文に沿って概略述べてきたが、これをまとめれば、次のような特徴を指摘することができよう。

⑴　**最高規範としての人間の尊厳**　まず、《人間の尊厳》の不可侵性を謳い、その保護が基本法下の国家の最重要課題であるとしていることである。これは、《人間の尊厳》を蹂躙したナチズムの深刻な体験をもつドイツの戦後の憲法体制をもっともよく特徴づけているものと言っても過言ではない。連邦憲法裁判所の数多くの判例も《人間の尊厳》条項（第一項一項）に言及して、その重要性を確認している。

(2)　包括的基本権　次に、第二条の「自己の人格を自由に発展させる権利」の規定を通じて、各個別の基本権規定には明文では定められていない一般的・包括的な権利規定を根拠として、憲法上の権利の《拡大》がなされてきているということである。ここでは、連邦憲法裁判所による裁判がきわめて大きい役割を果たしている。

(3)　自由権的基本権　第三に、基本法の定める権利規定は、古典的な基本権に関するものが中心であって、ヴァイマル憲法を特徴づけていた社会権的基本権と言えるものは、第六条などごく少ない例外を除けばほとんど規定されていないことである。もちろん、ドイツが社会保障において他国に劣後しているわけでは決してない。むしろドイツでは、「ドイツ連邦共和国は、民主的かつ社会的な連邦国家である」と定める基本法第二〇条一項にいう《社会的》国家であるとの文言から、立法を通じて社会保障が非常によく整備されているといえよう。

(4)　基本権類似の権利　第四に、基本法の定める国民の権利の規定中には、基本権の章(第一章)には含まれていないが、実質的には基本権、あるいは少なくとも基本権に類似する権利に関する規定が少なくないことである。政党結成の自由(第二一条一項)、公民権(第三三条)、選挙権・被選挙権(第四三条)、裁判を受ける権利(第一〇一条)、法律上の審問を受ける権利(第一〇三条)、人身の自由(第一〇四条)などがそれである。こうした権利についても、第二〇条四項の抵抗権を含めて、第九三条一項四a号を通じて、その侵害に対する裁判的救済が与えられることは、第三節で述べたとおりである。これらのほとんどは、日本国憲法上は国民の基本(的人)権として第三章に定められているものである。もとより、日本国憲法上も、憲法第三章には含まれてはいないとはいえ憲法が国民に保障している権利としての性格を有するものもないわけではない。たとえば、最高裁判所裁判官を国民が審査する権利(第七九条二項以下)、地方公共団体の首長や議員を選挙する住民の権利(第九三条二項)、いわゆる地方特別法についての住民の投票権(第九五条)、憲法改正の際の国民投票の権利(第九六条)などがそれである。(75)

(5)　基本権の制限可能性についての明文化　第五に、基本法上の基本権の規定の中には、法律による制限の可能性が個別に条文に明文化されているものがある。たとえば「生命への権利、身体を害されない権利、人身の自由」(第二条二項)、「意見表明の自由、知る権利、出版の自由、放送および報道の自由」(第五条二項)、「屋外での集会の自由」(第八条二項)、「信書、郵便および電信電話の秘密」(第一〇条二項一文)、「移転の自由」(第一一条二項)、「職業遂行の自由」(第一二条)、「住居の不可侵」(第一三条二項以下、第一七a条二項)、「所有権・相続権」(第一四条)、「国籍の喪失」(第一六条一項)、「移転の自由」(第一七a条二項)などである。これに対して日本国憲法は、ごく一部の例外を除いて、基本的にこうした法律の留保を排除しており、その結果、具体的に法律による制限がどこまで許されるのかについて、解釈が別れる余地が広がることは必然である。

(6)　《たたかう民主制》のための制限　またこれとは別に、これまで幾度も言及してきたように、《たたかう民主制》のための制限が、個別に明文化されている。「教授の自由」(第五条三項)、「結社の自由」(第九条二項)、「信書、郵便および電信電話の秘密」(第一〇条二項二文)、「移転の自由」(第一一条二項)などがその例である。これらは法律によって、または法律の根拠に基づいて一般的に制限される場合であるが、これら以外の場合についても、上述した第一八条に基づいて、連邦憲法裁判所によって、特定の個人について基本権の喪失が宣告される場合があることとなる。もっとも、これまでにこの手続によって基本権の喪失が宣告された例はないようである。

注

(1)　樋口陽一『比較の中の日本国憲法』(岩波新書、一九七九年)。

(2)　樋口陽一『自由と国家』(岩波新書、一九八九年)三九頁。

(3)　穂積陳重『法窓夜話』(岩波文庫、一九八〇年)一七六頁以下。

(4)　毛利透「基本法による行政統制」公法研究七二号(二〇一〇年)八七頁。のちに同『統括構造の憲法論』(岩波書店、二〇一四年)一三七頁以下所収。

(5)　基本法第一四〇条の成立の経緯および上記の各規定の編入については、本書第三章〔初出＝初宿「基本法第一四〇条の成立過程について」比較憲法学研究一八・一九合併号(二〇〇七年)一四七頁以下〕参照。

(6)　この点については、とくに本書第四章〔初出＝初宿「ドイツの現行憲法秩序における国立大学神学部の地位──ヴァイマル憲法から基本法へ」曽我部真裕・赤坂幸一編『大石眞先生還暦記念　憲法改革の理念と展開　下巻』(信山社、二〇一二年)一九七頁以下〕参照。

(7)　日本国憲法の「基本的人権」の語に関しては、初宿「人権概念史」長尾龍一・田中成明編『現代法哲学2　法思想』(東京大学出版会、一九八三年)二七頁以下。

(8)　なお、基本法における《基本権》と《人権》の概念に関しては、前注(7)のほか、本書第二章〔初出＝初宿「基本法の人権条項の規範性──第一条二項の成立過程と連邦憲法裁判所の判例を中心に」佐藤幸治先生還暦記念『現代立憲主義と司法権』(青林書院、一九九八年)二四七頁以下〕参照。

(9)　BGBl. I 1478. ちなみにこの改正は、連邦憲法裁判所の権限に関する第九三条に関わる改正であり、第九三条一項に新たに第四c号が追加された。

(10)　これ以外にも、たとえば信書・移転の自由に関する第一一条は、「自由で民主的な基本秩序に対する差し迫った危険を防止するために必要な場合」に制限できると定めている。なお、この語の語源につき、さしあたり木村俊夫「人権の観念と国家観──ドイツの基本権観をモデルとして」比較憲法学研究第一一号(一九九九年)四二頁以下参照。

(11)　この規定の導入過程とその意味については、さしあたり、本書第一〇章〔初出＝初宿「ボン基本法の『抵抗権』条項──その成立過程と問題点」(法学セミナー一九八一年二月号七一〜八四頁)〕参照。

(12)　BVerfGE 93, 1. 一九九五年五月一六日の連邦憲法裁判所第一法廷のこの決定については、石村修「公立学校における磔刑像(十字架)」『ドイツの憲法判例Ⅱ』一一五頁以下参照。

(13)　この問題については、本書第四章で詳細な検討を施している。

(14) ドイツにおける宗教制度全般の概略に関しては、初宿正典・片桐直人「ドイツ」（文化庁編『海外の宗教事情に関する報告書』平成二〇年三月）五一頁以下を参照。

(15) 連邦法律について連邦参議院の同意を要する場合の具体例については、本書第一二章注(45)参照。

(16) ドイツの連邦参議院の法的地位については、本書第一二章〔初出＝初宿「ドイツ憲法における参議院の地位——二院制に関する若干の覚書き」法学論叢一三六巻四・五・六合併号（一九九五年）一三五頁以下、高田篤「ドイツ『連邦参議院』の展開についての一考察」佐藤幸治ほか編『阿部照哉先生喜寿記念論文集　現代社会における国家と法』（成文堂、二〇〇七年）四二七頁以下〕参照。

(17) たとえば「連邦参議会」「連邦参事会」「連邦評議会」などの訳語が考えられるが、現時点ではなお「連邦参議院」というのが定訳となっているので、本書でもこれに依っておくこととする。

(18) 日本の場合、日本国憲法施行後だけを数えても、解散がなされた回数は、直近の安倍内閣の解散（二〇一四年一一月二一日）を含めて、合計二四回にのぼっている。

(19) Vgl. *Eric Hilgendorf*, dtv-Atlas Recht, Band 1, Grundlagen, Staatsrecht · Strafrecht, 2., korrigierte und aktualisierte Auflage, dtv, 2008, S. 84 f. 参照。なお、これらの最高裁判所（専門裁判所）の名称と現在におけるその設置場所については、本書第一五章五一二頁および『ドイツの憲法判例Ⅲ』五八〇頁を参照。

(20) これらの最高裁判所のうち、連邦行政裁判所は、もともとは一九五三年にベルリーンに設置されたが、一九九七年一一月二一日の「連邦行政裁判所のベルリーンからライプツィヒへの移転に関する法律」（BGBl. I, S. 2742）の第三条によって、連邦法務省がライプツィヒへの移転の時期を法規命令で定めることができるとされ（Vgl. v. *Mangoldt/Klein/Starck*, GG. Bonner Grundgesetz, Bd. III, 4. Aufl., Franz Vahlen, 2001, S. 1157, FN 6 zu Art. 95 Abs. 1）、現在では、ライプツィヒのかつての Reichsgericht の建物の中に置かれている。

(21) *Horst Dreier* (Hrsg.), Grundgesetz-Kommentar, Bd. 3, Mohr Siebeck, 2000, Art. 95, Rn. 15; *von Münch/Kunig* (Hrsg.), Grundgesetz-Kommentar, Bd. III, 5. Aufl., C. H. Beck, 2003, Rn. 4 zu Art. 95.

(22) 基本法第九三条一項一号は、いわゆる機関争訟の主体となりうるものとして、この「連邦最高機関」なる語を用いているが、どの機関がこれに当たるかについては、実ははっきりしていない。連邦憲法裁判所法の§六三は連邦大統領、連邦議会、連邦参議院、連邦政府を挙げているが、それ以外にも、連邦会議（第五四条）と合同委員会（第五三ａ条）、連邦首相、連邦大臣および連邦会計検査院（Budesrechnungshof）などが挙げられる（Vgl. *v. Mangoldt/Klein/Starck* (Anm. 20), S. 1045 RN. 102 zu Art. 93）。その際、連邦憲法裁判所自身が連邦最高機関かどうかについては、論者によって違いが見られ、たとえば *Hilgruber/Goos*, Verfassungsprozessrecht, C. F. Müller, 2001, S. 130 は、「連邦憲法裁判所もたしかに連邦最高機関の一ではあるが、自己の問題について決定しなければならなくなるがゆえに、上記の連邦憲法裁判所法§六三の当事者とはなりえない」としているが、*v. Mangoldt/Klein/Starck*, a. a. O., S. 1045 RN. 103 zu Art. 93 は逆に、「連邦憲法裁判所は、自己の問題について裁判官たりえないがゆえに、連邦最高機関ではない」としている。もっとも *Hilgendorf* (Anm. 19), S. 103 は「最高国家機関（oberste Staatsorgane）すなわちいわゆる憲法機関（Verfassungsorgane）」と表記している機関の中に、上記の四機関以外に合同委員会（第五三ａ条）、および連邦憲法裁判所自身を挙げ、逆にこれに含まれないものとして、連邦会計検査院（第一一四条二項）、連邦銀行（第八八条）および連邦最高裁判所（第九五条）を挙げている。なお、本書第一六章五六七頁、五七二頁も参照。

（23）　ラントの憲法裁判所の名称は、Staatsgerichtshof（バーデン＝ヴュルテンベルク、ブレーメン、ヘッセン、ニーダーラント）、Verfassungsgericht（ブランデンブルク、ハンブルク）、Verfassungsgerichtshof（バイエルン、ベルリーン、ノルトライン＝ヴェストファーレン、ラインラント＝プァルツ、ザールラント、ザクセン、テューリンゲン）、Landesverfassungsgericht（メークレンブルク＝フォーアポメルン、シュレースヴィヒ＝ホルシュタイン、ザクセン＝アンハルト）のごとく、異なっている（Verfassungen der deutschen Bundesländer, 9. Aufl. 2009 による）。

（24）　連邦憲法裁判所法§一四。ただし、一九九三年一一月一五日の総会の決定（BGBl. I S. 2492）により、この§一四の定めにかかわらず、第一法廷の管轄に属する問題については第二法廷も管轄権を有することが決められた。この点の詳細については、初宿正典・須賀博志編訳『原典対訳　連邦憲法裁判所法』（成文堂、二〇〇三年）一九～二一頁注参照。

（25）　連邦憲法裁判所法§一三第六号も参照。

（26）　主な手続の具体的な統計については、本書一五章五二四頁以下および次注の文献参照。

（27）　なお、連邦憲法裁判所の各権限に基づく二〇〇七年末受理・処理件数については、さしあたり、『ドイツの憲法判例Ⅲ』五六六頁以下参照。

（28）　連邦憲法裁判所法§三一第二項によると、「連邦憲法裁判所法§一三第六号〔基本法第九三条二号の抽象的規範統制〕、第一一

号〔基本法第一〇〇条の具体的規範統制〕……の事件では、連邦憲法裁判所の裁判は、法律としての効力を有する。§一三第八a号の事件〔憲法訴願〕において、連邦憲法裁判所が一の法律を基本法若しくは他の連邦法に適合する若しくは適合しない又は無効であると宣言する場合も、同様とする。一の法律を基本法若しくは他の連邦法に適合する若しくは適合しない又は無効であると宣言する限りにおいて、裁判の主文は、連邦司法省を通じて連邦法律公報に登載するものとする。……」とされている。

(29)　連邦憲法裁判所法§三第四項は、「裁判官としての活動は、ドイツの大学での法学教官としての活動以外の職業活動とは両立しえない。連邦憲法裁判所の裁判官としての活動は、大学教官としての活動に優先する。」と定めている。

(30)　この三本柱構造は、その後、アムステルダム条約によって修正されたのち、二〇〇九年一二月一日のリスボン条約の発効により廃止された。

(31)　この判決については、川添利幸「欧州連合の創設に関する条約の合憲性」『ドイツの憲法判例』四三二頁以下および『ドイツ憲法集』の高田敏の解説(とくに三三二頁以下)参照。

(32)　第二三条の現行規定については、『ドイツ憲法集』二二四～五頁参照。

(33)　ホセ・ヨンパルト「憲法(学)についての一人の非専門家の随想」三島淑臣ほか編集『法の理論』(成文堂、二〇〇八年)二二七頁。

(34)　青柳幸一『個人の尊重と人間の尊厳』(尚学社、一九九六年)、『人間の尊厳と現代法理論』(ホセ・ヨンパルト教授古稀祝賀(成文堂、二〇〇〇年)所収の諸論文など多数。現在ではこの論争は下火になっているようである。

(35)　マルティン・クリーレ(初宿正典ほか訳)『平和・自由・正義』(御茶の水書房、一九八九年)二四一頁および初宿正典編訳『イェリネック対ブトミー　人権宣言論争』(みすず書房、一九九五年)所収の「マルティン・クリーレの人権宣言史論」二二五頁。もっとも、基本法第一条の成立過程からは、このような区別には必ずしも根拠がないように思われるが、この点についても詳述しない(さしあたり本書第二章参照)。

(36)　本書第二章〔初出＝初宿「基本法の人権条項の規範性」佐藤幸治先生還暦記念『現代立憲主義と司法権』(青林書院、一九九八年)二四七頁以下〕参照。

(37)　本書第一三章〔初出＝初宿「ボン基本法における《執行権》の概念についての若干の覚え書き」法学論叢一三二巻四・五・六号(一九九三年)一六三頁以下〕参照。

(38)　*Gerhard Leibholz*, Die Gleichheit vor dem Gesetz. Eine Studie auf rechtsvergleichender und rechtsphilosophischer Grundlage, 1925 (2., durch eine Reihe ergänzenden Beiträgen erweiterte Auflage, Berlin 1959). なお、ライプホルツの平等論の意義を改めて検討した最近の文献で管見に属したものとして、*Florian Meinel*, Eine „revolutionäre Umschichtung unseres Rechtsdenkens“, Gerhard Leibholz und die Gleichheit vor dem Gesetz, in: *Anna-Bettina-Kaiser* (Hrsg.), Der Parteienstaat. Zum Staatsverständnis von Gerhard Leibholz, Nomos-Verlag, Baden-Baden 2013, S. 169 ff. がある。

(39)　たとえば、いわゆる謝罪広告請求事件判決(最大判昭和三一年七月四日民集一〇巻七号七八五頁)における田中耕太郎裁判官の補足意見で、「良心に該当するゲウイッセン(Gewissen)コンシアンス(Conscience)等の外国語は、憲法の自由の保障との関係においては、沿革的には宗教上の信仰と同意義に用いられてきた」と述べられ、同判決の栗山茂裁判官の補足意見も、「フリーダム・オブ・コンシヤンス(「信仰の自由」)」と説明して多くの具体例を挙げている。

(40)　良心的兵役拒否の自由については、さしあたり初宿「西ドイツの良心的兵役拒否法制の一断面」法学論叢一二六巻四・五・六号(一九九〇年)二五六頁以下参照。

(41)　本書第六章〔初出＝初宿「世界観上の告白の自由に関する若干の考察」高橋和之古稀記念『現代立憲主義の諸相(下)』(有斐閣、二〇一三年)二五九頁以下〕を参照。なおこの点については、最近の文献として、たとえば、*Gerhard Czermak*, Religion und Weltanschauung in Gesellschaft und Recht. Ein Lexikon für Praxis und Wissenschaft, 2009, S. 289 ff. を参照。

(42)　たとえば、いわゆる博多駅事件に関する最高裁の決定(最大決昭和四四年一一月二六日刑集二三巻一一号一四九〇頁)は、「報道機関の報道は、民主主義社会において、国民が国政に関与するにつき、重要な判断の資料を提供し、国民の『知る権利』に奉仕するものである」とされている。

(43)　放送の自由に関しては、鈴木秀美『放送の自由』(信山社、二〇〇〇年)が、ドイツにおける放送の自由についてのこれまでの研究成果をまとめたものとして、特に参照されるべきものである。

(44)　最高裁は、個別の自由や権利に関して制限の可能性が憲法上明示されていると否とにかかわらず、憲法第一二条、第一三条の規定からして、つねに「公共の福祉の制限の下に立つ」としており(最大判昭和三二年三月一三日刑集一一巻三号九九七頁)、反戦運動団体構成員による自衛隊官舎へのビラ配布行為が住居侵入罪に当たるとして起訴された事件についての最近の判例においても、「憲法二一条一項も、表現の自由を絶対無制限に保障したものではなく、公共の福祉のため必要かつ合理的な制限を是認するもの」であるとしている(最二判平成二〇年四月一一日刑集六二巻五号一二一七頁)。

(45) ただし、東大ポポロ事件に関する判決(最大判昭和三八年五月二二日刑集一七巻四号三七〇頁)における垂水克己裁判官の補足意見は、「高い芸術の探求創造は本来の意味の学問と同様に自由が保障されるべきであるから、憲法二三条にいう『学問』には芸術を含むと解される」としており、この解釈はドイツ憲法の影響を受けたものと言えるかもしれない。なお、これについての詳細は、次注参照。

(46) この点も含めて、《芸術の自由》に関しては、本書第八章〔初出＝初宿「憲法と芸術の自由」『京都大学法学部創立百周年記念論文集』第二巻(有斐閣、一九九九年)一〇三頁以下〕参照。

(47) たとえば、東大ポポロ事件に関する最大判昭和三八年五月二二日刑集一七巻四号三七〇頁。

(48) *Carl Schmitt*, Freiheitliche und institutionelle Garantien, in: *Ders.*, Verfassungsrechtliche Aufsätze aus den Jahren 1924-1954, Materialien zu einer Verfassungslehre, 2. Aufl. 1973, S. 157.(時岡弘編『人権の憲法判例　第三集』(成文堂、一九八〇年)二八一頁以下〔佐々木高雄訳〕参照)。

(49) この点についても、本書第四章を参照。

(50) ただしこの決定は、結論には同意しうるとしても、その理由の理論的根拠づけについては、旧判例との関係でも大いに疑問が残る。なお、初宿「平等原則の《適用》問題としての非嫡出子相続分差別」(阿部照哉先生喜寿記念論文集『現代社会における国家と法』(佐藤幸治ほか編、成文堂、二〇〇七年)九五頁以下)参照。

(51) この問題については、本書第五章〔初出＝初宿「いわゆるブレーメン条項の適用範囲——統一ドイツにおける宗教教育の新展開」法学論叢一四四巻四・五・六号(一九九九年)六六頁以下〕参照。

(52) この問題についても、詳細は、本書第九章〔初出＝初宿「集会の自由に関する若干の考察——とくに基本法第八条二項の成立過程を中心として」法学論叢一四八巻五・六号(二〇〇一年)九〇頁以下〕参照。

(53) これについて詳細は、本書第七章〔初出＝初宿「ドイツの結社法における宗教・世界観団体の地位——一九六四法とその改正を中心に」栗城壽夫先生古稀記念『日独憲法学の創造力〔上巻〕』(信山社、二〇〇三年)四〇一頁以下〕参照。

(54) この点に関しては、赤坂正浩「ドイツ法上の職業と営業の概念」『季刊　企業と法創造』第八巻三号(二〇一二年二月)八五頁以下を参照。

(55) 条文の内容の詳細は、『ドイツ憲法集』の当該箇所を参照。

(56) BVerfGE 94, 49. なおこの決定については、川又伸彦「庇護権における『安全な第三国』要件」『ドイツの憲法判例Ⅲ』三五六頁以下参照。

(57) 第一九条の前にある第一七条は陳情権に関する規定(日本国憲法第一六条に相当する)であり、続く第一七a条は一九五六年三月一九日の第七回改正法律で追加された兵役・代役に従事している者に対する基本権制限に関する規定であるが、これについては触れない。なお、第一八条についても、上述した(第二節2(2))ので繰り返さない。

(58) この点については、赤坂正浩「法律の一般性とボン基本法一九条一項一文」(新正幸ほか編『菅野喜八郎先生古稀記念論文集』〔信山社、一九九九年〕二五五頁以下)が、とくにドイツの学説について詳細な検討をしているのが参照されるべきである。なお、初宿「法律の一般性と個別的法律の問題――いわゆるオウム規制法の制定を契機として」法学論叢一四五巻五・六号二六～四四頁も参照。

(59) 現行の大韓民国憲法(一九八七年)の第三七条二項が、ドイツの影響を受けてであろうか、「国民のすべての自由及び権利は、国家の安全保障、秩序の維持又は公共の福祉のために必要な限り、法律によって制限することができるが、制限する場合においても、自由及び権利の本質的な内容を侵害することはできない」とする規定を置いているのは、興味深い。

(60) しかし実際にはヴァイマル憲法下では行政裁判所が設置されることはなかった。

(61) この点については、上述第二節3(5)のほか、詳細は本書第一五章参照。

(62) 基本法の抵抗権規定に関しては、相当数の文献があるが、筆者自身の手になるものとしては、基本法第二〇条四項の成立過程を検討した本書第一〇章〔初出＝初宿「ボン基本法の『抵抗権』条項――その成立過程と問題点」(法学セミナー一九八一年二月号七一頁以下)〕のほか、「抵抗権論の史的考察序説(一)(二・完)」(法学論叢九四巻一号五六頁以下・九五巻二号七五頁以下〔一九七三・七四年〕)、「抵抗権の理論――とくにボン基本法の『非常事態憲法』との関連において」(比較法研究四二号一二五頁以下〔一九八〇年〕＝本書「まえがき」vi頁参照)、「実定法上の抵抗権――菅野教授の抵抗権論について」(社会科学の方法〔お茶の水書房〕一三一号一頁以下〔一九八〇年〕)、「抵抗権」(杉原泰雄編『憲法学の基礎概念Ⅱ』〔勁草書房、一九八三年〕二三七頁以下)など参照。ドイツ共産党(KPD)が主張した抵抗権に関連する連邦憲法裁判所の判決(BVerfGE 5, 85)についても、さしあたり、上記の最後の文献のほか、阿部照哉「ドイツ共産党違憲判決」(産大法学二巻二号七二頁以下)、樋口陽一「自由な民主的憲法秩序の保障と政党の禁止」『ドイツの憲法判例』四一四頁以下を参照のこと。なお、本書第一〇章三八二頁の注(46)のその他の文献も参照。

(63) 連邦憲法裁判所法の定める具体的手続については、初宿正典・須賀博志編訳『原典対訳 連邦憲法裁判所法』(成文堂、二〇〇三年)参照。

(64) 一九五二年一〇月二三日には右翼政党の社会主義国家党(Sozialistische Reichspartei)が違憲とされ(BVerfGE 2, 1)、また、一九五六年八月一七日には左翼政党のドイツ共産党(KPD)が違憲とされ(BVerfGE 5, 85)、いずれの政党も解散が命じられた。その後も、いくつかの政党について違憲確認の訴えがなされたことがあるが、連邦憲法裁判所はこれを認めていない。これにつき、前掲注(62)の関連文献参照。

(65) 結社法(Gesetz zur Regelung des öffentlichen Vereinsrechts=Vereinsgesetz v. 5. 8. 1964), §3 参照。なお、この結社法およびその適用事例に関連しては、本書第七章参照。

(66) 憲法第一四条一項以外には、憲法第一三条(幸福追求権)、第一五条一項(参政権)、第二二条(職業選択の自由)に根拠を見出す学説が対立していることも、周知のことがらに属する。

(67) 日本国憲法上は、普通選挙・平等選挙及び秘密選挙については明文規定がある(第一五条三項・四項、第四四条ただし書)が、自由選挙については明文規定はなく、また直接選挙については、地方公共団体の議員等の選挙については規定がある(第九三条二項)ものの、国政選挙については明文がない。

(68) すでに施行されているいわゆる憲法改正手続法(平成一九年法五一号)の附則第三条は、「満十八年以上満二十年未満の者が国政選挙に参加することができること等となるよう」公職選挙法・民法その他の法令の規定を「この法律が施行されるまでの間に」「必要な法制上の措置を講ずるものとする」とされていたが、その改正が本格的に議論されるようになったのは、ようやく平成二六年になってからのことである。

(69) しかし、現行の公職選挙法では公務員がその地位を保ったまま立候補することができないという制限がなされている。この問題については、本書第一一章〔初出＝初宿「立候補の自由に関する若干の覚書」(初宿ほか編・佐藤幸治先生古稀記念論文集『国民主権と法の支配〔下巻〕』(成文堂、二〇〇八年)二一五頁以下)〕参照。

(70) この問題につき詳しくは、さしあたり、土井真一「日本国憲法と国民の司法参加」同責任編集・岩波講座 憲法4(岩波書店、二〇〇七年)二三五頁以下。最高裁大法廷も、国民の司法参加は憲法上許されており、裁判員制度は合憲であるとする判決を出している（最大判平成二三年一一月一六日刑集六五巻八号一二八五頁）。

(71) さしあたり、Die Artikel „Schöffe" sowie „Schöffengericht", in: Deutsches Rechts-Lexikon, Bd. 3 (3. Aufl., 2001), S. 3729 ff. など参照。

(72) Verordnung des Reichspräsidenten zum Schutz von Volk und Staat (Reichstagsbrandverordnung) v. 28. Februar 1933 (RGBl. I S. 83), §5.（邦訳は、『ドイツ憲法集』一五四頁以下。）

(73) たとえば、*Ingo von Münch/Kunig* (Hrsg.), Grundgesetz-Kommentar, a. a. O. (Anm. 21), Rn. 11 zu Art. 102; *v. Mangoldt/Klein/Starck*, Grundgesetz, a. a. O. (Anm. 20), S. 1325 ff.; Vgl. auch BVerfGE, 18, 112.

(74) 最大判昭和二三年三月一二日刑集二巻三号一九一頁、最大判昭和三六年七月一九日刑集一五巻七号一一〇六頁。なお、最近においても、裁判員による裁判において、死刑が合憲であるとする判決が出されており（大阪地判平成二三年一〇月三一日判タ一三九七号一〇四頁）、控訴審もこの結論を支持して控訴を棄却している（大阪高判平成二五年七月三一日裁判所ウェブサイト）。

(75) また、たとえば第四四条ただし書の定める「選挙人の資格」に関する差別禁止規定も、第一五条一項・三項や第一四条一項との関わりを有する限りにおいて、基本権としての性質を有すると言ってもいいかもしれない。

【付　表】

基本法の基本権条項と日本国憲法との対応関係

ドイツ連邦共和国基本法	日本国憲法
第一条(1)　人間の尊厳(Würde des Menschen)	第一三条　個人の尊重
(2)　不可侵不可譲の人権(Menschenrechte)	第一一条・第九七条　基本的人権の享有・不可侵性
(3)　基本権(Grundrechte)の拘束力	第一一条　基本的人権の享有・不可侵性
第二条(1)　人格の自由	第一三条　生命・自由・幸福追求権、第三一条　法定手続保障
(2)　生命・身体を侵されない権利、人身の自由	第三一条　法定手続保障

第三条(1)　法律の前の平等	第一四条一項前段　法の下の平等
(2)　男女同権	第二四条　家族関係における男女平等
(3)　差別的取扱いの禁止	第一四条一項後段　差別禁止事由
第四条(1)　信仰・良心の自由	第一九条　思想・良心の自由、第二〇条一項　信教の自由
(2)　宗教的活動の自由	第二〇条二項　宗教的行為等への参加強制の禁止
(3)　良心的兵役拒否の自由	―
第五条(1)　意見表明の自由、知る権利、報道の自由、検閲の禁止	第二一条　集会・結社・表現の自由、検閲の禁止、通信の秘密
(2)　法律による制限	―
(3)　芸術・学問・研究・教授の自由、教授の自由と憲法への忠誠義務	第二三条　学問の自由
第六条(1)　婚姻、家族、母及び子の教育・保護	第二四条　婚姻の自由、家族関係における個人の尊厳と男女平等
(2)　親の教育権・義務	第二六条　教育を受ける権利、教育の義務
(3)　子の親権者からの保護	―
(4)　母性保護	―
(5)　非嫡出子の平等保護	―
第七条(1)　学校制度と国の監督	―
(2)　親権者の宗教教育の決定権	―
(3)　公立学校における正規科目としての宗教教育	第二〇条三項　宗教教育その他の宗教的活動の禁止
(4)～(6)　私立学校、予備学校等	―
第八条　集会の自由	第二一条一項　集会・結社・表現の自由
第九条(1)　結社の自由	第二一条一項　集会・結社・表現の自由

(2) 結社の自由の制限、「たたかう民主制」	—
(3) 労働団体結成の権利	第二八条 労働基本権
第一〇条(1) 信書、郵便、電信電話の秘密	第二一条二項 通信の秘密
(2) 法律による制限	—
第一一条 全連邦内での移転の自由とその制限	第二二条一項 居住・移転の自由
第一二条(1) 職業選択の自由	第二二条一項 職業選択の自由
(2) 強制労働の禁止とその例外	第一八条 奴隷的拘束と苦役からの自由
(3) 裁判による自由剥奪と強制労働の例外	第三一条 法定手続保障
第一二a条 国防その他の役務従事義務、良心的兵役拒否者への代役等	—
第一三条 住居の不可侵と法律によるその制限	第三五条 住居侵入、捜索・押収に対する保障
第一四条 所有権、相続権、公用収用	第二九条 財産権
第一五条 土地、天然資源等の社会化(Sozialisierung)	第二九条三項 正当補償による私有財産の公用
第一六条(1) 国籍剥奪の禁止、国籍の喪失	第二二条二項 外国移住・国籍離脱の自由
(2) 外国への引渡しの禁止とその例外	—
第一六a条 庇護権とその制限	—
第一七条 請願権・訴願権	第一六条 請願権
第一七a条 基本権の制限	第一二条 自由・権利の保持責任と濫用禁止
第一八条 基本権の喪失、連邦憲法裁判所による決定	—
第一九条 基本権の制限とその限界、法人の基本権享有、基本権侵害の法的救済	第一二条 自由・権利の保持責任と濫用禁止、第三二条 裁判を受ける権利

＊**基本権類似権**（第九三条一項四a号・四b号参照）**その他**	
第二〇条四項　抵抗権	（参考）第一二条前段　自由・権利の保持責任、第九七条　憲法尊重擁護義務
第二一条　政党結成の自由	第二一条一項　結社の自由
第三三条　公民としての権利・義務、公務就任権、公務就任における平等	（参考）明治憲法第一九条　公務就任の平等
第三八条　選挙権・被選挙権	第一五条　公務員の選定・罷免権、普通選挙、投票の秘密、第四四条ただし書　議員及び選挙人の資格
第一〇一条　例外裁判所の禁止、裁判を受ける権利	第三二条　裁判を受ける権利、第七六条二項　特別裁判所の禁止
第一〇三条(1)　法律上の審問、遡及的刑法・二重処罰の禁止	第三七条二項　証人尋問権、弁護人依頼権
(2)　遡及処罰・二重処罰の禁止	第三九条　遡及処罰・二重処罰の禁止・一事不再理
第一〇四条　自由剥奪の際の権利保障	第三一条　法定手続保障、第三三条　逮捕の要件、第三四条　拘留等の要件
第二八条(2)　市町村の自治権	（参考）第九三条　地方自治の基本原則
＊**その他の関連条文**	＊基本法に対応する明文の規定のない条文
（参考）第七四条(1)二五号　連邦とラントの競合的立法権限	第一七条　国・公共団体の賠償責任
——	第一八条　奴隷的拘束からの自由
（参考）第四条(1)　宗教・世界観の告白の自由	第一九条　思想の自由、第二〇条一項　信教の自由
（参考）第一四〇条（ヴァイマル憲法第一三六条～第一三九条、第一四一条）　国の教会の禁止等	第二〇条三項　政教分離
（参考）ヴァイマル憲法第一四九条（宗教教育、大学の神学部の存置）	第二〇条　信教の自由、政教分離、第二三条　学問の自由

(参考)ヴァイマル憲法第一五一条一項　人たるに値する生存の保障	第二五条　生存権
——	第二七条　勤労の権利・義務、児童の酷使の禁止
——	第三三条　逮捕に対する保障
——	第三四条　抑留・拘禁に対する保障
——	第三五条　捜索・押収に対する保障
(参考)第一〇二条　死刑の廃止	第三六条　拷問・残虐な刑罰の禁止
——	第三七条　迅速な公開裁判、証人尋問権、弁護人依頼権
——	第三八条　不利益供述強要の禁止、自白の証拠能力
——	第四〇条　刑事補償

第Ⅰ編　基本法の成立に関わる特殊論点

第一章　基本法前文における《神》の文言

――その成立過程の予備的考察

第一節　憲法典における神への言及

(1)　ヨーロッパの近代国家の根本法たる憲法典ないしそれに類する文書中に、《神》とか《創造主》等の名辞が置かれることは、必ずしもまれではない。すでに一二一五年のイギリスのいわゆる「マーグナ・カルタ」の前文が、「神の恩寵により」(by the grace of God)との文言で始まっていることは措くとしても、たとえば一七七六年七月四日の「アメリカ独立宣言」の有名な箇所にも、次のような文言が見られることは、周知の事柄に属する。すなわち、

われわれは、すべての人が平等に造られ、創造主によって(by their Creator)一定の譲り渡すことのできない権利を賦与されており、これらの権利の中に生命、自由及び幸福の追求が含まれていることを、自明の真理であると信ずる。

また、一七八九年八月二六日のいわゆるフランス人権宣言の前文は、その末尾で

こうして、国民議会は、最高存在(l'Être suprême)の前に、かつ、その庇護のもとに、以下のような人及び市民の諸権利を承認し、宣言する。

としている。

もとより、右のアメリカ独立宣言においては《神》(God)という名辞への直接的な言及はなされていないし、フランスの人権宣言においては、むしろ意図的に、《神》(le Dieu)への直接的な言及が回避されたことが知られている。[1]

しかし他方、直接に《神》に言及した憲法典もないわけではない。たとえば、オーストラリア連邦憲法(一九〇〇年制定)の前文やフィリピン憲法(一九八七年発効)にも、「全能の神」なる文言が見えるし、カナダの一九八二年の憲法法の前文にも《神》への言及が見られる。もっと直接的かつ詳細なのは、アイルランド憲法(一九三七年)で、その前文は、

> すべての権威の源にして、われわれの最終目的として、人間と国家のすべての行為が方向づけられなければならない全能の三位一体〔なる神〕の名において、
>
> われわれアイルランドの国民は、
>
> 幾世紀にもわたる試練の時もわれわれの先祖を助けたもうた、われわれの神なる主イエス・キリストに対するわれわれのすべての義務を、謙虚に認める。[2]……

という、まさしくキリスト教の信仰告白とも言える文言から始まっている。

さらに、スイス連邦憲法の前文が「全能の神の名において!」と始まっているのも、注目すべき例の一つであろう。[3]

(2)　そして本章で多少とも詳細に検討しようとするドイツの現行憲法も、そうした例の典型であるといえる。すなわち、一九四九年制定のドイツ連邦共和国基本法の制定当時の前文は、次のような文言であった。

神(Gott)と人間とに対する責任を自覚し、
その国民的及び国家的統一を保全せんとする意思と、合一されたヨーロッパにおける同権を有する一員として世界の平和に奉仕せんとする意思に満たされて、ドイツ国民は、
バーデン、バイエルン、ブレーメン、ハンブルク、ヘッセン、ニーダーザクセン、ノルトライン＝ヴェストファーレン、ラインラント＝プァルツ、シュレースヴィヒ＝ホルシュタイン、ヴュルテンベルク＝バーデン及びヴュルテンベルク＝ホーエンツォレルンの諸ラントにおいて、
過渡期のあいだ国家生活に一つの新しい秩序を与えるために、
その憲法制定権力に基づいて、このドイツ連邦共和国基本法を議決した。
ドイツ国民は、〔この基本法の制定に〕協力することのできなかった、かのドイツ人たち〔＝旧東ドイツのドイツ人〕のためにも行動した。
全ドイツ国民は、自由な自己決定によってドイツの統一と自由とを完成することを、引き続き要請されている。

この前文の文言は、一九九〇年八月三一日のドイツ統一条約第四条による基本法改正によって変更されているが、(4)冒頭の「神と人間とに対する責任を自覚し」の部分は、従前と変わっていない。

また、基本法のみならず、ラント憲法の前文(Vorspruch ないし Präambel)にも、同一ないし同趣旨の文言が見える。たとえば、すでに基本法より早い一九四六年一一月二八日制定のヴュルテンベルク＝バーデン憲法と一九四七年五月一八日制定のバーデン憲法は、「神への信頼」(Vertrauen auf Gott)の文言をもっていたし、同年五月一七日のヴュルテンベルク＝ホーエンツォレルン憲法は、「ヴュルテンベルク＝ホーエンツォレルンの国民は、唯一の正義の審判者(Richter)である神への服従(Gehorsam gegen Gott)と神への信頼において、以下の憲法を制定する」としていた。また、同年五月一八日のラインラント＝プァルツ憲法では、「法の根本原因にしてすべての人間の共同体の創造者であられ

る神に対する責任(Verantwortung vor Gott)を自覚して」との文言を有していた。[5] さらに、基本法よりあとに制定された憲法においては、一九五〇年六月二八日のノルトライン＝ヴェストファーレン憲法が「神と人間に対する責任」とし、また一九五三年一一月一一日のバーデン＝ヴュルテンベルク憲法に至っては、「神と人間とに対する責任を自覚し……」という、基本法とほとんど同一の文言を有している。[6]

(3) ところで、一九九〇年の統一後のドイツにおける宗教状況に関連して、この基本法前文における《神》への言及について触れて、次のように述べられたことがある。

「……とくに統一を遂げたドイツの場合には、全体として教会活動のいちじるしい高揚が見られるが、重要なのは、そのことが統一ドイツの国家像の形成にも大きな影響を及ぼしつつあることである。この点でとりわけ注目に値するのは、最近、ドイツの保守系の新聞などでは、ドイツの憲法(ボン基本法)の序文〔ママ〕が『神および人間に対する責任を自覚して』という言葉ではじまることが、あらためて想起されていることである。そして、この関連では、憲法にもられた人権・自由・民主主義などの諸原理も、キリスト教の『神にたいする責任』という観念と不可分のものであることが強調されているのである。[7]」

そこで、以下では、基本法前文の成立過程を検討することによって、この《神》への責任の告白の条項がいかにして成立し、それがいかなる規範的意味をもっているとされているかについて、若干の考察を加えることとする。

第二節　基本法前文の成立過程

前文の文言の成立過程には、相当な議論があったことが知られている。ここではとりあえず手元にある史料[8]を用いて、この過程を追究しておくこととする。

(1)　ヘレンキームゼー草案における前文の構想　　基本法の制定会議であるボンの議会評議会における基本法制定の討議に先立って、ラントの首相によって設立されていた専門委員会は、一九四八年八月一〇日から同月二三日までの間、オーストリア国境にほど近いヘレンキームゼーにおいて会議を開き、基本法の草案起草の作業を行なっていた。ここでの作業の成果たる、いわゆる《ヘレンキームゼー草案》が、ボンにおける制定会議でのたたき台になったことは、周知のことである。

この草案[9]においては、基本法の前文として二つの案が併記されているが、いずれの提案にも、《神》(Gott)への言及はない。むしろ、これら両案の対立点は、戦前・戦後のドイツの連続性の認識の相違にあり、戦後のドイツは、西側地域に限定されたものとはいえ、新たに組織される(organisiert)にすぎないのか、それとも、一九四五年の占領によって国家としての存続が否定され、それゆえ、単に新たに組織されるのみならず、そもそも国家的に新たに構成される(konstituiert)のか、という点にあったようである。

(2)　議会評議会での初期の議論　　そして、ボンの議会評議会において、一九四八年九月一五日以降に開催された「基本原則委員会」[10]の議長であったCDUのヘルマン・フォン・マンゴルトの提議によって、一九四八年一〇月六日の第七回会議から始まった前文の審議においても、当面の議論の焦点は、以下の諸点にあった。すなわち、基本法には次の諸点が表現されるべきだということである。①基本法が国連憲章においても国際法の一般原則として承認されている「自律権」(Selbstbestimmungsrecht)によって制定されるものであるが、しかし同時にこの自律権は、占領によって十分に自由に行使しうる状況にはなく、制限を受けていること、②基本法の制定は、ドイツの十分な統一を組織的に準備することをめざすものであること、③戦後秩序は、当面は西側ドイツにのみ適用されることをめざすものであらざるをえないが、東側ドイツの受入れは常に可能でなければならないこと、④国家権力の点でも領域の点でも、新たに創られる連邦国家は、ヴァイマル共和国との関係においても一九四五年以前のドイツ国との関係においても、連続していること、⑤基本法が暫定的なものであり、新たな憲法の最終的な制定によって失効するものであること、戦後ドイツ国家の名称（ドイツ連邦共和国）を前文の中に強調すべきこと、等々である。

その際、とくに議論になったのは、占領体制のゆえに基本法の妥当領域が限定されていること、それと関連して、基本法の成立の文脈で「外国による支配」（Fremdherrschaft）ないしそれに類する文言を前文に盛り込むべきかということであった。しかし、この点についての同委員会の意見は翌日（一〇月七日）の第八会会議においても一致を見ず、結局、ＳＰＤのカルロ・シュミート、ＦＤＰのテーオドーア・ホイス、ＣＤＵのヘレーネ・ヴェーバー、同じくＣＤＵのフォン・マンゴルト等から組織される編纂委員会（Redaktionsausschuß）に、前文の草案の推敲が委託されることとなった。

そして同月一二日の第九回会議に提出されたこの編纂委員会の草案は、次のようなものであった。

> ナチズムの圧政がドイツ国民（Volk）からその自由を奪い、戦争と暴力が人類を貧困と悲惨に陥れた。一九一九年八月一一日のヴァイマルの憲法によって建設されたドイツ共和国という国家組織は破壊された。しかしドイツ国民は、その国民生活の自由な形成にたいする放棄することのできない権利を維持してきた。諸外国によるドイツの占領によって、この権利の行使は重大な制限を蒙った。
>
> 自己の自由権を保護し、国民（Nation）の統一を維持し、およびドイツの新しい国家秩序を準備する意思に満たされて、ドイツ国民は、
>
> バーデン、バイエルン……〔これに続くラント名省略――以下同じ〕の諸ラントにおいて選ばれて、一九四八年九月一日にボンに集合した議会評議会の議員たち――これらの議員たちはベルリーンにいるドイツ人の代表者たちの助言を受

け、すべてのドイツ人の信頼に支えられ期待によって動かされているのであるが——によって代表されて、これらの議員を派遣した住民の居住する地域のために、
　ドイツ連邦共和国の高権（Hoheitsgewalt）の抱える過渡期の課題のために役立つ秩序を造り出すために、この基本法を制定した。ドイツ国民はその国民全体として、共同の決定と責任において、その国家的統一と自由を新たに樹立するべきことを、引き続き要請されている。[11]

　カルロ・シュミートによって提案の説明がなされたこの草案においても、まだ《神》への言及は見られない。ただこの草案には、一方で、ヘレンキームゼー草案には見られなかったナチズムへの言及があり、ドイツ国民が自由を奪われたのが、占領によってではなく「ナチズムの圧政」によってであったとすることで、一方で、「外国の支配」という強い文言を回避していると同時に、他方、ナチズムへの言及がなされたことが、その後の議論の方向を示すものとなったように思われる。もっとも、この「ナチズムの圧政」の文言を残すべきかどうかについては、議員のあいだでも議論が岐れたようである。つまり、一方では、このような文言は余計だとするＣＤＵ／ＣＳＵの意見と、他方で、これを維持すべきだとするＳＰＤのシュミートの意見など、相当の論争がなされたようである。しかし、やはり大勢はこれを維持すべきだとする方向でまとまり、第一読会（一〇月一三日）には、ＳＰＤのズーアに委託して修正を加えられた草案をもとに議論な継続されているが、この内容も右に引用した草案とほぼ同一である。[12]
　その結果、基本原則委員会の第二読会（一一月九日および一六日）で最終的に決定された文言は、次のようなものであった。最初の文言と比べてそれほど大きな相違はないとも言えるが、念のために訳出しておくと、次のとおりである。すなわち、

ナチズムの圧政はドイツ国民(Volk)からその自由を奪った。戦争と暴力は人類を貧困と悲惨に陥れた。ドイツの国家機構は破壊された。しかしヴァイマルにおいて創設された共和国は存続している。この共和国の独立性は諸外国によって重大な制限を蒙っている。

自己の国民生活の自由な形成にたいする放棄することのできない権利によって、ドイツ国民は、自己の自由権を保護し、国民(Nation)の統一を維持し、および共和国ドイツのための新しい国家秩序を準備する意思を強くした。それゆえ、すべてのドイツ人の信頼に支えられ期待によって動かされて、ドイツ国民によって、バーデン、バイエルン……の諸ラントにおいて選ばれた、ボンの議会評議会の男性議員及び女性議員は、大ベルリーンの諸議員の協力の下に、高権(Hoheitsgewalt)の抱える過渡期の課題のために役立つ秩序を造り出すために、これらの議員を派遣した住民の居住する地域のために、この基本法を制定した。

ドイツ国民は、その国民全体として、共同の決定と責任において、ドイツ連邦共和国におけるその国家的統一と自由の秩序を完成するべきことを、引き続き要請されている。

(3)　神への呼びかけの構想の登場　この草案に対しては、一九四八年一〇月二〇日の第六回本会議における議論の中でも、そもそも前文というものがいかなる意義をもつべきものか、したがって前文にはいかなる文言が盛り込まれるべきであるか、といった根本的問題に始まって、さまざまな疑問も提示されたが、興味深いのは、このときの議論の中で、CDUのアードルフ・ズュスターヘンが、前文においてナチズムのために永遠の記念碑(ewiges Denkmal)を建てるがごときことが必要なことかどうかは疑問だといい、いわゆる「方向を示す力」(vis directiva)、つまり、「善なる法律のもつ社会心理学的および社会教育学的効果」についてのスコラ哲学の自然法論の見解に言及しつつ、前文中に「神の呼びかけ」(invocatio dei)を取り入れたらどうかとの提案をしている点である。つまり、神への呼びかけが、そうした嚮導的な(dirigierend)力をもっており、これを国家の基本法律たる基本法に表現するべきだというのである。彼の趣旨は、すでに前文において基本法がこの基本法の中核的思想の基盤を成しており、それゆえこの思想は、多数決による決定のみによっては再び除去することはできず、その思想の根本は結局は形而上学にもその基礎を有しているのだというのである。

ＦＤＰのホイスはこうした方向に対しては慎重であったが、ドイツ党（ＤＰ）のゼーボームは、第六回の本会議において「神への責任」の文言を基本法に取り込むべきことを主張し、次のような前文の修正提案をしている。

神に対する責任を自覚し、自分たちの先祖に信頼し、および来たるべき世代の利益のために、自己の自由権を保護する意思に満たされて、バーデン、バイエルン……の諸ラントにおけるドイツ国民は、大ベルリーンの代表者の協力の下に、ドイツ・ライヒを、すべてのドイツ諸邦を同権の構成員として包括するドイツ諸ラントの連邦として、再建する。〔後略〕

そしてこの草案は、基本原則委員会の第一九回会議（一一月九日）でも議論になった。ホイスなどは、この草案が一方で「ドイツ・ライヒの再建」をうたいながら、他方で「ドイツ諸ラントの連邦」（Bund deutscher Länder）と述べているのは論理的に矛盾しているといい、神への呼びかけの文言についても、強く反対はしないが、前文はもっと簡潔に表現すべきだと主張した。ホイスはこの議論の中で、ＣＤＵのクロルの提出したもう一つの修正案についても、言及している。(13)

すなわち、このクロルの草案においても、「神への畏敬」（Ehrfurcht vor Gott）の文言が見える。この提案した草案は、おそらくバイエルン憲法（一九四六年一二月二日）の前文を模範としたものと思われ、(14)その冒頭部分に「神への畏敬なき、良心と人間の尊厳への敬意なき国家・社会秩序がドイツ国民からその自由を奪った。……神への信頼に支えられ、自由権の保護と国民の統一を維持せんとする意思に満たされて……」というような文言が見える。これについて、ホイスは「冒頭に神学にかかわる事柄があって、それもたしかに考慮に値するかもしれませんが、国家・社会の秩序は神への畏敬をもっておりませんから」として、こうした文言を前文に盛り込むことには消極的であった。[15] この意見が通って、この草案はこの段階ではいったんは拒否されることとなった。

(4)　フォン・マンゴルト草案　しかし、議長のフォン・マンゴルト自身は、たしかにこのバイエルン憲法のような冒頭の文言はよろしくないとの意見であったし、したがってクロルの右の草案にも反対であったが、前文に神への呼びかけの文言を取り入れること自体には、むしろん賛成であった。事実、一一月九日の第一九回委員会で、すでに彼の草案が議論の対象とされていたようであり、[16] フォン・マンゴルト草案として一一月一六日付けの第二一回委員会で配布されたと思われる草案17では、先のCDU草案を修正して、次のような表現が見える。

ヴァイマルにおいて建設された共和国の、破壊された国家組織に代えて新しい国家秩序を樹立し、それによって連邦国家ドイツのための基盤を創りだし、国(Nation)の統一を維持せんとする意思に満たされて、……〔ここの省略記号のみ原文のまま〕のドイツ諸ラントは、一九四八年九月一日にボンに集会した議会評議会に議員を派遣した。神を信頼し、ドイツ国民の再び目覚めた道徳的な力を信頼し、ドイツ国民は自己の国家的生活を自由に形成する譲り渡すことのできない権利を保持してきたこと確信し……〔以下略〕。

(5)　ホイスによる受容——決定的段階

この草案にいう「神を信頼し、ドイツ国民の再び目覚めた道徳的な力を信頼し」の文言に対しては、ここでもFDPのホイスが反対した。しかし彼の意見は、《神》への呼びかけそれ自体への反対というよりも、むしろその表現の仕方についてであった。彼は「神に信頼し」(Im Vertrauen auf Gott)よりも「神への責任において」(In ihrer Verantwortung vor Gott)とか「神への責任を自覚して」とする方が「私ははるかに好きだ」、「後者の方が前者よりもすっきりしている(sauber)」等々と主張した。

そこで委員会も、彼のこの意見を容れて、先のフォン・マンゴルト案のこの部分を、「神と人間に対する責任を自覚し、ドイツ国民の道徳的な力に信頼して」というように修正した。[18]

かくして、ＦＤＰの有力者で後に初代連邦大統領ともなるホイスも、《神》の文言を入れることに基本的に同意したことで、それ以降の審議では、《神》への呼びかけの文言を入れることの可否はそれ自体としてあまり議論とならず、これを基礎として進んでいくこととなったといえる。そして実際、中央委員会の第一読会(一二月一〇日)においても、前文にかかわる審議は、基本原則委員会の第二一回委員会(一一月一六日)で修正された右の草案をもとに進められるが、議論の中心はむしろ、基本法の制定主体が「一つのドイツ国民」(ein deutsches Staatsvolk)なのか「ドイツ諸ラント」(die deutschen Länder)なのかという点であった。結局、前者の考えが中央委員会の大勢を占め、第一読会の結果として出てきた文言は、次のようなものであった。[19]

国(Nation)の統一性を維持することを決意して、バーデン、バイエルン……のドイツ国民は、この基本法においてドイツ連邦共和国の国家生活に新しい形態を与えるために、議員を派遣し、

神と人間とに対する責任を自覚し、ドイツ国民の道徳的な力を信頼し、ドイツ国民には自己の国民的生活を自由に形成する譲り渡すことのできない権利を保持していることを確信し、……〔以下略〕

その際、中央委員会の議長であったＳＰＤのシュミートが、基本原則委員会委員長のフォン・マンゴルトに提案理由を説明させたのち、個々のパラグラフについて修正案を含めて採決をしているが、「神と人間とに対する責任

を自覚し」云々の部分については、この段階においては何らのコメントの要請も出ずに、同意されている。[20]

(6)　社会民主党の対応

そもそもSPDは、前文のこの《神》への言及の文言に対してどのような態度をとったのであろうか。この点についての詳細にここで触れることはできないが、現時点で史料から読み取れる点のみ、多少とも触れておこう。

この文言が基本原則委員会で議論となった上記の第一九回会議（一一月九日）および第二一回会議（同月一六日）には、SPDの議長でもあったシュミートは出席していないことが分かっている。[21] これに先立ち、SPDはその一〇月二八日および一一月二～四日の議員総会において、一九四八年一〇月一八日に同委員会の前文に関する第一読会で認められた草案[22]（もとよりこの時点ではまだ《神》への言及はなされていない）について、五点での確認をしているが、その第四点において、「神への言及はなされるべきではないという点では、委員の意見の一致が見られる」としていた。この確認に従って、一一月九日の基本原則委員会の会議で、同党の議員の一人として出席していたベルクシュトレーサーは、上述のフォン・マンゴルトの草案における「神を信頼し、ドイツ国民の再び目覚めた道徳的な力を信頼し」の文言について、福音主義神学者ディベーリウス（Otto Dibelius, 1880-1967）の言葉を引用しながら、国家というものは世俗の事柄であり、憲法に「神との政治的和解を導入すること」は、「私の感性に著しく反する」が、「道徳的な力」の文言のほうは、「それなしには国家は立ち行かないのであるから、まったく別問題だ」という趣旨の発言をして、反対の意思を表明している。[23] しかしこれに対しては、CDUのヘレーネ・ヴェーバーが、「ドイツ人の大多数は神〔の文言を入れること〕に何の違和感ももっていないと思う旨の発言をしている。こうした議論がしばらくあってのち、上述したホイスの発言が決定的なものとなっていくことになるのである。一一月一六日の同委員会では（ベルクシュトレーサーやエーバーハルトも出席して、他の部分については発言しているが）、もはやこの点についての議論は議事録からはほとんど読み取れない。[24]

(7)　最終的段階　以上の過程を経て、全般編纂委員会が一二月一三日に勧めた文言は、本章の冒頭に引用した、一九四九年制定当初の文言とまったく同一のものであった。その後、中央委員会における前文についての採決はいったん見送られ（一月二〇日）、再び基本原則委員会の審議に付されたが、そこでの審議（一九四九年一月一九日および同月二六日）[25]においても、少なくとも「神と人間とに対する責任を自覚し」の部分については、ほとんど論議の対象とならなかったようである。中央委員会での第三読会（二月八日の第四七回委員会）では、「大ベルリーン」の部分に関わるわずかな修正のみで、ＣＤＵ、ＳＰＤ、ＦＤＰの共同提案として同意された。[26]そして、最終的には、一九四九年五月八日の本会議の第一〇回会議における基本法の審議では、もはや前文については、何の発言もなく採択される結果となる。

第三節　基本法前文における神への言及の法的意義

(1)　基本法の前文における《神》への呼びかけの文言は、以上の考察のように、ＣＤＵの議員ズュスターヘンの一〇月二〇日の発言が発端となり、それにＤＰのゼーボームが形を与えたものについて、一一月九日にＣＤＵのフォン・マンゴルトが修正し、それを基礎にして議論がなされ、ＦＤＰのホイスが求めた修正提案に従った修正がなされたものが、中央委員会や本会議でそのままの形で同意された結果、盛り込まれることとなった。その際、ＳＰＤ

は、ある段階までは反対していたことは事実であるが[27]、むしろ同党の関心は別のところにあり、《神》への言及部分については、強い反対を表明していない。このことは、あるいは同党が、基本法をきわめて暫定的なものと考えていて、連邦議会選挙後、東側の状況が安定したら、近い将来に改めて主導権を握って本格的な憲法制定作業に入れると見込んでいたとされていることとも関わりがあるかもしれないが、ここではこの点は措いておく。

(2)　基本法の前文における《神》への言及が、すでに示唆したように、ナチズム体験と関連があることは明らかなようである。すなわちこの文言は、歴史的文脈においては、戦後に形成される国家が「過ぎ去ったナチ全体主義に対して一線を画するための象徴的および内容的手段」であると理解されている[28]。そしてここにいう《神》が、ドイツにおいては、伝統的にはキリスト教の《神》であることは、上述した成立過程からも明らかであろう[29]。またこの前文が、「神への責任」のみならず「人間への責任」にも言及していることからして、この文言が、基本法第一条一項の《人間の尊厳》とも不可分の深い関連性をもつことも疑いないところである。

さらにこの文言は、基本法の他のいくつかの条項との関連においても理解されるべきである。たとえば、基本法第七条が想定している《宗教の授業》(Religionsunterricht)が、主にキリスト教に基づくものであることは疑いえないであろう。また、連邦大統領がその就任に際して連邦議会および連邦参議院の議員を前にして行う宣誓は、原則として「神よ、ご照覧あれ」(So wahr mir Gott helfe!)という言い回しでなされるべきだとされており(基本法第五六条一項)、同条を準用している第六四条によって、連邦総理大臣および連邦大臣が職務就任に際して連邦議会で行う宣誓も、同様の方式でなされることとなっているが、ここでいう《神》がキリスト教にいう神を措定したものであることも、とくに異論はないであろう。

(3)　しかし同時に基本法は、国民の基本権として宗教の自由を認め(第四条)、国家と宗教の関係に関するヴァイマル憲法の条項を基本法の規範の一部として継承して、国教会(Staatskirche)を定めることを禁止している(第一四〇条、ヴァイマル憲法第一三七条等参照)。こうしたことからも、この前文における《神》への言及は、一方では「国家宗教としての無神論の拒否」[30]を意味するものであり、「宗教と教会が国家とその憲法にとって何らの重要なファクターであってはならないという意味における厳格な分離主義(Laizismus)を排斥している」といえよう。[31] もちろん、基本法が「無神論を拒否している」からといって、このことをもって「一般的に親キリスト教的解釈の推定として曲解されることは許されず」、連邦共和国を《キリスト教国》(christlicherStaat)と特徴づけることはできない」とされている。[32]

その意味では、基本法前文における《神》への言及は、「憲法制定者が絶対的な人民主権の担い手とはみなしえない旨の表現」[33]であり、「国家権力の絶対化の拒絶」を宣明したものとする指摘[34]が適切であろう。別言すれば、「憲法制定者の意図は、すべての人間的な秩序の根本的決断に属し憲法制定者の裁量に属さない、基本的な正義の公準(Gerechtigkeitspostulate)を憲法制定者が承認する」ということにあったということである。[35]

(4)　たしかに、統一後のドイツにおいて宗教の問題がふたたび重要となっており、とくに、統一によって旧体制の桎梏から自由になって精神的・宗教的な支えを失った旧東ドイツの諸ラントにおける宗教状況の分析は、今後の興味深い、場合によっては深刻な研究対象の一つとなるであろう。たとえば《サイエントロジー》の宗教団体性の問題が物議をかもしたことがあるのも、その一つの表れといえよう。あるいは、とくに憲法に直接関わる現象の一つとして挙げるとするならば、公立学校の教室の「キリスト磔像」が憲法違反だとの原告の主張を認めた一九九五年五月一六日の連邦憲法裁判所の決定[36]に対するさまざまな批判と、これに対するバイエルン州の反応は、ドイツ社会における宗教のもつ重要な地位を示すものであると同時に、その現代的な限界をも示唆するものといえよう。現代における民主制的立憲国家は、否応なしに多元的であらざるをえないし、さまざまな新しい宗教的現象の中で、宗教的なものへの《寛容》が要請されており、それなくしては《民主主義》を語りえないと言ってよかろう。(37)

注

(1) さしあたり、長谷川正安『フランス革命と憲法(上)』法学理論篇(日本評論社一九五三年)。これによると、人権宣言に盛り込むべき自由権の内容で最初に問題になったのが、宗教の自由についてであり、宣言の前文草案(この草案については、深瀬忠一「一七八九年人権宣言研究序説(三)北大法学論集一八巻三号四七七頁以下)には、「この世の最高の立法者のみまえで」(En présence du législateur suprême de l'universe)という表現が見られたが、「ラボルド・ド・メレヴィユのように、人間は本来権利があり、それを誰からうけとるのでもないから、これは神の問題ではないと主張するものがあったが、議会の四分の一をしめるカトリックの僧侶や理神論者さえも、これには一致して反対し、どうとでもとれる神の規定」が、「最高存在」という形で取り入れられたのだという(五八頁)。なお、ジャン・モランジュ(藤田久一・藤田ジャクリーン訳)『人権の誕生』(有信堂一九九〇年)四四頁以下は、人権宣言の内容について「多少とも実質討議がなされた」三つの問題のうちのひとつとして、この前文に神を引き合いにだすことの適切性如何についての、当時の議論を要約的に紹介している。

(2) 引用はさしあたり、*P. C. Mayer-Tasch* (Hrsg.), Die Verfassungen der nicht-kommunistischen Staates Europas, 2. neubearbeitete Aufl., 1975, S. 260 の独訳によった。

(3) これら以外の例(信教の自由に関する条項も含めて)についても分析しているものとして、*Peter Häberle*, „Gott" im Verfassungsstaat?, in: Festschrift für *Wolfgang Zeidler*, hrsg. v. *W. Fürst* u. a., 1987, S. 3 ff. が詳しい。

(4) 改正後の文言については、『ドイツ憲法集』および初宿正典・辻村みよ子編『新解説 世界憲法集〔第三版〕』(三省堂、二〇一四年)の拙訳(一七三頁)を参照のこと。

(5) Das Bonner Grundgesetz, erläutert von *Hermann von Mangoldt/Friedrich Klein*, 2. Aufl., Bd. 1, 1957, S. 42. Vgl. auch *Häberle*, a. a. O. (Anm. 3), S. 4, FN. 3. なお、一九四六年一二月二日のバイエルン憲法の場合は、右のような直接的な神への告白の形式ではなく、ナチスの「神なき国家・社会秩序」への断罪の形を採っている(このバイエルン憲法の文言については、次節の注でも触れる)。

(6) 基本法制定前のラントの憲法については、http://www.verfassungen.de/de/rlp/rlp47-index.htm を参照し、制定年月日の表記もこれに従った。各ラント憲法については、統一前のものとして、Alle deutschen Verfassungen, hrsg. u. mit einer Einführung versehen von *Hans-Ulrich Evers*, Goldmann-Verlag, 1989. また最近のものとしては、上記のウェブサイトのほか、Verfassungen der deutschen Bundesländer, 9. Auflage 2009, Beck-Text im dtv, などを利用した。

(7) 野田宣雄『歴史に復讐される世紀末』(ＰＨＰ研究所、一九九三年)三三頁。

(8) 以下では必ずしも逐一引用頁を示さないが、この項につき、JÖR, Bd. 1 およびそこにおいて使用されている原史料を編集して復刻した PR, Bd. 1, Bd. 5/2 および中央委員会の議事録 HA-Steno. を用いた。とくにヘレンキームゼーでの会議との草案については PR, Bd. 2, 1981 を、また本章の対象たる前文の成立過程については、「基本原則委員会」(Ausschuß für Grundsatzfragen) の史料である PR, Bd. 5/I-2, 1993 を参照。ついでながら、この《ヘレンキームゼー》(Herrenchiemsee) は、わが国の文献によっては、「ヘレンヒムゼー」とか「ヘレンヒームゼー」と表記されているものがあるが、不正確であろう (DUDEN Das Aussprachewörterbuch など参照)。

(9) PR, Bd. 2, S. 579 ff.

(10) ヘレンキームゼーの草案作成会議では、八月一二日の全体会議において、草案作成作業を三つの小委員会 (Unterausschuß) ——ただし当時は „Kommission“ という名称で呼ばれていた——に付託した。第一小委員会は「基本原則委員会」で、前文、憲法の名称、国家権力の源泉、基本権、憲法裁判所等々を扱い、第二小委員会は「権限確定委員会」(Zuständigkeitsabgrenzung) で、立法、裁判所、行政、とくに財政構造について扱い、第三小委員会は「組織問題委員会」(Organisationsfragen) で、国家組織について検討するものとされた (PR, Bd. 2, S. LXXII ff. u. S. 177)。同年九月一日以降にボンに集まった議会評議会においても、これらの区分が基本的には受け継がれつつ、さらに区分がなされ、九月一五日には中央委員会のほかに基本原則、権限確定、財政問題、連邦の組織、および憲法裁判所および司法に関する各委員会が設置され、それぞれに各政党ごとに委員が割り振られている (JÖR, S. 7 f.)。本章での検討対象となるのは、もちろん基本原則委員会であり、それら以外の委員会については、原則として触れない。

(11) PR, Bd. 5/I, S. 230 f. この、文言はその後の議論で若干の変更を加えられたり、各議員の個別の修正意見による変更がなされており、そこには、たしかにドイツ連邦共和国における連邦とラントの関係を議論する文脈では重要な論点が含まれているが、本章との関連では、大筋において変化はないといえる。詳細については、Vgl. JÖR, S. 25 f.

（12）PR, Bd. 5/I, S. 260 FN. 4).
（13）Vgl. JÖR, Bd. 1, S. 31.
（14）バイエルン憲法の前文（Vorspruch）では、「神への畏敬なき、良心なき、そして人間の尊厳への尊敬なき、国家・社会秩序が、第二次世界大戦を生き延びた人々を廃墟へと逐いやったことに鑑み、来たるべきドイツの人々に平和と人間性と正義の恵沢を永続的に確保するとの固い決意をもって、バイエルン人民は……以下の民主的憲法を制定する」というような文言が見られる。
（15）PR, Bd. 5/I, S. 509 f.
（16）A. a. O., S. 496 ff., insbes. S. 510 ff.
（17）PR, Bd. 5/II, S. 555; JÖR, S. 32. この草案は前者では分節していないが、後者では（1）から（9）までに分節されている。
（18）PR, Bd. 5/I, S. 519 f.; JÖR, Bd. 1, S. 34.
（19）JÖR, Bd. 1, S. 37.
（20）HA-Steno., S. 310.
（21）PR, Bd.5/I, S. XVIII f. には、基本問題委員会の各メンバーの会議への出席状況が一覧表にして示されており、これによってシュミートの出席状況も分かる。
（22）Vgl. PR, 5/I, S. 333.
（23）A. a. O., S. 518 f.
（24）PR, Bd.5/II, S. 554 ff.
（25）PR, Bd.5/II, S. 965 ff. u. S. 979 ff.
（26）HA-Steno.,S.611ff.
（27）基本原則問題委員会のメンバーは、ＣＤＵ／ＣＳＵから五人（上記のフォン・マンゴルト、ヘレーネ・ヴェーバーのほかにジークムント・マイヤー、アントン・プァイファー、ヨーゼフ・シュラーゲ）、ＳＰＤから五人（上記のシュミート、ベルクシュトレーサーのほかにフリーデリケ・ナーディヒ、ハンス・ヴンダーリヒ、アウグスト・ツィン）、ＦＤＰから一人（上記のホイス）、ＤＰから一人（ヴィルヘルム・ハイレ）の合計一二人であった。ＫＰＤから委員会への代表委員は出ておらず、折に触れてハインツ・レンナーなどが議論に参加してはいるが、影響力はほとんどなかったといわれる。

（28）*Häberle*, a. a. O. (Anm. 3), S. 11.

（29）*Alexander Hollerbach*, Grundlagen des Staatskirchenrechts, in: *Josef Isensee* u. *Paul Kirchhof* (Hrsg.), Handbuch des Staatsrechts der Bundesrepublik Deutschland, Bd. VI, 1989, S. 516 ff. insbes. S. 518 (Rn. 83 ff.); Vgl. auch *Häberle*, a. a. O. (Anm. 3), S.14.

（30）*Ingo von Münch* (Hrsg.), Grundgesetz-Kommentar, 3., neubearbeitete Aufl., Bd. 1, 1985, S. 4 (Rn. 7); vgl. auch *Hollerbach*, a. a. O. (Anm. 29), Rn. 84.

（31）*Hollerbach*, a. a. O. (Anm. 29)

（32）*Ingo v. Münch*, a. a. O. (Anm. 30)

（33）*Hollerbach*, a. a. O. (Anm. 29)

（34）*v. Münch*, a. a. O. (Anm. 30)

（35）*Schmitt-Bleibtreu/Klein*, Kommentar zum Grundgesetz für die Bundesrepublik Deutschland, 6. Aufl. 1983, Rn. 2.（ただし引用はとりあえず *v. Münch*, a. a. O. (Anm. 30) に依った。）なお、*Michael Kloepfer* (Hrsg.), Anthropozentrik, Freiheit und Umweltschutz in rechtlicher Sicht, 1995, S. 21 ff. が、いわゆる環境権論とのかかわりにおいて基本法前文の「神と人間とに対する責任」を引き合いに出し、これによって「純粋の人間中心主義的理解が相対化される」(S.21)としているのが興味深い。

（36）BVerfGE93,1. この判決については、さしあたり石村修「公立学校における磔刑像の設置と信仰の自由」『自治研究』七二巻六号（一九九六年六月）一二五頁以下（のちに『ドイツの憲法判例Ⅱ』一一五頁以下）所収参照。

（37）なお、本章との関連では、さらに、*Dieter Haak* u. a. (Hrsg.), Das Wiedervereinigungsgebot des Grundgesetzes, Verlag Wissenschaft und Politik/Köln 1989 所収の *Erwin Wilkens*, Gott im Grundgesetz, S. 41 ff., および *Josepf Listl*, Der Name Gottes im Grundgesetz. Der Staat der Bundesrepublik Deutschland und die Religion, S. 53 ff. も参照されたい。

第二章　基本法の人権概念の規範性
——人権（第一条二項）と基本権（第一条三項）の関係に関連して

はじめに

ドイツの基本法は、その第一条において、ドイツ憲法史上初めて、《人権》(Menschenrechte) の概念を盛り込んだ。すなわち同条は、次のように規定している。

① 人間の尊厳は不可侵である。これを尊重し、かつ、これを保護することが、すべての国家権力に義務づけられている。
② それゆえに、ドイツ国民は、世界のすべての人間共同体、平和及び正義の基礎として、不可侵にして譲り渡すことのできない人権を信奉する(sich bekennen)。
③ 以下の基本権(Grundrechte)は、直接に適用される法として、立法、執行権及び裁判を拘束する。(1)

このうち、第一項一文の《人間の尊厳》(die Würde des Menschen) の条項については、その成立過程やこれに先立つ諸ラントの憲法における同様の文言の採用という点も含めて、相当多くの研究がなされている。(2) そしてこの《人間の尊厳》条項が、日本国憲法第一三条にいう《個人の尊重》とどのように関わりあうかについても、議論はほぼ尽くされているように思われる。(3)

そこで、本章では、基本法第一条一項にいう《人間の尊厳》の概念について屋上屋を架すことは止めて、とくに第二項にいう《人権》の概念について、その成立過程を概観し、連邦憲法裁判所の判例を拾い出して、この概念がどのようなものとして理解されているか、という点に焦点を当てて、第三項の《基本権》の概念との関連にも留意しつつ、若干の考察を加えることに限定することとする。

第一節　基本法の《人権》概念の成立過程

基本法の《人間の尊厳》条項の成立過程については、上記のとおり、ここでの直接の対象ではないが、基本法第一条二項の《人権》の文言は、同条一項の《人間の尊厳》の文言と密接な関連の中で出てきたものである（そのことは第二項に「それゆえに」の語が最終段階で挿入されたことにも示されている）ので、第二項に焦点を当てて、まずこの語の成立過程について必要最小限のことに触れておくのが順序であろう。

(1)　ヘレンキームゼー草案

周知のように、第二次大戦後の一九四八年八月一〇日、当時のドイツの西側占領地域にある各ラントの政府代表二〇余人からなる憲法委員会は、バイエルン州のキームゼー湖に浮かぶヘレン島の古城に集会して憲法会議（Verfassungskonvent）を開催し、後のボンでの制憲会議（議会評議会）における西側の暫定的な憲法典の制定作業のためのたたき台となる草案の作成作業がそこでなされた。この会議は、早くも同月二三日には作業を終了し、草案は一応の完成をみた。(4) これが、世に言う《ヘレンキームゼー草案》である。(5) この草案では、第一条は次のような文言であった。

第一条①　国家は人間のために存在するのであって、人間が国家のために存在するのではない。
②　人間の人格の尊厳は不可侵である。公権力は、そのあらゆる現象形態において、人間の尊厳を尊重し保護する義務がある。

ここにすでに《人間の尊厳》なる文言が登場しているが、この草案ではまだ《人権》の文言は見られない。また、この草案の第二一条二項には、「基本権は立法者、裁判官および行政を拘束する」という、現行の基本法第一条三項に相当する条項が含まれていたことが知られる。

(2)　議会評議会の基本原則問題委員会での審議

この草案についての審議がボンでの議会評議会でなされるのは、同年九月以降のことである。(6) 具体的には、九月一五日に設置された各専門委員会のうち、基本原則委員会での九月二三日(第三回会議)以降である。すなわち同日の会議の審議の対象となったのは、前日二二日の小委員会(編集委員会)によるたたき台の案であり、全部で三ヵ条からなるこの素案の第一条は、次のような規定であった。(7)

第一条　人間の尊厳は、各人に生来備わっている永久の諸権利に基づく。
ドイツ国民は、人間の尊厳を、改めて(erneut)すべての人間の共同体の基礎として承認する(anerkennen)。(8)
それゆえに、基本権が保障されるのであり、これらの基本権は、直接に適用される法として、立法、行政及び裁判を、諸ラントにおいても拘束する。

ここでもまだ、《人権》の文言は見られないが、ひとまずここでは、右に引用した第二項の文言に注意を促しておくにとどめる。

議事録によると、第一条に関して議論がなされるのは、九月二三日の基本原則委員会の第四回会議以降であり、ここでは、右の案についてその自然法的基礎づけや《生来》という文言についてさまざまな立場からの態度表明や議論がなされた。[9] この段階でもまだ、《人権》の文言は草案には出てこないが、右の九月二三日の審議において、人身の不可侵にかかわるヘレンキームゼー草案第三条（基本法第二条参照）に関連して、ヘッセン州出身のベルクシュトレーサー（ＳＰＤ）が、一九四六年の同州憲法の第一編「人間の諸権利」、とくにその第二章の「人権の限界及び確保」（Grenzen und Sicherung der Menschenrechte）という表題に言及しているのが目を引く。[10] しかしさらに注目すべきは、すでにこの時点で、基本原則委員会の議決した第一条の草案中に次のような文言が見られることである。[11] すなわち、同条第一項および第二項は、

②　人間の尊厳は国家秩序の保護下にある。

②　それは、ドイツ国民がすべての人間共同体の基礎として承認する永遠の（ewige）諸権利の中に根拠を有している。

という文言である。とくにこの第二項の文言が基本法第一条二項の文言に対応していることは多言を要しないが、ここでも《人権》なる表現はまだ登場していない（ちなみに第三項の文言はこの時点では変わっていないので、省略する）。

⑶　リヒャルト・トーマの批判　　同委員会のそれ以降の会議において、第一条をめぐる議論がなされたのは、一一月一八日の第二二回会議以降のことであり、この時の議論の基礎になったのは、右に引用した文言に対する枢密顧問官リヒャルト・トーマの批判および対案と、それに基づいて修正された全般編纂委員会の案であった。すなわち、トーマは、彼自身はこの委員会のメンバーではなかったが、ボン大学の国法学教授として議会評議会の選挙法問題委員会に加わっていた。トーマは、一〇月九日の『ヴェルト』紙に、「人間の尊厳と国家の権威」と題する

評論を発表しており、これがのちに（同月二五日）基本原則委員会の資料として配布された。トーマは、これらの基本権草案の文言が「いかに美辞麗句に満ち価値の高いものであるとしても」、法命題としてはやはり疑義ありとして、その実証主義的立場から、概ね次のように批判する。

「第一条第二項および第三項は、内容的に正しくないので削除すべきであり、われわれが人間のかんばせをもつすべての者に認める本来的な尊厳が何に根拠を有しているのかという問いに対する答えは、哲学者と神学者の問題である。憲法制定者はこの答えを出すことはできないし、いずれにせよ、人間の尊厳が『永遠の諸権利』の中に根拠を有しているのではなく、逆に人権（Menschenrechte）が人間の尊厳に由来しているのである」[12]。

この論評の中でトーマは《人権》という言葉を何度か用い、第一条の対案として次のような規定を提案する[13]。すなわち、

①　人権（Menschenrecht）と人間の尊厳を尊重し保護することは、すべての国家権力の神聖な義務である。

②　それゆえ、人間の尊厳を尊重し保護することは、国家権力のすべての立法上、統治上（regierend）、行政上（verwaltend）及び裁判上の展開を義務づけ、それに限界を設定する基準である。」〔第三項および第四項はここでは省略〕

ここに、《人権》の文言が（ここでは単数形であるが）草案としてはおそらくはじめて、しかもトーマの手になるものとして登場することが興味深い。

(4)　**修正案への対応**（第二読会）　この批判を受けてか、一一月一六日の全般編纂委員会は、第一条として、単に「人間の尊厳を尊重し保護することは、すべての国家権力の神聖な義務である」とする文言を提案するにとどまっている[14]。また一一月一八日および一九日の基本原則委員会の第二二・二三回会議（第二読会）では、右のこの全般編

纂委員会の修正案とトーマの批判・対案について集中的に審議がなされ[15]、議長のフォン・マンゴルト（CDU）が世界人権宣言（一九四八年）の前文の冒頭の表現をも顧慮しつつ、第一条二項について修正提案を行い、これが一一月一九日の会議で承認された[16]。すなわち一一月一九日付の議事要録によると、第一条の規定は最終的に次のような文言にまとめられた。

(1)　人間の尊厳は国家秩序の保護下にある。

(2)　人間の尊厳とともに、かつ、これを永続的に尊重するための基礎の一つとして、ドイツ国民は、世界における自由、正義及び平和の礎をなす、かの平等で譲り渡すことのできない自由権及び人権（Freiheits- und Menschenrechte）を承認する。

(3)　これらの基本権は、以下の条項において、われわれ国民のためにわれわれの時代の中から形づくられ規定されたものであり、直接に適用される法として、立法、行政及び裁判を諸ラントにおいても拘束する。

ちなみに、フォン・マンゴルトが一八日に提示した当初の仮案では、第二項の文言は、

同時に、人間の尊厳とともに、かつ、これを永続的に尊重するための基礎の一つとして、世界における自由、正義及び平和の礎をなす、かの平等で譲り渡すことのできない自由権及び人権が保障される。ドイツ国民は、これらの権利をすべての人間共同体の基礎として承認する。

となっており、後半の第二文については、第二案として、「ドイツ国民は、これらの権利をすべての自由と平和を愛好する諸国民の法治国家的秩序の基礎の一つとして承認する」との文言を提案しており、日本国憲法前文第二項にも部分的に類似した表現が見られるのが興味深い。委員会はこれをたたき台として同日さらに議論を重ね、上記のような第二項の文言にまとまったのであった。

この構想では、以前の草案では第二項にあった「それゆえに」の語は、不適切であるから削除すべきであるとされた点と、「自由権及び人権」は旧来の譲り渡すことのできない古典的な人権・自由権のことであり、それらを「われわれの時代のために新たに定式化して表現したものである」ことが強調された点が目を引く。

第三項は、一一月一九日に、エーバーハルト（ＳＰＤ）の修正提案がそのまま通った形で、上記引用の議事要録の文言で落ち着いた。

いずれにせよ、議事録からする限り、全体としては、フォン・マンゴルトの主導の下にこの条項の表現が作られたように思われる。本章との関連で確認できることは、第二項にいう「世界における自由、正義及び平和の礎をなす、かの平等で譲り渡すことのできない自由権及び人権」と、第三項にいう「これらの基本権」とが同義のものと解されるということであり、また、第二項の末尾がまだこの時点においても、現行の基本法第一条二項と異なって「承認する」となっていることである。(17)

⑸　中央委員会第一読会での議決　　その後、この草案は、いったん中央委員会での審議に移る。すなわち、すでに一九四八年九月一六日に組織されていた中央委員会は、カルロ・シュミート（ＳＰＤ）を議長として同年一一月一一日の第二回会議から基本法の審議に入っているが、連邦議会や連邦政府の章の規定の審議から始めており、基本権については、上述の基本原則委員会での審議の終了を待って、ようやく一二月三日の第一七回会議から第一読会に入っている。(18) 同日の会議の冒頭から、右の基本原則委員会の最終案について審議しているが、第一条については何らの議論もなく、全員一致で議決されている。(19)

(6)　全般編纂委員会での修正　本条の審議はその後、全般編纂委員会の手に移り、同委員会が一二月一三日までに修正した草案によると、[20] 第一条は次のようになっている。

① 人間の尊厳は不可侵である。これを尊重し、かつ保護することはすべての国家権力の義務である。
② 人間の自由及び平等、隣人と全体に対する人間の義務は、世界のすべての人間共同体、平和及び正義の基礎である。
③ これらの譲り渡すことのできない財産(Güter)の保護に資するのが基本権である。これらの基本権は、直接に適用される法として、立法、行政及び裁判を拘束する。

同委員会のこの草案には、各条文ごとにコメントがついており、第一条については、次のような注記がなされている。[21] すなわち、

「人間の尊厳は、単に国家秩序の保護下にあってはならないのであって、国家権力がまず第一に、人間の尊厳を自らも尊重する義務を負っているのでなくてはならない。自由への権利、平等への権利のような人権、そしてそれらが隣人と全体とに対する義務によって限界づけられることを、明文で言及することが推奨される。

基本権はいかなる場面においても直接的な適用があるがゆえに拘束力があるのであるから、『諸ラントにおいても』という文言は不要であるように思われる。」

(7)　基本原則問題委員会での再修正　この修正提案を受けて、基本原則委員会では翌一九四九年一月一一日の第三二回会議において、再び基本権規定について審議がなされている。[22] そこでは、主としてズュスターヘン(CDU)が中心になって、全般編纂委員会の修正提案をおおむね支持する立場から議論を展開し、第三項については彼の後記のような提案が支持されたが、第一項については、ホイス(FDP)がやはり先の中央委員会案を維持するのがベターだとして反論し、第二項については、エーバーハルトの修正提案にしたがって修正がなされた結果、最終的に

は次のような文言に修正することとなった。(23)

① 人間の尊厳は国家秩序の保護下にある。

② 人間の尊厳を永続的に尊重し確保する責任を担うことを自覚して、ドイツ国民は、自由、正義及び平和の基礎をなす、かの平等で不可侵にして譲り渡すことのできない自由権及び人権（Freiheits- und Menschenrechte）を承認する。

③ これらの基本権は、われわれ国民のためにわれわれの時代の中から形づくられ規定されたものであり、直接に適用される法として、連邦及び諸ラントの立法、行政及び裁判を拘束する。

(8) **中央委員会第二読会での審議**　第一条にかかわる基本原則委員会での審議は、議事録を見るかぎり、以上で終了しており、その後の修正は、中央委員会および全般編纂委員会の手によるものである。すなわち、中央委員会では一九四九年一月一八日の第四二回会議において、右の基本原則委員会の最終案について、フォン・マンゴルト（彼は一九四八年一一月一一日以降、中央委員会のメンバーでもあった）から報告を受け、議長シュミートの下で、審議を行った。そこでは、ゼーボーム（ＤＰ）による二つの修正案が提出された。この修正案のうち第一項の修正案は、「人間の尊厳は国家秩序において保護されるものとする。国家は自己に託された権力を用いて法と正義を実現しなくてはならない」というものであったが、圧倒的多数で否決され、元の案が反対一、保留一で維持された。

むしろ興味深いのは、第二項について、中央党、ＣＤＵ／ＣＳＵおよびＤＰの共同提案になるものとして、「不可侵にして譲り渡すことのできない自由権及び人権」の文言の前に、「神によって与えられた」（von Gott gegebenen）という三語を挿入すべきだとするものであった。(24) この動議には、同じくＣＤＵのズュスターヘン議員が賛成して、次のように述べた。すなわちこの語を挿入することは、単にそれによって、「これまでの草案よりも、これらの自由権の前国家的性格をさらに一層強調すること」であり、「不可侵にして譲り渡すことのできない」という語ですでに示されている事柄、つまり、「これらの人権が神によって賦与されたものであって、国家によって初めて賦与されたというようなものではない」ことを、「さらに鮮明かつ簡明に表現することにすぎない」というのであった。(25)しかしこれに対しては、ホイス、シュミート、およびグレーヴェ（SPD）が、基本法の「此岸的性格」（ホイス）等を理由に強行に反対し、採決の結果、一一対一〇の僅差で否決された。(26)結局、第一条に関しては、この日の議決では、ヴァルター・シュトラウス（CDU）の提案に基づいて、第二項中の「平等」の文言を削除すべきだとする修正案が全員一致で可決されたにとどまり、その他の点では、保留一票を除いて、基本原則委員会の元の案が維持される結果となる。(27)

(9)　全般編纂委員会での再修正　以上、第一条の規定の成立過程を、《人権》の文言を含む第二項にとくに焦点を当てて検討してきたが、現行の基本法第一条の文言の直接の基礎となったのは、どうやらその後の全般編纂委員会における修正であったと言えるようである。すなわち、一九四九年一月二五日に、同委員会は、右の中央委員会の第二読会でできた文言について、次のように修正した。残念ながらこの時の審議の詳細を知る第一次史料は目下のところ手元にはないが、ここでの修正によってできた文言は、次にように、現行の基本法第一条とはほとんど同じである。ただ、若干の相違が残っているし、右の中央委員会の議決になる草案とはむしろまったく異なっているので、念のために訳出しておくと、

「①　人間の尊厳は不可侵である。これを尊重し、かつ、これを保護することが、すべての国家権力に義務づけられて

いる。

② ドイツ国民は、世界のすべての人間共同体、平和及び正義の基礎である不可侵にして譲り渡すことのできない人権を信奉する。

③ これらの基本権は、直接に適用される法として、立法、執行権及び裁判を拘束する。(28)」

全般編纂委員会は草案第一章の基本権の全般について、まず次のようなコメントを付けている。(29) 基本法の基本権規定の特質を示していると思われるので、煩を厭わずに訳出しておく。

「基本法草案の『基本権』の章は、部分的にはいわゆる古典的基本権を規定しており、一定の一般的な市民権(自由および平等の権利、選挙権、公務就任権、請願権)も含めたこれらの基本権は各人の個人的領域を確保すべきものである。しかしこの章にはさらに、一定の法制度(婚姻および家族、親の教育権、学問の自由、財産権、相続権)の憲法的保障を目ざす規定もいくつか含まれている。

基本権の章は、近き過去に起きたもろもろの出来事に鑑みて、人間の尊厳と自由とを尊重する義務があることを特に強調している限りにおいてであるとはいえ、一種の信仰告白(Bekenntnis)を表出していると言える。さらにこの章には、新しい国家観・社会観を信奉する(Bekenntnis)ものとして解釈しうる指導的な考え方が、ごく若干ながら含まれている。

このような理由からすれば、また、とりあえずは過渡期のあいだ、連邦の構造とその任務、連邦権力の組織およびその諸ラントとの関係について規律するという、基本法とその任務の暫定的性格に鑑みれば、基本権に関する章は、本来的な基本法の末尾に、経過規定および終末規定の前に挿入するべきではないかどうか、検討に値するように思われる。」

右の引用の第二段落において、同委員会がそれまでの草案の第二項での「承認」の語を「信奉」(元来の意味は「信仰告白」)に修正した理由が示唆されてはいるが、これだけではなお詳細は不明である。

また同委員会は、先の中央委員会草案の第一条を右のように修正した理由について、中央委員会案に注を付す形

で、次のようなコメントを付けている。すなわち、

注1（第一項に関して）　「中央委員会の草案の第一項によると、人間の尊厳は国家秩序の保護下にある、とされている。これでは、人間の尊厳が国家の裁量（Disposition）、とくに立法者の裁量からも免れているべきであるとの趣旨が表現されていない。」

注2（第二項の《人権》の語に関して）　「中央委員会の草案の第二項は、単に〝不可侵にして譲り渡すことのできない人権〟といっているだけであるし、続く第三項では、〝以下に続く〟諸条項が、単に一般的な人権（allgemeine Menschenrechte）に属する、まったく確固たる諸権利のみを扱っているにすぎないのに、それらの人権が〝直接に適用される法〟だとされている。」……(30)

注4（第三項の「われわれ国民のために」の表現に関して）　「第二項は結局のところ、『ドイツ国民』が人権を承認するということを述べているのに対し、第三項は基本権が『われわれ国民のために』形づくられ、規定されたものであることを述べている。〔しかし〕第二項に含まれている思想を〔第三項において〕さらに発展させるためには、ドイツ国民が、単に人権を信奉するというだけではなく、これを信奉することに基づいて、自らが基本権にたいして以下に具体化された形式を付与したのだということが語られるべきである。」

注5（第三項の「われわれの時代の中から」の表現に関して）　「さらに、第三項が、基本権は〝われわれの時代の中から形づくられ規定された〟ものであるということを述べているのだとすれば、それは完全には適切でないといえよう。〔なぜなら〕これらの基本権は、本質的にいって、一八世紀末以来作り上げられてきて、ほとんどすべての憲法の中で繰り返し述べられていることの反復であり、その規定の仕方は往々にしてヴァイマル憲法から借用したものだからである。(30)」

しかし結局のところ、このコメントをみても、何故、またいかなる経緯で、突然に第二項に、それまでの「承認する」（anerkennen）の語に代わって「信奉する」（sich bekennen）という信仰告白的な言い回しが用いられるに至ったのかは、なお判然としない。ただし、少なくともこの段階ではまだ、第二項の「人権」の語を受けて第三項で「これ

らの基本権」とされていることからも分かるように、両者の概念が同一のものであること、つまり、第二項にいう「不可侵で譲り渡すことのできない人権」が、基本法の基本権であると理解されていたと解さざるをえないであろう。

⑽　最終段階　これ以降の審議過程では、文言上の大きな修正はあまりない。すなわち、二月八日の中央委員会の第四七回会議(第三読会)では、「五人委員会」が右の全般編纂委員会の要望を受けて一月二五日から二七日までの審議の結果、二月五日に修正した案(31)が議決に付され、何らの議論もなく無修正で可決された。ここでの議決の対象となった「五人委員会案」を、右に引用した一月二五日案と比較すると、第二項に「それゆえに」(darum)の語が挿入されたことと、第三項の「これらの基本権」という文言が、現行の基本法と同様、「以下の基本権」に変更されている点に違いが見られるのみである(32)。

さらにその後、五月五日の中央委員会第五七回会議(第四読会)において、ツィン議員(SPD)から、第二項の「基礎」の語の前に「として」(als)の語を挿入すべきだとの提案がなされ(33)、これが可決されて、ようやく第一条が成立するに至った。

第二節　基本法第一条二項の解釈

(1)　問題の所在　右のようにして基本法第一条二項三項が成立したのであるが、上記のとおり、一月二五日の全般編纂委員会がどのような議論を経て「不可侵にして譲り渡すことのできない人権」を「承認する」という文言の採用を放棄して「信奉する」としたのか、また五人委員会がいかなる議論の結果として、第二項と第三項の関係に関連して、それまでの「これらの（diese）基本権」という文言から「以下の（nachfolgende）基本権」という文言に変更したのかについては、目下のところ知るすべがない。しかし、これらの変更によって、第二項と第三項の解釈において見解が岐れる重大なきっかけが作られたように思われ、その意味ではこの小さな修正の意味は決して小さくないと言えよう。その意味では、この最終段階における修正の過程の検討が重要となるが、この点の検討は、そのための第一次史料の不足のゆえに今後の課題とせざるをえない。以下では、冒頭でも触れたとおり、――第一項の人間の尊厳条項が第二項の《人権》の概念と切り離せないことは当然であるが――とくに第二項と第三項の関係について触れるに留める。

(2)　人権と自然法?

第一条の制定過程の議論の中でも、戦後ドイツの思想状況について一般に言われるような《自然法への回帰》の現象がしばしば登場していたことはたしかである。その一端は、上述のように、第二項の《人権》を形容する語として「神によって与えられた」といった語を挿入すべきだとするゼーボーム（CDU）の対案の中にも見られ、そこにはたしかに、キリスト教的自然法理論の影響を垣間見ることができる。また、議会評議会での議論の中にも、少なくとも自然法に好意的な雰囲気を見ることもできないわけではない。しかし、上述したように、この提案に対してはむしろさまざまな反論が噴出して、右の動議は僅差ながら否決されたのであった。

また、「不可侵にして譲り渡すことのできない」人権を「承認する」のではなく、それらを「信奉する」という、信仰告白的な表現に改めたことの中に、こうした自然法的影響を見ることができるかどうかも、必ずしも明白ではない。学説の中には、この表現を根拠として、第二項には「単に宣言的な意味（deklaratorische Bedeutung）しかない」として、ここから規範的な意味を帰結せしめることに消極的な見解も少なくないようである。この見解からすると、規範的効果をもつのは第一条三項にいう「以下の基本権」に含まれるもののみだということになる。[34]

たしかに、前述のように、トーマの批判を受けた一九四八年一一月一八日のフォン・マンゴルトの修正提案において、世界人権宣言との関連において《人権》の概念が提示されたことからもわかるとおり、第二項の成立過程において「世界における自由、正義及び平和の礎をなす、かの平等で譲り渡すことのできない」人権という、いってみれば「人類の多年にわたる自由獲得の努力の成果」(日本国憲法第九七条)としての「人権の理念」[35]がここに表明されているにすぎないとの見方も、理解しうるところである。実際、概略した制定過程からも、ここにそうした理念の表明が目ざされていたに過ぎないと見ることもできる。

しかし、第一条一項の《人間の尊厳》条項が、同条三項にいう「以下の基本権」には属さないにもかかわらず、単に宣言的意味をもつに過ぎないのではなく、国家権力を拘束する基本権であることは、後述するとおり、連邦憲法裁判所も認めるところである。[36]したがって、第二項についても、《人権》を「信奉する」という表現に改められたことから、ただちに、ここにいう人権条項の規範的性格を否定することはできないのではないかと解される。

(3)　人権と基本権　第一条二項にいう《人権》と同条三項にいう「以下の基本権」とがいかなる関係にあるかについても、議論の岐れるところである。その関係は、単純に「基本権は実定的権利であり、人権は自然権」であり、「基本権と人権の区別は見方の問題であって、法的に見ると問題は基本権であり、哲学的に見れば人権が問題」だというような関係[37]としては理解できないように思われる。なぜならば、このような理解は、《人権》が「自然あるいは神の創造にその根拠を有し、神聖かつ不可侵という性格を有する」のに対し、《基本権》は「法的・制度的に保障された人権」である、ということを前提としているが、前述の成立過程からみて、このような区別は必ずしも実証しえないからである。

前述の制定過程からすると、第二項の人権の承認の規定を受けて、第三項で「これらの基本権」とされていた一九四九年一月末までの段階では、両者は同一の範囲の権利を指称していたと解しうる。これに対して、二月以降の段階で、第三項が「以下の基本権」と修正されたことからすると、文言解釈からすれば、むしろ基本権は第二条以下の各個別の規定に盛り込まれた権利・自由を指し、第二項との関係は必ずしも一義的ではなくなる、ということになるように思われる。

この点、学説にも対立があるが、もし、「人権の概念は基本法に実定化されている人権に限定されてはいないと考えられるが、第一条一項との結びつきからすると、この概念は人間の尊厳の保護との関連性を示す人権に関わっている」とする理解[38]が一般的だとすれば、一方で、《人権》は基本法に明文の規定がない場合でも、それが《人間の尊厳》と密接な関連を有していると解されるものは基本法上の《人権》とされ、逆に他方、基本法の規定する基本権であってもそれが《人間の尊厳》と関わらないものは《人権》ではない、とされることになろう。第二項に「それゆえに」の語が挿入されたことは、文理解釈からすれば、第一項の《人間の尊厳》と第二項の《人権》とのこうした連関を示唆している。

しかし、《人間の尊厳》の絶対性を繰り返し確認し、基本権の保護範囲への介入(Eingriff)は、それ自体としては基本権の侵害(Verletzung)とはならず、憲法上、正当化されうるという、基本権にはお馴染みのメカニズムが、《人間の尊厳》には通用しない(ドライヤー[39])というのが、従来から連邦憲法裁判所の見解である。連邦憲法裁判所は、人間の尊厳はすべての基本権の基礎をなすものであり、いかなる個々の基本権とも比較衡量できない旨を再確認している[40]。そうなれば、《人間の尊厳》と関連性を有する《人権》と《基本権》との間には、保障の程度や範囲において違いが出てこざるをえない。この点に関して、たとえばヴェーバー＝ファス（*Rudolf Weber-Fas*, 1933-　）は、広義における《人権》が「すべての国家的および国際的共同体の基礎として不可侵にして譲り渡すことのできない根源的権利」であるとしつつ、狭義における《人権》は《基本権》のうち、市民権（Bürgerrechte）と区別して「すべての人」に保障されるもののみをさすとし、その例として、人間の尊厳、一般的行為の自由、生命への権利、身体を害されない権利、人身の自由、一般的および個別的平等原則を挙げている。(41)この列挙が適切かつ網羅的なものどうかは別として、右のような理解からすれば、たしかにこうした解釈は可能となる。同時に、もし第二項の《人権》にも単なる宣言的意味ではなく何らかの規範的意味があるとしても、第三項の《基本権》との関係でいえば、その規範的意味にも違いがあるということになろうが、(42)ここではこの解釈にかかわる詳細には触れる余裕はない。以下では、連邦憲法裁判所の判例の中で、基本法第一条二項の《人権》に触れているもののいくつかを素材として、この概念がどのように理解されているかの一端を探るに留めることとする。

第三節　連邦憲法裁判所判例に見る《人権》の規範性

1　基本法第一条二項に直接言及している判例

連邦憲法裁判所が基本法第一条二項に直接触れている裁判例はそう多くない。(43)またそれらの判例において、上述の点が明確に示されているわけではない。むしろ、従来の連邦憲法裁判所の判例は、すでに部分的には言及したように、第一条一項の《人間の尊厳》条項の規範的意味とその射程に集中していると言ってよい。したがって、ここではただ、数少ない判例を素材として、本章での問題関心に関連する点に触れることができるにすぎない。

(1)　平等原則　すでに連邦憲法裁判所は、一九五二年四月五日の第二法廷の判決(BVerfGE 1, 208 [243])において、[44]基本法第三条の一般的平等原則について、人権条項との関連を示唆していた。[45]この裁判は、シュレースヴィヒ＝ホルシュタイン州の選挙法で、比例選挙において一定の得票率以上の票数を得た政党のみが議席配分にあずかることができる、いわゆる阻止条項が従前の五％から一九五一年の改正法で七・五％に引き上げられたため、これが立法権の濫用(基本法第二〇条三項)であり、国際法の一般的諸原則違反(同第二五条)であるほか、基本法第三条一項の平等原則にも違反し無効であるとして、同州に住むデンマーク系の少数民族がメンバーである南シュレースヴィヒ有権者同盟(ＳＳＷ)なる政党とそれに属する連邦議会・州議会の議員らが提起したものである(基本法第九九条、連邦憲法裁判所法第一三条一〇号参照)。事案の詳細は省略するが、連邦憲法裁判所は本件訴訟を適法とし、基本法第二五条違反の点は排斥しつつも、基本法第三条違反を主張した点については憲法訴願者の主張を認めて、右改正法を違憲・無効であると結論した。その中で同裁判所は、ヴァイマル憲法時代の制度および実務にも言及しつつ、「一般的平等原則(allgemeiner Gleichheitssatz)には、憲法によって承認された超実定的法原則として、高められた意義(erhöhte Bedeutung)が与えられており(基本法第三条と結びついた第一条二項・三項)、このことに鑑みれば、今日では、選挙法制度の歴史的変遷にのみ関連づけてこの原則を理解することは許されないように思われる。むしろこの原則は、憲法に適合した秩序の全体構造へ埋め込むことによってのみその意味を得ることができる」と判示している。ここにおいて、基本法第三条一項の平等原則が、第一条二項との関連で「超実定的法原則」(überpositiver Rechtsgrundsatz)であるとされている点が興味深いところである。

(2)　親の教育権　右の例のように、具体的な基本権規定との関連で基本法第一条二項を引き合いに出しているもうひとつの例は、基本法第六条二項の親の教育権に関する一九八七年一月一三日の第二法廷の決定にかかる事例(BVerfGE 74, 102 [124])である。この事例は、直接には、少年裁判所法(第一〇条一項三文四号)が裁判官の指示によって青少年に労務を給付せしめることができるとしている制度が、基本法第一二条二項・三項(強制労働の禁止等)に違反しないかどうかが争われたものである。連邦憲法裁判所は、一九八三年に訴願者が少年刑罰手続において一六時間の補助役務の履行という有罪判決を命じられたことを不服として起こされた憲法訴願手続において、結論においては棄却したが、その決定の中で、「基本法が第六条二項において承認している親の自然的な教育権」は「基本法第一条二項の意味における譲り渡すことのできない人権のひとつに属する」とした。

(3)　基本法第二条一項　第三に、ドイツで医学を学ぶために入国していたパレスチナ学生総同盟に属するアラブ人学生らに対して、ヴュルツブルクとミュンヒェンの官庁が外国人法に基づいて行なった国外退去処分の有効性を係争中に、バイエルン上級行政裁判所(Verwaltungsgerichtshof)が行なった同処分の即時執行について、連邦憲法裁判所第一法廷が下した一九七三年七月一八日の決定(BVerfGE 35, 382 [399, 407])がある(46)。この決定の中で連邦憲法裁判所は、右のバイエルン上級行政裁判所の決定が、法治国家原理と結びついた基本法第二条一項に基づく基本権と基本法第一九条四項(公権力による権利侵害に対する出訴の途の保障)ないし第六条一項(婚姻の自由)に基づく基本権(47)を侵害するとした。この事例における処分は、一九七二年秋のミュンヒェン・オリンピックでのイスラエル人選手へのテロとの関連でなされた、公共の安全への危険を理由とする政治的な処分であったが、ここでの関連で指摘すべきは、その理由の中で連邦憲法裁判所が、「基本法第二条一項に基づく、人格の自由な発展への基本権は、一般的な人権（allgemeines Menschenrecht）として連邦共和国に滞在する外国人にも認められる」とした点［399］である。もっともこの箇所では、直接には基本法第一条二項が根拠条文として挙げられているわけではないが、第二条一項との関連で同条の基本権を「一般的人権」であると表現している点が留意されるべきである。また、この決定の末尾［407］で、「すべての人間共同体の基礎（基本法第一条二項）である基本権の意義は（外国人の）国外退去実務においても十分に考慮に入れられなければならない」として、特定の基本権ではなく基本権一般を「すべての人間共同体……の基礎」であるとしている点からすると、連邦憲法裁判所が、少なくともこの場面では、人権と基本権とを同一視していることをうかがわせて興味深い。

なお、第二条一項については、社会主義国家党（ＳＲＰ）を違憲（基本権第二一条参照）であるとした一九五二年一〇月二三日の判決（BVerfGE 2, 1［13］）でも、自由で民主的な基本秩序の基本的原理に属するものとして、少なくとも次のものを挙げることができるとし、その最初に（第二条への明示の言及はないものの）「基本法に具体化された人権、とりわけ生命および自由な発展を求める人格の権利」(48)の尊重を例示している。

(4)　婚姻の自由と人権　　基本法第六条一項の権利がここでの「不可侵の譲り渡すことのできない人権」に含まれると解されるかどうか。すでに右に触れた外国人の国外退去処分にかかわる決定においても、当該処分の一部が基本法第六条一項の婚姻の自由を侵害すると結論していた。また連邦憲法裁判所はすでにそれより前に、一九七〇年一〇月七日の別の決定（BVerfGE 29, 166［176 f.］）においても、第二次大戦中の戦時特別法によって認められていた遠隔結婚（Ferntrauung）制度の不適用を問題とした憲法訴願手続について、この点を示唆している。この事件は、一九三九年に婚約し、一九四二年にスターリングラードの戦地で、この遠隔結婚制度に基づいて訴願人である女性との結婚の意思表明をしていた男性との婚姻が、戸籍役場へ到達していなかった等の理由で成立していなかったと処理されていたことを知った訴願人が、戦後の一九五五年になってから婚姻の合法的な成立と家族登録簿への登録を請求したものであったが、上級行政裁判所でも婚姻の成立が否定されたので、憲法訴願を提起したものである（なおこの男性は戦後の一九四九年七月三一日に戦死の宣告がなされていた）。第一法廷の決定は、結論においてはこの訴願を棄却したが、この決定の中で、基本法第六条一項の権利について、これを「実定法を超えた前国家的な内容のものであると解するとしても」とか、「前国家的、超国家的人権を前提とする法秩序を考慮しても」というように、示唆的ではあるが、仮定的に論じているにすぎず、そのようなものと解していると言えるかどうかは、必ずしも明らかでない。

もっとも、右に触れた二つの決定は、はっきりと基本法第一条二項に言及していたわけではないが、その後、連邦憲法裁判所第一法廷は、スペイン人の未婚男性と、ドイツ人男性との前婚をドイツの裁判所における離婚訴訟によって解消したドイツ人女性との婚姻が、両国の婚姻法のはざまで妨げられたことをめぐって提起された憲法訴願手続に係る一九七一年五月四日の決定（BVerfGE 31, 58 [67, 76 f.]）において、上記の一九七〇年決定をも引き合いに出して、「基本法第六条一項は国家の侵害からの保護を求める古典的基本権を含んでいるだけでなく、婚姻および家族法全体にとっての価値決定的な基本原則的規範および制度保障をも含んでいる」とし、第一条二項に関連しては次のように述べている。「憲法は世界のすべての人間共同体、平和および正義の基礎としての不可侵にして譲り渡すことのできない人権を信奉する旨を冒頭に置いており（第一条二項）、このことからすれば、基本権とともに樹立された価値秩序、とりわけ、基本権によって確保された個々人の自由領域の保護といえども、他国の法秩序を優先させるためには一般的に機能しないことができ、またそうであらざるをえないと考えることは、第一条二項と両立しえない」〔強調原文〕とした。[49]

これらの判例からすれば、少なくとも第六条一項上の権利は、外国人をも含めたすべての人に自ら選んだ相手と婚姻を締結する自由(Eheschließungsfreiheit)を保障していると解されているという意味において、国籍の如何を問わずに保障される《人権》の一つと解されているといってよい。

2　基本法第一条二項を前提としている裁判例

以上とは違って、連邦憲法裁判所が、直接に第一条二項に言及してはいないものの、明らかにこれを前提としている例もいくつか見られる。

(1)　意見表明の自由と人権

たとえば、いわゆる第三者効力論に関してつねに引き合いに出される一九五八年一月一五日の「リュート判決」(BVerfGE 7, 198 [208])では、「自由な意見表明を求める基本権は、社会における人間の人格性をもっとも直接的に表現したものとして、そもそももっとも大切な人権(vornehmste Menschenrechte)の一つである」として、一七八九年のフランスの「人および市民の権利の宣言」第一一条が原語で[50]引用されている。[51]これと同様の表現は、バーデン＝ヴュルテンベルク州のマスメディア法の違憲性が問題となった基本法第五条一項二文にいう報道の自由に関する別の決定(BVerfGE 74, 297 [323])においても繰り返されていることがわかる。すなわち、後者の事例についての第一法廷の決定(一九八七年三月二四日)では、「基本法第五条一項は、意見表明、意見の流布する自由および情報の自由(Informationsfreiheit)を人権として保障することによって、同時にこのプロセスを憲法上保護しようとしている」とされている。

(2)　集会の自由と人権　ブロックドルフ原子力発電所建設に反対するデモ行進の禁止にかかわる憲法訴願について、一九八五年五月一四日の連邦憲法裁判所第一法廷の決定(BVerfGE 69, 315 [343])[52]は、「デモ行進の保障を憲法上基礎づけるものとして、意見表明の自由と並んで基本法第八条一項の集会の自由が考慮される」[317]が、本件では特定内容の意見表明の禁止が問題となっているのではないとして、もっぱら第八条違反の問題に限定し、次のように述べている。すなわち、「基本法第八条は、とくに意見を異にする少数者にも与えられる防御権として、基本権享有主体に、催しの場所、時間、方法および内容について自ら決定する権利(Selbstbestimmungsrecht)を保障し、同時に、何らかの公的集会に参加したり、あるいは参加することを思いとどまることを国家的に強制することを禁じている。この意味においてすでに、この基本権には、自由な国家制度において特別の高い地位(besonderer Rang)が与えられるべきであり、妨げられることなく、かつ特別の許可なくして、他人と集会する権利は、従前から、自覚的な市民の自由・独立および成人性を示すものと考えられてきたのである。」そして、「憲法裁判所の判決ではこれまで集会の自由について取り扱われたことはないが、意見表明の自由については、すでに以前から民主的共同社会が機能するために不可欠な基本的な要素の一つに数えられており、それは人間の人格性のもっとも直接的な表現であり、自由で民主的な国家秩序を構成するもっとも大切な人権の一つとみなされている」として、上記の《リュート判決》をはじめとする一連の先例[53]を参照せしめている。もっともここでは、右の引用からも知られるとおり、集会の自由に関して、直截にこれが《人権》であると解されているわけではないが、この自由が意見表明の自由と並んで「特別の高い地位」にあることが認められているといえよう。

(3)　裁判を受ける権利と人権　基本法第一〇一条一項二文は「何人もその法律の定める裁判官(gesetzlicher

Richter)を奪われてはならない」として、日本国憲法(第三二条)とは異なり、裁判に関する章の中でこの権利を保障しているにすぎないが、本書の序章でも述べたとおり、基本法第九三条一項四a号が憲法訴願の対象となる権利侵害の中に、この「裁判官を奪われない権利」も列挙していることから、この保障も一般に基本権類似の権利と解されている。本件は、ヨーロッパ共同体(現在のEU)に属さない国(台湾)からシャンピニオンの保存食品を西ドイツ(当時)国内に輸入することの許可を求めた申請(一九七六年七月)に対する拒否処分の効力を争った輸入業者による憲法訴願手続に対する決定(いわゆる「ゾーランゲⅡ決定」)である。(54) この決定において、連邦憲法裁判所第二法廷は、ヨーロッパ共同体の裁判所が基本法第一〇一条一項二文の意味における法律の定める裁判官であり、この裁判によって基本権の実効的な保護が保障されており、その保障が基本法によって奪うことのできないものとされている基本権の保護と同視しうる限りにおいて(solange)、連邦憲法裁判所はもはやその権限を行使して、当該処分の効力を基本法の基本権を基準として判断することは許されない」(BVerfGE 73, 339 [386])とし、結論として訴願人の訴願を棄却したのであるが、一九八六年一〇月二二日のこの決定の中で、連邦憲法裁判所は、一般論として、「基本権の本質的内容は、そして、ましてや人権の本質的内容は、変更することはできず、〔ヨーロッパ〕共同体の統治権(Hoheitsgewalt)に対しても保持されなければならない」としている。この事案で憲法訴願人は、一九八二年一二月一日の連邦行政裁判所判決が、基本法第一九条四項、第一〇三条一項、第一〇一条一項二文の手続的基本権や、第一二条一項、第一四条一項、第二〇条三項の実体的基本権を侵害したと主張していたのであるが、この決定では、残念ながら、ここでいう《人権》が何かについて、それ以上言及されているところはない。

3　その他の裁判例

これら以外にも、特定の基本権が問題となったわけではないが、関心を引く裁判がいくつかある。

(1)　パーシングⅡ決定　たとえば、一九七九年一二月一二日にNATO加盟国の外務・防衛閣僚がブリュッセルの会議で、核弾頭を搭載するアメリカ合衆国の中距離ミサイル(パーシングⅡ)を連邦共和国にも配備することを決定したことについて、連邦政府が同意したことが、基本法第二条二項一文の「生命への権利及び身体を害されない権利」を侵害するとして憲法訴願が提起され、連邦政府に右の同意を遅滞なく撤回すべきこと等を義務づける仮命令を求めた事件(BVerfGE 66, 39 [56 f.])において、連邦憲法裁判所第二法廷は一九八三年一二月一六日、「たしかに基本法によって承認された基本権および基本的自由の、人権にかかわる保護範囲(menschenrechtlicher Schutzbereich)は、すべての高権的権力(hoheitliche Gewalt)に及ぶ」としつつも、基本法第九三条一項四a号にいう「公権力」の語義に関連して、同号は「単に国家の(staatlich)公権力、つまり基本法に拘束されるドイツの公権力の行為に対してのみ、憲法訴願による法的救済を認めている」とした。(55) しかし右の引用の前半部分における連邦憲法裁判所の判示が、すべての基本権・基本的自由に「人権にかかわる保護範囲」が含まれているということを前提とした趣旨か、それとも基本権・基本的自由の中にはそうした保護領域をもつものがあるという趣旨かは、この判示のみからは、なお判然としない。(56)

(2)　憲法改正限界との関係　経過・終末規定に属する基本法第一四三条は、内乱罪に関する当初の詳細な規定が一九五一年の第一回改正で削除された後、一九五六年の第七回改正でいったんは国内的緊急事態における軍隊の出動に関する新しい規定が入れられたが、それも一九六八年六月の第一七回改正で再び削除されて空白になっていた。その後、一九九〇年八月三一日のドイツ統一条約の第四条五号で、まったく新しい規定に置き換えられて現在に至っている。その新しい第一四三条三項は、未解決の財産権問題の規律に関する一九九〇年六月一五日の当時の両ドイツ政府の共同宣言（条約付属文書三）を統一条約の構成部分とするとした統一条約第四一条およびその施行規則も、旧東ドイツ領域における財産への侵害が「もはや原状回復しえないことを規定している限度において、その効力を維持する」旨を定めている。従前祖先の所有地であった土地を一九四六年に収用されて所有権を失ってしまった訴願人たちが、この統一条約およびそこに含まれる基本法改正で新たに挿入された第一四三条の規定が、基本法第七九条三項の改正限界を超えていて無効であること等を主張して提起した憲法訴願手続[57]について、連邦憲法裁判所第一法廷は、一九九一年四月二三日の判決（「土地改革」判決）において、憲法訴願を棄却した（BVerfGE 84, 90 [120 f.]）。この判決の中で連邦憲法裁判所は、次のように述べる。すなわち、基本法第七九条三項は基本法改正によって基本法第一条および第二〇条に謳われている基本原則に抵触することを禁止しているが、「ここにいう基本原則に属するのは、基本法第一条一項に規定されている人間の尊厳だけではない」。そうではなくて、「基本法第一条二項に含まれる〝人間共同体、平和及び正義の基礎としての不可侵にして譲り渡すことのできない人権への信奉〟も、その限りで意義を得るのであり、その保障は、それが第一条一項および二項に対応した秩序の保持のために必要不可欠である限りにおいて、第一条三項に含まれる〝以下の基本権〟が指示されていることと結びついて、原則的に制限を免れているのである」と。こうして、第一条一項・二項が同条三項と結びついて、基本法改正に限定を付していると解されているのである。

また最近でも、庇護権にかかわる一九九三年六月二八日の基本法第三九回改正法律で新たに挿入された、いわゆる「安全な第三国条項」を含む基本法第一六a条について同様の疑義が提起された憲法訴願手続において、連邦憲法裁判所第二法廷は、一九九六年五月一四日の判決で、右の一九九一年判決を参照せしめて、右の引用と同様の判示をしている(BVerfGE 94, 49 [102 f.])(58)。

4　まとめ

以上が、連邦憲法裁判所が、第一条二項にいう《人権》概念に直接に触れ、またはそうでなくとも明らかに同項を念頭に置いて判示している裁判例の主要なものであろうと思われる(59)。これらの判例の分析を通じて、連邦憲法裁判所が基本法第一条二項の《人権》概念をどのように解しているかは、必ずしも明らかではない。とくに第一条三項との関係についても、一義的に結論を導き出すことは困難であるように思われる。しかし、以上の考察から、少なくとも次の諸点が確認できるであろう。

まず第一に、第一条三項にいう「立法、執行権及び裁判を拘束する」基本権は、必ずしも「以下の」(つまり第二条以下の)基本権のみに限定されず、第一条一項の「人間の尊厳」および第一条二項の人権(正確には「人権への信奉」)も、第三項を通じて国家権力による制限から原則として免れており、また憲法改正権者をも拘束する基本原則と解されている。前者の点については、連邦憲法裁判所が一九八二年一〇月一九日の第一法廷の決定(BVerfGE 61, 126 [137])の中で、次のように述べている。すなわち、第一条三項はそれ自体としては何らか国家権力がその内容に拘束されるような憲法規範を有しているのではないから、この規定がそのための独自の判断基準を含んでいるわけではない。「そうした判断基準を形成しているのは以下の基本権であるが、それればかりではなく、第一条一項において保障されている基本権もそうなのであり――第一条一項が『以下の』基本権でないからといって、基本法のこの最高の立憲的原理への国家権力の拘束が排除されるわけではない」というのである。このことからすれば、《人間の尊厳》の尊重・保護も《人権》と解されていることになり、またこのことは、第一条の成立過程からしても疑う余地のないところであろう。また後者の点については、先にすでに3(2)で憲法改正限界との関係について触れた際に述べたとおりである。

第二に、第二項にいう《人権》と第三項の「以下の基本権」との範囲について、連邦憲法裁判所は、これを同一としているかのようにも見える。すでに本節の1(3)や3(1)で触れたとおり、基本権全般を「すべての人間共同体の基礎」であると解し、あるいは、すべての基本権に「人権にかかわる保護領域」が含まれていると解しているようにも思われるからである。しかし、前述した諸判例に表れている限りでは、やはりすべての基本権が《人権》と解されているわけではなく、むしろ特定の基本権のみが《人権》としての性格を有していると解されているように思われる。そして具体的には、「人格の自由な発展を求める権利」(第二条一項)、生命への権利および身体を害されない権利(第二条二項)、一般的な平等原則(第三条一項)、婚姻の自由(第六条一項)、親の自然的な教育権(第六条二項)、意見表明・意見の流布・情報の自由(第五条一項)、集会の自由(第八条)、法律上の裁判官を奪われない権利(第一〇一条一項二文)などが、一応これに当たると解されているように思われる。

第三に、これらの各規定が問題となった事例の(すべてではないが)多くが、外国人ないし少数民族の基本権侵害にかかわるものであることも特徴的である。すなわち、連邦憲法裁判所は、外国人にも適用されるべき基本権について、上述のような性格を与えていることが多いといえる。[60] その際、これらの基本権のうち、第八条の集会の自由については、「すべてのドイツ人」が享有主体とされており、その限りでは、連邦憲法裁判所においても必ずしも《文言説》が採用されているわけではないことが示唆されるが、[61] 上述2(2)のとおり、この自由も意見表明の自由と密接な関連を有するデモ行進の文脈で言われていることに留意する必要があろう。また、以上の基本権以外の権利のうち、たとえば基本法第一〇三条一項のように、判例上は外国人にも適用があるとされる権利[62]が連邦憲法裁判所によって《人権》としての性格を有するものと判断されているかどうかは必ずしも明白ではなく、この点については今後の判例の積み重ねを待たざるをえない。

第四に、上記の第一点とも関連するが、《人間の尊厳》の原理は基本権の冒頭に位置しており、すべての基本権の基礎をなすものと解されており、いかなる個々の基本権とも比較衡量しえないとされている。[63] しかし、《人間の尊厳》そのものがいかなる制限にも服さない絶対性を有しているとしても、《人間の尊厳》と密接に結びついている点で《人権》としての保護領域を有していると解される基本権の制約が、当然のことながら、ただちにすべて違憲と判断されるわけではないことは、上記の判例からも知られる。

そして第五に、今までの連邦憲法裁判所の判例では、たとえば信仰・良心の自由(第四条一項)、学問および芸術の自由(第五条三項)、信書の秘密(第一〇条)、住居の不可侵(第一三条一項)等の基本権に関して、これが「不可侵にして譲り渡すことのできない人権」としての性格をもつものであるかどうかについて示唆的にもせよ述べた判例は、管見に属する限りでは存在しないが、このことは、連邦憲法裁判所がこれらについて一義的に否定的な理解を示していることをただちに意味するものではなかろう。この点についても今後の判例の集積に待つほかはあるまい。

以上の検討から、少なくとも言えることは、第一条二項の規定は、デューリヒ等の言うように[64]単に宣言的意味をもつにすぎないのではなく、第一条一項を含む基本権の解釈およびその規制の合憲性判断にとって、一定の規範的意味を有しているということであり、[65] その限りで本章での検討の目的はほぼ達せられたといえよう。

注

(1) 第三項の《執行権》(vollziehende Gewalt) の語は、一九五六年三月一九日の第七回基本法改正法律によって変更されたもので、当初の規定では「行政」(Verwaltung)となっていたものであるが、この点については本書第一三章で検討するので、ここでは問題にしない。

(2) 若松　新「ボン基本法における『人間の尊厳』(一)～(十一)」早稲田政治公法研究第一三号(一九八七年)以下、とくにその(11)同誌三三号(一九九一年)二二六頁以下、西岡　祝「ボン基本法第一条(「人間の尊厳」条項)成立史」福岡大学法学論叢三六巻一・二・三号(一九九一年)二七頁以下、青柳幸一『個人の尊重と人間の尊厳』尚学社一九九六年五頁以下(同四三～四頁には、一九九五年ぐらいまでのこのテーマに関する主な文献が列挙されている)。もっとも、これらの研究のほとんどは、必ずしも第一次史料に基づいてなされているのではなく、JÖR. Bd. 1, 1951 や、学説における解説などの二次文献に依拠したものであるように思われる。ただ、以下の成立過程の略述は、結果的には右の研究と内容的に符合する点が多いことをお断わりしておく。第一条の成立過程を検討しているものとしては、*Christoph Enders*, Die Menschenwürde in der Verfassungsordnung. Zur Dogmatik des Art. 1 GG, Tübingen 1997, insbes. S. 171 ff., S. 398 f., S. 404 ff. があるが、本章での検討の関心となる問題についてはあまり触れていない。

(3) このテーマをめぐる議論については、とくに青柳・前掲書(注2)およびホセ・ヨンパルト『日本国憲法哲学』(成文堂、一九九五年)とくに一一〇頁以下などを参照のこと。なお、この問題に関しては、佐藤幸治「包括的基本権」阿部照哉ほか編『憲法(2)〔第三版〕』(有斐閣一九九五年)一一三頁以下、樋口陽一・佐藤幸治・中村睦男・浦部法穂『憲法Ⅰ』(青林書院一九九四年)二四七頁以下〔佐藤執筆〕、佐藤『日本国憲法論』(成文堂、二〇一一年)一二〇頁以下などを参照。

(4) この会議のメンバーや会議の経過、およびヘレンキームゼー草案については、PR, Bd. 2: を参照のこと。また JÖR, Bd. 1, 1951 も参照。

(5) この草案のうち、本章に関わる部分の文言の成立過程については、初宿「ヘレンキームゼー草案の基本権部分」愛知教育大学社会科学論集第一八号(一九七九年)二〇三頁以下、また同草案の統治機構の主要部分についても、同誌第一九号(一九八〇年)二〇九頁以下および第二二号(一九八二年)二四九頁以下参照。

(6) この議会評議会での過程については、*Erhard H. M. Lange*, Die Würde des Menschen ist unantastbar. Der Parlamentarische Rat und das Grundgesetz, Heidelberg 1993 とくに S. 188 ff. を参照。

(7) PR, Bd. 5/I, S. 62, Anm. 3. なお JÖR, Bd. 1, 1951, S. 48 も参照のこと。

(8) 西岡祝・前掲論文三一頁は、この草案の第二項の代名詞(sie)を第一項の「諸権利」ととっているが、文言の流れからいって、この代名詞はやはり主語「人間の尊厳」ととるべきであろう(若松・前掲論文(11)二二八頁参照)。

(9) PR, Bd. 5/I, a. a. O., S. 62 ff.

(10) Vgl. a. a. O., S. 82.

(11) JÖR, a. a. O., S. 49 によれば、この文言は一〇月七日の同委員会第一読会に初めて見られるもののように叙述されているが、PR, Bd. 5/I, a. a. O., S. 86 によれば、すでにこの九月二三日にホイス議員がこれに言及しており、同日に議決されていたもののようで、S. 86, FN. 41 には議事要録(Kurzprotokol)に登載されているこの規定の全文が挙げられている。なお、A. a. O., S. 333, FN. 1 によると、この第一読会で承認された草案の正確な日付は確認できないようであるが、一〇月一八日の時点ではすでに配布されていたもののようである。この当時の草案全体は、PR, Bd. 7, S. 1 ff. に収載されている。これ以外の点においても、この史料と JÖR, a. a. O. とでは日付につき記載の相違があるが、ここでは新しい研究史料として PR, Bd. 5/I u. Bd .5-II および PR, Bd. 7 に依る。

(12) *Richard Thoma*, Kritische Würdigung des vom Grundsatzausschuß des Parlamentarischen Rates beschlossenen und veröffentlichten Grundrechtskatalogs, in: PR, Bd. 5-I, a. a. O., S. 361 ff. なお、A. a. O., S. 362 では、問題の文言につき、第一条の「第二文および第三文(Satz)」とされているが、誤りであろう。

(13) トーマの提案になる草案の基本権の全体は、A. a. O., S. 374 ff. にある。

(14) PR, Bd. 5/II, S. 578 ff. なお、この時点の草案全体は PR, Bd. 7, S. 36 ff. 参照。

(15) PR, Bd. 5-II, S. 584 ff.

(16) PR, Bd. 5-II, S. 592 f., S. 620 FN. 32. なお、第二読会で承認された基本権規定全体の最終的な案は A. a. O., S.784 ff. に、改めて一二月一日の第二七回会議の審議要録の付属資料としてまとめられている。

(17) ただし、PR, Bd.5-II, S. 594 では、フォン・マンゴルトの議論の中に「第二項には旧来の譲り渡すことのできない人権および自由権への信奉(Bekenntnis)がきわめて一般的に表明されている」との言い回しが見られる。

(18) 中央委員会の審議録は、HA-Steno によるが、頁は逐一示さないことがある。

(19) HA-Steno , S. 205. この日の会議で承認された基本権部分の規定の全体は PR, Bd.5-II, S. 802 ff. にまとめられている。

(20) PR, Bd.5-II, S. 875 ff.; PR, Bd. 7, S. 133ff.; JÖR, a. a. O., S. 51.
(21) PR, Bd.5-II, S. 877; Bd. 7, S. 135.
(22) PR, Bd.5-II, S. 910 ff.
(23) PR, Bd.5-II, S. 954 ff.
(24) HA-Steno, S. 529 f.
(25) HA-Steno, S. 530.
(26) HA-Steno, S. 531. なお、ホイスにつき、本書第一章七二頁参照。
(27) HA-Steno, S. 530. ちなみにフォン・マンゴルトの提案になる第二項の規定中の「平等」の語は、彼が依拠していた世界人権宣言の前文にも「人類社会のすべての構成員の固有の尊厳と平等で譲ることのできない権利」〔傍点筆者〕という形で表れていたものである。なお、中央委員会が第二読会で議決した一九四九年一月二〇日時点での草案の全体は、PR, Bd. 7, S. 202 ff. 参照。
(28) PR, Bd.7 S .204; JÖR, Bd.1, S. 53.
(29) A. a. O., S. 203 f.
(30) A. a. O., S. 204. ただし、注3の部分は単なる文法的・文体的な問題にかかわるものであり、省略した。また注2および注5に関しては、文言にかかわる部分に、便宜上〝引用符〟を付加した。なお、JÖR, Bd. 1, S. 53 でも、このコメントが要約されている。
(31) HA-Steno, S. 611. なおこの五人委員会の修正提案の全体は、PR, Bd. 7, S. 297 ff.
(32) HA-Steno, S. 613. なお、厳密に言えば、同項の「基礎」(Grundlage)に三格の定冠詞(der)があるかないかの違いもある。
(33) HA-Steno, S. 744. この段階での基本法の規定の全体は、PR, Bd. 7, S. 532 ff. をみよ。なお、JÖR, a. a. O., S.53 によれば、この提案は五月二日の全般編纂委員会でなされたようであるが、ここでのツィンの提案とこれとの関連については確認できなかった。
(34) たとえば、*Karl Doehring*, Das Staatsrecht der Bundesrepublik Deutschland, 3., überarbeitete Aufl., Frankfurt 1984, S. 281 f.; *Günter Dürig*, Der Grundrechtssatz von der Menschenwürde, in: AöR, Bd. 81, H. 2, August 1956, S. 117 ff., 119 f. など。
(35) *Enders*, a. a. O. (Anm. 2), S. 399.
(36) BVerfGE 61, 126 [137].
(37) マルティン・クリーレ著／初宿正典ほか訳『平和・自由・正義』(原題は *Martin Kriele*, Einführung in die Staatslehre, 2. Aufl. 1981)

御茶の水書房、一九八九年、二四一頁。

(38) *Ingo von Münch/Philip Kunig* (Hrsg.), Grundgesetz-Kommentar, Bd. 1, 4., neubearbeitete Aufl., München 1992, S. 121.

(39) *Horst Dreier*, Der Grundsatz von der Menschenwürde (Art. 1 I GG) und die Bioethik, in: Menschen, Technologie, Umwelt. Erstes Symposium der japanisch-deutschen Gemeinschaftsarbeit vom 3. bis 5. April in Tokyo, S.70.

(40) たとえば、BVerfGE 93, 266 [293].

(41) *Rudolf Weber-Fas*, Wörterbuch zum Grundgesetz, Stuttgart 1993, S. 211.

(42) この点に関し、*Philipp Frhr. v. Hodenberg*, Das Bekenntnis des deutschen Volkes zu den Menschenrechten in Art.1 Abs. 2 GG, Baden-Baden 1997, S. 58 ff. 参照。

(43) ここでは主として、*v. Hodenberg*, a. a. O. (Anm. 42), S. 13 ff. を参考とし、併せて、そこに挙げられてはいない判例も検討の素材とした。なおここでは、連邦行政裁判所等の諸判決におけるこの問題の理解については、考慮していない。

(44) 以下では、通例に従い、判例の登載されている判例集の最初の頁を示し、［　］にはとくにここで言及した判示のある頁を記載した。

(45) この判決につき、『ドイツの憲法判例』八三頁以下〔高田篤の訳・解説〕参照。

(46) この決定については、同右三四七頁以下(門田孝の訳・解説)参照。

(47) ここで基本法第六条一項の自由が挙げられているのは、憲法訴願者のひとりが、ドイツ国籍を有する女性で芸術史専攻の学生と結婚していることに関わる。

(48) ちなみにここでの言及は、„Recht der Persönlichkeit auf Leben und freie Entfaltung" となっており、厳密には基本法第二条一項・二項の文言そのものではない。

(49) 国際私法分野ではとくに有名なこの事件については、丸岡松雄『スペイン人事件』〔同・国際私法著作集第三巻〕(木鐸社・一九九七年)が詳細な分析を施している。

(50) "un des droits les plus précieux de l'homme."

(51) BVerfGE 12, 113 [125] も同様。

(52) この決定については、『ドイツの憲法判例』二四八頁以下〔赤坂正浩の訳・解説〕参照。

(53)《リュート判決》のほか、BVerfGE 12, 113 [125]); 20, 56 [97]); 42, 163 [169] が挙げられている。

(54) この決定について詳しくは、『ドイツの憲法判例』四二六頁以下（奥山亜喜子の訳・解説）参照。

(55) この決定が引用している BVerfGE 58, 1 [27] は、基本法第一九条四項にいう「公権力」の意味について、同一の趣旨を述べているが、「人権にかかわる……」云々の部分の判示は、そこにはない。

(56) なお、*v. Hodenberg*, a. a. O. (Anm. 42), S. 15 は、この判例について言及しつつも、本文で引用した部分には触れていない。

(57) この決定につき詳細は、『ドイツの憲法判例』五五九頁以下〔中島茂樹の訳・解説〕を参照のこと。

(58) この判決については、『ドイツの憲法判例Ⅲ』三五六頁以下〔川又伸彦の訳・解説〕を参照のこと。なお、庇護権（一九九三年改正前の基本法第一六条二項二文＝現行の第一六a条一項）を根拠としてクルド族に属するトルコ人がドイツへの亡命を求めたのを所轄庁が拒否した事例で、連邦憲法裁判所は、「トルコにおいて人権」の侵害があることは認めるが、「どの程度トルコにおいて人権が侵害されているかについて連邦共和国はあずかり知らぬところである」とする政府の主張に対して、この亡命を認めなかった上級行政裁判所の決定が庇護権を侵害するとしたものがある（BVerfGE 63, 197 [203 f.]）。

(59) 連邦憲法裁判所判例集には、すべての巻末に事項索引および法令索引が付けられており、また一〇巻ごとの判例集の索引が現在までに一二〇巻までについて別巻として刊行されているので、本章の執筆にあたってもこれを参考にした。〔ただし、初出時以降の最新の判例については、後注(65)以外は、検討する余裕がなかった。〕

(60) *Michael Sachs*, Ausländergrundrechte im Schutzbereich von Deutschengrundrechten, in: Bayerische Verwaltungsblätter, 1990, Heft 13, S. 385, FN. 4 は、連邦憲法裁判所が外国人にも適用を認めた基本権を列挙しており、第一条一項、第二条一項、第三条一項、第六条一項、第一九条四項および第一〇三条一項（法律上の審問を請求する権利）等が挙げられている。

(61) 宮地基「外国人と職業の自由」『ドイツの憲法判例』二九〇頁以下）は、主として *Sachs*, a. a. O. (Anm. 60) 等に依りながら、ドイツ人にのみ保障される基本権と国籍を問わずすべての人に保障される基本権たる人権との区別に関しては、いわゆる「文言説」がドイツの判例および通説であるとし、集会の自由、結社の自由、移転の自由、職業の自由、外国への引渡しの禁止がドイツ人にのみ適用される権利であるとしている。なお、前注(41)も参照。

(62) たとえば BVerfGE 18, 399 [403].

(63) 注(40)にも挙げた一九九五年一〇月一〇日の決定（BVerfGE 93, 266 [293]）参照。

(64) 上述の本章第二節(2)九六頁参照。

(65) 新しい判例としては、欧州人権規約と基本法の関係が問題となった事例において、二〇一一年五月四日の第二法廷の判決(BVerfGE 128, 326 [369])が、欧州人権規約は直接的に憲法的地位を持つための足掛かりではないとはいえ、ドイツの基本権の適用に際しても解釈の助けとなるものであり、その意味で、欧州人権規約の規定は、基本法の解釈にとっての基準のひとつとして、拘束力を有さない単なるプログラム規定以上のものであって、基本法の解釈にとっての基準として機能する旨を述べて、先例としてBVerfGE 74, 358 [379] およびBVerfGE 111, 307 [329] を参照させている。

第三章　基本法第一四〇条の成立過程について

——ヴァイマル憲法から基本法へ

第一節　基本法第一四〇条とヴァイマル憲法の宗教関連条項

——問題の所在

(1)　基本法第四条　ドイツ連邦共和国基本法における宗教関連条項の構造は、基本法全体の中でもきわめて独特である。すなわち、「人格の発展及び自由で民主的かつ法治国家的な基本秩序の根本的前提として」精神的自由および政治生活への自由な参加を保障する諸々の自由権のグループの中で、その中核部分を保護する基本法第四条は、信仰の自由、世界観の告白の自由および良心の自由の保障規定であり、その文言は次のとおりである。(1)

第四条(1)　信仰、良心の自由、並びに宗教及び世界観の告白の自由は、不可侵である。
(2)　妨げられることなく宗教的活動を行うことが保障される。
(3)　何人も、その良心に反して、武器をもってする軍務を強制されてはならない。詳細は、連邦法律でこれを規律する。

この基本権はReligionsfreiheit（宗教の自由）の本質的構成要素を保障するものである。すなわち、①宗教信仰の自由とその告白の自由——この自由は「世界観の告白の自由」によって拡張されている——（第四条第一項）、および

②「妨げられることなく宗数的活動をなす」権利としての宗数的行為の自由である（第二項）。日本国憲法で言えば、第二〇条一項前段の「信教の自由」および第二項の「宗教上の行為、祝典、儀式又は行事」への参加を強制されない自由がこれに対応する。なお、第四条第三項のいわゆる良心的兵役拒否権の問題については、ここでは触れない。

(2)　信教の自由の一内容としての宗教的結社の自由　ところで、一般に、信教の自由の内容としては、①信仰の自由（信仰告白の自由を含む）、②宗数的行為の自由、および③宗数的結社の自由の三つが挙げられ、これらが第二〇条一項によって保障されていると解されているが、このうち、③については、日本国憲法の場合、第二〇条一項後段は、正面からこれを保障しているわけではない。むしろ、「いかなる宗教団体も、国から特権を受け又は政治上の権力を行使してはならない」と定める同条項は、宗教団体と国との結びつきを排除することによって、両者の分離を確保する趣旨だと解されている。それゆえ、宗教団体の結成の自由は、第二〇条一項の信教の自由のの一部だと解するか、第二一条一項の「結社の自由」条項によって宗教上の結社としての宗教団体の結成の自由も保障されていると解するかのいずれかになる。

この点、ドイツの基本法においても、宗教の自由の第三の本質的要素である宗教上の結社の自由については、上記基本法第四条には定めがない。むしろこの自由については、第一四〇条が基本法の構成要素の一部として編入しているヴァイマル憲法の第一三七条（とくに第二項）に規定されている。すなわち基本法第一四〇条は、「一九一九年八月一一日のドイツ国憲法〔＝ヴァイマル憲法〕の第一三六条、第一三七条、第一三八条、第一三九条及び第一四一条の規定は、この基本法の構成部分とする。」として、基本法自身は多くの問題をみずから規定することをしていないのである。

(3)　ヴァイマル憲法の宗教関連条項

念のために、ヴァイマル憲法のこれらの規定を再現しておくと、以下のとおりである。

第一三六条①　市民及び公民の権利及び義務が、宗教の自由の行使によって条件づけられたり制限されたりすることはない。

② 市民及び公民としての権利の享受並びに公職への就任は、宗教上の信仰告白に係らしめられない。

③ 何人も、自己の宗教上の信念を明らかにすることを義務づけられない。官庁は、〔ある者の〕権利及び義務が、特定の宗教団体への所属に係り、又は、法律の命じる統計上の調査のために宗教団体への所属を問うことが必要とされる限りにおいてのみ、それについて問う権利を有する。

④ 何人も、教会の定める行為若しくは儀式、宗教の実践への参加、又は宗教上の宣誓方式の使用を強制されない。

第一三七条①　国の教会は、存在しない。

② 宗教団体を結成する自由は、保障する。ライヒ領域内における宗教団体の結合は、いかなる制限にも服さない。

③ 宗教団体は各々、すべてのものに適用される法律の範囲内で、独立してその事務を処理し管理する。宗教団体は各々、国又は市町村の関与を受けることなく、その役職を付与する。

④ 宗教団体は、民事法の一般的規定により権利能力を取得する。

⑤ 宗教団体は、従来公法上の社団であった限りにおいて、今後も公法上の社団とする。その他の宗教団体は、その根本規則及びその構成員数からして存続することが確実である場合には、その申請に基づいて、〔公法上の社団と〕同一の権利が与えられるものとする。二以上のこのような公法上の社団が、一の連合をなす場合には、この連合もまた公法上の社団とする。

⑥ 公法上の社団たる宗教団体は、市民租税台帳に基づき、ラントの法の定める基準に従って、租税を徴収する権利を有する。

⑦ 一の世界観を共同で振興することを任務とする結社は、宗教団体と同等に取り扱う。

⑧ これらの規定を実施するためにさらに規律が必要となる限りにおいて、その規律はラント立法の責務である。

第一三八条① 法律、条約又は特別の権原に基づいて宗教団体に対してなされる国の給付は、ラントの立法によって有償で廃止する。これについての諸原則は、ライヒが定める。

② 宗教団体及び宗教的結社が、礼拝、教化及び慈善の目的のために用途を指定した自己の営造物、財団その他の財産に対して有する所有権その他の権利は、保障する。

第一三九条　日曜日及び国が承認した祝日は、労働を休む日及び精神の向上の日として、引き続き法律により保護する。

第一四一条　軍、病院、刑事施設又はその他の公の営造物において、礼拝及び司牧の要望が存する限りにおいて、宗教団体は、宗教的行事を行うことが許されるものとし、その際にはいかなる強制も避けなければならない。

(4)　基本法のその他の宗教関連条項

以上に触れた規定以外で、基本法が定める宗教関連条項としては、第三条三項および第三三条三項（宗教上の信仰等によって市民権や公職就任に関して差別や不利益を受けない旨の規定）、親の教育権（第六条二項）と結びついた第七条二項（子どもを宗教の授業に参加させることについての親権者の決定権）、第七条三項（宗教の授業が公立学校において原則として正課の授業科目であるとするとともに、教員がその意思に反して宗教の授業を義務づけられない旨の規定）およびその例外規定としての第一四一条（いわゆるブレーメン条項）などである。

ちなみに、ヴァイマル憲法第一三五条は、「ライヒ住民はすべて、完全な信仰及び良心の自由を享受する。妨げられることなく宗教を実践することは、この憲法によって保障され、国の保護を受ける。国の一般的法律は、これによって影響を受けない。」としているが、基本法第一四〇条は、この規定自体については、これを基本法の構成部分として編入せず、むしろ、基本法第四条一項・二項においてそれに対応する規定を置いた。しかし逆に、基本法第一四〇条によって基本法の構成部分として編入されているヴァイマル憲法第一三六条の規定のうち第一項は、基本法第三条三項、第四条及び第三三条三項と比較すると、――文言に若干の違いは見られるものの――重複した規範内容であるにもかかわらず、基本法は改めてこれを規定している。

こうした基本法の規定の仕方は、いかなる理由に基づいて、またいかなる経緯によって、決定されたものなのであろうか。本章は、主として基本法第一四〇条の制定過程における議論を（とくに中央委員会の審議についての史料を主として用いながら）時系列的に振り返ることによって、この点を追究しようとするものである。

第二節　基本法第一四〇条の制定過程

1　教会条項の提案

基本法の草案であるヘレンキームゼー草案では、ヴァイマル憲法第一三五条以下に対応する規定はまったく予定されていなかった(2)。教会・国家関係の問題が初めて提起されたのは、一九四八年一一月二九日の議会評議会におけるCDU／CSU、中央党及びDPの提案においてであった。この提案は教会と国家の関係を規律することを意図したものであり、この提案は以下のような条文である(3)。条名はないが、提案者によると、「国家の基本法の適切な箇所に挿入すべきものである」とされている。

(1)　教会は、それが人間生活の宗教的及び倫理的基盤を保護し確固するために有する重要性において、承認される。国の教会は、存在しない。

(2)　教会及び宗教団体は、固有の権利に基づいて、独立してその事務を処理する(4)。宗教団体は各々、国及び市町村の関与を受けることなく、その役職を付与し、及びそれを奪う権利を有する。

(3)　教会及び宗教団体並びにその施設は、従来公法上の社団であった限りにおいて、公法上の社団の請権利を保持し、そのために国の特別の監督に服することはない。その他の教会及び宗教団体は、その根本規則及びその構成員数からして存続することが確実である場合には、その申請に基づいて、〔公法上の社団と〕同一の権利が与えられるものとする。教会及び宗教団体は、租税を徴収する固有の権利を行使するに当たっては、国の租税台帳を用いることができる。

(4)　教会及び宗教団体並びにその施設が、礼拝、教化及び慈善の目的のために用途を特定した営造物、財団その他の財産に対して有する財産権その他の請権利、並びに、教会等の任務を遂行するために、土地を含む財産を新たに取得する権利は、保障される。

(5)　法律、条約その他の権原に基づいて教会及び宗教団体に対して与えられる、国、市町村又は市町村組合の給付は、合意によってのみ、有償で廃止することができる。

(6)　教会及び宗教団体又はその組織によって維持運営される慈善及び教育の施設は、租税立法の趣旨に沿って、公益に奉仕するもの(gemeinnützig)として承認される。

(7)　一九四五年一月一日時点において存している教会との諸条約は、ラントが新たに締結する合意(Vereinbarungen)によって廃止されるまでは、引き続き効力を有する。

これらの各条項を見ると、いずれも、国民個人の主観的な宗教上の自由の権利としてではなく、むしろ団体(教会および宗教団体等)に関わる規定として構想されていたことが分かる。そして個別的には、第一項後段はヴァイマル憲法第一三七条一項に、第二項は同条三項に、第三項は同条五項・六項に、第四項は第一三八条二項に、第五項は同条一項に、それぞれ対応している一方で、第一項前段、第六項および第七項については、ヴァイマル憲法上これに対応する規定が存在しない新たな提案であることがわかる。要するにこの構想は、ヴァイマル憲法の第一三七条以下の教会＝国家関連条項のうちのいくつかを選び出したものといえる。そして、後に見るように、これらの規定の中でいちばん激しい議論の的となったのは、教会条約の効力に関する上記の第七項であった。

2　委員会における論議の経緯

(1)　基本原則委員会　上記の提案は、一九四八年一二月四日の基本原則委員会の第二九回会議[5]で取り上げられ、CDUのズュスターヘンは、提案者の側から提案理由を概ね次のように述べた。

信仰の自由、良心の自由、宗教的・世界観的領域の自由に対する権利、および宗数的活動の自由に対する権利は、いかなる意味からしても、真の古典的基本権のひとつであることは、疑いの余地がない。われわれはすでに、この宗数的権利以外においても、結社の自由や労働組合結成の自由のように、個人を超えた一定の集団の権利を承認してきた。この提案には宗数的な結社の自由が具体化されているのであり、しかもこの権利は今や、単に抽象的に表現されるだけではなく、かつてドイツにおいてそうであったように、具体的な歴史的状況に適用されているのであって、民主的な宗教の自由の権利が教会や世界観共同体によって行使されるのである。

これに対してヘッセン州出身でSPDのベルクシュトレーサーは、連邦の憲法にかかる規定を盛り込む必要はないとして反対した。その主たる理由とするところは、教会に関する規定は、すでに南ドイツの憲法にも存在しており[6]、宗教団体に関する規定の問題は、教育や家族の問題と同様、原則として、個々のラントの管轄事項であり、ラントと教会の締結する教会条約(Kirchenvertrag)等をみても分かるとおり、事情は各ラントによって様々に異なっているから、この相違を無視してはいけない、などというものであった。

FDPのホイスも、歴史的考察から説き起こしつつ、戦後のドイツ国が連邦制としての性格を採るべきことがはっきりした今、この問題は連邦政府の問題ではなく、種々に異なる各ラントの規律すべき問題だとして、提案を撤回するよう主張した。これを受けて上記三人の賛否両論の議論がなされている。

(2) 中央委員会第一読会　ついで、同年一二月八日の中央委員会の第二二回会議で、この提案が議題とされた[7]。ここでも、提案者の側からCDUのズュスターヘンは、基本法において教会の存在という歴史的事実について何も触れずに通り過ぎることは不可能であり、国家におけるわれわれの共同生活は、純粋に歴史的および文化的に見れば、キリスト教という事実から切り離して考えるわけにはいかないのであるから、教会＝国家関係をわれわれの基本法においても規律すべきであり、それも、決して包括的なカタログではなく、教会と国家の関係を明らかにし確保するのに適切で重要な原則ぐらいは盛り込んで、少なくともその統一的な枠付け規定だけは重点的に規律すべきだ、とした。その際、ズュスターヘンは、この提案が実質的には、本質的な点においてヴァイマル憲法によって予定されていた国家教会法の諸規定と、国家と教会の間ですでに締結されている条約によって示されている法的基盤の枠内にとどまっており、その意味では現行法を文章化したものにすぎない、と主張した。

ＳＰＤのベルクシュトレーサーは、連邦制の下でこうした規定を置けばラント固有の領域が骨抜きにされてしまうし、基本権に関する限り、すでに基本法第四条の規定でカヴァーされているのであるから、これで十分であり、この提案を取り込むことは不必要である等の理由でさらに反対した。

これに対して中央党のヴェッセルは、この提案は基本権としての第七条（＝現行の基本法第四条）とパラレルな関係にあるもので、個人の信仰の自由を保障する一方で、この信仰を仲介する役割（Vermittler）をもつ法制度としての教会（少なくともカトリック教会と福音主義教会）を承認しなくてはならない、とする立場から、提案に賛成する意見を述べている。

この日の会議では、このあとも[8]、主として上記提案の第七項の修正提案に関わって、白熱した議論が展開しており、そこには、プロイセンにおけるいわゆる文化闘争（Kulturkampf）の問題や、後述するReichskonkordat（以では便宜上単に「政教条約」ということがある）の効力を巡る激しいやり取りが含まれている。それらの個々の発言を詳細に再現する余裕はないが、本章での検討に関連する限りで、多少とも後述することとする。しかしそれよりも何よりも、現行規定との関係でむしろ重要だと思われるのは、ＦＤＰのホイス(9)（同党のヘプカー＝アショフもこれに同意しているが(10)）、教会＝国家関係の複雑さ困難さからしても、現時点においてこの関係についての規律をどうすべきかについて確定的な判断を下すことには疑義があるとし、とくに、次のように述べている点である。すなわち、

ヴァイマル憲法において作られていた法的秩序を、われわれの基本法においても表現すべきだというのが、われわれの見解である。しかるに、この提案の個々の文言がヴァイマル憲法の書きぶりとは異なっていることだけからしても、現時点では見通すことのできない、しかし可能性として起こり得る帰結が横たわっており、この帰結について責任を担う立場には、現時点での私にはない。すでに先にも表明したように、ヴァイマルの法システムが原則的に今後も通用すべきだということである。この問題についての拙速は断じて避けるべきだ。

ここにはすでに、――少なくともその時点では――この問題に関するヴァイマル憲法の規定が原則的に今後も効力をもつ旨の宣言に留めるべきだとの趣旨が含まれていた。

かくして、この提案は結局、第七項に対する修正を受け入れた上で(11)一括して採決にかけられたが、一一対一〇の僅差で否決されるに至った。

(3)　中央委員会での修正提案　この結果を受けた直後、ズュスターヘンは――おそらく否決を予測して前もって準備していたものと思われるが――、ヘプカー＝アショフの着想になる新しい規定を提案した。それは次のような文言であった。(12)

(1)　一九一九年八月一一日のドイツ国憲法の第一三七条、第一三八条第二項、第一三九条及び第一四一条の規定は、これを維持する(aufrechterhalten)。
(2)　一九四五年五月八日時点において存している教会との諸条約は、諸ラントが新たに締結する条約(Verträge)に取って代わられるまで、引き続き効力を有する。

この第一項は、第一三六条と第一三八条一項への言及がない以外は、現行の基本法第一四〇条の規定に近い文言であり、第二項は前記提案の第七項を微修正したものである。

しかしこの第二項の修正に対しても、ホイスは「教会との諸条約」という部分を「諸ラントと教会との間の諸条約」という文言に変えるよう、動議を出した。FDPが最後まで拘ったのは、戦後も効力を有する教会条約の中に、一九三三年にナチスとローマ・カトリック教会との間で締結されたReichskonkordat(政教条約)を含ませることになることであった。なぜなら、このCDUの修正案からすると、この政教条約も含まれることになるであろうが、そうなれば、「政教条約も個々のラントにとって何らかの意味で義務的な法となるだろうから」であった。ホイスの見解によると、政教条約は当時のライヒの側から見ると、まったくの悪意で(dolos)締結されたものであって、何ら議会的団体において批准されたものではない。要するに「民主的な手続を踏まずに締結された条約」だからだ、とするのである。

ズュスターヘンは、一九三三年の政教条約だけを全く一般的に例外扱いしてその効力を否定することは理解に苦しむといい、政教条約がなお現行法として効力を有していることについては、国際法学の認めるところであるばかりか、契約の一方当事者であるローマ聖庁(Kurie)自身も、従前と同様、その効力が続いていることを主張しているし、さらに、もう一方の契約当事者の承継者である連合国管理理事会(Amierter Kontrollrat)すら、これがなお有効だとの前提に立っているのだから、その効力を排除するというのは、修正提案の根拠づけにならない、と批判した。それに、この当時においては、教会条約は、プロイセン、バイエルンそれにバーデンといった、ごく一部のラントについてのみ締結されているにすぎなかったから、この政教条約の効力を否認するとなると、多くのラントには教会法上の規律が存在しなくなるという問題も指摘された（ヴェッセル）。しかし結局は、上記規定の第一項については、ズュスターヘンの修正案で、第二項はホイスの修正案の文言とし、それを中央委員会草案第一三九ｃ条の後ろに第一三九ｃｃ条として挿入する形で採決されることとなり、第一項については賛成一二反対九で、また第二項については賛成一一反対八で、それぞれ可決されるに至った(13)。

(4)　全般編纂委員会　全般編纂委員会は、中央委員会での第二読会の準備のために、第一読会の結果について批判的に検討した。そこで出てきた問題は、ヴァイマル憲法の上記条文を通常法律として維持するのか、それとも連邦の憲法として維持するのかということであったが、ヴァイマル憲法の一部の規定を通常法律の形で維持するには、法律技術上の問題があり、むしろその内容を基本法に継受するほうが目的に適っているということになったが、もう一つの問題は、果たして当時の時点において、そもそもヴァイマル憲法の上記各規定がなお有効なのかどうか、ということであった。維持する(Aufrechterhalten)という語ではなく、むしろ施行する(Inkraftsetzen)という語を用いるべきだとされたのはこのためである。結局、全般編纂委員会の修正で、この段階での第一項は、「一九一九年八月一一日のドイツ国憲法の第一三七条、第一三八条第二項、第一三九条及び第一四一条の規定は、現行の連邦憲法(geltendes Bundesverfassungsrecht)である」とされた(14)。

(5)　組織委員会　組織委員会は、一九四九年一月一三日に、全般編纂委員会の提案について検討したが、第一項について提示された上記の問題についてはむしろ同意せず、中央委員会の第二読会では、第一読会で採用された文言を勧めたとされる。[15] 第二項については、とくにその後段部分(「ラントが新たに締結する条約に取って代わられるまで」)について、組織委員会でも相当の議論がなされたようであるが、[16] ここでは十分な史料が不足していることもあり、省略する。

(6)　中央委員会第二読会　中央委員会は一九四九年一月一四日の第三九回会議で基本法草案の第二読会を開き、そこにおいて草案第一三八c－五条(上述の全般編纂委員会草案の第一三九cc条)についても審議がなされた。[17] この段階での該規定の文言は、次のようであった。

第一三八c－五条

(1)　一九一九年八月一一日のドイツ国憲法の第一三七条、第一三八条第二項、第一三九条及び第一四一条の規定は、これを維持する(aufrecht erhalten)。

(2)　一九四五年五月八日時点において存しているラントと教会との諸条約は、ラントが新たに締結する条約(Verträge)に取って代わられるまで、引き続き効力を有する。

この日の審議の劈頭で、DPのゼーボームは、同党の提案として、問題の条項自体については賛成であるが、その冒頭に「教会は固有の権利に基づいて、独立してその事務を処理する。」という趣旨の条項を入れるべきことを提案した。彼は、「基本法には教会国家関係についての明確な決断が盛り込まれているべき」であり、教会と国家が併存していることは、何もすべての事柄において教会と国家が分離していることを意味するのではなく、教会が固有の権利に基づいて事務を処理するべきことを基本法に盛り込むことには何の問題もない、等々と主張した。これに対して、議長のシュミートは、そもそも経過規定として位置づけられている条項に、かかる重要な規定を盛り込むことについての疑念を表明した。ＳＰＤのベルクシュトレーサーもゼーボームの提案に反対し、ヴァイマル憲法の諸規定は完結した全体を構成しているのであって、その一部のみを取り出すことは、何らか全く新しいものを作り出すことにつながるとした。

これに対して、ＳＰＤのツィン委員は、そもそも当該規定を全体として削除すべきことを主張した。その理由とするところは、次のようなものであった。すなわち、もはや効力を有していない憲法や法律・条約などの一部を引用してそれを《維持する》(aufrechterhalten) などということは、そもそも全く不可能なことであり、もしヴァイマル憲法を実質的に確保しようというなら、その文言を基本法に書き込むしかない。《維持する》といえるのは、ヴァイマル憲法がまだ有効である場合に限られるのであって、これまでの事態の展開からすると、ヴァイマル憲法はもはや効力を持ってはいないと想定せざるをえない。教会条約も政教条約もヴァイマル憲法と同様にすでに失効しているのであり、今後は教会＝国家問題はラントが固有の権限で規律すべきものであって、連邦がとやかく言うべきものではないから、この規定を全面的に削除すべきだ、というのである。

もちろんこの全面削除案に対しては、提案者であるＣＤＵのズュスターヘンは反対し、これらの規定が決定的に重要なのであり、削除は論外だと反論した。

こうした対立の中で一種の妥協がなされたともいえるのは、ＦＤＰのヘブカー＝アショフが、草案第一三八ｃ－五条のうち、第一項は経過規定の中に盛り込むべきだとしつつ、第二項については事情は異なるので、削除すべきだとしたことである。第二項削除案の主張は、連邦制の下での連邦とラントの管轄権分配に関わる。すなわち、外国との国際法上の条約の締結権は、原則として連邦の権限ではあるが、教会条約のような条約については、逆に連邦は原則として権限を有しておらず、それゆえ第二項に言う「ラントと教会の諸条約」（バイエルンとの一九二四年条約、プロイセンとの一九二九年条約、バーデンとの一九三二年条約）[18]は、実際にも適用されているし、今さらこれらの条約を連邦が《承認する》というようなことは、考えられないことだというのである。SPDのツィンも、地元ヘッセンの事情を説明した上で、「教会の立場からしてもこの第二項は削除すべきだ」として同意した。もちろんこれに対してCDUのズュスターヘンは、第二項についても維持することの必要性を改めて強調した。

(7)　中央委員会第二読会での議論　このようにして、各会派の対立が激しくて、議論はなかなか一定方向でまとまらなかったので、CDUのレーアの動議なども受けて、議長のシュミートは、第一三八c-五条の採決を延期するかどうかについて採決することとし、この動議が可決されたため、当該条項についての採決は、改めて一九四九年一月二〇日の第四六回会議に持ち越された。[19]

同日の第二読会[20]では、冒頭から件の第一三八c-五条が審議の対象となった。ここでの議論の主役は、SPDのツィンであった。ここでも、ツィンは、同条第二項に関連して、政教条約（およびラントの教会条約）の効力についての疑問や、ラントの教会条約締結権限等々に言及して繰り返し述べているが、その要諦は上述したので、ここでは省略することとし、むしろここでは、第一三八c-五条第一項が、いくつかのヴァイマル憲法の条項を挙げて、これを《維持する》としている点についての主張を紹介することとする。すなわちツィンは――基本法が「いわゆる古典的な基本権のみに限定して憲法に書き込むという方針の下で、信教の自由に関する第四条があるのだから、それ以上に教会＝国家関係について定めるのは、その基本方針に反するがゆえに、不必要であり削除すべきだとの主張を前提してのことであるが――、次のように述べているのが興味深い。多少長いが訳出する。

何と言っても全く稀有なことは、基本法に一般国民（der einfache Mann aus dem Volke）が理解できないような指示を盛り込むことである。この草案では、内容が（少なくとも今日では）全く知られていない、昔の憲法のいくつもの（ein halbes Dutzend）条文が引用されている。しかし、時代の経緯の中で次第に古びてしまっている――したがって国法学者なら誰でもその効力が今でもあるのかどうかについて疑いを持たない者はいないような――憲法の条項を維持するべきだというのであれば、それは一般国民を法律の手管で不意打ちにするにも等しい仕業である。もしこれらの規定を何らか実質的に有効なものに作りたいと思うのであれば、それらの規定を《維持する》のではなくて、新たに効力をもたせるべきである。この基本法を採決することになるとすれば、ラント議会の議員たちも含めて、彼らが引用されている条項に通じているとは思えない。市民は、気の毒にも、書店でヴァイマル憲法の条文を手に入れなくてはならないことになろう。

ヴァイマル憲法は、一九一九年一月一九日に行われた選挙で選ばれた議員たちによって、同年二月六日から七月九日まで、五ヶ月と三日かかって、実質的にも形式的にも、疑いなく今よりもっと優れた一八〇ヵ条もの憲法を作り上げた。三〇年後の今日、議会評議会もすでにこれとほぼ同じ期間をかけて、当時の憲法のごく一部の条文を維持しようとしている。基本的な基本権のみを盛り込まんとする方針の下で、多くの経済・社会秩序の領域にかかわる、かつてヴァイマルでは存在していた多くの条文が、話題にされないのに、今や、議会評議会の特権で、教会と宗教共同体に関する、不必要な条項を入れんとしていることになる、云々。

このように、昔の――しかもドイツ敗戦によって今でもなお有効かどうかに疑問のある――憲法の条文の一部を新たな憲法典の中に取り込むことの不合理さを非常に説得性のある議論によって主張する、該条項の全面削除案が改めて主張されたが、この日はズュスターヘンが欠席していたこともあり、この第一三八c－五条についての採決を第三読会まで延期すべきだとするＣＤＵのレーアの動議が出され、これが可決されたため、第二読会は終了することとなった。

(8)　**五人委員会の修正提案**　一九四九年一月二五日から二七日にかけて行われた五人委員会(Fünfer-Ausschuß)の会議において、中央委員会の第三読会に向けての修正提案がなされた。一月三一日付けの文書[21]においては、問題の第一三八c－五条は、直接には教会＝国家関係、とりわけ政教条約―との関連においてではなく、一般的に、旧法――とくに旧ドイツ国(Deutsches Reich)が締結した条約――の効力の問題に関連させた、次のような全く新しい条項になっている(これが最終的には現行基本法の第一二三条に相当する条文となることについては、後に多少触れる)。

第一三八c－五条〔＝五人委員会の最終草案第一三九条〕

(1)　連邦議会が集会するまでの時代の法は、基本法と抵触しない限りにおいて、引き続き効力を有する。

(2)　ドイツ・ライヒが締結し、一般的な法原則によれば有効な(gültig)、また法の継承の視点からしても引き続き効力を有する(forgeltend)条約であって、この基本法によればラントの立法の管轄権に属する事柄に関わるものは、この基本法により管轄権を有する省庁によって新たな条約が締結されるまでの間、又はそれら旧条約の規定に基づいてそれ以外の方法で条約の効力が終了するまでは、引き続き有効である(bleiben in Kraft)。

同年二月五日付けの五人委員会の最終提案[22]では、条名が第一三九条となっており、文言には若干の違いはあるが、規範内容の実質に何ら変わるところはない[23]。ただ、この最終修正案では、問題の教会＝国家関係に関するヴァイマル憲法の規定の《維持》に関しては、別の条文として、次のような第一四八－一条が加えられている。すなわち、

第一四八－一条　一九一九年八月一一日のドイツ国憲法の第一三七条、第一三八条、第一三九条及び第一四一条の規定は、これを維持する。

ここでは、これまでの文言（中央委員会第二読会段階での第一三八c―五条第一項）において、単に「第一三八条第二項」のみに言及されていたのとは異なって、そこに第一項も取り込む形で「第一三八条」としている点と、上述したような激しい議論の対象となった第一三八c―五条二項がなくなっている点が特徴的である。この第二項は、上記の第一三九条二項として、一般化した条文となっているのである。

(9)　中央委員会第三読会　一九四九年二月一〇日の中央委員会第三読会（第五一回会議）では、旧法の効力に関する第一三九条について――例によってズュスターヘンによる若干の質疑のあと――採決され、上記の第一三九条と同一の文言で可決された（反対二）。[24]　一箇条ごとに採決がなされ、上記の第一四八―一条については、もはや何らの議論なしに、反対二で可決された。[25]　ここまでの段階で、現行の第一四〇条と異なるのは、ヴァイマル憲法第一三六条が挙げられていない点と、末尾が「維持する」となっていた点のみである。

(10)　最終段階　このあと、全般編纂委員会は、五月上旬に、最終的な修正を行い、現行の基本法と同一の文言の条文を中央委員会第四読会で採決するよう促した。この段階でヴァイマル憲法の「第一三六条」が列挙条項の一に加えられ、「維持する」の文言が「この基本法の構成部分とする」という文言に変わっている。後者については、これまでの議論を受けてのこととしても、前者の点については、それが付け加えられた理由については、手元の史料を見る限りでは、今のところまったく不明である。[26]　その後、中央委員会は五月五日の第四読会（第五七回会議）でツィンが従前の文言に代えてこの編纂委員会の提案を受け入れるよう動議を提出し、これが可決された。[27]　この段階で条名がこれまでの第一四八―一条から第一四一条と改められている。[28]

第三節　検討の結果

以上のような経緯の検討結果として、次のことが言えるであろう。

(1)　教会条約の効力　まず第一に、この経緯の中で最も議論の対象となった、ヒトラーとローマ・カトリック教会との一九三三年の政教条約の効力の問題については、基本法第一二三条二項に規定されることによって[29]、一般的に、旧ドイツ国(Deutsches Reich)が締結した他の条約との関連での規定となったが、これによって同時に、一方で、政教条約の効力については決着がなされないままとなり、他方で、ラントと教会との条約が有効かどうかの基本法上の確認は放棄されることとなった[30]。

(2)　基本法の構成部分とされなかったヴァイマル憲法第一三五条　第二に、ヴァイマル憲法において第二編第三章「宗教及び宗教団体」に含まれていた諸規定のうち、基本法第一四〇条によってその構成部分として列挙されなかった第一三五条[31]は、基本法では第四条一項・二項として――しかもヴァイマル憲法では《一般的法律》の留保の下にあった点の変更も含めて――新たな文脈の中に置かれることとなった。

(3)　第一三六条一項の規範的意味　そして第三に、上述のとおり、本章で検討しえた限りでは、なぜ最終段階においてヴァイマル憲法第一三六条が基本法を構成する規定として挙げられるに至ったのかは分からないが、第一三六条一項で列挙されている権利は、上述したとおり、内容の点で基本法第三条、第四条および第三三条と重複している。そうなれば、これら両者の関係はどうなるのかが問題となりうるが、この点に関しては、連邦憲法裁判所が、ヴァイマル憲法第一三六条一項に関して、同項が実務上は意味のない規定となっていると判断したことがあるので、これを簡単に紹介することとする。

すなわちこの決定は、福音主義教会の牧師が、ある刑事裁判での証人として出廷した際に、マタイによる福音書第五章三三節以下が、「誓ってはならない」として、いかなる意味での宣誓も禁じていることを根拠として、証人宣誓を拒んだために、デュッセルドルフ地方裁判所において宣誓拒否罪で有罪判決を受け、デュッセルドルフ上級地方裁判所でもこれが維持されたために、これを不服として提起した憲法訴願手続である。デュッセルドルフ上級地方裁判所が有罪の根拠としたのは、「何人も……宗教上の宣誓方式の使用を強制されない」ことを定めるヴァイマル憲法第一三六条四項であった。すなわち、同裁判所は、同項が保障しているのは「宣誓に際して宗教的方式を用いることを強制されないこと」であって、このことは現行法律において義務づけている、裁判手続において真実発見のための手段として、宗教的宣誓を伴わない宣誓をすることまで免除するものではない、としたのであった。しかしこれに対して訴願人は、証人宣誓の強制はいかなる方式における宣誓といえども神が禁じているのであるから、これを強制することは基本法第四条一項に反すると主張して、連邦憲法裁判所に憲法訴願を提起したのであった。

これを受けた連邦憲法裁判所は、この憲法訴願を認容した。すなわち、ヴァイマル憲法第一三六条は、同憲法第一三五条に比べて著しく射程が大きくなっている基本法第四条一項の「信仰及び良心の自由」に照らして解釈するのが相当であり、「第一三六条は、その意義および基本法の秩序との関連における重要性からすれば、基本法第四条一項によってカヴァーされているのであり、したがって、第四条一項の自由権に照らして考えたときに、ヴァイマル憲法第一三六条一項の意味における公民としての義務を、いかにして国家的強制をもって貫徹することが許されるかは、基本法第四条一項による価値決定を基準としてのみ確定しうることである」としたのである。[32]

こうして、ヴァイマル憲法第一三六条一項に関する限り、基本法第四条一項によって、今や実務上は何らの意味もない規定となっていることになる。[33]

(4)　基本法の構成部分とされなかったその他の規定　なお、最後に、基本法第一四〇条がヴァイマル憲法の宗教関連条項の中から上記の規定を限定的に列挙したことは、逆に、ヴァイマル憲法にあったその他のいくつかの宗教関連条項は、基本法に取り込まれなかったことを意味する。[34] すなわち、ひとつは、ライヒが、「宗教団体の権利及び義務」について大綱立法を定めることができるとしていたヴァイマル憲法第一〇条一号である。もとよりこの点は、基本法が、ヴァイマル憲法のような中央政府重視の体制ではなくて連邦制を採用し、宗教団体の権利等については原則としてラントの事務だとした(いわゆる文化高権)ことの結果として、いわば当然のことではあった。

もうひとつは、「国防軍に所属している者に対しては、その宗教上の義務を果たすために必要な自由時間が与えられるものとする」旨を定めるヴァイマル憲法第一四〇条である。ただ本章では、以上のような検討によって、基本法第一四〇条の成立過程についてかなりの部分を明らかにしえたことをもって満足し、もはやこうしたその余の問題については詳述しない。

注

（1） *Konrad Hesse*, Grundzüge des Verfassungsrechts der Bundesrepublik Deutschland, Neudruck der 20. Auflage, 1999, S. 166 f. 初宿正典・赤坂幸一訳『ドイツ憲法の基本的特質』（成文堂、二〇〇六年）二四五頁以下。

（2） 以下で述べる基本法第一四〇条の制定過程については、主として、JÖR, Bd. 1, 1951, S. 899 ff. およびそこで引用されているPRの該当巻およびHA-Steno. 等に依っている。なお、*Konrad Hesse*, Die Entwicklung des Staatskirchenrechts seit 1945, in: *ders.*, Ausgewählte Schriften, hrsg. v. *Peter Häberle* und *Alexander Hollerbach*, Heidelberg 1984, S. 355 ff., insbes. S. 360 ff. も、JÖR, Bd. 1. に依りながらこの経緯を簡潔にまとめている。

（3） PR, Bd. 5/II, S. 835 ff.; JÖR, a. a. O., S. 899. なお、*v. Mangoldt/Klein/Starck*, Bonner Grundgesetz, Bd. 3: Artikel 79-146. Kommentar, 4. Auflage, 2001, S. 2682 f. によると、これより先に、ＤＰによって一九四八年一一月一九日という日付のある、三ヵ条からなる提案が「共同生活に関する」規定として出されていたようであるが、内容的には――ごく一部に違いはあるものの――本文で紹介したものと類似している。しかしこの提案は、さしたる論議もなされないまま拒否されたようで、その結果、本文で引用した三会派共同の提案となったとされる（A. a. O., S. 2683）。なお、このＤＰの提案についてJÖR, Bd. 1 は何も言及していない。

（4） 同項はヴァイマル憲法第一三七条三項に対応するものであるが、ヴァイマル憲法では「市町村」の語は、„bürgerliche Gemeinde“であったが、この提案では„politische Gemeinde“という語が用いられている。第五項についても同じ。

（5） PR, Bd. 5/II, S. 836 ff.

（6） A. a. O. たしかに、一九四六年一一月二八日のヴュルテンベルク＝バーデン憲法では第一二九条以下、一九四六年一二月二日のバイエルン憲法では第一四二条以下に、詳細な規定がある。Vgl. PR, Bd. 5/II, S. 836, FN. 45.

（7） HA-Steno., S. 255 ff.; Vgl. auch JÖR, Bd. 1, S. 900.

（8） HA-Steno., S. 258-260. ここでは触れないが、以上のほかに、ＫＰＤのレンナー委員、ＳＰＤのエーバーハルト委員、ＤＰのゼーボーム委員などが発言している。

（9） HA-Steno., S. 255.

（10） HA-Steno., S. 258.

（11） HA-Steno., S. 259. この修正によって、第七項は二個所において変更が加えられた結果、「一九四五年五月八日時点において存している教会との諸条約は、ラントが新たに締結する諸条約（Verträge）によって廃止されるまでは、引き続き効力を有する。」という文言になった。なお、JÖR, Bd. 1, S. 6 f. によると、中央委員会の構成メンバーは合計二一人で、その構成はＣＤＵとＳＰＤが各八人、ＦＤＰが二人、ＤＰ、ＫＰＤおよび中央党が各一人であった。

（12）この規定および以下の叙述につき、HA-Steno., S. 259-261. Vgl. auch JÖR, a. a. O., S. 902 f.

（13）第一読会で決定された基本法の草案の全体は、PR, Bd. 7, S. 91 ff. に収載されており（vom Hauptausschuß in erster Lesung angenommene Fassung. Stand vom 10. Dez. 1948）、第一三九ｃｃ条は S. 129 にある。

（14）PR, Bd. 7, S. 193 zu Art. 138 c-5. vgl. auch JÖR, Bd. 1, S. 903.

（15）JÖR, Bd. 1, S. 903.

（16）JÖR, Bd. 1, S. 904.

（17）この点および以下の叙述については、HA-Seno., S. 489 ff.

（18）バイエルンでは一九二四年の教会条約が現在でも効力を維持しているが、戦後は、一九五五年にニーダーザクセンでラントの福音主義教会との間で締結されたいわゆるロックム条約（Loccumer Vertrag）を皮切りに、これを模範として類似の教会条約がほとんどのラントで締結されている。この点については、本書第四章のほか、初宿正典「宗教団体に関する法制度」（『海外の宗教事情に関する調査報告書』〔文化庁、二〇〇一年三月〕、一八七頁以下）参照。

（19）この段階での基本法全体の草案は、PR, Bd. 7, S. 202 ff. に収載されている。問題の第一三八ｃ－五条は S. 283.

（20）HA-Steno., S. 599-601.

（21）PR, Bd. 7, S. 297 ff.: Sonderdrucksache S 9 vom 31. Jan. 1949, insbes. S. 304.

（22）PR, Bd. 7, S. 339 ff.: Vorschlag des Fünfer-Ausschusses für die dritte Lesung des Grundgesezes im Hauptausschuß., insbes. S. 387 (Art. 139) sowie S. 394 (Art. 148/1); Vgl auch a. a. O., S. 319 ff.: Sonderausdrucke S 12 vom 5. Febr. 1949, insbes. S. 335 (Art. 139) sowie S. 338 (Art. 148/1).

（23）JÖR, Bd. 1, S. 907 ではこの条文の具体的内容については引用されていない。

（24）HA-Steno., S. 678 f.

（25）HA-Steno., S. 682. この段階での基本法草案の全体は、PR, Bd. 7, S. 396 ff. に収載されており、関連条文は、S. 438 u. 443.

（26）　JÖR, Bd. 1 および HA-Steno その他、本章の検討で用いた史料においても、この点については触れられておらず、今後の研究に待ちたい。

（27）　HA-Steno., S. 765.

（28）　PR, Bd. 7, S. 532 ff., insbes. S. 569.

（29）　念のために基本法第一三二条二項を引用しておくと、以下のとおりである。「旧ドイツ国が締結した条約で、この基本法によりラントの立法の管轄とされている事項に関わるものは、それが一般的な法原則によって有効であり、かつ引き続き効力を有する場合には、新しい条約がこの基本法によって権限を有する機関によって議決され、又は、それらの条約に含まれている規定に基づいてその失効がその他の方法で生じるまでは、関係するものすべての権利及び異議を留保して、その効力を保有する。」

（30）　この点については、JÖR, S. 841 f. 参照。Vgl. auch *Hesse*, Entwicklung, a. a. O. (Anm. 2), S. 364.

（31）　ヴァイマル憲法第一三五条の文言は以下のとおり。「ライヒ住民はすべて、完全な信仰及び良心の自由を享受する。妨げられることなく宗教を実践することは、この憲法によって保障され、国の保護を受ける。国の一般的な法律は、これによって影響を受けない。」

（32）　BVerfGE 33, 23 [311].

（33）　ただし、*v. Mangoldt/Klein/Starck*, a. a. O. (Anm. 3), S. 2730 参照。

（34）　*Hesse*, Entwicklung, a. a. O. (Anm. 2), S. 364.

第Ⅱ編　基本権に関わる論点

第四章　ドイツの現行憲法秩序における国立大学神学部の地位
――基本法上におけるその位置づけと問題点

第一節　基本法第一四〇条とヴァイマル憲法

(1)　基本法第一四〇条によるヴァイマル憲法の受容　前章で触れたように、ドイツの現行憲法たるドイツ連邦共和国基本法の第一四〇条は、一方で、国家と宗教に関わるヴァイマル憲法(一九一九年八月一一日)の諸規定のうち、一連の規定については、これをそのまま受容(übernehmen)し、「この基本法の構成部分」として編入した。すなわち、信教の自由の制限や宗教的行事等への参加の強制の禁止等に関する第一三六条、国の教会(Staatskirche)の禁止および宗教団体の規律に関する第一三七条・第一三八条、日曜日・祭日の法的保障に関する第一三九条、そして、軍隊その他の公の営造物における宗教的行事に関する第一四一条がそれである(1)。

(2)　基本法による新規律　しかし他方で基本法は、ヴァイマル憲法のこれら以外の規定については、これを基本法にそのまま(en bloc)編入することはせず、ヴァイマル憲法に類似した規定ないし新たな独自の規定を基本法自身の中に置くこととした。すなわち、ヴァイマル憲法第一三五条の信仰・良心の自由や宗教的行為の自由の保障は、基本法第四条一項・二項として、文言を多少変えた形で規定されたし、同時に同条三項には、いわゆる《良心的兵役拒否》(Kriegsdienstverweigerung)の権利についての文言が新たに導入された。また、《国防軍》(Wehrmacht)に所属している者に対して、その宗教上の義務を果たすために必要な自由時間を与えるべきことを定めたヴァイマル憲法第一四〇条は、基本法制定当時には連邦軍(基本法第一二a条、第一一五b条等参照)が存在しなかったこともあり、基本法の構成部分とはしなかった。(2)

同様のことは、ヴァイマル憲法第一四二条以下の「教育及び学校」に関する規定、すなわち、《宗教の授業》(Religionsunterricht)や《私立学校の設立》についての規定についてもしかりである。すなわち、学校が国の監督に服する旨を定める基本法第七条一項は、ヴァイマル憲法第一四四条一文に対応する新たな規定であるし、宗教の授業を原則として学校における正課の授業科目である旨や、その実施と宗教の授業への参加の決定権限等について定める基本法第七条二項・三項も、ヴァイマル憲法の第一四九条一項・二項(後記)にほぼ対応する形で、新たに定められている。(3) さらに、私立学校の設立について規律する基本法第七条四項・五項も、ヴァイマル憲法では第一四七条にほぼ対応している。

(3)　基本法第一四〇条改正の試みと挫折

ちなみに、一九九〇年のドイツ統一に伴う一九九〇年八月の統一条約第五条は、二年以内にドイツ連邦共和国の将来へ向けての全面的な見直し作業に着手することを勧告し、この勧告に従って、一九九一年一一月に、連邦議会の議決と連邦参議院の票決によって、「憲法問題合同調査委員会」(Gemeinsame Verfassungskommission von Bundestag und Bundesrat)が設置されたことは周知の事柄であるが、この委員会において、一九九三年に、基本法改正作業の一環として、複数の委員から、上記のような基本法の条項に関する改正提案が出されたことは、上記のような一貫しない《受容》関係を解消するためには、ある意味では自然なことであったと言えるようにも思われる。すなわち、連合九〇／緑の党のウルマン議員は、基本法の前文にある《神》への言及を削除し[4]、第七条二項・三項（宗教の授業）、第一四〇条、および第一四一条（ブレーメン条項）を削除し、その代わりに、第九条の次に、新たに以下のような第九a条を挿入するべきだとの提案をした[5]。

第九a条（教会及び宗教団体・世界観団体）

(1)　国と教会は分離されている。

(2)　教会及び宗教団体の自由は、これを保障する。教会及び宗教団体は、憲法及びすべての者に適用される法律の限界内において、自己の事務を独立して処理し管理する。教会及び宗教団体に勤務する者に対しては、一般の労働法及び社会法が適用される。

(3)　教会及び宗教団体は、同等の地位にあり、一の世界観を共同して奨励することを課題とする団体も同様である。

(4)　宗教団体は、民事法の一般的規定に従って権利能力を取得する。

また、FDPのヒルシュ議員からは、基本法第一四〇条が受容しているヴァイマル憲法の規定のうち、第一三八条の「ライヒ」の語を「連邦」に修正し、第一四一条の「軍」(Heer)の語を「連邦軍」(Bundeswehr)に修正したうえで、ヴァイマル憲法第一三六条、第一三七条、第一三八条、第一三九条、および第一四一条の規定を、直接に基本法の条文として取り込むことが提案されていた[6]。

基本法第一四〇条を削除してこのような新規定を入れるべき理由として、提案者は、「一九四九年以降に社会的条件が根底的に変化しており、この変化によって、実定憲法を現代の多宗教的(polyreligiös)な社会に適合させることが、教会自身の独立のためにも、要請されている」と主張した[7]。

しかし、委員会の多数意見は、基本法の国家教会法体制は誤っていないことが実証されているがゆえに、根本的な再編成は好ましくないし、いずれにせよ、この領域の原則的な憲法改革は、合同委員会の時間的限界を越えている、という見解であったし、第一四〇条の代わりにヴァイマル憲法の規定を直接に基本法に規定し直すという「単なる編集上の作業」は「不必要である」というのが大多数の見解であったようで、この改正提案については、調査委員会のメンバーの多数は一顧だにしたがらなかったようであり、ウルマン等の提案については、議決に付されもしなかったようである(8)。

(4)　問題の所在　以上指摘したように、基本法は、宗教・宗教団体・教育等に関するヴァイマル憲法の規定を一部は第一四〇条で一括して受容しつつ、他方で、ヴァイマル憲法と類似した規定を新たに設けることで対処した(9)。ところが、本章のテーマに直接関わるヴァイマル憲法第一四九条三項については、基本法は全く沈黙している。すなわち、現在のドイツにおいては、国〔ここではラントの意味〕立大学における神学部(Theologische Fakultät)については、基本法上にはどこにも明文の根拠を見出すことはできない。それにもかかわらず、現実には、ほとんどすべての国立の大学において神学部が存置され、カトリックおよび／または福音主義の神学が教育・研究・教授されているのである。本章は、この事実に着目し、国立大学の神学部の憲法上の位置づけに関する若干の問題点を検討しようとするものである(10)。

第二節　ヴァイマル憲法一四九条三項と基本法

(1)　ヴァイマル憲法第一四九条　まず、念のためにヴァイマル憲法第一四九条の規定全体を示しておく(11)。

第一四九条① 宗教の授業は、無宗教〔世俗〕学校を除いて、学校における正課の授業科目である。宗教の授業の実施は、学校に関する法律制定の枠内で規律される。宗教の授業は、国の監督権を害さない限りにおいて、関係宗教団体の原則に合致してこれを行う。

② 宗教の授業の実施及び教会の定める仕事の実行は、教員の意思表示に委ねられ、宗教に関わる授業科目及び教会の定める祝典及び行為への参加は、子どもの宗教上の養育について決定する者の意思表示に委ねられる。

③ 大学における神学部は、これを存置する(Die theologischen Fakultäten an den Hochschulen bleiben erhalten.)。

(2) ヴァイマル期のラント憲法の規定

これを受けて、すでにヴァイマル期の二つのラント憲法の中にも、神学部を存置する旨の規定を置いているものがあったことが資料に見える。すなわち、一九二〇年五月一七日のメークレンブルク゠シュヴェリーン憲法は、基本権に関する第二部の§二一で、上記のヴァイマル憲法第一四九条とほぼ同一の文言の三項からなる規定を置き、その第三項で「ラントの大学(Landesuniversität)の神学部は、存置する。」と定めていたし、一九一九年五月二〇日のヴュルテンベルク憲法も、基本権に関する章に属する§二二で、ヴァイマル憲法の第一四四条、第一四六条および第一四九条を要約したような内容の条文を置き、その第四項で「神学部は、存置する。」と定めていた[12]。しかし、これら以外の大半のランと憲法はこの点について何らの規定も置いていないが、上記二ラントのみが神学部に関する明文規定を置いていた理由については、目下のところ詳らかにはできない[13]。現行のドイツのラント憲法については後述するとおりである。

(3) 現在のドイツにおける大学の神学部

さて、上述のごとく、ヴァイマル憲法第一四九条三項の規定については、基本法上はそれに対応する規定が存在しないし、上記基本法第一四〇条によって基本法の構成部分とされもしなかった。それにもかかわらず、現在のドイツには、資料によれば二〇〇六年段階で一三のカトリックの神学部があり[14]、そのうち六つ(ミュンヒェン、ヴュルツブルク、レーゲンスブルク、アウクスブルク、バンベルクおよびパッサオ)がバイエルン州にある。また二〇〇八年現在では一九の福音主義神学部があり、そのうちの一三が旧西ドイツ地域に、六つがベルリーンないし旧東ドイツ地域にあるという[15]。さらに、これら以外にも、相当数の神学研究所や大学の神学の講座があるようである。

そうなると、基本法第一四〇によって基本法の一部を構成するものとして編入されたヴァイマル憲法第一三七条一項では、「国の教会は存在しない」とされているので、この規律を一種の《政教分離主義》(Trennung von Staat und Kirche)と解しうるとすれば[16]、大学における神学部が基本法上いかなる根拠で存立しうるのか、また現に維持されているのか、という憲法上の問題が立ち上がってくることとなる。

(4)　シュミットの制度体保障論　周知のように、かつてカール・シュミットは、上記のヴァイマル憲法第一四九条三項の規定を、いわゆる《制度体保障》論の枠組みで捉えた[17]。その際、シュミットは、この規定が制度的保障(institutionelle Garantie)、すなわち、制度の文字どおりの《存続》(Bestand)のみを約束したものにとどまるのか、それとも《現状保障》(Status-quo-Garantie)なのかについて、両者を区別しつつ、これら両者が結合したもの(両極端の中間)と理解していた[18]。このことは、本章との関連で言えば、当該大学にカトリック神学部が設置・存続している場合には、そこでの教師は、学生にカトリック神学を教え、カトリックの聖職者等の宗教家を養成する営造物・組織体として存続していさえすればよいわけではなくて、カトリックの教義による拘束の範囲内での教授の自由の保障がなされるべきだということを意味することになろう[19]。

では、ヴァイマル憲法下での大学の神学部の置かれていたこのような状況は、戦後の基本法制定後において、どう変化したのであろうか。

第三節　基本法制定前のラント憲法における国家・教会関係(20)

(1)　基本法の制定過程における議論の欠如　　基本法の、とくに、本書第三章で検討した第一四〇条の制定過程において、上記の第一三七条三項をはじめとする一連のヴァイマル憲法の規定を基本法の構成部分とする旨の議論が行われた際には、上記のヴァイマル憲法第一四九条三項の規定をどう取り扱うべきかについて議論が行われた形跡は、管見に属する限り、まったくない。基本法第五条三項の学問の自由条項に関する議論においても、神学部で教授される教育内容が教会の教義等に拘束されることが当該教授の学問の自由を侵害しないのか、といった論点(後述)について、取りたてて議論された形跡はなさそうである(21)。

(2)　初期のラント憲法における国家・教会関係　　周知のごとく、一九四九年五月二三日の基本法の施行より前に、すでにいくつかのラント(州)では、新しい憲法典が制定されていた。すなわち、一九四六年一二月二日制定のバイエルン憲法、一九四七年一〇月二一日制定のブレーメン憲法、一九四六年一二月一日制定のヘッセン憲法、一九四七年五月一八日制定のラインラント＝プファルツ憲法、一九四七年一二月一五日制定のザールラント憲法がそれである。

(a)　これらのラント憲法のうち、典型的には、たとえばバイエルン憲法は、結社の自由を保障した第一四二条一項で「国の教会は存在しない」とした上で、第一五〇条は、次のように規定していた。

第一五〇条(1)　教会は、その聖職者を固有の教会立大学(eigene kirchliche Hochschulen)において養成し、これに研修を施す権利を有する。

(2)　大学における神学部は、これを存置する。

このうち、第二項の文言は、上記のヴァイマル憲法第一四九条三項とまったく同一である。

またヘッセン憲法も、第四八条三項で「国の教会は存在しない」とした上で、第六〇条で次のように定めていた。

第六〇条(1)　大学(Universitäten)及び国立[22]の単科大学(staatliche Hochschulen)は、国の保護を受け、国の監督下にある。これらの大学は、自治の権利を有し、学生も自治に関与する。

(2)　大学における神学部は、存置される(bleiben bestehen)。大学の講師を招聘する場合には、事前に教会の意見を聴かなければならない。

(3)　教会立の神学教育施設(die theologischen Bildungsanstalten)は、承認される。

さらに、ラインラント=プファルツ憲法第三九条一項の規定は以下のごとくである(第二項～第五項は省略)。

第三九条(1)　大学は自治権を有する。研究及び教授の自由は保障される。国立大学における神学部は、これを存置する。

(b)　このように、以上の三つのラントの憲法典は、基本法が制定されるより前の時期に、明文で、すでにヴァイマル憲法第一四九条三項の規定を直接的に踏襲していたのであるが、その際、宗教ないし教会に対する態度については、ラントによってかなりの相違が見られる。すなわち一方で、バイエルン憲法およびラインラント=プファルツ憲法は、宗教に対してきわめて友好的な態度であり、とくにラインラント=プファルツ憲法は、「教会は、人間生活の宗教的及び倫理的基礎を維持し強固にするための、国が承認した施設[23]」(第四一条一項)であるとしているのが特徴的である。

（c）　他方で、ヘッセン憲法および後記のブレーメン憲法は、むしろ国家と宗教団体との分離を強調している。そのうちヘッセン憲法は、上記のように、一方では大学の神学部の存置の規定を置きつつ（第六〇条）、他方では第五〇条で、次のように、国家と教会（あるいはむしろさらに正確には《政務》と《宗務》）とを分離すべきことを明確にしている点が大変興味深いところである。すなわち、

第五〇条(1)　国と教会の領域を明確に相互に境界づける（abgrenzen）ことは、法律及び合意の課題である。

(2)　教会、宗教団体及び世界観団体は、国と同様、他の部分の事務へのいかなる介入（Einmischung）も差し控えなければならない。[24]

また、ブレーメン憲法は、第五九条一項で「教会及び宗教団体は、国から分離されている」として、さらにはっきりとこうした国と教会の分離を定めている。それゆえ、次の第五章で検討する基本法第一四一条（いわゆるブレーメン条項）との関連からしても当然のこととはいえ、ここでは神学部の存置に関する規定はなく、ブレーメンの大学には現在までのところ神学部は存在しない。[25]また同憲法では、第五九条一項に対応して、第三二条において、普通教育を施す公立学校をもって、「宗派に拘束されずに一般的にキリスト教に基礎を置いた聖書の歴史（Biblische Geschichte）を教える授業をもった共同学校である」（第一項）とし、宗教教育についても、「教会、宗教団体及び世界観団体は、学校の時間外で、その教義（Bekenntnis）またはその世界観を、親権者がこれを希望する子どもに教える権利を有する」（第三項）と定めるにとどめている。そして、これが基本法第一四一条のいわゆる《ブレーメン条項》（Bremer Klausel）、すなわち、「一九四九年一月一日時点でラントの法による別段の規律が存在していたラント」には、宗教の授業が公立学校における正課の授業科目であるとする基本法第七条三項一文を適用しないとする規定のきっ

かけとなったことは、周知の事柄に属する。[26]

（d）最後に、上記のラント憲法のうち、ザールラント憲法は、第三六条三項で、「教会は、国と協調して、神学部を開設することができる」として、神学部に関して、やや間接的な規定をするにとどまっている。この理由は目下のところ知るところではないが、おそらく、戦後一九五七年の国民投票によってフランスからドイツへ編入されるまでのザールラントの特殊な地位に関係があるのではないかと思われる。[27]

第四節　基本法制定後のラント憲法典における国家・教会関係

（1）旧西側ドイツのラント憲法典　次に、一九四九年の基本法制定後の西側ラントで制定された憲法典における国家・教会関係の規定の仕方についても触れておこう。

（a）まず、ハンブルク憲法（一九五二年六月六日）は、基本権に関する規定をまったく有しておらず、また政教関係に関する規定も存在しないが、一九四六年以来、ハンブルク大学には、人文科学部（Fakultät für Geisteswissenschaften）の中に、福音主義神学の専門領域（Fachbereich）が設けられている。

（b）ニーダーザクセンでは、統一後の一九九三年五月一九日に新憲法が制定され、一九五一年四月一三日の「暫定憲法」は失効している（同憲法第七八条参照）。同憲法では、第三条で基本法の基本権規定が同憲法の構成部分であるとしつつ、学校制度（第四条）、教育（第四ａ条）、大学および学問（第五条）、文化（第六条）等について独自の規定を設けているが、神学部の設置に関連する規定は憲法上は存在しない。もとより、このことは、神学部の設置が同ラント憲法上禁止されていることを即座に意味するものではない。それどころか、一九五五年三月一九日には、戦後、他の諸ラントに先駆けて、「ニーダーザクセン州とニーダーザクセン福音主義ラント諸教会との間の条約（ロックム条約[28]）」が締結され、この条約の第三条により、ゲッティンゲン大学に戦前からあった福音主義神学部が、「聖職者に学問的な素養を与えるために」存置されている。この《ロックム条約》（Loccumer Vertrag）は、その後、福音主義教会とラントとの間で結ばれる教会条約（Kirchenvertrag）の模範とされ、ほとんどのラントで、これに倣った教会条約が締結されている[29]。ロックム条約に基づくゲッティンゲン大学で起こった争訟については後述する（本章第五節(5)）。

（c）　また、シュレースヴィヒ＝ホルシュタイン憲法の場合は、元来、ラント規約（Landessatzung）として一九四九年一二月一三日に公布され、一九九〇年六月一三日に同文のまま再公布されていたものであるが、その後、二〇〇八年五月一三日に憲法典となったものである。全体の構造としてはいわゆる統治の仕組みについての章があるのみであるが、基本権については、同年三月一八日に追加された第二a条において、基本法の基本権の規定を同憲法の構成部分であり「直接に効力を有する法」であるとしている。したがって、ここでも神学部に関する規定は存在しない。

（d）　ドイツ統一以前のベルリーンは、厳密には西側ドイツのラントであったとは言えないが、便宜上ここで触れておくと、一九五〇年九月一日のベルリーン憲法は、第六条から第二四条に至る詳細な基本権規定を有し、その第二〇条一項で、基本法第四条二項と全く同文で「妨げられることなく宗教的活動を行うことが保障される」と規定されていたが[30]、国と教会の関係については規定せず、したがって神学部の問題についても沈黙している。そしてこの状況は、統一後の一九九五年一一月二三日の現行憲法（第二九条）でも変わるところはない。

（e）　これに対して、一九五〇年六月一八日のノルトライン＝ヴェストファーレン憲法の第二二条は、「以上のほか、ラントと教会又は宗教団体との間の秩序に関しては、一九四九年のドイツ連邦共和国のボン基本法第一四〇条をこの憲法の構成部分とし、直接に適用されるラント法とする」とし、同時に第二三条で、かつて締結されたカトリック教会および福音主義教会との教会条約を現行法として承認する旨も定めている。さらに同憲法は、第一六条一項で大学の自治を定めた上で、同条二項で、教会および宗教団体が、聖職者等の宗教従事者を養成するために、単科大学の性質をもつ自らの施設を設立し維持する権利を有するとしている。

（f）　一九五三年一一月一一日のバーデン＝ヴュルテンベルク憲法（第五条）も、「教会及び承認された宗教・世界観団体に対する国の関係」に関しては、基本法第一四〇条が妥当し、これが同憲法の構成部分であるとしているほか、宗教および宗教団体に関する規定を多くもっており（第四条、第六条〜第一〇条、第一六条、第一八条など）、とくに第八条で、カトリック教会・福音主義教会との条約から生じる権利義務は憲法によって侵されないとし、第一〇条で、神学部の諸講座（Lehrstühle）の担当者を決めることについては、第八条にいう条約にかかわらず、またこれと異なる慣行にかかわらず、教会との話合いによって行う旨を定めているのが特徴的である。[31]

⑵　統一後の新五ラントの憲法典　一九九〇年の統一後に旧東独領域にあった五つのラントについても、それぞれ特徴があるので、ついでながら、簡単に触れておくこととする。[32]

（a）　まず一九九二年五月二七日のザクセン憲法は、第一〇九条で、上記のラインラント＝プァルツ憲法と同様、教会および宗教団体が「人間生活の宗教的及び倫理的基礎を維持し強固にする」ために有する意義を承認しつつ（第一項）、教会および宗教団体の国（ラント）からの分離を定めたあと（第二項一文）、基本法第一四〇条とほぼ同文の規定を置いて、ヴァイマル憲法の規定を同ラントの憲法の構成部分であるとしている（第四項）。その上で、神学部に関しては、同憲法第一一一条が、「教会及び宗教団体は、牧師（Pfarrer）及び教会職員の養成について独自の教育施設（Lehreinrichtungen）を維持する権限を有する。これらの教育施設が学校法及び大学法の規定に対応している場合は、ラントの教育施設と同等の地位にある」（第一項）とした上で、上述のバーデン＝ヴュルテンベルク憲法等と同様に、「神学部の講座及び宗教教育学（Religionspädagogik）の講座は、教会との話合いによって担当者を決める」旨の規定（同条二項一文）を置いている。

（b）次に、一九九二年七月一六日のザクセン＝アンハルト憲法は、「制度体保障」（Einrichtungsgarantien）と題する第三章に属する第三二条で、「教会、宗教団体及び世界観団体は国から分離されている」（第一項一文）としたあと、「国と教会、宗教団体及び世界観団体とのその他の関係は、一九一九年八月一一日のドイツ国憲法〔ヴァイマル憲法〕の第一三六条、第一三七条、第一三八条、第一三九条及び第一四一条によって規律する」としている（第五項）。しかしここには神学部に関わる規定は見られないが、後に見るように、このラントにも、ザクセンやメークレンブルク＝フォーアポメルンと同様、福音主義の神学部が設置・維持されている。

（c）第三に、一九九二年八月二〇日のブランデンブルク憲法は、第三六条一項で「国の教会は存在しない」として、ヴァイマル憲法第一三七条一項と同一の規定を置きつつ、第三項では「ラントは教会及び宗教団体の公的任務（Öffentlichkeitsauftrag）を承認する」とし、また、大学（Hochschule）に関する第三二条の第四項で、「聖職者の養成については、教会は、大学としての性格を有する自己の施設を設立し維持する権利を有する。宗教団体についても同様とする。国立の神学部の講座の担当者を決めるのは、教会との話合いによって行う」としている。そして現にブランデンブルク州においては、ポツダム大学に福音主義神学研究所（Evangelisches Institut für Kirchenrecht）が設置されている。ブランデンブルクの場合、後に本書第五章で多少とも詳しく触れるように、公立学校における宗教の授業については例外的な制度を作っているにもかかわらず、こうした制度を有していることが、いかにもドイツらしいところと言えるかもしれない。

（d）一九九三年五月二三日のメークレンブルク＝フォーアポメルン憲法は、第五条三項で「ドイツ連邦共和国基本法に確定されている基本権及び公民の権利はこの憲法の構成部分であり、直接に適用される法である。」とし、また、ラントと宗教団体の関係については、第九条一項で、「一九一九年八月一一日のドイツ憲法（Deutsche Verfassung）〔＝ヴァイマル憲法〕の第一三六条から第一三九条まで及び第一四一条の規定は、この憲法の構成部分である」とした上で、第二項で「ラントと教会及びこれと同等の地位を有する宗教団体および世界観団体は、共通の重要事項に関する諸問題について、条約によって規律する」とし、第三項では、「ラントの大学における神学部の設置は、第二項にいう条約に準拠して、教会に保障する。……」としている。

（e）最後に、一九九三年一〇月二五日のテューリンゲン憲法は、第二八条三項で、「教会及びその他の宗教団体は、自己の単科大学及び神学教育施設を運営する権利を有する。教会が神学部の講座担当者を決める際に参与する権利は、〔教会と大学との〕合意によって規律する」とし、また宗教団体および世界観団体との関係については、第四〇条で「一九四九年五月二三日のドイツ連邦共和国基本法第一四〇条が適用される。同条はこの憲法の構成部分である。」としている。

（f）これら新五ラントではその後、一九九三年九月一五日のザクセン＝アンハルトと同ラント内の福音主義教会の各教区との条約（《ヴィッテンベルク条約》と言われる）を皮切りに、教会条約が締結され施行されている。(33) この条約には、教会税や宗教の授業などの規定と並んで、大学の神学部に関する規定も盛り込まれている。これによると、神学部の教員の任命手続への教会の参加（態度決定権）も認められており、しかも教会側のこの態度決定は、神学部に任命されようとする教員に対してその教授内容と信仰告白に対する疑義が正式に表明されれば、国(ラント)に対して拘束力をもち、当該教員候補者の任命を排除するまでの強いもの(votum decisivum)であるとされている。[34]この点についてはさらに後に触れる。

(3)　小　括

以上を要約すると、まず、現在のドイツの全一六ラントのうち、基本法制定前にすでに憲法典が制定・実施されていた旧西ドイツ地域の五ラントでは、ヘッセン、バイエルンおよびラインラント＝プファルツが、ヴァイマル憲法第一四九条三項と同一の、またはほとんど同一の規定で、「大学における神学部の存置」を認めていたのに対し、ザールラントは間接的にのみ神学部の設置を認めている。また、この点においてブレーメンはきわめて例外的な規定の仕方をしていることも上述したとおりである。

次に、基本法制定後の旧西ドイツの諸ラントのうち、ハンブルク、ニーダーザクセンおよびシュレースヴィヒ＝ホルシュタインの三ラントは神学部の問題については沈黙している(東西ドイツにおいて特殊な地位にあったベルリンについても同様)であるのに対し、ノルトライン＝ヴェストファーレンおよびバーデン＝ヴュルテンベルクは、統一後のいくつかのラントと同様、間接的にのみこれを認め、聖職者を養成するための神学部その他の施設を設立し、あるいは神学講座担当教授等を決定することについては教会との合意等によって行う旨を定めていることがわかる。

戦後のドイツが、ライヒを中心とするヴァイマル共和政とは違って《連邦制》を採り、大学にどういう学部等を設置するかに関する規律は、原則としてラントの権限(いわゆる《文化高権》)であるから、大学制度に関する連邦の権限は基本法制定当時には存在しなかった。[35]このことからすれば、基本法が神学部の設置に関するヴァイマル憲法の規定を基本法の構成部分としなかったのは、それなりの理由があろう。

しかし、このことは、基本法下において国立大学の神学部の設置および維持が憲法上当然に問題なく合法的であることを意味しないであろう。それにはそれなりの正当化が必要となるはずだからである。そこで最後にこの問題について、節を改めて検討することとする。

第五節　国立大学における神学部の憲法的位置づけ

(1)　大学の神学部

中世にヨーロッパで大学が設置されて以来、神学部は哲学部と並んで、もっとも古典的な学部の地位を占めていた。多くの大学はまず神学部と哲学部を中心として出発したといってもよい。そして、今日のドイツの多くの大学の神学部も、そういう伝統を受け継いできたといえる。

しかし、一九一九年のヴァイマル憲法によって、それまでの「国家目標および国家構造からして、キリスト教への奉仕とキリスト教会との結びつきによって規定されていた《キリスト教国家》(Christlicher Staat)の時代は、終わりを告げた」。国家は今や、「永年にわたる教会との深い繋がりから法的に解放されて世俗的国家となった」のである。[36]とはいえ、「国の教会は存在しない」とするヴァイマル憲法第一三七条一項が基本法の構成部分として受容されることによって、一方ではたしかに「国家は、教会から遠ざけられた」が、他方で、教会税、宗教の授業等のヴァイマル憲法の制度が維持されることによって、教会は、国家から分離されなかったのであり、その限りで、基本法下のドイツにおいても、「国家は《非宗教化》されていない」のである。[37]

もとより、上述のごとく、基本法下のドイツ連邦共和国における連邦とラントの権限分配(Kompetenzverteilung)において、宗教や教育の問題については、ラントの《文化高権》の原則が妥当するべきであるとすれば、[38]基本法において大学の神学部が根拠づけられていなくても、ラントの憲法において根拠づけられていれば、当該ラントの大学の神学部の合憲性に関しては疑問の余地はない、と言えるかもしれない。[39] そして今日まで、圧倒的多数の見解は、国立大学の神学部の憲法適合性について、多くは暗黙のうちに、あるいはそうでなくとも、さほど詳細な検討を踏まえることなく、肯定してきたようである。[40] もちろん、神学部を基本法上に根拠づけようとする試みもなされてお り、その際には、基本法第一四〇条がその構成部分としているヴァイマル憲法第一三七条三項、あるいは直接に基本法第四条一項・二項から、さらには、旧ドイツ国が締結した条約（ここではとくに政教条約 Reichskonkordat 等の教会条約）の効力の存続を認める基本法第一二三条二項[41]等から、憲法的適合性を根拠づけようとする試みがなされてきた。代表的な見解は、「今日、神学部は、文化に対する国の責任および総合大学（universitas litterarum）の枠組における包括的な学問振興の表現であると同時に、圧倒的にキリスト教の影響下にあるドイツ人住民にとって、世界観の上で中立的な国家が行う積極的な宗教振興の一部でもある」とし、国家的制度である神学部は同時に教会の任務、とくに神学者の養成という、上記のヴァイマル憲法第一三七条三項の意味における「教会の本来的な事務の一部である任務にも仕えているのだ」とする。[42]

しかし、とくに一九八〇年代あたりから、神学部の憲法的適合性についてさまざまな学問的議論が活発となり、[43] とくに、最近でも、後に言及する連邦憲法裁判所の決定をめぐって議論が続いている。「宗教に関する法のグレーゾーン（Grauzone）のうちでも、国立大学における神学部に関する法はかなり色の濃いグレー（dunkleres）の法に属する」という意見[44]もあり、さらに端的に、憲法違反だとする見解も、ごく少数ながら（すでに以前から）存在したようである。[45] こうした議論のきっかけとなったのが、ドイツ社会のいかなる変化によるものかについては、十分な検証を要する。ここではその点の詳細に触れることはできないが、これに関連する問題については、本章の末尾で多少とも補足的に言及することとする。

(2)　基本法秩序の中の《例外的存在》たる神学部　もちろん、基本法が大学の神学部について沈黙していることから、それが基本法に違反するという帰結が導かれることにはならないが、逆に、上記のように個人の信教の自由(基本法第四条一項)や宗教的行為の自由の条項から、あるいは、キリスト教会を中心とする宗教団体が基本法下において有している地位と権利(ヴァイマル憲法第一三七条二～六項など)から、直接に神学部の存置を憲法的に根拠づけることについては、議論の余地もある。上述したラントの文化高権からラント憲法上に根拠づけられているかといって、連邦共和国たるドイツの全体を根本的に規律している基本法上、神学部の存置には何の疑念もないのかどうか。ラント憲法上に根拠がない場合でも、教会との条約があれば正当化できるのか。とくに、基本法が信仰告白についての中立性を保障し(基本法第四条一項)、学問の自由(第五条三項)を保障していることとの関係で、大学の神学部の存在は必ずしも単純には許容されないようにも思われるからである。こうした見解からは、神学部は今や「世界観的に中立的な国家」[46]である連邦共和国の憲法秩序の中での《例外》として許容されるに過ぎないとも言われることになる。[47]しかしこうした諸学説における議論の詳細を検討するには、別稿を必要としよう。

(3)　神学部の教授の《二重の地位》　大学の神学部は、一方では国家の制度であるが、他方では教会の任務、すなわち、教会に仕える聖職者の養成という任務を負って、設置され維持されている。つまり神学部は、国の施設であると同時に教会の任務をも担っているのである。それゆえ、神学部の場合、他の学部の場合とは異なり、当該宗派の神学への信仰が、教授すべき内容の単なる《対象》であるだけではなくて、前提であり基礎であり目標でもあるという違いがある。(48) 国立大学の神学部のもつこのような《二重の性格》(Doppelcharakter)(49) から、神学部の教員の憲法上の地位に関わっても深刻な問題が生じうる。

すなわち、神学部の教授は、一方では、研究と教授の自由(基本法第五条三項)に基づいて、学生に《神学》を学問的に教授する立場にあることは当然であるが、他方で教授は、神父をはじめ当該宗派の教えを説く聖職者等になろうとする学生に対して、その宗派の信仰に基づいて、宗教を布教・宣伝し広めることができるよう、これを育成する任務を負っている。その意味において、神学部教授自身も《二重の地位》(Doppelstatus)を有していることになる。

(4)　神学部教授の任用への教会の関与　言い換えれば、神学部教授は、ラントの公務員法上の国家公務員(Staatsamt)であるが、その地位は、宗派に拘束された(konfessionsgebunden)国家公務員であって、当該宗派に所属し、当該教会によって受け入れられている者でなくてはならないのである。具体的な任用の手続は、教会条約等によって定められることになるが、カトリック神学部の場合は、神学の講座への任用候補者について、教会が拘束力のある態度表明をする権利(„Nihil obstat")、場合によっては講座への任用を排除する権利(Erinnerungsrecht)を有し、しかも、いったん任用された教授についても、事後的に、当該教員の教育内容が教会の方針と著しく抵触するような場合には、異議を唱える権利(Beanstandungsrecht)までも有する。つまり、カトリック神学部の教授は、教会によってお墨付きを与えられ当該宗派に拘束された教師・研究者以上の何ものでもないことになる。(50) これに対して、福音主義神学部の場合には、教会側にこれほど強い権利はないようで、ここでも、たしかに教授は当該宗派に拘束されてはいるが、教会は、任用に際してのみ、参考意見(gutachtliche Äußerung)を述べる権利があるにとどまり、いったん任用された教授について「事後になってから」(nachträglich)異議を唱える権利までは認められていないようである。(51) こうした教会の権利は、ヴァイマル憲法第一三七条三項にいう教会の「事務（Angelegenheiten）を独立して処理し管理する」権利、すなわち教会の《自律権》（Selbstbestimmungsrecht）として説明するのが通例のようである。[52]

しかし、神学部教授といえども、一方で、場合によっては信仰の内容をも問題にせざるをえない場合があり、それは学問というもののもつ無前提的な本質に属するといえる。また他方で、宗教信仰というものは、その本質からして、学としての《宗教学》とは異なり、学問によっても根拠づけることのできない側面をも有している。[53] それゆえ、神学部教授の内面において両者が矛盾なく両立している限りは特段の問題は生じないが、教授自身の内面の変化によって両者が抵触するようになった場合には、深刻な事態が発生する可能性がある。なぜといって、神学部教授の学問研究の自由（基本法第五条三項）と、教会の自律権という、憲法上の基本権の衝突をどう調整するかが問題になるからである。以下では、これが具体的に問題となった事例によって若干の検討をするとする。

(5)　最近の連邦憲法裁判所決定による検討

（a）　上述したように（第四節(1)（b））、ニーダーザクセン憲法には、神学部についての明文規定はなく、同憲法は神学部の存置については沈黙しているのであるが、同州では同州の福音主義教会と間に一九五五年三月一九日に教会条約（いわゆるロックム条約）が締結されている。この条約は、基本法下でラントと福音主義教会との間で締結された最初の教会条約として知られており、その第三条によると、「聖職者に学問的な素養を与えるために、ゲッティンゲン大学神学部は、これを存置する」（第一項）とされ、「この神学部の正教授又は員外教授を任用する場合には、事前に、教会の権限ある官庁（Verwaltungsbehörde）には、鑑定意見を述べる機会が与えられるものとする」（第二項）とされている。[54]

ゲッティンゲン大学（Georg-August-Universität Göttingen）には、既に一八世紀中庸の大学創立以来、福音主義神学部が設置されており、歴史的にも、トレルチ（*Ernst Troeltsch*, 1865-1923）のような傑出した神学者を輩出させたことでも知られる同大学神学部は、今世紀に入ってもヴァイマル憲法第一四九条三項によって存置され、今日まで維持されている。

（b）　本件の訴願人[55]は、一九八三年以来、同学部の新約聖書学（Neues Testament）の担当教授であったところ、一九九八年一二月一七日に、大学の総長から、ニーダーザクセン大学法§五〇第三項に基づき、上記担当からはずされ、今後は「初期キリスト教の歴史と文学」担当に配置換えになるとの通告を受けたので、この配置換え（Umstellung）の効力を争って提訴した。この配置換えが行われれば、訴願人は、それ以降は、福音主義教会の牧師や福音主義による学校の授業をする教師になろうとする者（神学者）等の後進の養成をすることができなくなるという結果が生じることとなる[56]。

実は、この配置換えに至るまでに、訴願人と福音主義教会との間には、一九九四年以来、訴願人の学問的な著書、新聞およびインタヴューなどの内容を巡る種々のトラブルが背後にあったようであるが、大学当局が上記のような最終判断に至ったのは、一九九八年に出版された訴願人の著書「大いなる欺瞞――イエスの言動の真相」（Der große Betrug – Und was Jesus wirklich sagte und tat）の内容と、訴願人がキリスト教信仰を棄てることを公言しつつ、しかし形式的には福音主義教会から脱会はしないとする意向を表明したことにあったようである[57]。

この事件の経過の詳細については別稿に譲ることとするが、下級審での訴願人の訴えはすべて斥けられ、最終審である連邦行政裁判所も二〇〇五年一一月三日の決定で訴願人の上訴を棄却した[58]ので、訴願人は、これらの裁判における諸判決が、基本法第四条一項、第五条三項一文および第三三条三項二文および同条五項[59]に違反するとして、連邦憲法裁判所に憲法訴願を提起した。

（c）　連邦憲法裁判所第一法廷も、結論として、大学の措置（処分）と行政裁判所等の諸判決は訴願人の基本権を侵害するものではないとし、訴願人の訴えを根拠なしとして棄却したのである[60]が、その理由の中で本章のテーマである神学部の合憲性について、はじめて判示した。

連邦憲法裁判所は、大学の教員にとって学問研究の自由（Wissenschaftsfreiheit）の中核は、自己の専門とするところを研究および教授において主張する権利であり、その自由は大学教員に委嘱された職務たる講義委託（Lehrauftrag）によっても決定的に左右される。任用された大学教員としての職務上の地位に影響を及ぼす国の措置が、教員の行動の特殊学問的な重要問題に関わるものである限りにおいて、審査の基準となるべきは基本法第五項三項であって第三三条五項ではないとして、いわゆる「大学判決[61]」を引用して、問題を《学問研究の自由》に限定して検討している。

その上で、訴願人の配置換えは彼の学問研究の自由に《介入》するものであり、教授の自由の内容は、教授すべき専門分野と無関係ではありえず、教授すべき専門分野の変更は、必然的に教授の自由の内容に関係せざるをえないのであるから、——大学側が主張するように——訴願人願人は配置換え後も学生に自分の研究の成果を妨げられることなく伝達したり、自分の研究領域を引き続き研究し、著書を出版したりすることが自由にできるからといって、大学の措置が訴願人の学問研究の自由への《介入》であることには変わりはないとする。神学者養成（Theologenausbildung）の講座から宗教学（Religionswissenschaft）の講座への配置換えは訴願人にとって教育任務の根本的な変更だからである。

しかし、連邦憲法裁判所の判断では、上述した（第五節(4)参照）意味での教会の《自律権》（ヴァイマル憲法第一三七条三項、基本法第一四〇条）や、基本法第五条三項によって保護されている大学の学部の権利を考慮すると、この《介入》(Eingriff)[62]は正当化されるものだとされる。学問研究の自由も、留保なしに保障されている他の基本権と同様、無制限ではなく、他の基本権との衝突が生じる場合には、その衝突は、他の憲法上の規定・原理や実務的整合性の原則[63]に立ち戻ることによって、憲法解釈を通じて解消されるのである。

連邦憲法裁判所によれば、「大学教員の学問研究の自由は宗教団体の自律権においてその限界を見出す。基本法は、国立大学において学問としての神学が教授されることを許容している。神学部が設立されている場合には、当該宗教団体の自律権が尊重されなくてはならないのであり、その宗派の拘束を受けた教授(Lehre)の対象は、当該宗教団体の神学なのである。」

(d)　さて、基本法と神学部存置という点について、連邦憲法裁判所は、上述したような基本法第一四〇条とヴァイマル憲法第一四九条三項との関係について概観したあと、「しかし、基本法第一四〇条が受容していないからといって、基本法が神学部を許容しないという決断をしたというわけではないとするのが、学界の支配的見解である」とし、「基本法制定以前の一連のラント憲法の規定からしても、神学部の存置についての基本法の沈黙はその許容性に反対する決断と理解することはできない」し、議会評議会がこの問題について何ら議論していなかったという事実だけから、それとは逆の決断、すなわち、「ほとんどすべての当時の大学において神学部の存在がよく知られ、また受容されていたこと、また、基本法に先立つラント憲法においても神学部が保障されていたという事実を目の前にしながらも、そうした基本法制定以前からのドイツの大学の伝統と根本的に縁を切るという決断をしたという趣旨を読み取ることはできない。」

連邦憲法裁判所はさらに、基本法第七条三項(宗教の授業)からも、神学部の合法性を根拠づけ、その上で、基本法は国立大学の神学部を「保障もしていないが禁止もしていない」のであるから、「神学部の許容性は、つまるところ、第一義的には文化高権の担い手であるラントが、国立大学における教育と学問研究を組織する権利と義務を有しているということの帰結である」とするのである。それゆえ、国は、教会の固有の事務を自ら処理する権利（ヴァイマル憲法第一三七条三項、基本法第一四〇条）を求める教会の参加権（Mitwirkungsrecht）を顧慮しなくてはならない。そして、「この参加権は、とくに神学部の人的構成に対する宗教団体の影響力の行使において実現されるものである。」それゆえ、「神学部における大学教授の職務を、宗派の信仰告白に拘束される形で構成することが許されている。」もとより、「教会のこの参加権の規律の仕方は、政教条約および教会条約において異なっており」、本件で問題となるロックム条約の場合には、教会の参加は任用手続において鑑定意見を述べる権利にとどまっているとはいえ、だからといって、「国がその神学部について、そこにおいて教えられる神学の内容が宗派の信仰告白に適合しているかどうかに関する教会の自律権を尊重すべき義務を排除しないし、その適合性が欠如していると教会が判断した場合において、教会が国にその弊害の除去を求める権利を排除するものでもないのである。」その意味で「教会の自律権は憲法上の重要性を有しており、その結果、本件の訴願人の学問研究の自由は限定されてもやむをえない。」

この判断についても種々の意見はありうるであろうが、基本法下の国家と宗教団体の関係に関する上述した規律を全体としてみた場合、国立大学神学部が置かれている特殊な《二重の地位》からして、ドイツにおいては、神学部はたしかに憲法上《許容》されていると言わざるをえないであろう。ただ、たしかに神学は宗教学とは異なって、あくまでも当該宗派の信仰に限定づけられた特殊な学問分野であって、教授の教育内容が一方では宗教団体の教義等に拘束されることはやむをえないとはいえ、他方で、神学も学問研究の一端である以上、学問研究の自由という憲法の基本権との衝突が生じた場合に、具体的にどのように調整するかは、個別の事例において、なお検討する余地が残っているように思われる。[64] とくに、本件とは異なってカトリック神学部の場合には、教会の関与はさらに強く、[65] 大学の人事権をも左右しうるものであるだけに、問題は一層深刻となろう。

〔補論〕 Staatskirchenrecht から Religionsverfassungsrecht へ

基本法下のドイツにおいて、一方では個人の基本権としての宗教上の自由が保障されているが、他方で、学校での宗教の授業、教会税、そして本章で検討した大学の神学部の存置など、いくつかの重要な場面で国と宗教団体(とくにキリスト教会)との密接な関係が維持されており、連邦憲法裁判所も、右に検討したように、基本法に明文の規定のない大学神学部についても、現行憲法の構造上許容された存在であるとした。

しかし他方、先にも言及したように、今やこうした、国と宗教団体(とくにカトリック教会、福音主義教会およびユダヤ教会)との密接な関係についても再検討するべきだとする動きが出てきている。そのような動きは、すでにバイエルンの学校法に関する一九九五年五月一六日の「十字架判決[66]」や、イスラーム教徒のスカーフ着用の可否をめぐる二〇〇三年九月二四日の「スカーフ事件[67]」などにおける連邦憲法裁判所の判断にも表れている。こうした傾向は、とりわけ統一後のドイツ社会における住民のキリスト教離れ、急激なグローバル化に伴う多宗教化といった現実とも密接に結びついていると言え、その結果、一方では、個人の宗教的自由(基本法第四条)の重視、他方でキリスト教やユダヤ教以外の宗教団体(とりわけイスラーム教団体)との平等取扱い(Parität oder Neutralität)を求める主張が強まってきている。[68]

こうした動きは、必然的に従来の „Staatskirchenrecht“(国家教会法)の全体を見直そうとするさまざまな傾向と結びつくこととなる。そもそも(本章でも繰り返し触れてきたように)、「国の教会(Staatskirche)は存在しない」とする基本法の大原則(ヴァイマル憲法第一三七条一項と結びついた基本法第一四〇条)にもかかわらず、戦後も依然として„Staatskirchenrecht“という概念が、「国と宗教」ないし「国と宗教団体」の関係を研究する学問分野のタイトルとして長らく維持されてきたことについて、かねてより筆者自身もやや違和感を覚えていたところである。[69]

しかし、上述したような状況にも鑑みて、今日では、従来の„Staatskirchenrecht“を、むしろ個人の基本権たる「宗教の自由」の側面から見直す必要性が強調されてきている。このことは、この分野の泰斗たるカンペンハウゼン(*Axel Freiherr von Campenhausen*, 1934-　)の古典的な教科書が、その最新版(二〇〇六年)[70]において、「ドイツおよびヨーロッパにおける Religionsverfassungsrecht の体系的描写」(Eine systematische Darstellung des Religionsverfassungsrechts in Deutschland und Europa)という副題を付していることにも、その一端が表れている。[71] カンペンハウゼンはこの最新版の「まえがき」において、この新たな副題は「ドイツの憲法(Verfassungsrecht)がすべての宗教共同体に法的な枠を画していることの表現である」とし、従来の„Staatskirchenrecht“が、キリスト教を中心とするものであったのに対し、今日においては「新興宗教のみならず、ドイツにおいて今やアジアの世界宗教の著しい登場が、憲法の基盤を作り出している」という認識によるものであるとしている。[72]

また最近の文献でも、たとえばウンルー(*Peter Unruh*, 1965-　)は、文字どおりこの„Religionsverfassungsrecht“というタイトルの書物を著わし、そこにおいて、「これまでの„Staatskirchenrecht“が国家・宗教関係の制度的側面を重視し、基本法第四条一項二項に根拠を有する宗教的自由の基本権よりも優先させ、あるいは少なくともそれと同等においてきた」のに対し、「„Religionsverfassungsrecht“は、むしろ国家・宗教関係を基本権中心の観点と結びつけた」概念であるとし、„Religionsverfassungsrecht“を「国家と宗教の関係を規律する規範の総体を取り扱うもの」であるとしている。[73] その意味では、たしかに今日では「国家教会法の基本権化」(Vergrundrechtlichung des Staatskirchenrechts)[74]

を語ることができるのは事実であろう。[75] そしてこうした傾向が今後さらに進展していくことも、おそらく間違いないところであろう。ただ、今後、„Staatskirchenrecht“という概念自体が消失していくのかどうかということになると、カンペンハウゼンの上記著書のタイトルが示すように、「教会税」、学校における「宗教の授業」、さらには本章で論じた「神学部の存置」のような、宗教団体の存在と密接に結びついた憲法上の《制度》がなくならない限り、少なくとも当分はありえないのではなかろうか。

注

（1）　これらのヴァイマル憲法の規定の邦訳については、さしあたり、『ドイツ憲法集』一四一〜一四二頁参照。

（2）　もっとも、上記のヴァイマル憲法第一四一条にも軍(Heer)という語が出てくるが、にもかかわらず同条が基本法の構成部分とされた理由は、必ずしも詳らかではない。なお、基本法第一四〇条の成立過程については、本書第三章〔初出＝初宿正典「基本法第一四〇条の成立過程について」比較憲法学研究一八・一九合併号(二〇〇七年)一四七頁以下〕参照。

（3）　《宗教の授業》については、ここでは扱わないが、*Uta Hildebrandt*, Das Grundrecht auf Religionsunterricht. Eine Untersuchung zum subjektiven Rechtsgehalt des Art. 7 Abs. 3 GG, Jus Ecclesiasticum Bd. 63, Mohr Siebeck/Tübingen, 2000, S. 75 は、宗教の授業は宗教と国家の分離のシステムに違反する《例外》として限定的に解釈すべきだとし、脚注において、*Erwin Fischer* (Trennung von Staat und Kirche, 3. Aufl. 1984, S. 154) が宗教の授業に関する基本法の規律をもって「憲法違反の憲法」(verfassungswidriges Verfassungsrecht) だと断言し、また *Ernst-Gottfried Mahrenholz* (Die Kirchen in der Gesellschaft der Bundesrepublik, 2. Aufl. 1972, S. 132) が宗教の授業は「憲法構造の中の異物(Fremdkörper)だ」として批判しているのを引用している。基本法下における宗教の授業の問題全般については、とくに *Christoph Link*, Religionsunterricht, in: *Joseph Listl / Dietrich Pirson* (Hrsg.), Handbuch des Staatskirchenrechts der Bundesrepublik Deutschland, 2. Aufl. (以下 HdbStKirchR と略記), Bd. 2, 439 ff. を参照のこと。

（4）　この点については、本書第一章〔初出＝初宿正典「基本法前文における《神》の文言についての若干の覚書き――その成立過程の予備的考察」法学論叢一四〇巻三・四号九五頁以下(一九九七年)〕参照。

（5）　Kommissionsdrucksache Nr. 37, Antrag von *Dr. Ullmann*, in: BT-Drs. 12/6000, S. 149). なお、これとは別に、PDS/LL のホイヤー（*Heuer*）議員の提案もこれとまったく同文の提案を出している（BT-Drs. 12/6000, S. 158 f.）

（6）　Kommissionsdrucksache Nr. 70, Antrag von Dr. *Hirsch:* in: BT-Drs. 12/6000, S. 155.

（7）　BT-Drs. 12/6000, S. 106ff. なお、この点については、*Stefan Korioth*, Vom institutionellen Staatskirchenrecht zum grundrechtlichen Religionsverfassungsrecht? Chancen und Gefahren eines Bedeutungswandels des Art. 140 GG, in: Der Staat des Grundgesetzes - Kontinuität und Wandel, Festschrift für *Peter Badura* zum siebzigsten Geburtstag, hrsg. v. *Michael Brenner*, *Peter M. Huber* und *Markus Möstl*, 2004, S. 727 ff. insbes. S. 729 f.

（8）　ヒルシュ議員の提案につき、BT-Drs. 12/6000, S. 149.

（9）　もとより、ヴァイマル憲法自身、国と宗教に関する基本的な枠組みに関する規定を、一八四九年のフランクフルト憲法に負っていることは周知のことである（*Martin Heckel*, Zur Zukunftsfähigkeit des deutschen „Staatskirchenrechts“ oder „Religionsverfassungsrechts“?, in: AöR, Bd. 134 (2009), S. 309 ff., insbes. 312）。たとえば「国教会」の禁止については、同憲法は、「いかなる宗教団体も、邦（Staat）によるその他の特権をも享有せず、邦の教会は、今後は存在しない」としていた（『ドイツ憲法集』四六頁）。

（10）　このテーマに関連する文献は、まさに汗牛充棟の感がある。文献目録としては、古くは *Martin Heckel*, Die theologischen Fakultäten im weltlichen Verfassungsstaat, J. C. B. Mohr (Paul Siebeck), 1986, S. 386-404, また最近では、*Ders.*, Zur Zukunftsfähigkeit des deutschen „Staatskirchenrechts“ oder „Religionsverfassungsrechts“?, (Anm. 9), insbes. S. 310 ff. および特に *Gerhard Czermak*, Religions- und Weltanschauungsrecht, Springer-Verlag, 2008, S. 287 ff. insbes. S. 292 ff. がきわめて詳細である。本章ではこのうち、とくに神学部存置の基本法上の問題に関する文献のうち入手しえたごく一部の文献を参照しえたにすぎない。なお、後出注（60）に挙げた千國亮介の判例紹介には、本章で参照できなかった文献もいくつか参照されている。

（11）　『ドイツ憲法集』一四四～一四五頁による。

（12）　前者のメークレンブルク＝シュヴェリーン憲法（Verfassung des Freistaates Mecklenburg-Schwerin vom 17. Mai 1920）および後者のヴュルテンベルク憲法（Verfassungsurkunde der freien Volksstaates Württemberg vom 20. Mai 1919 の引用は、いずれも、Textausgabe mit Sachverzeichnis und einer Einführung von *Fabian Wittweck*, Weimarer Landesverfassungen. Die Verfassungsurkunden der deutschen Freistaaten 1918-1933, Mohr Siebeck/Tübingen 2004, S. 390 u. S. 701 に依った。

（13）　*Fabian Wittweck*, a. a. O. (Anm. 12), S. 23 ff. も、Umformung des Staatskirchentums に関する叙述の中で、この点については触れていない。

（14）　*Gerhard Czermak*, Religion und Weltanschauung in Gesellschaft und Recht. Ein Lexikon für Praxis und Wissenschaft, Alibri Verlag, 2009, S. 368. なお、http://www.katholische-theologie.info にその一覧が示されており、それによると、カトリック神学は現在、ドイツだけでも、五〇以上の研究機関で研究できるとされているが、それらの研究機関の中には、司教区や修道会が設置している機関も少なくないので、それらを除いて、公的機関すなわちラントの設立している大学にカトリック神学部があるのは、以下の一三である。すなわち、一九四五年以前から設置されていたのは、ボン、フライブルク（ブライスガウ）、ミュンヒェン、ミュンスター、テュービンゲン、ヴュルツブルクであり、一九四五年以降にこれら六大学に加えて、マインツ（一九四六年）、レーゲンスブルク（一九六六年）、ボーフム（一九六七年）、アウクスブルク（一九七〇年）、バンベルク（一九七二年）、パッサオ（一九七八年）の各大学に設置された（カッコ内の年号は成立年で、*Alexander Hollerbach*, Theologische Fakultäten und staatliche Pädagogische Hochschulen, in: HdbStKirchR (Anm. 3), Bd. 2, 1996, S. 549 に依る）。さらにエアフルトでは、二〇〇三年一月一日に、それまでのラントの承認した教会立の Hochschule がエアフルト大学の第四の学部として統合され、「神学部」となって今日に及んでいるようである（http://www2.uni-erfurt.de/theo による）。

（15）　*Gerhard Czermak*, (Anm. 14), S. 368. 旧東ドイツ地域（東ベルリーンを含む）のそれら六つの神学部は、いずれも一九四五年以前から存在しており、驚くべきことに、東ドイツ時代にも維持されていたという。なお、福音主義神学部学会のホームページ http://evtheol.fakultaetentag.de/ によると、大学の福音主義神学教育に関わる大学は、旧西ドイツ領域では、ボーフム、ボン、ニュルンベルク、フランクフルト、ゲッティンゲン、ハンブルク、ハイデルベルク、キール、マインツ、マールブルク、ミュンヒェン、ミュンスター、テュービンゲンの各大学に、また、旧東ドイツ領域には、ベルリーン（フンボルト）、グライフスヴァルト、ハレ＝ヴィッテンベルク、イェーナ、ライプツィヒ、ロストックの各大学にある（もっとも、これらのうち、ハンブルク、マインツおよびマールブルクについては、厳密に言えば学部（Fakultät）ではなく専門領域（Fachbereich）として福音主義神学の専攻が置かれているようである）。なお、本章末尾（一八二頁）の一覧表を参照。

（16）　石川健治『自由と特権の距離』（日本評論社一九九九年）一二八頁以下。もっとも、石川は、*Carl Schmitt*, Verfassungslehre, 1928, S. 32 ff. の「国家と教会はヴァイマル憲法によって相互に分離されてはいない、つまり、教会は私的な団体として取り扱われておらず、それゆえ宗教は《私事》として取り扱われていない。換言すれば、国家は《非宗教化》されていないのである」等との叙述を援用して、「国家は、教会から遠ざけられたが、教会は、国家から分離しなかった」としているので、これを「政教分離主義」と表現するかどうかは、少なくとも日本国憲法の文脈からは議論の余地があろう。

(17) *Carl Schmitt*, Freiheitliche und institutionelle Garantien, in: *Ders*., Verfassungsrechtliche Aufsätze aus den Jahren 1924-1954. Materialien zu einer Verfassungslehre, 2. Auflage, 1973, S. 157. Vgl. auch *Ders*., Grundrechte und Grundpflicheten, in: a. a. O., S. 216. 前者の邦訳として、時岡弘編『人権の憲法判例　第三集』成文堂一九八〇年、二八一頁以下がある。

(18) 石川健治・前掲(注(16))一三二〜一三三頁。

(19) *Carl Schmitt*, Freiheitliche und institutionelle Garantien (Anm. 17), S. 158. 石川・同右。

(20) *Peter Badura*, Das Staatskirchenrecht als Gegenstand des Verfassungsrechts. Die verfassungsrechtlichen Grundlagen des Staatskirchenrechts, in: HdbStKirchR (Anm. 3), Bd. 1, S. 211 ff., insbes. 245 ff.; *Peter Unruh*, Religionsverfassungsrecht, 2009, S. 41 ff. などに依った。またラント憲法典の個々の条文については、Verfassungen der deutschen Bundesländer, 9. Auflage 2009 (Stand 1. August 2009), dtv に依った。

(21) JÖR, Band 1, S. 89 ff. und S. 899 ff.

(22) 連邦制を採る戦後のドイツにおいて、基本法上、連邦とラントの管轄事項の区分が定められており、宗教を含む《文化》(Kultur)に関わる事項は原則としてラントの管轄とされており、ラントの《文化高権》(Kulturhoheitsrecht)が妥当する(基本法第三〇条、第七〇条一項、第七三条一項各号など参照)。それゆえ、本章の文脈において《国》・《国家》(Staat)というときは、原則的に、ドイツ連邦共和国ではなく《ラント》を意味することは言うまでもない。以下でも特に断らない限り、国と言うときは《ラント》のことである。なお、ドイツにおける政教関係全般について、さしあたり、『海外の宗教事情に関する調査報告書』(文化庁、二〇〇八年)四九頁以下(初宿正典・片桐直人執筆)のほか、とくに最近のものとして、塩津徹『ドイツにおける国家と宗教』(成文堂、二〇一〇年)を参照されたい。

(23) この文言が、基本法制定過程の初期に、議会評議会における提案として、CDU／CSUと中央党およびDP(ドイツ党)の共同提案として出てきていたことが興味深い。この点につき、本書第三章(一一三頁)および *Badura* (Anm. 20), S. 237 参照。

(24) わが国で《宗教団体》(日本国憲法第八九条でいう「宗教上の組織又は団体」)というときに、ドイツの憲法典では、

„Religions*gemeinschaft*“という語が用いられている場合と、„Religions*gesellschaft*“という語が用いられている場合がある。たとえば上記のヴァイマル憲法第一三六条以下では、後者が用いられている。ところが、本文のすぐあとで触れているブレーメン憲法第五九条は、第一項では前者を用いつつ、第二項では「宗教・世界観団体」(Religions- und Weltanschauungsgemeinschaften)という語が用いられている。むしろ多くの例はこれと同じ用法であるが、ほとんど唯一の例外は一九九三年のテューリンゲン憲法であり、ここでは、„Religionsgesellschaften und Weltanschauungsgemeinschaften“とある)。おそらく、„-gemeinschaften“のほうが„-gesellschaften“よりも広範な(したがって小さな宗教団体も含む)概念ではないかと思われる(Vgl. *Ernst-Lüder Solte*, Die Organisationsstruktur der übrigen als öffentliche Körperschaften verfaßten Religionsgemeinschaften und ihre Stellung im Staatskirchenrecht, in: HdbStKirchR (Anm. 3), Bd. 1, 1994, S. 417)。Deutsches Rechts-Lexikon, 3. Auflage, 2001 は„Religionsgesellschaft“のみを取り上げたうえで、用語としては本来はむしろこの語の代わりに„Religionsgemeinschaft“という言い方をするべきだとし、その理由として、「„Religionsgesellschaft“は、教会等が神への崇拝のための、人間の Initiative に依存する人々の結合体であるかのごとき、神学的には疑義のある(bedenklich)印象を呼び起こす」からだとしている(Bd. 3, S. 3545)。なお、*Axel Frhr v. Campenhausen/Heinrich de Wall*, Staatskirchenrecht. Eine systematische Darstellung des Religionsverfassungsrechts in Deutschland und Europa, 4., überarbeitete und ergänzte Aufl., C. H. Beck, 2006, S. 19 も、„Religionsgesellschaft“は、「教会を人間的結合体として理解する」ことを意味することから、「神学的に疑義がある」としている。ここでは、こうした問題を認識しつつも、とりあえず、いずれの語も《団体》と訳しておく。

(25) もっとも *Unruh*, a. a. O. (Anm. 20), S. 43 によれば、ブレーメンにも二〇〇一年に福音主義教会との教会条約が締結されているようである。

(26) ブレーメン条項の成立過程に関しては、本書第五章〔初出＝初宿正典「いわゆるブレーメン条項の適用範囲——統一ドイツにおける宗教教育の新展開」法学論叢一四四巻四・五・六号(一九九九年)六六頁以下〕参照。

(27) ザールブリュッケンにあるザールラント大学のホームページによると、同大学には神学部はないが、哲学部Iの歴史・文化科学の中に、哲学、歴史学などと並んで福音主義神学とカトリック神学という科目がある。

(28) Vertrag des Landes Niedersachsen mit den Evangelischen Landeskirchen in Niedersachsen (Loccumer Vertrag) vom 19. März 1955. 邦訳は、『海外の宗教事情に関する調査報告書　資料編二　ドイツ宗教関係法令集』(文化庁、二〇一〇年)の初宿正典・片桐直人訳一六四頁以下。ちなみに、Loccum というのは、ハノーファーの西約三〇キロ当たりにある地名で、一九七四年以来、レーブルク＝ロックム(Rehburg-Loccum)という地名になっている。

(29) Vgl. *Alexander Hollerbach*, Die vertragsrechtlichen Grundlagen des Staatskirchenrechts, in: HdBStKirchR, Bd. 1, S. 253 ff., insbes. S. 258 f.; *Axel Frhr. v. Campenhausen/de Wall* (Anm. 24), S. 46 ff. なお、旧東独五州の教会条約については、後述(2)(f)および後注(33)参照。

(30) http://www.verfassungen.de/de/be/berlin50-index.htm に依る。ちなみにこの憲法はその後何度も改正された後(最終改正は一九九五年六月八日)、一九九五年一一月二三日の現行憲法(第一〇一条一項二文)により廃止された。

(31) 第四条二項では、ここでも上述のラインラント=プファルツ憲法第四一条に類似した、教会や宗教団体が「人間生活の宗教的及び倫理的基礎を維持し強固にするため」に有する意義が承認されている。

(32) 統一後の新五ラントにおけるこの問題については、*Claudio Fuchs*, Das Staatskirchenrecht der neuen Bundesländer, Jus Eccesiasticum Bd. 61, Mohr Siebeck/Tübingen 1999 が詳しい。

(33) *Hermann Weber*, Der Wittenberger Vertrag – Ein Loccum für die neuen Bundesländer?, in: NVwZ 1994, Heft 8, S. 759 ff. なおこの文献は、主としてザクセン=アンハルトの条約について検討したものであるが、これによると、新五ラントではユダヤ教会やカトリック教会との条約も制定・施行されているようである。これらの条約につき、*Michael Brenner*, Staat und Religion, Veröffentlichungen der Vereinigung der Deutschen Staatsrechtslehrer (VVDStRL) 59 (2000), S. 266 f. Anm. 11 は、それらすべての条約につき列挙している。

(34) 詳細は、*Martin Heckel* (Anm. 10), S. 94.

(35) Vgl. *Axel Frhr. v. Campenhausen*, Die Rechtsstellung der Theologischen Fakultäten in Deutschland, in: Zeitschrift für Evangelisches Kirchenrecht, Bd. 47, 2002, S. 425 ff., insbes. S. 426.

(36) Vgl. *Martin Heckel*, Die theologischen Fakultäten zwischen Trennungsprinzip und Freiheitsgarantie, in: Festschrift für *Otto Bachof* zum 70. Geburtstag am 6. März 1984, hrsg. v. *Günter Püttner*, Beck'sche Verlagsbuchhandlung/München 1984, S. 29 ff., insbes. S. 34.

(37) 前注(16)参照。

(38) たとえばJÖR, Bd. 1, S. 903 におけるホイスの見解参照。なお本書第五章も参照。

(39) たとえば *Hollerbach* (Anm. 14), , S. 552 参照。

(40) *Gerhard Czermak*, Religions- und Weltanschauungsrecht (Anm. 10), S. 211. 著者によれば、ドイツ社会の趨勢としても、大学の神学部は、今日でも重要な制度とみなされているようである(A. a. O. S. 212)。

（41）「旧ドイツ国が締結した条約で、この基本法によればラントの立法の管轄とされている事項に関わるものは、それが一般的な法原則によって有効であり、かつ引き続き効力を有する場合には、新しい条約がこの基本法によって権限を有する機関によって締結され、又は、それらの条約に含まれている規定に基づいて、条約がその他の方法で失効するまでの間は、関係当事者のすべての権利及び異議を留保して、なおその効力を存続する。」現在でも基本的に有効とされている一九三三年のこの《政教条約》（Konkordat zwischen dem Heiligen Stuhl und dem Deutschen Reich [Reichskonkordat] v. 20. 7. 1933）は、「国立大学におけるカトリック神学部は、存置する。……」（第一九条）等の規定を置いている（邦訳は前掲注（28）の「調査報告書」一三八頁以下（引用部分は一四八頁）参照。なお、基本法第一二三条による根拠づけについては、とりあえず、*Ludwig Renck*, Verfassungsprobleme der theologischen Fakultäten, in: NVwZ 1996, Heft 4, S. 333 ff., insbes. S. 336 ff. 参照。

（42）Artikel Theologische Fakultäten/Fachbereiche, in: Deutsches Rechts-Lexikon (Hrsg .v. *Horst Tilch* und *Frank Arloth*), 3. Auflage, C. H. Beck, 2001, Bd. 3, S. 4154 (verf. v. *Axel Frhr. v. Campenhausen*).

（43）四〇〇頁を超える大著である一九八六年出版の *Martin Heckel*, Die theologischen Fakultäten im weltlichen Verfassungsstaat (Anm. 10) は、恐らくこの時期にこの分野でもっとも詳細にこの問題を論じた文献であろう。

（44）*Ludwig Renck* (Anm. 41), S. 333.

（45）たとえば、*Martin Heckel* (Anm. 10), S. 2 の引用している *Erwin Fischer*, Trennung von Staat und Kirche, 2. Aufl., 1971 (3. Aufl. 1984); *Joachim Kahl*, Das Elend des Christentums, 1968. なお、さまざまな文献に引用されているところでは、*Erwin Fischer*, Volkskirche ade!, 4. Aufl. 1993 が端的な違憲論のようであるが、右の二つの文献も含めて管見に属していない。

（46）*Hermann Weber*, Thelogische Fakultäten und Professuren im weltanschaulich neutralen Staat. Staatskirchenrechtliche und rechtspolitische Askpekte, in: NVwZ 2000, Heft 8, S. 848 ff.

（47）*Czermak* (Anm. 10), S. 211 ff. ただし *Axel Frhr. v. Campenhausen*, Der heutige Verfassungsstaat und die Religion, in: HdbStKirchR (Anm. 3), Bd. 1, S. 47 ff., insbes. S. 58 は、*Fischer* (Anm. 45) などによるかかる《例外的》性格づけに対して異論を唱える。なお、*Gesa Dirksen*, Das deutsche Staatskirchenrecht – Freiheitsordnung oder Fehlentwicklung?, Peter Lang, 2003; *Renck* (Anm. 41), S. 335 f. 参照。

（48）後述する憲法訴願の事例についての連邦行政裁判所判決（BVerwG, Urt. v. 3. 11. 2005, NJW 2006, Heft14, S. 1015）が引用する *Kasper*, Stichwort: Theologie, in: Staatslexikon, 7. Aufl. (1989), Bd. 5, Sp. 454.

（49）*Axel Frhr. v. Campenhausen* (Anm. 35), S. 427.

（50）もっとも、*Ernst Thomas Emde*, Die theologischen Fakultäten zwischen wissenschaftlicher Freiheit und kirchlicher Bindung, in: AöR, Bd. 106 (1981), S. 355 ff., insbes. S. 371 によれば、カトリック教会の異議がなされても、政教条約上、国（＝ラント）が当該教授を神学部から放逐するまでの義務はないとされる。

（51）*Axel Frhr. v. Campenhausen* (Anm. 35), S. 428.

（52）*Peter Badura*, Staatsrecht. Systematische Erläuterung des Grundgesetzes, 4., neubearbeitete Auflage, C. H. Beck, 2010, S. 1020 ff. (Rdnr. 55 ff.) なお、宗教団体の自律権を含むヴァイマル憲法第一三七条三項の各文言の意味については、*Georg Neureither*, Recht und Freiheit im Staatskirchenrecht. Das Selbstbestimmungsrecht der Religionsgemeinschaften als Grundlage des staatskirchenrechtlichen Systems der Bundesrepublik Deutschland, Duncker & Humblot, 2002, insbes. S. 124 ff. が詳しい。

（53）*Martin Kriele*, Aktuelle Probleme des Verhältnisses von Kirche und Staat, in: Internationale katholische Zeitschrift »Communio«, Communio-Verlag, 19. Jg. 1990, S. 541 ff., insbes. S. 546 ff. この論文の著者は、すでに一九九〇年の時点において、以下に取り上げるような紛争を予測していたように思われる点も興味深い。

（54）邦訳は前掲（注28）一六四頁参照。

（55）判例集等（BVerfGE 122, 89; JZ 2009, S. 511 ff.）では訴願人の実名が明記されているわけではないが、判決理由中で、本件配置換えの主たる原因となった訴願人の著書に言及されていることから、原告は、リューデマン（*Gerd Lüdemann*, 1946-）であることが分かる。なお、原告の配置換え後の勤務機関は神学部の本体（Vereinigte Theologische Seminare）ではなくて、同学部附属の特定研究研究所（Institut für Spezialforschungen）となる。原告の担当講座（Geschichte und Literatur des frühen Christentums）は、現在では「初期キリスト教学」（Frühchristliche Studien）という名称に変更されており、原告はそこに所属する唯一の教授のようである。

（56）NJW 2006, Heft 14, S. 1015.

（57）BVerfGE 122, 89 [92]; JZ 2009, S. 511 ff. 以下の引用においては、逐一の該当頁を示すことはしない。

（58）BVerwG, Urt. v. 3. 11. 2005, NJW 2006, Heft 14, S. 1015 ff.

（59）基本法第三三条三項二文は、公民権・公職就任権等に関して、「何人も、ある信条又は世界観に属するか否かによって、不利益を受けてはならない」とし、また同条五項は、「公務に関する法は、職業官吏制度の伝統的諸原則に配慮しつつ、規律し、かつ継続的に発展されなければならない」としている。

(60) BVerfGE 122, 89. この決定については、小林宏晨「新約聖書担当教授の学問・教授の自由：連邦憲法裁判所２００８年１０月判例」(日本法学七六巻二号〔二〇一〇年九月〕六四三頁以下がきわめて詳細な検討を加えているほか、千國亮介「信仰からの離脱を理由とする神学部の大学教員の配置換えの合憲性——リューデマン決定」自治研究八八巻一号(二〇一二年一月号)一四四頁以下参照。ちなみに、この決定の登載されている判例集のS. 90では、判決の年月日が二〇〇八年一〇月二六日と表記されているが、一〇月二八日の誤りである。

(61) 『ドイツの憲法判例』二〇四頁以下(阿部照哉の訳・解説)参照。この判決もニーダーザクセン大学法が問題となった事例であるが、ここでも大学教員の職務上の地位に関する問題は、学問の自立性からして、公務員法一般の問題ではなく、第五条三項の問題として検討すべきだとしている(BVerfGE 35, 79 [147])。

(62) こうした文脈からも明らかなように、従来、特に行政法学の分野で„Eingriff“の語に《侵害》という訳語を当ててきた(たとえば「侵害行政」)のは、ミスリーディングであったのではないかと思われる。基本権への《介入》が憲法上正当化されないものである場合にはじめて当該《介入》が基本権の《侵害》と判断されるのだからである。

(63) 《実務的整合性》(praktische Konkordanz)の原則については、さしあたり、ヘッセ(初宿正典・赤坂幸一訳)『ドイツ憲法の基本的特質』(成文堂、二〇〇六年)二〇六頁以下参照。

(64) この決定に対する評釈として、*Klaus Ferdinand Gärditz*, in: JZ 2009, Heft 10, S. 515 ff. があり、評者は結論としては連邦憲法裁判所の決定に同意しつつも、今後検討すべき憲法上の問題点を指摘している。

(65) *Ernst Thomas Emde* (Anm. 50), S. 355 ff. は、一九七九年にテュービンゲン大学のカトリック神学部の神学者ハンス・キュング(*Hans Küng*, 1928-)の神学に関する教授内容に関してカトリック教会との間で発生した紛争およびその他の類似の事例について詳細に検討している。彼によれば、こうした紛争の結果、当該カトリック神学教授の法的地位についていかなる帰結が生じるのかについては「常に争われてきた」とされている(S. 356)。なお、*Dietrich Pirson*, Wissenschaftsfreiheit in kirchlichen Universitäten, in: *Peter Badura* und *Rupert Scholz* (Hrsg.), Wege und Verfahren des Verfassungslebens. Festschrift für *Peter Lerche* zum 65. Geburtstag, C. H. Beck 1993, S. 289 ff. 参照。

(66) BVerfGE 93, 1. これにつき、石村修「公立学校における磔刑像(十字架)」『ドイツの憲法判例Ⅱ』一一五頁以下、塩津徹・前掲書(注22)五九頁以下およびそこに挙げられている文献などを参照。

(67) BVerfGE 108, 282. これについては、渡辺康行「イスラム教徒の教師の志願者に対するスカーフ着用を理由とする採用拒否」『ドイツの憲法判例Ⅲ』一二三頁以下、塩津徹・前掲書(注22)一三七頁以下およびそこに挙げられている文献などを参照。

(68) 《中立性》全般については、*Klaus Schlaich*, Neutralität als verfassungsrechtliches Prinzip, Mohr (Paul Siebeck), 1971 また特に宗教的中立性に関しては、*Franz Holzke*, Die „Neutralität" des Staates in Fragen der Religion und Weltanschauung, in: NVwZ, 2002, Heft 8, S. 903 ff.

(69) そもそもこの語を「国家教会法」と訳すこともややミスリーディングでありうるが、他に訳しようがないこともあって、従来そう訳されてきたのであろう。„Staatskirchenrecht" の概念の成立の経緯については、とくに *Dietrich Pirson*, Die geschichtlichen Wurzeln des deutschen Staatskirchenrechts, in: HdbStKirchR, Bd. 1, 3 ff. および *Alexander Hollerbach*, Staatskirchenrecht oder Religionsrecht? Begriffs- und problemgeschichtliche Notizen, in: *ders*., Ausgewählte Schriften (hrsg. v. *Gerhard Robbers*), 2006, S. 304 ff. など参照。

(70) *Axel von Campenhausen*/de Wall (Anm. 24).

(71) 塩津徹・前掲書(注22)一六五頁以下、とくに一七四頁以下および一七九頁。塩津は、とくに一九九九年の国法学者大会で「国家と教会」がメインテーマに取り上げられた(VVDStRL 59, Walter de Gruyter, 2000)頃以降、こうした傾向が顕著に現れているとし、その例証の一つとして、カンペンハウゼンの著書(注24)に言及している。

(72) *Axel von Campenhausen / de Wall* (Anm. 24), Vorwort. なお S. 39 f. も、„Staatskirchenrecht oder Religionsverfassungsrecht" という小見出しで、この副題をつけた理由を説明している。またたとえば、*Bernd Jeand'Heur/Stefan Korioth*, Grundzüge des Staatskirchenrechts, Boorberg 2000 にたいする書評論文でもある *Gerhard Czermack*, Religionsverfassungsrecht im Wandel, in: NVwZ 2000, Heft 8, S. 896 ff. は、「基本法の国家が、もはやキリスト教国家ではないことは明らか」であることを強調し、同書が「国家教会法は、宗教的なるものを国家の法秩序の対象とするすべてのテーマ(Materien)を包括するものであること」を明らかにするものであり、その意味では、「国家教会法は宗教(憲)法である」(Staatskirchenrecht ist Religions(verfassungs)recht.)としている。

(73) *Peter Unruh* (Anm. 20) S. 22.

(74) 塩津・前掲書(注22)一八〇頁が引用する *Stefan Korioth* の表現。なお *Korioth* (Anm. 7) の論文が、「制度的な Staatskirchenrecht か

ら基本権的な Religionsverfassungsrecht へ？」というタイトルで、基本法第一四〇条の意味変化を論じているのも同趣旨であると言える。しかし、塩津・同書（一七五頁以下およびとくに一七九頁等）が、この „Religionsverfassungsrecht“ の語を文字どおりの「宗教的基本権」を意味するものと解するのは、おそらく適切とは言えまい。昨今のドイツのおいて宗教に関する制度よりもむしろ個人の自由の側面がいかに強調されるようになってきたからといって、„Religionsverfassungsrecht“ の語にいう „-verfassungsrecht“ を「基本権」とは訳しえないことは、本文で述べたカンペンハウゼン自身の趣旨からしても、ほぼ明らかではなかろうか。もともとドイツ語では、たとえば „Wirtschaftsverfassungsrecht“ の例にも見られるように、„-verfassungsrecht“ という語は少なくない（この点につき、さしあたり、赤坂正浩「憲法の概念について」立教法学第八二号（二〇一一年）七四頁以下、とくに一〇二頁以下も参照）。字義どおりであれば「宗教憲法」であるが、そう訳すのは「国家教会法も憲法体制の一部であるから妥当ではない」（一七九頁）というのであれば、むしろ、宗教に関する国制という意味で、せいぜい「宗教法制」とでも訳すべきものはなかろうかと思われる。

(75)　„Staatskirchenrecht“ か „Religionsverfassungsrecht“ かという問題設定に関わる文献もきわめて多いが、塩津・前掲書（注22）が言及しているもの以外にも、筆者の参照しえたものとして、上記のほか、たとえば、*Peter Häberle*, „Staatskirchenrecht“ als Religionsrecht der verfaßten Gesellschaft, in: DÖV, Jg. 29, Heft 3 (Februar 1976), S. 73 ff.; *Martin Heckel*, Zur Zukunftsfähigkeit des deutschen „Staatskirchenrecht“ oder „Religionsverfassungsrecht“?, a. a. O. (Anm. 9), S. 309 ff.; *Christoph Görisch*, „Staatskirchenrecht“ am Ende?, in: NVwZ 2001, Heft 8, S. 885 ff.; *Diana Zacharias*, Staateskirchenrecht oder Religionsverfassungsrecht – ein begriffspolitischer Grundsatzstreit, in: DVBl. 2006, S. 558 ff. など。

【付　表】

各ラントにおける国立大学の神学部等

ラント	大　学	Kath. Theol.	Ev. Theol.	備　考
Bayern *	München	◎	○	
	Würzburg	◎	—	
	Regensburg	○	—	
	Augsburg	○	—	
	Bamberg	○	—	
	Passau	○	—	
	Nürnberg	—	○	
Bremen	Bremen	—	—	Religionswissenschaft
Hessen *	Frankfurt a. M.	—	○	
	Marburg	—	△	Fachbereich
Rheinkand-Pfalz *	Mainz	○	△	Fachbereich
Saarland (*)	Saarbrücken	—	△	Fachbereich
Hamburg	Hamburg	—	△	Fachbereich
Niedersachen	Göttingen	—	○	
Schleswig-Holstein	Kiel	—	○	
Berlin	Berlin(Humboldt)	—	◎	
Nordrhein-Westfalen (*)	Bonn	◎	○	
	Münster	◎	○	
	Bochum	○	○	
Baden-Württemberg (*)	Freiburg	◎	—	
	Tübingen	◎	○	
	Heidelberg	—	○	
Sachsen (*)	Leipzig	—	◎	
Sachsen-Anhalt	Halle-Wittenberg	—	◎	
Brandenburg (*)	Potsdam	—	△	Institut
Mecklenburg-Vorpommern (*)	Greifswald	—	◎	
	Rostock	—	◎	
Türingen (*)	Erfurt	○	—	
	Jena	—	◎	
学部数等合計		13	16	6

凡　例　* 左欄のラント名のあとに(*)のあるのは、ラント憲法上に直接(間接)の根拠規定があるラント

* 上段5ラントは、基本法制定前に憲法典を有するラント(順不同)
* 中段6ラントは基本法制定後の旧西ドイツ領域の(ベルリーンを含む)ラント(順不同)
* 下段5ラントは1990年のドイツ統一後の新ラント(順不同)
* 表中の◎は1945年以前から設置されていた神学部、○は1945年以降に設置されたもの、また△は学部とはいえないが国立大学の神学教育研究施設として設置されているもの

* Kath. Theol.=katholische Theologie(カトリック神学)
* Ev. Theol.=evangelische Theologie(福音主義神学)
* Religionswissenschaft= 宗教学
* Fachbereich= 専門領域(専攻)
* Institut= 研究所

第五章　いわゆるブレーメン条項の適用範囲
――ドイツにおける宗教教育の新展開

はじめに――《ブレーメン条項》とは

基本法は、その経過・終末規定に含まれる第一四一条において、第七条三項の定める公立学校での宗教教育(Religionsunterricht)(以下では「宗教の授業」という)に関する特例を定めている。

すなわち、ヴァイマル憲法とは異なって、ラントの《文化高権》(Kulturhoheit)を定めている現行の憲法体制下において、基本法第七条は、その第一項で「全学校制度は国(=ラント)の監督下にある。」とし、また第二項で「教育権者は、子どもを宗教教育に参加させることについて決定する権利を有する。」としたあとで、第三項一文において、「宗教の授業は、公立学校においては、宗派に関わりのない学校を除いて、正課の授業科目である。」と定めている[1]。この点は、国およびその機関に対して、「宗教教育」を含めた一切の宗教的活動を禁じている現行のわが国の制度(憲法第二〇条三項参照)とは著しい対照をなすものであることは言うまでもない。

ところが、基本法第一四一条は、「基本法第七条三項一文は、一九四九年一月一日時点でラントの法による別段の規律が存在していたラントにおいては、適用されない。」として、ラントによる《宗教の授業》の実施についての例外規定を定めている。これが従来《ブレーメン条項》(Bremer Klausel) と呼ばれてきた規定である。それというのも、戦後いち早く一九四七年一〇月二一日に成立したブレーメン州憲法は、次のような規定を置いているからである。

第三二条① 普通教育を施す公立学校は、宗派に拘束されずに一般的にキリスト教に基礎を置いた聖書の歴史 (Biblische Geschichte) を教える授業をもった共同学校 (Gemeinschaftsschule) である。

② 聖書の歴史の授業は、これを教える意思を表明した教師によってのみ行われる。子どもがこの授業に参加するかどうかについては、親権者が決定する。

③ 教会、宗教共同体及び世界観共同体は、学校の時間外で、その教義 (Bekenntnis) 又はその世界観を、親権者がこれを希望する子どもに教える (unterweisen) 権利を有する。」

基本法第一四一条にいう「一九四九年一月一日」の時点で、同年五月二三日の制定当初の基本法が妥当した西側の諸ラントのうち、基本法に先立って戦後の新憲法が制定されていたのは、右のブレーメンのほか、ヘッセン、バイエルン、ラインラント＝プァルツなどであるが、これら諸ラントのうち、憲法上、《宗教の授業》に関して「ラントの法による別段の規律」が存在していたのは、ブレーメンのみであった。また、この第一四一条の成立過程からしても、同条はブレーメン以外のラントには適用の余地のないものと考えられてきた。同条が《ブレーメン条項》と形容されてきた所以である。

ところが、一九九〇年一〇月三日のドイツ統一後、とくに旧東ドイツに属していた地域 (とくにベルリーン、およびブランデンブルク) において、第一四一条の適用問題が改めて憲法問題を惹き起こした。後述するようなブランデンブルクにおける新しい試みが、基本法第七条三項一文に違反しないかどうかにかかわる問題が、カールスルーエの連邦憲法裁判所への提訴と言う形で争われることとなったのである。その結末については、本章の末尾で多少触れることとするが、まず以下では、基本法第一四一条の趣旨について、その成立過程にまで遡って、若干の検討を試みることとする。

第一節　基本法第一四一条の成立過程概観

(1)　基本法第七条三項のように、宗派に関係のない（世俗的）学校を除くすべての公立学校において、宗教の授業が正課の授業科目であるとする条項は、すでにヴァイマル憲法第一四九条一項に見られたところであるが、基本法の草案であったいわゆるヘレンキームゼー草案には、基本法第七条に相当する条項は含まれていなかった。しかしボンの議会評議会での審議において、一九四八年一一月以降、宗教の授業に関する条項を基本法に盛り込むことが議論の対象となったことが知られている。すなわち、同月二三日の基本原則委員会の第二四回会議において、それ以前から議論になっていた「親権と養育」にかかわる条項との関連で、ＣＤＵのズュスターヘン議員の提案として、「親が自分の子どもに宗教の授業を受けさせない旨を告知する権利を害しない限りで、宗教の授業はすべての学校のカリキュラム上の授業科目（schulplanmäßiges Lehrfach）である。宗教の授業は教会の諸原則に従って、その委託とその監督の下で行われる。」旨の規定を置くべきことが提案された[2]。本章のテーマとの関連でこの原則に対する例外規定の問題が議論となったのは、中央委員会での一九四九年一月一八日の第四三回会議であったと言われる[3]。

(2)　すなわち中央委員会では、それまでの議論の中で出てきた考え方をもとにして、すでに一九四八年一二月一〇日の第一読会終了時点で第七b条として、右のズュスターヘン提案と同一の文言が可決された[4]。のちの議論のために、この条項を訳出しておくと、次のとおりである。

第七b条① 自己の子どもの世話と養育は、両親の自然の権利であり、何よりもまず両親に課せられた義務である。親権者の意思に反して子どもを家族共同体から引き離すことは、親権者の〔子どもの世話と養育をする上での〕無能力によって子どもが不良化する（Verwahrlosung）危険が存した場合にのみ、法律上の基礎に基づいてなされうる。

② 両親が自分の子どもに宗教の授業を受けさせない旨を告知する権利を害しない限りで、宗教の授業はすべての学校のカリキュラム上の授業科目である。宗教の授業は教会の諸原則に従って、その委託とその監督の下で行われる。」

これを受けて同月一三日の全般編纂委員会では、

「宗教の授業はすべての学校において正課の授業科目である。宗教の授業は宗教団体の原則に従って、その委託とその監督の下で行われる。子どもが宗教の授業に参加するかどうかについて決定する親権者の権利は、これによって妨げられない。」

との文言に修正すべきことが提案された[(5)]。しかし基本原則委員会では、一九四九年一月一一日の第三二回会議において、先の中央委員会提案の文言を維持すべきだとして、先に引用したのとほぼ同様の文言による第七b条が提案された[(6)]。そこで同年一月一八日午前の中央委員会第四二回会議では、この基本原則委員会による修正案が審議の素材にされた[(7)]。

さて、同日午前に引き続いて午後四時二二分から始まった第四三回会議において、議長でSPDのカルロ・シュミートが第七b条を議論の俎上にのぼせると、ハンブルク出身でSPDのシェーンフェルダー議員が、古くからハンブルクで行われている宗派混合学校（Simultanschule）、すなわち、特定宗派の教義に拘束されずに行われる共同学校の伝統を破壊するものであるとして、右に引用した文言の第二項全体、少なくとも第二項二文を削除すべきことを強く主張した。[8] これを受けてCDUのヴェーバー議員が、CDU／CSU、中央党、ドイツ党（DP）との共同提案として、「公立の国民学校を宗教的・世界観的に形成する際には親権者の意思を考慮するものとする」との文言を提案し、ハンブルクがどう考えるかではなく、子どもを養育し教育する自然の権利を有している両親がどう考えるかの問題であるなどと、その理由を説明すると、[9] SPDのエーラース議員がこれを批判しつつシェーンフェルダーに同意して、ラントごとに事情が異なる《文化》にかかわる問題は基本法に盛り込むべきではない、中央委員会の議論ではこの第七b条が個々のラント憲法と矛盾するところはないと言われたが、そうではなく、二、三のラント憲法とはやはり矛盾するのだとして、ブレーメン憲法の上記の第三二条を引用した。その上で、要旨次のように論じた。いわく、こうした「一般的にキリスト教に基礎を置いた聖書の歴史を教える、宗派に拘束されない授業」は、ブレーメンでは何も戦後に始まったものではなく、すでに、まだ公立学校の存在していなかった一五〇年も前の一七九九年以来行われていたものであって、こうした状態を戦後の一九四七年の憲法で明文化したものにすぎない。いくつかのラントでは、宗教の授業の問題をこれらのラントの伝統と一致する形で規律することはきわめて困難であって、バイエルンやヘッセンであれば可能であっても、ハンブルクやブレーメン、あるいはベルリーンを含む北ドイツの多くの地域では事情が違うのであって、これらのラントの事情を考慮に入れるべきである、[10] というわけである。

こうしてエーラースは、前日のブレーメン議会の特別の会議でこの問題について討議した結果、全員一致の見解として、この第七b条全体を削除すべきことを強く提案したのであった。この見解には、シュレージエン等からの難民を多く抱える多民族地域である北ドイツ特有の事情を反映して、学校教育で子どもを宗派によって分けることは好ましくないという教育的配慮からの論理も含まれていた。[11]

この削除動議のあとも、この日の会議は夜八時半前まで続いたが、シュミート議長が採決で決することを促し、まず第七b条全体を削除すべきだとするエーラースの動議を採決したが、一二対九で否決された。その後、同条第一項が採決にかけられ、全員一致で原案のまま可決された。次に上記のヴェーバーの修正提案が採決に付されたが、これも一一対九で否決された結果、この条項の内容は実質的に維持されることとなった[12]。

中央委員会第二読会の結果、同月二〇日時点でまとめられた草案によると、第七b条第二項は次のような文言である[13]。

「(2)　親権者は、子どもが宗教の授業に参加するかどうかについて決定する権利を有する。宗教の授業は公立の国民学校、中等学校及び職業学校並びにその上の教育施設において正課の授業科目である。宗教の授業は、国の監督権を侵害することなく、宗教団体の諸原則及び教義に従って行われる。いかなる教師も、その意思に反して宗教の授業を行うことを義務づけられることはない。」

(3)　その後、超党派の議員で暫定的に組織された《五人委員会》[14]が、中央委員会での第三読会の討議のために、一月二五日から二七日の間の討議の結果として作成した部分的な修正提案が、同月三一日に出されている。そのうちの „Sonderdrucksache S 9" なる文書の末尾には、新たに第a条から第c条という条文の提案がある。そのうちの第a条が、本章の直接の検討対象である基本法第一四一条誕生の起源になるものである。すなわち、

第a条　一九四九年一月一日時点で、あるラントにおいて第七b条第二項と異なるラント法律上の規律が通用しているときは、その限りで当該ラントはこの規律を保持することができる[15]。

この文言は、その後二月五日に出された、草案全体にわたる五人委員会の提案においてもまったく同一である[16]。

(4)　二月八日から始まった中央委員会の第三読会(第四七回会議以降)では、右の五人委員会の提案をもとにして

議論が進むことになる。問題の第a条（現行第一四一条）についての討議は、二月一〇日午後四時過ぎからの第五一回会議においてであった。[17] この日の会議の最後に討議に付されたこの条項は、その当時から《ブレーメン条項》と呼ばれていた。シュミート議長がこの条項を俎上に上せると、先にも引用したCDUのズュスターヘンが、ブレーメンにおける従来からの特殊事情に触れながら、「ブレーメンではラント憲法の規定により、共同の聖書の授業が導入されてきているが、この授業は教会の諸原則と教義に従って行われるのではなく、内容からすると国〔ラント〕が決めて作った宗教の授業として行われている」のだとの趣旨を述べている。彼自身は「宗教の授業の内容を定めることは国の任務ではありえず、宗教の授業の内容的形成は教会の任務で」あり、その限りで、これを国が定めるということは、「国の領域から教会の領域への不当な干渉」であり、こういう状態を認めんとする本条項に同意することはできないとして、この条項の導入に反対した。[18]

これに続いて、同じくCDUのカイザーが、採決の前に確認しておきたいことがあるとして意見を求め、「この条項はブレーメンの憲法上の規定にのみ関係するものであって、他のラントには関わりのないものである」と述べたが、SPDのズーアは、カイザーの見解は理解できない、ブレーメンのみならず、文言の意味からして、関係するすべてのラントに適用あるものと解すべきだ、と反論した。その後も議論が続き、五人委員会のメンバーの一人であったSPDのメンツェルは、この条項がもっぱらブレーメンに関連して出てきたものであるとするカイザーの主張に反論し、ハンブルクでも事情は同様であるし、さらにはヘッセンも同様にこの条項を重要視しているとの見解であった旨を述べた。しかし同じく五人委員会のメンバーであったCDUのフォン・ブレンターノは、個人的な見解としてではあるが、やはりブレーメン限りの条項と解すべきだとの見解を述べた。

このような例外規定を経過規定として盛り込むべきことを提案したのだと自認するホイスは、かかる事情はブレーメンに限らず、ハンザ都市に共通するものであるし、職業学校に関してもこの適用が問題になるとすれば、ニーダーザクセンなども問題となりうる趣旨の意見を述べた。結局この条項は、ＳＰＤとＦＤＰが賛成し、ＣＤＵと中央党が反対するという構図となり、一二対六で可決され、第一四八ｄ条とされることとなった。(19)

その後、再び五人委員会の修正がなされ、二月二八日時点では、現行の第一四一条に相当するのは次のような条文であった。

第一四八ｄ条　一九四九年一月一日時点で、連邦共和国内のあるラントにおいて、第七ｂ条第三項と異なるラント法律上の規律が通用しているときは、その限りで当該ラントはこの規律を保持することができる。(20)

(5)　中央委員会でこの問題が取り上げられるのは、五月五日の第五七回会議(第四読会)である。そこでの審議の対象になったのは、全般編纂委員会が先の中央委員会第三読会での草案を五人委員会、七人委員会および超会派の会合の同意を得て修正したものである。(21)この全般編纂委員会の修正では、五月五日までにＳＰＤのツィンとＦＤＰのデーラーによる修正提案を受けて、件の条文は、第一四八／二条となっており、その文言は、

第一四八／二条　一九四九年一月一日時点で第七ｂ条第三項第一文と異なるラント法上の規律が通用しているラントにおいては、適用されない。(22)

というものであった。これは、最終的な現行の第一四一条と同一の文言である。

なおこの修正後の文言を右に引用した第一四八ｄ条と比べると、後者では「連邦共和国内のあるラント」となっていたが、前者では、以前の文言と同様に、単に「あるラントにおいて」となっている点と、後者では「ラント法律上」(landes*gesetzlich*)となっていたのが、前者では「ラント法上の」(landes*rechtlich*)となっている点に違いがある。

多少細かいことではあるが、実はこの点は、ドイツ統一後における第一四一条の適用範囲の問題からすると、重要な点であることがわかる。なぜといって、後者の文言であれば、一九四九年一月一日現在において連邦共和国に属していなかったラントにも第一四一条の適用が解釈上可能となろうし、「ラント法律」ではなくともラント法上に別段の法的規律があればよいとする解釈が可能だからである。この点は、さらに後述する（第三節1(1)）。

さて、五月五日午後四時すぎから始まった中央委員会の右の会議での逐条審議では、依然として第七b条（現行の第七条）について議論がなされているが、同条が可決されるや否や、上記のツィンが、これと密接な関連のある条文だから、この時点で第一四八／二条の採決を同時にするべきだとする動議を提出した。ゼーボームはこの条項を削除すべきだとしたが受け入れられず、ツィンとデーラーによるこの条項の採決が行われた結果、賛成一一・反対二で可決されることになる。(23)

(6)　その後、翌五月六日の本会議（Plenum）での第二読会でも、この条項は基本法第七条が実現せんとしたことを無に帰せしめる結果となるとして、なおこの条項を削除すべきだとするゼーボームとブロックマン（両者とも《七人委員会》のメンバー）の提案がなされ、それを巡って多少の議論があったことがわかっているが、この議論の詳細については史料が手元にないので、検討することができないが、(24)最終的には、変更なく可決され、(25)現行の第一四一条が成立するに至った。

第二節　ブレーメン憲法第三二条にいう共同学校での教育

(1)　基本法第一四一条がブレーメン以外にどこまで適用されるべきものと考えられていたかについては、上述のように、当時において議論のあったものの、少なくともブレーメンについては、伝統的に特別の教育制度がすでに一九四九年以前から行われていたという事実から、ブレーメンに同条の適用があることは疑う余地がなかった。しかし、当のブレーメンの公立の《共同学校》における教育がどのようなものとして行われており、また行われるべきであるかについては議論があったところである。すなわちブレーメン憲法第三二条は、上記のように、「普通教育を施す公立学校は、宗派に拘束されずに一般的にキリスト教に基礎を置いた聖書の歴史を教える授業をもった共同学校である」と定めている。また同憲法第三三条は、さらにこれを補充し、「すべての学校では寛容の原則が支配する。教師はすべての科目において、すべての生徒の宗教的及び世界観的な感情に配慮しなくてはならない」としている。

(2)　ここにいう共同学校における教育がいかなるものであるかが争われた有名な裁判がある。この訴訟では、ブレーメンのカトリック教会の二つの教区と福音主義教会が共同で、ブレーメン憲法裁判所(同憲法第一三九条以下)[26]に対し、ブレーメン憲法第三二条一項にいう「宗派に拘束されずに一般的にキリスト教に基礎を置いた聖書の歴史を教える授業」の文言は、「福音主義に基礎を置いたキリスト教的な考え方の授業」(christlicher Gesinnungsunterricht auf evangelischer Grundlage)を意味するものであることの確認等[27]を求めて提訴した裁判において、同裁判所は、一九六五年一〇月二三日の判決[28]で、「ブレーメン州の普通教育を施す公立学校が通常のタイプの共同学校と異なるのは、ブレーメン憲法第三二条一項により、宗派ごとに分離された(konfessionell getrennt)宗教の授業の代わりに、『宗派に拘束されずに一般的にキリスト教に基礎を置いた聖書の歴史を教える授業』が行われるという点であるが、このことは、この教育が原告の主張するようなものではなく、そのことは第三二条の文言と意味からして明白である」とした。この判決については、そもそもそうした教育というものが理論的にありうるのか、またブレーメンでは伝統的にルター派と改革派が共同して授業をしてきており、また憲法制定の過程からしても、そういう形の授業を維持しようとするところに意図があったのではないか、などの批判のあったところであるが[29]、この点を検討することはここでの目的ではないので、詳細は省略する。

第三節　ブレーメン条項の適用範囲

1　ベルリーンの学校法の問題

(1)　上述のように、基本法第七条三項一文の適用は、第一四一条によって限定され、一九四九年一月一日の時点で別段のラント法上の規律(Regelung)が存在していたところでは、適用されない。この場合の「ラント法上の規律」は、ブレーメンの場合のようにラント憲法上に明文の規定があったことを要しないし、形式的意味での法律(Gesetz)がこれを定めていたことも必要ではない。法律の委任によって出される法規命令でもよいこととなる。しかし、そうした法律上の根拠をもたない行政命令では認められないとされている[30]。このことは、すでに検討した基本法第一四一条の成立過程において、「ラント法律上の」の文言が「ラント法上」と修正されたという経緯等からも、ほぼ明らかである。

また、この「別段のラント法上の規律」がその地域の公立学校全体に実施されていることも必要ではなく、たとえば、通常の小学校では宗教の授業が行われていても職業学校では例外とされているような場合にも、理論上は、そうした職業学校には基本法第一四一条の適用があるとするのが通説のようである。

このように見てくると、第一四一条は、もっぱらブレーメンのみを念頭に置いた規定ではなく、右のような諸条件を満たすラント（またはその一部）であれば、ブレーメン以外にも適用の可能性があることとなる。もっとも、基本法制定者が、この第一四一条の文言の修正によって、ブレーメンや次に触れるベルリーンのみならず、他のラントについても広く例外を認めることを意図していたかどうかは、制定過程からは必ずしも明らかにはならないように思われる。だからこそ、後述するような議論が生じる可能性が残ったのだと言えるのである。

（2）そこで、まず問題となるのがベルリーンである。ベルリーンでも、一九四九年一月一日の時点で宗教の授業は《正課の授業科目》ではなく、自由参加の形態で行われていたようである（ベルリーン・モデル）。[31]すなわち、第二次大戦後の一九四七年時点におけるベルリーンでは、教会がベルリーンの教育に口をはさむことのできる地位にあることは自明であるとされていたし、すでにドイツの降伏直後の一九四五年六月一一日に、当時のソ連のジュコフ（*Schukow*）将軍の主たる責任で出された「ベルリーンにおける学校制度の再開のためのガイドライン」では、次のように決められていたとされる。すなわち、「すべての親は、その子どもに宗教の授業を受けさせるかどうかについて自由に決めることができる。宗教の授業は付加的に又は端の時間として[32]、教会共同体（Kirchengemeinschaften）の委託を受けた聖職者又は教師により行われる。」というものであった。[33]また一九四八年六月二六日の学校法（第一三～第一五条）によると、宗教の授業を与えることは学校の事務ではなく、もっぱら教会のなすべきこと（Sache der Kirchen）である。与えられる宗教の時間は授業時間（Schulstunde）ではなく、それに参加する教員の基準授業時間（Pflichtstunden）に算入することは許されない」等とされていた。[34]

（3）その後、一九五〇年九月一日に制定されたベルリーン憲法は、第二〇条一項で、「妨げられることのない宗教の実践は保障される。」と定めるのみで、宗教教育についての規定は置かなかった。また新たに制定された一九九五年の憲法においても、事情は変わらない。しかし、この間、ベルリーンでは先に言及した学校法がその後の改正によっても維持され、「宗教の授業は教会のなすべきことである」(第二三条)とされ、同法第二四条によれば、学校は、宗教の授業の実施について、第二三条により、規則に従って登録した生徒のために、一週間のクラスの時間割の中に二時間分を空けておかなければならない旨が規定されている[35]。これは、ベルリーンにおいても、ブレーメンと同様に、宗教の授業が正課の授業科目として予定されていないとして、基本法第一四一条が適用されてきたことを意味する。すなわちベルリーンにおいては、宗教の授業は教会のなすべきことであって、宗教の授業は教会によって、学校の授業運営の外で、正課の時間割の外に設定され、これに参加することを希望する生徒の妨げにならないように時間割を組むべきことが法律上命じられるとしても、正課の授業の一環として時間割の中には入ってこないことになる。基本法制定者が、少なくともベルリーンについては、ブレーメンと同様に例外を認めざるをえないとの意思であったことは、否定できないように思われる。

戦後のベルリーンが特殊な地位にあり、ソ連の強い統治権に服してきたという経緯からすると、こうした状況は驚くに足らない。そしてこれとよく似た状況が、ドイツ統一後に新たに作り出されたのが、次にやや詳細に検討するブランデンブルクなのである。しかしその前に、当時の東ドイツに属していたその他の地域の状況についても少し触れておこう。

2　旧東独のその他のラント憲法

戦後のドイツでは多くのラントで、基本法に先立って憲法が制定されていたことは周知のことであるが、そのうち、戦後ソ連の占領支配下にあった五つのラントの憲法においては、事情はどうであったか[36]。

（1）　最初に憲法を制定したのはテューリンゲンである。すでに一九四六年一二月二〇日に制定された同憲法は、基本法第六条二項と同様に、「国民教育」と題する第一章に置かれた第六九条三項において、「次の世代を養育する親の自然的権利及び義務に対応して、親が自分の子どもの学校教育に参加することが保障される」（この点の規定に関しては、以下に触れる他の憲法についてもほぼ同様であるので、逐一触れない）とする一方で、第七二条三項では「宗教共同体（Religionsgemeinschaften）が宗教の授業を施し、それを実施することを求める権利は保障される」とする。また次の宗教共同体に関する第K章においては、市民に信教の自由を保障し、宗教共同体の結成とその自治の自由を広く認めていた。それらの規定（第七三条以下）は、一九一九年のヴァイマル憲法の規定（第一三五条以下）とほとんど同一の規定であった。しかしこの憲法の下では、宗教教育に関する右の第七二条三項が宗教共同体の権利として定めるのみで、基本法第七条三項に相当する規定は存在しない。

（2）　これに続いて一九四七年一月一〇日に制定されたザクセン＝アンハルト憲法では、宗教団体（Religionsgesellschaften）[37]に関する第L章（第八九条以下）の中で、「宗教に関する授業（Unterweisung）は宗教団体のなすべきことである。宗教団体は、宗教の授業によってクラス授業が妨げられない限りにおいて、そのための教室を要求することができる」としており（第九三条）、ここでは、宗教の授業が学校の中で行われることが予定されていたことがわかる。その他の点では、右のテューリンゲンとほぼ同様である。

（3）　第三に、同年一月一六日のメークレンブルク憲法も類似した規定を置いており、宗教の授業に関しては、宗教団体に関する第十章に属する第九三条で、「宗教共同体が宗教の授業を施しそれを実施することを求める権利は、教室の問題（Raumfrage）に関することも含めて、保障される」としていて、ややニュアンスを異にする文言となっている。

(4)　そして、時期的にいうと第四番目に憲法を制定したのがブランデンブルクであるが、これについては節を改めて第四節で触れることとして、最後に、一九四七年二月二八日のザクセン憲法に触れておく。ここにおいても、趣旨は同様であるが、宗教共同体に関する第L章に属する第九三条で、「宗教に関する授業(Unterweisung)は宗教団体のなすべきことである。この授業は、それを行う用意があり、かつ宗教団体によってそれを委託された者によってのみ、与えるものとする。宗教団体は、宗教の授業によってクラス授業が妨げられない限りにおいて、そのための教室を要求することができる」としており、第二文を別とすれば、上記(2)のザクセン＝アンハルト憲法に類似した規定となっていたことがわかる。

(5)　一九五二年の郡県制への移行によって、旧東独地域のこれら五ラントがいったんは消滅し、それと同時にこれらの憲法も失効したことについては多言を要しないが、ドイツ統一直前の一九九〇年七月二二日のラント制導入法(GBl. I S. 955)以降、現在までに新たに憲法が制定されている。これらの新憲法を通覧すると、(38)一九九二年五月二六日のザクセン憲法および同年七月一六日のザクセン＝アンハルト憲法、および一九九三年一〇月二五日のテューリンゲン憲法(第二五条一項)には、基本法第七条三項一文にほぼ相当する規定が置かれている。

もっとも、たとえばザクセン憲法第一〇五条一項は、宗教の授業と並んで「倫理の授業」が正課の授業科目であるとし、子どもが自分で決定できる年齢(Religionsmündigkeit)に達するまでは、教育権者が、これら二つのうちのどちらを子どもに受講させるかを決定する、というシステムをとっている。テューリンゲン憲法(第二五条一項)も、「宗教の授業と倫理の授業」を正課の授業科目であるとし、また子どもが満一四歳に達するまでは親や保護者が、それ以上になると子ども自身が、どちらの授業を受けるかを決定する、としているが、一九九一年三月二五日の暫定教育法では、むしろ倫理の授業はあくまで「宗教の授業に参加しない生徒のみが倫理の授業を受ける」という制度になっているようである。(39) ザクセン＝アンハルト憲法(第二七条三項)も、「倫理の授業と宗教の授業」を併設している点では、これら二憲法と同様である。

これに対して(後述する一九九二年のブランデンブルク憲法は別としても)、一九九三年五月二三日のメークレンブルク＝フォーアポメルン憲法は、単に「学校は生徒、親及び教師の宗教的及び世界観的確信を尊重する」との規定(第一五条四項)を置くのみで、基本法第七条三項に相当する規定は置いていない。かえって、一九九一年四月二六日の学校改革法(第一五条二項)では、宗教の授業への参加が、基本法第七条二項に基づいて自由意志に委ねられるものであることが強調されており、宗教の授業は、教育庁が人的および内容的な諸条件が整っていることを確認した場合に、宗教団体との合意を得て提供されるとしており、「文化との関連で宗教研究上の(religionskundlich)知識を伝授すること」が超科目的に追求されるべきだとされているようである。(40) しかし同ラントにおいて、後述するブランデンブルクに類似した問題が生じたのかどうかについては、寡聞にして情報を得ていない。

第四節　ブランデンブルクの新学校法

1　戦後のブランデンブルクの状況

(1)　さて、上述のベルリーンの場合は、曲がりなりにも、一部はすでにドイツ連邦共和国の構成部分であったし、すでに基本法制定当時において東西対立が表面化していたため、宗教教育の問題についても、その特殊な地位を考慮せざるをえなかったことは疑いないところであり、基本法第一四一条の適用可能性が当初から考えられていたことは明らかであるから、まだ問題は少なかった。しかしベルリーンの周囲に位置するブランデンブルクでは事情は別である。

すでに前節で少し触れたように、東西ドイツの時代の一九五二年までの旧東独五州のうち、ブランデンブルクでも、一九四七年二月六日に「マルク・ブランデンブルク憲法」(41)(42)が制定された。その第Ⅰ章「国民教育」に属する第六〇条一文は、「学校は各人に、社会的地位及び宗教信条(Religionsbekenntnis)の如何にかかわらず、その能力と資質に応じた教育を施さなければならない」とし、その他の点では第K章で、ヴァイマル憲法の宗教団体に関する条項に類似した規定を置きつつ、この第K章に属する第六六条(43)では、次のように規定していた。

「(1)　宗教団体が学校の教室の中で宗教の授業を施す権利は、これを保障する。宗教の授業は、教会が選出した人員がこれを施す。いかなる者も、宗教の授業を施すことを強制されたり、妨げられることはない。

(2)　宗教の授業への参加については、親権者がこれを決定する。」

(2)　その後、ブランデンブルクを含む五ラントは、一九五二年以降、郡県(Bezirke)に改編されたため、このマルク・ブランデンブルク憲法も失効したことは、上にもすでに触れたとおりである。そしてドイツ統一後になって、ブランデンブルクにも一九九二年に新たな憲法が制定された。(44)しかし、この新憲法には、上述した宗教の授業にかかわる規定はまったく見られないのが特徴である。

ちなみに、一九四九年一〇月七日のドイツ民主共和国(旧東ドイツ)憲法の第四四条も、上記の一九四七年のマルク・ブランデンブルク憲法第六六条とほとんど同一の規定を置いていたが、一九六八年の憲法およびそれを大きく改正した一九七四年の憲法にはもはや、言うまでもなく、かかる類の規定はまったく存在しない。

(3)　ところが、ブランデンブルク州ではその後、一九九六年三月二八日に新しい学校法を制定し、そこにおいて、宗教の授業を基本法第七条三項にいう公立学校の正課の授業として義務づけるのではなく、それに代わって、正課の授業科目として、いわゆる《ＬＥＲ》すなわち《生活形成・倫理・宗教研究》(Lebensgestaltung-Ethik-Religionskunde)を導入した。この新しい制度は、ただにブランデンブルク州内部においてのみならず、ドイツ連邦共和国全土で大きな問題に火を付けた。なぜなら、ドイツ統一に伴って再編成され旧西側ドイツの構成部分となったラントにおいて、真っ向から基本法第七条三項に抵触する可能性のある学校制度を導入しようとするものだからである。

(4)　そもそもこうした問題が生じたのは、旧東ドイツに属していたブランデンブルクにおいては、旧東ドイツが反宗教政策であったこともあり、全人口に占めるキリスト教人口の割合が、旧西ドイツにおけるそれと比べると、大幅な違いがあったという現実によるところが大きい。すなわち、ブランデンブルク当局の当時の統計によれば、全人口約二百五〇万のうち、何らの宗教団体にも所属していない者が大半であり、キリスト教の諸宗派に所属している人口の分布は、次のとおりであった。[45]

福音主義教会	約六八〇、〇〇〇
カトリック教会	八〇、〇〇〇
新使徒教会	一五、〇〇〇
イエス・キリスト使徒教会	七、三〇〇
自由福音教会連合会	三、〇〇〇
独立福音ルター教会	二、四〇〇
福音メソディスト教会	二、〇〇〇
アドヴェンティスト派	二、〇〇〇
モルモン教会	一、六〇〇

ヨハネ教会　一、〇〇〇
ロシア正教会　一、〇〇〇

これらの各宗派の信者の合計は約七九万五、三〇〇人である。これら以外にも、メノナイト、聖霊降臨派など、一、〇〇〇人以下の会員のものとエホバの証人（推定約一万人）、およびユダヤ教、イスラム教、仏教などの非キリスト教の信者の少数信者がいるようである。いずれにせよ、キリスト教の諸宗派だけでいえば、全人口の約三一・八％を占めるに過ぎないこととなる。

こういう状況は、実は別にブランデンブルクに限ったことではなかった。一九四九年から一九八九年までの旧東ドイツに所属していた五州の場合には、いずれの地域でも、キリスト教の諸宗派に属していたのは全人口の二〇〜三〇％程度に過ぎないようである。また、統一後においては、教会に所属している家庭では、所得税の約八〜九％の教会税（Kirchensteuer）が徴収されるシステムであるため、財政的に困難な家庭では、教会税を支払う余裕がないために教会を脱会するというケースも少なくなかったと言われている。

いずれにせよ、こういう状況の下では、学校へ通っている子どもをもつ親のうち、せいぜい約三割程度が学校での宗教教育を望んでいたに過ぎないことになる。なぜといって、子どもの養育および教育に対する権利を有している親が、自分の子どもが宗教の授業に参加するかどうかを決定する（基本法第七条二項）のだからである。考えれば、これらの親が学校教育を受けた頃には、すでにドイツは東西対立の真っ只中にあって、旧東ドイツの反宗教政策の中で、[46]宗教の授業を受けずに育ってきたのであるから、こうした状況は当然といえば当然であろう。

2　ブランデンブルクの新学校法

(1)　さて、右にいう一九九六年の新しい学校法[47]には、問題の宗教の授業に関して次のような規定が置かれている。すなわちまず、第二編第一章「学校の地位」に属する第九条は、次のような規定である。

第九条　他の官署、公的施設及び教会との協働

(1)　学校は、若い人々及びその家族の生活状況に影響力をもたらす活動をする他の官署及び公的施設と、その任務及び権限の枠内で協働(zusammenwirken)するものとする。〔第二文略〕

(2)　教会及び宗教共同体は、女生徒及び男生徒〔以下では便宜上単に「生徒」という〕を学校の教室内で生徒の宗派(Bekenntnis)に応じて授業をする(宗教の授業)権利を有する。教会及び宗教共同体は、宗教の授業が学校の授業に適用のある諸規定に適合して実施されることについて責任を負う。宗教の授業は教会及び宗教共同体によって委託された人員によって施される。宗教の授業に参加するのは、両親がその趣旨のことを文書で申告した生徒である。満一四歳に達した生徒にあっては、その生徒自身の申告をもって両親の申告に代える。学校の所有者[48]は教室を無償で自由に使用せしめる。

(3)　学校について権限を有するラント政府の構成員は、宗教の授業の実施、とくに次の各号の事項に関して、教会及び宗教共同体と申合わせをするものとする。

一　宗教の授業を授業時間に組み入れるための条件

二　国〔ラント〕の教員によって施す宗教の授業を基準授業時間に算入すること

三　一の学校に宗教の授業を取り入れるために必要なグループの規模

四　教会及び宗教共同体の提供にかかる、宗教の授業と等置される事柄、及び

五　国の補助金。

この規定は、一見したところ、従来の宗教の授業と異なるところがないように見えるが、実は、この規定による宗教の授業は、あくまで教会等がその責任において、学校の教室内で宗教の授業を施すことを可能にするものではあっても、宗教の授業を正課の授業の一環として取り入れるものではないので、基本法第七条三項の要請を満たすものとは端的には言い難いのである。もし基本法第七条三項が、教会等が自己の宗派の諸原則に基づく宗教の授業を施す権利を確保したものという意味にとどまるならば、この制度によってもなお教会等の権利は侵害されていないこととなるが、同項が、ヴァイマル憲法にはなかった制度を新たに導入したものであるとすれば、同項をもって、単に教会等の宗教共同体の権利を確保する趣旨と解するのは困難であろうからである。

(2)　次に、この学校法の最大の問題である上記のLERに関する規定は、同法第一一条二項以下に置かれており、それは次のような内容である。

第一一条　授業科目

(1)〔略〕

(2)　LER科目は生徒を、とくに次の点において、すなわち、彼らの生活を自らの決定で、かつ責任をもって、形成するのを支え、彼らが民主的で多元的な社会の中で自らの多様な価値観念と感受性とをもって、ますます自主的に、かつ判断能力をもって、自己を方向づけていくのを手助けするものとする。この科目は、価値志向的な生活形成の基盤と、哲学的倫理の伝統及び倫理的判断形成の諸原則、並びに宗教及び世界観に関する知識の伝授に寄与するものである。[49]

(3)　LER科目の授業は、宗派に関わりなく、宗教及び世界観において中立の立場でなされる。両親は、LERの授業の目的、内容及び形態について、適時にかつ包括的に情報提供がなされる。生徒が有している宗教的及び世界観的な義務については、偏見のない寛容の精神が保たれるものとする。

(4)　学校について権限を有するラント政府の構成員は、LER科目の整備について法規命令によって規律する権限を有する。授業時間数(Stundenvolumen)及び個々の学年次へのこの科目の組込みに関しては、適時に、かつ包括的な情報を得て、学校について権限を有するラント議会の委員会との了解がなされるものとする。

なお、同法の第一四〇条以下の経過規定に含まれる第一四一条によれば、第一一条二項によるLER科目は、一九九六／九七年から、「人的、物的及び学校組織上の可能性に応じて、段階的に導入し」、この試験的導入によって成果があることが分かれば本格的導入することとされ、「国の教育庁は、両親の申出があれば、重大な理由によって正当化される場合には、LER科目の授業から特定の生徒を免除せしめることができ、満一四歳に達した生徒にあっては、その者自身の申出をもって親の申出に代える」こととされていた（第一～二文）。[50]

これらの規定を見れば、この新たなLERという科目は、キリスト教の価値観念を宗派に関わりなく、しかも他の宗教の内容を教えるのと並行して教えられる科目としての位置を与えられていることがわかる。[51] LERにいう„Religionskunde"という特殊な語が、このことを示している。とりあえずここでは「宗教研究」と訳したが、[52] 要するにこの科目がキリスト教の特定の宗派の教義や諸原則を教えるものでないことはもちろんであり、むしろ、キリスト教全般、ひいては他の諸宗教について、いわば中立的に教える科目と言っていいであろう。授業の具体的な内容については情報を得ていないが、おそらく宗教史、宗教社会学、哲学、倫理学等に関する教師の十全なる知識を基礎として、共に生きること（gemeinsames Leben）の意味について誰がどのようなことを言っているか、どのような宗教がどのような教えをしているか、市民として守るべき倫理・道徳は何である等々について、子どもに分かるように学ばせることを目的とするものであろう。

ここでの関連で重要な点は、したがって、このLER科目こそが正課の必須科目であって、例外的に生徒や両親の申出によりやむをえないと判断された場合にのみ、このLERの受講が免除されることとされている点である。

逆に宗教の授業は、この新学校法では、必須科目ではなく選択科目としての位置づけを与えられているにすぎない(53)。すなわち、宗教の授業は、上記の第九条三項からも知られるように、そのクラスの生徒(の両親)のうちの何人の者が宗教の授業を受講することを希望しているかによって、また教会その他の宗教共同体がこれを施しうる状態にあるかどうかどうかによって、当該学校内での宗教の授業を施すことの可否について教育庁(Schulamt)が教会等と協議した上で実施されるのであって、その場合に、学校が教室を宗教の授業に自由に使用せしめる義務を有することとなる。これによって、またその限りで、教会等の宗教共同体がその宗派に属する子どもに宗教の授業を施す権利が確保されていると言える。

この場合、特定の宗教の宗派の授業の受講を希望する生徒は、ＬＥＲの授業時間には、その教室を出て当該宗教の授業を受けることになる。その際、選択科目としての宗教の授業が実施されない学校にあっては、生徒はその時間は学校の外で教会の提供する授業を受けることとなろう。この場合に宗教の授業を受けた生徒が、卒業に必要な出席授業時間の認定において、ＬＥＲを受けた生徒との間で平等な取扱いがなされることになるのかどうかは、上に引用した規定やその他の規定からだけでは必ずしもわからないが、たとえそうだとしても、はたしてこの授業形態が基本法第七条の要請を満たしていると言えるかどうか、問題が生じる。

この点については、すでに本章の冒頭で示唆したとおり、ブランデンブルク州と連邦政府および教会との間で争いがあった。教会側は、ＬＥＲと宗教の授業とを同格のものとすべきこと、宗教の授業を受けることが原則として義務であるとすべきこと、したがって現在の授業形態は基本法第七条三項に違反するものであることを主張して憲法訴願を提起し、連邦政府からも、ブランデンブルク学校法が基本法に違反するとして連邦憲法裁判所に抽象的規範統制手続(基本法第九三条一項二号参照)が提起されたのである。ＣＤＵも、当然のことながら、この新学校法に反

対の態度を表明していたようであるし、学説においても、これを消極的に解するのが多数説のようである。(54)

(3)　実は、ブランデンブルク州自身も、このLERが基本法第七条三項にいう正課の授業科目としての宗教の授業と言えると主張していたわけではない。むしろ、ブランデンブルクにも「一九四九年一月一日時点で別のラント法上の規律が存在していた」こと、したがって、基本法第一四一条のいわゆるブレーメン条項の適用を受けるべきこと、を主張したのである。この主張の前提にあるのは、上記の一九四七年の「マルク・ブランデンブルク憲法」の規定である。すなわちこの旧憲法では、上述のとおり、「宗教共同体が学校の教室の中で宗教の授業を施す権利」が保障され、「宗教の授業は教会が選出した人員によって施される」が、「いかなる者も、宗教の授業を施すことを強制されたり、妨げられることはない」し、子どもを宗教の授業に参加させるかどうかについては、「親権者が決定する」こととされていた。この規定からすると、「一九四九年一月一日時点で別のラント法上の規律が存在していた」こととなり、宗教の授業は教会など宗教共同体自身の問題であって、正課の授業としての宗教の授業を導入すべき基本法第七条三項の要請は、ブランデンブルクには当てはまらないとするのである。

(4)　州側のこの主張が肯定されるために解決すべき重要な国法学上の問題は、はたして一九四七年憲法によって成立したマルク・ブランデンブルク州が、一九八九年七月二二日に当時の東ドイツで制定されたラント制導入法(Ländereinführungsgesetz, GBl. I S. 955)によって再建されたブランデンブルク州と国法学的に同一と言えるかどうかである。もしこれが肯定しうるならば、基本法第一四一条はブランデンブルクにも適用があることとなり、第七条三項の適用を免れうることとなる。しかし逆にこれが否定されるならば、ブランデンブルクは基本法第七条三項の要請に従うことが必要となる。

もちろん、ブランデンブルク州自身は、同州が(ナチスによる廃止の時期を経て)戦後一九四七年までに、当時の旧ソ連占領地域に成立し、それがいったん一九五二年以降一九八九〇年までは消滅していたが、一九九〇年のドイツ統一後の同州とのあいだには同一性があり、したがって基本法第一四一条はブランデンブルクにも適用があると主張していた。

この点については、賛否両論がありうるところであろうが、同一性を否定する見解が多数のようである。有力な一例を挙げれば、たとえばエアランゲン＝ニュルンベルク大学の憲法・行政法・教会法の教授であったクリストフ・リンクなどは、一九九〇年八月三一日のドイツ統一条約にも、上記のラント制導入法にも、一九九〇年に再建された諸ラントが当時のソ連占領地域の諸ラントと同一であるといった趣旨の政治的意思を見て取ることはできないとする。さらにリンクは、基本法第一四一条が、ブレーメンにおいて一九世紀以来形成されてきていた古くからの法的伝統――しかも、ヴァイマル憲法第一三条二項に基づくライヒ裁判所の判決でブレーメンの意思に反する判決があったにもかかわらず、ヴァイマル憲法の妥当していた時期においても堅持されてきていたこの伝統――を、維持することを目的としていたことを重視すべきだとする(55)。

教会関係者がブランデンブルクの試みに批判的であるのは当然であろう。たとえば、福音主義教会の最高宗務会議委員であるヨェルク・ヴィンター(56)なども、これと同様の根拠から、同一性を否定しつつ、同時に、次のように論じていた。すなわち基本法は、宗教の授業の問題を、単にラントと教会等の宗教共同体との協議によって免れうると考えているわけではなく、この問題はカール・シュミットのいう「公法上の制度をそれ自身として憲法上保障する」という意味での制度保障の問題なのであって、宗教の授業を行う教会の権利の問題ではない、というわけである(57)。

また、ベルリーン・ブランデンブルク教区の福音主義教会の主教で組織神学者のヴォルフガング・フーバー(58)は次のように述べる。すなわち、「自由な立憲国家においては、学校もこの共同社会の諸原則に従って秩序づけられていなくてはならない」のであって、「基本法第一四一条を援用したいと思う者も、宗教の授業に正課の授業科目としての地位を承認するとした憲法制定者の決定に基づく諸原則に拘束されている。しかし基本法第一四一条を援用するための十分な基盤は、ブランデンブルクの場合には認めることができない」、等々としている。(59)

(5)　もとより、こうした多数の消極的見解に対しては、批判的な見解もあるところで、たとえばベルリーン大学のベルンハルト・シュリンクは、ブランデンブルク州の委託を受けて一九九一年に書いた鑑定意見(60)の中で、基本法第一四一条の成立過程の分析からしても、同条の適用可能性がブレーメンのみに限定されないと考えられていたことはもちろんだとし、右のような同一性理論からしても、さらには基本法第七条三項の解釈としても、ブランデンブルクには基本法第一四一条が適用されるとする。すなわち、統一後にできた五つのラントの領域においては、一九四九年一月一日の時点では、基本法第七条三項一文とは別の「ラント法上の規律」が存在していたのであるから、同規定の適用に関しては、直ちに否定的な答えが出てくるとする。また、基本法第七条三項の規定からしても、ブランデンブルクなど新五州が、憲法やラント法律等によって別段の規律を創設することは許されるはずだとする。なぜならば、基本法第七条三項一文では、「宗教の授業は、公立学校においては、宗派にかかわりのない学校を除いて、正課の授業科目である」(傍点筆者)とされているのであるから、ラントの法律で公立学校を、そうした「宗派にかかわりのない学校」として設置することに何の妨げもないはずだとするのである。

その際、シュリンクは、連邦憲法裁判所のいわゆる宗派混合学校事件についての判決をもその根拠としている。すなわち、バーデン゠ヴュルテンベルク州においては、一九五三年制定の憲法を改正する一九六七年二月八日の法律で、いわゆる宗派混合学校(Simultanschule)が導入された(同憲法第一五条一項参照)。すなわち、この新たな規定によると、「公立の国民学校(基礎課程及び本課程)は、一九五一年一二月九日にバーデンにおいてキリスト教的性格をもつ宗派混合学校(Simultanschule)について適用されていた諸原則および諸規定に従って、キリスト教共同学校としての学校形態を有する」とされた。これが基本法第四条、第六条等の基本権を侵害すると主張して提起された憲法訴願手続について、連邦憲法裁判所第一法廷は、基本法第七条三項が、学校の形態を特定しているわけではなく、むしろ、「宗教・世界観の点でさまざまなタイプの学校が法的に可能であること」、したがって、「公立学校は共同学校、宗派学校あるいは世界観学校のどの形態においても設置しうる」ことを前提としているとの趣旨の判示をしている(BVerfGE 41, 29 [46])。[61] シュリンクによれば、バーデン＝ヴュルテンベルク州で、この憲法改正によって、公立学校を新たな形態で形成することができるのであるから、同様に、宗教的少数派の保護などの制限はあるものの、ブランデンブルク州議会も、その枠内であれば、公立学校を「宗派にかかわりのない学校」として設置することができるはずだとするのである。

このように、ブランデンブルクに基本法第七条三項一文の適用を排除する基本法第一四一条の適用があるかどうか、という観点からではなく、むしろ第七条三項一文それ自体の解釈からしてもブランデンブルクの試みを合憲だとする論理は、たしかにそれ自身としては成り立ちうるであろう。

そうなれば問題は、基本法制定者が、宗教の問題についてのラントの文化高権を認めて、自由な法制度の形成を委ねながらも、他方で連邦全体として宗教のもつ重要性に鑑みて基本法第七条に見られるような規定を置いたことの意味を、どう解するべきなのかという、根本的な問題に立ち還ることとなる。

(6)　以上の状況からして、連邦憲法裁判所がブランデンブルクの学校法に関連してこの問題をどう解するのか、その判断が待たれていたところであるが、[62] 連邦憲法裁判所第一法廷は、二〇〇一年六月二六日に口頭弁論を開いたあと、同年一二月一一日に和解案(BVefGE 104, 305)を示し、翌二〇〇二年一月三一日までにこの和解案に同意するかどうかの回答が求められたところ、最終的には、訴願人たる生徒とその親たち以外は和解案に合意した。この和解案の内容についてはすでに詳細に紹介されているので[63]、ここでは詳細は割愛するが、この和解案では本章で検討した基本法第一四一条の適用問題については、まったく何も言及されておらず、それゆえブランデンブルク学校法のＬＥＲの合憲性についての連邦憲法裁判所の判断については、明らかにはならないが、新学校法第一一条二〜四項がそのまま維持されている点を捉えれば、連邦憲法裁判所は合憲との判断を前提としているとも考えられないわけではない[64]。この和解案を受けて改正されたブランデンブルク学校法では、生徒の親(満一四歳以上の生徒は生徒自身)がＬＥＲの授業の代わりに宗教の授業を受けたい旨を学校に対して宣言すれば、通常は一二名以上の生徒の参加によって、宗教の授業が行われ、逆にその者たちにはＬＥＲの授業への参加義務は免除されることとなるが[65]、この場合にも、あくまでも宗教の授業が「正課の授業科目」として位置付けられていない点では、基本法第七条との関係は、いまだ未解決ともいえよう。

注

(1)　基本法第三〇条、第七〇条以下、および第八三条以下を参照。

(2)　PR, Bd. 5/II, S. 634 Anm. 28; Vgl. auch JÖR, Bd. 1, S. 103. なお、以下の叙述中、議会評議会の議員の姓名・出身・生没年などについては、*Michael F. Feldkamp*, Der Parlamentarische Rat 1948-1949. Die Entstehung des Grundgesetzes, Göttingen 1998, S. 185 ff. (Anhang) に依った。

(3)　JÖR, Bd. 1, S. 105 f. 以下、この条項の成立過程の概略に関しては、JÖR , S. 102 ff. を参照しつつ、そのもとになっている史料を可能なかぎり参考にして敷衍した。

(4)　この条文は、PR , Bd.7, S.93 f.; Vgl. auch JÖR, Bd. 1, S.105.

（5） PR, Bd. 5/II, S. 880 f.; PR, Bd. 7, S. 138 f.

（6） PR, Bd. 5/II, S. 954 ff., insbes. S. 958. ただし、この修正提案の第一項は、「子どもの世話と養育は、両親の自然の権利であり、何よりもまず両親に課せられた義務である。子どもを親権者の意思に反して家族から引き離すことは、法律の根拠に基づいて、親権者の〔子どもの世話と養育をする上での〕無能力によって子どもが不良化する虞がある場合にのみ許される。」となっていて、若干異なっているが、この点はここでのテーマにとってはさほど重要ではないので、ここでは措いておく。

（7） HA-Steno, S. 529.

（8） HA-Steno, S. 555 f.

（9） HA-Steno, S. 556.

（10） HA-Steno, S. 556 f. このエーラースの見解は、JÖR, Bd. 1, S. 908 にも多少触れられている。

（11） HA-Steno, S. 557.

（12） なお、この日の会議ではさらに、現行の基本法第七条三項三文（教師が宗教の授業を行うことを義務づけられない旨の規定）や私立学校の設立に関する第四項などにかかわる動議が提案されている。

（13） PR, Bd. 7, S.202 ff., insbes. S. 210.

（14） JÖR, Bd. 1, S. 11 によると、法的および技術的な問題以外に、一連の政治的な根本問題について決定する必要性があって、一九四九年一月二五日ないし二七日までおよび二月一日ないし二日に、ＳＰＤから二人（カルロ・シュミートとメンツェル）ＣＤＵから二人（フォン・ブレンターノとカウフマン）そしてＦＤＰから一人（ヘプカー＝アショフ）の五人が選任されたという。この《五人委員会》の討議の結果は、二つの修正提案として残っている。詳細は PR, Bd. 7, S. 297 ff. u. 339 ff.

（15） PR, Bd. 7, S. 297 ff.: „Vorlage des Fünferausschusses", insbes. S. 304.

（16） PR, Bd. 7, S. 339 ff., insbes. S. 395.

（17） HA-Steno, S. 683 f.

（18） HA-Steno, S. 683. Vgl. auch JÖR, Bd. 1, S. 908 f.

（19） PR, Bd. 7, S. 444.

（20） PR, Bd. 7, S. 456.

(21) PR, Bd. 7, S. 497 ff. なお、《七人委員会》というのは、一九四九年三月中旬以降に、各政党の合同協議のため、および連合国側と合同での議論のために、先の《五人委員会》(注(14)参照)のメンバーに、DPのゼーボームと中央党のブロックマンが新たに加わって七人委員会が設置されたものである(Vgl. JÖR, Bd. 1, S. 12)。

(22) PR, Bd. 7, S. 497ff., insbes. S. 530.

(23) HA-Steno, S. 761. Vgl. auch JÖR, Bd. 1, S. 909. この日の結果、整理された草案の全体は PR, Bd. 7, S. 532 ff. に収められており、それによると、いわゆるブレーメン条項は第一四二条となっている(S. 569)。

(24) この点については、JÖR, Bd. 1, S. 910 に議論の概略が要約されているのを参照されたい。

(25) PR, Bd. 7, S. 571 ff., insbes. S. 607.

(26) 各ラントの憲法裁判所の名称については、本書の序章五〇頁注(23)参照。

(27) この裁判では、同憲法第二九条の定める私立学校条項に基づいて制定された一九五六年七月三日のブレーメン私立学校法第一七条の定める私立学校への助成が問題となっており、カトリック教会は、ブレーメンにおける授業が上記のようなものであることを確認せしめることによって、カトリック教会の設立する私立学校への国の全面的な財政的援助を得ようとしたようで、カトリック教会の主張は主としてこの点に関わっているようである。

(28) NJW 1966 Heft1/2, S. 36 ff. =DÖV 18, 1965, S. 812 ff.

(29) *Hans Barion*, Feudaler oder neutraler Staat. Das Religionsrechtliche Problem der Bremer Klausel (Art. 141 GG), in: DÖV, Juni 1966, Heft 11-12, S. 361 ff.; Vgl. auch *ders.*, Unvorgreifliches Bedenken zur Bremer Klausel (Art. 141 GG), in: DÖV, Januar 1965, Heft 1-2, S. 13 ff. なお、*Ulrich Scheuner*, Auseinandersetzungen und Tendenzen im deutschen Staatskirchenrecht. Kirchenverträge und Gesetz, Kirchensteuern, Gemeinschaftsschule, Religionsfreiheit, in: DÖV, März 1966, Heft 5-6, S. 145 ff., insbes. S. 150 f. もこの判決に言及している。

(30) たとえば、*Ingo von Münch/Philip Kunig* (Hrsg.), Grundgesetz-Kommentar, Bd.3: Art. 70 bis Art. 146, 3. Aufl., München 1996, S. 1636.

(31) *Jörg Winter*, Zur Anwendung des Art. 7 III GG in den neuen Ländern der Bundesrepublik Deutschland, in NVwZ 1991, Heft 8, S. 753.

(32) 《端の時間》(Eckstunden)というのは、一日の授業時間のうち、第一時限か最終時限の授業のことである。

(33) この「ベルリーン・モデル」または「ベルリーン条項」と呼ばれる制度に関する資料は、筆者が一九九八年秋に調査に訪れた際にベルリーンの学校・青年・スポーツ省から得たものであるが、官庁内部史料でありまた部分的なコピーでもあるので、史料の正確な名称は不明である。

(34)　同右。なお、*Bodo Pieroth*, Religionsunterricht, in: Evangelisches Staatslexikon, 2. vollständig neu bearbeitete und erweiterte Auflage, 1975, Sp. 2191.

(35)　一九八〇年八月二〇日改正時点でのベルリーンの学校法(GVBl S. 2103)の当該規定の内容については、とりあえず、あとでも触れる *Sighart Lörler*, Verfassungsrechtliche Maßgaben für den Religionsunterricht in Brandenburg, in: *Zeitschrift für Rechtspolitik*, 29. Jg., Heft 4, April 1996, S. 121 ff. insbes. S. 124 によった。

(36)　これらの憲法の規定は、ドイツ統一直前の東ドイツで公刊された憲法集 Verfassungen der deutschen Länder und Staaten von 1816 bis zur Gegenwart. Ausgewählt und eingeleitet von *Erich Fischer* und *Werner Künzel*, Berlin 1989 によったが、以下では該当ページを逐一挙げない。

(37)　《宗教団体》(Religionsgesellschaften)と《宗教共同体》(Religionsgemeinschaften)とがその範囲においてどう異なるかは、管見に属する限りでは正確には分からないが、ヴァイマル憲法以来、両者の語が用いられており、同一憲法の中に両者の語が併用されているものもあり(たとえばブレーメン憲法第四章のタイトルと第五九条)、次に挙げるメークレンブルク憲法や後述のマルク・ブランデンブルク憲法も同様である。なお、この点については本書第四章の注(24)も参照。

(38)　統一後のこれら五ラントの新憲法については、とりあえず次のものを参照した。*Hans v. Mangoldt*, Die Verfassungen der neuen Bundesländer. Einführung und synoptische Darstellung, 2. erweiterte Auflage, Berlin 1997. この本は、その副題にもあるように、これらの憲法の条項を対比して収載しており便利である。本文で示した条項についてはS. 209 f. を参照。ただし、本文で挙げた三つのラントにおいては、本文でも言及しているとおり、いずれも《宗教の授業》と並んで《倫理の授業》が正課の授業であるとされている点に特徴が見られる。

(39)　*Christoph Link*, Religionsunterricht, in: *Joseph Listl/Dietrich Pirson* (Hrsg.), Handbuch des Staatskirchenrechts der Bundesrepublik Deutschland, Bd. 2, zweite, grundlegend neubearbeitete Auflage, Berlin 1995, S. 439 ff. insbes. S. 443 f. FN. 21.

(40)　*Link*, a. a. O. (Anm. 39).

(41)　当時は、中世以来の《辺境》(Mark)の名を冠していた。この辺境ブランデンブルクが現在のブランデンブルク州と領域の点でまったく同一かどうかについては、手元の歴史地図で見るかぎり、国境線に若干の違いがあるようにも思われるが、確信がもてない。

なお、後述第四節(4)参照。

(42) Gesetz- u. Verordnungsblatt der Provinzialregierung Mark Brandenburg, Jahrgang 3, Heft 3 v. 6. Februar 1947, S. 45 ff. なおこの憲法の全文は、注(36)で挙げた文献にも収載されている(S. 312 ff.)。

(43) *Lörler*, a. a. O. (Anm. 35), S. 123 は第六条としているが、誤りであろう。

(44) ラント議会で一九九二年四月一四日に議決されたのち、国民投票に付託された同憲法は、二ヵ月後の同年六月一四日に承認され、同年八月二〇日に公布され(GVBl. I, 1992, 298)、翌二一日から施行された。

(45) 以下の一覧表のうち、一部の教会の名称については、一応の邦訳であって、定まった訳があるのかどうか分からないものもあることをお断わりしておく。なお、*Wolfgang Huber*, Staat und Kirche in Brandenburg. Grundsätzliches und Aktuelles, Veröffentlichungen der Potsdamer Juristischen Gesellschaft, Bd. 2, Baden-Baden 1997, S. 19 は、福音主義教会に所属する者の数を五一五、〇〇〇人とし、またどの宗派にも属さない者を八〇%と見積もっている。

(46) ブランデンブルク州学術・研究・文化省のノイマン氏によれば、旧東ドイツ時代にブランデンブルクの文部大臣を務めていたのは、かのホーネッカー議長(*Erich Honecker*, 1912-94)の妻マルゴット(*Margot Honecker*, 1927-　)であり、その宗教否定政策の下で育った親や教師の世代の多くが宗教の授業の導入には否定的であったことも、この新しい学校法の導入のひとつの契機となっているようである。

(47) Gesetz über die Schulen im Land Brandenburg (Brandenburgische Schulgesetz - BbgSchulG). この資料はブランデンブルク州の学術・研究・文化省(Ministerium für Wissenschaft, Forschung und Kultur)から得たもので、この法令集では法律の成立の年月日等の記載はなかったが、他の資料によれば、一九九六年四月一二日の法律(GVBl I S. 102)である。

(48) ここにいう「学校の所有者」(Schulträger)とは、同法第二条七号の概念規定によると、「個々の学校の設立、組織及び運営に法的に直接の責任を負い、かつ、学校の維持のために自ら給付をなす法人又は自然人」のことである。

(49) ここで感受性と訳した語の原語は Sinnangebote であり、適切な訳語が見つからないので、とりあえずこう訳しておく。

(50) ちなみに、*Link*, a. a. O. (Anm. 39), S. 443 によれば、このLER構想はすでに一九九二年にブランデンブルクの教育・青年・スポーツ省の大臣の通達に表れていたところのようで、これによると、当時、四四(各学校区につき一)の学校で、モデル実験として、週に二時間のLERの受講が義務的科目として予定されていたとされる。

(51) *Lörler*, a. a. O. (Anm.35), S. 123. なお、主としてこの *Lörler* および *Arnd Uhle*, Die Verfassungsgarantie des Religionsunterrichts und ihre territoriale Reichweite. - Ein Beitrag zum Verhältnis von Art. 7 Abs. 3 S. 1 zu Art. 141 GG -, in: DÖV, Mai 1997, Heft 10, S. 409 とを用いてブランデンブルクのこの学校法の新たな試みを紹介したものとして、柿本智正「ドイツにおける宗教の授業の憲法上の位置付けについて——ブランデンブルク州における新たな動向を契機として」日本法政学会『法政論叢』第三五巻一号（一九九八年）五五頁以下がある。柿本は、結論的には *Uhle* にではなく、ブランデンブルクの学校法が基本法第七条三項一文に違反するものではないとする *Lörler* に親和性を抱いている。

(52) 柿本・同右六七頁は、この科目が「宗教に関する客観的な情報のみを伝達することを目的とする授業科目である」ことから、「宗教情報」と訳している。

(53) このことは *Lörler*, a. a. O. (Anm. 35), S. 121 f. も、「宗派に応じた宗教の授業はＬＥＲと並行して単に選択科目として導入されるべきである」として、認めるところである。このことからすると、ブランデンブルクの学校法におけるＬＥＲの授業がはたして基本法第七条三項にいう正課の授業としての「宗教の授業」と言える（柿本・同右六五頁）かどうかは、やはり疑問が残る。

(54) たとえば、*Link*, a. a. O. (Anm. 39), S. 443 は「この規律が基本法第七条三項と抵触することは明らかである」とし、カンペンハウゼン、ホラーバッハをはじめとする現代の代表的な教会法学者の多くも、同様の見解のようである（*Axel v. Campenhausen*, in DVBl. 1976, S. 609ff., insbes. S. 611; *Alexander Hollerbach*, in: *Joseph Listl* (Hrsg.), Der Religionsunterricht als bekenntnisgebundenes Lehrfach (Staatsrechtliche Abhandlung Bd. 15), 1983, S. 98）。なお、*Ulfried Hemmrich*, in: *v. Münch*, a. a. O. (Anm. 30), S. 1637 に挙げられている文献も参照。ホラーバッハは、一九九七年に筆者との対話においてもその趣旨を述べている。

(55) *Link*, a. a. O. (Anm. 39), S. 445. このリンクの七〇頁に及ぶ論文は、ドイツにおける宗教の授業の問題について詳細に論じた基本的文献の一つというべきであろう。リンクは、本文中で触れた連邦憲法裁判所への憲法訴願手続において、ベルリーン＝ブランデンブルク福音主義教会の代理人となっている（注(59)(62)も参照）。

(56) *Jörg Winter*, a. a. O. (Anm. 31), S. 754. なお、*Hemmrich*, a. a. O. (Anm. 54), S. 1637 も同様に、ブランデンブルクの規律は立法者の裁量権・形成権の範囲を超えており、憲法的には疑義なしとしないとしている。

(57) *Uhle*, a. a. O. (Anm. 51) も、結論としてはブランデンブルクの試みが基本法の要請を満たさないとする（この点については柿本・前掲論文（注(51)）の要約を参照）が、本文で述べたような国法学上の同一性の問題についてはあまり言及していない。

(58)　*W. Huber*, a. a. O. (Anm. 45), S. 26.

(59)　なお、すでに触れた（末尾でもさらに触れる）連邦憲法裁判所への提訴においては、カトリック教会のベルリーン大司教とベルリッツ司教区およびマクデブルク司教区も憲法訴願手続に加わっており、ミュンヒェン大学教授のバドゥーラ（*Peter Badura*, 1934-　）とゲッティンゲン大学教授のクリスティアン・シュタルク（*Christian Starck*, 1937-　）とが代理人となっている（注（55）（62）も参照）。

(60)　ここでは、この鑑定意見に手を加えた *Bernhard Schlink*, Religionsunterricht in den neuen Ländern, in: NJW 1992, Heft 16, S. 1008 ff. に依った。

(61)　この判決については、さしあたり、『ドイツの憲法判例』一二六頁以下〔柳眞弘の訳・解説〕を参照。

(62)　すでにこの裁判については、部分的に注記した（注（55）および（59）参照）が、この裁判はブランデンブルク新学校法第九条二項三項、第一一条二～四項および第一四一条が基本法に違反するとして政府側から提起されたいわゆる抽象的規範統制手続と、四件の憲法訴願手続に対するものであり、後者の憲法訴願は、①未成年者（学校の生徒）一一三人（代理人は二名の弁護士）、②カトリック教会、③福音主義教会、および④合計二六名の市民によるものであった。

(63)　斎藤一久「ブランデンブルク州の宗教代替教育（L－E－R）に関する和解」『ドイツの憲法判例Ⅲ』五二二頁以下。莵原明「ブランデンブルク州学校法にいう『ＬＥＲ』は、基本法に適合するか」大東文化大学法学研究所報二三巻（二〇〇三年）一頁以下。なお、斎藤によれば、連邦憲法裁判所判例集に和解案が登載されたのは本件が最初のようである。

(64)　斎藤・前注（63）五二六頁の注（2）は、連邦憲法裁判所が、基本的にＬＥＲを存続させたことから、連邦憲法裁判所は合憲と判断しているのではないかとするヴォルフの見解（*Sebastian Wolf*, Der Fall《LER》－ ein Paradigmenwechsel im Selbstverstädnis des Bundesverfassungsgerichts? in: Kritische Justiz 2002, S. 250, 252）を紹介している。

(65)　詳細はとりあえず斎藤・前注（63）五二五頁参照。

第六章　世界観上の告白の自由に関する若干の考察
——ドイツ憲法を手掛かりとして

第一節　最高裁判例にみる《世界観》

(1)　**良心と《世界観》**　かつて、いわゆる謝罪広告請求事件に対する最高裁判決（最大判昭和三一年七月四日民集一〇巻七号七八五頁）の中で、田中耕太郎裁判官がその補足意見において、日本国憲法一九条の「良心の自由」に関連して、次のように述べていたことは、周知の事柄に属する。すなわちいわく、

「私は憲法一九条の『良心』というのは、謝罪の意思表示の基礎としての道徳的の反省とか誠実さというものを含まないと解する。又それは例えばカントの道徳哲学における『良心』という概念とは同一ではない。同条の良心に該当するゲウイッセン（Gewissen）コンシアンス（Conscience）等の外国語は、憲法の自由の保障との関係においては、沿革的には宗教上の信仰と同意義に用いられてきた。しかし今日においてはこれは宗教上の信仰に限らずひろく世界観や主義や思想や主張をもつことにも推及されていると見なければならない。憲法の規定する思想、良心、信教および学問の自由は大体において重複し合つている。」「要するに国家としては宗教や上述のこれと同じように取り扱うべきものについて、禁止、処罰、不利益取扱等による強制、特権、庇護を与えることによる偏頗な所遇というようなことは、各人が良心に従つて自由に、ある信仰、思想等をもつことに支障を招来するから、憲法一九条に違反するし、ある場合には憲法一四

条一項の平等の原則にも違反することとなる。憲法一九条がかような趣旨に出たものであることは、これに該当する諸外国憲法の条文を見れば明瞭である。」〔傍点は初宿。以下も同じ〕

この補足意見は、右の引用に見られるごとく、日本国憲法第一九条の「良心」の意味に関して、「宗教上の信仰に限らずひろく世界観や主義や思想や主張をもつこと」も含むものと解釈し、同条は、国が宗教や右のこれと同じように取り扱うべきものについて、「禁止、処罰、不利益取扱等による強制、特権、庇護を与えること」によって「偏頗な所遇」をするがごときことは、憲法第一九条、また場合によっては憲法第一四条一項の平等の原則にも違反することとなるとしたものである。

(2)　**集団行動による《世界観》の表現？**　また、いわゆる東京都公安条例事件判決（最大判昭和三五年七月二〇刑集一四巻九号一二四三頁）においても、「およそ集団行動は、学生、生徒等の遠足、修学旅行等および、冠婚葬祭等の行事をのぞいては、通常一般大衆に訴えんとする、政治、経済、労働、世界観等に関する何等かの思想、主張、感情等の表現を内包するものである。この点において集団行動には、表現の自由として憲法によって保障さる〔ママ〕べき要素が存在することはもちろんである。」として、《世界観》の語が登場する。

(3)　**最近の判例に見える《世界観》**　(a)　近時の最高裁の判例からの例としては、いわゆる「君が代ピアノ伴奏拒否事件」判決（最三判平成一九年二月二七日民集六一巻一号二九一頁）や、国歌（君が代）起立斉唱拒否事件に関する一連の最高裁判決（最二判平成二三年五月三〇日民集六五巻四号一七八〇頁、最一判平成二三年六月六日民集六五巻四号一八五五頁、最三判平成二三年六月一四日民集六五巻四号二一四八頁、最三判平成二三年六月二一日判時二一二三号三五頁）

などにおいて、次のような言い回しとして《世界観》の語が登場することも、周知の事柄に属する。すなわち、たとえば後者の一連の判決のうち、六月六日判決において、原告(上告人)らが、卒業式等の式典における国歌斉唱の際の起立斉唱行為を拒否する前提として有していると主張した次のような考えを、最高裁は以下のように六つに大別している。

①戦前の日本の軍国主義やアジア諸国への侵略戦争とこれに加功した「日の丸」や「君が代」に対する反省に立ち、平和を志向するという考え、②国民主権、平等主義等の理念から天皇という特定個人又は国家神道の象徴を賛美することに反対するという考え、③個人の尊重の理念から、多様な価値観を認めない一律強制や国家主権に反対するという考え、④教育の自主性を尊重し、教え子たちを戦場に送り出してしまった戦前教育と同様に教育現場に画一的統制や過剰な国家の関与を持ち込むことに反対するという教育者としての考え、⑤これまで人権の尊重や自主的思考及び自主的判断の大切さを強調する教育実践を続けてきたことと矛盾する行動はできないという教育者としての考え、⑥多様な国籍、民族、信仰、家庭的背景等から生まれた生徒の信仰や思想を守らなければならないという教育者としての考え。

その上で最高裁は、こうした考えは、「日の丸」や「君が代」が過去のわが国において果たした役割に関する上告人らの「歴史観ないし世界観及びこれに由来する社会生活上ないし教育上の信念等ということができる」と要約している。

(b)　上記の国歌斉唱拒否にかかわる一連の下級審判決において《世界観》の語が登場するのは当然であるが、それ以外の裁判例の中で《世界観》の語が登場する例としては、たとえば、NHK受信料支払請求訴訟に関する東京地裁判決(平成二一年七月二八日判時二〇五三号五七頁)において、「憲法一九条にいう「思想及び良心」とは、世界観、人生観、主義・主張など人格の形成・発展に必要な内面的精神作用をいうところ」であるとしている例があるし、未決拘留者が拘置所に収容中に自費で朝日新聞の定期購読を許可されなかったことが違憲・違法だとして損害賠償を求めた訴訟の控訴審判決（大阪高判平成二一年六月一一日判時二〇五六号六五頁）において、原告（控訴人）が「特に比較的長期間拘束されていた者が、身柄を解放された後、拘束されていた期間に発行された新聞紙を検索し直すのは、多大な労力を要し、非現実的であ」り、さらに、「論評等の情報により自己の世界観、価値観等を閲する行為は、なんらかの情報を得る都度、行われるべきものであり、生起した事象に関する論評や反論等をタイムリーに得ることによってこそ、自己実現の過程が保障されるというべきである。」と主張していた例がある。ちなみに、国税不服審判所の裁決事例の中にも、審査請求人が開発したゲームソフトの内容に関連して、《世界観》の語が一か所登場する例（平成二一年一二月一一日裁決事例集七八集二〇八頁）があるが、とくにその内容に言及するほどの意味のあるものではない。

(4)　問題の所在　　さて、こうした例において言われている《世界観》とは、一体いかなるものを観念しているのであろうか。上に引用した謝罪広告請求事件における田中耕太郎裁判官の補足意見においても、前記引用以上の言辞はないので、その概念内容は必ずしも明白ではないが、われわれは、《世界観》について、大まかに言って、宗教上の信仰そのものではないとはいえ、それに類するような（田中補足意見の言い回しで言えば「これと同じように取り扱うべきもの」ということになろう）、人間の生やわれわれの生きているこの《世界》について各人が抱いている、何らかの根本的な信念のごときものを理解してきたようにも思われる。

本章では、ドイツ憲法との比較を通じて、とくに《宗教》と《世界観》の類似点と相違点を念頭に置きつつ、多少ともこの問題について考察しようと試みることとする。

第二節　ドイツの憲法典における《世界観》の概念

1　ヴァイマル憲法

一九一九年のヴァイマル憲法は、その第一三七条二項一文で「宗教団体を結成する自由は、これを保障する」と定めた上で、同条第七項で、「一の世界観(Weltanschauung)を共同で振興することを使命とする結社は、これを宗教団体と同様に取り扱う」としている。[(1)] 同憲法においては、《世界観》の語は、ほかにも、学校制度に関する同法第一四六条二項および第一四七条二項において「宗派(Bekenntnis)又は世界観の国民学校」の設置に関連して登場する。

2　ドイツ連邦共和国基本法

(1)　基本法の関連規定　基本法第四条一項は、「信仰、良心の自由、並びに宗教上及び世界観上の告白の自由(die Freiheit des religiösen und weltanschaulichen Bekenntnisses)は、不可侵である。」としている。また同法第七条五項は、「私立の国民学校は、教育行政官庁が特別の教育的利益を承認する場合にのみ、又は、親権者の申立てに基づき、それが宗派共同学校(Gemeinschaftsschule)として、宗派学校として、若しくは世界観学校として設立されるよう求められている場合で、かつ、この種の公立の国民学校が市町村内に存在していない場合にのみ、これを認めるものとする。」として、ここでも、学校の種別として《世界観学校》(Weltanschauungsschule)という語が用いられている。さらに第三三条三項では、「市民権及び公民権の享受、公職への就任、並びに公務において得た権利は、宗教上の信仰〔告白〕

の如何に係らしめられない。何人も、ある信条又は世界観に属するか否かによって、不利益を受けない。」と規定されている。(2)(3)

(2)　基本法の制定過程における議論　基本法の制定過程において、たとえば第四条一項の「宗教上及び世界観上の告白の自由」の文言に関しては、管見に属する限り、それほど詳細な論議が行われた形跡はないが、この点についても多少とも触れておく。もともとヘレンキームゼー草案の提案では、「信仰、良心及びもろもろの信念（Überzeugungen）は自由である」という文言であった。これを受けた基本原則委員会の小委員会では、これを「信仰、良心及び信念（Überzeugung）の自由は不可侵である」という文言に修正したが、この文言についてリヒャルト・トーマが、「信仰や信念の自由を保護する」というが――このような〔内心の〕自由はそもそも誰が侵しうるであろうか――、重要なのは、「どんな信念であっても、それを堂々と告白することのできる自由」のはずだとする批判を公表したのを受けて、(4)議論の末に、現行のような文言になったのであるが、その際に、《信念》の語が右のトーマの提案も受けて《告白》（Bekenntnis）の語に修正された、という経緯が知られている。(5)

3　基本法下のラント憲法

基本法自身には《世界観団体》（Weltanschauungsgemeinschaften ないし weltanschauliche Gemeinschaften）という文言は用いられていないが、基本法の前記規定や、同法第一四〇条を通じて同法を構成する部分とされている前記のヴァイマル憲法第一三七条の規定を受けて、いくつかのラント憲法の中にこの文言を見出すことができる。たとえば、バイエルン憲法（一九四六年）の一九七三年に追加された第一一一a条一項では、「放送は、自由で民主的な基本秩序、人間の尊厳、宗教的及び世界観的信念（weltanschauliche Überzeugungen）を尊重しなければならない」と規定されているし、第一二七条では、「宗教共同体及び国〔ラント〕の承認した世界観団体が、その宗派又は世界観の子どもを養育するに当たって適切な影響を与える固有の権利は、親の教育権を害さない限度において、これを保障する。」と規定されている。(6)

またブランデンブルク憲法（一九九二年）の第一二条二項は、「何人も、その人種、生まれ、民族、言語、性別、性的自己同一性、社会的な家柄及び地位、障害、その宗教上、世界観上又は政治上の信念のために、優遇されず又は不利益を受けない。」とし、同憲法第一三条は、第一項で「良心、信仰の自由並びに宗教上及び世界観上の告白の自由は不可侵であり、それらの妨げられることのない行使は保障される。」とし、第二項で「何人も、自己の宗教上又は世界観上の信念を明らかにすることを義務づけられない。……」、また第三項では「何人も、宗教上若しくは世界観上の行為への参加、又は宗教上の宣誓方法の使用を強制されない。」と規定している。(7)

4　宗教団体と世界観団体

以上に概観したように、一九一九年のヴァイマル憲法を嚆矢とするドイツの諸憲法典は、宗教上の信仰の自由とともに、《世界観上の自由》について明文規定を置くと同時に、宗教団体と世界観団体が法的に同等に取り扱われるべきことを定めている。(8) もとより、基本法がその構成部分としているヴァイマル憲法一三七条七項も、しかし、前記のように、《世界観団体》（すなわち「一の世界観を共同で振興することを任務とする団体」）について、宗教団体と同等に取り扱うこととしてはいたが、同条二項の「宗教団体を結成する自由」という限定的文言からして、こうした《世界観団体》には同項は適用がなく、むしろこれらの団体には、《結社の自由》全般に関する第一二四条が適用されたのであり、解釈としても、両者の「完全な平等が意図されていたわけではない」とする限定的な理解が妥当していたとされる。[9]

そして、この事情は基本法下においても同様であり、基本法第九条の結社の自由と関連する結社法（一九六四年法）の下でも、ヴァイマル憲法第一三七条五項に基づいて伝統的に「公法上の社団」たる地位を有していた、それゆえ結社法§二第二項の適用が除外されていたのは、キリスト教会を中心とするいくつかの伝統的な宗教団体と、「固有の意味での世界観団体」だけであったことが知られている。[10]

5　欧州人権条約

ドイツと関わりの深いヨーロッパの国際的な条約についても少し見ておくと、欧州人権条約（Europäische Menschenrechtskonvention=EMRK）の第九条は、「(1)　何人も、思想、良心及び宗教の自由を享有する権利を有する。この権利には、自己の宗教又は信念を変更する自由、並びに、単独で又は他の者と共同して、また公に又は私的に、礼拝、教育、行事及び儀式執行によって、自己の宗教又は信念を表明する自由が含まれる。(2)　自己の宗教又は信念を表明する自由は、法律によって定められ、かつ、公の安全のため、公の秩序、衛生又は道徳の保護のため、又は他人の権利及び自由の保護のために民主的社会において必要である制限にのみに従うものとする。」としており、その第一議定書（一九五二年）の第二条（教育に対する権利）にも、「何人も教育を受ける権利を否定されない。国家は、教育及び教授に関して有するいかなる任務の遂行にあたっても、両親が自己の宗教的哲学的信念に一致する教育及び教授を確保する権利を尊重しなければならない。」と定めている[11]〔傍点は初宿〕。

本章のテーマにとって多少とも興味深いことは、右の引用のうち、条約第九条に三箇所出てくる《信念》(belief)

の語が、ドイツ語では „Weltanschauung" と訳され、また第一議定書に出てくる《宗教的哲学的信念》(religious and *philosophical* convictions) がドイツ語では „religiöse und *weltanschauliche* Überzeugungen" となっていることである。[12] すなわちこのドイツ語訳では、《信念》ないし《哲学》が《世界観》と観念されていることを意味するからである。しかしこの点についての詳細に触れる余裕は今はない。

第三節　世界観の概念

1　世界観の概念の起源

ドイツの憲法典に見られる《世界観》の用語についての以上の概観を踏まえて、以下では、ドイツ憲法における《世界観》とか《世界観上》とかの文言について一般にどのような理解がなされているかを、手元にある文献のいくつかを繙きながら見てみることとするが、その前に、この《世界観》の語の起源について少しコメントしておく。

そもそも、ドイツ語の《世界観》の語は、カント(*Immanuel Kant*, 1724-1804)の『判断力批判』(Kritik der Urteilskraft, 1790)に起源があるとされ、[13] その後、ロマン主義および《生の哲学》(Lebensphilosophie) 等を通じて、いくつかの意味変化を起こしていったとされるが、[14] とくに《世界観》論についての体系的な叙述としては、ドイツの哲学者ヴィルヘルム・ディルタイ(*Wilhelm Dilthey*, 1833-1911)の『世界観の研究』(一九一九年)がわが国でも古くから知られている。[15] 形而上学が学として不可能であることを確信しつつも「形而上学の体系が精神史の上で不滅の価値をもつ」という感情との相克の中で《哲学の哲学》としての世界観を歴史的に考察したとされるディルタイは、歴史の過程において「生そのものの深底より産出されたもの[16]」としての世界観について研究し、「世界観は思惟（Denken）の所産ではなく、単なる認識意志から生ずるものではない」のであって、「世界観の究極の根底は生（Leben）であり」、われわれの「精神全体の構造から生ずるもの」だとし、世界観は、各個人の生が自己の内から創出する自己固有の世界（世界像 Weltbild）が生活経験（Lebenserfahrung）を通じて普遍化するのだと論じている。[17] つまりディルタイは、歴史的に存在するもろもろの世界観が生の歴史的かつ相対的な現われなのであるから、これを理解することが、人の生の全体を理解することだとして、もろもろの世界観を類型的に比較し研究することが「生の哲学」のなすべきことなのだとしたのであって、「世界観とは何か」という問いに答えることは、彼の世界観学（Weltanschauungslehre）の目的ではなかったと言える。しかし、いずれにせよ、こうした哲学（史）的研究についても、詳細な検討を加える時間もないし、また筆者にはその十分な能力もないので、以下では、本題に立ち戻って、ドイツの憲法学の中で世界観についてどのように取り扱われてきているかについて、多少とも垣間見るに留めざるをえない。

2　憲法典上の《世界観》の解釈

(1)　古典的定義（アンシュッツ）　さて、憲法上の《世界観》の文言についての古典的な定義として今でも通用しているとされるのは、ヴァイマル期の憲法学者アンシュッツの定義である。ヴァイマル憲法の権威的注釈者であったアンシュッツは、前記の同憲法第一三七条七項に関連して、世界観をもって、「世界の全体を普遍的に把握し、世界における人間の位置を認識し、および評価しようとするすべての教説」であると定義した上で、同項が「世界観団体と宗教団体を同等の地位に置いていることは、同時に、宗教と世界観を対置していることをも意味することは見紛うべくもない。それゆえ、宗教的ないし宗教相関的な基盤とは別の異なる基盤に立つ世界観、すなわち、宗教に関心のない（irreligiös）、または少なくとも宗教に拘らない（religionsfrei）世界観（無神論、唯物論、一元論）のみが、ここでの問題たり得るのだ」と注釈していた。[18]

(2)　基本法における宗教と世界観の同値化　このヴァイマル憲法一三七条が、前述のとおり、基本法第一四〇条を通じて基本法の構成部分とされたことにより、基本法下における宗教と世界観とのいわば《同値化》（Gleichstellung）は、戦後の宗教的・世界観的に中立な（religiös-weltanschaulich neutral）国家像[19]の中でさらに強化された結果、《宗教》と《世界観》、あるいは宗教的な組織とそれ以外の組織との間に法的な区別をし、別異の取扱いをすることは根拠がなくなっていると言える。

もとより、基本法の第三条三項は、「何人も、その性別、生まれ、人種、言語、故郷及び家柄、その信仰、宗教上又は政治上の見解を理由として、不利益を受け、又は優遇されてはならない。〔以下略〕」として、前記のブランデンブルク憲法等とは異なって、世界観上の見解を理由とする差別的取扱いについては明文では保障していないし、また第四条二項においても、宗教的活動の自由のみが言及されているが、このことから憲法上は両者の別異取扱いが正当化されるわけではないとされている。

(3)　宗教と世界観の区別　このように、《宗教》と《世界観》とは、憲法上の取り扱い方については原則的に同等であって、何らの差別も法的に正当化されないとしても、多くの論者に共通して言えることは、両者はやはり異なる二つのものだとする点において（ニュアンスの違いも見られるとはいえ）、ほぼ共通しているように思われる。以下では、いくつかの見解を紹介する。たとえば、ケルン大学に提出した宗教的自由に関する教授資格請求論文の著者であるシュテファン・ムッケル[20]は、基本法の下で、たしかに法的取扱いとして《宗教団体》と《世界観団体》は同値化されている（基本法第一四〇条、ヴァイマル憲法第一三七条七項）とはいっても、このことは同時に、右に引用したアンシュッツの定義にも見られるように、両者が区別され対置されていることを意味しており、基本法も、宗教と世界観はやはり内容的には明確に相互に区別しうるという前提に立っているのだとする。すなわちムッケルによれば、この問題に関する基本法下の憲法規範を総合的に眺めると、宗教と世界観の同値化を定める規定（基本法第四条一項、第七条五項、ヴァイマル憲法第一三七条七項）がある一方で、両者の同値化を明確には定めていない規定（基本法第三条三項、第七条二項三項、ヴァイマル憲法第一三六条、第一四一条）が存在しており、したがって、宗教と世界観の平等取扱いは、憲法上は、つねに個々の規定の仕方に依存していると言わざるをえない、としている。

(4)　宗教（団体）と世界観（団体）の区別

(a)　宗教と世界観、あるいは宗教団体と世界観団体との違いをむしろ強調する立場からは、両者の違いを超越（Transzendenz）と内在（Immanenz）というカテゴリーで説明しようとするさまざまな試みがなされる。すなわち、両者の違いを憲法的にどのように評価・判断するかということに関しては、一方で、宗教上の信念の決定的な基準として、人間を単に世界内的（innerweltlich）な、その意味で内在的な関連から捉えるのではなく、人間は人間を超えた、包括的な、その意味で超越的な現実の中に置かれているのだという信念の存在が提示される点が、非宗教的な世界観とは異なる点だとされる（バドゥーラ）。ここでは、「神の存在の問題が中心的な重要性をもつ」ことになる[21]。

これに対し他方、世界観団体の場合は、人間をそうした超越的な関連からではなくて、もっぱら世界内的な関連の中でのみ捉え、「この世界の外にある（außerweltlich）もの、あるいはこの世のものならぬ（überirdisch）ものへの拘束、とりわけ神の存在への信仰」を否定し、あるいは、「そんなことはどうでもよいことだ」と明言する点に特徴があるとされる[22]。

(c) フォン・マンゴルト等の有名な注釈書(執筆担当はクリスティアン・シュタルク)では、基本法第四条一項にいう「信仰の自由」と「宗教上及び世界観上の告白の自由」の保障内容につき、次のように解釈している。すなわち、「これらの保障の階層化は個々の場合には難しい。信仰(Glaube)は理性的な認識とは区別されうる。キリスト教の自己理解からすれば、信仰とは、神の啓示(Geoffenbarte)は、理性の自然的な光では見通すことができないにもかかわらず、それを真実だとして受け取ることを意味する。しかし信仰は、そうした神またはそれに類する至高の存在(höchstes Wesen)への結びつきという意味での宗教的な信仰でありうるが、同時にまた世界観的な(場合によっては非宗教的 areligiös または反宗教的 antireligiös な)信仰〔もっともこの世界観についての文脈において „Glaube" なる語を《信仰》と訳すことはやや不適当かもしれないが――初宿〕でもありうる。」その上で、「世界観の概念は宗教を包括する上位概念として捉えることもできるが[23]、同時に、宗教には神があるが世界観には神がない、という形で対置することも可能である」と解説している[24]。

(d) 右にも引用したバドゥーラは、宗教団体(ヴァイマル憲法第一三七条二項)と世界観団体(同条七項)を画するものは何かについて、アンシュッツ[25]を引用しつつ、次のように述べている[26]。すなわち、《宗教団体》という語でヴァイマル憲法下で理解されたものは、「同一の信仰告白に属する者たちを一つの地域について纏めて、共通の信条によって条件づけられたもろもろの任務を全面的に遂行するための集まり」であり、この意味での宗教団体は、結社の自由に基づく《宗教上の社団又は団体》(同憲法第一二四条一項三文)、たとえば、宗教団体には特徴的な、目的または活動領域の全面性(Allseitigkeit)が欠けている修道会などとは区別される」。これに対して《世界観団体》は、人間が神との宗教的関わりに入りうるような一の人格的な神(persönlicher Gott)への信仰が欠如していることに見出されるのであり、[27]そうした世界観団体に属するのは、世界全体と世界の中の人間の立ち位置を宗教的基盤とは異なる基盤から認識しようとする団体、たとえば、唯物主義、汎神論、理神論、一元論(Monismus)および種々の自由思想家(Freidenker)の集団などであるとされる。[28]

(e)　もとより、両者の団体の同値化と原則的な平等取扱いが憲法上保障されている基本法の下では、このような区別はますます困難であり、また不必要になっているとも言えよう。前述したムッケルなども、「憲法制定者が選んだ複数の異なる文言を考慮に入れて概念を形成し、宗教と世界観の相違がどこにあるかを明確に示すことは、著しく困難に陥るであろうし、両者の概念の範囲を画しようとする試みが成功するかどうかは疑問である」とする。「哲学的、宗教学的および神学的な観点に立った超越性と内在性の相違は曖昧なものとなり、その結果、宗教と世界観の境目は溶け去ってしまう結果となる」のであり、すでにヴァイマル憲法施行後ほどなくして、宗教と世界観とを法学的に把握できる形で区別しようとする試みは、「極めて困難、いやそれどころか、ほとんど不可能である」とされていたというのである。[29]

おわりに――小結

(1)　以上のような、ドイツの学説における一般的な理解からすると(論者によってややニュアンスの違いはありうるとはいえ)、いずれにせよ、《宗教》と《世界観》とは、ともに、「人の考えや行動が何らかの世界全体像(Gesamtsicht der Welt)、あるいは、世界に対する(変化しうるとしても)十分に一貫した全体的態度(Gesamthaltung)から発したものである場合にのみ存在する」のだということができ、したがって、基本法第四条によって保障される世界観は、「西洋文化圏において宗教と呼ばれているのと同じような完結性(Geschlossenheit)と広がり(Breite)とをもっているものでなくてはならない[30]」ということになろう。

このことを教会法学の泰斗カンペンハウゼンの言葉を借りて再述するならば、基本法制定者は、第四条一項において、伝統的な「信仰とその告白の自由を、世界観上の告白の自由にまで広げた」のであり、それによって、「伝統的な意味では宗教的とは言えない思想体系――したがって(たとえばマルクス主義のように)神なるものの概念を知らず、世界の全体についておよび世界の中における人間の立ち位置について、もっぱら現世的な(irdisch)観点からの評価的態度決定を呈示し、世界の起源や意味や目的といった最終的な問いに対する答えを、超越的な関連づけをすることなく、与えようと試みるような思想体系――をも、基本法の保護下に置いている」のである[31]。

(2)　このように考えると、《世界観》の概念は、何らかの具体的な事柄(それが政治的・社会的・歴史的・経済的・文化的等いかなる領域の事柄にせよ)に対する評価・判断に関わるものではなく、むしろ、この世界と人間に関わる全体的な受け止め方に関わるのであって、それが《宗教》と異なるのは、そうした世界と人間の生に関わる根本的な事柄について、宗教的な捉え方(たとえば神、仏、造物主、創造主等々を引き合いに出しての説明)とは異なる捉え方がなされる点にある、と言ってよいのではないかと思われる。

もとより、ドイツの文脈で《世界観》が上述のようなものであるとしても、日本語でいう《世界観》をそれと同じように解する必要はないのではないかとの疑問もありえよう。しかし日本語としても、やはり《世界観》は「世界を一つの統一体と見たときのその意義や価値に関する考え方」であるとされており[32]、やはり、人間や世界についての「全体的な見方」であると解されているという点では共通しているように思われる。

(c)　世界観をそのようなものとして理解しうるとすれば、本章のはじめに言及した「君が代」伴奏拒否事件や一連の起立斉唱拒否事件判決において、たとえば「『君が代』が過去の我が国において果たした役割に関わる上告人自身の歴史観ないし世界観及びこれに由来する社会生活上の信念等」というような言い回しの中で登場する《世界観》なる語については――「君が代」に対する原告らのこのような否定的信条や拒否的行動は、これを一種の《歴史観》と言いうることは確かであるとしても――、とくにこれと区別して(あるいはこれを言い換えて)《世界観》とまで形容する必然性は果たしてあったのであろうかという疑問を、どうしても捨てきれないのである。本章は、冒頭で摘示して引用したいくつかの判決(とくに右に挙げた近時の判決)における言い回しに対するこのような素朴な疑問から出発して、ヴァイマル憲法以来この《世界観》なる文言をもつドイツの憲法典に対する解釈の一端を垣間見ることを通じて、とりあえずの検討を試みたものにすぎない。とくにここでは、十全なる内外の文献的検討や、この問題に関わる連邦憲法裁判所(33)や連邦行政裁判所の判例(34)についての十分な検討ができずに終わったことを憾みとするが、とりあえず以上の検討によって、本章のテーマについての一応の問題意識は提示し得たものと思われる。

注

(1)　この規定が(第一三六条及びその他いくつかの規定とともに)ドイツの現行の憲法典たる基本法の第一四〇条を通じて、その構成部分を成すものとして編入されたことによって、現在も通用している規定であることは言うまでもない(ドイツ連邦共和国基本法の邦訳については、『ドイツ憲法集』参照)。なお、本書第三章参照。

(2)　平等原則と差別的取扱いの禁止を定める基本法第三条三項一文は、「何人も、……その信仰、宗教上又は政治上の見解を理由として、不利益を受け、又は優遇されてはならない。」としており、上記の第三三条と異なって、ここには《世界観》の語自体は登場しないが、規範内容として両者の間に根本的な区別はないとされている(Vgl., *v. Mangoldt/Klein/Starck*, GG Bonner

Grundgesetz, 4. Aufl., Verlag Franz Vahlen, München 1999, Bd. 1, Art. 3 Rn. 371, verfas. v. *Christian Starck*）。

（3）　ちなみに、一九六八年（一九七四年改正）の旧東ドイツ憲法は、第二〇条一項で「世界観上又は宗教上の信条（weltanschauliches oder religiöses Bekenntnis）の区別なく平等の権利・義務を有する」としていたほか、教育を受ける権利等を定めた第二五条には、一九九〇年七月二二日の改正で、それまではなかった第二a項、第四a項が追加され、その第四a項で、基本法の上記の第七条五項とほぼ一致する規定として《世界観学校》の設立について言及していた。

（4）　*Richard Thoma*, Kritische Würdigung des vom Grundsatzausschuß des Parlamentarischen Rates beschlossenen und veröffentlichten Grundrechtskatalogs, (als Drucks. 244 vervielf.), in: PR, Band 5/I, S. 361 ff., insbes. S. 367. ちなみに、トーマの提案になる同項の規定は、「宗教上及び世界観上の告白の自由は制限されない」（Es besteht unbeschränkte Freiheit des religiösen und weltanschaulichen Bekenntnisses.）という文言である。

（5）　この経緯については、さしあたり JÖR. Bd. 1, S. 73 f.

（6）　バイエルン憲法では、上記引用箇所以外に、第一三三条一項、第一三四条三項、第一四二条三項、第一四三条一～三項、第一四六条にも、世界観または世界観共同体の語が用いられている。

（7）　同憲法第三六条五項も参照。その他のラント憲法では、バーデン＝ヴュルテンブルク憲法（一九五三年）の第四条一項、第五条、第六条、第一六条二項、ベルリーン憲法（一九九五年）の第二九条一項、ブレーメン憲法（一九四七年）の第三二条三項、第三三条、第五九条～第六三条、ヘッセン憲法（一九四六年）の第一一条、第四八条一項、第四九条、第五〇条二項、第五一条一項～三項、第五二条、第五四条、第五六条二項・六項、第五七条二項、メークレンブルク＝フォーアポメルン憲法（一九九三年）の第八条、第九条二項、第一五条五項、ノルトライン＝ヴェストファーレン憲法（一九五〇年）の第一二条三項・四項、六項、第一四条一項、ラインラント＝プァルツ憲法（一九四七年）の第四条、第八条、第一三条二項、第二六条、第四三条四項、第四四条、第四六条、ザクセン憲法（一九九二年）の第一九条一項、第一一六条、ザクセン＝アンハルト憲法（一九九二年）の第九条一項、第二六条二項、第二七条二項、第三二条一項、四項、五項、シュレースヴィヒ＝ホルシュタイン憲法（一九四九年）の第八条三項、テューリンゲン憲法（一九九三年）の第二条三項、第一二条二項、第二一条三項、第二四条二項、第三九条一項・二項、第四〇条、第四一条で、世界観団体（Weltanschauungsgemeinschaften）、世界観学校（Weltanschauungsschule）、または「世界観上の」（weltanschaulich）といった語を用いて、世界観上の自由や世界観団体が宗教団体と同等の権利主体である旨を規定している。これらの規定は、ほぼ異口同音といってもよいが、多少とも特徴的なのは、「公立学校は共同学校として、信仰(Bekenntnisse)や世界観の違いにかかわらず生徒を統合する」としているシュレースヴィヒ＝ホルシュタイン憲法の第八条三項である。なお、現在のドイツ連邦共和国を構成する一六のラントの憲法典のうちで、かかる文言がまったく見当たらないのは、ザールラント憲法(一九四七年)、ハンブルク憲法(一九五二年)およびニーダーザクセン憲法(一九九三年)のみである(二〇一四年八月現在)。

(8)　もとより、これは二〇世紀のヴァイマル憲法以降の現象であって、それ以前の諸憲法典には《世界観》等の文言は見当たらない。近代ドイツ憲法史における概観につき、さしあたり *Peter Badura*, Der Schutz von Religion und Weltanschauung durch das Grundgesetz,, Tübingen 1989, S. 25 ff.

(9)　たとえば *Christoph Gusy*, Die Weimarer Reichsverfassung, J. C. B. Mohr, Tübingen 1997, S. 324.(原田武夫訳『ヴァイマール憲法』〔風行社、二〇〇二年〕、二七〇頁参照)

(10)　基本法下における結社の自由に関しては、本書第七章〔初出＝初宿正典「ドイツの結社法における宗教・世界観団体の地位」樋口陽一ほか編・栗城壽夫先生古稀記念『日独憲法学の創造力』(信山社、二〇〇三年)上巻四〇一頁以下〕参照。

(11)　この条約の正式名称は「人権及び基本的自由の保護に関する条約」(正式名称は Convention for the Protection of Human Rights and Fundamental Freedoms)という。引用の邦訳は、小田滋・石本泰雄編修代表『解説 条約集〔第九版〕』(三省堂、二〇〇一年)に依った。

(12)　ドイツ語原典は、さしあたり、*Horst Dreier/Fabian Wittreck* (Hrsg.), Grundgesetz, 7. Auflage, J. C. B. Mohr, Tübingen 2012 に依った。

(13)　*Hermann Braun*, Artikel Welt, in: *Otto Brunner* u. a. (Hrsg.), Geschichtliche Grundbegriffe, Klett-Kotta, Stuttgart 1978, S. 472. ただしカントの原典には „Weltanschauung“ ではなく „Weltbetrachtung“ の語しか見出せないように思われる(*I. Kant*, Kritik der Urteilskraft (1. Aufl. 1790), Werke in zehn Bänden, Bd. 8, Sonderausgabe, Wissenschaftliche Buchgesellschaft, Darmstadt 1981, Erster Teil, Zweiter Abschnitt, §67 u. 86.) 邦訳としては篠田英雄訳(岩波文庫)下巻四四頁、一五四～一五五頁を参照した。なお、そこでは Weltbetrachtung の語が「世界観」と「世界考察」と訳し分けられているが、理由は不明である。

(14)　*W. Heun* u. a. (Hrsg.), Evangelisches Staatslexikon, Neuausgabe, Kohlhammer, Stuttgart 2006, Sp. 2683 (verf. von *Hans Michael Heining*). ちなみに、*Arnim Regenbogen* und *Uwe Meyer* (Hrsg.), Wörterbuch der philosophischen Begriffe, Wissenschaftliche Buchgesellschaft, Darmstadt 1998, S. 724 によると、世界観の語は、シュライヤーマッハー(*Fr. D. E. Schleiermacher*, 1768-1834)が『宗教論』(Reden über die Religion)の中で、宗教的な「宇宙観」(Anschauung des Universums)として用い、さらにその『教育論講義』(一八一三年)の中で叙

述しているのが最初だとされている。

（15）　*Wilhelm Dilthey*, Gesammelte Schriften, VIII. Bd., Weltanschauungslehre: Abhandlungen zur Philosophie der Philosophie, 2., veränderte Aufl., B.G. Teubner Verlagsgesellschaft, Stuttgart 1960. 邦訳としては、この書物の S. 75 ff. に収載の Die Typen der Weltanschauung und ihrer Ausbildung in den metaphysischen Systemen の山本英一訳『世界観の研究』（岩波文庫、一九三五年）〔絶版〕）がある。

（16）　山本訳・前掲注（15）末尾の訳者による概説。

（17）　*Dilthey*, a. a. O.（Anm. 15）, S. 78 ff.

（18）　*Gerhard Anschütz*, Die Vefassung des Deutschen Reiches vom 11. August 1919, unveränderter Nachdruck der 14. Auflage 1933, Hermann Gentner Verlag, Bad Homburg vor der Höhe 1960, S. 649 f. Vgl. auch *Heun*, a. a. O.（Anm. 14）, Sp. 2683.

（19）　*Heun*, a. a. O. (Anm. 14), Sp. 2683. この「宗教的・世界観的に」あるいは逆に「世界観的・宗教的」というように両者を並記するのは、とくに近年の連邦憲法裁判所判例に頻繁に登場する言い回しだとされる（*Gerhard Czermak*, Religions- und Weltanschauungsrecht. Eine Einführung, Springer-Verlag, Berlin Heidelberg 2008, S. 58.）.

（20）　*Stefan Muckel*, Religiöse Freiheit und staatliche Letztentscheidung. Die verfassungsrechtlichen Garantien religiöser Freiheit unter veränderten gesellschaftlichen Verhältnissen, Staatskirchenrechtliche Abhandlungen Band 29, Duncker & Humblot, Berin 1997, S. 135 ff. なお、連邦憲法裁判所の《宗教》の概念の理解については、とりあえず、倉田原志「ドイツにおける労働者の信仰の自由・覚書」立命館法学二〇〇八年五・六号二四六頁以下参照。

（21）　BVerwGE 61, 152 [155].〔なお、この判決については本章末尾の補遺で触れている。〕*Peter Badura*, a. a. O. (Anm. 8), S. 37 は、この BVerwGE 61, 152 [156] に言及してこのように論じている。バドゥーラは、宗教のメルクマールを三つ挙げて説明している（S. 37）が、詳細は触れない。なお、このバドゥーラの著書については、井上典之「ドイツの Jugendreligion をめぐる憲法問題」宗教法一四号（一九九五年）一〇五頁以下に紹介がある。Vgl. auch *Paul Kirchhof*, Die Kirchen als Körperschaften des öffentlichen Rechts, in: *J. Listl / D. Pirson* (Hrsg.), Handbuch des Staatskirchenrechts der Bundesrepublik Deuschland, Erster Band, 2. Aufl., Duncker & Humblot, Berlin 1994, S. 681; *Muckel*, a. a. O. (Anm. 20), S. 136.

（22）　*Kirchhof*, a. a. O. (Anm. 21); *Badura*, a. a. O. (Anm. 8), S. 38.

（23）　ただし、*Gerhard Czermak*, a. a. O.（Anm. 19）は、基本法の諸規定（第三条三項、第四条一項、第七条三項・五項第三三条三項、

第一四〇条、ヴァイマル憲法第一三七条等）からして、宗教と世界観は概念上は二つの別のもの（Alternative oder Parallele）として理解されているのであって、世界観をもって「宗教的および非宗教的なものの見方の上位概念」とする一般の用法は正しくないとしている。

（24）*v. Mangoldt/Klein/Starck*, a. a. O., Bd. 1 (Anm. 2), S. 502, Rn. 10 zu Art. 4. (verfas. v. *Christian Starck*). なお、このように《神の存在》への信仰の有無が宗教と世界観とを分けるのだとすれば、仏教の（少なくとも一部）は《世界観》であって宗教ではないとされることとなろうが、筆者がここでの関連で参照したドイツの文脈で、《仏教》について言及するものはあまり見当たらなかった（ただし、後注（27）参照）。

（25）*Gerhard Anschütz*, Die Religionsfreiheit, in: *G. Anschütz u. R. Thoma* (Hrsg.), Handbuch des Deutschen Staatsrechts, Bd. II, 1932, S. 675 ff., insbes. 689.

（26）*Badura*, a. a. O. (Anm. 8), S. 30 f.; Vgl. auch *Anschütz*, Kommentar, a. a. O. (Anm. 18), S. 650.

（27）*Klaus Obermayer*, Religions- und Weltanschauungsgemeinschaften, in: DVBl. 1. Juli 1981, S. 615 f. insbes. S. 617 も、宗教団体と世界観団体との区別はいまなお有効で、「宗教団体は《一なる人格的な神》（ein persönlicher Gott）への信仰という意味での宗教によって特徴づけられたのに対し、世界観団体とみなされるのは、そうした一なる人格的な神への信仰に依拠するのではなく、世界全体とそこでのと人間の立ち位置を、宗教的基盤とは別の基盤から認識」しようとする Bekenntnisgemeinschaft のことであるとし、具体例として、無神論、唯物主義、一元論はそうした神を否認するが、汎神論や仏教はある種の神性（Gottheit）を受け入れる、として、アンシュッツの他に、*Godehard Josef Ebers*, Staat und Kirche im neuen Deutschland, Max Hueber, München 1930, S. 170 の見解を引いている。

（28）上記のアンシュッツ（前掲注（18）参照）が世界観の例として挙げていた《無神論》（Atheismus）については、こうした文脈でこれを世界観の一種として言及しているものは、前注（27）の *Obermayer* 以外にはあまり見当たらなかったが、これも世界観の一種と言ってよいであろう。ちなみに、*Gusy*, a. a. O. (Anm. 9), S. 324 は、ヴァイマル憲法の解釈として、宗教的目的をもって設立されたその他の結社であっても、同憲法第一三七条二項の「宗教団体」ではなく一般の私的結社（第一二四条一項三文）と同じ地位に置かれた例として、「宗派に拘束されている青少年団体」（bekenntnisgebundene Jugendverbände）を挙げている（邦訳二七〇頁）。なお、*Hermann Heller*, Grundrechte und Grundpflichten, in: Gesammelte Schriften, Zweiter Band, A. W. Sijthoff, Leiden 1971, S. 306）は、

Monistenbund と Freidenkervereinen を世界観団体の例として挙げている（大野達司・山崎充彦訳『ヴァイマル憲法における自由と形式』〔風行社、二〇〇七年〕四〇頁）。

（29） *Muckel*, a. a. O. (Anm. 20), S. 136 f.

（30） *v. Mangoldt/Klein/Starck*, a. a. O. (Anm. 2), S. 514 f. Rn. 31 (verfas. v. *Christian Starck*). シュタルクは、この基準からするとダーウィニズムとかマルクス主義理論は世界観と言いうるとしている。

（31） *Axel von Campenhausen/de Wall*, Staatskirchenrecht, Eine systematische Darstellung des Religionsverfassungsrechts in Deutschland und Europa, 4. Auflage, C. H. Beck, München 2006, S. 55.

（32） 『日本国語大辞典』（小学館）の「せかいかん」の項。ここには続けて、「人生観。楽天主義・厭世主義・宿命論・宗教的世界観・道徳的世界観など、多くの立場がある。」という説明が加えられている。

（33） 連邦憲法裁判所は、注（19）でも触れたように、初期の判決から、宗教団体と世界観団体との区別を前提としつつ、一貫して宗教的・世界観的中立性（Neutralität od. Parität）ということを強調している（BVerfGE 18, 385 [386]; 19, 1 [8]; 19, 206 [216]; 24, 236 [246]; 30, 415 [421]; 33, 23 [28]; 93, 1 [17]; 108, 282 [299] など）。

（34） ただし、以下の補遺参照。

〔補遺〕

先に注（21）の中でバドゥーラの見解に関連して言及した、連邦行政裁判所の一九八〇年一一月一四日の判決（BVerwGE 61, 152）について、本章の初出時には諸般の事情で参照することができなかったので、その内容について——本文で述べたところと多少重複する点もあるが——概略補足しておくこととする。

（1） この判決で扱われた事案は、いわゆる《サイエントロジー》に所属する原告が、一九七四年二月一一日に、同教会[35]の聖職者（Geistliche）になる準備をしているという理由で、基礎兵役に就くのを猶予してほしい旨を申請したことに始まる。原告は、同年三月一八日の徴兵検査により、兵役義務法（WPflG v. 21. Juli 1956, BGBl. I S. 651）の § 一二第二項に基づいて、一九七八年七月三一日までの間、兵役を免除されたが、その後、同年八月八日の召集通知により、同年一〇月二日に兵役に就くよう召集された。そこで原告は、これに対して異議申立をすることにより、この召集通知を取り消すよう請求したところ、ダルムシュタット行政裁判所は、一九八〇年一一月一四日の判決で、原告の請求を認容した。その理由は、「原告が得ようとしているサイエントロジー教会の職務は、福音派の牧師職に任命された聖職者の職務またはローマカトリック教会の聖職者の職務に匹敵する。それゆえ原告は、兵役義務法§一二第二項により、聖職者の職務への準備のために、兵役を猶予されなければならない」というものであった。

(2)　ここで、関連する法令について触れておくと、兵役義務法の§一一(兵役免除)は、第一項で、以下の各号に該当する者は、兵役を免除されていると定めている。すなわち、①福音派(evangelisches Bekenntnis)の聖職者に任命された者、②ローマ・カトリック教会の聖職者で副助祭職(Subdiakonatsweihe)[36]を受けたもの、③その他の宗派(andere Bekenntnisse)の専任の聖職者として務めている者であって、福音派の牧師職に任命された聖職者の職務又はローマ・カトリック教会の聖職者であって副助祭職を受けたものの職務に相当する(entsprechen)職務に就いているもの、④重度身体障害者、および、⑤国際法上の条約に基づいて、国際的機関において活動している期間について、これに対応する〔兵役の〕免除を受けている者である[37](この事案で問題となるのは、このうち第三号であることはいうまでもない)。そして続く§一二(兵役猶予)は、第二項で右の「§一一にいう聖職者の任務に就く準備中の者は、申請によって兵役を猶予される」とし、そのためには、「①正規の神学の研究(Studium)又は専門教育(Ausbidung)を受けている旨の証明書、及び、②兵役義務者が聖職者の職務に就く準備中である旨の、管轄のラント宗務局、司祭局、修道院長又はこれらに相当するその他の宗教団体の上級機関の証明書を提出するものとする」と規定している[38]。

(3)　さて、行政裁判所の原告勝訴の判決に対して被告が上訴し、連邦行政裁判所は、以下のような理由で原判決を破棄し、原審の行政裁判所に差し戻した。

連邦行政裁判所判決は、原審判決の見解からすれば、「基本法第四条一項に保障された、信仰の自由および宗派(Bekenntnis)の自由に照らせば」、兵役義務法§一一第一項三号にいう宗派の概念は広く解釈しなければならず、その結果、基本法第四条一項によって保護されたあらゆる信仰内容および宗派形式を包括する」とされることとなるが、このことは、次のように解さざるをえない。すなわち、原判決の見解によれば、兵役義務法§一一第一項三号には、宗教上の宗派(religiöse Bekenntnisse)のみならず世界観共同体(Weltanschauungsgemeinschaften)も含まれる、ということになる。ところが原判決はそのあとで、サイエントロジーも宗教上の一宗派だ、という意味のことを述べている。しかし連邦行政裁判所は、これら二つの法的出発点の両方に従うことはできない、とする。同裁判所はこの判決の中で、オーバーマイヤーの見解[39]を幾度も引きつつ、「宗教と世界観の限界は流動的なものとなってしまっており、両者の区別をすることを困難にしている」が、兵役義務法の前記規定は、宗教共同体と世界観共同体との区別、および宗教についての伝統的な理解の仕方を引き継いでおり、宗教的性格をもつ宗派のみを念頭に置いている、とする。宗教上の宗派は、人間を単に世界内的(その意味で内在的 immanent)なものとしてだけではなくて人間を超えた包括的な(その意味で超越的 transzendent)な現実を前提としており、この意味での宗教的なるものは宗派にとって核心的に重要であるはずのものであって、単なる付随現象ではありえない。このことはすでに連邦行政裁判所の幾多の重要な判例により疑う余地のないものとされてきている要件であって多言を要しない、として先例[40]を参照した上で、上記の兵役義務法§一一第一項三号に《宗派》(Bekenntnis)だけではなく《聖職者》(Geistliche)という文言があることに注意を喚起する。

(4)　そしてここで連邦行政裁判所が先例として引き合いに出しているのが、宗教団体「エホバの証人」(Zeugen

Jehovas）に属する者が同法§一一第一項三号に基づいて兵役を免除されるかどうかが争われた事案についての一九六九年一二月一一日の判決（BVerwGE 34, 291［298］）である。この判決の中で連邦行政裁判所は、「エホバの証人」なる信仰共同体は、同号にいう「その他の宗派（andere Bekenntnisse）の概念に含まれる宗教団体であり、原告は福音派およびカトリックの《専任》（hauptamtlich tätig）の《聖職者》に相当するがゆえに、兵役を免除されるべきだと結論づけていた[41]（BVerwGE 34, 291［292, 300］）。その際、連邦行政裁判所は、この《聖職者》という呼称から帰結する問題は、宗教団体が „geistlich" と称しうるような任務領域なのであって、宗教団体の内部でなされている任務は、たとえば、キリスト教の二大宗派（福音派教会とカトリック教会）の司牧（Seelsorge）という職務のように、宗教的教示（Unterweisung）や宗教的行為等々を通じて、宗教団体に所属する者たちの導きや世話に奉仕することであり、かかる任務は „geistlich" と言えるとした（BVerwGE 34, 291［300］）。

（5）　そこで、連邦行政裁判所は、本件で問題となっている《サイエントロジー》[42]が、右の「エホバの証人」のケースと同様に、「二大キリスト教派に相当する《宗派》であって、その職務が《聖職者》の職務に相当するもの」と解しうるかどうかについては、これまで知り得た全事実からしてもその確証を得ることができない（BVerwGE 61, 152［162］）として、破棄差戻をしたのであった[43]。

結局、兵役義務法上の兵役免除や兵役猶予にかかわる前記規定における《宗派》の概念と、信教の自由を定める基本法第四条一項・二項にいうそれとは同一ではなく、後者にいう《宗派》に属する者であっても、その者が当然に前者の制度において兵役を免除または猶予されるかどうかとは別の問題であり、基本法は宗教・世界観団体の平等取扱いを命じてはいるが[44]、兵役義務法はそれとは別の基準で兵役の免除等を定め、二大キリスト教宗派の《優遇措置》を定めていることになる。もとよりこのことが許されるかどうかは、それ自体一つの問題となりうるが、連邦行政裁判所は、「かかる通常法律による規律をする際にも、たしかに立法者は憲法に拘束されているが、憲法によって引かれた枠内であれば、立法者はそれを具体化させる広範な裁量(ein weitgehender Gestaltungsspielraum)を有しているのだ、としたのである(BVerwGE 61, 152 [155])。[45]

注

(35) この団体は、判例集中でも „Scientology Kirche Deutschland – Hubbard Scientology Organisation München e. V.“ としており、みずからを《教会》と称しているとされる(BVerwGE 61, 152 [162])。

(36) 現行法律では(筆者の確認した限りで)この部分は(すぐ下に出てくる箇所も含めて)「助祭職」(Diakonatsweihe)となっているが、本事案に関してはこの点はいずれにせよ重要ではない。なお、これらの訳語は、川口洋『キリスト教用語独和小辞典』(同学社、一九九六年)を参照した。

(37) 父母や兄弟姉妹が兵役や代役中の負傷がもとで死去した者などのように、申請により兵役を免除される場合について定める第二項は省略。

(38) 一時的に兵役に就くことができない者などのように、申請なしに兵役を猶予される者について定める第一項は省略。

(39) ここで幾度か引用されているのは、*Obermayer*, in Bonner Kommentar zum Grundgesetz, Zweitbearbeitung, Art. 140 および彼が本件において提出した鑑定意見であるが、これらの原典は参照できなかった。なお前注(27)に挙げた *Obermayer*, a. a. O. は本件の判決についての評釈である。また、兵役義務法における聖職者の特権についてはさらに、*Obermayer*, Zur Verfassungsmäßigkeit und zur Auslegung des Geistlichenprivilegs im Wehrrecht, in: DÖV, 1986, Heft 3, S. 80 ff. も参照。

(40) BVerwGE 7, 66; 14, 318;24, 1; 25, 338; 34, 291.

(41) 「エホバの証人」については、連邦憲法裁判所の判決(BVerfGE 102, 370)が、一九九七年六月二六日の連邦行政裁判所による請求棄却判決(BVerwG 7 C 11.96)に対する憲法訴願手続について訴願人の基本権侵害を理由として破棄差戻しをし、その結果、ベルリーン州で公法上の社団(基本法第一四〇条、ヴァイマル憲法第一三七条五項参照)として認められた。この判決については、とりあえず『ドイツの憲法判例Ⅲ』五一五頁以下〔須賀博志の邦訳・解説〕を参照。

(42) ドイツにおけるサイエントロジーの処遇については、とりあえず、ヒューバート・ザイフェルト「ドイツにおける問題宗教に関する報告」(『海外の宗教事情に関する調査報告書』(文化庁、二〇〇一年)二〇三頁以下を参照。

(43) なお、この判決については、*Obermayer*, a. a. O. (Anm. 27) 参照。

(44) この点については本章第三節2(2)および注(19)で多少とも触れた。

(45) もとより、基本法第四条三項のいわゆる《良心的兵役拒否》が認められる範囲は、これとはまた別の観点から検討する必要があるが、この点はここでは触れない。

第七章　ドイツの結社法における宗教・世界観団体の地位
――一九六四年法とその改正を中心に

はじめに

(1)　基本法の構成部分たるヴァイマル憲法の《教会条項》　基本法はその第一四〇条において、国家と教会の関係にかかわるヴァイマル憲法の多くの規定（第一三六条～一三九条、第一四一条）を現行憲法の構成部分として取り込んでいる。このように、ヴァイマル憲法の《教会条項》[1]が基本法第一四〇条に取り込まれるに至ったことは、基本法制定過程たるボンの「議会評議会において出されたもろもろの提案が、いずれも、国家と教会の関係についてどのように規律すべきかについて多数意見を形成することができなかったために、どうしても必要となった妥協の産物」であったとされている（BVerfGE 19, 206 [218]）[2]。第一四〇条自体の成立過程については、本書の第三章で詳細に検討したとおりである。

(2)　ヴァイマル憲法第一三七条　第一四〇条が基本法の構成部分であるとしている規定のうち、本章に直接関わるヴァイマル憲法第一三七条は、「宗教団体を結成する自由」（第一項）および「ドイツ国内における〔複数の〕宗教団体の結合」の自由を保障し（第二項）、「宗教団体は各々、すべてのものに適用される法律の範囲内で、その事務を独立して処理し管理する。宗教団体は各々、国又は市町村の関与を受けることなく、その役職を付与する」（第三項）としている。また同条は、「宗教団体は、民事法の一般的規定により権利能力を取得する」（第四項）としつつ、以前から「公法上の社団」（Körperschaft des öffentlichen Rechtes）であった宗教団体の地位を今後も保障し、それ以外の宗教団体であっても、「その根本規則（Verfassung）及びその構成員数からして存続することが確実である場合」には、その申請に基づいて、公法上の社団と同一の権利が与えられるものとし、二以上のこのような公法上の社団の連合（Verband）も公法上の社団とする（第五項）と定める。「一の世界観を共同で振興することを任務とする結社」も宗教団体と同等に取り扱われる（第七項）。同条はさらに、公法上の社団たる宗教団体に対して「市民租税台帳に基づき、ラントの法の定める基準に従って、租税を徴収する権利」（第六項）を与えていることが特徴的である。

右のヴァイマル憲法第一三七条五項により、一定の伝統的な宗教団体は「公法上の社団」としてその地位を保護され、新しい宗教団体であっても、一定の要件の下に同様の地位を与えられるが、基本法の連邦制の下においては、すでにこれまでの章でも繰り返し述べたとおり、宗教を含む文化に関する権限は原則としてラントが有しており（文化高権）、具体的にどの宗教団体にそうした地位を付与するかは、各ラントの問題である。大半のラントの憲法は、このヴァイマル憲法の規定に類似した規定を置いている。(3)

ちなみに、すぐ後に触れるバイエルン憲法第一四三条や、後述する（第二節）一九六四年の結社法にいう„Religionsgemeinschaft“とは異なり、右に引用したヴァイマル憲法では„Religionsgesellschaft“（宗教団体）の語が用いられている。両者の概念上の違いは必ずしも明らかではないようであるが、カンペンハウゼンなどは、用語法としてはむしろ„Religionsgemeinschaft“（宗教共同体）の語を用いるべきであったとしている。(4)しかし、これら両者を判然と分けることにそれほど意味があるとは思われないので、本章では、とくに両者を区別する必要がある場合を除き、便宜上、原則として両者をいずれも《宗教団体》と表記することとしておく。

第一節　基本法下における結社の自由と宗教団体の地位

1　基本法の「結社の自由」条項

(1)　結社の自由とその限界　以上のように基本法は、一方で、宗教団体について詳細な規定を置きつつ、他方で、第九条では、「すべてのドイツ人は、社団（Verein）および団体（Gesellschaft）を結成する権利を有する」（第一項）として、「結社の自由」（Vereinigungsfreiheit）を一般的に保障している。したがって、憲法上の枠組みとしては、ヴァイマル憲法第一三七条五項でいう「公法上の社団」としての地位を有する宗教団体にはなれなくとも、右の基本法第九条により、宗教的な活動を行う団体ないし社団を結成する自由が保障されている。つまり、こうした団体の憲法上の根拠は、ヴァイマル憲法第一三七条二項ではなく、基本法第九条だということになる。もとより、そうした団体の中には、法人格を有しない（または有することを意図しない）宗教上の結社もありうるし、また、ヴァイマル憲法第一三七条四項によって、「民事法上の権利能力を有する社団」たる宗教団体（非経済的社団法人）も存在しうることとなる。

わが国でもしばしば裁判例上問題となっている「エホバの証人」については、公法上の社団たる地位を認めるよう求めた同宗教団体からの申請に対してベルリーンの管轄官庁が却下した処分に端を発した裁判手続において、連邦憲法裁判所第二法廷は二〇〇〇年一二月一九日の判決（BVerfGE 102, 370）で、同団体には公法上の社団たる地位を賦与されるべき資格がないとした連邦行政裁判所の一九九七年六月二六日の判決（BVerwGE 105, 117 ff.）を破毀しており[5]、今後こうした団体が公法上の社団としての地位を賦与されることとなる可能性は否定できない。

もとより、結社の自由も無制限ではなく、「結社（Vereinigung）のうちで、その目的若しくはその活動が刑事法律に違反するもの、又は憲法的秩序若しくは諸国民のあいだの協調の思想に反するものは、禁止される」こととなる（基本法第九条二項）が、この点は後述する。

(2)　**結社法（一九六四年法）にいう社団の概念**　ドイツにおいては、他の多くのヨーロッパ諸国と同様に、基本法第九条を具体的に規律するための一般法が制定されている。一九六四年八月五日制定の「結社法」（Vereinsgesetz）[6]（以下では便宜上「六四年法」ということがある）がそれである。

すなわち同法はまず、その§一で社団の設立の自由を保障しつつ（第一項）、「結社の自由を濫用する社団に対しては、公の安全又は秩序を維持するため、本法に従ってのみ、干渉することができる」（第二項）と規定している。この規定は、基本法第九条の保障する「社団の設立の自由」を再確認しつつ、結社の自由を濫用する社団に対する「公の安全又は秩序」を維持するための規制が、同法によってなされうる旨を定めたものである。

続く§二は、一九六四年の制定当初での規定では、次のような文言であった。

§二　**社団の概念**(1)　本法にいう社団は、その法形式の如何を問わず、多数の自然人又は法人が、長期にわたって、共通の目的のため任意に、結合をなし、組織された意思形成に服してきたあらゆる結社である。

(2)　次のものは、本法にいう社団ではない。

一　基本法第二一条にいう政党

二　ドイツ連邦議会及びラント議会の会派
三　一九一九年八月一一日のドイツ国憲法第一三七条を援用する基本法第一四〇条の枠内における、宗教共同体（Religionsgemeinschaften）及び一の世界観を共同で振興することを任務とする結社。」

ちなみに、「結社法」にいう社団（Verein）は、公法的な意味でのものであって、民事法上の社団よりはるかに広く、基本法第九条一項にいうその他の団体（Gesellschaft）も含むものである。それゆえここでは „Vereinsgesetz" を、広い意味で「結社法」と称することとする。

さて、§三は、上述した基本法第九条二項を具体化して、「社団は、その目的若しくは行為が刑法に違反する旨、又は憲法的秩序若しくは諸国民の間の協調の思想に反する旨が禁止官庁の処分により確定したときにはじめて、禁止されたもの（基本法第九条二項）として取り扱うことができ、この処分は、社団の解散を命ずるものとする（禁止）」と規定している（第一項）。この禁止は連邦内務大臣またはラントの行政官庁によってなされ、それに伴って社団財産等の差押えおよび没収等もなされることとなる。

(3)　一九六四年法の適用除外　(a)　右の結社法§二第二項三号の規定によって、「宗教団体および世界観団体」（以下では便宜上両者を単に「宗教団体等」と略記することがある）は、政党（第一号）および議会内の諸会派（第二号）とともに、一般の結社とは異なる取扱いを受けていた。このうち、「国民の政治的意思形成に協力する」団体たる政党については、基本法自身が第二一条に別に明文規定を置き、一方で、「政党の結成は自由である」（第一項）としつつ、他方で、「政党のうちで、その目的又はその支持者の行動からして、自由で民主的な基本秩序を侵害し若しくは除去し、又はドイツ連邦共和国の存立を危うくすることを目指すもの」について、それが違憲かどうかについては連邦憲法裁判所が決定する（第二項）こととされている。すなわち、政党の違憲性に関しては、もっぱら連邦憲法裁判所の裁判を通じてなされるのであって、行政機関はこれをなしえないことが重要である。
(b) ひるがえって、結社法の右規定により適用除外されていた宗教団体等についても、上記の同法§二の規定に従って連邦内務省等の行政機関の決定によって解散されることはないというのが建前であった。これは、国家と教会および宗教団体とのかかわりについて独自の伝統を有し、宗教および宗教団体が国家・社会生活に占める重要性を重んじてきたドイツに特有の考え方の反映であったと言ってよかろう。もっとも、同法にいう宗教団体等には、伝統的な《教会》などはもともと含まれないと解されていたことは、後述のとおりである。

2　結社法の改正

(1) 二〇〇一年の結社法改正　さて、以上のような宗教団体等の法的地位は、二〇〇一年一二月の結社法改正によって一変することとなった。すなわち連邦議会は、同月四日の「結社法を変更する第一法律」[7]で、結社法にいう《社団》の概念を定めた上記の§二のうち、上記の第二項三号を削除するに至った。このことは、従前は結社法の適用を除外されていた宗教団体等が、今後は同法の規律に服し、§三等の定める解散を含む規制の対象となることとなったことを意味する。

(2) 本章のテーマの限定　そこでここでは、この二〇〇一年の結社法改正（以下では「改正結社法」と表記することがある）の経緯とその趣旨ないしその影響について、議事録等の史料を中心に若干の検討を加えることとする。しかし、そのための前提作業として、まず、従前の結社法（六四年法）のいわゆる《宗教特権》(Relig onsprivileg) 条項において、宗教団体等が同法の適用除外とされていたのは、いかなる趣旨によるものであったのかを、六四年法の成立の経緯を振り返ることによって検討しておくこととする。

第二節　一九六四年の結社法における宗教団体の地位

1　結社法の成立過程概観

(1)　一九〇八年のライヒ結社法　六四年法の前身は、一九〇八年四月一九日のライヒ結社法(Reichsvereinsgesetz, RGBl. 1908 S. 151)である。それ以来の結社制度の成立と展開の詳細については、ここでその詳細を検討する暇はないが、この一九〇八年法の規定のうち、少なくとも、「社団であってその目的が刑事法律に反するものは、これを解散することができる」旨を定めた§二については、六四年法制定以前の基本法下でも依然として有効であったと解されており、したがって、刑法に違反する結社はもちろん、とくに基本法第九条二項の意味における憲法違反の結社についても、すでに当時から、これに解散を命じることができるものとされていたことは確かなようである。(8)

(2)　連邦政府の結社法草案　基本法の下で、新しい結社法の制定というテーマが議会の審議日程に上がってきたのは、第四立法期の一九六二年六月二七日のことである。同日の第三六回会議では、連邦政府が同年五月二四日に連邦議会に提出した「結社法案」(9)について第一回審議が行われた。(10)当時の草案では、現行法の§二に相当する規定は§一であり、その第一項は先に引用した現行法の文言とまったく同一であるが、第二項は、次のような文言であった。

(2) この法律は、次のものには適用しない。
一　基本法第二一条にいう政党
二　宗教団体及び一の世界観を共同で振興することを任務とする結社（基本法第一四〇条が援用する一九一九年八月一一日のドイツ国憲法第一三七条）。

この草案がのちの六四年法と異なる点は、「ドイツ連邦議会及びラント議会の会派」を適用除外とする六四年法§二第二項二号が、まだこの草案段階では存在しなかった点と、本章に直接関わる草案の右の第二号の文言が、六四年法の§二第二項三号とは多少異なっている点であり、また六四年法では「宗教共同体」となっていた文言が、この草案の段階では「宗教団体」となっている。

(3)　結社法の制定理由　それはさておき、この結社法案の提案理由について、当時の連邦内務大臣ヘヒャルは、次のように述べていた。すなわち、一九〇八年の旧結社法に代わるものとしての「この新しい結社法は、自由で法治国的秩序を確固たるものにするために少なからぬ貢献をするであろう。すなわち、一方で、この法律は行政当局による侵害から守られている結社の自由の領域を明確にするものである。他方で、同法は、憲法的秩序、諸国民の合意の思想、または刑事法に対抗せんとするあらゆる種類の結社に対する行政当局の介入のための基礎を形成することになる」と。同氏はさらに続けて言う。「基本法は第九条一項で結社の自由を包括的に保障しており、その限りでは、それ以上ほとんど法律による確認をする必要はない。結社法の本質的な任務は、第九条二項の禁止の構成要件について詳細に定め、それによって、わが国の民主的な生存秩序のためにどうしても必要な社団禁止の実施を有効に確保し、それと同時に、法治国と法的安定性の必要条件を十分に満たすような手続を詳細かつ良心的に規律することである。」そして、「結社法の規定する特定の行政当局が、基本法第九条二項の要件が満たされていること、換言すれば、結社のなす行動が、憲法違反で、刑事法に反し、または諸国民をそそのかすものであることを、行政処分により確認した後でなければ、結社の自由に介入することはできない」のであり、したがって、「この法案は、法的安定性を理由として、すべての行政当局が自己の権限に基づいて、第九条二項の審査をすることができるわけではないとする、すでに文献上も裁判においても支配的な見解を基礎にするものである」。具体的な措置として、社団の解散、社団財産の没収、禁止された結社の代替組織の結成の禁止が予定されていた点は、現行法と何ら異なるところはない。

(4)　**適用除外条項とその趣旨**　ここでの関心は、しかし、むしろ第二項の適用除外規定であり、その中でも特に、宗教団体等への適用を排除していた《宗教特権》規定（草案では第二号）である。

この適用除外規定について、連邦政府は当時、その提案理由中において次のように説明していた。すなわち、「宗教団体等について結社法の適用を排除しているのは、宗教団体等への結社の自由が、基本法第四条に保障されている信仰の自由、良心の自由ならびに宗教および世界観の告白の自由のもつ特別の意義〔重要性〕に鑑みて、基本法第一四〇条が援用するヴァイマル憲法第一三七条二項および第七項によって、基本法第九条に対して独自の規律がなされてきた」からであり、「この規律からすると、基本法第九条二項による制限は予定されていない」からである。もとより、宗教団体等のなす行為は、ヴァイマル憲法第一三七条三項一文により、「すべてのものに適用される法律」に拘束されており、とりわけ、憲法的秩序の保護に資する諸規定にも拘束されている。したがって、宗教団体等がなす個々の違法行為に対しては、他の場合と同様の対処がなされる。ただし、教会および比較的重要な宗教団体は、公法上の社団として結社法の意味における結社ではない。他方で宗教的社団、すなわち、宗教上の特殊目的をもつ社団は、従前と同様、一般の結社法に服することになるのであるから、§一第二項二号は、宗教団体に限って言えば、比較的小さな宗教団体にとってのみ意味があることとなる。」[11]

この点については、当時は野党であったＳＰＤのハンジング議員が、上で触れた第一回審議において、連邦政府の提案理由に対する質問の中で、次のように述べていたことからしても、すでに当時においても疑いのないところであったと言える。すなわち、「大きい宗教団体がこの法律に含まれないことは自明のことである。というのは、そうした宗教団体は公法上の社団だからである。しかし、こうした宗教団体と同様に、世界観の振興に専念する比較的小さな結社が残ってくるわけで、この法律はその限りですでに一種の例外を作っていることになる。云々」[12]。つまり、伝統的なキリスト教会のように、従前からドイツ社会において確固たる地位を占めていた「公法上の社団」たる地位を有する宗教団体は、もともと、結社法が適用除外の対象としている宗教共同体等の概念には含まれていなかったのである。

もっとも、この点については、学説上は必ずしも一致していたわけでもなく、「国家的任務を果たさず国の監督という手段をもってしては憲法的秩序を遵守すべきことを実効的に促すことができない」ような結社については、「それが公法上の社団という形態での結社であるがゆえに基本法第九条二項のいう結社の禁止や解散の可能性それ自体から免れているかどうか」については、議論の余地もあったようである。[13]

⑸　世界観共同体　　ちなみに、この点と関連して、草案の§一第二項二号（六四年法では§二第二項三号）が同法の適用を除外していた「世界観共同体」(Weltanschauungsgemeinschaft)は、「固有の意味での世界観団体」のみであり、政治の領域では、世界観の概念は、「特定の国家秩序・社会秩序についてのイデオロギー的な構想にまで及ぶ」よ

うな広い意味で用いられるのに対して、この§一第二項二号の文脈にいう《世界観》の概念は、そうした政治の領域でしばしば用いられるよりも狭いものであって、世界観共同体は、「精神的な告白行為」に原則的に限定していることを前提としていたとされる。なぜといって、世界観を基礎として国家、社会および法秩序を変革することを主目的として追求する結社、とりわけ、「世界観的なもの」が、かかる目的のための口実にしかすぎないような結社は、この法律にいう世界観共同体としての性格を失い、むしろ基本法第二一条にいう政治的結社ないし政党というべきものだからである。(14) もっとも、上記のハンジングが批判しているように、政治的な結社かそうでないかの限界を明確に引くことは困難であり、問題がないわけではない。

(6)　内務委員会草案　以上概略したような第一回審議のあと、同法案は、同日に所轄委員会たる内務委員会(第六委員会)と関連委員会たる法務委員会等での検討に付託された。法務委員会等は翌一九六三年三月に検討結果を内務委員会に通知し、内務委員会はその検討結果をふまえて草案を検討し、一九六四年三月一九日に内務委員会の全会一致の議決を経た最終案が、同年五月二六日付けで „Drucksache IV/2145 (neu)“ として公表された。この新しい最終草案では、該条文は現行法と同様、§二に置かれ、文言も一九六四年法とまったく同一である。もっとも、前述した一九六二年の連邦政府草案(前述(2)参照)と比べて異なる点は、すでに述べたとおり、第二号が挿入された点と、「宗教共同体」という語に置き換えられている点(ただしこの点については、何らの説明もなされていない)である。

それはさておき、この内務委員会草案の中の説明においては、§二第二項の適用除外条項の趣旨とその限界について、次にように述べられている。

「§二第一項の、意図的に広く規定された〔社団の〕概念の誤解を避けるために、この規定の第二項は、政党、連邦議会およびラント議会の会派（この部分は法務委員会と内務委員会による挿入である）、ならびに宗教団体にはこの法律の適用がないことをはっきりさせている。委員会の理解から明らかになることは、宗教団体に関しては、そうした団体および世界観団体が基本法第九条を超えて、一九一九年八月一一日憲法の第一三七条を援用する基本法第一四〇条の保障を受けるのは、それらがこの宗教および世界観の枠内で活動している限りにおいてだということである。たとえば、宗教団体等であっても、何らかの政治的活動をした場合には、基本法第九条二項の適用領域に入り、したがって同時に結社法の適用領域にも入ることとなれば、事情によっては、禁止手続にさらされることとなろう。(15)」

（7）　結社法の成立　　連邦議会での第二・第三回審議は、一九六四年六月四日の第一二八回会議でなされ、そこでは上述した一九六二年の連邦政府草案（Drucksache IV/430）と第六委員会による修正後の最終草案（前記の Drucksache IV/2145 (neu)）を素材として議論がなされているが、(16)ここでの議論の中心は、刑法典等の改正（§二二以下）に関わるものであって、本章との関連で触れるべきは、ただ、報告者として演壇に立ったＣＤＵ／ＣＳＵのケンプフラーが、連邦政府草案についての補足説明として、次のように述べていた点のみである。すなわち、「草案§一の文言で〔内務〕委員会は、単に結社の自由についての基本法の考え方を宣言的に繰り返して規定することを意図していたのではなく、結社の自由という原則が法律案の指導的な基本思想であることをきわめて明確に述べることであった。」それによってこの規定は、「行政の運用にとっての指針となりうるのみならず、場合によっては裁判による法律解釈にとってもレレヴァントなものとなりうるのである」と。

この日、委員会による修正を経た一九六四年の結社法案は第三回審議において全会一致で可決され、六四年法が成立することとなる。

2　一九六四年法の適用

(1)　社団禁止の実際　ある文献によると、六四年法が同年九月一二日に施行されてから一九九九年一〇月五日までの三五年間に、連邦内務省管轄の五五の結社（そのうち外国の社団が四四、極右団体が一〇、刑事法に反する団体が一）、ラント内務省の管轄で六〇の結社（そのうち、外国の社団が一五、極右団体が一四、極左団体が一）について禁止が宣告されたとされている。[17] この統計上の数字については、別の資料では、二〇〇一年までの「三七年間に二三の禁止」がなされたとされていて、[18] 右の数字とは必ずしも一致しないが、いずれにせよ、この程度の数の社団禁止が命ぜられたことになる。この数字は、「社団禁止という手段が、〔国が自由に〕選びうる手段ではなく、ウルティマ・ラティオ、つまり最後の手段であって、わが国の共同社会の基礎に対する社団の違反行為が、社団形成の権利が背後に退かざるを得ないほど強力かつ重大な場合にのみ、国がこの手段に訴えることができる」ものであることを示すものだとして、[19] その「制限的適用」の実態を正当化しうるかどうかは、評価の分かれるところであろうが、過去に禁止されたこれらの団体の多くが、二〇〇〇年九月禁止の „Blood & Honour“ とか、一九九四年一一月禁止の „Wiking-Jugend“ あるいは一九八〇年一月禁止の「国防スポーツ団体ホフマン」(„Wehrsportsgruppe Hoffmann“)といった、よく知られたネオナチないし極右の団体で、基本法に対して攻撃的な対決姿勢をはっきりと打ち出していたこともあり、[20] これらの禁止・解散決定については、《たたかう民主制》を標榜する戦後のドイツ社会においてはあまり異論はなかったのであろう。

(2)　連邦行政裁判所の一九七一年決定　(a)　六四年法施行後には、宗教団体ないし世界観団体に関して禁止・

解散が問題となった事例がありえないことは当然である。基本法下で、六四年法施行以前の有名な事例としては、一九六一年五月の内務省の処分によってなされた禁止・解散の決定に関わる争訟に対して、六四年法施行後の一九七一年三月二三日に下された連邦行政裁判所の決定がある。社団の禁止・解散決定の取消しを求めたこの行政事件についての最終審たる連邦行政裁判所の決定(BVerwGE, 37, 344)は、後述する二〇〇一年改正法案の審議の中でも言及されることとなるので、ここでもその概略に触れておく。

(b)　この事件は、一九六一年春に各ラント内務省が共同で、基本法第九条第二項を根拠として、①個人経営になる出版社 „Verlag Hohe Warte“ と、②世界観団体 „Bund für Gotterkenntnis (L) e. V.“ について、これらの組織がいわゆるルーデンドルフ運動(Ludendorff-Bewegung)[21]の担い手として、全連邦領域内で「憲法的秩序と諸国民のあいだの協調の思想に反する」行動を展開したとして、これらを禁止し解散することを決議し、各ラントは同年五月二五日に結社法(ここでいう結社法はもちろん一九〇八年のライヒ結社法のことである)に基づく解散処分を出すべきことを申し合わせた。この行動の一環として、バイエルン内務省は、同年五月一五日に上記二つの団体の禁止と解散を命じた。この処分が両団体に送達された同月二五日には、申合せに従って、ほとんどのラントでも同様の処分がなされた。

(c)　バイエルン内務省の右処分に対して、両団体はその取消訴訟を提起し、①の団体は個人経営(Einzelkaufmann)の企業であるし、また②の団体はヴァイマル憲法第一三七条七項にいう《世界観団体》であって、いずれにせよ基本法第九条二項にいう《結社》ではないがゆえに、基本法第九条二項による禁止に服することはないし、また実態的にも、「憲法的秩序と諸国民のあいだの協調の思想」に反するものではない等々と主張した。

この訴訟の最終審たる連邦行政裁判所の決定では、①については、個人経営の企業であっても基本法第九条二項にいう結社となりうるが、問題となっている処分では禁止の名宛人が(出版社の社主のようにも見えるため)誰なのかが十分に明白でない等々として、原告の主張が認められたのであるが、本章との関係ではこの部分についての詳細は略する。(22)

(d)　これに対して、②の社団に関する判断は、本章にとって興味深い論点を含んでいるように思われる。連邦行政裁判所は、この判決において、原審裁判所が②の団体をルーデンドルフ運動(反ユダヤ主義的運動)のイデオロギーを依然として有している「憲法的秩序に反する」団体だとした判断については、これを正しかったとしつつも、いわゆる比例性原則(Grundsatz der Verhältnismäßigkeit)を援用して、「憲法秩序に反する」疑いのある団体であっても、その行動が「より緩やかな行政手段」(mildere Verwaltungsmittel)によって実効的に回避できる限り、これを禁止したり解散したりするべきではない、とした。その際、同裁判所は、ヴァイマル憲法第一三七条二項・七項にいう宗教団体等であっても、基本法第九条二項に服することは認めつつ、基本権(ここでは結社の自由)の「公権力による制限は、公共の利益の保護のためにそれが不可欠である場合に限りできる」のだとする連邦憲法裁判所の判決(BVerfGE 19, 342 [348 f.]; 27, 344 [352])をも引き合いに出しながら、その制限は原則として許されず、解散という行政手段よりも緩やかな手段でも十分に個々の憲法に反する行動を阻止できる場合には、結社それ自体の存在を否定するような一刀両断的な処分は正当化されないとして、わが国の憲法学説でよく知られているＬＲＡ基準に類似した理論を用いて、原審に差し戻した。

(e)　この結論はそれとして、ここでの関連でとくに興味深いのは、この決定の中で連邦行政裁判所が、原審の判断の前提には、《真正の》(echt)世界観団体、すなわち、「全世界とそこにおける人間のあり方を精神的に認識し評価することにとどめているもの」と、《不真正の》(unecht)結社、すなわち、「ある世界観の基礎を前提として、結社の主目的が国家、社会および法秩序を自らの価値評価に従って変革しようとすることにあるもの」とを区別するという発想があるとしてこれを批判し、一部の学術文献(23)にも見られるこうした区別が根拠のないものであって、ヴァイマル憲法第一三七条からも基本法第四条からもそうした理解は出てこないとして、これを排斥している点である。

(f)　こうした理解を前提として、連邦行政裁判所は、この事件についてはまだ適用のない結社法§二第二項三号の宗教特権条項について、「この規律は、基本法第九条二項が《真正の》宗教団体等には適用がない」とする上述した不適切な仮定に基づいているとし、「憲法上の法的地位を正しく考察するならば、§二第二項三号においてなされた例外規定が新しい結社法の適用範囲を制限しているのは、許されないやり方ではないとしても、必ずしも必要不可欠なやり方というわけではなく、したがって、連邦立法者は基本法第九条二項によって与えられている規律権限を完全に行使し尽くしたということはできない」云々としている。同裁判所は、結論として、「もとより、そうした区別を前提としなくとも、宗教共同体等は憲法的秩序に拘束されているのであるから、基本法第九条二項にいう禁止に服することは事実としても、かといって、かかる団体の行動が憲法的秩序に反して向けられている場合に常に団体の《解散》を伴う《禁止》処分が正当化されるわけではなく、上述した比例性原則を考慮すべきことが、結社の自由を保障した基本法第九条一項と、宗教および世界観の告白の自由を保障した基本法第四条一項二項、あるいは基本法第一四〇条が基本法に取り込んでいるヴァイマル憲法第一三七条等の憲法規範全体の理解から出てくる」として、上述したような結論に至ったのである。

第三節　二〇〇一年の結社法改正による宗教団体等の適用除外規定の削除

1　六四年結社法を改正する法律案

(1)　改正案の提出　以上触れてきた六四年法の下では、「公法上の社団」たる地位を有してきたキリスト教会を中心とするいくつかの宗教団体はもちろん、結社法§二第二項三号にいうその他の「宗教団体」ないし「世界観団体」には、結社法が適用されず、したがって、連邦内務省またはラントの内務省によって禁止されたり解散されたりすることはなかった。

こうした宗教団体等の特権的な地位を変更する必要性が高まったのには、二〇〇一年九月一一日にニューヨークで起きた世界貿易センター(WTC)のツウィンビルへの航空機によるテロ事件が大きく影響しているように思われる。そのことは、連邦政府が、この事件が起きて間もない同年一〇月四日に、連邦議会に「結社法を改正する第一法律案」(BT-Drucks. 14/7026)〔以下では「二〇〇一年改正法」ということがある〕を提出していることからも明らかである。基本法第七六条二項によると、「連邦政府の提出する法律案は、まず連邦参議院に送付される」ものとされており、連邦参議院はすでに同年九月二七日の第七六七回会議において、連邦政府から送付されていた同法改正草案に異議の申立てをしないことを決議し、同年一〇月二日にその旨の文書を連邦議会議長に送付している(BT-Drucks. 14/7026, S. 3)。

（2）　改正案提出の背景　　もっとも、九月一一日事件より以前から、ドイツではすでに組織犯罪やテロリズムに対する法的整備の必要性が議題となっており、後述する同年一〇月一一日の本会議には、結社法改正案と併せて、連邦参議院の提案による「共犯者証人の規定の改正に関する法律案」[24]や、議員提案による「組織犯罪及びテロリズムの犯罪行為とのたたかいの改善のための法律案」[25]などが、同時に議題になっていたことがわかる。とくに二〇〇〇年だけでも、そうした過激な団体等による数多くの犯罪行為がなされたことが報じられており、組織犯罪やテロリズムの脅威にいかに対処するかが、ドイツ国内で焦眉の急であったことはたしかである。また、連邦政府はすでに同年九月五日の段階で結社法改正について閣議決定を行なっていたようである[26]。それゆえ、ここでとくに問題としている結社法改正は、後にもさらに多少触れるとおり、必ずしも九月一一日事件のみがきっかけとなっていたわけではないが、右の一連の改正法案自体には、結社法改正法案は含まれていないことからしても、同事件が早急の改正へと促したことは、疑いえないところであろう。

（3）　連邦政府の提案理由　　（a）　この改正法律案自体はきわめて単純なもので、要するに「§二第二項三号を削除する。」というものであった。この改正案に関する連邦政府の提案理由は、次のようであった。

「これまでの結社法では過激な宗教団体に対して何らの禁止手段もないのに対して、その他の社団に対しては結社法§三により禁止処分をすることができることとなっている。政党の場合には連邦憲法裁判所が違憲の確定をすることができる。しかしながら、結社法が作られて以来積まれてきた経験が示すように、その目的もしくはその活動が刑事法律に違反するもの、または憲法的秩序もしくは諸国民のあいだの協調の思想に反するものに対しては、宗教団体であっても、禁止を言い渡すことができることとする必要がある[27]。」

その際、連邦政府は、結社法§二第二項三号があったために、「治安当局が危険究明措置ないし危険防止措置、最終的には社団禁止に至る措置をとることが妨げられている」場合として、さしあたり少なくとも次の三つの場合が考えられるとしていた。すなわち、

①　イスラーム原理主義の結社であって、その信仰上の確信を実行するためには、意見を異にする者に対する暴力の行使を否定しないもの。

②　禁止された利益を収める意図〔＝悪徳商法？〕または政治的目的をもつ結社であって、みずからに宗教的もしくは世界観的結社の地位を与えるべきことを請求し、社団禁止手続がなされればみずからの結社の性格の判断に関する訴訟リスクを何ら厭わないもの。

③　従前は外国でのみ登場しているいわゆる《世界終末セクト》(Weltuntergangssekte)であって、殺人を犯したり集団自殺をしたりするもの。

(b)　連邦政府の見解によると、結社法§二第二項三号を削除することは、基本法第四条(信教の自由)や、基本法第一四〇条が援用するヴァイマル憲法第一三六条・第一三七条(教会条項)に反するものではない。それに、基本法第九条二項は宗教団体にも適用されるのであって、「ある結社を宗教団体として分類することは、その結社が外的に法秩序と一致した行動をとるかどうかとは別問題である。問題はただ、そうした結社がみずからをどのようなものとして理解し、綱領としてそれをどのように描写し、そして事実上(祭式上)どのように行動するか、ということだけである。結社法の宗教特権が削除された後は、管轄の行政官庁が特定の宗教的結社を禁止すべきかどうかについて判断する際には、宗教団体(基本法第四条参照)としての特質と、基本法第一四〇条が援用しているヴァイマル憲法第一三七条三項の範囲内で保障されている自己決定権(Selbstbestimmungsrecht)とを、比例性原則を審査する中で、十分に考慮しなければならない。」

(c)　次に連邦政府は、ヴァイマル憲法第一三八条二項(宗教団体等の財産の保障規定)の「世俗化禁止(Säkularisierungsverbot）は、結社法を宗教団体に適用することと矛盾しない」という。なぜといって、「結社に反する目的の追求のために利用される財産は、宗教の実践に供される財産とは同視しえないのであって、後者の財産のみが世俗化禁止の対象だからである。」この点は、結社法の適用除外条項が削除されると、結社法§三以下の規定するところに従って、宗教団体等の財産の没収等の手続がなされる可能性があることに関連して述べられているものと解される。

(d)　なお、ここでも、カトリック教会と福音主義教会は、ヴァイマル憲法第一三七条五項によって、もともと禁止から免れていることが述べられている。それは、これらの教会が憲法によって社団としての地位を付与された「古くからつくられている（altkorporiert）宗教共同体」だからだとされている。上述のとおり、六四年法は当初から、これらの教会についてはそもそも§二第二項三号にいう宗教団体等の概念に含めていなかったのであるが、その他の宗教団体等についても、六四年法がはじめから社団禁止の可能性の埒外に置いていたことは、連邦政府の見解からすれば、たしかに結社法の適用範囲の「許される」限定ではあるが、ヴァイマル憲法第一三七条や基本法第四条一項が保障する宗教的自由から「必然的に」導き出される限定ではないから、結社法の改正によって適用除外規定を削除して宗教団体等にも適用が及ぶものとしても、憲法上の問題にはならないというのである。

(e)　最後にこの改正法案の提案理由として、連邦政府は、この§二第二項三号の削除が、たとえば特定の„Psychosekte"（心理セクト）の規制を目論んだものではなく、むしろ国家は、宗教団体をも結社法の中に取り込むことによって、基本法第九条二項にいう「その目的若しくはその活動が刑事法律に違反するもの、又は憲法的秩序若しくは諸国民のあいだの協調の思想に反する」団体から、一般公共を保護する責任があるのだということを強調している。したがって、信仰団体それぞれの信仰内容それ自体については国は中立であり、宗教団体等が、国として憲法上保護しなければならない法益を危険に晒さない限り、国による介入はありえないのだ、というわけである(28)。

2　二〇〇一年改正法案の審議と成立

(1)　改正法案の第一回審議　さて、上述したように、刑法、刑事訴訟法、および上述の反テロリズム対策法案を含む結社法の一連の改正作業は、二〇〇一年一〇月一一日の第一九二回会議において第一回目の審議に付された。その席上、答弁に立った法務大臣ドイブラー＝グメーリーンは、ニューヨークとワシントンで起こった一カ月前の事件が、「まったく新しい挑戦」であり、そこで死去した多くの人々への同情の念を表明するとともに、アメリカ合衆国と連帯し、テロリズムとたたかい、国民を護る責任がある旨を強調し、これは、「連邦政府およびラント政府はそれぞれの権限の範囲での責務であり、かつ、ドイツ連邦議会の責務」であって、だからこそ、このたび連邦政府の「治安関連一括法案」(Sicherheitspacket)とその他の法律改正のための提案について論議を始めるのだと述べている。

(2)　改正法案に対する所轄委員会の対応と連邦政府の態度　(a)　結社法改正法案は、先の第一九二回会議における議決により、所轄委員会たる内務委員会(第四委員会)と関連委員会たる法務委員会に付託された。法務委員会は一一月七日にSPD、CDU／CSU、連合九〇／緑の党(BÜNDNIS 90/DIE GRÜNEN)およびFDPの賛成で、連邦政府法案に同意する旨を議決し、PDSだけが棄権した。また同様に内務委員会も同日、PDSの委員の反対一票があったのみで、法案への同意を議決した。

(b)　PDSは、これに先立つ一〇月一七日に、ウラ・イェルプケ以下合計四名の議員とPDSの会派の名前で、連邦政府草案に対して、「結社法の《宗教特権》を廃する必要性ありや?」と題する質問状[29]を提出している。この質問状においては、連邦政府の草案に対するベルリーン大司教ゲオルク・シュテルツィンスキ(*Georg Sterzinsky*, 1936-2011)枢機卿の、「宗教特権の削除がどういう射程のものかについて十分に考えないままにこれを削除することは拙速」だとする警告や、ケルン大学の国家教会法学者ヴォルフガング・リューフナー博士(Dr *Wolfgang Rüfner*, 1933-)が「信教の自由を制限しようとする」企みだとしていることを例にとりつつ、この改正が宗教共同体等を十把一からげにして過激派だという疑惑にさらすものであるだけでなく、宗教共同体等を結社法§四第一項(二〇〇二年一月九日改正前のもの)にいう《外国人社団》(Ausländerverein)として禁止することがそもそも憲法上許されるのかどうかは疑わしい、と批判している。

(c)　その上でPDSは、連邦政府に対して具体的に七点に及ぶ質問を発し、連邦政府の回答を求めている。それに対して連邦政府は、一一月七日に回答している(BT-Drucks. 14/7361)。これら七点の質問のうち、過去に具体的な事例がない事柄について前もって回答はできないなどとして、連邦政府が具体的な回答をしていない点については、紙幅の関係上ここでも言及する暇はないので、連邦政府が実質的な回答をしている以下の四点のみについて、触れることとする。

(ア)　質問①は、宗教共同体等の禁止は、法律改正をしなければ実行することはできないのか、ということである。この質問に対して連邦政府は、基本法第九条二項の一般的な禁止を個々の場合に法的に行うことはできず、何らかの通常法律上の授権に基づいて、権限ある行政官庁による形式にのっとった禁止の宣告が必要であるという点で、連邦行政裁判所の判例(BVerwGE 4, 188 [189]; 47, 330 [351])と同じ見解であると述べている。

(イ)　次に連邦政府は、質問⑤と⑥とにまとめて回答している。すなわち、質問⑤は、連邦行政裁判所の判例、とくに（すでに第二節2⑵で触れた）一九七一年判決（BVerwGE 37, 344［363 ff.］）を基礎としたときに、結社法§二第二項三号を削除する必要性について連邦政府はどう判断しているのか、すなわち、同判決によれば、宗教団体等といえども憲法的秩序には拘束されているのだから、必要とあらば基本法第九条二項に従って禁止・解散されるが、ヴァイマル憲法第一三七条の保障と宗教および世界観の告白の自由（基本法第四条一項二項）に鑑みれば、当該宗教団体等の憲法敵対的な行動が、より穏やかな行政法的手段をもってしては実効的に防止しえない場合にのみ、禁止・解散しうるにすぎないとしていたのではないか、というものであった。

また質問⑥は、結社法§二第二項三号は、ヴァイマル憲法第一三七条の枠内で宗教団体等の行動を許しているのであり、また同条三項一文は、宗教団体が「すべてのものに適用される法律の範囲内で」行動ができるとしているのであるから、少なくとも、テロリズムや重大犯罪にかかわる行動に関して明白にアクティヴな結社は、同規定の設定している範囲を超えており、したがって、結社法§二第二項三号の例外規定の外にあるがゆえに、テロリズムまたは重大犯罪にかかわる組織は、すでに現時点で《宗教特権》を援用しえないのだ、という見解に政府は加担するのか？　もしそうだとすると、なお結社法§二第二項三号を削除する必要性はどこにあるのか？　またもしそうでないとすると、その理由は何か？　ということであった。

これら二つの質問に対して、連邦政府は次のように回答している。

ヴァイマル結社第一三七条三項一文から明らかになるのは、宗教団体が、「すべてのものに適用される法律の範囲内で、その事務を独立して処理し管理する権利」であり、その際には、利益衡量によって、教会の自由と制限目的とのあいだの相互作用に考慮を払わなければならない。」「それと並んで、憲法内在的な限界を考慮に入れなければならない。基本法第九条二項もそのひとつである。両者が法益が衝突した場合には、憲法の統一性の原則に従い、慎重に調整点を追求して、最適の結果に達するようにしなくてはならない。」「この利益衡量については、当時の立法者は、結社法§二第二項三号において、宗教団体等に有利な決断を下していた。いま結社法のこの規定を削除することになれば、個々のケースにおける関係は、結社上の諸価値を衡量することによって、行政の決定を通じて決定されることとなる。結社法の改正によって初めて、過激主義的な宗教団体の解散の可能性が与えられることになろう。

この回答は、結社法を改正することなしに、基本法第九条二項やヴァイマル結社第一三七条三項の解釈によって、宗教団体を解散することはできない、との趣旨を明らかにしたものと言えよう。

（ウ）　ＰＤＳの最後の質問⑦は、結社法§一四第一項にいう《外国人社団》とみなされる宗教団体等を、それらの行動が「連邦共和国のその他の重大な利益を侵害」するとの理由で解散することが、少なくとも、宗教的実践の自由や宗教団体等への結合の自由という基本法上保障された権利の重大な制限となるという見解に連邦政府は加担するか？　もしそうであるとすると、連邦政府は結社法§二第二項三号を削除した後に、基本法第四条およびヴァイマル憲法第一三六条～第一三九条の規定に根拠をもつ基本権が、結社法による禁止処分によって侵害されないことを如何にして確保するつもりであるか？　というものであった。

なお、ここでいう結社法§一四第一項は、二〇〇二年一月九日のテロリズム対策法による結社法改正（BGBl. I S. 361［367］）で、新しい規定になっており、右の引用部分は、現行規定では§一四第二項一号に相当する。ここにいう《外国人社団》というのは、「構成員又は幹部の総員又は大多数が外国人からなる社団」であるが、「構成員又は幹部の総員又は大多数が欧州連合の構成国の国籍を保有する外国人である社団」は、外国人社団とはみなされない。また、同条によると、外国人社団は、基本法第九条二項に掲げる事由のほか、「その目的又は活動」が「①ドイツ連邦共和国内の政治的意思形成、連邦領域内のドイツ人と外国人の間の若しくは異なった外国人集団相互間の平和的生存、又は連邦共和国の安全若しくは秩序その他の重大な利益を侵害し又は脅かす場合、②ドイツ連邦共和国の国際法上の義務に違反する場合、③その目的又は手段が、人間の尊厳を尊重する国家秩序の基本的価値に相容れない活動を連邦領域外で援助する場合、④政治的、宗教的その他の利益を実現する手段として暴力行使を援助し、支持し、又は引き起こす場合、または⑤人又は物に対する襲撃をもたらし、支持し、又はそれを予告して脅迫する連邦領域内外の団体を援助する場合」には、禁止することができるものとされている（§一四第二項）。

さて、この質問に対しては連邦政府は、次のように回答している（要旨）。

「結社法§一四第一項〔改正前〕にいう《外国人社団》とみなされる宗教共同体等を禁止することは、原則的には基本法第四条一項・二項が保障する基本権を侵害する。宗教上および世界観上の自由の中には宗教上の結社の自由も含まれており、この自由は、たしかに基本法第四条で留保なく保障されてはいるが、この基本権が何らの制限にも服さないわけではない。文言上は無制限とされている他の基本権と同様に、この自由も、憲法の統一の観点から、基本法の他の規定に制限が設けられており、特に、個々の場合に衝突する第三者の基本権の保護や、憲法上優越する公共の利益の保障のために制限されることがある。結社法§一四第一項の前提とされている《政治的活動》の場合には、そもそも基本法第四条一項・二項の保障の範囲と抵触する可能性があり、そうした場合には、結社法による禁止の決定の際には、比例性原則に留意しつつ、右に述べたことが考慮されるべきである。」

(3)　改正法案の第二回審議　(a)　さて、改正法案についての実質的審議は、二〇〇一年一一月九日の第二回審議[30]で行われることとなる。この日の審議は、前述したテロリズム対策法案の審議に引き続いて、これと密接に関連する形で進められている。

まず、演壇に立った与党SPDのゼバスティアン・エーダティ議員が、結社法§二第二項三号を削除する法案を提案する立場から論議を開始する。すでに一部触れた点もあるので、繰り返しにならない範囲で紹介すると、ここでの要点はだいたい次の諸点にあったといってよい。

すなわち、第一点は、現行法では一地域を超えた社団については連邦内務大臣が禁止の権限を有しているが、過激な社団であっても、それが宗教団体等であると自称していれば、これに禁止の宣言をすることはできないこととなっているのであるが、このままでいいのかどうか、という点である。この点については、内務委員会および法務委員会で、ＰＤＳを除く連邦議会のすべての会派が、宗教特権条項を削除することを歓迎している。

第二点は、この改正法が成立すれば、とりわけ、「比較的小さな宗教団体」に対して恣意的な運用がなされる危険があるのではないか、という意見が一部にあり、与党ＳＰＤの少数派の議員の中にもあるが、さりとて決定的な異論があるわけではない。すでに触れた、過去において結社法が実際に適用された例からしても、過去の運用が抑制的であったこと、とりわけ宗教団体等の場合には、これに対する禁止の宣告をするべきかどうかを決定する際に、こうした団体にも、結社の自由が保障されているだけでなく、妨げられることのない宗教的実践の自由が保障されていることを十分に考慮することとなる上に、もちろん裁判所による審査もなされるのであるから、そういった恣意的な転化の危険性には根拠がない。

そして最後に、この改正によって、たたかう民主制(Wehrhaftigkeit unserer Demokratie)をより強固なものとするのに役立つのであり、宗教もしくは世界観に動機づけられた結社を禁止すべきかどうかの問題をこの改正によって明確にすることができる。われわれに必要なのは、「とくに、この国の若者が自分自身と民主主義について十分に自覚を持った公民となって、過激主義のワナに掛かってその後ろに付いていくようなことがないようにするにはどうしたらいいか、持続的に思いを致さなくてはならない」ということである。

(b)　こうした点については、実はＰＤＳから以外には特に大きな異論はなかったといってよい。その後の議論はむしろ同議員が、後述するトルコ系のイスラーム結社 „Kalifatsstaat“ に言及して、「この議会の誰一人として、今回の結社法改正によって、カプラーン([Metin] Kaplan)氏のいわゆる „Kalifatsstaat“ が禁止されることとなっても、これを歓迎しない者はいないであろう」と述べたことに関する反応であった。先のエーダティはこの答弁の中でさらに続けて、「これらの結社は、とくにその公表された文書や憲法擁護庁の二〇〇〇年報告書によると、民主的に選挙された政府を打倒するよう駆り立てているとされ、私見によれば、これはイスラームの概念の濫用というべきであるから、こうした結社の禁止ができなくてはならない。このことについては、われわれは皆な意見が一致していると思うが、改正法によってこうした禁止が事実上も可能となるようにする必要がある」旨を述べている。

インターネット上で得られるさまざまな情報によると、この „Kalifatsstaat" なる結社は、トルコの最高の宗教家 Cemaleddin Kaplan が、イスラーム宗教共同体 „Milli Görüs (IGMG)" から分裂後の一九八四年に、ケルンに設立した結社 ICCB（Verband der Islamischen Vereine und Gemeinden e. V. Köln）に端を発するもので、二〇〇一年段階で約一、一〇〇人がドイツ国内に住んでいたと言われている。(31) その目的とするところは、トルコの世俗化した政治体制を廃して、コーランとシャリア（イスラーム法）に基礎を置く国家を樹立することであった。一九九四年にはカプラーン氏がケルンで „Kalifatsstaat"（トルコ名 Hilafet Devleti）を宣言し、その死後の翌一九九五年五月には、息子の Metin Müftüoglu Kaplan が継承したが、《ケルンのカリフ》と呼ばれるこの人物の下で „Kalifatsstaat" の目標はさらに過激化し、非イスラーム政府をすべて打倒することを慫慂した。《対立反カリフ》（Ibrahim Sofu）の殺害事件の首謀者としてカプラーン氏が一九九九年に逮捕され、翌二〇〇〇年一一月一五日には、デュッセルドルフの上級裁判所で禁錮四年の有罪判決を受けたりしている。

(c)　さて、上述したエーダティ議員に続いて、最大野党であるCDU／CSU会派のハンス＝ペーター・ウール議員は、改正法案に賛成する立場から、右で触れた Metin Kaplan に対する有罪判決も引用しながら、「国際的テロリズムに対して断固として、また精力的に、たたかわなくてはならない」と述べた。彼によると、自由な宗教的実践の基本権も内在的限界に服し、基本法第二条一項のいう《三つの制限事由》(Schrankentrias)を考慮に入れなければならないのであって、自由な人格的発展の権利も他人の権利を侵害し、憲法的秩序または道徳律に抵触しない限りでのみ保障されるのだとする。その際、彼は、「ドイツに住んでいるイスラーム過激派が、コーランとシャリアについての解釈のほうが基本法より優越するとしていることを受け入れることはできない。人間には平等の価値があり同等の尊厳があるとする基本法の人権理解は、イスラーム教のそれとは相容れないのであり、わが国に住もうとする者はわれわれの指導的文化(Leitkultur)を志向しなくてはならない」ことを主張し、「誤ったリベラリズムはいつか自分の墓穴を掘ることとなろう」などと述べたが、この見解に対しては、先ほどのエーダティの激しい野次を受けることとなったばかりでなく、PDSからも、「かの《文化闘争》の再現だ」として非難されることとなる。

ウール議員も最後に《たたかう民主制》に触れて、「わが国のたたかう民主制を正しく理解するならば、われわれの憲法の敵にはいかなるチャンスもなく」、「わが国の自由で民主的な基本秩序が脅かされるときには、基本法はテロリズムとたたかうための十分な道具を用意している」として、イスラームのテロに対するたたかいにおいて、多数が賛成することを望む、と締めくくっている。この指摘は、いわゆる《たたかう民主制》の原理が、上に例をあげたような六四年法の適用事例にもあったネオナチのみならず、イスラーム原理主義団体などのテロリズムにも適用を可能とするためであることを示しているといえよう。

(d)　連合九〇／緑の党のジェム・エズデミア議員の発言は、今次の改正が九月一一日事件の帰結として、テロリズムとのたたかいのための一連の措置であることを強調して、これが中心問題であるとし、多くのイスラーム教徒もこの結社法改正を歓迎している、としていた点に特徴がある。その他の論点についての発言を詳細に紹介する必要はもはやなかろう。

(e)　以上の各会派とはややスタンスを異にしたのがＦＤＰである。すなわち、同党から発言に立ったマックス・シュタードラー議員は、立法手続が十分に尽くされていないとし、内務委員会において、このテーマに関して専門家の意見を聴くべきことをＰＤＳのウラ・イェルプケと同様に要求したのにこれを受け入れなかった与党の議事運営を批判するとともに、現行の結社法でも過激な行動をする宗教団体に適用することが可能であるので、今回の法改正はどうしても必要があるとまでは言えないが、その点を明確にするために法改正に賛成するとの趣旨を述べたが、この点については、次に発言に立ったＰＤＳの議員から、シュタードラー議員の法律改正賛成論は、その立論からは出てこないように思われ、発言の趣旨が十分理解しかねる、と批判されている。たしかに煮え切らない発言であったといわざるを得まい。

(f)　最後に発言したウラ・イェルプケ議員は、改正案に反対する立場から論陣を張っている。その発言の内容は、すでに述べた点とも重複するが、要するに、この改正によって、信教の自由が侵害される危険があり、とくに伝統的な教会ではなく、宗教団体でいえば自由教会(Freikirche)、世界観団体でいえば自由信仰者・無心論者などの自由が侵害される可能性があるということ、またイスラームの信仰共同体などがテロリストと関係があると受けとられてしまう危険があることである。なお、ここで発言者が、基本法制定者が宗教団体等を何らか特別なものとして扱ったのは、「まさしく今日と同じ一一月九日の出来事」、すなわち一九三八年一一月九日のユダヤ人大虐殺事件(いわゆる《水晶の夜》事件)を頂点とする《ショアー》(Shoah)の経験[32]があったからこそであったのだということに思いを致すべきだとして、宗教特権条項を維持すべきことを主張していることである[33]。このＰＤＳの発言に対する政府・与党の反論は、すでにＰＤＳの動議に対する回答としてすでに先に紹介したので、繰り返さない。

(4)　改正結社法の成立　この後、内務省政務次官のコルネリー・ゾンターク＝ヴォルガストが答弁して討論は終わるが、この答弁の中で指摘すべき点は、上述した„Kalifatsstaat"の指導者が「オサマ・ビン・ラーディンとも接触していた」とされること、カトリック教会や福音主義教会はこの改正によっても何ら影響を受けないこと、イスラーム教の宗教共同体も、それが宗教的活動をするについては従前と同様に何らの制約も受けないこと等を指摘している点であろう。

結局この改正法案は、与党であるＳＰＤ、連合九〇／緑の党のほか、ＣＤＵ／ＣＳＵとＦＤＰ、さらには何人かのＰＤＳ議員の賛成も得て可決され、留保保留ないし反対したのは、ＰＤＳのその他の議員のみであった。

こうして可決されて成立したのが、上述した二〇〇一年一二月四日法律（改正結社法）である。同法は同月七日の連邦法律公報（BGBl. I 3319）に登載され、翌日の同年一二月八日に施行された[34]。

3　改正結社法の適用

(1)　改正の効果　結社法改正の結果、従前から公法上の社団の地位を有している伝統的なキリスト教の教会等は何等の影響も受けないが、それ以外の宗教団体等については、従前の制限が解除され、連邦内務省ないしラントの行政官庁による禁止処分により、「その目的若しくは行為が刑法に違反する旨、又は憲法的秩序若しくは諸国民の間の協調の思想に反する」旨が確定したときは、禁止され、解散され、財産等の差押え・没収がなされ、代替組織を作ること等が禁止されることとなる。

(2)　外国（人）社団　この改正が当面の規制対象として狙っていたのは、主として結社法§一四の外国人社団または§一五の外国社団(Ausländische Vereine)であったと言えよう。前者については前述したので繰り返さないが、後者は、「外国に所在地を有する社団であって、その組織又は活動が本法の場所的適用範囲にわたる社団」であり、これについても外国人社団についての§一四が準用され、連邦内務大臣がその禁止について権限を有する(第一項)。もっとも、「外国社団及びこれに編入され、その構成員又は幹部の総員又は大多数がドイツ人又は欧州連合市民であるものは、基本法第九条に掲げる事由に基づく場合にのみ、禁止し、又は禁止の効力を及ぼすことができる」(第二項)が、いずれにせよ、こうした団体についても、その地位は従前とは大きく異なってくることとなる。

(3)　禁止官庁　結社法§三第二項によると、宗教共同体等に禁止処分を発する官庁は、「①その組織及び活動が一のラントの領域に限られると思料される社団及び部分社団については、ラントの最高官庁又はラント法によって管轄を有する官庁」(第一号)であり、「②その組織及び活動が一のラント領域を越えて及ぶ社団及び部分社団については、連邦内務大臣」(第二号)であるとする。そして、ラントの最高官庁またはラント法によって管轄を有する官庁は、「第一号によって連邦内務大臣の管轄に属する一の社団の部分社団に対して禁止が行われる場合は、連邦内務大臣と協議の上で」、また連邦内務大臣は、部分社団の禁止について第一号によって「管轄を有する官庁と協議の上で決定を行う」こととされている。

(4)　実際の適用事例(35)　連邦内務大臣でSPDのオットー・シーリは、さっそく改正結社法の施行四日後の二〇〇一年一二月八日、同法§三、一四および一五に基づき、上述した(第三節2(3)(b))イスラーム過激派の社団„Kalifatsstaat“およびそれに属する社団でオランダで社団登録をしている„Stichting Dienaar aan Islam“ならびに一九の部分組織（Teilorganisation）の禁止処分を行い、同月一二日に執行した。対象となった会員数は合計約一、一〇〇人ほどで、その際には全連邦の七つのラントで述べ二〇〇に及ぶ捜索がなされたという。

さらに二〇〇二年九月一九日には、右以外の一六の部分組織についても、社団禁止を執行し、そのためにその団体の集会所、幹部の住居等を捜索し、一六の組織の財産を押収し、五つのラントで合計約一〇〇の捜索が行われた。

二〇〇一年一二月の禁止処分に関して、シーリは、本件禁止処分に関する同日の声明の中で、「宗教特権の廃止は、私の提案に基づき連邦議会による結社法の改正によってなされたものであるが、すでに二〇〇一年九月一一日より前に着手していたものである。それというのも、治安当局は過激派イスラーム主義（Islamismus）による脅威が、すでにニューヨークとワシントンでのテロよりも前からすでに分かっていたためである。過激で憲法に敵対する社団は、これからはもう宗教の実践という隠れ蓑（Deckmantel）で自らの活動を偽装することはできない」と述べ、「イスラームの過激派とテロリズムは宗教の実践とは何らの関わりもないことであり、犯罪行為そのものであるということ」を強調している。また同氏は翌一二月一三日にも、ドイツ通信社（dpa）の報道として、「ドイツに住んでいるムスリムの大多数は平和を愛好する市民であり、彼ら過激派勢力と一緒くたにすることは許されない」ことを改めて強調している。

かくして、基本法の標榜する《たたかう民主制》は、二〇〇一年の結社法改正によって、一九五〇年台の極右政党と共産党の禁止等と並んで、当初はおそらく想定されていなかった、いわば第三のカテゴリーである過激派宗教共同体の排除という、新しい機能を果たす根拠づけが与えられたこととなる。今後の動きがさらに注目されるところである。

注

（1）ヴァイマル憲法のこれらの規定は通常《教会条項》(Kirchenartikel) と総称されるが、もとよりこれらの規定の中には、内容からすれば必ずしも文字どおりの意味で《教会条項》とは言えないものも含まれている。

（2）なお、清水望「ドイツにおける宗教団体とその紛争処理」佐藤幸治・木下毅編『現代国家と宗教団体』岩波書店一九九二年一九六～一九七頁では、教会条項の基本法への編入の意味について、「基本法制定作業の困惑の結果」である等とするスメントの見解 (*Rudolf Smend*, Staat und Kirche nach dem Bonner Grundgesetz, in: Zeitschrift für evangelisches Kirchenrecht (ZerKR), Bd. 1, 1951) を紹介している。

（3）バイエルン憲法第一四三条二項、ラインラント=プァルツ憲法第四三条二項、ブランデンブルク憲法第三六条二項など。もっとも、ニーダーザクセン憲法のように、かかる規定をもたない憲法もある。

（4）*A. v. Campenhausen*, Art. „Religionsgesellschaften", in: *Horst Tilch* u. *Frank Arloth* (Hrsg.), Deutsches Rechts-Lexikon, Bd. 3, 2001, S. 3545. なお、本書第四章の注(24)も参照。

（5）この判決については、前章の注(41)のほか、塩津徹「ドイツにおける公法上の宗教団体――『エホバの証人』の事例を中心として」宗教法第二一号(二〇〇二年)一六一頁以下および『ドイツの憲法判例Ⅲ』五一五頁以下(須賀博志の訳・解説)参照。

（6）Gesetz zur Regelung des öffentlichen Vereinsrechts (Vereinsgesetz) vom 5. August 1964, BGBl. I S. 593.

（7）Erstes Gesetz zur Änderung des Vereinsgesetzes vom 4. Dezember 2001, BGBl. I S. 3319.

（8）BVerwGE, 4, 188. この一九五六年一二月六日の連邦行政裁判所の判決は、ニーダーザクセン内務省の警察命令にかかわるものであるが、宗教団体ないし世界観団体に関わるものではないので、詳細は触れない。

（9）Entwurf eines Vereinsgesetzes, BT-Drucksache IV/430. なお、この資料の末尾に、政府の草案に対する連邦参議院の態度表明が Anlage 2 として掲載されているが、ここで問題となる点については、触れられていない。

（10）Deutscher Bundestag, Stenographischer Bericht, 36. Sitzung v. 26. Juni 1962. S. 1525 ff.

（11）BT-Drucks. IV/430, S. 11.

（12）Deutscher Bundestag, Stenographischer Bericht, 36. Sitzung v. 26. Juni 1962. S. 1527 f.

（13）BVerwGE, 37, 344 [367]. もっともこの事例で問題となった „Bund für Gotterkenntnis (L) e. V." なる団体は、いずれにせよ、公法上

の社団としての地位を有するものではなかった。

(14) BT-Drucks. IV/430, S. 11. なお《世界観》の概念については、すでに本書第六章で検討したとおりである。

(15) BT-Drucksache IV/2145 (neu), S. 2.

(16) Deutscher Bundestag, Stenographischer Bericht, 128. Sitzung v. 4. Juni 1964, S. 6236 ff.

(17) *Ingo v. Münch/Kunig* (Hrsg.), Grundgesetz-Kommentar, Bd. 1, 5. Auflage, 2000, S. 683.

(18) Vgl. Deutscher Bundestag, Stenographischer Bericht, 199. Sitzung v. 9. November 2001, S. 19542 (D).

(19) A. a. O.

(20) A. a. O., S. 19543 (A).

(21) ルーデンドルフ(*Erich Ludendorff*, 1865-1937)は、ドイツの将軍で、のちに一九二三年のいわゆるミュンヒェン一揆にも中心的に関わった人物である。第一次大戦後の一九一九年秋頃に、反共和制・国粋主義・民族主義・帝政支持を掲げる《民族連盟》(Nationale Vereinigung)を結成した。彼についてはさしあたり、岩波講座『世界歴史』二五巻(一九七四年)一八三頁以下など参照。

(22) またこの決定においては、一九〇八年のライヒ結社法の下で、連邦官庁ではなくラントの官庁(ここではバイエルン内務省)がかかる禁止・解散という処分をなしうるのかどうかという、権限に関する争い等もあり、これについての連邦行政裁判所の詳細な判断も示されているが、この点についてもここでは触れない。

(23) *Gerhard Schnorr*, Öffentliches Vereinsrecht, Köln 1965, §2 RnNr. 36 ff. ただしこの文献は確認できなかった。

(24) Entwurf eines Gesetzes zur Ergänzung der Kronzeugenregelungen im Strafrecht, BT-Drucksache 14/5938 v. 26. April 2001.

(25) Entwurf eines Gesetzes zur Verbesserung der Bekämpfung von Straftaten der Organisierte Kriminalität und des Terrorismus, BT-Drucksache 14/6834 v. 26. August 2001.

(26) Deutscher Bundestag, Stenographischer Bericht, 199. Sitzung v. 9. November 2001, S. 19549 (D).

(27) BT-Drucks. 14/7026, S. 1.

(28) BT-Drucks. 14/7026, S. 6.

(29) Kleine Anfrage der Abgeordneten *Ulla Jelpke*, *Dr. Heinrich Fink*, *Evelyn Kenzler*, *Petra Rau* und der Fraktion PDS, in: BT-Drucks. 14/7200 v. 17. 10. 2001.

（30）Deutscher Bundestag, Stenographischer Bericht, 199. Sitzung v. 9. November 2001, S. 19542 ff.

（31）もっとも、„Kalifatsstaat“の会員数は近年には減少傾向にあり、憲法擁護庁の報告によると、一九九五年には約三、五〇〇人が組織化されていたが、一九九七～九八年には一、三〇〇人、二〇〇〇年には一、二〇〇人となって、二〇〇一年にはさらに減少して一、一〇〇人になっているとされる。

（32）クロード・ランズマン（高橋武智訳）『SHOAH』（作品社、一九九五年）参照。

（33）なお、Deutscher Bundestag, Stenographischer Bericht, 199. Sitzung v. 9. November 2001, S. 19582 f. に、PDS会派が連邦議会議事規則§三一に基づいて文書で提出した、採決の前の意見表明がAnlage 2として登載されている。

（34）二〇〇七年一二月二一日改正（BGBl. I S. 3198）までを反映した結社法の邦訳として、初宿正典・片桐直人訳『海外の宗教事情に関する調査報告書　資料編2　ドイツ宗教関係法令集』（文化庁、二〇一〇年）五四頁以下がある。

（35）以下の情報は、主として連邦内務省のホームページ（http://www.bmi.bund.de/dokumente）に依っている。最近までにどの程度の適用事例があるかは、必ずしもすべてをフォローできないが、以下の補遺で多少触れる。

〔補遺〕

本文の最後の部分で「実際の適用事例」として触れた、連邦内務大臣による二〇〇一年一二月八日の禁止・解散処分について、その後の経緯について補足しておく。この処分を不服とした„Kalifatsstaat“側は、行政裁判所に処分の違法を訴えたが、最終的に、二〇〇二年一一月二七日の連邦行政裁判所判決で、右の禁止・解散処分が正当とされた。この時の主任裁判官であったゲルハルト（*Michael Gerhardt*, 1948-　）であった。この連邦行政裁判所判決に対して„Kalifatsstaat“側はさらに連邦憲法裁判所に憲法訴願を提起したが、同裁判所第一法廷の第二部会は、二〇〇三年一〇月二日の決定（1 BvR 536/03）で、この訴願を受理せず、判決に至らなかったようである。もっとも、この決定の中で連邦憲法裁判所は、結社の自由に関連して次のように述べているようである。「すなわち、宗教的結社の自由は特に重要であり、国家やその法秩序に対する規範的態度があるからといって、それだけで結社禁止を正当化することはできないし、単に『神の命令の方が国の法律よりも優位するとの確信がある』としているというだけでも〔禁止をするには〕十分ではない。」と。(36) また、同時期に „Kalifatsstaat“ 側が出していた亡命申請手続に関連する一連の手続の過程で提起された別の憲法訴願において、この当時の連邦憲法裁判所第二法廷の裁判官であった上記のゲルハルト判事に対して、「予断の疑い」(Besorgnis der Befangenheit) を理由として、忌避(連邦憲法裁判所法§一九参照)の申立てがなされたが、連邦憲法裁判所は二〇〇四年三月三日の決定で、理由がないとして斥けている(2 BvR 54/04)。(37)

二〇〇一年の結社法の改正は、上述のように、その経緯からすると、本文で言及した特定の団体の禁止を可能にするためになされたようなところもあるが、その後もいくつかの禁止事例があることが知られる。すなわち、ドイツの連邦内務省 (Bundesministerium des Innern) のホームページのプレス・リリースとして挙げられている最近の事例は、連邦内務大臣トーマス・ドゥ・メジエールが二〇一〇年七月一二日に、フランクフルト・アム・マイン所在の「国際人道的援助組織ＩＨＨ (Internationale Humaniäre Hilfsorganisation) なる社団を禁止し、同日早朝にハンブルク、ヘッセンおよびノルトライン＝ヴェストファーレンにおいてこの処分を執行したという事例である。その理由とするところは、この団体が人道的援助を隠れ蓑にして長期にわたり寄付金を集めて、いわゆるハマスを支持し、(38) それによって、基本法第九条二項および結社法§三第一項にいう「諸国民の間の協調の思想に反する」ことを目指している、というものであった。

このように連邦内務大臣が結社法に基づいて行う団体の禁止処分について、第一審かつ終審として権限を有しているのが連邦行政裁判所である。禁止を宣告された上記団体の異議申立に対して、同裁判所は、二〇一二年四月一八日の口頭弁論を経て、異議申立を棄却した。その中で「たたかう民主制は、結社禁止という手段によって、かかる違憲団体に対してわが国の自由で民主的な基本秩序を保護している」のだとしている点も、本書の別の箇所でも触れた《たたかう民主制》の機能変化としても興味深いものがある。この禁止命令が最終的に連邦行政裁判所によって支持された結果、当該社団の組織は破壊され財産は没収された。なお、これ以外にも結社禁止の事例はあるようであるが(39)、本章の目的はかかる個別事例について逐一紹介・検討することではないので、これ以上の詳細は触れない。

注

(36)　以上は、http://faz.net-gpf-o7bb. による。

(37)　http://www.bverfg.de/entscheidungen/rk20040303 2bvr005404.html. なお、ここに言及した二つの決定は、判例集には登載されていないようである。

(38)　アラビア語で“Harakat al muqqawama al-islamiyya”と表記し、ドイツ語訳では《イスラーム抵抗運動》の意だという。

(39)　上記判決が引用している二〇〇四年一一月三日のアル・アクサ(Al-Aqsa)判決(BVerwG 6 A 10.02)のほか、連邦内務省のホームページによると、二〇一一年三月から二〇一三年一二月まで連邦内務大臣であったハンス＝ペーター・フリードリヒ(上記のドゥ・メジエールはその後任)が、ザクセンとブランデンブルクの内務大臣との合意により、二〇一三年七月三日に、ザクセンの暴走族グループ„Regionalverband Gremium Motorcycle Club (MC) Sachsen“について、その行動が刑事法律に反する(基本法第九条二項参照)犯罪組織として、禁止したとのことである。もとよりこの事例は本章のテーマとは直接の関わりはあまりない。

第八章　憲法と芸術の自由
――学問の自由との関連にも触れながら

はじめに――京都大学と大学の自治の発展

日本国憲法の「学問の自由」(第二三条)の保障内容の中に、《大学の自治》の保障が含まれていることについては、今日争いがない。もっとも、その際、大学の自治の内容をどこまでのものと見るかについては議論のあるところであるが、少なくとも教授その他の人事権が大学の自治の重要な内容をなしていることも、論をまたない。

いわゆる東大ポポロ事件に関する最高裁判所の判例(最大判昭和三八・五・二二刑集一七巻四号三七〇頁)が、この点に関し、「大学における学問の自由を保障するために、伝統的に大学の自治が認められている。この自治は、とくに大学の教授その他の研究者の人事に関して認められ、大学の学長、教授その他の研究者が大学に自主的判断に基づいて選任される。云々」としていたことも、衆知の事柄に属する。もっともこの判示からは、大学の自治は事実上単に「伝統的に」認められてきたにすぎず、憲法第二三条自体が大学の自治の保障を含むとする解釈が示されているとは必ずしも言えないであろう。

大学の自治が伝統的に認められてきたといっても、それが認められるまでには、いくつかの深刻なたたかいの歴史があった。そして明治・大正期における「大学の自治」の確立を求めるたたかいの歴史において、京都帝国大学法科大学（京都大学法学部）が指導的役割を果たしたことについては、よく人の知るところである。本章の主たる関心は、表題のように、むしろ《芸術の自由》の問題にあることは言うまでもないから、以下では学問の自由と大学の自治の問題そのものについて詳細を述べることは控えるが、学問の自由との関連において、こゝでこの点について、ごく概略的に回顧しておくことも許されるであろう。(1)

(1)　教授人事の自治　すでに一九〇五（明治三五）年に法科大学教授高根義人は、『内外論叢』に掲載した論稿(2)において、ドイツにおける留学経験（一八九六年〜一九〇〇年）から得た知見をもとに、「大学ハ唯学問ヲ教授スルニ止ラス学問ノ研究発達ヲ以テ其主タル目的ト為スヘキ」だとして、大学を教育と研究を調和させ実践するものとして位置づけ、かかる大学の目的を達成するための条件としての大学の自治・独立の必要性を力説していた。そして具体的には、総長を教授中から選挙し、学長（現在の学部長ないし研究科長に相当）を分科大学（現在の学部ないし研究科に相当）の教授中から互選し、教授候補者を分科大学教授会から推薦し、教授を終身官とするという四項目の主張からなっていた。すなわち、大学自身による人事権の掌握の重要性が力説されていた。しかし、現在では当然のことと解されているこの意味での大学の自治の主張は、この当時においては文部大臣の任免権限の限定ないし実質的な排除を意味し、究極的には天皇の大権干犯（帝国憲法第一〇条参照）にもつながりえた問題であるだけに、決して容易に受け入れられるものでなかったことは言うまでもなかろう。

(2)　戸水事件　すなわち、まず、一九〇三（明治三六）年六月一〇日に、戸水寛人・小野塚喜平次・富井政章ら東京帝国大学法科大学の七教授が対露強硬外交・即時開戦を主張して政府に建議書を提出したことに端を発し、当時の文部省が一九〇五(明治三八)年八月二五日にその中心人物である戸水教授を休職処分にした事件に対して、同法科大学教授会は直ちに抗議活動を開始したが、京都帝国大学法科大学教授会も同年九月九日以降、大学の自治の確立のためにこれに敏感に反応して抗議活動を行なったことは、世人のよく知るところである。

(3)　沢柳事件　次に一九一三(大正二)年七月一二日に、同年五月に東北帝国大学総長から京都帝国大学総長に就任した沢柳政太郎が、研究業績に重きを置く教授任免を通じて大学改善を実行するとの趣旨から、医科大学・理工科大学・文科大学の計七名の教授に辞表を提出させたことに端を発した沢柳事件も、大学の自治の確立に関して語らずには済ませられない事件である。この処分に対して、京都帝国大学法科大学教授会は翌一三日に、急遽、協議会を開いて、「教授ノ任免ハ予メ教授会ノ同意ヲ得ルコトヲ要ス」との議決を行い、また同月二三日には、教授・助教授全員の連署をもって、意見書を沢柳総長に提出した。その趣旨とするところは、「大学ヲシテ真ニ学問ノ淵叢タラシメント欲セハ教授ヲシテ官憲ノ干渉ト俗論ノ圧迫トノ外ニ立タシムルコトヲ必要トス」、「学者ノ能力ト人物トハ一ニ其学識ノ優劣ト其研究心ノ厚薄トニ見テ之ヲ判定スヘカラス是レ同僚タル学者ヲ待テ始メテ為スコトヲ得ルモノトス」、総長が「名目ヲ職権ニ籍リ随意ニ教授ヲ任免スルハ専ラ政府ノ代表者トシテ教授ニ臨ムモノニシテ徒ニ其間ノ懸隔ヲ設クルノミ」で「総長ノ職分ヲ完ウスル所以ニ非ス」「従来教授ヲ任免スルニハ教授会ニ於テ査覈詮考シテ之ヲ推薦スルヲ例トシ既ニ一箇ノ不文法タルノ観アリ……然ラハ総長カ教授ノ黜免ニ関シテ教授会ノ意見ヲ重ンスルハ其任命ト相応シテ公平事ヲ処スル旨ヲ貫クモノト謂フヘシ」というものであった(3)。さらに仁保亀松学長らは再三にわたって総長と会談したが、議論は平行線をたどり、その後、幾多の曲折を経て、法科大学の教授・助教授全員の連袂辞職の決議にまで発展した。結局この事件は、東京帝大法科大学の穂積陳重らの調停も受けて、翌一九一四年一月二三日に、「教授ノ任免ニ付テハ総長カ職権ノ運用上教授会ト協定スルハ差支ナク且ツ妥当」である旨を確認する趣旨の覚書が作成公表され、教授・助教授一同が留任することとなり、一応の決着をみた。(4) しかし、「差支ナク」との文言やその後の経緯からすると、これによって、教授任免は教授会の同意を経るべしとする、法科大学の人事権に関する一貫した主張が全面的に承認されたと言えるかどうかは疑問であり、そうでなければ、この事件の約二〇年後に再び大学の自治を揺るがすような重大事件が起こることはなかったとも言える。

(4)　瀧川事件　すなわち、一九一九(大正八)年の新たな帝国大学令の公布により京都帝大法科大学から京都帝大法学部に改組されたのち、一九三二(昭和七)年一〇月の中央大学での講演に端を発したいわゆる瀧川事件は、京都帝大にかかわる一連の事件の中でも一般に「京大事件」としてとくによく知られていることも多言を要しない。この事件は、その後、一九三三(昭和八)年四月一〇日の内務省による瀧川幸辰教授の著書『刑法読本』および『刑法講義』の発禁処分、同月二二日の鳩山文部大臣による瀧川教授の辞職勧告、五月二六日の同教授への休職発令へと展開するに及び、同日には宮本英雄法学部長以下教授・助教授・講師・助手・副手三九人が辞表を提出し、大半のスタッフが免官ないし退職となるという深刻な事態に進展した。これをどう評価するかは今なお論議の余地がありうるであろうが、「いずれにせよ、この事件はわが法学部にとって、輝かしくそして悲痛な、永遠に消えることのない刻印である」(5) ことは、疑いないところであろう。

第一節　ポポロ劇団事件判決における補足意見

(1)　さて、上述の東大ポポロ事件判決の中で、入江俊郎ほか四人の裁判官の補足意見は、学問の自由と大学の自治の関係につき、すでに引用した多数意見とはややニュアンスを異にしている。すなわち多数意見は、先の引用部分に続けて、「大学の学問の自由と自治は、大学が学術の中心として深く真理を探求し、専門の学芸を教授研究することを本質とすることに基づく」として、学校教育法第五二条を下敷きにした性格づけをした上で、学問の自由と自治につき、「直接には教授その他の研究者の研究、その結果の発表、研究結果の教授の自由とこれらを保障するための自治とを意味する」と解している。これに対して入江裁判官ほかの補足意見は、「学術の中心としての教育の場」また「学問の場」である大学における「学問の自由の保障は、また、その自由を保障するため必要な限度において、大学の自治をも保障しているものと解する」としており、大学の自治を端的に学問の自由の、いわば制度的な保障として承認したものと解される。しかしここでの関心はこれとは別の点にあるし、紙幅の限界もあるので、ここでは大学の自治それ自体の問題にこれ以上触れることはしない。

(2)　むしろ本章に関わりのあるのは、垂水克己裁判官の補足意見である。すなわち垂水裁判官は、珍しく、日本国憲法第二三条の学問の自由条項と芸術の自由の関連について言及して、大要次のように述べている。いわく、

憲法第二三条にいう「学問」とは、本来の意味では深い真理の「専門的、体系的探求解明をいい、哲学およびあらゆる自然科学、社会科学を含む」。しかし「倫理学、文学、美学等には世界観、人生観等哲学や高い美の探求創造が含まれることがあり、高い芸術の探求創造は本来の意味の学問と同様に自由が保障されるべきである」から、憲法第二三条

にいう「学問」には芸術も含むと解される。「現代の学問芸術は人類数千年の文明、文化の遺産に現代の学者、芸術家が加えたもので出来ており、これが、万人が健康で高等な文明的、文化的生活をなしうる基をなしており、また、同時に次の世代の文明、文化の基となるものである。」憲法上の学芸の自由をもつのは、「その意思と能力をもって専門的に学芸を研究する学者、芸術家個人」である。「かような学者、芸術家の多数が自由独立の立場で学芸を研究、解明する永続的、組織的中心である公私立の大学はまたその構成員たる学者、芸術家個人とは別に大学自体として学芸の自由を憲法上保障される。」しかし、「学問芸術の新規な理論や傾向や、諸流派の芸をみて何が学問、芸術であり、何が非学問、非芸術であるかを専門家でない者が判断することは至難のことであるから、この判断には権威ある学者、芸術家の良識判断を尊重するほかはない」。

「大学における或る教授の担任学科が演劇ないし芸術である場合に、その学科を研究する学生がその教授を受け若しくはその指導の下に演劇を行い或いは鑑賞する行為はまさに憲法上の自由に属するけれども、私は、演劇専門外の法学、理学、医学部等の学生がかような行為をすることは深い学問又は高い芸術の専門的研究ではない、と考える。」〔傍点は初宿〕

このくだりが、本件における学生の行為（上演集会）はこうした意味での学問的ないし芸術的活動ではなく、「実社会の政治的、社会的活動に当るものというべきで、学芸の研究には属しない」という多数意見の判断を補足する趣旨となっていることはともかくとして、同裁判官がこのように、学問の自由と《芸術の自由》とを不可分一体のものであることを前提として、憲法第二三条にいう学問の中に《芸術》が含まれるとの解釈を示している点が、きわめて興味深いところである。彼が東京帝大独法科卒業（一九一八年）である[6]ことからすると、少しあとで触れるドイツ憲法についての素養が、この論述に滲み出ていると言ってもよいように思われる。

第二節　ヴァイマル憲法における学問の自由と芸術の自由

(1)　比較憲法的にみれば、憲法典において明文で《芸術の自由》を保障する例は少なく、後述するように、ドイツの連邦およびラントの憲法典は、そのきわめて少ない例外に属するといってよい(7)。しかもドイツの憲法では、一貫して、芸術(Kunst)の自由が学問の自由と一体のもの、ないし少なくとも密接不可分のものとして捉えられている点に特徴がみられる。

もっとも、当のドイツの憲法でも、《芸術の自由》を憲法典の明文で規定する伝統は、一九一九年のヴァイマル憲法以来の伝統であるにすぎない。一八四九年のフランクフルト憲法や一八五〇年のプロイセン憲法には、《芸術の自由》(Kunstfreiheit bzw. Freiheit der Kunst)に関する規定は存在しなかった。これらの憲法においては、単に「学問及びその教授は自由である」と定めるのみであった(フランクフルト憲法§一五二、プロイセン憲法第二二条)。当時においては、意見表明の自由として保護されていたと思われる(8)。

(2)　これに対してヴァイマル憲法は、第二編第四章「教育及び学校」の中に属する第一四二条において、「芸術、学問及びその教授は自由である。国は、これに保護を与え、その奨励に参与する」と定めて、《芸術の自由》を学問の自由と併記してこれを保障する規定を初めて置いた。ヴァイマル憲法の制定過程を瞥見すると、エーベルトの強い主張を受けて草案起草者フーゴ・プロイスが、当初の草案(一九一九年一月三日案＝草案Ⅰ)を、フランクフルト憲法の基本権規定を下敷きにして大幅に修正した同年一月一七日のいわゆる草案Ⅱ(9)においても、学問の自由条項の文言は上記のフランクフルト憲法と同一であった(第二編§二〇)が、二月一七日に諸邦委員会に提案された政府第一草案(いわゆる草案Ⅲ)およびそれを若干修正して二月二一日の憲法制定ドイツ国民議会に提案された政府第二草案(草案Ⅳ)以降になって、「芸術、学問及びその教授は自由である」という文言に変わっていることがわかる。[10] しかし、二月二四日の国民議会での政府案の提案理由説明をしたプロイスも、この点についてはほとんど説明をしていないし、二月二四日から三月四日までの国民議会第一読会でも、この点、何らの議論にもならなかったようである。[11]

唯一この文言の付加の理由として示唆されているのは、ヴィルヘルム一世治下における芸術政策(Kunstpolitik)が念頭にあったという点である。一九世紀後半のドイツは、とくに政治的色彩の強い芸術家にとって「紛争の中の芸術」(Kunst im Konflikt)というスローガンで呼ばれた時代であって、とくに劇場における演劇上演に対して厳しい検閲がなされ、自然主義劇作家ズーダーマン(*Hermann Sudermann*, 1857-1928)が芸術家の悲劇を描いた『ソドムの末路』(一八九〇年)を初めとして、ハウプトマン(*Gerhard J.R.Hauptmann*, 1862-1946)やシュニッツラー(*Arthur Schnitzler*, 1862-1931)など、ほとんどすべての劇作家の作品の上演が禁止ないしカットされたと言われている。[12] プロイスが四月三日の憲法委員会第二一回会議において語ったところによると、プロイスの記憶では、第一四二条に《芸術》の語を付加することになったのはプロイセンの文化相(ゴットフリート・トラウプ議員)の提案であったといわれている。[13]

この点に関連して興味深いのは、「検閲は行われない」という草案Ⅲの第三二条二項が、草案Ⅳでは「検閲は、とくに劇場及び映画館での上演の事前検査も、行われない」とされ、憲法委員会がこれを修正して、ライヒ法律の規定に基づいて、「芸術と国民教育の分野」においては映画について例外を認める趣旨の詳細な規定にしていることである。[14] この検閲の規定が意見表明の自由(草案第三二条一項)に続けて置かれていることは言うまでもない(第一一八条と第一四二条の関係については、あとで多少述べる)。

ところで、右の憲法委員会(第八委員会)での第一読会の途上、三月三一日に民主党(ＤＤＰ)のフリードリヒ・ナウマンが「国民に分かりやすい基本権の試み」(Versuch volksverständlicher Grundrechte)と題して、まったく新しい基本権草案を提出し、その結果、ヴァイマル憲法がそれまでの世界の憲法には見られない新しいタイプの権利章典が生まれることとなったことは周知のことであり、草案の第三一条が多少とも議論になったのは、この委員会での四月一日～四日の審議においてである。すなわち、ＳＰＤの二人の議員から、第三一条に関して、「すべての知的創造をなすドイツ人、芸術家、学者又は技術者であって、誠実な芸術的又は文化的な活動であることを立証してもその作品で自活することのできないものは、国の保護と配慮を受ける」という提案が出されたことが知られているが[15]、第三一条にかかわる議論はむしろすべて学校・教育制度に関する第二項以下に集中していて[16]、ここでのテーマに関してはほとんど議論がなく、右の提案は否決されたとされる[17]。憲法委員会の第二読会でも、同条は何らの議論もなく六月一七日に可決されたようであるから[18]、要するに、ヴァイマル憲法の《芸術の自由》条項は何らの議論もなく採用されたといってよい[19]。また当時の学界でも実務でも、この条項はまったく注目されなかったようである[20]。

(3)　ヴァイマル憲法第一四二条の解釈としては、同条一項の「芸術、学問及びその教授の自由」は、第一一八条一項(意見表明の自由)との関係では、一般法(lex generalis)に対する特別法(lex specialis)の関係にあり、「芸術と学問は人間の思考、感情および創造のとくに貴重な開示(künstliche Offenbarungen)であり、それゆえに、国家と法によってとくに大切にかつ注意深く取り扱われるべきだ」という考えから、とくにこれを意見表明の自由とは別に規定したのだ、とされる[21]。文法的には「芸術、学問及びその教授」という文言からは「芸術の教授」ということもありうるように読め、そう解する見解もあるようであるが[22]、同項の成立経過からすると、「学問とその教授」をひとまとめにする意図であって、「芸術の教授」(Kunstlehre)ということは考えなかったとされている[23]。

(4)　ちなみに、《文化国家》(Kulturstaat)を目指したヴァイマル憲法は、この第一四二条以外にも、これと密接に関連して、芸術の文言を含むいくつかの条項の中にもっている。すなわち、同憲法第二編第四章「教育及び学校」の末尾に置かれた第一五〇条は、芸術に関わる記念物が国の保護と配慮を受けるべきものであるとし(第一項)、「ドイツの芸術品が外国へ流出するのを防止することは、ライヒのなすべき任務である」(第二項)としている。そればかりか、さらに第五章「経済生活」に含まれる第一五八条は、知的財産権の保護規定であるが、その文言は、「精神的作品、著作者、発明者及び芸術家の権利は、ライヒの保護と配慮を受ける。ドイツの学問、芸術及び技術の創作になる物は、国家間の協定により、外国においても、尊重され保護されるものとする」とする、比較憲法的にもきわめて特異な規定となっている。そしてヴァイマル憲法のこれらの規定は、次に触れる戦後のラント憲法に対しても影響を及ぼしている。

典型的には一九四六年のバイエルン憲法である。すなわち、同憲法の第二編「基本権及び基本義務」に属する第一〇八条は、ヴァイマル憲法第一四二条一項とまったく同一の条文であるほか、第三編「共同生活」の中の「教育及び学校、自然的生活基盤及び文化的伝統の保護」と題する第二章に含まれる第一四〇条で、改めて「芸術及び学問は国〔ここではラントの意〕及び市町村によって奨励されるものとする」と定め(第一項)、「国及び市町村は、真面目な芸術的及び文化的な活動であることを立証する創造的な芸術家・学者及び作家を援助するための特別の手段を供給しなければならない」(第二項)として、ヴァイマル憲法の明白な影響を看取できる。[24]バイエルン憲法以外にも、基本法より前に制定された憲法のうち、一九四六年のヘッセン憲法(第一〇条、第四六条および第六二条)、一九四七年のラインラント＝プァルツ憲法(第九条、第四〇条)、同年のザールラント憲法(第五条、第一〇条および第三四条)も、ヴァイマル憲法と類似の規定を有している。[25]

(5)　基本法も、「芸術及び学問、研究及び教授は自由である」(第五条三項一文)として、この点のみにおいてはヴァイマル憲法と類似の規定を置いた。ただ、ヴァイマル憲法と比べると、基本法ではこの条項が「意見表明の自由」(第五条一項)と同一条文の中に置かれたことによって、意見表明の自由との関連性がより密接なものと解されることになった点が相違する。この基本法の下での《芸術の自由》については、節を改めて(後述第四節)検討することとして、次に日本国憲法との関連について多少とも触れておく。

第三節　日本国憲法と芸術の自由

(1)　日本国憲法と芸術の自由　　日本国憲法には、《芸術の自由》にかかわる明文規定がないことは論を待たないが、一般に《芸術の自由》は、表現の自由の一内実として、憲法第二一条一項の「その他の表現の自由」の発現形態の一つとして保障されていると解しうる。しかし、従来、《芸術の自由》については、それが現行憲法下において現実にそれほど深刻な憲法問題に発展しなかったこともあってか、憲法の注釈書や教科書等において、これについて触れたものは少ない(26)。むしろ表現の自由とのかかわりの中で、芸術的表現の自由とその限界について多少触れられるに留まっている(27)。

この点で、故種谷春洋が学問の自由条項の解釈を展開する中で芸術活動に触れていたことが注目される。すなわち、種谷は次のように述べる。「学問」とは、「論理的手段をもって真理を探求する人の意識または判断作用乃至はその体系、と解されるから、この概念に属さない精神活動は、当然、本条〔第二三条〕の保障を受けない結果となる」とし、この点でまず問題となるのは、学問活動には芸術活動が含まれるかであるとし、上記の垂水裁判官の補足意見を引用して、「確かに、学問と芸術との間には、精神的活動上の『構造的類似性』が存することは承認されなければならない」。しかし、《学問》活動は、上記のような作用を意味するから、同様な精神的活動であっても、必ずしも、論理的手段をもって行われるものではない芸術活動のごときは、《学問》活動の中には含まれないと解するのが妥当である、ただし、芸術活動が精神的自由権として、一般法としての、思想・良心の自由ないしは表現の自由に属することは当然である(28)、と。

ここにおいて、《芸術》は学問活動とは異なり、必ずしも論理的手段をもってなされる精神活動ではないがゆえに、憲法第二三条の学問の自由の中には《芸術の自由》は含まれないと結論づけられ、《芸術の自由》けむしろ第一九条ないし第二一条一項の自由に属するとされている。また、日本国憲法の解釈としてはこのように解するのが正当であろうと思われるが、後述のごとく、ドイツの基本法の解釈としては、規範の構造からして、これとはやや複雑な様相を呈することとなる。これについて触れる前に、わが国の判例上、芸術と関連のあるものに触れておく。

⑵　千円札模造行為と芸術の自由　　わが国の判例上、《芸術の自由》が直接に争われたのは、通貨及証券模造取締法違反被告事件にかかわる一九七〇(昭和四五)年の最高裁第二小法廷判決(最二判昭和四五・四・二四刑集二四巻四号一五三頁)が、ほとんど唯一といってよかろう。すなわちこの事件は、一九六三(昭和三八)年当時流通していた聖徳太子像が描かれていた千円の日本銀行券(千円札)に着目し、これを素材として作品を創作するため、印刷業者に依頼して、写真製版の方法により、千円札と同一寸法同一図柄のものを緑、黒または緑と黒を混ぜたインクの一色刷りにしたもの合計二一〇〇枚を印刷裁断させたとして、絵画等美術作品の創作活動を行う被告人が、印刷業者等とともに、通貨及証券模造取締法第一条に違反するとして起訴されたものである。被告人らは、すでに第一審に

おいて、同法ないしその被告人等への適用が憲法第二一条、第三一条に違反すると主張していたが、第一審判決は、本件表現行為が「芸術上の表現の自由」、さらにその「表現活動を一般国民が鑑賞ないし享受しうる自由を侵害することになる」可能性を認めつつも、「憲法の保障する表現の自由は、無制限なものではなく、その表現行為が同時に他の法益に対する侵害を伴う場合には、ある程度の制限を免れ難いことは当然」であるとし、比較衡量の上、「本件模造千円札は、その行使の場所、態様などその用い方のいかんによっては、世人をして真正の通貨と誤認させるおそれがあって、取引手段たる通貨に対する社会の信用を害する危険性を持つことが明らか」であるとして、有罪判決を下し、控訴審判決もこれを支持して被告人らの控訴を棄却した。

最高裁判所も、通貨及証券模造取締法が「通貨に紛らわしい外観を有するものの製造」、すなわち同法にいわゆる模造を規制する目的は、このような「通貨模造行為を放任すれば通貨に対する社会の信用、経済取引の安全を害する危険があり、ひいては経済生活一般を不安ならしめるおそれがあるためである」と解し、「憲法二一条の保障する出版その他の表現の自由といえども、絶対無制限のものではなく、たとい移非国民の本件所為が芸術上の表現活動のためのものであったとしても、その通貨模造の行為により経済生活一般に前記のような不安をきたすおそれがあると認められる以上」、これを同法により処罰しても憲法二一条に違反するものではないとした。

この判決に付せられた色川幸太郎裁判官の補足意見は、「芸術上の表現活動が極めて高次であって、それによって造り出された作品の社会的価値が、その反価値を遥かに凌駕するような異例の場合」には、結論は自ずから別異にならざるをえない、というもので、基本的には後述の『悪徳の栄え』事件判決における同裁判官の反対意見の趣旨と同様の、比較衡量論に基礎を置く見解であった。

(3)　わいせつ表現における《芸術性》の考慮　(イ)　刑法第一七五条のわいせつ物頒布罪等の合憲性が問題となったチャタレー事件判決(最大判昭和三二・三・一三刑集一一巻三号九九七頁)や『悪徳の栄え』事件判決(最大判昭和四四・一〇・一五刑集二三巻一〇号一二三九頁)も、「芸術的」表現が直接に争われたわけではないとはいえ、ここでの関連で触れておくべき判例であろう。すなわち前者の判例において、最高裁判所の多数意見が、本件訳書の芸術性を認めつつも、「芸術性と猥褻性とは別異の次元に属する概念であり、両立し得ないものではな」く、「芸術的面においてすぐれた作品であっても、これを次元を異にする道徳的、法的面において猥褻性をもっているものと評価されることは不可能ではない。……我々は作品の芸術性のみを強調して、これに関する道徳的、法的の観点からの批判を拒否するような芸術至上主義に賛成することができない。高度の芸術性といえども作品の猥褻性を解消するものとは限らない。芸術といえども、公衆に猥褻なものを提供する何等の権利をもつものではない。芸術家もその使命の遂行において、羞恥感情と道徳的は法を尊重すべき、一般国民の負担する義務に違反してはならないのである」と判示して、本件訳書の翻訳および頒布を有罪としたことは今さら多言を要しまい。

(ロ)　右の後者の判決においては、被告人である訳者の渋澤龍彦は、フランス文学研究者でもあったことから、該訳書をもってわいせつ文書に当たるものとされたことが憲法第二一条および第二三条に違反すると主張し、上告趣意書においても、弁護人らが美濃部達吉の次のごとき論評[29]を引用して争った。すなわち、同趣意書によれば、美濃部は、「『風俗壊乱』について禁止せらるべきは、唯学問的又は芸術的の存在の価値なきものに止まらねばならない。このことはとくに注意を要する。男女の関係は人生の最も重要な事実であって、それが学問上の研究の対象となり、芸術品である限りは、禁制品たるべき理由はない。禁制品たるべきものは唯学問的著作又は芸術品を以て目することの出来ない、単に猥褻そのものを目的とする作品に限らねばならない。」と述べているという。

こうした事情もあって、判決中にも、「出版その他の表現の自由や学問の自由は、民主主義の基礎をなすきわめて重要なものであるが、絶対無制限なものではなく」として、右のチャタレー判決を引用したのち、「芸術的・思想的価値のある文書についても、それが猥褻性をもつものである場合には、性生活に関する秩序および健全な風俗を維持するため、これを処罰の対象とすることが国民生活全体の利益に合致するものと認められるから、これを目して憲法二一条、二三条に違反するものということはできない」との判示が見えるが、芸術性と学問性との関係については、とくに注目すべき判示はみられないし、芸術性と猥褻性の関係についての判断部分も、右のチャタレー判決と異なる点はほとんど見られないといってよい。

いずれにせよ、これらの判決においても見られるごとく、芸術活動の自由の問題は、表現の自由の一態様として捉えられている点において、一貫している。しかし、ドイツの現行憲法たる基本法においては、ややこれとは異なった様相を呈している。そこで、次にこの点につき、多少とも詳しく検討することとしたい。

第四節　基本法における芸術の自由

1　基本法第五条

(1)　基本法第五条の成立過程概観　すでに言及したように、一九四九年のドイツの基本法は、第五条三項で芸術の自由を保障している。以下の検討のために同条の全体を示しておく。

第五条

(1)　各人は、言語、文書、図画によって自己の意見を自由に表明し流布する権利、及び、一般に近づくことのできる情報源から妨げられることなく知る権利を有する。出版の自由並びに放送及びフィルムによる報道の自由は、これを保障する。検閲は、これを行わない。

(2)　これらの権利は、一般的法律の規定、少年保護のための法律上の規定、及び個人的名誉権によって制限を受ける。

(3)　芸術及び学問、研究及び教授は自由である。教授の自由は、憲法に対する忠誠を免除するものではない。

基本法の草案であるヘレンキームゼー草案では、基本法第五条一項二項には第七条一項～三項が対応し、ここでの主たる関心である基本法第五条三項は、草案ではこれとはまったく別の第一五条一項二項として構想されていた。

(イ)　すなわち同草案第七条は次のようであった(30)。

第七条

(1)　各人は、自己の意見を自由にかつ公然と表明し、また、他人の意見を知る権利を有する。放送の受信及び印刷物の入手の制限は許されない。

(2)　新聞は公的生活の事象、状況、制度及び人物に関し、ありのままに報道する責務と権利を有する。

(3)　検閲は、行われない。

表現の自由にかかわる条項それ自体の検討は本章の課題ではないが、本章との関連では、当時学識経験者として議会委員会の審議に加わっていたボン大学の国法学教授リヒャルト・トーマが、一九四八年九月二九日の基本原則委員会での修正に対して、同年一〇月二五日に発表していた批判的コメント(31)の中で、草案第七条の意見表明の自由条項に対して、次のような対案とその理由づけを示していた点を挙げておくのが適切であろう。すなわちトーマは、

「意見表明の自由といえども不可侵というべきではなかろう。というのは、勝手気ままな反民主主義的な扇動による新たな掘崩しに対して民主主義を擁護し、また青少年の道徳的な危険(sittliche Gefährdung)を防止するためには、やはりこれを制限することが、とくに政治的に緊要だからである」としつつ、フィルムや放送に対する事前検閲(Vorzensur)はありうるとしても、「出版、演劇(Theater)及び公開講演の事前検閲という警察国家的な制度は、きっぱりと排斥されるべきである」として、第一項の対案として、「原則として、言語、文書、印刷、図画及び象徴による意見表明及び意見の流布は、自由である。出版、演劇及び公開講演の事前検閲は行われない」という文言を提案した。ここでは、一方で、意見表明の自由の制限可能性を認め、他方で、出版と舞台芸術の分野での事前検閲を無条件に禁止する趣旨になっている点で、基本法第五条の第一項と第三項の文言の構造が示唆されているように思われる。その後の修正もトーマのこの提案に準拠してなされていったという面がある。なお、民主主義の擁護のために反民主主義的表現の制限が正当化できるとする、いわゆる《たたかう民主制》の思想は、本書の別の章(序章および第一〇章)との関連においても示唆的である。

(ロ)　さて、本章に直接関連するヘレンキームゼー草案の第一五条は次のような文言のものであった。すなわち、

第一五条

(1)　芸術、学問及びその教授は自由である。

(2)　人間の共同生活を保護するために、学問上の発明及び技術上の施設の利用は、法律によって、これを国の監督下に置き、制限し、または禁止することができる。

基本原則委員会は、一九四八年一〇月五日の第六回会議において、小委員会によって修正された文言を議決に付

したが、この段階で第一項には「芸術、学問及び研究及びその教授は自由である」として、「学問」の語の後に「及び研究」の語が追加されており、また第二項は、すでにこの段階で現行の基本法に類似した文言に修正されている。トーマは上記の論評の中で、第一項の追加部分について、理論と実務において解釈されてきたことを明確にした「価値のある」挿入であるとの好意的なコメントを付しているが、彼の批判の重点はむしろ第二項にあった(32)(ただここではこの第二項の問題については触れる余裕はない)。

その後、全般編纂委員会は一九四九年五月二日に右記の第一五条の文言を第六条(現行第五条)の第三項として置いた(33)。そこに至る過程およびこれ以降の過程についても紙幅の都合上省略することとするが、いずれにせよ、芸術の語が学問の前に置かれ、その自由が表現の自由とは区別されている点については、ほとんど何の議論もなされていないことが明らかである。

もとより、ヴァイマル憲法の芸術の自由は、一九三三年以降のナチス政権下で、芸術の「国家化」(Verstaatlichung)がなされることによって制限され、「体制同調的(systemkonform)な、したがって人種的・世界観的に拘束された英雄的な芸術のみが、存在正当性を有する」とのヒトラーの言明(34)により、芸術および芸術生活の全面的な均制化がなされたことは論を俟たない。ナチスのイデオロギーに適合するもののみが「真のドイツ的な」、つまり「民族的な」芸術だとされた。これによって「健全な国民感情」に合わないとされたあらゆる非体制的で退廃的な芸術は追放されたのであった。ところが、以上に概観したように、基本法の制定過程から見る限り、《芸術の自由》条項の成立に当たってそうした過去への顧慮がほとんど見られないように思われるのは、基本法には多くの点でヴァイマル憲法のもつ弱点を克服しようとする試みが看取されることに鑑みれば、不思議とも思われるほどである(35)。

(2)　ラント憲法における《芸術の自由》条項　基本法以後に制定されたラント憲法も、そのほとんどが《芸術の自由条項ないし芸術の保護・奨励の規定を有している。これらの条項の中には、部分的には上述のヴァイマル憲法の影響を受けていると思われるものも含まれている。念のために、本文ですでに(第二節(4)で)例示した以外の憲法の条項を列挙しておくと、まず、基本法と同年に制定されたシュレースヴィヒ＝ホルシュタイン憲法は、「芸術及び学問、研究及び教授」の保護奨励がラントの責務であるとしつつ、ラント・市町村等による芸術の奨励についてさらに定める(第九条)。次に、一九五〇年のバーデン＝ヴュルテンベルク憲法には、めずらしく芸術・学問の自由条項がなく、第八六条に芸術的記念物の保護規定のみがあった(その後削除)。同年のノルトライン＝ヴェストファーレン憲法第一八条は、「文化、芸術及び学問はラント及び市町村によって育成され奨励されるものとする」と規定し(第一項)、「芸術、歴史及び文化に関する記念物」をラントや市町村等の保護の下に置いている(第二項)。[36] また、ドイツ統一以後の憲法も同様である。ブランデンブルク憲法(一九九二年)は、「学問、研究及び教授は自由である」とする規定(第三一条)とは別に、第三四条で「芸術は自由である」とし(第一項)、その保護奨励や芸術作品の公的保護を定める(第二項・三項)。メークレンブルク＝フォーアポメルン憲法(一九九三年)は、第七条一項で基本法とほとんど同一の規定を置き、第一六条で芸術と学問の保護奨励規定を置いているし、統一後に新しくできたその他のラントの憲法についても同様である。[37] こうした関連規定をまったくもたないのは、一九五〇年のベルリーン憲法と一九五二年のハンブルク憲法のみである。以上のようなラント憲法の芸術関連の条項からすると、ドイツにおいては、一般的に言って、芸術の保護および芸術的記念物の保存という問題がきわめて重要な国家的任務のひとつと解されていることがわかる。[38] ただ、基本法自身は、ヴァイマル憲法や、直接・間接にその影響を受けた上記のラント憲法とは異なり、第五条一項の芸術の自由規定以外に、芸術的記念物の保護等に関する規定はもっていない。[39]

2　基本法第五条三項の解釈問題――いくつかの連邦憲法裁判所判例を素材として

ところで、基本法第五条の構造からすれば、第一項の表現・出版等の自由は、「一般的法律の規定、少年保護のための法律の規定、及び個人的名誉権によって」制限を受ける（第二項）のに対して、第三項の「芸術及び学問、研究及び教授」の自由は、教授の自由について「憲法に対する忠誠」を免除されるものではない（同項二文）とされている以外には、文言上制限を受けないこととなる。すなわち、《芸術の自由》は学問の自由および研究の自由とともに、「留保なしに」(vorbehaltlos)保障されていることになる。もとより、後述するごとく、《芸術の自由》といえども、文字どおりまったく何らの制限にも服さないわけではない。この問題に関してはすでに相当数の判例の積み重ねがあり、関連文献も文字どおり汗牛充棟の感があるので[40]、詳細の検討は別稿に譲ることとして、ここではいくつかの判例を素材として若干の検討を加えるにとどめる。

(1)　メフィスト決定　芸術の自由に関する連邦憲法裁判所の最初の、そして今日でもなお指導的な役割をもつ判例は、一九七一年二月二四日のいわゆるメフィスト決定(BVerfGE 30, 173)である。この決定において連邦憲法裁判所第一法廷は、基本法第五条三項一文にいう《芸術》とは何かについて定義を試みている。この有名な事件は、第三帝国時代に有名な俳優で監督でもあった故グスタフ・グリュントゲンス(*Gustav Gründgens*, 1899-1963)をモデルにした作家クラウス・マン(*Klaus Mann*, 1906-49)の小説『メフィスト』(Mephisto, Roman einer Karriere ＝アムステルダム一九三六年刊、東ベルリーン一九五六年刊)が個人の名誉を侵害するものであるとしてその出版の禁止を求めたグリュントゲンスの養子の訴えが、ハンブルク上級地方裁判所によって認められ（一九六五年一一月二三日）、これを不服とした出版社からの上告も、一九六八年三月二〇の連邦通常裁判所判決によって棄却されたので、基本法第五条一項・三項等違反を主張して出版社が提起した憲法訴願手続である。結論としては出版社の憲法訴願を棄却したこの連邦憲法裁判所のこの《メフィスト決定》の内容については、すでにわが国でもよく知られているので(41)、その詳細は省略するが、この中で同裁判所は、「芸術は、その独自性と自律性のゆえに、基本法第五条三項一文によって留保なしに保障されているから、芸術の自由の保障を、芸術概念を価値的に狭めることによって制限したり、他の憲法上の規定の権利制限ルールに基づいて芸術概念を拡大的に解釈ないし類推することによって制限したりすることはできない」(BVerfGE 30, 173 [191])としつつも、憲法上の《芸術》の概念につき、要約すれば、次のように述べていた(BVerfGE 30, 173 [188 f.])。

《芸術》という生活領域は、「芸術の本質によって特徴づけられた、芸術のみに固有の構造的メルクマールによって規定されるべきである。憲法上の芸術概念の解釈はここから出発しなければならない。芸術的活動(künstlerische Betätigung)は、芸術家のもろもろの印象や経験や体験が、特定の形式言語(Formensprache)という媒体を通じて直接的な見解へと具体化された、自由で創造的な刑象(Gestaltung)である。あらゆる芸術的な活動には、合理的には分析することのできない意識的および無意識的は出来事が入り交じっている。芸術的創造には、直感と空想力と芸術的感覚が一緒に作用するのであり、第一義的には、芸術家個人の人格の〔単なる〕告知ではなく、その直接的な表現なのである。」芸術の自由の保障には、芸術的創造の活動領域(Werkbereich)のみならず、その及ぼす作用領域(Wirkbereich)も関わってくるのであり、これら両者は不可分一体である。すなわち、芸術の自由には前者の芸術的活動だけではなく、後者、つまり芸術作品の上演(Darbietung)および流布(Verbreitung)も必然的に含まれることになる。そして後者の「作用領域」というのは、それによって芸術作品に接近できる道が公衆に与えられるものであり、第五条三項の自由保障が生まれてきた基盤である。ナチス体制とその芸術政策を一瞥しさえすればただちにわかることは、芸術家個人の権利を保障するだけでは、芸術の自由を確保するのに不十分であるということである。芸術の自由の保障の妥当範囲を芸術作品の作用領域にまで拡大することがなければ、この基本権は結局は空虚なものとなってしまうであろう。

この決定における芸術概念については、美学の理想主義的な芸術理解に偏っているとか、中立的な価値概念の限界を超えているとか、あるいは、あまりにも多くの要素が概念規定に含まれすぎていて、結局は芸術の概念を不当に狭めることになるのではないかといった批判(42)にさらされた。基本法第五条一項の自由保障は実質的な意味において概念を内容的に充填することを禁じているがゆえに、芸術を定義することはできないとの見解も主張されていた(43)。その結果、何が芸術かはもっぱら形式的な基準によってしか捉えられないのではないか、とする見解が主流となっていくことになる。

(2)　「時代錯誤的行進」決定

こうした批判を受けて、連邦憲法裁判所第一法廷はその後、一九八四年七月一七日の決定の中で、問題の解決の糸口を別のところに求め、「芸術を一般的に概念規定することは不可能である」とした。この事件は、一九八〇年秋の連邦議会選挙期間中に、詩人ベルトルト・ブレヒト(*Bertolt Brecht*, 1898-1956)の「時代錯誤的行進(Anachronistischer Zug)、もしくは自由と民主主義」という詩を用いて、各地を巡業して回った政治的街頭演劇(Straßentheater)が、連邦首相候補者であった当時のバイエルン州首相フランツ・ヨーゼフ・シュトラウスを侮辱するものだとして、その中心人物が起訴されたもので、バイエルンの裁判所の判決で有罪となった被告人が、憲法訴願を提起した事件である。連邦憲法裁判所は、ケンプテン区裁判所判決およびそれを支持したバイエルン州最高裁判所判決を破棄し、これらの判決が第五条三項前段に根拠を有する訴願人の基本権を侵害するとして、第一審に差し戻したのである。この決定の中で連邦憲法裁判所は、随所で前述の《メフィスト決定》における判示に触れつつ、「憲法の芸術の自由保障がどの範囲に及ぶか、また芸術が個々の場合に何を意味するかということは、芸術的活動のあらゆる表出形式にとって、また芸術のあらゆる種類にとって、同様に通用する一般的な概念によって解釈することはできない」とし、[44]「芸術理論においては客観的基準についてのいかなる合意もなく」、「芸術を一般的に概念規定することは不可能である」(BVerfGE 67, 213 [225]) とした。しかし他方、連邦憲法裁判所は、「芸術という生活領域の自由を保護すべき憲法上の義務、つまり、具体的な法適用に際して、基本法第五条三項一文の要件が存在するかどうかを決定する義務から免れてはいない」として、さらに検討し、ブレヒトの詩とそれを用いた問題の街頭演劇が基本法第五条三項一文の意味における「芸術」であることを認めた。[45]

(3)　カリカチュア決定　さらにその三年後の一九八七年六月三日のいわゆるカリカチュア決定(Karikatur-Beschluß)において、連邦憲法裁判所第一法廷は、上記(2)の一九八四年の決定を一歩進めた(BVerfGE 75, 369)。この事件も、右の(2)と同じくバイエルン州首相シュトラウスが話題となったもので、今度はセックスをしている豚の姿でシュトラウスを描いた複数の風刺画を、雑誌『コンクレート』(konkret) に発表し、その最初の画には「風刺なら何でも許される」(Satire darf alles) とのキャプションまで付けた等の行為が、侮辱罪に当たるとして起訴された刑事事件にかかわる。ハンブルクの上級地方裁判所が、一九八五年一月一七日に、原審である地方裁判所判決を破棄して有罪判決を下し、地方裁判所の他の部に差し戻したため、この判決が基本法第五条三項一文および第一〇三条一項に違反するとして憲法訴願が提起された。連邦憲法裁判所は、憲法訴願の提起自体は適法としつつ、訴願には根拠がないとしたが、この決定の中で同裁判所は、検討すべきは、単に、①問題の風刺画が《芸術の自由》の保護範囲内にあるかどうか、そしてもしあるとすれば上級地方裁判所がその決定に際してこの基本権の保護範囲の限界を原則的に正しく定めたかどうかだけではなく、さらに、②同裁判所が芸術に固有の構造的メルクマール（上記《メフィスト決定》参照）を用いて描写を判断したかどうか、したがって「作品に即した」(werkgerecht)な基準を適用したかどうかであり、そして、③これらを基礎にして、芸術の限界を個々の場合に即して適切に設定したかどうかである、とした(BVerfGE 75, 369 [376])。

その上で、本件の場合、問題の風刺画が基本法第五条三項一文にいう芸術に属することは認めつつ、「芸術的活動の基本的要求を確定すること」は「基本法第五条三項一文によって禁じられているわけではなく、むしろ憲法上求められている。とはいえ、許されているのは、そして必要なことはただ、芸術と非芸術(Nichtkunst)を区別することだけである」とし、「芸術性の水準の規制、つまり水準の高低とか善悪について区別することは、憲法上許されない内容規制に帰着する」との学説(ショルツ)を引用する。

したがって、風刺画そのものは芸術的創作として許されることになるが、問題は、本件のように明らかに意図的に特定人を侮辱するような内容の風刺画である。連邦憲法裁判所は、「人間の尊厳を最高価値であると承認している法秩序」においては、《芸術の自由》といえども、人間の尊厳を侵害することはできないとし、「一般的人格権の保護は、第五条三項一文に根拠を有する権利に対しては何ら優位するものではなく、むしろ一般的人格権もこの第五条三項の基本権に照らして理解されなくてはならない」が、「一般的人格権が人間の尊厳の直接的な発露であるかぎりにおいて、人間の尊厳という枠は絶対的なものであって利益衡量が働く可能性はない」のであり、「基本法第一条一項によって保障されている人間の名誉の核心部分に対する介入がなされる場合には、つねに人格権の深刻な侵害が存在する」ことになる。このような侵害は、連邦憲法裁判所の上記(2)の判例からして、「もはや芸術的活動の自由によってカバーしえない」ということになる。

(4)　《ヘルンブルク報告》事件決定　同年一一月三日の決定(BVerfGE 77, 240)は、ＦＤＪ(自由ドイツ青年団)の構成員で一九五〇年五月に警察との衝突で殺されたフィリップ・ミュラーなる人物を追想して、ある音楽劇団が、事件から約三〇年後にブレヒトの作品『ヘルンブルク報告』(Herrnburger Bericht)の上演を目的として、ミュンヒェン市内でポスターを貼り、またＦＤＪの標章の描かれたシャツを着用し、デモを企てた等の宣伝行為が、刑法第八六ａ条に違反するとして起訴され、有罪判決を受けた被告人らが提起した憲法訴願にかかわる。刑法第八六ａ条一項は、刑法第八六条一項二号(「憲法秩序もしくは国際協調の思想に反する思想をめざす」として禁止された団体)等に挙げられた団体等の標章(Kenzeichen)を公然と使用したり集会や文書で配布する行為を処罰するものと規定し、第一項にいう標章とは、とくに旗、記章、制服、標語および挨拶の仕方であるとしているが、ＦＤＪは基本法第九条二項にいう憲法違反の組織であるとして一九五四年七月一六日の連邦行政裁判所の判決(BVerwGE 1, 184)によって禁止されていたためである。連邦憲法裁判所は、「ヘルンブルク報告」は疑いもなく基本法第五条三項の意味での芸術であるとし、上記(1)のメフィスト決定や(2)の「時代錯誤的行進」決定[46]を参照させつつ、「芸術作品のための宣伝は、たしかに芸術作品それ自体やその内容を伝達するメディアではない。しかし、かかる宣伝行為は芸術的創造の作用領域にも属する伝達手段をなす。というのは、芸術は他の情報伝達にかかわる基本権(Kommunikationsgrundrechte)の保護法益と同様に、公共性に関わっており、それゆえ公的主張に頼らざるをえないからであり、その理由からして、芸術作品のための宣伝もこの基本権の保護を受ける」(BVerfGE 77, 240)とした。そして結論としては、訴願提起者の本件宣伝行為を有罪とした裁判所の判決を破棄して地方裁判所ないし区裁判所に差し戻した。

なお、その後、右と同一の刑法第八六ａ条違反が問題となった別の事件でも、連邦憲法裁判所は、一九九〇年四月三日の決定において、Ｔシャツの販売行為で有罪判決を受けた被告人からの憲法訴願に理由があるとして、通常裁判所の判決が《芸術の自由》を侵害するとしている（BVerfGE 82, 1）。[47]

（5）国章・国家誹謗罪事件決定　一九九〇年三月七日の二つの決定は、国家およびそのシンボルを、集会において、あるいは文書の流布によって公然と誹謗中傷する行為を処罰することとしている刑法第九〇a条に関わるものである。すなわちその一は、風刺画やコラージュを用いた文庫本のカバーの図柄が連邦国旗を誹謗したとして、また他の一は雑誌の一九八六年八月号でドイツ国歌をもじった文章を掲載したことが国家に対する中傷であるとして起訴された刑事事件において有罪判決を受けた被告人が提起した憲法訴願に対するものである。もはや詳細を検討する余裕はないが、両者の決定において連邦憲法裁判所第一法廷は、基本法第五条三項一文は、芸術的描写を通じて連邦国旗や連邦国歌を誹謗したことを理由として刑法第九〇a条一項により処罰することを一般的に排除するものではない、としつつも、これらの表現が風刺的表現として芸術作品に当たるとして、憲法訴願には理由があると結論づけている（BVerfGE 81, 278, 81 [298]）。

（6）ムッツェンバッハ決定　最後に、《芸術の自由》の限界問題がはっきりと示された事例として、《ムッツェンバッハ決定》（Mutzenbacher Beschluß）を挙げておこう。この事例は、一九八五年七月一二日公布の「青少年に有害な出版物等の流布に関する法律」（GjS ＝便宜上、青少年保護法という）による有害図書指定制度が問題となった事件である。同法では、「少年及び青年を倫理的に害すると考えられる」書籍は有害図書のリストに挙げられ（第一条一項一文）、ここにいう有害図書にはとくに、「反倫理的で粗暴性を生じさせ、暴力行為、犯罪または人種間の憎悪をかき立て、並びに戦争を賛美するような書籍」をいう（同二文）。ただし、これらの書籍で《芸術》に資するものは、有害図書リストへの掲載を免れることとなっている（同条二項二号）。わが国では現在、長野県を除く四六都道府県の条例でこれと類似の規制がなされているが、ドイツではこれが連邦法律で規律されていて、また《芸術の自由》への配慮が法律上なされている点に違いがある。

こういう制度の下で、憲法訴願提起者は、すでに今世紀初めごろにヴィーンで著者名の記載なしで出版されていた『ヨゼフィーネ・ムッツェンバッハ――ヴィーンのある娼婦の自伝』という小説を、一九七八年にポケット版の二巻本で出版した。幼児売春や乱婚の描写があり主人公の女性の生涯がポルノ風に描かれたこの書物は、同年に二つのドイツの裁判所でわいせつ文書であると宣告されたのち、上記の青少年保護法に基づき有害図書に指定された。訴願人は、この作品が今日の見方からすれば芸術作品であるから有害図書リストから削除されるべきであると主張したが、有害図書を指定する権限を有する連邦審査局はこの主張を拒否した（一九八二年一一月四日）。これに対して提起された一連の行政訴訟も効を奏さなかったので、憲法訴願が提起された。連邦憲法裁判所は、憲法訴願に理由があるとし、一連の行政訴訟および連邦審査局の決定が基本法第五条三項一文の基本権を侵害すると結論づけると同時に、連邦審査局の任命についての規定（第九条二項）が法治国家原則違反であるとした（BVerfGE 83, 130）。(48)

この決定の中で連邦憲法裁判所は、有害図書も《芸術の自由》の保護範囲内にあり、該小説が同時にポルノとみられるものであっても、その芸術としての特質がなくなるわけではないとし、右に概略した一連の決定を参照させつつ論を展開したが、興味深いのは、《芸術の自由》が学問・研究の自由とならんで、何らの留保なしに保障されている基本法構造の下で、第五条二項にいう「青少年保護のための法律」や第二条一項後段を根拠として《芸術の自由》の制限は文言上できないが、このことは《芸術の自由》が「青少年保護を理由とする有害図書指定を原則的に排除することを意味する」ものではなく、「他の法主体の基本権において、また憲法上の優越的地位を認められている他の法益において」限界が見出される、とした点である（BVerfGE 83, 130 [139 f.]）。ここでの関連で言えば、それは、「子どもの読書を規定する権能」を含む親の教育権（基本法第六条二項一文）であり、[49]「基本法第五条二項が明文で言及している青少年保護も、とくにこの親の教育権を根拠として憲法上の優越的な地位を有している」のであって、「国には、子どもや青年をその性に対する態度やその人格の発展に不利に働く可能性のある影響から遠ざけておく権限を有している」というのである。したがって、「子どもや青年は、その親の同意がある場合にのみ、自己の発展に有害な影響をもつかもしれない文書に近づくことができる」ことを確保する同法の規定（第三条〜第五条）の目的は、憲法訴願提起者の主張するような、「国家的監視任務を行使することによって親の教育権の領域を狭めること」にあるのではなく、むしろ、「基本権として保障されている親の教育権を侵害を予防しようとするところにある」のだから、この法律自体は憲法の理念に合致する、とされることになる。これ以上の詳細は略するが、基本法第五条二項・三項との関連にも触れながら、《芸術の自由》の限界に触れている点が、ここでの関連では特に注目されるところである。

結び——芸術の自由とその限界

連邦憲法裁判所の《芸術の自由》とその限界に関する判例に対する学説の評価については、さらに詳細に検討を必要とするが、とりあえず、右に触れた連邦憲法裁判所の以上の諸判例だけからしても、取りあえず次のようなことが言えるであろう。

まず第一に、基本法第五条三項は、上記のとおり《芸術の自由》を学問の自由等と並べて規定しているが、制定過程からしても、また実際の事例からしても、《芸術の自由》と学問の自由とがとくに密接に関連しているということは、どうやら言えないようである。[50] その点で、上述(第三節(1))の種谷の考えは基本的に妥当と評しうるであろう。

しかし、第二に、基本法上《芸術》の対象は、絵画・写真や演劇等の狭義の伝統的な形態だけではなく、『メフィスト』のように純然たる文学作品によるものも含まれ、また営利を目的とした宣伝や街頭演劇における政治風刺的主張も含まれる。このことは同時に、第五条一項の意見表明の自由と第五条三項の《芸術の自由》との関連につき、困難な解釈問題を提起することとなろう。日本国憲法第二一条の解釈に関わってこの点はとくに重要である。

第三に、基本法第五条の構造からして、特別法である第三項の《芸術の自由》は、一般法たる第一項の意見表明等の自由について「青少年保護」や「個人的名誉権」の保護を理由として制限の可能性を明文で認める第二項を根拠として制限することは、解釈上認められない。このことは、連邦憲法裁判所の確立された判例であると言える。その意味で、《芸術の自由》の制限の合憲性は、意見表明の自由に比してさらに厳しい基準で判断されざるをえないことになる。

しかし第四に、このことは同時に、《芸術の自由》が文字どおりまったく何の留保もなく無制限に保障されていることを意味するものでないことは、芸術が芸術家の内心における活動領域(Werkbereich)に留まるものではなく、さまざまなメディアや形式・方法によって、外部に伝達され、影響を及ぼしていく作用領域(Wirkbereich)を必然的に伴うものであってみれば、言わば当然のことである。その際、ドイツの基本法の下においては、上述の《メフィスト決定》にも示されているように、基本法第一条一項の《人間の尊厳》条項との関連が何といっても重要である。すなわち、「基本法の価値体系の一部として、芸術の自由はとくに第一条に保障されている人間の尊厳に組み込まれているのであり、人間の尊厳は最高価値としてすべての基本権の価値体系を支配している」からである(BVerfGE

30, 173 [193])。

そして第五に、《芸術の自由》の行使が「基本法の価値体系を支配する最高価値」たる人間の尊厳を侵害することを根拠としては制限が正当化できない場合であっても、たとえば第六条の親の教育権を根拠とする青少年保護のための制限が憲法上正当化される場合がある。

これらの点以外にも、以上の検討からさらにいくつかの結論を引き出すことができるかもしれないが、ここはもはやこれの点の検討を試みる余裕はない。

注

(1) 《芸術の自由》を検討する本章でこの点について触れているのは、本章がもともと『京都大学法学部創立百周年論文集』(全三巻、有斐閣、一九九九年刊)に寄稿するために書かれたという事情によるものである。なお、この部分の叙述については、主として、京都大学百年史編集委員会編『京都大学百年史　部局史編1』財団法人京都大学後援会、一九九七年発行二四　頁以下によった。

(2) 高根義人「大学制度管見」法律学経済学内外論叢第一巻五号(一九〇二年)八一頁以下。旧漢字のみ改めた。

(3) 「大学教授ノ罷免ニ関スル交渉顛末」京都法学会雑誌九巻一号(一九一四年)三頁以下。旧漢字のみ改めた。

(4) 詳細は、前掲『百年史』(注1)二五五頁以下、および京都法学会雑誌九巻一号、二号の記事参照。

(5) 前掲『百年史』二八五頁。

(6) 野村二郎『最高裁全裁判官―人と判決―』(三省堂一九八六年)七〇頁。

(7) ただし、一九七八年のスペイン憲法は、その第二〇条一項b号で「文学的、芸術的、科学的及び技術的作品並びに創造の権利」を承認し保護するとし、一九四八年のイタリア憲法も、「芸術、学問は自由であり、その教授も自由である」として、後述の基本法の規定と類似した規定を置いている(第三三条一項)。さらに一九八二年の中華人民共和国憲法の第四七条も、「科学の研究、文学・芸術の創作及びその他の文化活動を行う自由」を公民に保障し、国がそれらの創作的活動を鼓舞激励し、援助するとしている。

（8）*Christoph Gusy*, Die Weimarer Reichsverfassung, Tübingen 1997, S. 309. なお、一八四九年憲法の制定過程における芸術・文化の保護の制度化の試みと、それが失敗したことについて検討するものとして、*Bernd Küster*, Die verfassungsrechtliche Problematik der gesamtstaatlichen Kunst- und Kulturpflege in der Bundesrepublik Deutschland, Frankfurt/Bern/New York/Paris 1990, S. 96 ff.

（9）原典は、*Heinrich Triepel* (Hrsg.), Quellensammlung zum Staats-, Verwaltungs- und Völkerrecht, Bd. 1: Quellensammlung zum deutschen Reichsstaatsrecht (Neudruck der 5. Auflage, Tübingen 1931), 1987, S. 10 ff.

（10）草案Ⅲおよび草案Ⅳでは、いずれも第二編第三一条（A. a. O., S. 21 u. 29）に相当する。

（11）Deutscher Geschichtskalendar (Hrsg. v. *Friedrich Purlitz*), Ergänzungsband: Die deutsche Reichsverfassung vom 11. August 1919, Leipzig 1919 (?), S.127 ff.: Die Beratung der deutschen Reichsverfassung im Plenum (Erste Lesung) und im Verfassungsausschuß, insbes. S. 132.

（12）*Friedrich Kitzinger*, Artikel 142 Satz 1, in: *Hans Carl Nipperdey* (Hrsg.), Die Grundrechte und Grundpflichten der Reichsverfassung, Zweiter Bd., 1930, S. 449 ff., insbes. 455 f. なお、*Joachim Würkner*, Das Bundesverfassungsgericht und die Freiheit der Kunst, München 1994, S. 18.

（13）Verhandlungen der verfassunggebenden Deutschen Nationalversammlung, Bd. 336: Anlagen zu den Stenographischen Berichten. Nr. 391: Bericht des Verfassungsausschusses, Berlin 1920, S. 216.

（14）Deutscher Geschichtskalendar, a. a. O. (Anm. 11), S.107. なお、*Würkner*, a. a. O. (Anm. 12), S.19 ff. は、ドイツにおける演劇の検閲の歴史とその法的基礎について詳細に述べている。

（15）A. a. O. (Anm. 11), S. 189, 197 f. u. 199.

（16）草案第三一条の第二項（義務教育の無償）は憲法第一四五条に、第三項（青年・国民教育）は憲法一四三条一項に、第四項（初等中等教育制度）は憲法第一四六条一項に、第五項（学校監督）は憲法第一四四条に、それぞれ対応する。

（17）A. a. O. (Anm. 11), S. 202.

（18）A. a. O. (Anm. 11), S. 255.

（19）*Gerhard Anschütz*, Die Verfassung des deutschen Reichs vom 11. August 1919, unveränderter Nachdruck der 14. Auflage 1933, Bad Homburg 1960, S.658 も、成立史からしても、フランクフルト憲法やプロイセン憲法の規定を受け継ぐ際に、「人々が何か特別新しいことを考えていたことを示す何らの手掛かりもない」としている。

（20）　*Gusy*, a. a. O. (Anm. 8), S. 309.

（21）　*Kitzinger*, a .a. O. (Anm. 12), S. 457. なお、*Huber*, Deutsche Verfassungsgeschichte, Bd. 6, S. 121 u. 979 参照。

（22）　*Huber*, a. a. O. (Anm. 21), S. 979 は、第一四二条が「すべての人およびすべての形態の芸術的および学問的創造と芸術的および学問的認識・能力の教授による伝達」に適用がある、という。

（23）　Bericht des Verfassungsausschusses, a. a. O. (Anm. 13), S. 216.

（24）　さらに同憲法第一四一条二項は、「芸術に関わる記念物」の保護・奨励を国、市町村および公法上の団体の任務とし、また第一六二条にも、本文引用のヴァイマル憲法第一五八条とほとんど同一の文言で、芸術家の権利の保護を定めている。

（25）　一九四七年のブレーメン憲法（第一一条）も参照。なお、基本法以後に制定されたラント憲法については、後述する（第四節）。

（26）　たとえば、宮沢俊義『憲法Ⅱ〔新版〕』（有斐閣、一九七一年）、奥平康弘『憲法Ⅲ』（有斐閣、一九九三年）、伊藤正己『憲法〔第三版〕』（弘文堂、一九九五年）、阪本昌成『憲法理論Ⅲ』（成文堂、一九九五年）、佐藤功『日本国憲法概説〔全訂第五版〕』（学陽書房、一九九六年）、野中俊彦ほか『憲法Ⅰ〔第5版〕』（有斐閣、二〇一二年）、芦部信喜（高橋和之補訂）『憲法〔第五版〕』（岩波書店、二〇一一年）、同『憲法学Ⅲ　人権各論』（有斐閣、一九九八年）などの代表的教科書・体系書の類では、いずれも《芸術の自由》について触れるところはない。

（27）　佐藤幸治『日本国憲法論』（成文堂、二〇一一年）二四八頁の注は、わずかに後述の昭和四五年判決に触れつつ、ドイツ憲法についても言及している。なお、初宿正典『憲法2　基本権〔第三版〕』（成文堂、二〇一〇年）二五三頁以下参照。

（28）　芦部信喜編『憲法Ⅱ人権⑴』（有斐閣、一九七八年）三七八～三七九頁。

（29）　『改造』大正一二年八月号。

（30）　ヘレンキームゼー草案の全体は、PR, Bd. 2, S. 579 ff. を参照。

（31）　*Richard Thoma*, Kritische Würdigung des vom Grundsatzausschuß des Parlamentarischen Rates beschlossenen und veröffentlichten Grundrechtskatalogs, in: PR, Band 5/I, S. 361 ff., insb. S. 367 ff. Vgl. auch JÖR, Bd. 1, S. 81. ちなみにこの段階では（第七条ではなく）第八条となっている。

（32）　A. a. O. (Anm. 31), S. 370.

（33）　JÖR, a. a. O. (Anm. 31), S. 91 は第六条（現行の第五条）の「第二項」として置いたとしているが、PR, Bd. 7, S. 498 では第三項となっており、これに従った。

(34)　*Adolf Hitler*, Der deutschen Kunst Zukunftsaufgabe. Rede, gehalten auf der Kulturtagung des Reichsparteitages der NSDAP in Nürnberg am 1. September 1933. ただし引用はさしあたり、*Joachim Würkner*, Das Bundesverfassungsgericht und die Freiheit der Kunst (Anm. 12), S. 35 によっている。

(35)　後述する《メフィスト決定》(BVerfGE 30, 173 [189 u. 192] の中で、連邦憲法裁判所は、「ナチス体制とそこにおける芸術政策への顧慮」に触れて、「憲法制定者にとって、芸術と芸術家を政治イデオロギー的な目的設定に完全に依存せざるをえない立場に置き、口をつぐむことを余儀なくさせたナチス体制の時代における経験に基づいて、芸術という問題領域の独自性と自律性を特別に保障せんとするきっかけが生まれた」といい、学説中にも、ナチスによる《芸術の自由》の抑圧が基本法へのこの自由の採用につながったことを強調する見解がある(たとえば *Günter Erbel*, a. a. O. (Anm. 40), S. 82 f.; *Helmut Ridder*, Freiheit der Kunst nach dem Grundgesetz, Berlin/Frankfurt 1963, S. 18 など)。

(36)　なお、旧西ドイツに属していたラントのうち、一九九三年に新憲法を制定したニーダーザクセンでは、第六条で芸術と文化をラント等が保護奨励するべき旨を定める。

(37)　一九九二年のザクセン憲法も、第二一条で基本法第五条三項とほとんど同一の規定を置き、第一一条で芸術のラントによる保護を定める。同年のザクセン＝アンハルト憲法第一〇条および第三六条もほぼ同様。一九九三年のテューリンゲン憲法第二七条および第三〇条も参照。

(38)　*Peter Häberle*, Die Freiheit der Kunst im Verfassungsstaat, in: AöR, Bd. 110, 1985 Heft 4, S. 577 ff., insbes. S. 585 f. は、社会主義諸国の憲法典における芸術の国家的保護育成の条項を詳細に列挙している。

(39)　関連するものとしては、わずかに第七五条一項六号で、ヴァイマル憲法第一五〇条二項に類似した「ドイツの文化の国外流出に対する保護」との文言を、連邦の大綱的立法権限の一として置いているにすぎない。

(40)　ここでは、すでに注で挙げたもの、および以下の注で個別に挙げるもののほか、とくに次のもののみ挙げておく。モノグラフィーとしては、*Günter Erbel*, Inhalt und Auswirkungen der verfassungsrechtlichen Kunstfreiheitsgarantie, Berlin/Heidelberg / New York 1966; *Josef Hoffmann*, Die Kunstfreiheitsgarantie des Grundgesetzes und die Organisierung einer Mediengewerkschaft, Köln 1981; *Christiane Prause*, Kunst und Politik. Eine verfassungsrechtliche Untersuchung im Rahmen des Art. 5 GG, Frankfurt/Bern/New York/Nancy 1984;

Joachim Würkner, Das Bundesverfassungsgericht und die Freiheit der Kunst, München 1994; *Spyridon Vlachopoulos*, Kunstfreiheit und Jugendschutz, Berlin 1996 など。またコメンタールとしては、*Erhard Denninger*, Freiheit der Kunst, in: *Isensee/Kirchhof*, Handbuch des Staatsrechts der Bundesrepublik Deutschland, Bd.VI, Heidelberg 1989, S. 847 ff. (§16); *Karl-Heinz Ladeur*, Freiheit der Kunst, in: Kommentar zum Grundgesetz für die Bundesrepublik Deutschland, Bd.1, Neuwied 1989, S. 585 ff.; *Ernst Gottfried Mahrenholz*, Freiheit der Kunst, in: *Benda/Maihofer/Vogel* (Hrsg.), Handbuch des Verfassungsrechts (2), 2. Aufl., Berlin/New York 1995, S. 1289 ff. など。なお、これらの文献には、いずれも膨大な文献目録がついている。さらに判例分析として、*Joachim Würkner*, Wie frei ist die Kunst, in: NJW 1988, Heft 6, S. 317 ff.; *Johann Friedrich Henschel*, Die Kunstfreiheit in der Rechtsprechung des BVerfG, in: NJW 1990, Heft 32, S. 1937 ff. なども参照した。

(41)　さしあたり、保木本一郎「芸術の自由と憲法的統制」『ドイツの憲法判例』一九〇頁以下。ただし、第五条三項の《芸術の自由》は、同条一項の表現の自由に対しては、一般法に対する特別法(lex specialis)の関係であるとされているので、同一九二頁上の「芸術の自由の一部である書物の出版の自由」というのは、おそらく誤植であろう。なお、《メフィスト決定》の分析については、さしあたり、*Würkner*, Das Bundesverfassungsgericht und die Freiheit der Kunst, a. a. O. (Anm. 40), S. 49 ff. を参照。

(42)　*Denninger*, Freiheit der Kunst, a. a. O. (Anm. 40), S. 853, Rdnr. 8.

(43)　*Wolfgang Knies*, Schranken der Kunstfreiheit als verfassungsrechtliches Problem, München 1967, S. 215 ff. この文献は Dissertation のようで(Vgl. *Henschell*, a. a. O. (Anm. 40), S. 1938)、利用しえなかったが、書かれた年からすると、明らかに《メフィスト決定》を受けてのものではない。

(44)　BVerfGE 67, 213 [224] はこの箇所で先例として《メフィスト決定》(BVerfGE 30, 173 [183 f.])を参照せしめているが、当の箇所にはこの趣旨の判示は見当らない。BVerfGE 30, 173 [190] の誤りであろうか。

(45)　この決定については、連邦憲法裁判所が合憲性の判断基準として二段階手続(2-Prüfungsstufen-Verfahren)がとられたとして分析し、次の(3)で挙げる決定では、それが三段階手続に展開したとするものがある(*Hermann Weber*, Inhalt und Schranken der Kunstfreiheit - Rechtsprechungsübersicht, in: JuS 1985, S. 410 ff.)が、とりあえずここではその当否は問題にしない。なお、一九九〇年一二月二日の夜に、ベルリーンの国会議事堂付近で、三〇台ほどの自動車を用いて、ブレヒトの同一の詩を上演する街頭演劇の形式のデモをしたいとの申請が不許可となった事件につき、BVerfGE 83, 158 参照。

(46) この決定では、本章では触れなかったもう一つ別の決定、すなわち芸術活動への課税が問題となった事件に対する一九七四年三月五日の決定(BVerfGE 36, 321 [331])も参照させている。

(47) ヒトラー像やハーケンクロイツ類似の図柄等描いたTシャツの販売をしたことが問題となったこの事件については、『ドイツの憲法判例Ⅱ』一八五頁以下(根森健の訳・解説)を参照のこと。

(48) この決定については、さしあたり、『ドイツの憲法判例Ⅱ』一九一頁以下(芹沢斉の訳・解説)を参照のこと。

(49) この青少年保護法による有害図書規定制度が親の教育権との関連で問題となった一九五八年三月一〇日の判例(BVerfGE 7, 320)につき、『ドイツの憲法判例』二二五頁以下〔横田守弘の訳・解説〕参照。

(50) たとえば注釈書でも、Alternativkommentar, a. a. O. (Anm. 40), S. 585 ff.（*Ladeur* 執筆)は、《芸術の自由》は学問・研究および教授の自由(*Denninger* 執筆の S. 533 ff.)とはまったく分離して論じているし、*Isensee/Kirchhof*, a. a. O. (Anm. 40), S. 847 ff.（*Denninger* 執筆)も、同様に、研究および教授の自由(*Oppermann* 執筆の S. 809 ff.)とは別に論じている。

第九章　《集会の自由》に関する若干の考察
——とくに基本法第八条二項の成立過程を中心として

第一節　《集会の自由》の憲法上の位置づけ

1　はじめに

憲法第二一条一項は「集会、結社及び言論、出版その他一切の表現の自由は、これを保障する」と定めている。この規定の読み方については、これを「集会、結社の自由」と「言論、出版その他一切の表現の自由」とを保障する趣旨であるとする説と、「集会、結社、言論、出版」をすべて表現形態の例示と解する説とがある。前者の説(以下では仮に《分離説》とする)の古典的な例としてしばしば言及される故宮沢俊義は、「思想発表の自由(表現の自由)と集会・結社の自由とは、各国の人権宣言の伝統では、別個に規定される」のが例であり、日本国憲法の第二一条一項は、「これら二つの自由を同じ条項にまとめて規定したもの」であるとされる。(1) もっとも、宮沢は、「集会も結社も、思想発表の手段として用いられる場合にのみ問題となるのであるから、それを『表現の自由』に含めても大してさしつかえ」ないとし、例によって、「どちらにしても、実際上の違いはない」としている。

これに対して、後者の説(以下では仮に《同一説》とする)においては、憲法第二一条は「最も典型的な表現形態」として「集会、結社、言論、出版といった」ものを挙げているにすぎないと解し、「広い意味の表現の自由」として、これら四つの表現形態以外にも、手段・方法のいかんを問わず、「その他一切の表現の自由」を保障したものだとするのである。(2) ほかにもこの説と基本的に同じ立場をとる論者が多く、そこでは、「人が集合もしくは結合する行為それじたいが、人の精神活動の一つの形態であり、かつまた、集会・結社の自由は、人が集会・結社することそれじたいの自由だけでなく、集団としての意思を形成し、それを外部に表現する自由を含むものと解される」から、「これを、表現の自由と別個のものととらえるのは妥当ではない」などと説かれる。(3)

さらに、「『集会、結社の自由』を『表現の自由』と切り離して捉える見方も一部にあるが、『集会、結社』は、集団としての意思を形成し、その意思実現のための具体的行動をとることを当然にその内実とするもので、『表現』と同一線上にあるといえる」としつつ、「ただ、『集会、結社の自由』は、『表現の自由』には代替せしめられない独自の価値(情感上の相互作用、連帯感、信奉心の醸成など)を担っていることは留意されるべきである」と説く学説(4)もあり、これも、若干の留保つきながらも、基本的には先の《同一説》に立脚しているものと解されるが、いずれにせよ、表現の自由と集会・結社の自由を別個の節で説明されている点は正当であろう。

しかし、以下に挙げるいくつかの理由からして、基本的に《分離説》が正しいように思われる。(5)

2 《集会の自由》の独自性

(1) 文言上の理由　第一は、文言上の理由である。もし同項が「集会、結社、言論及び出版その他一切の表現の自由……」、あるいは、「集会、結社、言論、出版及びその他一切の表現の自由……」と書かれていれば、同一説のように、集会・結社をも含めて表現形態の例示的列挙であると解するのが自然だということになろうが、同項における「及び」の語の位置に注意しつつ、わが国の法令上の日本語の通常の用法の理解を前提にすれば、やはり、《分離説》のように読むのが自然であるように思われる(6)。

(2)　沿革上の理由　第二は、集会・結社の自由の歴史的ないし憲法制定の沿革からする理由である。明治憲法第二九条には、「表現」の自由の文言それ自体はなく、「日本臣民ハ法律ノ範囲内ニ於テ言論著作印行集会及結社ノ自由ヲ有ス」と規定していた。ここにいう「言論著作印行」の自由が現行憲法でいう「表現の自由」に相当するから、「集会及結社ノ自由」は、これとは一応別のものと観念されていたと考えられる。

また、衆知のごとく、現行憲法の草案たる総司令部草案においても、たしかに、《集会の自由》は、表現の自由と同一条文(第二〇条)に置かれてはいたが、結社の自由はこれとは別に、居住・移転の自由を規定する条文(第二一条)の中に置かれていた。このことは、少なくとも、結社の自由は表現の自由とは別個のもの観念されていたことを示すものである。しかし、この点は、特に強調するほどのことではない。

ところで、現行憲法制定の過程において、第二一条一項の構造に関連してどういった議論がなされたのかについては、いささかの関心があるところであるが、残念ながら、これを知る手がかりはほとんどない。すなわち、一九四六年(昭和二一年)夏の第九〇回帝国議会における憲法改正草案審議をみてみると、基本的人権の各規定の逐条審議においても、ほとんど議論がなされていない。とくに衆議院では同年七月一六日に帝国憲法改正案特別委員会において第一四条以下の各条の審議が行われているが、第二一条に関しては「第十九条〔＝現行第二一条〕ニ付テハ別ニ発言ノ通告ガアリマセヌノデ」(芦田委員長)として、すぐに第二〇条〔＝現行第二二条〕の審議に移ってしまっているし、七月二九日の帝国憲法改正案委員小委員会の議論においても、まったく話題に上っていない。さらに、審議が貴族院に移ってからも、同年九月一八日の会議において、わずかに佐々木惣一議員が、主として出版の自由にかかわる質問をしてはいるが、本条の構造に関して議論がなされた形跡はまったく見られない(7)。

しかし翻って、比較憲法的に見たときは、先の宮沢からの引用にもあるごとく、集会および結社の自由は、表現の自由とは別個に規定されることが、むしろ普通でもある。たとえばドイツ連邦共和国基本法は、第五条一項で「意見表明の自由」「知る権利」「出版の自由」「報道の自由」など、日本国憲法第二一条一項でいう表現の自由にかかわる規定を置きつつ(8)、以下での主たる検討の対象とする《集会の自由》については、第八条で独立した規定を置き、さらに結社の自由についても、第九条で別個に規定している(9)。イタリア憲法についても同様であり（第一七条、第一八条および第二一条参照）、一九九九年四月の大改正によって整備されたスイス連邦憲法も、《集会の自由》については第二二条で、結社の自由は第二三条でそれぞれ別個に規定しつつ、表現の自由については第一六条および第一七条に規定を置いている。

このように、ヨーロッパの諸憲法では、これら三つの自由が別個に規定されるのが通例であり、以上の例は単に典型的な例に過ぎないといえるであろう。

(3)　内容上の理由　　さらに第三に、内容的に言っても、《集会・結社の自由》は、たしかに同一説の論者のいうごとく、表現の自由と密接に関連する場合が少なくないとしても、かといって、これらを同一視することはできないことも事実である。

(イ)　そもそも、上述のように《集会の自由》と結社の自由とを一緒にまとめて論じること自体にも問題がある(10)。

まず、少なくとも結社の自由には、表現の自由では捉えられない側面も多分にあることに留意されるべきであろう。なぜといって、たとえば労働組合のように労働者が「労働者が主体となつて自主的に労働条件の維持改善その他経済的地位の向上を図ることを主たる目的として組織する」結社（労組法第一条）や、営利企業のように経済活動を目的とする結社などを考えれば明らかなように、結社は必ずしも表現活動を目的とするものには限られないからである。

もとより、こう解することに対しては、「もっぱら又は主として経済活動を目的する団体……の結成は、人の精神活動の所産というより、むしろ、経済活動の所産といいうるから、それらは、二二条一項もしくは二九条の問題」であって、「必ずしも二一条の保障対象に含めて考える必要はない」[11]との反論もありうるところである。しかし、結成された企業その他の団体の行う経済活動は、個人の行う経済活動とともに、職業選択の自由（第二二条）や財産権の保障（第二九条）の対象となることは当然としても、そのことは、かかる団体を形成する自由自体の憲法上の根拠が憲法第二二条や第二九条にあるとすることには直接つながらないように思われる。団体として、または団体を通じて表現活動をすることを主たる目的とする団体（典型的には新聞社や放送会社など）はもちろんのこと、いかなる目的の団体（たとえばきわめて秘儀的な教義をもつ宗教団体）であっても、かかる団体を結成する自由の憲法上の根拠は、やはりこれを憲法第二一条一項に求めるほかはないように思われる。[12]

また、言うまでもないことながら、労働組合が団体として表現活動をすることはありうるし、企業の宣伝活動等も表現の自由の行使であることは当然であるが、それは、結社の自由が表現の自由の一種であるがゆえではなく、団体が団体として表現の自由の享有主体たりうるかというテーマにかかわる問題と解すれば十分である。

(ロ)　結社については本章の主たるテーマではないので、これ以上は触れないが、《集会》についても、たとえば市民会館等において開催される葬祭、親睦あるいは文化的活動のための集会などの場合（たとえば最二判平成八年三月一五日民集五〇巻三号五四九頁の上尾市福祉会館事件判決）を考えると、かかる《集会》は必ずしも表現の自由の行使として捉えられないように思われる。もっとも、最高裁判所は、集団行動（《集会の自由》）に関連して、いわゆる東京都公安条例事件判決（最大判昭和三五年七月二〇日刑集一四巻九号一二四三頁）において、「集団行動には、表現の自由として憲法によって保障さる〔ママ〕べき要素が存在することはもちろんである」としており、《集会の自由》が表現の自由に含まれるかのような解釈を示している。公安条例違反が問題となったこの事例では、まさしく集団行動という方法による思想表現の規制が問題なのであるから、これが表現の自由の行使でもあるとすることは自然ではあるが、すべての《集会》がかかる意味での表現と関わりがあるとすることはできないことも事実である。

(ハ)　また、上述の《同一説》からすると、仮に憲法典上、表現の自由のみの規定があって《集会の自由》の規定が存しない場合であっても、表現の自由の保障があれば、すべての《集会・結社の自由》が当然に保障されていると帰結すると解することとなるのであろうか。同一説の多くの論者の理論の根底にあると思われるアメリカ合衆国憲法修正第一条でさえ、「言論又は出版の自由を制限する法律」と並べて「人民が平穏に集会する権利……を侵害する法律」の制定をも禁じていることに留意すべきであろう。

(ニ)　最後に、表現の自由と《集会の自由》とは、いずれもいわゆる精神的自由権に属するとしても、その規制のあり方については、あとで少し触れるとおり、異なった法理が成り立つ可能性がある。表現の自由に関して、これを規制する目的をもって制定される法令については原則的に違憲だとの推定が働くとしても、《集会の自由》を規制する法令の合憲性については、これと同じ程度に「厳格な基準」で判断されるべきことになるのかどうか。《集会の自由》がその性質上、集団によって行使されるものであることによって、やはり通常の表現活動に対する規制とは異なる規制が憲法上正当化される場合がありうるように思われるからである。

以上に述べたような理由から、ここでは、《集会の自由》は、結社の自由や表現の自由と密接に関連することは事実であるとしても、やはり、表現の自由の問題とは分けて論ずべきであり、憲法構造上もこうした別個の自由として保障されているものと解することとし、以下では、とくに屋外の集会と屋内の集会の規制のあり方の違いに留意しつつ、《集会の自由》について若干の検討を施すこととする。

第二節　ドイツ憲法における《集会の自由》規定の構造

1　問題の所在

(1)　上述のごとく、ヨーロッパ諸国の憲法典の権利章典においては、《集会の自由》が表現の自由をはじめとする精神的自由権とは別異の規定として独立しているのが通例であり、ドイツの場合もその例外ではない。現行の基本法は、第八条で、《集会の自由》について次のように規定する。

第八条(1)　すべてのドイツ人は、届出又は許可なしに、平穏に、かつ武器を携帯せずに、集会する権利を有する。

(2)　屋外の集会については、この権利は法律により又は法律の根拠に基づいて、これを制限することができる。

ついでながら、結社の自由(第九条)についても、比較のために引用しておくと、

第九条(1)　すべてのドイツ人は、社団及び団体を結成する権利を有する。
(2)　団体のうちで、その目的若しくはその活動が刑事法律に違反するもの、又は、憲法的秩序若しくは諸国民のあいだの協調の思想に反するものは、禁止される。
(3)　労働条件及び経済的条件を維持し促進するために団体を結成する権利は、何人にも、そしてすべての職業に対して保障されている。この権利を制限し、又は妨害することを企図する合意は無効であり、これを目的とする措置は違法である。第一二a条、第三五条二項及び三項、第八七a条第四項及び第九一条による措置は、第一文の趣旨における団体が労働条件及び経済的条件を維持し促進するために行う労働争議に対して、これをとることは、許されない。

(2)　また、表現の自由に対応するのは基本法第五条(第一項・二項)であり、次のように規定されている。

第五条(1)　各人は、言語、文書、図画によって自己の意見を自由に表明し流布する権利、及び、一般に近づくことのできる情報源から妨げられることなく知る権利を有する。プレスの自由並びに放送及びフィルムによる報道の自由は、これを保障する。検閲は、これを行わない。
(2)　これらの権利は、一般的法律の規定、少年保護のための法律上の規定、及び個人的名誉権によって制限を受ける。

これらの各条項について詳細は触れないが、ここでの関連において留意すべきことは、日本国憲法第二一条一項については、精神的自由権としてしばしば一括して違憲審査基準等が論じられる嫌いがあるのと比べると、基本法では、これら三つの規定において、それぞれ法律等による規制のあり方が異なっていることである。
(3)　ここでの主たる関心は、しかしいずれにせよ、このように《集会の自由》が表現の自由や結社の自由と別個に規定されていること自体ではない。そうではなくて、右の引用にも見られるように、第一項で届出や許可なく平穏に集会する自由を保障するとしつつ、第二項において、《屋外の集会》(Versammlungen unter freiem Himmel)について特別の規定を置いて、法律による制約の可能性を定めていることの趣旨である。

ちなみに、これと類似した規定は、興味深いことに、実は、すでに一八四九年のフランクフルト憲法においても見られたところである。すなわち、次のごとくである。

§一六一① ドイツ人は、平穏にかつ武器を携帯せずに、集会する権利を有する。そのための特別の許可は、これを必要としない。

② 屋外の人民集会は、公共の秩序及び安全にとって差し迫った危険がある場合には、これを禁止することができる。

歴史家テーオドーア・モムゼン（*Theodor Mommsen*, 1817～1903）は、当時は匿名で出版した「ドイツ国民の基本権に関する法律」についての逐条解説書[13]の中で、集会および結社の自由の重要性を強調したのち、右の規定について、概略次のような解説をつけている。やや長くなるが、念のために紹介しておく。

「屋内の安全な状態で、または屋外で、何らかの目的で集会するのに当局の何らの許可を要せず、当局に前もって届け出ることも必要ではない。ただし、武器をもってくることは許されないし、人々や建物に対する暴力行為がなされたり、集まっている人々の間でそうした類のことがなされたときは、警察が介入して、必要な場合には武力による介入もなされることとなることはもちろんである。また、人民集会が屋外で予定されており、かつ、公共の平穏にとって差し迫った危険の虞があるときは、公安当局には、かかる集会に参加することを禁止する権限がある。しかし、当局が判断を誤ったとか、さらには国王や大臣に対するへつらいから、平和的な人民集会を禁止したのだと考えられるときは、まず最初にラント最高官庁に不服申立をし、次にはフランクフルトとのライヒ権力〔政府〕にも不服を申し立てることができる。なぜなら、官庁が基本権を侵害したのであり、基本権の侵害に対してはライヒ権力がわれわれを保護する立場にあるからである。閉じられた空間の中〔＝屋内〕での人民集会については、当局は前もってこれを禁止することはそもそもまったくできず、もし当局がこれを禁止したときは、人々はこの禁止命令に従う必要はない。なぜといって、この命令は基本権と抵触するものだからである。」

(4) ここにすでに表れているように、ドイツの憲法典では伝統的に、《集会の自由》について、《屋内》におけるものと《屋外》におけるものとで規制のための根拠が異なり、屋内の集会については、武器を携帯しない平穏なものである限り、原則上、何らの制限にも服さないのに対し、屋外の集会については、制限の可能性があることが明示される。右に示したパウル教会憲法(フランクフルト憲法)においては、《屋外の集会》についても、法律による一般的規制は認めず、単に「公共の秩序及び安全にとって差し迫った危険がある場合」に公安当局による規制に服するものとされている。

この事情は、一八五〇年のプロイセン憲法(第二九条)においてもほぼ同様であるが、フランクフルト憲法とは異なって、プロイセン憲法においては、「当局の事前の許可を受けずに平穏に、かつ、武器を携帯せずに、屋内で集会する権利」は、《屋外の集会》については適用されず、後者は、法律の定めるところに従って、官庁の許可を要することとされている。そしてこの点では、一九一九年のヴァイマル憲法(第一二三条)についても、文言に若干の違いは見られるものの、ほぼ同様の趣旨となっている。(14)

このように、《屋外の集会》について特に言及しつつ、これについて法律による制限の可能性を認めるという規定の仕方は、いかなる趣旨に基づくのであろうか。この点を解明するためには、本来ならば一八四九年憲法の制定の趣旨にまで遡って詳細に検討することが必要であろうが、ここでは、同条項の意味については上に引用したモムゼンの解説を紹介するにとどめ、以下では、とりあえず現行の基本法の制定過程を多少とも詳細に検討することとする。

2　基本法における《集会の自由》条項の制定過程

(1)　ヘレンキームゼー草案　　現行のドイツ憲法典たる一九四九年のドイツ連邦共和国基本法の基となったいわゆるヘレンキームゼー草案[15]においては、《集会の自由》の規定は次のようであった。

第八条　すべての人は、予め届出又は許可なしに平穏に、かつ武器を携帯せずに、集会する権利を有する。

この規定は、若干の文言上の相違はあるものの、基本的にはヴァイマル憲法第一二三条一項に拠ったものだとされているが、ヴァイマル憲法では、同条二項に上記のような《屋外の集会》についての規定が含まれていたのに対して、この草案にはそうした類の規定が見られないことが特徴的である。

もとより、この草案にはヴァイマル憲法第四八条二項に相当する規定(第一一一条三項)[16]が予定されており、《集会の自由》も(屋内・屋外のいかんにかかわらず)、意見表明の自由、出版の自由、結社の自由、郵便の秘密とともに、連邦の存立および連邦の自由で民主的な基本秩序が危険にさらされているときは、法律および命令により、制限できる旨の規定が予定されていた。

それはさておき、いずれにせよこの草案作成段階では、《集会の自由》の上記文言が、フランクフルト憲法以来のドイツ憲法典の伝統とは異なって《屋外の集会》についての規定を持っていないことについて、議論がなされた気配はほとんどない。このことは、この最終草案の前に付されている「説明」部分でも、結社の自由(第九条)についての言及はあるものの、上記第八条の《集会の自由》については全く触れられていないことからも、ほぼ明らかと言えよう。

(2)　基本原則委員会での審議　(イ)　この草案は、一九四八年九月以降のボンの議会評議会での審議の最初の段階からすでに修正がなされ、第二項が新たに加えられることとなる。すなわち、基本原則委員会の編集委員会により、同年一〇月五日の第六回会議において、第一一条として次のような文言が提案された。

第一一条(1)　すべてのドイツ人は、届出又は許可なしに、平穏に、かつ武器を携帯せずに、集会する権利を有する。
(2)　屋外の集会に際しては、この権利は法律によって制限することができる。かかる集会は、公共の安全に対し直接の危険があるときは、これを禁止することができる。[17]

右の文言のうち、第一項についていうと、草案では《集会の自由》の享有主体につき、「すべての人」(Alle)となっていたのが、この修正案では「すべてのドイツ人」(Alle Deutschen)となっている点に違いがある。しかしこのことは、委員会の見解では、「外国人は集会の自由の権利を有しえないことを意味するものではないが、外国人の場合には憲法上の保障が及ばず、その結果、何らかの形で行政によって制限しうることを意味する」とされている(ほかにも草案と修正案とでは「予め」の文言の有無に違いがあるが[18]、とくに重要な問題ではない)。

(ロ)　しかし、ここでの主たる関心は、この点にではなく、むしろ、この修正によって付加された第二項にある。さて、この第二項の文言は、基本的にはヴァイマル憲法第一二三条二項(注(14)参照)に類似しているが、厳密に言えば、「ライヒ法律により、届出を義務づけることができる」としていたヴァイマル憲法の規定よりもさらに制限の可能性が広くなっており、法律によって届出以上の規制を課すことができることとなる。かかる制限規定が必要である理由として基本原則委員会の挙げるところは、「たとえばドイツ国議会およびラント議会周辺における集会禁止区域(Bannmeile)の設定に関する法律によって、この禁止区域内における集会をおよそ全面的に禁止するようなことが憲法に適合するかどうか疑義があったから」であるが、「かかる制限の必要性は否定できないであろう」ということであった[19]。同時に、ヴァイマル憲法の上記規定に相応する第二項二文は、第一文とは別に、「公共の安全に対し直接の危険があるとき」には、法律の根拠の有無にかかわらず行政的に禁止することを可能にするための規定であるとの趣旨が説明されている。

こうした議論の末、基本原則委員会の第一読会では、最終的に（一〇月一八日）この修正案のままで採用された[20]。

ちなみにこの日の第一読会では、第二項で「法律により」とされている点に関してもさらに議論がなされた。議長のフォン・マンゴルト（CDU）は、この趣旨は連邦法律が制定されなければ、ラントが法律で規律しうるとの趣旨を含意するものだと述べたが、リヒャルト・トーマ（ボン大学教授）は、この修正案について、これをおおむね評価しつつも、「このような重要な問題の場合には法の統一（Rechtseinheit）が必要であり、そういう観点からすると、私の見解では、この部分は〈法律〉ではなく〈連邦法律〉とすべきだと思われる」との意見を表明している[21]。トーマのこの意見は、後に一一月二四日の基本原則委員会の第二五回会議における審議[22]でも言及されることとなる。

（ハ）　基本権に関する部分のその後の審議の過程で、各専門委員会の提案等の文言上の統一等を図るために、各専門委員会の議長の話合いによって、同年九月末の決定で設置されていた全般編纂委員会[23]は、一一月十六日の段階で、本条に関して次のような修正提案を出している。すなわち、

第一一条(1)　すべてのドイツ人は、届出又は許可なしに、平穏に、かつ武器を携帯せずに、集会する権利を有する。

(2)　屋外の集会に際しては、この権利は法律によって制限することができるが、この制限は政治的理由によるものであってはならない。屋外の集会は、公共の安全に対し直接の危険があるときは、これを禁止することができる[24]。

この文言を見ると、細かい点では、「ことができる」の部分が可能（können）の意から許容（dürfen）の意に変更されているなどの違いは見られるが、その点は措くとして、この第二項に関して興味深いのは、次の三点についての議論である。すなわち、

(イ)　まず、同年一〇月に西側三カ国地域統一労働評議会（Gewerkschaftsrat der Vereinten Zonen）が提出した請願書(25)が、この第二項に関して疑義を差し挟んでいる点である。その趣旨とするところは、第二項は、《集会の自由》を制約するもので、警察の措置によってこの権利に介入する可能性を広く認めることとなるため、修正ないし削除すべきである、第一項で書かれている制限（すなわち、集会が平穏でかつ武器を携帯しないものであること）は《屋外の集会》についても適用されるはずだ、「公共の安全に対し直接の危険がある」ような集会は、もはや「平穏な」ものではなく、したがってすでに第一項によって憲法上保護されていないのであるから、かかる集会は、第二項がなくても法律によって必要事項を規定することができる、という点にあった。この請願について、議長のフォン・マンゴルトは、「平穏な目的で開催された集会が平穏でないもの（unfriedlich）になることは実務の示すところであり、そういう場合には、第二項の文言からすると若干疑問がある、そういう場合にはすぐに介入できることになろう」との趣旨の意見を挟んでいる。この見解の意味するところは必ずしも明確ではないが、おそらく、平穏な集会かどうかの問題は法律で規定するまでもないことで、平穏な目的の集会がのちに平穏なものではなくなれば、法律を待たずとも、すぐにそれに対する警察的措置を講ずることができるのでなければならないのに対し、《屋外の集会》について法律で定めることとする趣旨は別だ、ということであろう。

しかし委員会のほかのメンバーの見解からしても、この労働評議会の請願は受け入れられるところとはならなかった。ちなみにここで、ある委員は、二つの対立する集団が同じ日に集団示威運動を行うような場合には、抗争

となり、警察が介入しなければ殴り合いの喧嘩となったり死者が出たりするような事態が発生する可能性がある、との例を示し、《屋外の集会》を法律によって規制する必要性を強調している。

(ロ)　もう一点議論となったのは、右の修正に「政治的理由に基づく制限」が除外されている点であった。この点については、テーオドーア・ホイスが、「問題となるのはつねに政治的なものなのであって、この文言はまったくのナンセンスだ」とし、大方の議論もこれに同意するものであったので、結局は、この点でも全般編纂委員会の修正提案は受け入れられず、元来の基本原則委員会の文言が維持されることとなった。ここでは、問題となる集会はつねに政治的な運動と関わりがあるものだとの認識が見られるが、このこと自体はそのとおりであろう。

(ハ)　さらに、第二項二文に関して、議長はここでも、すでに述べた趣旨を繰り返しており、第一文は、たとえば集会禁止区域を設定する法律(かかる区域の法律による設定が必要であることがここでは当然の前提とされているようである)に憲法上の根拠を与えるものであるとし、第二文は、これにより、「公共の安全に対する直接の危険」がある場合には、そのための法律がなくとも行政が介入することが可能となることが含意されているとの見解であった。集会禁止区域については、現にその後一九五五年八月六日の法律(Bannmeilengesetz, BGBl. I S. 504)が制定され、連邦議会や連邦憲法裁判所周辺等の限られた地域における《屋外の集会》が禁止されていることは衆知の事柄である。

(3)　全般編纂委員会の修正提案　(イ)　こうして、第一一条は、結局、上述したように、基本原則委員会みずからによる修正案の文言が維持されることとなり、同条に関するその後の審議は、中央委員会に移ることとなる。中央委員会は、一二月三日の第一七回会議(基本権の章に関する第一読会)において、《集会の自由》に関する草案第八条(ここまでの段階で第一一条から第八条に条名が変更されている)の規定について、基本原則委員会による原案を、何らの議論もなく可決している。[26]

(ロ)　その後、全般編纂委員会では、第二項一文の「法律により」(durch Gesetz)の文言について、これを「法律の根拠に基づき」(auf Grund eines Gesetzes)と改めるようにとの提案がなされた(一二月一三日)。この提案に付けられた説明[27]によると、「たとえば伝染病が急に流行ったときに、それを理由として《集会の自由》を制限することができるかどうか、という問題が起こる。かかる制限は必要である。法についての従来の考え方によれば、このようなことは可能だった。なぜといって、かかる制限は、集会参加者の利益になることでありえたからだ。したがって、《集会の自由》の形式的な制限は必要でないように思われる」とされた。

要するに、《集会の自由》が制限される場合を定める法律(上記の集会禁止区域法のごとき)を制定するための文言(「法律により」)ではなく、「法律の根拠に基づく」行政処分として《集会の自由》を制限する必要のある場合があり、そういう場合にこそ、《集会の自由》を制限しうるのだという趣旨であろう。

(ハ)　しかし、基本原則委員会は、この点においてもこの全般編纂委員会の提案を受け入れず、みずからの草案の文言を維持した。議長は、編纂委員会が「われわれ基本原則委員会の趣旨を理解していない」として修正を拒否したのである。その趣旨はやはり、上述したように「われわれが意図したことは、法律により――法律の根拠に基づいてではなく――議会周辺に集会禁止区域を設定することであった」とするところに示されている。[28]こうした区域での《屋外の集会》の制限は「法律によって」可能なのであって、「かかる場合に、集会を規制する権限を行政に与えるまでのつもりはない」というわけである。

(4)　中央委員会での審議　中央委員会では、第一読会の際と同様、その第二読会においても、先の基本原則委員会の案が維持された。すなわち、一九四九年一月一九日の第四四回会議では、その冒頭から、上述した基本原則委員会による第八条修正案についての審議がなされている。議長のカルロ・シュミート（ＳＰＤ）が審議対象について宣言すると、基本原則委員会の議長であるフォン・マンゴルトは、右に触れた全般編纂委員会の提案が受け入れられない理由を次のように述べた(29)。

「この提案は、ヴァイマル憲法の下の展開を考慮に入れておらず、この提案に従わないことをお願いしたい。われわれ基本原則委員会は、〈法律により〉という文言を意識的に選択したのです。というのは、〔上記の規定のような〕ヴァイマル憲法の下では、議会の周辺を集会禁止区域とするための法律を制定するには憲法改正法律が必要であったので、そうしたことを避けるためには、〈法律により〉との文言を維持することが必要だからであります。
それに、第二項二文からしますと、公共の安全に直接の危険があるときは、屋外の集会を禁止することが可能でありますから、〈法律の根拠に基づき〉の文言を盛り込む必要はまったくないのであります。」

(5)　**五人委員会の修正提案**　これを受けた全般編纂委員会は、この意見を容れ、第二読会後の同月二五日にはもはや、改めて修正提案をすることはしていない(30)。ところが、二月五日になって、超党派の五人委員会（Fünfer-ausschuß）(31)は、問題の第二項について、次のような提案をした。

「屋外の集会に際しては、この権利は法律によってこれを制限することができる。かかる集会は、公共の安全に対し直接の危険があるときは、法律の根拠に基づいて、これを禁止することができる。」

これは、先の中央委員会が可決した基本原則委員会の草案を原則として受け入れつつ、第三文に「法律の根拠に基づいて」の文言を付加するという条件を付けるものであった(32)。そしてこの提案を受けた中央委員会では、二月八日の第四七回会議（第三読会）で、これについてさらに議論がなされた。その席上、ここでもフォン・マンゴルトは、上述したのと同様に、「公共の安全に直接の危険があるときは、法律の根拠などなくとも屋外の集会を禁止しなくてはならない」のだから、この文言を付加するとの提案を受け入れるべきではない旨を主張した。(33) この動議に対しては、五人委員会のメンバーの一人でCDUのフォン・ブレンターノが、フォン・マンゴルトは誤解していると思う、と発言し、「個々の場合に集会のすべての禁止のために法律が必要だという趣旨ではなく、いかなる場合に、またいかなる要件の下で公開の集会が禁止しうるかを〔法律で〕規律すべきだ、という趣旨である」と反論した。このあと、中央委員会議長のシュミートによって五人委員会による修正案が中央委員会での採決に付された結果、フォン・マンゴルトの意見は容れられず、五人委員会による修正が可決されることとなる。(34)

(6) 最終段階　ここまでの議論で、《集会の自由》の規定に関する実質的な議論は終了することとなるが、同条の成立過程の最終段階で、さらに本節の最初に引用した現行規定への修正提案がなされることとなる。すなわち、一九四九年五月五日の中央委員会での第五七回の会議(第四読会)においては、二月一〇日の同委員会の第三読会での審議が終了した段階での草案(35)に基づいてなされた全般編纂委員会の五月二日の提案(36)の採決がなされる。この提案において全般編纂委員会は、従前では二つの文章から成っていた第八条第二項を一文にまとめて、

「屋外の集会については、この権利は法律により又は法律の根拠に基づいて、これを制限することができる。」

との文言に修正すべきだとの提案をしていたのであるが、中央委員会議事録(37)によると、右の五月五日の会議において、ツィン議員(SPD)はデーラー(FDP)およびフォン・マンゴルト(CDU)との共同提案という形で、従前の文言をこの提案の文言と差し替えるべき旨の提案をし、すぐにこれについての採決がなされている。そしてこの段

階に至って、これまで「法律の根拠に基づいて」の文言に消極的であったフォン・マンゴルトも、もはや抵抗は無駄だと考えたのか、この修正提案に反対していないのが興味深い。

この段階ではもはや何の議論もなされておらず、採決に付された結果、第八条は一名の反対（これがフォン・マンゴルトであったかどうかは、史料からは明らかでない）を除き、全員一致で可決されることとなる。

3　まとめ

以上、やや煩雑になったが、手元にある史料を用いて、基本法第八条の制定過程をできる限り順序だって概観した。以上に検討したことや制定過程での議論をまとめると、おおむね次のようになろう。
(1)　ドイツの憲法典では一八四九年のフランクフルト憲法以来、《集会の自由》についての一般的規定と並んで、とくに《屋外の集会》についての制限の可能性を認める趣旨の規定が見られる。
(2)　現行のドイツ憲法たる基本法の最初の草案たるヘレンキームゼー草案では、ドイツ憲法の従来の例とは異なり、とくに屋内と屋外との違いを考慮せずに《集会の自由》を保障する趣旨の簡単な文言が予定されていた。
(3)　しかし、ボンの議会評議会での審議の最初の段階からすでに、第二項として、《屋外の集会》についての制限の可能性を認める趣旨の規定を加えることが意図された。その際、《屋外の集会》については法律で事前の届出の義務を課すことができるとしていたヴァイマル憲法第一二三条二項の文言を参着しつつも、それよりさらに広い規制（場合によっては禁止）の可能性を認めるべきことが主張された。
(4)　その趣旨とするところは、屋外での《集会の自由》を一般的に法律で制限しうるものとするためではなく、とくに議会の周辺等のように一切の集会等を禁じうる場所的領域（Bannmeile）を、法律によって設定することができきるようにするためであったことが、当時の議論から窺える。

(5)　《屋外の集会》が「公共の安全に対し直接の危険がある」場合には、平穏な集会であるべきことを要請する第一項の趣旨からして、いずれにせよ《集会の自由》は警察的に制限しうることとなり、その場合には、法律の根拠の有無は問題とならない、と考えられた。

(6)　このこととも関連して、第二項の「法律により」の文言を「法律の根拠に基づき」に修正すべきかどうかが議論となったが、最終的には、《屋外の集会》をいかなる場合にいかなる要件の下で制限ないし禁止しうるかを法律で規律することができるとの趣旨を含めて、「法律により、又は法律の根拠に基づき」との文言に落ちついたのであった。

第三節　《集会の自由》とその規制

1　《屋外の集会》を規制する集会法による規制

(1)　第一節において述べたように、《集会の自由》が集団による(集団を通じての)コミュニケーションの手段として、民主政においてきわめて重要な機能を果たすものであり、それゆえ、《集会の自由》は表現の自由と密接に関連するものであることは疑いないとしても、《集会の自由》は表現の自由とは別個の自由として捉えるべきであると解される。しかも、集会の場でのコミュニケーションは、思想・信条のみならず学問・宗教など、さまざまな領域に及ぶものであり、それゆえ《集会の自由》は、表現の自由(基本法第五条一項)に関わる場合のみならず、信仰の自由(同法第四条一項・二項)、結社の自由(同法第九条一項)、さらに人格の自由な発展の権利(同法第二条一項)、労働基本権(同条三項)等、さまざまな基本権と関わりを持っている。その意味では、《集会の自由》が「自由な基本権秩序の体系における古典的要素のひとつ[38]」と称されることがあるのも、このゆえであろう。

(2)　連邦憲法裁判所第一法廷が、一九八五年五月一四日のいわゆるブロックドルフ決定(BVerfGE 69, 315)において、《集会の自由》の内容とその規制について判示したことはよく知られている。事案は、ハノーファにおいて計画された、原子力発電所建設再開に反対する大規模なデモについて、集会法(Versammlungsgesetz 厳密には「集会及び行列行進に関する法律[39]」)が主催者による事前の届出を義務づけていること(同法§一四)と、官庁が集会を禁止・解散を命じる権限を認めていること(同法§一五)などが問題となったものである[40]。

問題の集会法の規定は次のようなものである。

§一四(1)　屋外での公開の集会又は集団行進を主催しようとする者は、遅くとも所轄の官庁による公示前四八時間以内に、集会又は集団行進の目的(Gegenstand)を明示して、これを届け出なければならない。

(2)　この届出には、集会又は集団行進を指導する任にある者が誰であるかを明示するものとする。

§一五(1)　所轄官庁は、処分を発する時点において認めうる状況からして、当該集会又は集団行進が実行されれば公共の安全又は秩序が生ずる直接の危険があるときは、これを禁止し、又は特定の条件を付すことができる。

(2)　所轄官庁は、当該集会又は集団行進が届出をしなかったとき、届け出た事項と異なるとき若しくは条件に違反する行動がなされたとき、又は第一項による禁止の要件が存在するときは、当該集会又は集団行進を解散することができる。

(3)　禁止された催し〔=集会又は集団行進〕は解散されるものとする。

本件の事案の詳細には立ち入らないが、要するに、シュタインブルク郡の長によるデモ禁止命令とその執行措置に反対する原告が、禁止措置の執行停止の仮処分を請求してシュレースヴィヒ＝ホルシュタイン行政裁判所に提訴したところ、同裁判所が原告の主張を一部認容したので、郡長から上級行政裁判所に抗告がなされ、上級行政裁判所が抗告を認めて郡長の措置を支持したので、原告らが連邦憲法裁判所に憲法訴願を申し立てたものである。連邦憲法裁判所は、結論としてはこの憲法訴願を認容した。この中で、同裁判所は、基本法第五条（意見表明の自由）違反の主張については、「特定内容の意見表明の禁止が問題となっているわけではない」ことを理由として審査せず、もっぱら第八条の《集会の自由》に限定して判示している。

この判決の中で連邦憲法裁判所第一法廷は、《集会の自由》の意義が、各人の人格の発展と民主主義国家の維持にあるとする一般論を展開して、《集会の自由》が自由な国家における特に重要な基本権のひとつであるとすると同時に、意見表明の自由が民主制国家において占める重要性にも触れて、《集会の自由》を「集団的意見表明のための自由」であるとまで述べている（BVerfGE 69, 315 [345]）。繰り返しになるが、《集会の自由》が多くの場面で表現の自由ときわめて密接な関連性を有していることは否定しえないし、とりわけ民主主義に基づく意思形成にとって《集会の自由》がもつ重要性を強調することに吝かではないが、こう言ったからといって、《集会の自由》を表現の自由に包摂せしめることはできないとする本章第一節の趣旨と矛盾するものではないと考えられる。

(3) いわゆる「成田新法事件」判決（最大判平成四年七月一日民集四六巻五号四三七頁）において、最高裁判所は（この判例の主要判示事項は《集会の自由》に関わるものとは必ずしも言えないが）、「現代民主主義社会においては、集会は、国民が様々な意見や情報等に接することにより自己の思想や人格を形成、発展させ、また、相互に意見や情報等を伝達、交流する場として必要であり、さらに、対外的に意見を表明するための有効な手段であるから、憲法二一条一項の保障する集会の自由は、民主主義社会における重要な基本的人権の一つとして特に尊重されなければならないものである」としている。この判示が《集会の自由》を「表現の自由の一形態であるとし[41]」たものと断定できるかどうかは必ずしも明らかではないが、この判決も含めて、ようやくその後の判例（たとえば「泉佐野市民会館使用不許可処分事件」にかかる最三判平成七年三月七日民集四九巻三号六八七頁および「上尾市福祉会館使用不許可処分事件」にかかる最二判平成八年三月一五日民集五〇巻三号五四九頁など）において、集会の概念と《集会の自由》のもつ独自の意義についての認識が高まってきたと言える[42]。

(4)　ただ、ここでの関心は、すでに述べたように、むしろドイツの基本法が第八条二項において、「屋外での」集会、つまり「閉じられていない空間」における集会については、とくに明文で法律による規制を認めているという構造にあった。

この点に関して連邦憲法裁判所は、上記の《ブロックドルク決定》の中で、基本法は、「屋外における集会の自由の行使は、〔集会の〕外の世界に触れる関係上、一方で、この自由の行使のための現実的な条件を設定し、他方で、他の人たちの衝突する利害を十分に保護するために、特別の、とりわけ組織法上および手続法上の規律の必要性がある」という点を考慮に入れているのだとしている。もちろん、連邦憲法裁判所によると、屋内の閉じられた集会の場合と違って規制が正当化しうる場面が大きいとはいっても、「集会の自由の行使は、もっぱら他の等価値的な法益を保護するためにのみ、比例原則を厳格に維持しつつ制限しうるにすぎない」のであって、集会法が屋外の集会のみについて届出義務を課しているのは、それが外部への影響のゆえに、官庁としては、一方で集会ができるだけ円滑に進行するために、また他方、第三者ないし共同体の利害を保護するために、必要な情報を得ておかなければならないためである、としている。こうして連邦憲法裁判所は、集会法が届出を義務づけていることは合憲であるとしつつも、《集会の自由》は第一項によって原則的に保障されているのであるから、集会法の規律からして、届出義務に違反した集会であっても、そのことのゆえに当然に当該集会の禁止や解散が正当化されるわけではないとしている(43)。

2　わが国の集会規制

わが国には、上述したドイツの集会法のように、《集会の自由》を規制する一般的な法律は存在しない。もとより、《集会の自由》を規制している法律としては、破壊活動防止法や上記の平成四年大法廷判例にかかわるいわゆる成田新法(「新東京国際空港の安全確保に関する緊急措置法」)があるが、これらはいずれも、「暴力主義的破壊活動等」という特殊な集団的活動にかかわるものである。もちろんこれらの法律についても論ずべき問題点はあるが、ここではこの点には立ち入らないこととする。

(1)　ひるがえって、《屋内》の集会については、地方自治法が、昭和三八年法律第九九号で追加された第十章「公の施設」に含まれる第二四四条で、普通地方公共団体が「住民の福祉を増進する目的をもってその利用に供するための施設(これを公の施設という。)を設けるものとする」(第一項)とし、「普通地方公共団体は、正当な理由がない限り、住民が公の施設を利用することを拒んではならない」(第二項)、また「普通地方公共団体は、住民が公の施設を利用することについて、不当な差別的取扱いをしてはならない」として、むしろ、地方自治体の住民が屋内での種々の集会を開催できるための施設を設け、その原則として自由な利用の妨げとならないように十分な配慮をすべきことを要請している。上記の泉佐野市民会館事件判決や上尾市福祉会館事件判決は、こうした屋内の施設利用に係る判例である。

これら二つの判例のうち、後者の判例は《集会の自由》について多くを判示するところはないので、とりあえずは措くとして、前者の泉佐野市民会館事件判決において、最高裁判所が《集会の自由》に関連して次のように述べたことは衆知のことである。この事件は、上記地方自治法第二四四条に基づいて制定された泉佐野市民会館条例において、市長は「公の秩序をみだすおそれがある場合」(条例第七条一号)等には市民会館の使用を許可してはならない旨を定める第七条に従って不許可とされた集会主催者が損害賠償を請求した事件であり、その中で同条例第七条の合憲性が争われたものである。

判示によると、《集会の自由》と同条例の関係につき、おおよそ次のように論じられている。すなわち、「地方自治法二四四条にいう普通地方公共団体の公の施設として、本件会館のように集会の用に供する施設が設けられている場合、住民は、その施設の設置目的に反しない限りその利用を原則的に認められることになるので、管理者が正当な理由なくその利用を拒否するときは、憲法の保障する集会の自由の不当な制限につながるおそれが生ずることになる。」したがって、本件条例七条を解釈適用するに当たっては、「本件会館の使用を拒否することによって憲法の保障する集会の自由を実質的に否定することにならないかどうかを検討すべきである。」「集会の用に供される公共施設の管理者は、当該公共施設の種類に応じ、また、その規模、構造、設備等を勘案し、公共施設としての使命を十分達成せしめるよう適正にその管理権を行使すべきであって、これらの点からみて利用を不相当とする事由が認められないにもかかわらずその利用を拒否し得るのは、利用の希望が競合する場合のほかは、施設をその集会のために利用させることによって、他の基本的人権が侵害され、公共の福祉が損なわれる危険がある場合に限られるものというべきであり、このような場合には、その危険を回避し、防止するために、その施設における集会の開催が必要かつ合理的な範囲で制限を受けることがあるといわなければならない。そして、右の制限が必要かつ合理的なものとして肯認されるかどうかは、基本的には、基本的人権としての集会の自由の重要性と、当該集会が開かれることによって侵害されることのある他の基本的人権の内容や侵害の発生の危険性の程度等を較量して決せられるべきものである。本件条例七条による本件会館の使用の規制は、このような較量によって必要かつ合理的なものとして肯認される限りは、集会の自由を不当に侵害するものではなく、また、検閲に当たるものではなく、したがって、憲法二一条に違反するものではない。」「そして、このような較量をするに当たっては、集会の自由の制約は、基本的人権のうち精神的自由を制約するものであるから、経済的自由の制約における以上に厳格な基準の下になされなければならない」。

右の引用の末尾部分は、《集会の自由》の規制の合憲性基準として、いわゆる二重の基準を示唆したとも言える判示となっていることが注目されるが、この点はさておき、最高裁判所はこの事件において、一種の合憲限定解釈によって本件条例第七条一号自体は合憲と判断した。すなわち、同号は「広義の表現を採っている」とはいえ、右のような趣旨からして、「本件会館における集会の自由を保障することの重要性よりも、本件会館で集会が開かれることによって、人の生命、身体又は財産が侵害され、公共の安全が損なわれる危険を回避し、防止することの必要性が優越する場合をいうものと限定して解すべきであり、その危険性の程度としては」、「単に危険な事態を生ずる蓋然性があるというだけでは足りず、明らかな差し迫った危険の発生が具体的に予見されることが必要であると解するのが相当であり」、そう解する限り、このような規制は、他の基本的人権に対する侵害を回避し、防止するために必要かつ合理的なものとして、憲法二一条に違反するものではなく、また地方自治法二四四条にも違反するものでもないというべきである」と言うのである。

(2) 《屋外》の集会については、前記の成田新法等や道路交通法(第七七条等)による規制を除けば、むしろ、地方自治体のいわゆる公安条例によって規制がなされていることは多言を要しない。そして、すでに新潟県、東京都等の条例について最高裁判所の多くの判例(最大判昭和二九年一一月二四日刑集八巻一一号一八六六頁、最大判昭和三五年七月二〇日刑集一四巻九号一二四三頁など)があることについても、もはや改めて触れる必要はなかろう。ここでは、本章との関連で興味深い規制の仕方をしている京都市公安条例(「集会、集団行進及び集団示威運動に関する条例」(昭和二九年京都市条例一〇号))に触れるにとどめる。すなわち、同条例は第一条で、「この条例は、集会、集団行進又は集団示威運動が公衆の生命、身体、自由又は財産に対して直接の危険を及ぼすことなく行われるようにすることを目的とする」とした後、次のように第二条で「屋外集会」を規制し、第三条で「屋内集会」を規制している（傍点は初宿）。

第二条　道路その他屋外の公共の場所で集会（以下屋外集会という。）、もしくは集団行進を行おうとするとき又は場所のいかんを問わず集団示威運動を行おうとするときは公安委員会の許可を受けなければならない。但し、次の各号の一に該当する場合はこの限りでない。

一　学生、生徒その他の遠足、修学旅行、体育、競技

二　通常の冠婚、葬祭等慣例による行事

三　前各号に掲げるものの外公安委員会が指示するもの

第三条①　屋内の公共の場所で集会（以下屋内集会という。）を行おうとするときは公安委員会に届け出なければならない。

②　前条但し書の規定は之を準用する。

もとよりこの条例においても、集会が無制限に許されるわけではない。公安委員会は、許可を与えた《屋外集会》について、「公衆の生命、身体、自由又は財産に対して直接の危険を防止するため緊急の必要があると明らかに認められるに至つたときは、その許可を取消し又は条件を変更することができ」るし（第六条三項）、他方、《屋内集会》についても、「届出を受理した場合において屋内集会の実施が公衆の生命、身体、自由又は財産に対する直接の危険を防止するため必要やむを得ないと認めるときは、その危険を防止するため必要且つ相当な限度において遵守すべき事項を具体的に定め特別の事由のない限り屋内集会を行う二十四時間前までに主催者又は連絡責任者及び参加者に対し指示することができる」こととなっている。それは措くとしても、この条例において、《屋外》の集会に

ついては、原則として公安委員会の許可にかからしめている一方で、《屋内》の集会については公安委員会への届出を義務づけるにとどまっており、ここには、屋内集会と屋外集会の場合とで、規制の必要性について異なる考え方が前提となっていることがわかる。そして、「公衆の生命、身体又は財産」に対して直接の危険を防止するための措置についても、右の引用からも明らかなとおり、両者の場合について異なる定めが置かれている。ここには、前節で検討したドイツの憲法上の規定と類似した規制の構造が見られることが、興味深いところである。

これとの関連で見ると、たとえば上記の昭和三五年の大法廷判決で問題となった東京都条例（「集会、集団行進及び集団示威運動に関する条例」（昭和二五年東京都条例四四号））は、その第一条で、「道路その他公共の場所で集会若しくは集団行進を行おうとするとき、又は場所のいかんを問わず集団示威運動を行おうとするとき」は、公安委員会の許可を受けなければならないこととしているが、上記の京都市条例第三条に相当するような屋内集会についての規定は置かれていない。このことは、屋内の「公共の場所」での集会についても事前の許可を要件とする趣旨か、それとも、屋内の集会については届出も不要だとの趣旨かは文言からは必ずしも定かでないが、もし前者の趣旨であるとすれば、《集会の自由》に対する過度の制約として違憲の評価を受けざるをえないであろう(44)。

3　おわりに

以上の検討のように、《集会の自由》については、屋外で開催される場合と屋内でのそれとでは、その規制の合憲性について同日には論じられない問題があり(45)、きわめて雑駁にいえば、一般的には、屋外の集会の方が屋内のそれに比して規制の要請が強いということができよう。もちろん、屋外の集会についての条例等による現行の規制が、《集会の自由》に対する過度の規制となっていないかどうかは、個別に検討すべき事柄であるが、少なくとも、上記の上尾市福祉会館事件判決において、最高裁判所が（上告理由において摘示されていた憲法論にはあまり踏み込まなかったものの）、原判決を破棄して不許可処分を違法とし、原審裁判所に差し戻したことは、以上の趣旨からすれば、十分に理解しうるところである。のみならず、この判例においても、正当な理由なく本件会館の利用（本件は合同葬の事例）を拒否するときは、「憲法の保障する集会の自由の不当な制限につながるおそれがある」との正当な判示があることに留意すべきである。今後、表現の自由とは区別された意味での《集会の自由》の規制のあり方について、とくに屋内集会と屋外集会の規制のあり方について、さらに議論が高まることが大いに期待される。

注

（1）宮沢俊義『憲法Ⅱ〔新版〕』（有斐閣、一九七一年）三六二頁。なお、小嶋和司『憲法概説』（良書普及会、一九八七年）も分離説に属し、一九七頁以下の「第四款　表現の自由」ではもっぱら「言論、出版その他一切の表現の自由」について論じ、二〇六頁以下の「第五款　集会・結社の自由」でもっぱら集会および結社の自由について論じている。また、たとえば粕谷友介『憲法』（信山社、二〇〇〇年）も、一六六頁以下で「集会・結社の自由」を、また、一七二頁以下で「表現の自由」を論じている。

（2）伊藤正己『憲法〔第三版〕』（弘文堂、一九九五年）二九三頁。しかしここでは同時に、「集会・結社の自由は、他の表現の自由」とは異なる特徴を認めることができるとして、「集会・結社の自由」を「言論・出版の自由」とは別の節で説明している。

（3）樋口陽一・佐藤幸治・中村睦男・浦部法穂『〔注解〕憲法Ⅱ』（青林書院、一九九七年）五頁〔浦部法穂執筆〕。同書二五頁でも同旨のことが繰り返し述べられる。芦部信喜『憲法学Ⅲ人権各論⑴増補版』（有斐閣、二〇〇〇年）二三七～八頁は、両者を「あれかこれか」という形で「カテゴリカルに分けて考えるのは妥当でないとおもう」としつつ、右の文献を引用して、集会・結社の自由を含めて憲法二一条の保障する広義の表現の自由として捉えられてきたことには、十分合理的理由があると言うことができる」（傍点も芦部）とする。表現を「コミュニケイション行為」として捉える阪本昌成『憲法理論Ⅲ』（成文堂、一九九五年）二頁以下も、基本的には同一説に属する（ただし「集会は、表現行為の本来的形態である」とはいえ、「集会に特有の性質上、言論・出版の自由とは異なる制約に服さざるをえない」としている点は、その限りでは正当である）。また、たとえば、松井茂記『日本国憲法〔第三版〕』(有斐閣、二〇〇七年)は、結社の自由に関してであるが、「集会も結社も、言論も出版も、すべて『表現の自由』の一つと考えるべきであるから、結社の自由も表現の自由の枠組みの中で考察する方が妥当である」としている(四六八頁)し、辻村みよ子『憲法〔第四版〕』(日本評論社、二〇一二年)二三〇頁以下は、「表現の自由」の項において、集会・結社の自由や集団行動の自由についても述べている(二三三頁以下)が、両者の関係については、成田新法事件に関する最高裁判例(最大判平成四・七・一民集四六巻五号四三七頁)等を挙げるに留まる。

(4) 佐藤幸治『日本国憲法論』(成文堂、二〇一一年)二八四~五頁。また佐藤幸治「集会・結社の自由」芦部信喜編『憲法Ⅱ人権(1)』(有斐閣、一九七八年)五五五頁。

(5) 初宿正典『憲法2 基本権〔第三版〕』(成文堂、二〇一〇年)二五二頁参照。なお、初宿正典・小山剛「憲法二一条が保障する権利」井上典之・小山剛・山元一・編『憲法学説に聞く』(日本評論社、二〇〇四年)九六頁以下も参照。

(6) 日本国憲法において四つの事項を例示的に列挙している例として、第七条一号の「憲法改正、法律、政令及び条約を公布すること」との規定、あるいは、第七七条一項の、「最高裁判所は、訴訟に関する手続、弁護士、裁判所の内部規律及び司法事務処理に関する事項について、規則を定める権限を有する」との規定等を挙げることができる〔傍点は初宿〕。

(7) 当時の議事録ないし速記録等を見る限り、興味深い議論は何もないし、当時の審議をまとめた清水伸編著『逐条日本国憲法審議録』〔増訂版〕第二巻(原書房、一九七六年)においても、第二一条に関する議論には、奇妙なことに、わずかに四頁が割かれているにとどまる。

(8) 以下でのドイツの憲法典についての引用はすべて、『ドイツ憲法集』に拠った。なお、基本法第五条については、次節を参照のこと。

(9) 基本法第九条の規定についても、次節を参照されたい。

(10) 佐藤幸治(芦部『憲法Ⅱ人権(1)』(注4)五四四頁も、「集会と結社とは……思想史的に別の根をもっていることは否定しえず、また集会がたとえば場所を前提とすることなどから法技術的にも両者は区別して論ずる必要も残している」としている。

(11) 浦部法穂・前掲(注3)三九頁。

(12) この点、基本的には《同一説》に立ちつつ、営利企業も含めた団体の自由の憲法上の一般的根拠を憲法第二一条一項に求めている(佐藤幸治『憲法Ⅱ人権(1)』(注4)五五〇頁、同『日本国憲法論』二九二頁)のは、その点において正当であろう。

(13) *Theodor Mommsen*, Die Grundrechte des deutschen Volkes mit Belehrungen und Erläuterungen, Neudruck der anonymen Erstausgabe 1849, Mit einem Nachwort von *Lothar Wickert*, Vittorio Klostermann, 1969, S. 52.

(14) ヴァイマル憲法の第一二三条は次のごとくである。

「① すべてのドイツ人は、届出又は特別の許可なしに、平穏にかつ武器を持たないで集会する権利を有する。

② 屋外の集会については、ライヒ法律により、届出を義務づけることができ、公共の安全に対し直接の危険があるときは、これを禁止することができる。」

(15) ヘレンキームゼー草案については、PR, Bd. 2, 1981, S. 504 ff., insbes. S. 579 ff. 第八条は S. 581 にある。なお、この草案とヴァイマル憲法および基本法との文言の異同等については、さしあたり、初宿「ヘレンキームゼー草案の基本権部分（愛知教育大学『社会科学論集』一八号、一九七九年、二〇三頁以下）参照

(16) PR, Bd. 2, S. 604.

(17) この提案については、PR, Bd. 5/I, S. 117 ff. なお、基本法第八条の成立過程についての概略については、JÖR, Bd. 1, S. 113 ff. を参照した。このJÖR, Bd. 1 の文献は、当時の原資料の関連箇所を実によく要約しており、ここでも、可能な限り原資料（PR, 13 Bande および HA-Steno）に当たって確認してはいるものの、制定経緯の紹介においては、多くの点でこの文献と類似した結果とならざるをえなかったことをお断りしておく。

(18) PR, Bd. 5/I, S. 122.

(19) A. a. O., S. 122 f.

(20) A. a. O., S. 333 ff.

(21) *Richard Thoma*, Kritische Würdigung des vom Grundsatzausschuß des Parlamentarischen Rates beschlossenen und veröffentlichten Grundrechtskatalogs, in: PR, Bd. 5/I, S. 361 ff., insbes. 370. ちなみに、S. 361 FN. 1 によると、トーマのこの見解はすでに日刊紙 Die Welt の一〇月九日号に „Menschenwürde und Staatsautorität" という表題で書かれていたもののようである。トーマのこの評論はいくつかの点で草案の修正に影響を及ぼしているが、この箇所については結局原案の文言が維持されている。

(22) Vgl. *PR*, Bd. 5/II, S. 683.

(23) この全般編纂委員会の設置については、とりあえず JÖR, Bd. 1, S. 10 参照。また、基本法制定過程における議会評議会に設置

されていた諸委員会組織については、*Erhard H. M. Lange*, Die Würde des Menschen ist unantastbar. Der Parlamentarische Rat und das Grundgesetz, 1993, S. 187 参照。ただ、この全般編纂委員会での審議は議事録として残されなかったとされている。

(24)　この全般編纂委員会の修正提案は、PR Bd. 7, S. 36 ff., insbes. S. 39. Vgl. auch PR, Bd. 5/II, S. 578 ff.

(25)　Vgl. PR, Bd. 5/II, S. 683 f. u. S. 726 f., FN. 31. なお、この請願書（Eingabe des Gewerkschaftsrates der vereinten Zonen）には、書かれた日付がないようである。

(26)　HA-Steno.S. 205 ff., insbes. S. 210.

(27)　PR, Bd. 5/II, S. 881 u. PR, Bd. 7, S. 139.

(28)　PR, Bd. 5/II, S. 939.

(29)　HA-Steno., S. 569.

(30)　PR, Bd. 7, S. 210 f.

(31)　この「五人委員会」の構成およびその任務や活動については、さしあたり JÖR, Bd. 1, S. 11 を参照のこと。

(32)　PR, Bd. 7, S. 307.

(33)　HA-Steno., S. 616.

(34)　HA-Steno., S. 616.

(35)　PR, Bd. 7, S. 396 ff.

(36)　PR, Bd. 7, S. 499.

(37)　HA-Steno., S. 746.

(38)　Vgl. *Ingo von Münch/Philip Kunig*（Hrsg.）, Grundgesetz-Kommentar, Bd. 1, vierte, neubearbeitete Auflage, München 1992, S. 537.

(39)　Gesetz über Versammlungen und Aufzüge vom 24. Juli 1953 in der Neufassung vom 15. November 1978（BGBl. I S. 1789）.

(40)　この事件とその判決の詳細は、『ドイツの憲法判例』二四八頁以下（赤坂正浩の訳・解説）を参照のこと。この節においても、この抄訳と解説を適宜利用したが、訳文は筆者のものである。なお、芦部・前掲書（注3）四八三〜四頁も、ドイツの集会法について、この判例にも言及しつつ検討を施している。

(41)　芦部・前掲書（注3）二三七頁。

(42) ついでながら、読売新聞社が一九九四年一一月三日に提案した憲法改正試案(二〇〇〇年五月三日の第二次試案も同様)でも、表現の自由については「①言論、出版その他一切の表現の自由は、これを保障する。②検閲はこれをしてはならない。」としつつ、集会・結社の自由については、これに続く条文で、「何人も、集会及び結社の自由を有する。」としていて、両者を意識的に別立てにしているのが注目される。

(43) BVerfGE 69, 315 [348-351]. なお、近時の判例として、フランクフルト空港における集会の規制が問題となった事件についての憲法訴願の決定がある。そこでは、空港が、「一般の自由な通行に開かれている場所」(wo ein allgemeiner öffentlicher Verkehr eröffnet ist)かどうかが問題となったが、連邦憲法裁判所はこの《ブロックドルフ決定》を引用し、空港は「公衆に一般に開かれた出入り自由な場所」たるいわゆる《パブリック・フォーラム》(öffentliches Forum)であり、本件の集会の禁止は比例原則の要請を満たしていないとして訴願人の請求を認容した(BVerfGE, 128, 226)。ただしこの決定には、空港ターミナルは「極めて圧倒的に(ganz überwiegend)飛行機への乗客のチェックインという特定の機能に供される場所であって、多数意見のいう《パブリック・フォーラム》とは言えないとするシュルッケビアー判事(Wilhelm Schluckebier,1949-　)の反対意見がある(BVerfGE 128, 226 [272 ff.])。この決定については、石村修「フランクフルト飛行場における集会・デモ規制」(自治研究第八九巻十号〔二〇一三年一〇月〕一三七頁以下がある(ちなみに、Flughafen Frankfurt は、用語としては、むしろわが国の航空法第二条等にいう《空港》＝「公共の用に供する飛行場」に当たるといえよう)。

(44) もとより、地方自治法を受けて屋内の公共の場所での集会に関する特別の条例が制定されていて、そこに届出制が規律されている可能性もあるが、その点については、目下のところ調べることができなかった。

(45) なお、渋谷秀樹『憲法〔第二版〕』(有斐閣、二〇一三年)四五三頁参照。

第一〇章　基本法の《抵抗権》条項
――その成立過程と問題点――

はじめに――問題の限定

抵抗権(Widerstandsrecht)というものが、ドイツにおいては中世以来、未組織的なものであったとはいえ、実定法上の権利として承認されていたことは、周知のとおりであるが、それが近代的意味における実定憲法の中に導入されるに至ったのは、第二次大戦後のことに属する。そこには「自然法思想の復活」と言われる現象を看取することができるが、かかる法思想史的な考察は、他の諸研究に譲ることとして詳細は述べない。むしろここでは、主として第二次大戦後のドイツにおける抵抗権の理論とその実定法化(Kodifizierung)をめぐる問題、とりわけ一九六八年六月二四日の第一七回改正によって基本法に取り入れられるに至った《抵抗権》条項を考察の対象として、その成立過程を概観し、同時に、この条項のもつ問題点を指摘しようとするものである。

ちなみに、ボン基本法は一九四九年の施行以来、二〇一四年夏の時点までの段階で、あわせて実に五九回もの改正を受けているが、その中でもこの一九六八年の第一七回改正はきわめて大規模なものであり、とりわけ、一九五五年に当時の西ドイツが連邦軍を編成して再軍備を行うとともにＮＡＴＯに加入して以来[1]、当時の連邦政府が推進してきた一連の憲法改正のいわば総仕上げとも言いうるものであった。この大改正とそれに伴う諸立法による、いわゆる《非常事態憲法体制》全般の問題も、ここでは考察の対象から除外することとする。

この第一七回改正によって基本法第二〇条に付加された第四項の《抵抗権》条項については、わが国でも、いくつかの論文が取り上げており[2]、以下でも部分的にはこれらを参照した。なお以下では、「抵抗権とは何ぞや」という、抵抗権の概念をあらかじめ規定することは、あえてしないでおく。というのも、抵抗権をいかなるものと考えるべきかということ自体がここでの検討の対象となっているからである。ただ、結論的に言えば、基本法のこの《抵抗権》条項は、もはや少なくとも本来的な意味での抵抗権とは言えないものと解すべきであると思われる。

第一節　第二次大戦後の諸ラント憲法における抵抗権規定の導入

(1)　ヘッセン州憲法の抵抗権規定　一九四五年五月八日のドイツの無条件降伏によっていわゆる《第三帝国》が崩壊し、ドイツは英米仏ソ四国の分割統治を受けることとなり、その中で、翌一九四六年末から一九四七年にかけて、各ラントごとに憲法が制定されたが、それらのうちで抵抗権の規定を設けた例は、よく知られているように、ヘッセン、ブレーメンおよびマルク・ブランデンブルク[3]の憲法と、これらより少し遅れて、一九五〇年のベルリーン憲法だけであった。それらの中でも最もよく引き合いに出されるのが、一九四六年一二月一日のヘッセン憲法の例である。すなわち同憲法の第一四七条は、「(1)　憲法に違反して行使された公権力に対する抵抗は、各人の権利であり義務である。(2)　憲法破壊（Verfassungsbruch）、または憲法破壊の企図を知った者は、憲法裁判所（Staatsgerichtshof）[4]に訴えて責任者の刑事訴追を要求する義務がある。詳細は、法律でこれを定める。」と規定した[5]。この規定の成立の経過についてはここでは触れないが[6]、この規定がナチズム体験というものを如実に反映した規定であり、「憲法を盾にとって、また憲法によって、新たなアードルフ・ヒトラーないしナチス党が権力を掌握することが二度とあってはならない」[7]とする強い決意が、その背景にあったことは事実であろう。ここでは、この規定が憲法第二篇第一一章「憲法の保障」の中に位置づけられていること[8]、抵抗権の行使の対象が「憲法に違反して行使された公権力」であることが明記されていること、および、憲法の擁護を各人に「義務づけている」点に特色を有することを指摘するにとどめておく。ちなみに、後に触れるボン基本法への抵抗権規定の導入を真先に主張したのが、ヘッセン州の代表であったことも示唆的である。

(2)　その他のラント憲法における抵抗権規定　先に挙げた他のラント憲法の抵抗権規定についても簡単に触れておくと、まず、一九四七年一〇月二一日のブレーメン憲法は、その第一九条で、「憲法で確定された人権が公権力によって侵害されたときは、抵抗は各人の権利であり義務である。[9]」とし、また同年二月六日のマルク・ブランデンブルク憲法の第六条は、第一項で「国家権力の限界は、法律の枠内において、基本権の中に見出す」として、それらの基本権を名称のみ列挙した後、第二項で、「道徳と人間性に反する法律に対しては、抵抗権が成立する」[10]としていた。ちなみに、この第二項の文言自体はきわめて抽象的で、一種の倫理的抵抗権の宣言とも言えるが、第一項と関連づければ、要するに、基本権の侵害が抵抗権の発動要件であるとしているとも読めよう。なお、このマルク・ブランデンブルク憲法は、一九四九年一〇月七日の最初のドイツ民主共和国〔東ドイツ〕憲法によって廃棄されたが[11]、その東ドイツ憲法も、その第四条一項三文で、「人民代表機関〔議会〕の決議と抵触する措置に対しては、各人は抵抗する権利を有し、義務を負う」と規定していた[12]。

さらに、一九五〇年九月一日のベルリーン憲法は、その第二三条一項で、「憲法によって保障された基本権は、立法、行政及び裁判を拘束する。」としたあと、第三項で、「憲法で確定された基本権が明らかに(offensichtlich)侵害されたときは、各人は抵抗する権利を有する。」[13]としていた。このベルリーン憲法の例の場合、抵抗権行使の対象(名宛人)が何であるかは明文上ははっきりしていないが、抵抗権行使の目的が明確に基本権の保護であるとされている点が留意すべきところである。

第二節　基本法下における展開

1　基本法制定過程における論議

(1)　ヘレンキームゼー草案　ボン基本法のたたき台となったいわゆるヘレンキームゼー草案の審議[14]の中でも、すでに抵抗権の実定法化の問題が論議されていたことが知られている。すなわち、基本原則小委員会(Unterausschuß I Grundsatzfragen)[15]には、ナヴィアスキーの手になるという次のような規定が提案されていた。[16]すなわち、

「基本権が公権力自身によって憲法に違反する形で侵害された場合には、抵抗は各人の権利であり義務である。」

という案である。ここでは、公権力による基本権の侵害に対する抵抗ということが明記されていることが特徴的である。[17]

しかし、一九四八年八月一九日の会議では、この提案は草案から削除されることになった。かかる権利が「余り

にも容易にデマゴーギッシュに濫用される恐れがある」として、かかる抵抗権規定の導入に特に強く反対したのは、当時のヴュルテンベルク＝ホーエンツォレルンの司法大臣でSPDのカルロ・シュミートであった。[18] 彼は、このような文言を入れることの利点よりも、引き起こされる可能性のある損害の方が大きいし、その上、そもそも革命を起こす権利は憲法上根拠づけることなどできない。市民が官憲にうんざりして警察に反旗を翻す力と勇気を持っていさえすれば、憲法に抵抗権が明文化されていなくともそうするだろう、等々と主張した。[19] こうして、彼を含めて多方面からの反対にあって、個人的抵抗に関する基本権を憲法典に盛り込むことは否決された。

(2)　議会評議会での論議　一九四八年九月一日にボンに発足した議会評議会は、先のヘレンキームゼー草案をたたき台にして基本法の審議を進めたのであるが、九月二一日にヘッセン州出身でSPDのベルクシュトレーサーが基本原則委員会[20]に提出した最初の基本権のカタログの中には、その第二八条として、国連の〔世界人権宣言に関する〕委員会草案（一九四八年一〇月七日）の第二九条の文言を範としたものだとする次のような規定が見られる。すなわち、

「各人は個別的に、または他人と共同して、抑圧と専制に対して抵抗する権利を有する。[21]」

このカタログでは、冒頭の「平等」に関する提案から始まり、それに続いて「自由」（第一条から第一〇条）があり[22]——ここまでは、いわば総論的な規定と、主として「人身の自由」(Freiheit der Person)とその制限に関するものが、少し重複感があるものの、列挙されている——、次いで、㈠個人的権利（第一一条から第一五ａ条[23]）、㈡表現の自由（第一六条から第二九条）、そして最後に㈢「基本権の制限と保障」（第三〇条から第三四条）という区分がなされている。

そして、件の第二八条はこの「言論の自由」(Meinungsfreiheit)という区分の中に含まれているのである。基本権の体系的分類としてはきわめて未完成とも言えるが、それはさておき、この草案では、抵抗権の規定が基本権の一つとして、「言論の自由」の中に位置づけられていることは、それ自体として興味深いところである。

この九月二一日の基本原則委員会の第五回会議で、提案者のベルクシュトレーサーが、先に引用した第二八条とともに、これと関連させて、「(1) 各人は生命への権利及び身体を害されない権利を有する。(2) 何人も、たとえ犯罪による責任を負う場合であっても、拷問にかけられ、又はその他の残虐な刑罰及び屈辱的な処遇に晒されてはならない。」とする第二九条[24]についても、「〔ナチスの〕強制収容所の時代があった後であるから、かかる規定を盛り込むことも適切だと思う」旨を述べた[25]。この提案に対して、テーオドーア・ホイスは、「それはやめてほしい。この規定は〔反ナチス〕抵抗運動家たちを英雄化すること(Heroisierung)だ」などとして強く反対した。ベルクシュトレーサーは、ヘッセン憲法(第一四六条および第一四七条)[26]を引き合いに出して、公務員が民主的国家形体を破壊しようとする企てに対する抵抗の義務というものはないのか。これは、ハイレ委員が、そしてホイスさん自身も求めている義務のことを言っているのだ」と言って反論すると、ハイレ自身は「私は賛成です」といった。そこでベルクシュトレーサーはさらに、かかる憲法擁護義務の規定は、例えば公務員が憲法破壊の企てに抵抗しなかった場合に重要であり、一九二〇年三月に起きた、いわゆるカップ一揆(Kapp-Putsch)の際に、自己の旅団を率いて首謀者カップに味方した海軍大尉のエーアハルト(*Hermann Erhardt*, 1881-1971)を、一揆のあと年金付きで退職させた例を考えるべきだとして、ここでも上記の国連の委員会草案を引き合いに出して採択を主張している[27]。そしてこの段階ではホイスはとくにこれに反論しなかったようである。

(3)　**公務員の抵抗義務**　さて、一〇月五日のこの委員会の第六回会議の審議の中では、かかる規定の導入に対してさまざまな疑念が提出されたが、ここで注目すべきことは、かかる抵抗権規定の導入を推進する論者の主張の中で、かかる規定の導入の必要性の証左となる歴史的事例として、ここでも、右に言及した一九二〇年のいわゆるカップ一揆が挙げられているという点である。これと同様の議論は、のちに触れる一九六七／六八年の非常事態憲法の審議の中でも再三登場することになる。しかし、この日の論議の中心となったのは、憲法に違反して行使された公権力に対する公務員の抵抗義務に関連するものであり、公務員に憲法秩序を保持する責任を負わせるための抵抗義務を憲法に導入しようとするものであった(28)。これを受けて、翌一九四九年一月一九日の議会委員会の中央委員会の会議では、ＤＰ（ドイツ党）のゼーボーム議員が、第二〇ｄ条として、次のような規定を基本法に取り入れるよう提案した(29)。すなわち、

「憲法違反並びに法及び人倫《ジッテ》に反する国家権力の濫用がなされた場合には、抵抗権が認められる。公務員は、これらの場合において抵抗する義務を負う。」

とする規定である。ゼーボームの考えは、概ね次のようなものであった。すなわち、

このような抵抗権を承認することは裁判に対する法的救済（Rechtsbehelf）となるものであるから、これを盛り込むべきである。あくまでも例外的場合にのみ主張しうる不法排除の根拠（Unrechtsausschließungsgrund）のことを言っているのであって、かかる規定はとくに官吏の中に〔ビスマルクの造語といわれる〕〝自己の信念を主張する勇気〟（Zivilcourage）を強化することになろう。かかる規定はフランス憲法にはあるし、わがドイツの法理論にも沿ったものだ。過去一二年のわれわれの経験からして、このような規定を盛り込むことがわれわれの望みだ。

ゼーボームは、アルトフージウス〔＝アルトゥージウス〕(*Johannes Althusius*, 1557-1638)のような古き時代の法学者も引き合いに出して、憲法の破壊に対する抵抗権の規定を盛り込むべきことをあくまでも主張した。しかしこの提案に対しても、先のシュミートは、かかる規定が実際には誤解されて治安妨害(Landesfriedenbruch)を促す恐れがある等として反対した(ちなみにシュミートは、のちに一九六八年にも、抵抗権条項の導入を推進するSPDの議員の中で、少数派として同様の疑念を表明することになる)。

結局、議会委員会の中央委員会は、同日の会議で、かかる抵抗権・抵抗義務の導入を多数決で否定するに至った。

2　非常事態憲法の制定過程における論議[30]

(1)　このように、一九四九年のボン基本法には抵抗権の規定は盛り込まれなかったわけであるが、その後、一連の非常事態憲法[31](Notstandsverfassung)との関連において、抵抗権の実定法化の問題は一九六〇年以降、再び論議の的となってくる。一九六〇年および一九六二年の政府の非常事態憲法草案には、抵抗権の規定は見られなかったのであるが、この草案の審議過程で、とりわけ労働組合が、《政治スト》(politischer Streik)は、抵抗権の発露である限りにおいて、基本法上に保障されるべきである」との意見を提出した。これによって、いわゆる《抵抗スト》(Widerstandsstreik)が、原則として、政府草案にいう《国内的非常事態》(innerer Notstand)と看做されないことを明記させんとするのが、この意見の趣旨であった。しかし、結局この基本法改正草案も、この時点では見送られることになる。

同様の論議は、一九六七年に政府が提出した新たな草案の審議に際してもなされた。この草案にも抵抗権条項は含まれていなかったが、四月二八日の連邦参議院での政府草案に対する第一回の審議[32]に際して、ヘッセン州代表のシュトレーリッツ大臣は、「自由で民主的な基本秩序の保持に奉仕するストライキ」を基本法第九条に第四項として特別に承認すべきことを勧告した。[33] その際、彼が特に主張したことは、一九二〇年のカップ一揆のような事態を防止するためのゼネストを承認するという観点からこのような規定を設けることが憲法政策上重要である、という点であった。ここで注目されることは、抵抗権が政治ストとの関連で主張されているという点もさることながら、すでに言及したように、カップ（*Wolfgang Kapp*, 1858-1922）の一揆のような、「直接的には国家権力の担い手ではない者[34]」によって企てられた反乱に対抗するための抵抗権という観念が見られることである。

しかし連邦参議院ではこの提案は多数の賛成を得るところとはならず、その後、これと同趣旨の提案は、クシャイドレ、マトホェーファなどのＳＰＤ議員によって取り上げられていくわけであるが、六月二九日の連邦議会の第一読会の前日に聞かれたＳＰＤの院内会派の会合の中で、多数意見として出てきたことは、抵抗権をスト権と結びつけるのは政治的に不適当であり、また誤解を招きやすい、という意見であった。そこで、翌二九日の第一読会でＦＤＰのヒルシュ議員は、政治的抵抗権を憲法の規定に取り入れることは不可能であると思う、との所見を述べるに至った。ヒルシュはその際、抵抗権が一般的に承認されれば、その範囲内で政治ストも正当視されることにならないか、とするＣＤＵ／ＣＳＵ議員のエーヴェンの言明に賛同したという。[35]

(2)　それゆえ、ＳＰＤ内部で抵抗権の実定法化を推進するクシャイドレ等のグループは、今度は、スト権とは一応切り離して一般的な抵抗権を条文化する旨の提案をすることとし、翌一九六八年一月九日、クシャイドレ等は、基本法第一八条に、[36] 第一項として次のような新たな条項を設けるべきことを提案した。すなわち、

「連邦又はラントの自由で民主的な基本秩序に対する差し迫った危険が存する場合、とりわけ、公権力が憲法に違反して行使された場合には、個別的に、又は他人と共同して、このような危険に対して抵抗することは、各人の権利であり義務である。[37]」

という案である。この規定の提案理由の中でクシャイドレは、ここでもまたカップ一揆に対する労働組合のゼネストということを引き合いに出している。それゆえ、この条項では「とりわけ、公権力が憲法に違反して行使された場合」の抵抗権という点が強調されてはいるが、その前にある「自由で民主的な基本秩序に対する差し迫った危険」という文言には、公権力の違憲の権力行使以外の場合も含意されていることは明らかであり、後述のように、このような可能性をも含めた形での実定法化ということが、その後の立法過程でも一貫して支配的見解となっていった。

ＳＰＤ内部でも、とくに法律家の中には、かかる権利を適切な形で条文化することが困難であることを指摘し、誤った、ないしは狭きに失する条文化は多くの欠陥を有することになることを強調し、抵抗権についての一般的な形での啓蒙ならば、たしかにやりがいのあることではあろうが、かといって、これを条文として基本法に取り入れるべき必要性はそこからは出てこない、と主張する者もいた。しかし多数派は、かかる権利を基本法に盛り込むことは公民の教育(Bildung und Erziehung)に寄与するものである、などの論拠から、「自由で民主的な秩序への脅威に対する抵抗の義務と権利」を基本法に導入すべきだとする方向に進んでいった。そして、一九六八年三月中旬にニュルンベルクで聞かれたＳＰＤの党大会において、非常事態憲法へ向けての決議の第八項として、「自由および憲法上の諸機関を擁護するための国民各人の抵抗権というものが基本法の中に明示されるべきである」[38]とする要求が出されるに至った。

(3)　このように、ＳＰＤが、とくに「憲法上の諸機関を擁護する」ことを主たる目的とする抵抗権の実定法化の方向に動いた背景には、ＳＰＤが一九六六年一二月以来、ＣＤＵ／ＣＳＵとの大連立内閣に参加して、政権の一翼を担うに至ったという点があげられるが、ＣＤＵ／ＣＳＵの方でも、当初から抵抗権の実定法化に賛成していたわけではない。むしろ一九六八年一月に開かれていたＳＰＤとの合同会議においては、抵抗権の実定法化についての

ＳＰＤの要望をはっきりと拒否していた。その際、とくに反論として持ち出された理由は、かかる権利は原理的に実定法化されえないものであり、それが条文化されれば、この権利のもつ本来の権利としての地位はいとも简単に失われてしまうだけであろう、ということであった。

ところが、このようなＣＤＵ／ＣＳＵの消極的態度は、同年二月初めに変わってくる。それは、ベルリーンで二月初めに起こった学生などの一連のデモにおいて、一九五〇年のベルリーン憲法第二三条三項の抵抗権規定を援用するグループがいくつか出てきたからである。ＣＤＵ／ＣＳＵは、これを抵抗権というものの誤解であるとし、抵抗権とは何ぞやということを明確にするために、抵抗権を条文化する必要性を痛感しはじめるようになったといわれる。

このような背景から、すでに言及したＣＤＵ／ＣＳＵのエーヴェン議員は、四月一日の法務委員会に基本法第一九ａ条として次のような規定を提案した。すなわち、

「連邦又はラントの憲法上の諸機関がその法律上の任務を遂行するのを妨げる試みがなされたり、自由で民主的な基本秩序が除去されたりした場合には、各人は法侵犯者（Rechtsbrecher）に対して抵抗する権利を有する(39)」

という案である。ここでも、すでに触れたのと同じ特徴が表れている。すなわち、抵抗権は国家権力の違憲な権力行使に対して（のみ）ではなく、むしろ国家機関の擁護のために、市民に対して（も）行使されるものとされていることである(40)。

この提案に対して、この法務委員会の議長でＣＤＵ／ＣＳＵのヴィルヘルミをはじめ四人の議員は、かかる規定は余計であるのみならず危険であるとして、疑念を表明し、またＳＰＤのマトホェーファーが対案を提出するという具合で、委員の意見の一致は見られなかった。同委員会の四月四日の審議においても、再びさまざまな原理的な

疑念が出され、同日、結局このエーヴェン提出の第一九a条案はいったんは七対五で否決されるのであるが、翌四月五日には、内務委員会がこのエーヴェン案を基本法に取り入れるべき旨の決議を行なったため、法務委員会は、このエーヴェン案の再検討を迫られることになる。

五月九日の次の法務委員会の会議までの一カ月余りのあいだ、先の法務・内務両委員会の決議をめぐって、世間でも活発な論議がなされた。その中には、かかる抵抗権条項の導入は、抵抗権というものの伝統的な歴史的内実を倒錯させるものであり、内乱を教唆するものであって、かかる事態はまさしく「民主主義の非常事態」(Notstand der Demokratie)である、などとする厳しい批判も見られた(41)。SPDのクシャイドレ等が第一九a条に対する次のような修正案を出したのも、このような世論の批判を受けてのことであった。すなわち、

「権限の濫用又は踰越によって、連邦又はラントの憲法上の諸機関の任務遂行を妨げ、又は自由で民主的な基本秩序を排除せんとする企図がなされた場合には、すべてのドイツ人は、法侵犯者に対して抵抗する権利を有する(42)。」

とする案である。この提案が「修正」案たるゆえんは、「権限の濫用又は踰越によって」という文言を加えることによって、抵抗権が公権力の行使に対して向けられるものであるということを明記せんとしている点にあるが、しかしそのゆえに「CDU／CSUの反対に遭わざるを得なかった(43)」とされるのである。

(4)　さて、法務・内務両委員会のその後の会合の中で初めて、抵抗権を基本法第二〇条に付加するという構想が表面化してきた。その際とくに確認されたことは、この権利の行使は原則として、もっぱら最後の手段(ultima ratio)としてのみ認められるべきだということであった。そこで五月七日、SPDのアードルフ・アルントの提案に基づいて、先の文言に「他の防衛手段が可能でない場合には」という文言が付加され、その後SPDとCDU／

ＣＳＵの合同会議の結果、五月九日の法務委員会にレンツ議員は、基本法第二〇条に付加すべき第四項として、次のような条項を提案した。すなわち、

「この秩序を排除せんと企てる者の行為は違憲である。他の防衛手段が可能でない場合には、すべてのドイツ人は、法侵犯者に対して抵抗する権利を有する」(44)

という条項である。レンツはこの提案理由の中で、基本法第二〇条はその第一～三項に、抵抗権によって保護されるべき目的を示しているから、抵抗権はこの第二〇条に置かれてこそ初めて、憲法体系上の正しい位置を与えられることになるのだ、と論じた。つまり、抵抗権は《この秩序》、すなわち第二〇条一～三項の内実をなす《憲法的秩序》を擁護するためにこそ行使されるのだ、というわけである。

レンツはさらに、「他の防衛手段が可能でない場合には」との文言を付加した理由につき、この文言は、一九五六年八月一七日に連邦憲法裁判所が下した、いわゆる「ドイツ共産党違憲判決」〔以下ＫＰＤ判決〕の要旨第一〇を考慮したものである、という趣旨のことを述べている(45)。

(5)　ここで右のＫＰＤ判決につき、本章での検討に直接関連する部分に限って、概略見ておくこととする。この判決は、連邦政府が一九五一年一一月に連邦憲法裁判所に対し、ＫＰＤはその目的およびその党員の行動からして、自由で民主的な基本秩序を侵害し、さらにはそれを排除し、連邦共和国の存立を危うくすることを目ざすものであり、その意味で同党は、基本法第二一条二項に違反し違憲であることの確認を求める、との訴えを提起した(46)のを受けて下されたものである。これに対して、ＫＰＤはこの提訴に対する反論の中で、「連邦政府の政策は基本法を絶えず侵犯しているから、ＫＰＤは政党として政治的抵抗権を有している」と主張していた(47)。連邦憲法裁判所は、Ｋ

ＰＤのいう政治的抵抗権を詳しく検討した(48)あと、その末尾に近い部分で、次のように述べた。すなわち、

「基本法は抵抗権について何ら言及するところがない。しかし、このことをもって、かかる抵抗権が基本法秩序の中で承認されないかどうかという問いが、はじめから否定されているということにはならない。とりわけ、明白に不法な政府（Unrechtsregime）に対する抵抗権というものは、近代の法観念にとってはもはや無縁（fremd）のものではない。かかる政府に対しては通常の法的手段が有効でないことは、経験の示すところである(49)」。

同判決はさらに、権力分立制がとられ、権利保護が広範に保障されている現今のドイツの国家において、

「そもそも抵抗権というものの必要性が依然として認められるかどうか、という点については、ここで吟味する必要はない。なぜならば、たとえかかる抵抗権が原則的に存在することを肯定したとしても、その行使には、いずれにせよ、次のような要件が課せられることになるが、ＫＰＤの場合にはこれらの要件がないからである。(50)」

として、この点についてはそれ以上は述べていないが、「個々の違法に対する抵抗権」を行使する際の要件として、判決は次のように三点を挙げている。すなわち、

「個々の違法に対する抵抗権は、もっぱら保守的な意味においてのみ、すなわち、法秩序を防衛し、またはこれを回復するための緊急権としてのみ、存在しうる。さらに、その抵抗権をもってたたかわれる不法は、明白なものでなければならないし、法秩序によって用いうる一切の法的手段をもってしても、有効な防衛手段たる見込みがほとんどなく、それゆえ、抵抗権を行使することが、法を維持し、またはこれを回復するために残された最後の手段でなければならない(51)」。

以上が、先に言及したレンツのいう「要旨第一〇」の内容ともなってい(52)るわけで、とくにその第二要件が先述のレンツの主張の根拠となっているのである。

連邦憲法裁判所によれば、この三要件に照らしてみると、ＫＰＤのいう抵抗は、「現存の秩序の維持に向けられ

ているものではなく、ＫＰＤがその抵抗によって達成せんとしているのは、もう一つ別の、彼らの見解による、よりよい秩序である。しかしそのような目的で抵抗権が用いられるのは、現存の秩序が明白かつ基本的に不法な政府である場合に限られる」。ところが「連邦共和国の秩序は正統(legitim)であり」、政府の憲法違反が明白に存在しているとは言えないから、「この秩序自体を防衛し、ないし回復するために、この秩序の妨害に対して抵抗する者のみが、この抵抗の正当性を要求しうるのである」[53]として、結論的にＫＰＤの主張を斥けたのであった。

(6)　ちなみに、連邦通常裁判所は、ナチスの不法支配に対する抵抗として兵役を拒否したという理由で起訴されていた被告人に対する一九六一年七月一四日の判決(いわゆる「ブレーメン旋盤工事件」)の中で、被告人の行為は「ナチスの圧制とたたかうためになされた抵抗行為であり、既存の不法秩序に対してなされた、超法規的法秩序という意味において適法な(rechtmäßig)抵抗行為と看做されねばならず」、このことは「ナチスの圧制に対抗するとの確信に基づいてなされた抵抗はドイツの民族と国家の繁栄のための功績と認められるとする、この法律〔BEG〕[54]の前文にうたわれている中心思想からして明らかであり、それゆえ、かかる抵抗のゆえに損害を受けた者は、これを〔本法にいう〕迫害を受けた者と看做すことができる」として、既存の「不法支配」に対してなされる抵抗権を認め、その抵抗が適法と看做されるのは、「その抵抗行動がその動機、目的および成功の見込みからして、既存の不法状態を除去し、また、その状態のもつ害悪に関して、よりよき状態への一般的な転換を招来せしめるための真剣で有意義な試みであると評価することができる場合のみである」と述べたことがある[55]。この判決が、既存の不法支配に対する抵抗権の存在を――限定的なものとは言え――認めたものであることは、学説も認めるところであるが、先の連邦憲法裁判所のＫＰＤ判決が、現代法治国家における抵抗権の存在を認めたものと読めるかどうかには、やや疑問の余地がある。学説の中にも、抵抗権について連邦憲法裁判所のこの判決の述べているところは、すべてＫＰ

Dの提出した論拠に反駁するためのものであって、現代国家における抵抗権の存否の問題は未解決のままである、と解するものが有力であったように思われる(56)。

しかし政府は、基本法第二〇条四項の抵抗権条項の提案理由の中では、このことを前提していたのであって、当時の連邦内務大臣であったエルンスト・ベンダは、一九六八年六月一四日の連邦参議院の総会で、端的に、「この条文の意味するところは、連邦憲法裁判所の〔判決の〕要旨第一〇そのものである」と述べたほどである(57)。

(7)　それはともかくとして、先のレンツの提案に対して原理的な疑念を表明する声は、一九六八年五月九日にはもはや少なくなっていった。ただマトホェーファーは、抵抗権というものは憲法に違反して行使された公権力に対するものとしてのみ存在するとして、「権限の濫用又は踰越によって、この秩序を排除せんと企てる者の行為は違憲である、云々」という付加修正案を提出したが、これに対しエーヴェンは、「下からのクーデタ」(Staatsstreich von unten)を防止することも必要であるとして反論している。

その後の審議の中で、先のレンツ案の第一文は余分で不必要であるということになり、第二文を修正するという形で、次のような提案が出された。すなわち、

「他の防衛手段が可能でない場合には、すべてのドイツ人は、この秩序を排除せんと企てるすべての者に対し、抵抗する権利を有する(58)」

という案である。この文言は、その語順が異なる以外は、最終的に決定された現在の第二〇条四項とほとんど異なるところはない。「すべてのドイツ人」の表現が、前者では単数の jeder Deutsche であり、後者では複数の alle Deutschen となっている点が唯一の相違点である。

そこで、まず先のマトホェーファーの付加修正案に対する採決が行われ、賛成七、反対六、棄権一で、いったんは可決されたのであるが、エーヴェンは、党派間協議のために会議を一時中断してほしいと要望してこれが通ったため一五分間の休憩となった。その休憩の後、再び先の案の審議が行われ、マトホェーファー案が再度採決されたが、今度は反対一〇、棄権二で否決されてしまったのである。かくして、エーヴェンによって最終案として出された現行の第二〇条四項、すなわち、

「この秩序を排除せんと企てるすべての者に対し、他の防衛手段がない場合には、すべてのドイツ人は抵抗権を有する。(59)」

という条文が、賛成一〇、棄権二で可決されることになる。(60)

このように、四月一日にエーヴェンが基本法第一九a条として提出した案と、それに対するクシャイドレやマトホェーファーらの修正案提出以来、この五月九日のマトホェーファー案採決に至るまで、一ケ月以上にわたって、エーヴェン流の案に対して出されていたさまざまの疑念が、たった一五分の休憩の後に、このようにみごとなドンデン返しを食らったのを見ると、この一五分の間にいかなる協議と操作がウラでなされたのか、いささか興味があるが、(61)マトホェーファー自身が、この党派間合同会議のあとで、「権限の濫用」云々の付加がなくても十分に彼の考えに合致するものである旨の言明をしているところからしても、ＳＰＤのマトホェーファーとＣＤＵ／ＣＳＵのエーヴェンとの対立は、実のところあまりなかったようで、抵抗権の行使の対象を、憲法に違反して行使された公権力のみに限定せんとする意図は、いずれにせよ、なかった(62)ように思われる。

(8)　かくして、法務委員会を通過した第二〇条四項付加案は、再び連邦議会の審議に付されることとなり、五月

一五、一六両日の第二読会では、SPDのシュタムベルガー、FDPのブーハーおよびCDU／CSUのエーヴェンが発言した(63)。そのうちブーハーだけは、委員会がこの条項を十分に詳しく検討せずに拙速に条文化しようとしていることを咎め、「わが党は投票を棄権する」と述べた。ここでも興味深いのは、彼が、連邦憲法裁判所がKPD判決中で抵抗権を「まったく明白にはっきりと」認めているのであるから、これをわざわざ憲法典に条文として盛り込む必要はないのではないか、と主張していることである。しかし、KPD判決が現代法治国家における実定法上の抵抗権を「明白に」認めているかどうかについては論議の余地があることは、すでに言及したとおりである。

このブーハーの言明に対し、エーヴェンは、「第一読会のあいだ中、私は十分詳細に抵抗権について論じた」として反駁しているが、ここでのエーヴェン発言のうち、ここでの関連でとくに注目されることは、彼がこの抵抗権を「前国家的に与えられた自然的な人権」であり、これを規範化することは「人権が不可譲・不可侵であるとの理論の最終的な勝利」であると言明していることである。少なくとも、出来上がった第二〇条四項が、果たして本当にこのような性格のものであると言えるかどうかは、後述するように、きわめて疑問のあるところであり、彼が《上からの》攻撃であれ《下からの》攻撃であれ、「自由で民主的な基本扶序に対する攻撃を防ぎ、その排除に抵抗するための……最後の手段」としてこの権利を理解すべきだとしていたことからしても、彼の考えていた抵抗権の実体は、むしろ現存秩序維持という側面を強く持っているものであったと言わなければならないであろう。

また、シュタムベルガーの言明の中では、彼がこの抵抗権を基本法のほかならぬ第二〇条に取り入れるべきことの根拠を、基本法第七九条三項の規定により、憲法改正に必要な三分の二の多数をもってしてもこの規定を変更することができないことになる点に求めていたことが注目される。しかし、この点についても、後に触れるように、異論がありうるところである。

かくして、第二読会では各党から一名ずつの発言がなされたにとどまり、本来的な討議と言えるものはなされず、五月三〇日の第三読会でもこの問題はもはやわずかに触れられたにとどまる。同日の連邦議会での採決は、法務委員会提出の基本法改正案全体について行われ、基本法第七九条二項の定める改正要件を満たす賛成三八四、反対一〇〇、棄権一で可決された(64)。

これを受けた連邦参議院も、ヘッセン州代表のシュトレーリッツ大臣が第二〇条四項に対する疑念を表明しはしたが、六月一四日、法案は満場一致でついに可決成立するに至った。

第三節　基本法第二〇条四項の抵抗権をめぐる論議

以上のような経過で付加された第二〇条四項を含めて、実に二八ヵ条にも及ぶ追加・変更・削除を伴ったこの一九六八年六月二四日の大改正法律(第一七回改正)(65)は、その成立の過程で、議会外でもさまざまな批判を受けた。とりわけ、労働組合は強力に反対した(66)。しかし、当初は、抵抗権の発露としての抵抗ストを基本法で保障すべきであると主張していた労働組合は、最後にはこれに反対する立場に回ることになったのである(67)。この法案の成立の背景には、ドイツ国内における学生運動の過激化や極右勢力の伸張のほか、当時のフランスのゼネストによる五月危機などが、ドイツ人の危機意識を高め、その成立を促進する役割を果たしたと言われる(68)。

さて、この基本法の抵抗権条項が成立してからは、連邦憲法裁判所のこれに関わる判例は今までのところあまりないようであるが(69)、学説はこれをどう評価していたであろうか。以下、当時の学説の動向につき、概観しておく。

(1)　一九六八年以前の文献における抵抗権論　そもそも抵抗権の問題に関する戦後の文献は、従来は、どちらかというと、法思想史的ないし法哲学的観点からこれを論ずるものや、とくにヘッセン憲法などとの関連で、《実定法化》そのものの是非を論ずるものが大勢を占めていたように思われる[70]。

ここでは、本章のテーマとの関連で、一九五五年六月にトゥッツィングで行われた『抵抗権と国家権力の限界』と題する研究会議の報告集に言及するにとどめる[71]。すなわち、この研究報告で目立つのは、抵抗権の実定法化に対する批判的・消極的見解であり、ヘッセン憲法のごとき試みは「例外状態を毒にも薬にもならないものにしてしまい」(Verharmlosung der Ausnahmelage)、逆に「平常状態を誇張しドラマ化してしまう」(Dramatisierung der Normallage) ものである(ペーター・シュナイダー)とか、抵抗権の実定法化の試みは、「あらゆる形式的な法を超えた、それゆえ形式化も合法化もできない抵抗権の尊厳を侵すものである」(アレクサンダー・リュストウ)とか、「抵抗権は自然法でしかありえない」(アードルフ・メルクル)とか、はたまた、「許された抵抗は抵抗ではない」(ルードルフ・ラウン)とかいった意見が主流であった。この会議に集まった人の中に神学者の名が多かったことにも関連があろうが、ここでは、抵抗権の問題の解決が、ほとんどどの論者においても、《良心の決断》に求められていることがきわめて特徴的である。

この時期の文献のうち、抵抗権の実定法化を積極的に評価するものとして注目されるのは、ヘッセン憲法第一四七条を中心に詳細な検討を施したカール・ハイラントの有名な著作[72]ぐらいである。

(2)　一九六八年以降の文献における抵抗権論の焦点　ひるがえって、一九六八年の先の改正以降の文献は、当然のこととはいえ、概してこの基本法第二〇条四項をめぐる問題に議論が集中していった感がある[73]。しかし、ここでは次の諸点のみに問題を限定したい。すなわち、①抵抗権を実定憲法に取り入れることは論理的に不可能かどうか、②第二〇条四項は第七九条三項の適用を受けるかどうか、そして最後に一番重要な問題として、③第二〇条四項の抵抗権の性格とその位置づけをどう捉えるべきか、という点である。

(イ)　まず①の問題については、従来より、現代法治国家において抵抗権はもはやその場所をもたない[74]とか、抵抗権は「組織化しえない権利」であるとかいった説[75]が有力であったが、もし、本来は自然法思想に由来するとされるいわゆる基本的人権が実定憲法に取り入れられることが矛盾でないとすれば、同じく本来自然法に由来すると主張される抵抗権を実定法化することも、論理的に矛盾ではない[76]し、「国民主権原理に基づく民主的・法治国家」において法秩序を維持・回復するために、国民の代表者による国家権力の濫用に対する抵抗権というものを実定憲法に定めておくことは、その法的効力とか権利性などの点で問題はあるとしても、それ自体としては、十分可能である[77]と考えられる[78]。それゆえ、問題はむしろ、盛り込まれた抵抗権の内実であると言えよう（後述）。

(ロ)　次に、基本法の抵抗権がほかならぬ第二〇条に第四項として置かれたことによって、憲法改正を制限している第七九条三項[79]の適用を受けるか、すなわち、上述のシュタムベルガーの言明のように、この付加された第四項は、基本法改正に必要な三分の二の多数決をもってしても変更しえないのかどうか、という②の問題については、学説は概して消極的であった。すでに述べたように、立法者が第二〇条に置いた理由の一つはこの点にあったとされる[80]のであるが、この権利は基本法の民主的および法治国家的秩序を構成する諸要素でもない[81]し、憲法制定権力によって明文で設定された憲法改正の限界を、憲法改正権者が自由に拡大したり変更したりすることは許されない等の理由から、第二〇条四項には第七九条三項の適用は及ばない、とする説が圧倒的である[82]。その意味では、第二〇条の抵抗権条項は「基本法を読む者に誤解を与えるもの[83]」であり、むしろ、当初の案のように、たとえば第一九条に置く方が、まだしも当を得ていたように思われる。[84] しかし、にもかかわらず、これが第二〇条に置かれたところに、実は最大の問題の一つがあったように思われるのである。

(ハ)　さて、上記の③の問題であるが、すでに触れたように、一九六八年五月九日の法務委員会で、レンツは、抵抗権条項が基本法第二〇条に置かれるべき理由は、同条一～三項が抵抗権の保護目的を示しているからだ、と述べた。[85] この抵抗権は、上からのクーデタと下からのクーデタの双方に対して、この憲法秩序を援護するために向けられるべき《最後の緊急権》(äußeres Notrecht)である、[86] というわけである。ここに、この条項の非常事態憲法体制との関連性を問題とせざるをえない点があるのであり、この条項に対する批判もここに集中しているといってよかろう。

ところで、一九六〇年から一九六七年までの政府の一連の基本法改正草案には、上述のように、抵抗権条項が含まれていなかったことは事実であり、したがって、たしかに、政府が当初からかかる抵抗権を非常事態憲法と一体のものとして成文化せんとする意図をもっていたとは必ずしも言えない。その意味では、この抵抗権規定は、「非常事態憲法の一部」とはいえず、[87]「非常事態の場合に限定されない」[88] という主張も、正しい一面をもっていないわけではない。しかし、少なくとも結果的に出来上がった条文を見る限り、やはりその関連性は否定しえないように思われる。[89] 以下、この条項の内容に即して、若干の問題を指摘したい。[90]

(i)　まず、この抵抗権の行使によって保護される法益が、すでに言及したように、「この秩序」とされている点である。ここにいう秩序の内容は、具体的には、民主主義、社会国家、法治国家、連邦国家、国民主権、国政への国民の参加、権力分立および法治国家という憲法上の諸原理(第二〇条一～三項)である。第一八条や第二一条二項にいう「自由で民主的な基本秩序」と言い換えてもよかろう。[91] 先に言及したブレーメンやベルリーンの憲法における規定の例のように、基本権(ないし人権)の侵害に対する抵抗権でない点では、むしろ、どちらかといえばヘッセン憲法の系譜に属するものといえよう。もっとも、ここにいう《秩序》の中に、基本権尊重主義(日本国憲法第九九条等)とでもいうべきものが含まれていると解することも全く不可能ではないが、抵抗権が基本権の侵害に向けられるものであることが明記されていないこと、基本法の第一章ではなく第二章「連邦及びラント」の中に位置づけられていること、さらに、すでに述べた成立過程の検討から明らかになったように、立法者の意図はむしろ、「自由で民主的な基本秩序」に対する攻撃に対してこれを防衛せんとするところにあったことなどからして、先の点は疑問とせざるをえない。そしてこのことは、この秩序を「排除(beseitigen)せんと企てるすべての者」、云々という表現がなされていることからも推察せられる。その意味で、基本法第二〇条四項にとっての問題は、イーゼンゼーの言うように、「基本法の有効性それ自体は問題にしない憲法違反」の行動ではなく、むしろ「憲法そのものに敵対する」行動なのである。(92)

ちなみに、レンツは上述の提案(93)の中で、この条項が第二〇条に置かれたからといって、この規定の基本権的性格は変わらない、基本法は、たとえば第三三条(公民権等)、第一〇三条(裁判を受ける権利等)、および第一〇四条(人身の自由)のような基本権も、基本権の章(第一章)の外に置いている、と述べている。そして事実、一九六九年一月二九日の第一九回基本法改正によって基本法第九三条一項に付加された第四a号(94)は、「公権力によって基本権の一つ、又は第二〇条四項、第三三条、第三八条、第一〇一条、第一〇三条及び第一〇四条に含まれている権利の一つを侵害されたと主張して」、憲法訴願を各人が申し立てうることを認めた〔傍点筆者〕。学説の中にも、このことなどを根拠として、第二〇条四項の抵抗権を基本権ないしそれと同等の性格を有するものとする理解がある。(95)第二〇条四項の抵抗権が個人(または集団)によって、公権力に対して向けられる可能性が全く否定されているわけではないとすれば、その限りにおいては、たしかに国民の《基本権(96)》類似の権利の一つであると解することもできないわけではない。しかしこのことをもって、この《抵抗権》が、すぐれて既存の《憲法秩序》を維持・回復するためのものであるという、本条項の基本的性格を見誤ってはならないであろう。

(ii)　次に、この抵抗権の向けられる対象(名宛人)が、この秩序を排除せんと企てる「すべての者に対して」(gegen jeden)であるとされている点である。この点についての立法者の意思は、すでに述べたところからしても明らかであり、学説のほとんどは、この抵抗権が国家権力の担当者の行為に対してのみならず、「非国家的な社会的領域からの革命的諸勢力[97]」に対する抵抗権、ないしは「市民に対する市民の抵抗権[98]」も含んでいるとしている[99]。

ところで、伝統的な抵抗権の理解からすれば、抵抗権は「国家権力の保持者によって現存の秩序が(不法に)排除されることに対する抵抗」のみを含むものであるとされるから[100]、この第二〇条四項のように《下からのクーデタ》に対しても向けられる抵抗権は、抵抗権概念の《拡張》である、とされることになる[101]。しかし、このような見解に対しては、「非国家的領域からの革命的諸勢力の営み」は「国家権力を奪取せんとする試みにほかならず、下からのクーデタは結局のところ〔権力〕簒奪の初期的段階に過ぎない」から、この場合の抵抗権は「はじめから簒奪者(tyrannus usurpationis)に向けられたものであった」ことになり、それゆえ、かかる伝統的な抵抗権概念の《拡張》は単に見かけだけのものにすぎない、とする反論[102]や、憲法史的に考察してみると、下からの反乱に対して憲法秩序を擁護せんとする試みは、「全く新しい現象では決してなく」、それゆえ、このことをもって抵抗権概念の《倒錯》(Pervertierung)であるとするのは当たらない、とする批判的見解[103]などがある。この点は次の第三点ともからむ問題である。

(iii)　すなわち、この抵抗権の行使の主体が「すべてのドイツ人」とされている点である。この点はさらにいくつかの問題に分かれる。

まず、①《ドイツ人》の範囲である。当時のドイツには、トルコ人、イタリア人など、厖大な数の非ドイツ人労働者(Gastarbeiter)をかかえており、これをどう処遇するかも重大問題となりえたが、[104]とりわけ法的な問題となるのは、当時、東ドイツに定住していたドイツ人も、理論上はこの抵抗権を主張できたのかどうか、ということである。この点については、学説の対立が見られたが、[105]一九九〇年のドイツ統一後はこの問題は解消しているので、ここではこの点にはこれ以上立ち入らないこととする。

次に、②この抵抗権は個人としてだけでなく集団的にも行使できるか、という点である。ヘッセン、ブレーメンおよびベルリーンの各憲法のように「各人」(jedermann)ではなく、基本法第二〇条四項では複数形の「すべてのドイツ人」になっているわけであるが、このことをもって、この権利が個人的にも行使されうることを否定する理由はないし、この点についてもほとんど争いはない。

むしろ問題は、③たとえばマウンツが説いているように、[106]公務担当者(Amtsinhaber)もこの「すべてのドイツ人」の概念に含まれ、それゆえ、公務員ないし国家機関が、個人的にまたは集団的に、この秩序を擁護するために、抵抗権を行使することができると解しうるか、という点にある。この点に関しては、すでに一九五〇年代に、社会学者のヘルベルト・フォン・ボルヒ(*Herdert von Borch*, 1909-2003)が公務員の抵抗権を制度化すべきことを提唱していた[107]ことが示唆的であるし、ヘッセン憲法の抵抗権について詳細に検討した上記のカール・ハイラントも、抵抗権の行使に際しては国家機関自身も重要な機能を果たすことを肯定している。[108]基本法第二〇条四項の解釈としてもこれを肯定する学説が存在する。[109]しかし、これに対しては、このように国家機関にまで抵抗権の主体の範囲を広げることに反対し、「歴史的解釈としても客観的解釈としても、抵抗権は下から上への(von unten nach oben)権利としてのみ見ることができる」[110]とか、「国家がその秩序……を防衛するために、広義において〝憲法保障〟として職権的になす事柄はそもそも抵抗ではない」とかの、有力な反論がある。

基本法の解釈として、「すべてのドイツ人」には国家機関は含まれないとするこれらの限定解釈[112]は、きわめて傾聴に慎する。またこの条項の成立過程の中でも、たしかに、抵抗権が国家権力担当者のみならず、それ以外の社会的諸勢力に対しても向けられるとすることが立法者の意思であったことは、すでに先に検討したとおりであるが、抵抗権行使の主体に国家機関自身をも含めることが立法者の意思であったかどうかは明らかではない。しかし、実際上、そのような解釈がなされる可能性が決して完全に除去されていなかったことの一つの例証として、ここでは、元連邦宰相ヘルムート・シュミットの言明を引き合いに出すことが許されよう[113]。

すなわち、一九七七年四月七日の朝、当時の連邦検事総長であったジークフリート・ブーバック（*Siegfried Buback*, 1920-77）が、カールスルーエでテロリストの手によって暗殺され、当時のドイツではこれに続く一連の事件が大いに物議を醸したが、その犠牲者に対する追悼演説の中で、当時の連邦宰相シュミットは、基本法とその抵抗権条項に言及して、次のように述べたことが新聞で報ぜられた[114]。すなわち、

「……基本法はその第一条で人間の尊厳は不可侵であると規定している。そしてこの規定の下にあるのがわれわれの自由な秩序であり、基本権であり、ドイツ連邦共和国の民主的で社会的な秩序、法治国家的・連邦国家的な秩序である。この秩序を排除せんと企てるすべての者に対し、第二〇条は、すべてのドイツ人に、他の防衛手段がない場合には、抵抗する権利を与えている。しかし、過激主義的な観方のゆえに民主的・法治国家的な意思形成過程において少数者にとどまった者は、法律に対する何らの抵抗権も有しないのであり、逆に、基本法の自由な秩序を手段を尽くして防衛せんとするわれわれが――ドイツ人の圧倒的多数を占めるわれわれこそが――われわれの味方として、基本法を、この権利を、基本価値を、そして倫理的義務を持っているのである」。

もとより、暗殺行為を防止し、また、かかる行為者に対処するための必要・適切な措置をとる権限が政府にある

のは当然としても、この措置を基本法第二〇条四項の《抵抗権》の行使だという必要はまったくなく、同項を持ち出してこの措置を正当化することは、認められないと言わねばならない。それにもかかわらず、このように解釈される可能性があるとすれば、これは、この条項の文言のしからしむるところであると言えよう。先の例で示唆されるように、解釈の仕方によっては、極端な場合には、国家権力が市民に対してなされる種々の行動が、抵抗権の行使であると看做される可能性を、完全には否定しえないのである。

おわりに

以上のように見てくると、現代国家においても、抵抗権を実定憲法の中に取り入れることは、論理的に可能であるのみならず、場合によっては、有益でさえあると言えるとしても、その仕方にはきわめて慎重なる熟慮を要すると思われる。その点では、基本法第二〇条四項のような規定の仕方はきわめて問題であり、この条項の付加には「十分な熟慮が欠けていた[115]」とか、この条項の「立法政策上の価値は疑わしい[116]」とか、この条項は「非常事態憲法の未熟児[117]」だとかするもろもろの批判も、あながち不当とは言えないように思われる。

もっとも、学説の中には、この条項を「新しい憲法保障権」として位置づけ、これをむしろ積極的に評価するものもないではない[118]。基本法第二〇条四項のような抵抗権条項をなお《抵抗権》の範疇で捉えうるかどうかは、「究極的には用語法の問題[119]」であるが、本章で検討してきたように、この条項が《非常事態憲法》との関連で条文化されたという事実は措くとしても、これに加えて、抵抗権の保護法益、抵抗権の主体および名宛人に関する以上のような種々の疑問が払拭されないかぎり、この《抵抗権》はやはり、抵抗権概念からの《逸脱》であるとする批判を免れ難く[120]、かかる内実をもつ《抵抗権》条項は、それによって得られる益よりも、その濫用や誤解から生ずる危険の方がはるかに大きい[121]ものと言わざるをえないのである。

注

(1) 東ドイツも同年にワルシャワ条約機構に加盟するとともに、翌一九五六年には国家人民軍(Nationale Volksarmee)を編制し、再軍備が行われた。後述するKPD違憲判決がこの一九五六年に出されたことも、この時期の政治状況を反映するものといえよう。

(2) たとえば影山日出彌『憲法の原理と国家の論理』(勁草書房一九七一年刊)とくに一二一～一二五頁、山内敏弘「西ドイツ非常事態憲法における抵抗権」(『一橋論叢』六五巻一号九二頁以下)、百地章「憲法保障権としての抵抗権——ボン基本法第二〇条四項をめぐって——」(『愛媛法学会雑誌』三巻二号四五頁以下)なお。なおこの問題に関連する拙稿については、本書序章注(62)を参照。

(3) マルク・ブランデンブルクは、旧プロイセンの中心をなす一地方で、第二次大戦後、ポーランド領に入ったオーデル＝ナイセ川以東を除く部分で州政府をつくり、ポツダムを州都と定めたが、一九五二年以降は三つの県に分かれた。当時は《マルク》(辺境)という語が付いていたが、現在のブランデンブルク州にほぼ相当する。なおこの点も含めて、ブランデンブルクに関しては、本書第五章も参照。

(4) ここには、文字どおりにはヴァイマル憲法下の《国事裁判所》と同じ語が用いられているが、その権限等を定める同憲法第一三〇条以下の規定からしても、現在《憲法裁判所》と通称しているもののことであることは明らかである。戦後の各ラントの憲法裁判所の名称がこれも含めて四とおりあることについては、本書序章の注(23)参照。

(5) Verfassungen der deutschen Länder, Beck-Texte im dtv, München, 9. Auflage 2009. S. 202. この規定は制定当初から変わっていない。なお、本条第二項にいう法律は、筆者の知る限り、制定されていないように思われる。

(6) この点については、*Carl Heyland*, Das Widerstandsrecht des Volkes gegen verfassungswidrige Ausübung der Staatsgewalt im neuen deutschen Verfassungsrecht, 1950, S. 84 ff. を見よ。

(7) Vgl. *Heyland*, a. a. O., S. 85.

（8）　この章に含まれる第一四六条は、次のように定める。「(1)　憲法の存続を自己の有するあらゆる力を用いて擁護することは、各人の義務である。(2)　各民が、もしこの義務に違反し、又は民主政の基本思想に敵対する政治団体に所属し若しくは所属していた場合に、この憲法上のいかなる権利が憲法裁判所の判決によって剥奪されるかについては、法律でこれを定める。」このような思想が基本法にもはっきりと表れていること(たとえば第一八条、第二一条二項等)は多言を要しまい。

（9）　Verfassungen der deutschen Länder, a. a. O. (Anm. 5), S. 125. なおこの規定は、先のヘッセン憲法とは異なり、「第一編　基本権及び基本義務」の中に含まれる規定である。

（10）　この第二項のみの引用は、本章の初出当時は *Heyland*, a. a. O. (Anm. 6), S. 2 に依っていたが、ハイラントは同憲法の制定期日を「一月三一日」としている。しかし、http://www.verfassungen.de/de/bb/brandenburg47 の Verfassung für die Mark Brandenburg などからしても誤りであろうと思われ、制定期日もこの情報によって修正した。なおここでの引用は、*Erich Fischer* und *Werner Künzel* (ausgewählt und eingeleitet), Verfassungen deutscher Länder und Staaten, Staatsverlag der DDR, Belin 1989, S. 313 によった。ちなみに、ドイツ統一の時期に当時の東ベルリーンで出版されたこの憲法資料集は、筆者が一九九一年に編者のフィッシャー氏に面会した時の同氏の言によると、この当時、初版三〇〇〇部がまたたく間に絶版となったといい、統一前までのベルリーン市民の情報環境が窺えて興味深かった。

（11）　*Sophia Wührer*, Das Widerstandsrecht in den deutschen Verfassungen nach 1945. Ein rechtstheoretisches und rechtspolitisches Problem (Europäische Hochschulschriften , Bd. 62), 1973, S. 67.

（12）　ここでも、条文引用は、*Fischer* und *Künzel* a. a. O. (Anm. 10), S. 469 のほか、*Hans-Ulrich Evers* (hrsg. und mit einer Einführung versehen), Alle deutschen Verassungen, 2. Aufl. 1985, Goldmann Verlag/München, S. 190 なども参考にした。もとより、一九六八年四月九日の東ドイツ憲法には、かかる規定は見られない。

（13）　引用は、*Fischer* und *Künzel* a. a. O. (Anm. 10), S. 453 に依った。一九九五年の新憲法第三六条三項も同文言である。なおこの条項も同憲法の第二章「基本権」に含まれていた点で、ヘッセン憲法とは対照的である。

（14）　ここの叙述は主として、JÖR, Bd. 1, S. 46 f. および *Christoph Böckenförde*, Die Kodifizierung des Widerstandsrechts im Grundgesetz, in: Juristenzeitung, 1970, S. 168 ff. に依拠しつつ、PR, Bd. 2, Bd. 5/I, 5/II で史料的に確認しつつ進めた。

（15）　ヘレンキームゼーの会議では全体会議(Plenarsitzung)の下に三つの小委員会が設けられ、第一小委員会は前文や基本権等の「基本原則」問題を担当し、第二小委員会は立法、行政、裁判等の権限や財政制度、そして第三小委員会は国家機構を担当するものであった。ここでの問題に関連する第一小委員会は、ヴュルテンベルク＝バーデンの法務大臣であったCDUのバイエルレが委員長、ナヴィアスキーは基本権に関する報告者であった。

(16) *Christoph Böckenförde*, a. a. O. (Anm. 14), S. 169. ただし、PR, Bd. 2, S. 226 f. FN. 116. ではナヴィアスキーの名前は登場しない。この文言は、第一小委員会の中の基本権委員会(Grundrechts-Kommission)の提案として出ていたもので、ブレーメン憲法の上記の規定(第九条、第一九条)等を範として、「各人は国民及び憲法に対する忠誠の義務を有し、憲法及び法律を尊重し遵守しなければならない」とする第一項に続く第二項として提案されたもののようである(PR, Bd. 2, S. 227, FN. 116)。なおこの段階では基本権はAからVまでに分類されており、該規定はそのT条にあたる。

(17) ナヴィアスキーの抵抗権に対する考え方については、*Hans Nawiasky*, Allgemeine Staatslehre, 3. Teil: Staatsrechtslehre, 1956, S. 67 ff. 参照。

(18) PR, Bd. 2, S. 227, FN. 116.

(19) PR, Bd. 2, S. 227, FN. 116 によると、シュミート以外にも、ブレーメン憲法の作成に尽力したファイネや、ナチスへの抵抗運動家であったSPDのブリル、それに委員長のバイエルレ自身も、反対したようである。

(20) この委員会は一二人で組織され、CDU／CSUとSPDが各五人、FDPが一人、その他の小会派(DP、KPDおよび中央党)から一人という構成であった。後に出てくる中央委員会の議長がSPDとなったので、この基本原則委員会の議長はCDU／CSUにすることとされ、シュレースヴィヒ＝ホルシュタインのヘルマン・フォン・マンゴルトが務めた(PR, Bd. 5/I, S. X f.)。

(21) PR, Bd. 5/I, S. 26 および JÖR, Bd. 1, S. 46 による。英語では、Every one has the right, either individually or with others, to resist oppression an tyranny. となっている。ただしPR, Bd. 5/I, S. 220 ff. が収載している草案にはかかる文言は見当たらず、この草案の原史料は未確認である。

(22) JÖR, Bd. 1, S. 46 では第一一条もここに含められているが、PR, Bd. 5/I, S. 20 に依って、第一一条(居住・移転の自由)は次の小分類に入れている。

(23) PR, Bd. 5/I, S. 21 による限り、第一五条はなく、なにゆえ第一四条の次に第一五aが来ているのかについての説明も見当たらない。

(24) この提案の第一項は、現行の基本法第二条二項に相当することは言うまでもないが、第二項に端的に相当する規定は基本法にはない。基本法と日本国憲法の基本権規定の対比については、本書の序章末尾（五六頁以下）の付表を参照のこと。

(25) PR, Bd. 5/I, S. 26 u. 56.

(26) ヘッセン憲法第一四六条は、「各人がその持てるすべての力を尽くして憲法の存続を擁護することは、各人の義務である」とし、憲法擁護義務を公務員に限っていない。これに続く第一四七条が、すでに本文中で引用した抵抗権・抵抗義務の規定である。

(27) PR, Bd. 5/1, S.220 ff. に収載されている同草案では、第四条として、「何人も、奴隷にされ又は隷属的状態に置かれてはならない。何人も拷問にかけられ、又は残虐、非人道的及び屈辱的な刑罰を受けてはならない。」とする文言が見える。世界人権宣言の第四条および第五条に相当する。

(28) このような議論は、かつてわが国で日本国憲法が抵抗権を認めているかどうかという議論の中で、公務員の憲法尊重擁護義務を定めた第九九条が抵抗権の根拠であるとする説（代表的には田畑忍）を彷彿させる。なお後注(108)参照。

(29) HA-Steno. S. 590. ただし、JÖR, Bd. 1, S. 46 では、この提案は「第二〇d条」として入れるべきものとされているが、HA-Steno, a. a. O. ではこの点は確認できず、むしろ「第二〇b条」の関連で議論されているように思われる。

(30) この部分の叙述は、先に挙げた *Böckenförde*, a. a. O. (Anm. 14) のほか、*Hans H. Klein*, Der Gesetzgeber und das Widerstandsrecht. Zu Stil und Methode der Verfassungsänderung, in: DÖV, Dezember 1968, Heft 24, S. 865 ff.; *O. E. Kempen*, Widerstandsrecht, in: *Dieter Sterzel* (Hrsg.), Kritik der Notstandsgesetze, 1968, S. 65 ff. などに主として拠っており、それゆえ、同じく主としてこれらに依拠している山内前掲論文（注（2））の叙述と内容的に重複している部分があることを断っておく。

(31) 一九六〇年以降の一連の非常事態憲法全般については、さしあたり粕谷友介「西ドイツ緊急事態憲法の制定過程(1)～(6)」（『上智法学論集』一七巻一号～一八巻三号）が詳しい。

(32) （西）ドイツの議会の立法過程については、阿部照哉「議会における立法過程——西ドイツ」（『比較法研究』四〇号五一頁以下）を参照した。

(33) *Hans Reichel*, Widerstandsrecht und politischer Streik in der neuen Verfassung und im neuen Strafrecht, in: Der Betrieb. Wochenschrift für Betriebswirtschaft – Steuerrecht – Wirtschaftsrecht – Arbeitsrecht, 1968, S. 1312 ff., insb. S. 1314.

(34) 山内・前掲（注２）九九頁。

(35) *Reichel*, a. a. O. (Anm. 33), S. 1314. なおエーヴェンには抵抗権に関する博士論文(*Gert Even*, Das Widerstand des Staatsbürgers, Kölner Diss. 1951)がある。

(36) マトホェーファーは、抵抗権をほかならぬ基本法第一八条に入れるのがよいとする理由として、抵抗権が基本権として保障されるべきこと、それゆえ基本権の章に入れるべきこと、抵抗権が自由で民主的な基本秩序の擁護と関連していることを挙げている。*Hans Matthöfer*, Widerstandsrecht ins Grundgesetz. Staatliches Machtinstrument kann nicht allein Demokratie schützen, in: Frankfurter Rundschau (FR) v. Freitag, 12. Januar 1968, Nr. 10, S. 5.

(37) 引用は、*Ch. Böckenförde*, a. a. O. (Anm. 14), S. 170 によった。また、*H. Matthöfer*, a. a. O. (Anm. 36) および *Rudolf Neidert*, Widerstandsrecht war vertraglich festgelegt, in: FR v. Donnerstag, 8. Februar 1968, Nr. 33, S. 5 も参照。ただし細かいことだが、後二者では「自由で民主的な(freiheitliche demokratische)のところが „……freiheitlich demokratische" となっている。

(38) *Ch. Böckenförde*, a. a. O. (Anm. 14), S. 171, FN. 27.

(39) 引用は、*H. H. Klein*, a. a. O. (Anm. 30), S. 865 および *Ch. Böckenförde*, a. a. O. (Anm. 14), S. 170.

(40) *O. E. Kempen*, Notstandsverfassung und Widerstandsrecht, in: Blätter für deutsche und internationale Politik, XIII. Jg., Juni 1968, S. 579.

(41) 阿部照哉の「紹介」(『比較法研究』三〇号一七一頁)参照。なお、この表現は、すでに一九六五年に、たとえばアーベントロート(*Wolfgang Abendroth*, 1906–85)も用いている(W. *Abendroth*, Der Notstand der Demokratie – die Entwürfe zur Notstandsgesetzgebung, in: *Ders.*, Arbeiterklasse, Staat und Verfassung, Europäische Verlagsansalt, 1975, S. 202 ff.)にも見える。

(42) *Ch. Böckenförde*, a. a. O. (Anm. 14), S. 171.

(43) 山内・前掲(注2)九九頁。

(44) 引用は、*H. H. Klein*, a. a. O. (Anm. 30), S. 866.

(45) Schriftlicher Bericht des Rechtsausschusses (12. Ausschuß), BT-Drucks. V/2873, S. 9; H. *H. Klein*, a. a. O. (Anm. 30), S. 866.

(46) BVerfGE 5, 85 [102]. この判決の概略については、影山日出彌「政党の違憲性の決定——共産党の違憲性」(別冊ジュリスト『ドイツ判例百選』)、阿部照哉「ドイツ共産党違憲判決」(産大法学二巻二号七二頁以下)、橋本公亘「抵抗権論」(同著『基本的人権』有斐閣、一九七五年)五二頁以下、初宿正典「抵抗権」(杉原泰雄編『憲法学の基礎概念Ⅱ』講座・憲法学の基礎2〔勁草書房一九八三年〕二三七頁以下、とくに二四四頁~二四五頁)、加藤一彦「ドイツ基本法における政党の憲法的地位論」獨協法学三四号(一九九二年)一九七頁以下、樋口陽一「自由な民主的基本秩序の保障と政党禁止」(ドイツ憲法判例研究会編『ドイツの憲法判例(第二版)』信山社、二〇〇三年)四一四頁以下など。なお、政党の違憲性が争われたその後の事例につき、序章の注(64)参照。

(47) BVerfGE 5, 85 [106].

(48) BVerfGE 5, 85 [358 ff.].

(49) BVerfGE 5, 85 [376].

(50) BVerfGE 5, 85 [377].

(51) BVerfGE 5, 85 [377]. 傍点部は原典イタリック。

(52) BVerfGE 5, 85 [86].

(53) BVerfGE 5, 85 [379].

(54) 「ナチスによる迫害の犠牲者に対する賠償に関する連邦補充法」(一九五三年)。

(55) BGH Urt. v. 14. 7. 1961, NJW, 1962 Heft 5,S. 195 f. 傍点部は原典でイタリック。なおこの判決が抵抗の適法性の要件として「成功の見込み」(Erfolgsaussichten)を挙げている点に対しては、アルントの厳しい批判がある(*Adolf Arndt*, AGRAPHOI NOMOI (Widerstand und Aufstand), in: NJW 1962, Heft 10, S. 430-433, auch in: *Arthur Kaufmann* (Hrsg.), Widerstandsrecht, 1972, S. 525 ff.)。なお、*Ernst Müller-Meiningenn jr.*, Gehört das Widerstandsrecht in das Grundgesetz? in: Süddeutsche Zeitung v. 3./4. Februar 1968; *Eugen Gerstenmaier* und *Siegfried Grundmann*, Widerstandsrecht und Widerstandspflicht, in: Evangelisches Staatslexikon, 2., vollständig neu bearbeitete und erweiterte Auflage, 1975, Sp. 2897; *Günther Scheidle*, Das Widerstandsrecht (Schriften zum Öffentlichen Rechts, Bd. 98), insb. S. 56 ff. などを参照。

(56) たとえば、*Ferdinand v. Peter*, Bemerkungen zum Widerstandsrecht des Art. 20 IV GG, in: DÖV, Oktober 1968, Heft 20, S. 719; *Ch. Böckenförde*, a. a. O. (Anm. 14), S. 170; *H. H. Klein*, a. a. O. (Anm. 30), S. 866 u. FN. 18; *Kempen*, Widerstandsrecht, in: *Sterzel*, a. a. O. (Anm. 30), S. 66 f. など。この点、影山・前掲論文(注(46))一六頁は、連邦憲法裁判所が「個々の法違反にたいして基本法に内在する抵抗権があることを認めた」としており、橋本・前掲書(注46)五四～五五頁も、「憲法裁判所は、真正な抵抗権〔固有の意義の抵抗権〕の存在自体を認め」、「不法政府に対する抵抗権の存在を容認していること」は明らかである、としている。なお次注も参照。

(57) *H. Reichel*, a. a. O. (Anm. 33), S. 1312. なお、*H. Matthöfer*, in: FR, a. a. O. (Anm. 36) は、同判決を引用して、要旨第一〇からは、抵抗権がそもそも存在するかどうかは明らかでなく、抵抗権にたいする裁判所の態度は懐疑的であるから、連邦政府の非常事態憲法草案の提案理由の根拠づけは「正しくない」としている。

(58) 引用は *H. H. Klein*, a. a. O. (Anm. 30), S. 866.

(59) 参考までに原文を記す。„Gegen jeden, der es unternimmt, diese Ordnung zu beseitigen, haben alle Deutschen das Recht zum Widerstand, wenn andere Abhilfe nicht möglich ist.“

(60) *H. H. Klein*, a. a. O. (Anm. 30), S. 866.

(61) この出来事を一種の「会派強制」(Fraktionszwang)と見る論者もある(たとえば、*Kempen*, in: *Sterzel*, a. a. O., S. 68 f.,Anm. 18 は、この時の出来事を議事録の引用によって再現し、これを議員の「自由委任」(freies Mandat)を排除する党派間協議の典型的事例としている)が、*Ch. Böckenförde*, a. a. O. (Anm. 14), S. 171 は、本文で述べたマトホェーファーの言明を根拠に、これを否定している。

(62) So *Ch. Böckenförde*, a. a. O. (Anm. 14), *Klein*, a. a. O. (Anm. 30).

(63) これら三人の発言は、*Klein*, a. a. O. (Anm. 30), S. 866 f. に依った。

(64) *H. Reichel*, a. a. O. (Anm. 33), S. 1312. なお、彼によれば、反対票一〇〇票のうち、ほかならぬ第二〇条四項の抵抗権条項のゆえに反対に回った票はきわめて少数であっただろう、と推定している。

(65) 正式には、Siebzehntes Gesetz zur Ergänzung des Grundgesetzes vom 24. 6. 1918 (BGBl. I S. 709) である。

(66) *Konrad Hesse*, Das neue Notstandsrecht der Bundesrepublik Deutschland (Nachtrag zur 2. Auflage der Grundzüge des Verfassungsrechts der Bundesrepublik Deutschland), 1968, S. 5. なお、阿部・前掲注(41)一七一頁も参照。

(67) 山内・前掲(注2)一一一頁注28。

(68) 阿部・前掲注(41)一七一頁。

(69) ただし、本章末尾三八九頁以下の補遺を見よ。

(70) たとえば、*Hermann Weinkauff*, Über das Widerstandsrecht (Juristische Studiengesellschaft Karlsruhe, Heft 20), 1956; *Heinz Sladezek*, Zum konstitutionellen Problem des Widerstands, in: ARSP, Bd. 43, 1957; *Günther Rühe*, Widerstand gegen die Staatsgewalt? oder Der moderne Staat und das Widerstandsrecht, 1958; *K. F. Bertram*, Widerstand und Revolution (Schriften zum öffentlichen Recht, Bd. 17),1964;

René Schneider, Das Widerstandsrecht in Staatsrecht und Staatstheorie der Gegenwart, 1964; *Martin Rock*, Widerstand gegen die Staatgewalt – Sozialethische Erörterung, 1966など。これらのうち、最初に挙げた*Weinkauff*のものについては、初宿訳（H・ヴァインカウフ「抵抗権について」愛知教育大学社会科学論集二一号〔一九八一年〕一九一～二〇〇頁）参照。また一九七二年までの抵抗権論関係文献については、*Arthur Kaufmann* (Hrsg.), a. a. o. (Anm. 55), S. 561 ff. に詳しい文献目録がある。

（71）　*B. Pfister* u. *G. Hildmann* (Hrsg.), Widerstandsrecht und Grenzen der Staatsgewalt, Bericht über die Tagung der Hochschule für Politische Wissenschaften, München, und der Evangelischen Akademie Tutzing, 18. - 20. Juni 1955, in der AkademieTutzing, 1956. なお、これについては、栗城壽夫の紹介（法哲学年報一九五九『抵抗権』〔一九六〇年〕所収）がある。

（72）　注（6）参照。

（73）　すでに先に引用したものの他、管見に属したものとして、*Josef Isensee*, Das legalisierte Widerstandsrecht. Eine Staatsrechtliche Analyse des Art. 20 Abs. 4 Grundgesetz, 1969; *K. F. Bertram*, Das Widerstandsrecht des Grundgesetzes (Schriften zum öffentlichen Recht, Bd. 122), 1970; *Karl Doehring*, Das Widerstandsrecht des Grundgesetzes und das überpositive Recht, in: Der Staat, Bd. 8, 1969, S. 429 ff.; *Heinrich Scholler*, Widerstand im Rechtsstaat (Juristische Studiengesellschaft Karlsruhe, Heft 92), 1969; *Klaus Kröger*, Widerstandsrecht und demokratische Verfassung (Recht und Staat, Heft 399), 1971; *Heinrich Ganseforth*, Das Widerstandsrecht des Art. 20 Abs. 4 Grundgesetz in System des Verfassungsschutzes, 1971などがある。この時期における歴史的研究としてとくに注目に値するものとして、*Michael Köhler*, Die Lehre zum Widerstandsrecht in der deutschen konsitutionellen Staatsrechtstheorie der 1. Hälfte des 19. Jahrhunderts (Schriften zur Verfassungsgeschichte, Bd. 18), 1973および*Hella Mandt*, Tyrannislehre und Widerstandsrecht, POLITIA, Bd. 36, 1974がある。これらの研究は別途、研究の価値があるが、先に挙げたシャイドレのもの（注55）については、佐々木高雄による詳しい紹介（時岡弘編『人権の憲法判例第二集』〔成文堂、一九七六年〕二八一頁以下）が、またヘラ・マントのものについては、芹沢斉の紹介（『国家学会雑誌』九二巻九・一〇号）、一九七九年、一三九頁以下）がある。ただし、最近の文献はフォローしていない。

（74）　たとえば、すでに戦前にも、*Kurt Wolzendorff*, Staatsrecht und Naturrecht in der Lehr vom Widerstandsrecht des Volkes gegen rechtswidrige Ausübung der Staatsgewalt, 1916, S. 461 f. また、戦後では、*Peter Schneider*, Widerstandsrecht und Rechtsstaat, in: *A. Kaufmann* (Hrsg.), a. a. O. (Anm. 55), S. 380 f.,

（75）　*Carl Schmitt*, Verfassungslehre, 1928, S. 164.

(76) So *Adolf Merkl*, in: *Pfister* u. *Hildmann* (Hrsg.), a. a. O. (Anm. 71), S. 156.

(77) 菅野喜八郎『国権の限界問題』(木鐸社、一九七八年)二七一頁以下。

(78) *Günther Scheidle*, a. a. O. (Anm. 55), S. 142. なおここでは、超実定法的な抵抗《権》が存在するかどうかという問題は措いておく。

(79) 「この基本法の変更によって、連邦の諸ラントへの編成、立法に際しての諸ラントの原則的協力、又は、第一条及び第二〇条に謳われている基本原則に触れることは、許されない。」

(80) たとえば、*Scholler*, a. a. O. (Anm. 73), S. 37 f.; *Scheidle*, a. a. O. (Anm. 55), S.145.

(81) ちなみに、基本法第七九条三項後段のたたき台となったヘレンキームゼー草案では(第一〇八条)、具体的な条文を指示することなく、端的に「自由で民主的な基本秩序を排除することになるような基本法の変更の提案は、許されない。」となっており(PR, Bd. II, S. 558 u. 604; JÖR, Bd.1, S. 585)、少なくともこの点では、この方が紛れが少なかったのではないかとも思われる。

(82) たとえば、*K. Hesse*, a. a. O. (Anm. 66), S. 16; *Theodor Maunz*, Deutsches Staatsrecht, 20. Auflage, 1975, S. 208; *Isensee*, a. a. O. (Anm. 73), S. 96; *Scheidle*, a. a. O. (Anm. 55), S. 145 f.; *Scholler*, a. a. O. (Anm. 73), S. 37. なお、ヘッセの見解については、初宿正典／赤坂幸一訳『ドイツ憲法の基本的特質』(成文堂二〇〇六年)四六三頁以下参照。

(83) *H. H. Klein*, a. a. O (Anm. 30), S. 867.

(84) *Scholler*, a. a. O. (Anm. 73), S. 37 f. は、はっきりと、「第一九条五項とした方が意味があっただろう」と言い、*Scheidle*, a. a. O. (Anm. 55), S. 146 は「抵抗権は基本権なのであるから、いずれにせよ、基本法の第一条から第一九条までに置いた方が、体系上、適切であっただろう」と述べる。

(85) *H. H. Klein*, a. a. O. (Anm. 30), 866; *Scheidle*, a. a. O. (Anm. 55), S. 145; *Scholler*, a. a. O. (Anm. 73), S. 37.

(86) *H. H. Klein*, a. a. O (Anm. 30). Vgl. auch Schriftlicher Bericht des Rechtsausschusses, BT-Drucks.V-2873, S. 9.

(87) *Scholler*, a. a. O. (Anm. 73), S. 19.

(88) *Hesse*, a. a. O. (Anm. 66), S. 15.

(89) 同旨、山内・前掲論文一〇〇〜一〇一頁。

(90) その際、同項の「企図」(Unternehmen)の範囲や、「他の救済手段が可能でない場合には」という文言に関わるいわゆる《補完性原則》(Subsidiarität)の問題は、ここでは措いておく。

(91) *Isensee*, a. a. O. (Anm. 73), S. 13 f.; *Scheidle*, a. a. O. (Anm. 55), S. 147.

(92) *Isensee*, a. a. O. (Anm. 73), S. 21. 傍点は初宿。

(93) BT-Drucks. V/2873, S. 9.

(94) この第四a号は、連邦憲法裁判所法の第九〇条一項に対応している。

(95) たとえば、*Konrad Löw*, Die Grundrechte im Wechsel der Generation, in: *Ders*., (Hrsg.), 25 Jahre Grundgesetz. Ein Zwischenzeugnis,1974, S. 99, FN. 21; *Ingo von Münch* (Hrsg.), Grundgesetz-Kommentar, Bd. 1, 1975, S. 67 (zu Art. 1 GG).

(96) ドイツ憲法にいう《基本権》が《人権》(Menschenrechte)の概念とどのような関係に立つかは、別途、検討する必要があるが、この点については、とりあえず本書第一章のほか、初宿「人権概念史」(長尾龍一／田中成明編『現代法哲学2 法思想』東京大学出版会、一九八三年)二七頁以下、および初宿「マルティン・クリーレの人権宣言史論――イェリネック＝ブトミー論争を手がかりとして」愛知教育大学社会科学論集一八号(一九七九年)一七一頁以下(初宿編訳『イェリネック対ブトミー 人権宣言論争』〔みすず書房、一九九五年〕二二三頁以下所収)などを参照。

(97) *Ernst Benda*, Die Notstandsverfassung (Geschichte und Staat, Bd. 113), 8. bis 10. veränderte Auflage, 1968, S. 144.

(98) *Hesse*, a. a. O. (Anm. 66), S. 15.

(99) 同旨、たとえば、*Maunz*, a. a. O. (Anm. 82), S. 208; *F. v. Peter*, a. a. O. (Anm. 56), S. 719; *Scholler*, a. a. O. (Anm. 73), S. 34; *Scheidle*, a. a. O. (Anm. 55), S. 149 u. s. w. なお、*Scholler*, S. 35 u. 39 や *Scheidle*, S. 123 ff. u. 154 などは、これを抵抗権の第三者効力(Drittwirkung)の問題として捉えている。

(100) *Hesse*, a. a. O. (Anm. 66), S. 15.

(101) たとえば *K. F. Bertram*, Das Widerstandsrecht und Widerstandspflicht, in: *A. Kaufmann* (Hrsg.), a. a. O. (Anm. 55), S.30.

(102) *Isensee*, a. a. O. (Anm. 73), S. 30.

(103) たとえば、*Josef Listl* SJ, Staatsnotstand und Widerstandsrecht, in: *A. Kaufmann* (Hrsg.), a. a. O. (Anm. 55), S. 542 f.

(104) この点につき、*Reichel*, a. a. O. (Anm. 33), S. 1312.

(105) たとえば肯定論は、*F. v. Peter*, a. a. O (Anm. 56), S. 721 および *Scholler*, a. a. O. (Anm. 73), S. 36, FN. 83. また否定論の代表は、*Isensee*, a. a. O. (Anm. 73), S. 50 ff. である。なお、ドイツ人の概念について規定する基本法第一一六条および《難民》に関する第

一六a条参照。

(106) *Maunz*, a. a. O. (Anm. 82), S.208.

(107) *Herbert von Borch*, Widerstand und Obrigkeit., 1954; *Ders.*, Das überflüssige Widerstandsrecht, in: Frankfurter Allgemeine Zeitung v. 28. 3. 1955. 前者には秋元律郎／佐藤慶幸訳『権力と抵抗――官僚制の政治社会学』（みすず書房、一九五八年）、後者には初宿訳「抵抗権は不要か？」（愛知教育大学『社会科学論集』第一七号〔一九七八年〕二一四～二一八頁）がある。

(108) *Carl Heyland*, a. a. O. (Anm. 6), S. 87. 公務員等の憲法尊重擁護義務を定める日本国憲法第九九条に関する田畑忍の解釈（たとえば『憲法と抵抗権』〔三和書房、一九六七年〕三頁以下など）も、同じ方向の考え方と言えようか。前注(28)も参照。

(109) たとえば *Isensee*, a. a. O. (Anm. 73), S. 48 は警察官や軍隊にこれを認めている。

(110) *Karl Doehring*, Staatsrecht der Bundesrepublik Deutschland, 1976, S. 262 f. 傍点部は原典イタリック。

(111) *Wilhelm Wertenbruch*, Zur Rechtfertigung des Widerstandes, in: *A. Kaufmann* (Hrsg.), a. a. O. (Anm. 55), S. 457. 傍点部は原典イタリック。*Scholler*, a. a. O. (Anm. 73), S. 36 も同旨か。

(112) わが国でも、たとえば百地・前掲論文五五頁以下。

(113) この言明については他の箇所でも触れたことがある。初宿「実定法上の抵抗権――菅野教授の抵抗権論について」（『社会科学の方法』一三巻五号〔通巻一三一号〕一九八〇年）一～七頁、とくに六頁。

(114) „Der Rechtsstaat weiß sich zu wehren" – Wortlaut der Rede von Bundeskanzler Helmut Schmidt beim Trauerakt in Karlsruhe, in: Süddeutsche Zeitung v. Donnerstag, 14. April 1977, S. 9. ちなみにこの事件当時、筆者はミュンヒェン大学に留学中で、購読していたこの新聞の記事をたまたま見つけたという次第。

(115) *H. H. Klein*, a. a. O. (Anm. 30), S. 867.

(116) *F. v. Peter*, a. a. O. (Anm. 56), S. 721.

(117) *Scheidle*, a. a. O. (Anm. 55), S. 154.

(118) わが国では、百地・前掲（注2）六〇頁以下。

(119) *Grundmann*, in: Staatslexikon, a. a. O. (Anm. 55), Sp. 2896.

(120) *F. v. Peter*, a. a. O. (Anm. 56), S. 719 はこの抵抗権条項を「国家正当防衛ないし国家緊急避難」(Staasnotwehr oder Staatsnothilfe) で

あるとし、*Doehring*, Das Widerstand, a. a. O. (Anm. 73), S. 437 は「国家正当防衛権」(Staatsnotwehrrecht) であるとしている (*Hans Schneider*, Widerstand im Rechtsstaat, 1969, C. F. Müller, S. 13 も同旨)。しかしこの概念の使用に対しては、*Isensee*, a. a. O. (Anm. 73), S. 38 ff.; *Gansefort*, a. a. O (Anm. 73), , S. 43; *Wertenbruch*, a. a. O. (Anm. 111), S. 460 ff. などの批判がある。

(121)　*Hesse*, a. a. O. (Anm. 66), S. 38 f.; *Doehring*, a. a. O. (Anm. 73), S. 439 など。

〔補遺〕

本章は、一九六八年の基本法改正によって付加された第二〇条四項の成立過程を中心に、一九八〇年の時点で執筆したものに最小限の修正を収載したものであるため、同項に関する現在の学説等については、文脈上からして、あまり触れていないが、以下では、連邦憲法裁判所が第二〇条四項の抵抗権条項に関して言及した、これまでの唯一の例と思われる裁判において、抵抗権への言及があるので、それについて、補足的に言及しておくこととする。

この事例は、二つの機関争訟(基本法第九三条一項一号)と四つの憲法訴願から成っており、機関争訟のうちの一つめのもの(2BvE2/08)は、①二〇〇七年一二月一三日のいわゆるリスボン条約(BGBl. II S. 1038)に関する二〇〇八年一〇月八日の連邦法律、および②二〇〇八年一〇月八日の第五三回めの「基本法改正法律(第二三条、第四五条及び第九三条)」(BGBl. I 1926)等が基本法第二〇条一項・二項、第二三条一項、第七九条三項に違反し、第三八条一項上の自己の権利を侵害するとするものであり、二つめ(2BvE5/08)は、右の二〇〇八年一〇月八日の連邦法律が立法機関としての連邦議会の諸権利を侵害するとして、左派党(DIE LINKE)が、連邦議会議員グレゴーア・ギージおよび同ラフォンテーヌを代表として提訴したものであった。また、後者の憲法訴願は、連邦議会議員を含む延べ五九名が提起したもの(2 BvR 1010/08, 2 BvR 1022/08, 2 BvR 1259/08, 2 BvR 182-09)で、そのうちの一つ(2 BvR 1010/08)は、上記法律等に対して、仮命令(einstweilige Anordnung)の発布および「他の救済手段」(andere Abhilfe)を求めたものであった。

これに対して連邦憲法裁判所第二法廷は、二〇〇九年六月三〇日の判決(BVerfGE 123, 267)で、結論としてはリスボン条約同意法律は合憲であるとしたのであったが[122]、上記四つの憲法訴願手続のうち、基本法第二〇条四項を根拠として右記の「他の救済手段」を求めた手続に対して、抵抗権条項の補完的性格(subsidiärer Charakter)を強調しつつ、次のように判示して、訴願人の請求を斥けている。少し長いが、該当部分のみ訳出しておく。

「憲法訴願人は、基本法第二〇条四項に由来する基本権類似の権利を根拠にしている限りにおいては、訴願人には訴願資格がない。

訴願人は、その前提とする基本法第二〇条四項から導き出される権利を持ち出して、抵抗の状況(Widerstandslage)を惹起するような〔政府の〕あらゆる行為を中止することを求めて告発しうる権利が、あるいは、訴願人の見解からすれば基本法第二〇条四項を通じて保障されている、『他の救済手段』を求める特殊な法的救済手続(außerordentliche Rechts-behelf)が、本件において著しく重大なものとなりうることについて、十分な立証を陳述していない。

基本法第二〇条四項の抵抗権は補完的な例外権(subsidiäres Ausnahmerecht)なのであって、当初から、最後の手段(ultima ratio)として法秩序によって利用しうるあらゆる法的救済手続が有効な救済手段たる見込みがほとんどなく、それゆえ抵抗〔権〕の行使が法を維持または回復するための最後の手段であるような場合にのみ考慮しうるものである(BVerfGE 5, 85 [377])。それゆえ、憲法的秩序の排除だと主張してそれに対する裁判上の救済手段を求める手続において、基本法第二〇条四項の違反を問うことはできないのである。基本法第九三条一項四a号において第二〇条四項が言及されているからといって、この事情は変わるものではない。この権利の補完的性格は、〔この権利が〕——手続的にも——基本権類似の権利として作られているからといって、影響を受けることはない。

注

(122)　この判決については、出版が予定されている新しい『ドイツの憲法判例』に紹介されるであろうが、さしあたり、『ドイツ憲法集』三二九頁以下の「第六版　補論」(高田敏執筆)を参照のこと。

第Ⅲ編　統治の仕組みに関わる論点

第一一章　立候補の自由についての若干の覚えがき
――基本法第四八条に手がかりを得て

はじめに――問題の所在

(1)　基本法第三八条と被選挙権

ドイツの現行憲法たる基本法が、「連邦議会」に関する第三章の冒頭に置かれた第三八条で、連邦議会議員の選挙について普通・直接・自由・平等・秘密の原則と、いわゆる自由委任の原則を明文で謳い(第一項)、続く第二項で、「満十八歳に達した者は選挙権を有し、成年になる年齢に達した者は，被選挙権を有する」として、いわゆる選挙権とともに被選挙権をも憲法の明文規定で定めていることは、周知のことである。(1) この規定は、一九四九年の基本法制定当初は、「満二一歳に達した者は、選挙権を有し、満二五歳に達した者は、被選挙権を有する」となっていたものであるが、その後、一九七〇年七月三一日の第二七回目の基本法改正法律(BGBl. I S. 1161)によって、現行規定のように変更されたものである。この基本法改正時点では成年年齢が満二五歳であったため、一九七二年に実施された連邦議会選挙のときは、まだ被選挙権は満二五歳以上の者のみが有していたが、その後一九七四年の成年年齢改正法によって、成年年齢が満一八歳に引き下げられたため、現在では、選挙権・被選挙権ともに満一八歳以上のドイツ人が有することとなっている(連邦選挙法 § 一二第一項一号および

§一五第一項二号参照)。

もとより、右の引用にいう「選挙権を有する」(wahlberechtigt)および「被選挙権を有する」(wählbar)という文言の原語自体からすると、ここでいうところの選挙権・被選挙権が厳密な意味での「基本権」(Grundrecht)と言えるかどうかは、もちろん議論の余地のあるところであるが[2]、基本法が、連邦憲法裁判所への憲法訴願が提起しうる場合について定める第九三条一項四a号で、基本法第一章に定めるもろもろの基本権と並んで、「第三八条……に含まれている諸権利」の侵害も、憲法訴願の提起に際しての主張の根拠とすることができることとしていることからも、同条が連邦議会の選挙権および被選挙権を保障したものと解することに異論はなかろう。

(2)　日本国憲法第一五条一項と被選挙権　ひるがえって、日本国憲法は国民の権利義務を定める第三章に属する第一五条一項で、公務員の選定罷免権を「国民固有の権利」として保障してはいるが、《被選挙権》については明文の規定はなく、それゆえ被選挙権が憲法上保障された権利と言えるかどうかは、文言上は必ずしも明らかでない。学説の中には、「自ら公職者として国政に参加する権利」の一側面としての被選挙権の憲法上の根拠を「基本的には、一三条の幸福追求権の内実をなす」と捉える見解もあるが[3]、これを端的に憲法第一五条一項によって保障されていると解する見解のほうが多数説といってよかろう。

この点に関連して、最高裁判所は、労働組合による組合員に対する統制権の限界が問題となった、いわゆる「三井美唄労組事件」に対する判決(最大判昭和四三年一二月四日刑集二二巻一三号一四二五頁)の中で、日本国憲法は「被選挙権または立候補の自由については、特に明記するところはない」としたうえで、被選挙権(立候補の自由)に関連して次のように判示する。少し長いがここでの問題と直接かかわる重要な点なので、引用しておく。

「選挙は、本来、自由かつ公正に行なわれるべきものであり、このことは、民主主義の基盤をなす選挙制度の目的を達成するための基本的要請である。この見地から、選挙人は、自由に表明する意思によってその代表者を選ぶことにより、自ら国家（または地方公共団体等）の意思の形成に参与するのであり、誰を選ぶかも、元来、選挙人の自由であるべきであるが、多数の選挙人の存する選挙においては、これを各選挙人の完全な自由に放任したのでは選挙の目的を達成することが困難であるため、公職選挙法は、自ら代表者になろうとする者が自由な意思で立候補し、選挙人は立候補者の中から自己の希望する代表者を選ぶという立候補制度を採用しているわけである。したがって、もし、被選挙権を有し、選挙に立候補しようとする者がその立候補について不当に制約を受けるようなことがあれば、そのことは、ひいては、選挙人の自由な意思の表明を阻害することとなり、自由かつ公正な選挙の本旨に反することとならざるを得ない。この意味において、立候補の自由は、選挙権の自由な行使と表裏の関係にあり、自由かつ公正な選挙を維持するうえで、きわめて重要である。このような見地からいえば、憲法一五条一項には、被選挙権者、特にその立候補の自由について、直接には規定していないが、これもまた、同条同項の保障する重要な基本的人権の一つと解すべきである。さればこそ、公職選挙法に、選挙人に対すると同様、公職の候補者または候補者となろうとする者に対する選挙に関する自由を妨害する行為を処罰することにしているのである。（同法二二五条一号三号参照）。」

もとよりこの判決は、国の法令による立候補制限に関わるものではなく、直接には、労働組合の統制権の行使によって当該組合の統一候補の選から洩れた組合員で、あえて独自の立場で立候補しようとした者に対して、立候補を取りやめることを要求し、これに従わないことを理由に当該組合員を統制違反者として処分するようなことは、組合の統制権の限界を超える違法な処分であるとした判例であるが、いずれにせよこの判例において、最高裁判所が、被選挙権または立候補の自由（以下では、特にこの両者の語を区別せずに用いることがある）が憲法第一五条一項の「保障する重要な基本的人権の一つと解すべき」だとした点は重要である。

(3)　公職選挙法と立候補制限　しかし公職選挙法（以下では「公選法」と略記）は、「自由かつ公正な選挙」のために「自ら代表者になろうとする者が自由な意思で立候補し、選挙人は立候補者の中から自己の希望する代表者を選ぶという」制度を採用しつつも、選挙権および被選挙権に関してさまざまな制約を定めている。そうした種々の制約の個々の問題のうち、ここでの関心は、もっぱら、公選法第八九条以下が定める公務員の立候補の制限に関わる規定についてである。

すなわち、現行の公選法では（後にも述べるが）国や地方の公務員は、同法の定める例外規定に当たる公務員を除き、原則として、在職中、公職の候補者となることができず（公選法第八九条一項）、立候補の届出によって公職の候補者となったときは、公務員の職を辞したものとみなされ（同法第九〇条）、また公職の候補者として届け出た者が同法の規定によって公職の候補者となることができない者となったときは、その届出は取り下げられたものとみなされる（同法第九一条一項）。要するに、公務員はその公務員としての身分を保持したままでは立候補ができない仕組みとなっている。このことは、以下で検討するドイツの制度とはきわめて対照的である。

そこで本章では、この点に関するドイツの制度について、その成立過程を追究することを通じて、わが国の現行制度のもつ問題点について若干の検討を加えようとするものである。もとより、この問題について詳細に論じるためには、公務員法制、民事契約法制、労働関係法制等々に関するドイツの多くの現行法令の検討を要するが、ここではもっぱら右の点について論ずるに留めることとする。

第一節　基本法第四八条の成立過程

1　基本法第四八条とその前身

(1)　基本法第四八条は、連邦議会の議員に立候補するための選挙準備のために休暇を請求する権利と、議員としての職務行使の自由等につき、次のように定めている。

第四八条(1)　連邦議会に議席を得ようとする者は、その選挙の準備のために必要な休暇を請求する権利を有する。
(2)　何人も、議員の職務を引き受け、かつこれを行使することを妨げられてはならない。このことを理由とする解約告知又は免職は、許されない。
(3)　議員は、その独立を保障するにふさわしい補償〔＝歳費〕を請求する権利を有する。議員は、国有の交通手段を無償で利用する権利を有する。詳細は、連邦法律でこれを規律する。

これらの規定のうち、日本国憲法第四九条に相当する第三項の歳費受領権等については、ドイツの近代憲法においては、すでに一八四九年のフランクフルト憲法以来、その前身的規定がある。すなわち、同憲法§九五は「ライヒ議会の構成員は、ライヒの国庫から同一の日当と旅費の補償を受ける。詳細は、ライヒ法律がこれを定める。」と規定していたし、一八五〇年のプロイセン憲法も、その第八五条で、第二院(ただし同憲法では、これは今日言うところの「下院」を意味する)の議員につき、「法律の定める基準に従って、国庫から旅費及び日当を受け取る。これを放棄することは許されない。」と定めていた(4)。

(2)　しかし、これら両憲法では、ここでの関心である上記の基本法第四八条一項・二項に相当する規定はなかった。その意味において、この規定の直接の淵源とも言えるのは、一九一九年のヴァイマル憲法であると言える。すなわち、同憲法は、第三九条および第四〇条で次のように定めていた。

第三九条①　官吏及び軍隊に所属している者は、ライヒ議会又はラント議会の構成員としての職務を遂行するために休暇〔を求めること〕を必要としない。

②　官吏及び軍隊に所属している者が、これらの機関の議席を得ようとする場合には、その選挙の準備に必要な休暇が与えられるものとする。

第四〇条　ライヒ議会の構成員は、すべてのドイツの鉄道に無料で乗車する権利を有し、またライヒ法律の基準に従って補償を受ける権利を有する。

これを上記の基本法第四八条と比較すると、まず、ヴァイマル憲法第三九条一項は、ビスマルク憲法第二一条(5)を基本的に引き継いだものであって、基本法第四八条一項もこうした伝統に従っていると言える。またヴァイマル憲法第三九条二項は、ライヒまたはラントの議会に議席を得ようとする者には選挙の準備に必要な休暇が与えられるものとするとしている。したがって、主体に関しては「官吏及び軍隊に所属している者」という文言からわかるように、公務員に限定しているとはいえ、少なくとも官吏(公務員)に関しては、ヴァイマル憲法第三九条と基本法第四八条一項では、文言の違いはあれ、その規範内容はほぼ同一であるということができる。また、ヴァイマル憲法第四〇条の規定が基本法第四八条三項とほぼ同趣旨であることも疑いなかろう。したがって、基本法の新しい点は、第一項にいう選挙準備休暇請求権の主体の範囲を単に公務員に限定せず、「連邦議会に議席を得ようとする者」全般に広げた点にある。それと同時に、基本法第四八条二項の規定は、ドイツの近代憲法の諸規定の中にその前例を見出すことができず、現行憲法において初めて規定されたものであることも分かる（この点は後に詳細に検討する）。

(3)　本章は、上述した関心に基づき、公務員を含む国民がその地位を保持したまま議員の地位を得るための活動をする自由等を実質的に確保するために設けられた基本法第四八条一項・二項の成立過程を振り返り、その趣旨を検討することによって、わが国の現行法制の持つ問題点を指摘することを主たる目的とする。したがって、同条第三項の歳費請求権および鉄道等の無料利用権の問題については、ここでの検討の対象とはしないこととする[(6)]。

ちなみに、諸外国の憲法のいくつかについて見ても、議員の歳費（または報酬）にかかわる規定を有するものは少なくないが[(7)]、ここでの関心たる基本法第四八条一項・二項に類似する規定を有する憲法は、少なくとも筆者の管見に属する限り、ほかには見受けられないように思われる。その意味で、基本法のこの規定は注目すべき独特の規定であると言えよう。

2　基本法第四八条の成立過程概観[(8)]

(1)　ヘレンキームゼー草案[(9)]　基本法の草案としてよく知られた一九四八年のいわゆるヘレンキームゼー草案では、第六二条が次のような文言の規定を予定していた。

第六二条(1)　公務に服している者は、議員としての活動のために休暇〔を求めること〕を要しない。

(2)　議席を得ようとする者は、その選挙の準備のために必要な休暇を請求する権利を有する。

基本的には上述のヴァイマル憲法を模範として作成されたこの草案をたたき台として、それ以降、ボンの議会評議会で修正作業がなされることになる。以下ではこの経緯を振り返っておく。

(2)　**組織委員会における修正提案**　この規定に関する議会評議会での論議の過程では、まず一九四八年九月二四日の組織委員会の第六回会議において議論がなされた。[10] すなわち、「何人であれ――とくに官吏が――、議員の議席を引き受けるのを、どの程度まで妨げられることがありうるのか」という議論に際して、近年のドイツの憲法典における規定に注意が向けられ、CDUのフェヒトは、一九四七年五月一八日のバーデン憲法[11]第六九条一項を引用した。すなわち同条項は、以下のとおりの文言であった。

第六九条　何人も、とくにいかなる官吏、公務員、又は被用者も、ラント議会における議席を引き受け若しくは行使することを妨げられ、又はこのことの故をもって免職され若しくは解雇通告をされたりしてはならない。

また、同日の会議でCDUのカウフマンは、一九四六年一一月二八日のヴュルテンベルク＝バーデン憲法の第六八条一項を引用した。同規定も上記のバーデン憲法と趣旨を同じくするが、念のために第一項のみならず同条全体を引用しておくと、次のとおりである。

第六八条①　議員はその議席を引き受け及び行使することを妨げられてはならない。とくに、議員を免職し又は議員に解約告知することは、許されない。

②　官吏、職員及び被用者は、ラント議会の議員としての地位(Mandat)に伴う義務と結びついた活動のために休暇〔を求めること〕を要しない。

③　官吏、職員及び被用者がラント議会における議席(Sitz)を得ようとするときは、その選挙の準備をするために必要な休暇が与えられるものとする。

ちなみに、この文言との関連においては、立候補の自由に関わる側面のみが議論の対象となっており、ひとたび議員となった官吏が引き続き官吏として行政府や司法府の機能を行使することが許されるかどうかという、兼職禁止にかかわる側面については全く議論がなされなかったようである[12]。

それはさておき、右の提案を受けて、組織委員会では、上記のフェヒトが上記バーデン憲法第六九条一項に倣って提案した文言を盛り込むことを決定した。その文言のうち、第二項は上記のヘレンキームゼー草案の規定とほぼ同じであり、第一項も上記のバーデン憲法第六九条一項の文言と酷似しているのは当然であるが、これも念のために訳出しておく。すなわち、

(1)　何人も、連邦議会における議席を引き受け若しくは行使することを妨げられてはならず、又はこのことの故をもって解雇され若しくは解雇通告をされたりしてはならない。これを理由とする官吏、職員及び被用者の解約告知又は免職は、許されない。

(2)　連邦議会に議席を得ようとする者は、その選挙の準備のために必要な休暇を請求する権利を有する。

この文言を現行規定と比較すれば、第一項と第二項の順序が逆であるほかは、文言の点で第二項(現行規定の第一項)と全く同一であり、第一項(現行規定の第二項)も、その趣旨において何ら変わるところはないといってよい[13]。その意味では、基本法第四八条の規定は、系譜的には、ヘレンキームゼー草案よりも、むしろ上記のような西南ドイツのバーデンおよびヴュルテンベルク＝バーデンの憲法の強い影響を受けていると言ってよいように思われる。

(3)　中央委員会の第一読会における論議　さて、組織委員会における修正を受けて、中央委員会[14]は、一九四八年一一月一一日の第一読会において、結論的には無修正のまま採択しており、とくに上記第二項(現行の第一項)については、後に本節(6)で少し言及する点以外には、ほとんど何の議論もなされていない。その理由はおそらく、上述したとおり、この制度がすでにヴァイマル憲法、あるいはさらにそれ以前のドイツの選挙制度の伝統に属してい

たからではないかと推測される。

これに対して、草案の第一項（現行の第二項）に関連しては、この第一読会では、以下のような興味深い議論がなされたことが知られている。ここでの主たる関心事はむしろ基本法第四八条一項の選挙準備のための休暇請求権の問題ではあるが、休暇請求権の問題と解約告知・免職の禁止とは（立候補の自由という点に関していえば）密接な関連を有しており、その意味で、中央委員会での議論は本章のテーマにとっても興味深い展開であると思われるので、煩を厭わず紹介することとする。

すなわち、まず、ＣＤＵのフォン・ブレンターノは、次のような趣旨のコメントを述べている。

この規定の意図は明白であり、政治に関心を有する者で議席を得ようとしたり、現に議席を有している者が、それによって経済的な損害をこうむることを防ごうとする点にある。この原則は、官吏や公務員など公的勤務関係にある者すべてについて妥当し、彼らの収入は引き続き確保される。

しかし他方で、考慮しておかなければならないことは、この規定が個々の場合に、たとえば零細経営者にとって、特に深刻な負担をもたらすことにならないかどうかということである。すなわち、ほんの二、三人の従業員を抱える手工業の親方《マイスター》のような場合、従業員の中に政治活動をしている男《マン》が一人いれば、非常に運が悪いわけで、その男に解約告知をするわけにもいかず、給料も払い続けなくてはならないことになろう。そうなれば、かかる手工業経営者はそうした経済的負担で破綻してしまいかねないから、こういう場合には、その負担を公的資金で肩代わりしてやる方法ぐらいは講じなくてはならないであろう。云々。

これに対して、ＳＰＤのカッツは次のように反論した。すなわち、

フォン・ブレンターノの例示したような事例はほとんどありえないフィクションであり、当該条項は、こういう零細工業の経営者が従業員等に給与を支払わなくてはならないかどうかについては何も定めていないのであって、ただ解約

告知をすることができないことを述べているにすぎない。民事裁判所とか労働裁判所が当該事業者に給与等の支払に関する訴訟においてどう判断するかは、裁判所の決めることである。一般論として言えることはむしろ、そうした小規模経営者は、自分のところの従業員が連邦議会において高い職務に昇進したりしたら、その従業員を決して解雇したりはしないであろう。また議員たる従業員は議員として歳費を得ているのであるから、さらに事業者に給与を要求するようなことも恐らくしないであろうから、フォン・ブレンターノが心配しているようなそうした金銭問題も起こらないであろう。議員たる従業員はむしろ、自分の給与分で別の補欠要員を採用することを容認することとなろう。それゆえ、われわれは原則を維持するべきであって、そうした仮想事例のために本項の主眼をなくしてしまうようなことはするべきでない。

しかしこれに対してＤＰのゼーボームは、むしろ上記のフォン・ブレンターノの疑念に同調し、とくに中小企業における指導的な従業員の場合を想定すると、場合によってはフォン・ブレンターノの出した例以上に深刻な問題が生じる可能性があるとした上で、「解職・解雇(Entlassung)は許されない」こととして、「解約告知」(Kündigung)の語は除去するべきであるとした。

またＫＰＤのレンナーは、公務に従事している官吏や公務員等は、その給与を引き続き支払われることを請求する権利をもっているが、私企業で働いている者についてはこの問題は疑わしいし、自由業出身の議員については、問題は全く白紙である。だから、選択肢としては、歳費を十分に高額に設定するか、公的資金や私企業からその議員の任期中の給与の支払義務を免除するかのどちらかで、そうしないと首尾一貫した規律とならない、と主張した。

なお、ゼーボームが口を挟んだ次の発言が、わが国の法制度との関係でも興味深い。すなわち同氏の意見は、次のようなものであった。

「イギリス占領区域では、官吏が議員としての地位を引き受けることができるためには、職を退き、同時に給与を失わなければならないのであり、このことはイギリス占領区域ではまったく一般的なことである。……もちろん、そうした者は労働協約上の仕事を遂行できないのだから、給与請求権を行使し得ないという立場に立つこともできようが、雇用者は、被用者に対して、〝君は労働協約に基づく仕事を遂行していないのだから、私は君に給与を支払う義務はない〟と言うかもしれないのであり、この規定からすると、そうした雇用者と被用者の間の私法上の対立が生じる可能性を排除できないのではないか。だから、この規定は単に解雇が許されないという規定のみ残すこととして、解約告知などの別の問題は、むしろ私法経済的な規律の問題として別に考えるほうがよいのではないか。」

しかしこの意見に対しては、ＳＰＤのグレーヴェが、ヘレンキームゼー草案の第六二条一項の規定は、(「公務に服している者は」という文言からしても)私法経済的な勤務関係には全く適用されないのであるから、上記のブレンターノの指摘は明らかに誤っているとして反論し、単に解雇(免職)の語だけでなく解約告知の語も維持すべきであるし、大企業の被用者と中小企業の被用者について区別すべきだということになると、それはそれで別の大きな問題を生むことになり、結局われわれは、草案にあるような一般条項での解決を図るしかないのだ、と反論した。

この主張が決定打となったのか、ゼーボームがその後もしつこく解約告知の語を削除すべきだとする動議を提出したが、圧倒的多数で否決されて原案が採択された。

続いて、草案の第二項(現行規定の第四八条一項に相当)である選挙準備休暇請求権の規定について議長が議論の俎上に載せたが、何の議論もなく採択された。

(4)　全般編纂委員会による修正　　全般編纂委員会は、中央委員会での第二読会の準備のために、一九四八年一二月一三日、第一読会の結果を受けて全般的な立場から検討した結果、草案第六二条一項を次のような新たな文言に修文した[15]。

「何人も、連邦議会の議員の職務を引き受け、かつこれを行使することを妨げられてはならない。このことを理由とする解約告知又は免職は、許されない。」

この規定は、「連邦議会の」という語が入っている点においてのみ現行規定と異なるが、それ以外の文言はまったく同一である。この部分の修正が行われるのは、次の中央委員会第二読会においてである。

(5) 中央委員会第二読会　すなわち、右の全般編纂委員会での修文を受けて、一九四九年一月七日の中央委員会の第二読会[16]では、CDUのヴァルターが、「一般的な用語の問題であるが」、と断った上で、第六〇条および第六一条(すなわち現行規定の第四六条および第四七条)では「連邦議会の」という文言を削除したのに、ここに至って突然にこの語が入っているが、「そうなると、この規定がラント議会の議員についても妥当するのかどうかについて疑念が生じることとなろう」との意見を述べ、この動議について採決が行われた結果、反対一のみで採択される結果となった。その結果、基本法第四八条二項に関わる権利は、単に連邦議会のみならず、ラント議会の議員についても保障されることとなった。

(6) 私企業の被用者への適用問題　残された問題は、以上の議論の間にしばしば議論となったことであり、すでに多少とも示唆した点でもあるが、伝統的には公務員についてのみ問題となっていたこの立候補の自由に関わる権利が、私企業の被用者についても適用があるかどうかという問題である。この点は、すでに上述の草案についての中央委員会第一読会での議論においても出てきていたものであり、先に紹介したように、少なくとも基本法第四八条二項の権利に関して言えば、最終的な文言からしても、民間の労働者についても、議員に立候補しようとしたことを理由としたり、議員の職務を引き受け、行使したことを理由とする解約告知や解雇が許されないことは、ほとんど異論の余地がない。これに対して、基本法第四八条一項にいう選挙準備のための休暇請求権についても、民間の労働者に対しても同様に妥当するかどうか、すなわち、選挙準備のために休暇をとった場合にその休暇分の給与は支払われるのかどうか。上述の中央委員会第二読会での審議において、レンナーがこの場合の休暇を有給とすべきだとの動議を提出したが否決された[17]、という経緯からしても、むしろ、民間の労働者は、議員の職務を引き受け、これを行使することを理由として解雇されたり解約告知をされたりはしないが、準備のための有給休暇を得られるかどうかは、民事的な問題であるとして一蹴され、基本法上の問題としては一義的な決定はなされなかったと言ってよいようである[18]。

第二節　基本法第四八条の意義と目的

1　基本法第四八条一項・二項

(1)　以上概観したような経緯で成立した基本法第四八条一項・二項の内容について、若干の注釈書等によって、おおまかに確認しておこう(ここでは第三項については触れない)。なお、基本法第一三七条一項は、「連邦、ラント及び市町村における、公務員、公務の被用者、職業軍人、一時的志願兵及び裁判官の被選挙権は、法律でこれを制限することができる」としており、実際に、連邦議会は、議員法（AbgG）、ドイツ裁判官法（DRiG）、軍人法（SoldG）等において、主として兼職禁止（Inkompatibilität）の観点から、さまざまな制限を課している。また、連邦憲法裁判所によれば、教会法によって議員の職と聖職者の職との非両立性についても規律することができるとされている（BVerfGE 42, 312 ff.）。[19] しかし、こうした制限はあくまでも、議員として選挙された者が、それまで就いていた職業上の地位を引き続き持ちうるのか、議員としての職務を行使している間は、休職扱いとなるのか、議員である間の俸給等がどうなるのか、といった観点からの規制であって、立候補の時点での制限ではない。それゆえこの点はこれ以上触れない。[20]

（1）　立候補の意思　基本法第四八条一項は、文字どおり訳せば、「連邦議会における議席のために立候補する者」が「その選挙の準備のために休暇を請求することができる」ということであり、第三八条二項後段の被選挙権を実効的なものにするための休暇請求権を保障するものである。ここで立候補する（Bewerbung）ということは、その者の所属する政党の選挙準備のために何らかの多少とも積極的に参加していたりする必要はなく、当の本人が連邦議会において議員に選挙されるために本気で努力しているという、いわば立候補の真剣な意思が何らかの形で確認できれば足りるとされる。したがって、たとえば、政党が当該人物を来たるべき選挙の候補者としてリストに挙げる意図が具体的にあれば、それで十分であるということになろう。[21] 要するに、本人が本気で立候補しようとしているという意思があればよいことになる。したがって、もちろん、その者が実際に選挙される蓋然性がなくてもよい[22]し、仮に政党からの推薦で立候補して当選してもその者自身はおそらく議席を受け入れるつもりがないだろうということが確認できても、その立候補が不真面目だということにはならないとされる。[23] しかしこれらの点の詳細も本章での主たる関心事ではないので、これ以上は立ち入らない。

(2)　休暇請求権の法的性質　基本法第四八条一項にいう休暇請求権が、公法上の主観的権利にとどまるのか、それとも私法上の主権的権利でもあるのかについては、争いがあったようであるが、[24] これは、上述したとおり、基本法に先行する憲法典(ビスマルク憲法第二一条およびとくにヴァイマル憲法第三九条二項)や基本法の草案が、「官吏」とか「公務従事者」あるいは「軍人」とかいうように、主体を限定する文言になっていたことが主な原因ではないかと思われる。ヴァイマル憲法の標準的解釈においても、——もとよりヴァイマル憲法上はまだ休暇「請求権」と言いえたかどうかは別として——明らかに公務員のみに適用のある規定であって、民事的な勤務関係にある者には適用の余地はないとされていた。[25] そして、この点については、基本法制定過程における議論においても問題とされていたことは、上述したとおりである。しかし、基本法の文言からしても、現在では、この権利が、公務に従事しているかどうかに関わりなく、すべての自然人に帰属する権利であることについては、一般に承認されているとみてよかろう。[26]

2　この規定の意義と目的

(1)　基本法第四八条一項は、自分の時間を自由に使うことのできない勤務関係にある者、その意味で「従属的な勤務関係」にある者に対して、連邦議会議員としての議席を得るのに必要な準備期間(休暇)を——有休とするかどうかは別として——請求する権利を保障している。この規定は、そうした従属的な勤務関係にある者に対しても、連邦議会議員に立候補することを可能にすると同時に、あらゆる住民集団を議会に代表させるべきだという憲法の関心事を明文化したものであるといえる。これによって、基本法は、自由業者や失業者等とは異なって自分の時間と労働力あるいは財政的資源を自由に使うことができない者も、連邦議会議員から排除しないことを目指しているといえる[27]。

(2)　第二項も、これと同様の目的のために、公務員を含むそうした従属的な勤務関係にある被用者に対して、議員の職務を引き受けるための勤務関係上の障害を除去することによって、連邦議会議員への立候補を容易にし、また議員になった場合の議員としての職務遂行を容易にすることを憲法上保障するものである（もとより兼職が法的に禁止されている場合は別である）。これによって、議員としての職務を行使するための十分な時間的・物質的条件を備えているかどうかによって連邦議会議員になれるかどうかが決まることを、憲法上排除しているのである。第二項の趣旨を、議員の任務遂行の前提たる議員の社会保障（soziale Sicherung）に資するもの[28]と捉えるべきかどうかについても議論はありえようが、それはともかくとして、第二項は、文言からすると、議員となろうとする者に、そのことを理由として解約告知をしたり、解雇したりすることを禁じていることになる。しかしこの規定は、それだけでなく、ひとたび議員となった被用者に対して、その者の仕事ぶりとか人物に由来する客観的理由以外の理由ではなく、議会での活動を理由として、不利益取扱いをすることも禁止したものと解されている。それゆえ、たとえば、議員として活動していることを理由として、従前よりも不快な仕事を指示するとか、理由なく配置転換をするとか、勤務時間を長くするとか、昇進の可能性を排除するといったことは、原則として許されない。それによって、働きながら同時に議員として活動をすることを妨げることを、使用者に原則的に禁止していることになる[29]。

もとより、すべての被用者が第一項の休暇請求権を行使できるわけではなく、法律によってこの権利を制限することは可能である。たとえば、民事法上の請負契約に従事していて、その上、請負業務を一定期間内に完了する義務を負っている者は、休暇を請求することはできないし、刑に服している者や未決勾留者なども同様である。逆に、上級公務員や裁判官、軍人のように、一般の被用者に準じる公的勤務関係にある者に対しても、第一項の選挙準備のための休暇請求権が認められている。(30)

(3) 以上を要するに、ドイツの現行制度においては、第四八条一項・二項によって、一般的には、公務員を含めて、原則としてすべての被用者が勤務関係上の地位をひとまず保持しながら、休暇を得て連邦議会議員となるための準備をすることができ、もし当選すれば、法令上兼職が禁止されている場合は別として、その従前の地位を保ちながら、妨げられることなく議員の職務を遂行できるし、兼職が禁止されている場合であっても、任期中は休職扱いになっても任期が終われば復帰できることが、憲法上も保障されていることになる。

しかし、何よりこの制度の魅力は、選挙準備のための休暇を得て選挙運動をしたけれども結果的に当選しなかった場合にも、任期中休職扱いとなった場合と同様に、元の職場に復帰することが確保されていることであろう。そうなれば、いわば「二階に上がって梯子をはずされる」という心配をせずに議員への立候補を決断できることになり、それによって、公務員を含めて、広く一般市民にとっても、連邦議会議員になる道の追求が容易となると言えよう。もとより、選挙運動のための資金援助等の財政的支援が制度的に担保されていることも必要であるが、その点はここでは措いておく。

もちろん実際には、民間企業の被用者よりも、公務員のほうが、法的にも休職や復職の制度が整備されているために、立候補することが容易であり、民間の企業の場合、特に規模の小さい企業の場合には、雇用主にとってはもちろん被用者自身にとっても、長期間の休職はきわめて難しいであろうし、被用者が選挙準備のための休暇をとることも、雇用主がそれを認めることも、そうたやすいことではなかろう。実際、ドイツの場合、この制度の結果、公務員出身の議員の数が多くなり、一九九八年一〇月の連邦議会選挙では、公務員出身者が議員全体の三六％を占めたとの報告もある。(31) しかし、わが国の制度ともっとも対照的な点がここにあるといってもよい。最後にわが国の現行制度について多少とも触れて、ここでの検討を終えることとする。

おわりに――立候補の「不自由」？

わが国の公務員制度においては、すでにはじめに触れたように、ドイツの制度とは対照的に、公務員が議員に立候補しようとするときは、その時点で公務員の職を辞さなくてはならない。すなわち「公務員の立候補制限」という条文見出しのある公選法第八九条一項は、「国若しくは地方公共団体の公務員又は特定独立行政法人（……）若しくは特定地方独立行政法人（……）の役員若しくは職員」は、ただし書の各号に列挙する特定の公務員は別として、一般的に、「在職中、公職の候補者となることができない。」としている。

また、「立候補のための公務員の退職」という見出しのついた第九〇条は、第八九条の規定によって公職の候補者となることができない公務員が、衆議院議員または参議院比例代表選出議員の選挙において公選法（第八六条、第八六条の二～三）の定める届出の手続を踏んで公職の候補者となったとき、あるいはそれ以外の選挙（参議院選挙区選出議員の選挙や地方公共団体の選挙）においても、同法（第八六条の四）の定める届出の手続を踏んで公職の候補者となったときは、「当該公務員の退職に関する法令の規定にかかわらず、その届出の日に当該公務員たることを辞したもの」とみなされることになっている。

さらに、「公務員となった候補者の取扱い」という見出しのある第九一条は、公職の候補者として届出のあった者が、前二条の規定によって公職の候補者となることができない者となったときは、「当該届出は、取り下げられたもの」、または「候補者たることを辞したもの」とみなす等と定めている。

要するに、現行制度の下においては、公選法が例外として定めている特定の公務員（同法第八九条一項一～五号等参照）以外の公務員については、その地位を維持したまま公職の候補者となることは、原則としてできず、それにもかかわらず同法の定める手続に従って立候補の届出をした場合には、当該公務員の職を辞したものとみなされることになる。

しかし、当然のことながら、立候補はしても当選する保証など全くないのであってみれば、もし当選できなかったときは、それまでの公務員としての職もなくなっているわけであるから、その者は経済的にも社会的にもきわめて不安定な地位に置かれることになる。そうなれば、衆議院・参議院議員の候補者、あるいは地方行公共団体の知事・市町村長・議会議員等の公職候補者となろうとする公務員にとっては、きわめて大きなリスクを背負うこととなり、多くの場合には、そのリスクのあまりの大きさを前にして、結局は立候補を断念せざるをえないこととなることが多いのではなかろうか。少なくとも公務員にとっては、現行制度は被選挙権に対して「立候補の不自由」とも言えるほどのきわめて大きな制約が課されている。公務員がそれまで有していた職と議員としての職とを兼ねることはよくないとしても、立候補の段階でこのような制約を課すことが「やむにやまれないもの[32]」とまで言えるかどうか、むしろ、議員に当選した場合にはそれまでの公務員としての職を辞したものとするような枠組みで十分なのではないかと思われるのである。

もとより、民間企業等の被用者や非公務員型の独立法人の職員等については、上記のような公務員法上の制限はないから、雇用者が許せば、その地位を維持しながら立候補することは可能であろうが、本章で検討してきたような選挙準備のための休暇請求権がなければ、実際の選挙戦をたたかうことはほとんど不可能であろうし、ましてや、当選後に議員の地位と活動を継続しながら従前の被用者としての地位を維持することができるのは、ごく一部の場合に限られるであろう。

しかし、少なくとも公務員に限ってみても、国民の直接選挙という道を通じて国民の代表者を選出し、それらの代表者に国政を担う権力を行使せしめることを大原則としている日本国憲法の下において、とくに被選挙権（または立候補の自由）を「自ら公職者として国政に参与する権利」(33)と解することができるとすれば、現行の公選法の公務員に対する立候補制限の妥当性を再検討する必要はないであろうか。

この点に関しては、これまで学説はその合憲性についてほとんど問題としてきておらず、あるいは多少とも触れられる場合でも、概してきわめて冷淡である。被選挙権の性質やその制限についての叙述の中で、年齢制限の問題や連座制の問題、あるいは選挙犯罪にかかる立候補制限や供託金制度等の問題については触れられていても、上記の公選法第八九条以下の規定による立候補制限については、全くといってよいほど触れられないのが普通である(34)。また触れられるとしても、せいぜい「やむにやまれないもの」として一蹴されている程度であって(35)、その合憲性ないし妥当性についてまでは考察されていない(36)。

本章は、日本国憲法が採用している代表民主制を考える上で、ドイツの現行制度ときわめて対照的なわが国の現行の公選法による公務員の立候補制限が、憲法第一五条との関連においても果たして妥当なものなのかどうかという論点に関し、若干の問題点を検討しようとした試みである。

注

(1)　以下におけるドイツの近代以降の憲法の条文については、『ドイツ憲法集』による。

(2)　この点に関するわが国の学説の整理については、さしあたり辻村みよ子『憲法〔第四版〕』(日本評論社、二〇一二年)三二五頁以下参照。

(3)　佐藤幸治『憲法〔第三版〕』(青林書院、一九九五年)一〇九頁、同『日本国憲法論』(成文堂、二〇一一年)一七二頁、一九五頁。

(4)　一八四八年のプロイセン憲法では第八四条に相当し、第二項は一八五〇年憲法と同一であるが、第一項で、「第一院の議員は旅費も日当も受け取らない。」として、貴族の代表からなる議院の議員についても無報酬を明文で定めていた点に特徴がある。歳費請求権についての歴史的展開については、さしあたり、樋口陽一・佐藤幸治・中村睦男・浦部法穂『憲法Ⅲ』(注解法律学全集3、青林書院一九九八年)八八頁〔樋口執筆〕を参照。なお、ビスマルク憲法は、一八七一年当初の規定では、「帝国議会議員は、議員として、いかなる俸給(又は歳費)も受け取ってはならない」としていたが、一九〇六年五月二一日法律により、「帝国議会議員は、法律の定める規準に従って補償を受ける。」と定めるに至った。

(5)　ちなみに、ビスマルク憲法第二一条の規定は次のごとくである。

「**第二一条**　①　官吏は帝国議会に入る際に、賜暇を請う必要はない。

②　帝国議会議員は、俸給を受ける帝国若しくは邦の官職を受諾するか、又は帝国若しくは邦にあって、より高い地位又はより高額の俸給を受ける官職に就くとき、帝国議会での議席と投票権を失う。その議員が、帝国議会においてその地位を再び得ることができるのは、新たな選挙による場合に限られる。」

なお、このうち第二項は、一九一八年一〇月二八日の第一法律(RGBl. 1273)で削除されている。基本法制定過程でこの規定が話題に上がっていないのはそのゆえかもしれない。

(6)　ちなみに、ドイツ連邦共和国を構成する一六のラントの憲法は、いずれも基本法第四八条と大なり小なり類似した規定を有している(バーデン＝ヴュルテンベルク憲法第二九条、第四〇条、バイエルン憲法第三〇条、第三一条、ベルリーン憲法第五三条、ブランデンブルク憲法第二二条四項、第六〇条、ブレーメン憲法第八二条、第九七条、ハンブルク憲法第一三条、ヘッセン憲法第七六条、第九八条、メークレンブルク＝フォアポメルン憲法第二二条三項、第二三条、ニーダーザクセン憲法第一三条、ノルトライン＝ヴェストファーレン憲法第四六条、第五〇条、ラインラント＝プファルツ憲法第九六条、第九七条、ザールラント憲法第八四条、ザクセン憲法第四二条、ザクセン＝アンハルト憲法第五六条、シュレースヴィヒ＝ホルシュタイン憲法第四条、第一一条三項、テューリンゲン憲法第五一条、第五四条、第一〇五ａ条)。これらのラント憲法典のうち、ザールラント憲法には補償請求権等に関する規定はなく、ここでの関心たる議員となるための休暇請求権の規定があるのみであり、逆にベルリーン憲法は、補償請求権の規定のみがあって、休暇請求権に関する規定は置いていない。これら各ラントの憲法については、Verfassungen der deutschen Bundesländer mit dem Grundgesetz. Textausgabe mit Sachverzeichnis, Einführung von *Christian Pestalozza*, Deutscher Taschenbuch Verlag, 9. Auflage (Stand: 1. August 2009), 2009 に拠っている。

（7）　たとえばベルギー憲法第六六条、デンマーク憲法第五八条、フランス憲法第二五条一項、イタリア憲法第六九条、スペイン憲法第七一条四項、およびアメリカ合衆国憲法第一条六節一項など。

（8）　本条の経緯についての基本的な概観を与えてくれるのは、JÖR, Bd. 1, S. 375-377 であり、ここではこれに拠りつつも、可能な限りそこでの概観において指示されている原史料（とくに後注（14））にも当たりながら、まとめている。

（9）　ヘレンキームゼー草案の原典については、PR, Bd. 2 に拠った。

（10）　JÖR, Bd. 1, S. 376, Anm. 5.

（11）　戦後早くに作られたこのバーデン憲法と、すぐ後に引用するヴュルテンベルク＝バーデン憲法は、その後一九五三年一一月一一日のバーデン＝ヴュルテンベルク憲法の成立によって廃棄された。旧バーデン憲法および旧ヴュルテンベルク＝バーデン憲法の原典は、http://verfassungen.de/ de/bw からダウンロードしたものに拠った。

（12）　JÖR, Bd. 1, S. 376, FN. 5.

（13）　現行の第二項の規定では「このことを理由とする」(aus diesem Grunde)となっている部分が、この段階での草案の第一項においては「これを理由とする」(hierwegen)となっている点と、免職または解約告知の対象が、バーデン憲法を模範として、列挙されている点に違いがある程度である。前者の変更部分は一九四八年一一月五日の組織委員会においてなされたものである。

（14）　以下の中央委員会での草案審議については、HA-Steno, 2. Sitzung vom 11. November 1948, S. 22 ff. が原史料である。以下の引用については、頁数は逐一は指摘しない。また以下の各引用は必ずしも史料からの逐語訳ではないことを断っておく。

（15）　JÖR, Bd. 1, S. 376.

（16）　HA-Steno, 32. Sitzung vom 7. Januar 1949, S. 394.

（17）レンナーのこの動議は、賛成八、反対八となったが、保留をする者が若干名いたため、否決された（HA-Steno, 32. Sitzung vom 7. Januar 1949, S. 394）。

（18）Vgl. HA-Steno, 2. Sitzung vom 11. November 1948, S. 23.

（19）基本法第四八条一項・二項に関してのこれまでの連邦憲法裁判所の判例としては、このブレーメンの福音主義教会の教会法にかかわる事例がほとんど唯一のものようであり、とくに第一項の選挙準備のための休暇請求権が争われた事例は皆無のようである（Vgl. *Leibholz/Rink*, Grundgesetz für die Bundesrepublik Deutschland. Rechtsprechung des BVerfG. Kommentar, Stand: Juli 2014）。

（20）この点については、さしあたり *Schmidt-Bleibtreu/Klein*, Kommentar zum Grundgesetz, 9. Auflage, 1999, S. 1812 ff. 参照。

（21）*v. Mangoldt/Klein/Starck*, Das Bonner Grundgesetz, Kommentar, Vierte, vollständig neubearbeitete Auflage, Bd. 2: Artikel 20 bis 78, hrsg. v. *Christian Starck*, 2000, S. 1615 f., Rn. 1 zum Art. 48 (bearbeitet von *Martin Schulte*).

（22）*Schmidt-Bleibtreu/Klein*, a. a. O. (Anm. 20), S. 863 Rn. 5 zum Art. 48.

（23）*v. Mangoldt/Klein/Starck*, a. a. O. (Anm. 21), S. 1616, Rn. 1.

（24）A. a. O., S. 1616, Rn. 3.

（25）*Gerhard Anschütz*, Die Verfassung des Deutschen Reichs vom 11. August 1919, Nachdruck der 14. Auflage (1933), 1960, S. 236.

（26）*v. Mangoldt/Klein/Starck*, a. a. O. (Anm. 21), S. 1616, Rn. 3, *Schmidt-Bleibtreu/Klein*, a. a. O. (Anm. 20), S. 863.

（27）*Ingo v. Münch/Philip Kunig* (Hrsg.), Grundgesetz-Kommentar, Bd. 2 (Art. 20 bis Art. 69), 5. Auflage, 2001, Rn. 2 u. 3 zu Art. 48.

（28）*Konrad Hesse*, Grundzüge des Verfassungsrechts der Bundesrepublik Deutschland, Neudruck der 20. Auflage, 1999, S. 259, Rn. 608. 初宿正典／赤坂幸一訳『ドイツ憲法の基本的特質』（成文堂、二〇〇六年）三八三頁。

（29）*Ingo v. Münch/Philip Kunig*, a. a. O.(Anm. 27), S. 890 ff., Rn. 9 u. 14 zu Art. 48.

（30）A. a. O., S. 889 Rn. 5 u. 6 zu Art. 48.

（31）朝日新聞社特別取材班『政治家よ――「不信」を越える道はある』（朝日新聞社、二〇〇〇年）二四一頁以下、とくに二四七頁。

（32）松井茂記『日本国憲法〔第三版〕』（有斐閣、二〇〇七年）四〇九頁。

（33）佐藤幸治・前掲（注3）『日本国憲法論』一七二頁は、憲法第一三条にいう《幸福》には、「公的事柄について討論し、決定に加わるということにともなう人間の充実感」とも言える「公的幸福」（アメリカの独立当時の政治的文献にも見られる public happiness）も含みうるのであって、日本国憲法の解釈論としても、「人間には、他者の生に役立つこと、他者の生に自己の生が意味をもつことについて喜びを抱く面が本来的にあり」、その意味で、《幸福》には、「歴史的にも、また、人間本来の生のあり方からしても、そうした『公的幸福』の側面が部分的にもせよ随伴していることは率直に認識すべきものと思われる」とする。

（34）　たとえば辻村みよ子・前掲書三三二頁以下には、ほかの多くの体系書と比較すると被選挙権についても相当詳細な叙述があるが、この問題についてはまったく触れられていない。野中俊彦『選挙法の研究』（信山社、二〇〇一年）九三頁以下も同様。

（35）　松井・前掲（注32）。なお、佐藤幸治・『憲法〔第三版〕』（注3）一〇九～一一〇頁は、この点に関し、上述のように、被選挙権をもって「自ら公職者として国政に参与する権利」の一側面として憲法上の権利であるとしつつ、「もっとも、被選挙権は、公務員として直接重要な国家意思の形成に参与する資格であることから、選挙権の場合と全く同一というわけには行かない」とし、「選挙事務関係者や一定範囲の立候補制限を定めていること」は、「このような被選挙権の制約例とみることができる」とするのみである。

（36）　野中俊彦ほか『憲法Ⅰ〔第五版〕』（有斐閣、二〇一二年）五四四頁も参照。

第一二章　ドイツ憲法における参議院の地位
――二院制に関する若干の覚書き

第一節　二院制の概念とその諸類型

(1)　一院制と二院制　近代以降の多くの立憲主義国家において、国民の代表者等による合議体を構成して国家意思を形成するシステムが採用されており、この民主制的機関を一般に《議会》(Parlament)と称することは言うまでもない[(1)]。その際、立法権限を有するこの議会を、さらに二つの《院》(Kammer ないし Haus)によって構成して立法権限を分配するというシステムを採用するかどうかは、各国の事情によって異なるが、現在では、一院制を採る国の方が二院制を採る国よりも数の上では優位しており、特に新興国家では一院制が多く採られているようである。またフランスのように、歴史上、一院制と二院制が頻繁に入れ替わって採用された国も存在する。

(2)　貴族院型二院制　ところで、一九世紀以来の多くのヨーロッパ大陸諸国において、《二院制》(Zweikammer-system, bicameral system)が採用されたのは、イギリスを模範としてのことであり、その際、イギリスの議会制度に目を向けて書かれたモンテスキューの《権力分立論[(2)]》の影響が大きいと言われている。すなわち、モンテスキューはその『法の精神』第一一編第六章の「イギリスの国制について」の中で、後世有名となった権力分立論を展開している。その際、彼がなぜ二院制をベターと考えたかについて、次のように述べていたこともよく知られているところであるが、念のために引用しておくと、いわく、

「国家には常に、出生、富、名誉によって際立った人々がいる。しかし、もし彼らが人民の間で混同され、他の者と同様に一票しかもたないとすれば、共通の自由は彼らの隷従となり、彼らはこの自由を擁護することになんら関心をもたないであろう。なぜなら、大多数の決議は彼らの利益に反するであろうから。それゆえ、立法における彼らの役割は、彼らが国内でもっている他の優越性に比例すべきである。人民が彼らの企てを阻止する権利をもつのと同様に、彼らが人民の企てを阻止する権利をもつ一団体を構成するならば、このことは実現されるであろう。(3)」

このようにモンテスキューが、その経験主義的発想に依拠しつつ、イギリスの貴族および高級僧職の代表勢力の集団としての《貴族院》(House of Lords)を模範とする二院制の必要性を説いたのは、彼自身が、その名前(Charles Louis de Secondat, Baron de la Brède et de Montesquieu)にも表れているように、法官貴族の出身であったことと無関係ではなかろうが(4)、それはさておき、イギリスを模範とする歴史上の伝統的な二院制は、こうした貴族階級の存在を前提として存立していたのであり、日本国憲法の制定過程において、当初、連合国総司令部が、貴族の身分が廃止されることとなる憲法(憲法第一四条二項参照)の下において二院制の存置の必要性を認めなかったのも、この理由による。(5)

この種の二院制の一例として、たとえばフランスでは、一八一四年のいわゆる憲法的シャルト(第二四条以下)、一八三〇年の憲法的シャルト(第二〇条以下)において、議会が《貴族院》(Chambre des Pairs)と《国民議会》(Chambre des Députés)によって構成されていた。(6)また一八五〇年のプロイセン憲法においては、「立法権は、国王と二つの議

院によって共同して行使される。」とされ[7]、一八五五年五月三〇日の法律によって、第一院は《貴族院》(Herrenhaus)、第二院は《代議院》(Haus der Abgeordneten)と称するとされた(GS. 316)[8]。そして貴族院の構成員は、当初は必ずしも本来の意味での貴族のみではなく、大都市の市会議員による選出議員も構成員の一部となっていた(第六五条)が、一八五三年五月七日の法律で(GS. 181)で同条は廃止され、「第一院は、国王が世襲の権利を付与して、又は終身で任ずる議員で、これを組織する。」とするシステムに変更されるに至った[9]。そして、わが明治憲法下の帝国議会がこの類型に属することも、多言を要しない。

⑶　連邦制型二院制　しかし、一般にモンテスキューの権力分立論をもっとも忠実に受容したとされている(しかし仔細に見れば事実はそう単純ではない)アメリカ合衆国を初めとするいくつかの連邦国家においては、モンテスキューのいう理由とは別の理由に基づく二院制が採用されている。それは、連邦国家(Bundesstaat)という国家組織の採用に基づく二院制であり、ここにおいては、全国民の普通選挙によって選ばれた代表者の組織する機関と並んで、いわば《連邦院》として、連邦を構成する諸州(ないし諸邦)の代表者の組織する機関が設置されることが多い。アメリカ合衆国について言えば、連邦議会(the Congress)は《上院》(Senate)と「下院」(House of Representatives)で構成される(第一条一節)。アメリカ合衆国においては、上院議員の選出は当初は、各州議会によって行われることとされていたが、後に修正第一七条によって、下院と同様に「人民によって選挙される」こととされた。しかし州代表である点においては変わりはない。

この類型に属すると解される二院制が採用されている代表例として挙げられるのは、一九九九年の全面改正後のスイス連邦憲法下の連邦議会(Bundesversammlung)であり、ここにおいては「連邦の最高権力」は、相互に対等な《国民議会》(Nationalrat)と《全州会議》(Ständerat)の二院によって構成される連邦議会が行使することとされている(第一四八条二項)。そして後者は「州(カントン)の四六名の代表者によって組織され」、原則として各邦二名の代表者が選出されることとされている(第一五〇条)。また一八四九年のドイツのフランクフルト憲法が採用しようとしていた議会も、この類型に属すると言える。すなわち、同憲法では、ライヒ議会は《諸邦院》(Staatenhaus)と《国民院》(Volkshaus)の二院からなる」とされ(§八五)、諸邦院は「ドイツ諸邦の代表者によって構成される」とされていた(§八六)。オーストリア憲法(一九二〇年)下の連邦参議院(第三四条以下)もこの類型に属しよう。

(4)　第三類型の二院制　以上の二類型以外にも、さらに第三の類型ともいうべき二院制の形態が存在する。すなわち、貴族の身分が存在せず、しかも連邦国家でもない民主制単一国家においても二院制が採用されることがある。たとえば、一九五八年のフランス第五共和制憲法における国会(le Parlement)は、《国民議会》(l'Assemblée nationale)と《元老院》(le Sénat)からなり(第二四条一項)、元老院は地方公共団体の代表を確保するための機関である(同条三項)。一九四七年成立のイタリア共和国憲法上の国会もこの類型に入れてよかろう(第五五条、第五七条参照)。日本国憲法の定める二院制は、参議院も含めて「全国民を代表する選挙された議員」で組織されるものであるという性格が明文上規定されている点に特徴があり、また、元老院議員について終身議員の存在を認めるイタリアの場合(第五九条参照)や、複選制による選出制度をとっている現在のフランスの場合(第二四条三項)とは異なるが、広義においてはこの第三類型に分類されるであろう。しかしこの点は本章のテーマには関わらないので詳述しないが、この類型の二院制は、カール・シュミットの言い方を用いれば、いわば「立法の内部における《権力の分割》」という目的に出た二院制であり、「それによってコントロールと抑制を作り出し、法律がより徹底的に審議し論議されるために、第二院が……代議院に対置される」のである。[10]

(5)　二院制の概念　以上の三類型以外にも、たとえば職能代表的構成をとる第二院[11]を設置するシステムなども考えられるが、それはさて措くとして、以上の三類型に共通して特徴的なことは、冒頭においてすでに示唆したように、議会を構成するこれら二院が、それぞれ独立の組織を有し、相互に独立して意思決定を行い、これら両院の意思の合致がなければ、原則として国の立法行為が完成しない点にある。このことは憲法典の明文で定められていることが多く、たとえば、上記の例で言えば、現行のスイス連邦憲法では「連邦議会の決議には、両院の一致を必要とする」とされているし(第一五六条二項)、フランクフルト憲法では、「ライヒ議会の議決は、両院が一致することによってのみ、有効なものとして成立しうる」とされていた(§ 一〇〇)。日本国憲法が第五九条一項で「法律案は、この憲法に特別の定のある場合を除いては、両議院で可決したとき法律となる。」としているのもこの例である。[12]

さて、《二院制》の概念[13]をとりあえず右のように規定した場合、ドイツの議会制度において《参議院》はどのようなものとして性格づけるべきであろうか。以下ではこの点に焦点を絞って考察を加えることとし、ドイツ憲法史における参議院の地位の全体についての詳細には立ち入らない。

第二節　ドイツ憲法における議会の構成の特質

(1)　総　説　ドイツの近代憲法史においては、プロイセン憲法(一八四八年および一八五〇年)以外にも、一九世紀初頭の南ドイツ諸邦(バイエルン、ヴュルテンベルク、バーデン、ヘッセン)では、王侯や貴族の代表からなる第一院が設置されていて、上述のような意味における二院制が採用されていたと言える[14]が、統一的なドイツ国全体の憲法典について言えば、すでに触れたフランクフルト憲法（一八四九年）のみが上述の意味における二院制を予定していたにすぎない。それ以降の主たる憲法典においても、たしかに《ライヒ参議院》（Reichsrat）ないし《連邦参議院》（Bundesrat）という機関は置かれた（また現に置かれている）が、後述するように、これらをもって議会の二院を構成する一院として性格づけることはできないように思われるからである。

もちろん、二院制の概念に上述とは別異の定義を与えるのであれば、これらの参議院をもって、立法権の担い手としての《議会》の一部を構成する機関として位置づけることは必ずしも不可能ではなく、問題は用語法（Terminologie）に帰着するのかもしれない。また、事実、二院制の説明として、「議会が二院によって構成されるとする憲法上の建前。西ドイツの議会は連邦議会……と連邦参議院……とによって構成される」というような記述も見られる[15]が、以下に述べるように、私見では、連邦参議院をもって、連邦議会と並んで議会の「二つの議院」を構成する機関と解することは妥当ではないように思われる。

(2)　フランクフルト憲法の二院制　上述のように、フランクフルト憲法の予定していたライヒ議会は、「ドイツ国民の代表議員から成る」国民院（§九三）と、「ドイツ諸邦の代表者によって構成される」諸邦院（§八六）の二つの院（Häuser）からなっており（§八五）、文字どおりの本来的意味での二院制であった。同憲法の基本権規定は、一八三一年のベルギー憲法のそれの影響が大きいと言われているが、二院制についても同憲法の影響があったのかどうかは、別個の検討を要する。ベルギー憲法の議会も代議院（chambre des représentants）と元老院（sénat）の二院からなっていた（第二六条）が、前者の議員のみならず後者の議員も、「〔全〕国民（nation）を代表するのであって、単に彼らを選出した州又は州以下の行政区画を代表するものではない」とされていた点（第三二条）や、元老院議員の選出方法（第五三条参照）等において、フランクフルト憲法の議会とはかなり異質である。むしろ、同憲法の「諸邦院」に関する規定には、少なくとも部分的には、アメリカ合衆国憲法の影響が見られる。(16)

フランクフルト憲法制定をめぐる当時の理論家の中には、国民の意思は一つであるべきであり、国民意思の統一性のゆえに、連邦主義的ないし職能的な第一院の設置に反対して一院制の導入が望ましいとする者もいたが、他方で、二院制の導入によって均衡が保たれることが必要であり、国民の選挙による代表機関を、それに対する拒否権をもつ組織によってコントロールすることが必要であるとする主張も見られ、結局、二院制が採用されたという経緯があったようである。(17)

(3)　ビスマルク憲法の連邦参議院　フランクフルト憲法は、周知のように、机上の産物に終わってしまったので、実施された最初のドイツ国全体の憲法典は、一八七一年のドイツ帝国憲法、いわゆるビスマルク憲法（Verfassung des Deutschen Reiches）であると言ってよかろう。ビスマルク憲法の《連邦参議院》（Bundesrat）は、プロイセンを筆頭とする二五の連邦構成邦の代表者（Vertreter）からなる組織であり、それは議会というよりむしろ「使節会議」（Gesandtenkongreß）とも言うべきものであった（第六条）。(18) 各邦の政府は第六条の定める票決数と同数の代表者を任命し、連邦参議院に派遣することができるが、これらの代表者は邦政府の指示に拘束されており、彼らは与えられた票決数の総数を一体としてしか行使できないとされた（同条）。(19) もっとも、この点は、後述する基本法下の連邦参議院と同様である。

ビスマルク憲法の連邦参議院は、たしかに立法権を行使する主たる機関であった。帝国法律が可決されるには、連邦参議院と帝国議会の過半数の議決が一致することが常に必要であるとされ（第五条一項）、帝国議会への議案提出権は帝国議会（第二三条）、連邦主席たる皇帝（第一六条）と並んで連邦参議院も有し（第七条一号）、帝国議会の議決した法案はすべて連邦参議院によって裁可されることを要した（第七条一号）。また、連邦参議院の構成員は同時に帝国議会議員となることはできず（第九条二文）、皇帝は連邦参議院と帝国議会の両者について召集・開会・休会・閉会の権限を有していた（第一二条）。さらに連邦参議院も帝国議会も、毎年、皇帝によって召集され、連邦参議院の召集がなければ帝国議会を召集することはできなかった（第一三条）。これらの規定からすると、ビスマルク憲法の連邦参議院は、たしかに、その限りにおいては、後述の基本法の下での連邦参議院の地位と比較した場合、多分に帝国議会と並ぶ立法機関の一院としての性格を有していたと言えよう。

しかし、この連邦参議院は、同時に、立法権以外の強大な権限を併有していた。すなわち一方で、連邦参議院は、皇帝の宣戦布告に同意を与える権能や、条約の締結に同意を与える権限を有していた（第一一条二項・三項）が、この点は別としても、[20]連邦参議院は皇帝の同意を得て帝国議会を解散し（第二四条）、法律を執行するための命令および措置を発し（第七条一項二号）、皇帝による連邦執行を議決する（第一九条）などの、執行権的権限を有していた。また他方、連邦参議院は「異なる邦の間の、私法的な性格をもたず、それゆえ権限ある裁判所によって決定することができない争訟」について、解決する権限を有し（第七六条）、邦内における裁判拒否に関する異議を受理する義務を有する（第七七条）等の裁判権をも有していた。

このように見てみると、むしろビスマルク憲法の連邦参議院は、一八六七年の北ドイツ連邦憲法の連邦参議院と同様に、統治の全体構造の中で最高の「政治指導的機関」であったと言えよう。[21]ちなみに、ラーバント（*Paul Laband*, 1838-1918）は、連邦参議院は議決権や裁可権は有していても、法律を公布したり執行したりすることはできず、これらの権限は皇帝にあって、連邦参議院は単に皇帝の執行権行使に同意を与えるのみであるとして、その最高機関性をきわめて控えめにのみ認めていたが、[22]むしろ連邦参議院は、ビスマルク憲法下において権限の帰属が不明な場合において権限が推定されるほどに強力な、国家の中枢機関として特徴づけるのが正当であろう。[23]このことは、ビスマルク憲法の構成において、まず第三章が「連邦参議院」(第六〜一〇条)、次の第四章が「連邦主席」(第一一〜一九条)、そしてようやく第五章が「帝国議会」(第二〇〜三二条)となっていたことからも例証されよう。連邦参議院の同意(裁可)が法律成立の必要条件であるからといって、右のような執行権および裁判権を含む強大な権限をも有する機関を、帝国議会と並ぶ立法機関の一部として位置づけることは、権力配分の原理の基本的理解からしても、必ずしも正当な評価とは言えないように思われる。

(4)　ヴァイマル憲法のライヒ参議院　　ヴァイマル憲法の下では《ライヒ参議院》(Reichsrat)が設置された。この憲法の草案を起草したフーゴ・プロイスが、当初フランクフルト憲法を模範とする共和制憲法構造を構想していたことはよく知られている。すなわち、プロイスはビスマルク憲法のプロイセン覇権主義的構造の解体を主張し、小委員会の委員の一人であったマックス・ヴェーバー(*Max Weber*, 1864-1920)の「従来の連邦参議院体制を維持すべきだ」とする主張とは対立したが、その当のヴェーバーも、フランクフルト憲法の基本的理念に親近感を抱き、「できるかぎり単一国家主義(Unitarismus)の要素を連邦主義的憲法に取り入れるべきだ」として、フランクフルト憲法の《諸邦院》(Staatenhaus)を模範とする二院制を導入せんとするプロイスの構想に同意していた。そこで一九一九年一月三日のプロイス草案では、「ライヒ議会は二院、すなわち国民院と諸邦院で構成する」(第二四条)とされ、ラント議会についても二院制が採用されることを認めていた(第二六条)。[24]しかしこの構想は、プロイセンやバイエルン等の強力な反対に遭って、あえなく挫折し、結果的には《ライヒ参議院》という形に落ち着いた。もっとも、ビスマルク憲法下での《連邦参議院》ではなく、《ライヒ参議院》という名称とすることとなった点は、単一国家主義者プロイスのささやかな勝利であり、各ラントの票決数も基本的に人口比で算出され、かつ「いずれのラントも、全票決数の五分の二の票数を持つことは許されない」(第六一条一項四文)とする規定(Clausula antiborussica)とあいまって、プロイセンの覇権主義を押さえようとする目論見は多少とも成功したと言える。(25) この点は、上述したビスマルク憲法の構成とは異なって、ヴァイマル憲法が、第二章「ライヒ議会」、第三章「ライヒ大統領及びライヒ政府」のあとに、ようやく第四章「ライヒ参議院」がくるという章立てを採っていた点にもすでに表れている。

ヴァイマル憲法のライヒ参議院は、「ライヒの立法及び行政に際してドイツの各ラントを代表するために」設置された(第六〇条)もので、「ラントは、ライヒ参議院において、その政府の構成員によって代表され」(ただしプロイセンについてはその票数の半数は、プロイセン政府の任命であるが、あとの半数はラントの各地方行政機関(Provinzial-verwaltungen)によって任命された)、「ラントは、それぞれの票決数に等しい代表者をライヒ参議院に派遣する権利を有する」とされた(第六三条)。

ヴァイマル憲法下の立法権限は、「全国民の代表者」たる議員(第二二条)で構成されるライヒ議会にあり、原則として「ライヒ法律は、ライヒ議会が議決する」ことによって成立した(第六八条)。ライヒ参議院が立法に関して有していた権限は、①ライヒ政府の法律案に同意を与え、またはこれに異議を唱える権限(第六九条一項)、②ライヒ政府の同意しない法律案を自ら議決して、ライヒ政府をしてライヒ議会にこれを提案せしめる権限(同条二項)、③ライヒ議会の議決した法律に異議を唱え(第七四条一項)、④法律が憲法改正法律である場合に、ライヒ参議院の異議に反してライヒ議会がこれを議決したときに国民投票を請求する権限(第七六条二項)、⑤ラントの官庁の権限に関するライヒ法律の執行に必要な命令等の発布についてライヒ政府に同意を与える権限（第七七条、第九一条、第一七九条二項）、⑥ライヒ議会の予算案中に支出の増額または新たな支出費目を設けることについてライヒ議会に同意を与える権限（第八五条四項）、などであった。それゆえ、ビスマルク憲法の連邦参議院とは異なり、ヴァイマル憲法のライヒ参議院の同意は、法律成立の必要条件ではなかった。

もとより、これら以外に、ライヒ参議院には一定の行政的権限も付与されていた（たとえば第六七条、第九三条等参照）が、それらの権限はビスマルク憲法の連邦参議院に比ぶべくもなく、またこの程度の権限は、二院制を採る憲法の下で第二院には通常付与されているものであり、取り立てて言うほどのものではなかろう。

このように、ヴァイマル憲法のライヒ参議院は、ビスマルク憲法の連邦参議院に比較すると、きわめてその権限が縮小されており、とくに立法権限に関しても、上述のように異議権の域に留まるものである。これがライヒ議会と並ぶ二院の一であるとすることができないことについては、ほぼ異論がなかろう。[26]

(5)　ナチス憲法におけるライヒ参議院の廃止

ヴァイマル共和制末期の一九三一～三二年の段階（ブリューニング内閣およびパーペン内閣）において、議会制がほとんど機能しないという当時の深刻な危機的状況に鑑みて、さまざまな制度改革が議論の的になっていたが、そうした議論の中で、選挙法改革とともに、「真正な二院制の導入」の可否も論議となっていた。その際、ライヒ参議院をライヒ議会と対等の地位に立つ第二院にすべきだとする議論のほかに、ライヒ経済会議（Reichswirtschaftsrat）を改革して職能代表的な性格の機関にすべきだとする主張もあったようである。[27]しかしこうした構想は、結局、実現することはなく、ナチスの時代に至ることとなった。

ヴァイマル憲法の議会主義を実質的に廃棄した一九三三年三月二四日のいわゆる「全権委任法」（授権法）によって、

ライヒ政府が、ライヒ議会の議決を経ることなく形式的意味における《法律》を制定しうるようになったことは、周知のことである。同法には、「ライヒ政府が議決したライヒ法律は、ライヒ議会及びライヒ参議院の制度それ自体を対象としない限り、ライヒ憲法に違反することができる」とする規定があった(第二条)が、にもかかわらず、ヒトラー政府は、一九三四年一月三〇日のライヒ議会制定法律たる「ライヒ改造法」(RGBl. 1934 I S. 75)で、連邦制的な国家構造を廃止したのち、翌二月一四日には、政府の制定になる「ライヒ参議院の廃止に関する法律」(RGBl. 1934 I S. 89)で、ライヒ参議院そのものを廃止し、これによって、ラントがライヒの立法・行政に関与する道はなくなってしまうこととなった。(28) しかしここではこの点についてはこれ以上の詳細を述べることはしない。次節では、現行の基本法の下での《連邦参議院》の性格と権限について触れることとする。

第三節　基本法下の連邦参議院の法的地位

1　総　説

一九四九年の基本法は、第三章「連邦議会」のあとに第四章として「連邦参議院」の章を設け、しかるのちに第五章「連邦大統領」、第六章「連邦政府」という順序で条文を配列している。この構造は、連邦共和国の立法権限について、国民代表議会たる連邦議会に優位をもたせつつも、ヴァイマル憲法に比べると連邦参議院の地位をやや強化せんとする基本法制定者の意図を推測せしめる。そして、実際、基本法下の連邦参議院には、ヴァイマル憲法のライヒ参議院が有していなかった《同意権》(Zustimmungsrecht)を、部分的に付与されている。その意味では、連邦参議院の立法に関する権限と地位は、たしかに上述のようなビスマルク憲法の連邦参議院ほど強くないことは疑いないが、ヴァイマル憲法のライヒ参議院に比べると、その限りで、再び強くなっていると言うことができる。そのことは、ビスマルク憲法に倣って「連邦参議院」という名称が採られていることからも窺われようが、ドイツ連邦共和国の参議院にそれ以外の適切な名称を冠することは困難であるので[29]、この名称のみをもって連邦参議院の性格を特徴づけることはできないであろう。

基本法は連邦参議院の地位について、「ラントは、連邦参議院を通じて連邦の立法及び行政並びに欧州連合の事務について協力する。」と規定している（第五〇条——以下では、とくに断らない限り、基本法の条項を示す）[30]。基本法の草案であるヘレンキームゼー草案作成過程においても、またボンの議会評議会においても、制定されるべき憲法において「《ラント》という要素を代表すべき第二院（eine zweite Kammer）が必要であることについては、当初から了解がなされていた」とされている[31]。その際、これを連邦参議院型とアメリカ流の元老院型のどちらにするべきかの議論がなされたが、議会評議会では前者にすることで落ち着いたという経緯がある[32]（もとより、私見では、連邦参議院型を採った場合にもこれを《第二院》として位置づけうるかどうかは別問題ではあるが）。

連邦参議院をもって、ラントがそれを通じて連邦の立法および行政にラントが協力するための機関として位置づけるという点では、基本的には上述のヴァイマル憲法（第六〇条）を引き継いでいるが、その権限の点で言えば、立法権限も多分に有しており、またその権限行使が実際に戦後の立法において果たした影響力は、決して無視できない。

2　連邦参議院の組織

(1)　連邦参議院は、ラント政府が任命するラント政府構成員によって組織される(第五一条一項)。各ラントは小さいラントでも少なくとも三票をもち、ラントの人口によって、人口二〇〇万人以上のラントが四票、六〇〇万人以上のラントは五票、そして七〇〇万人以上のラントは六票を有する。(33) 現時点では連邦全体で合計六九票であり、一六の各ラントごとの票決数(Stimmenzahl)は次のとおりである。

六票　バーデン＝ヴュルテンベルク、バイエルン、ニーダーザクセン、ノルトライン＝ヴェストファーレンの四ラント
五票　ヘッセンの一ラントのみ
四票　ベルリーン、ブランデンブルク、ラインラント＝プァルツ、ザクセン、ザクセン＝アンハルト、シュレースヴィヒ＝ホルシュタイン、テューリンゲンの七ラント
三票　ブレーメン、ハンブルク、メークレンブルク＝フォーアポメルン、ザールラントの四ラント

(2)　基本法によれば、「各ラントは、その有する票決数と同数の構成員を派遣することができ」(第五一条三項一文)、これらの構成員は、各ラント政府がそれぞれのラント憲法の定める手続に従って(通例は閣議の多数決による決議で)任免されるが、すべて各ラント法上、当該ラント政府の構成員であり、かつその属するラント政府の閣議において投票権をもつ者(stimmberechtigte Mitglieder)でなければならない。誰がこれらの構成員(「正規の構成員」ordentliche Mitglieder)となるかについては、各ラント政府がその名前と任期を連邦参議院議長に通知することとなっているが、(34) 実際には各ラントの首相(ハンザ都市やベルリーン等では市長)や主務大臣が任命される慣例のようである。(35) この意味では、ビスマルク憲法の連邦参議院(第六条)やヴァイマル憲法のライヒ参議院がラント政府から派遣される《使節会議》に類するものであったのに対して、基本法の連邦参議院は、ラント政府構成員の代表者会議であり、(36) 場合に

よっては、言わば《全国首相会議》のような様相を呈することとなる。

この数は各ラントが連邦参議院において有している《票決数》(Stimmen)であって、決して各ラントが連邦参議院に派遣する構成員(Mitglieder)の数ではないことに留意する必要がある。つまり、上記の引用のように、「各ラントは、その有する票決数と同数の構成員を派遣することができる」(第五一条三項)のであり〔傍点は初宿〕、この点はビスマルク憲法(第六条二項)およびヴァイマル憲法(第六三条二項)とも類似している。つまり、通常はこれらの正規の連邦参議院構成員は、「そのラント政府のその他の構成員によって代理されることができる」(第五一条一項二文)のである。このいわゆる「代理構成員」(stellvertretende Mitglieder)は、正規の構成員以外のラント政府構成員が、いつでも無制限に代理することができ、正規の構成員と同等の権限を有している。(37)

したがって、票決権を行使するためには、最低限度一人の正規または代理の構成員が連邦参議院に出席していればよいことになる。そして「一ラントの票決は、一括してのみ」行使することができるのであって(第五一条三項二文前段)、複数の構成員が出席している場合にも、彼らは(基本法に特別の定めのある場合は別として、原則として)ラント政府の指示に拘束されており、政府の意志を統一的に行使する(したがって、もしラントの票決が割れた時はそのラントの票決全体が無効となる)ことになる。しかも実務上は、各ラントの票決数は常に一人の構成員(これを「指定票決者」Stimmführer と言う)によって行使されるようであり、それゆえ、複数の正規または代理の構成員が当該ラントから出席している場合であっても、票決に際しては指定票決者一人が当該ラントに基本法上与えられている数の票決数を一括して行使することとなっているようである。(38)

(3)　こう見てくると連邦参議院は、議会的機関とみるよりも、むしろ連邦制を採用したことに伴って、連邦構成国の意志ないし利益を反映させるために特別に設けられた「常設の連邦機関」(permanentes Bundesorgan)と言うべきであろう。[39] それゆえ、当然のことながら、連邦参議院には定まった任期や立法期はなく、連邦参議院議事規則[40]によれば、議事年度は毎年一一月一日に始まり、翌年の一〇月三一日に終わることとなっており、議長(一名)および副議長(三名)も一年の任期で互選され[41](第五二条一項、議事規則第五条)、本会議は実務上は三ないし四週間ごとの金曜日の午前九時三〇分から昼すぎまで開催されるのが通例のようである。[42]

3　連邦参議院の立法関与権限

以上に述べたことを、基本法の定める連邦参議院(ないしその構成員)の権限規定のいくつかのものを概観することによって、さらに検討してみよう。[43]

(1)　基本法によると、連邦参議院は、法律案を連邦議会に提出することができる(第七六条第一項・三項)。また、連邦政府が提出する法律案(約八〇%の法律案が政府提出であるとされる)の場合には、それが連邦議会に提出される前に同意を与えるかどうかの態度を決定することとなっており(同条二項)[44]、必要な場合には修正を提案することもできるが、連邦法律の議決権はあくまでも連邦議会にある(第七七条一項)。そして連邦議会で議決された法律案は、すべて連邦参議院に送付される(同項)が、すべての連邦法律の成立要件として連邦参議院の同意が必要なわけではない。

(2)　連邦参議院が連邦議会の議決した法律に対して有している権限は、同意権および異議権である。連邦法律が連邦参議院の同意を必要とする場合(いわゆる《同意法律》Zustimmungsgesetze)は、基本法が個別的に(五〇余の条項で)[45]列挙しており、それ以外の場合には、連邦参議院は異議を申し入れることができるにすぎない(いわゆる《異議法律》Einspruchsgesetze)。すなわち、基本法に列挙された例外的な場合以外は、原則的には連邦法律の成立に連邦参議院の同意を必要としない建前となっているのである。(46) 基本法によれば、「連邦議会によって議決された法律が成立するのは、連邦参議院が、同意したとき、第七七条第二項による〔法案審議合同委員会の招集の〕申立てをしなかったとき、第七七条第三項の期間内に異議を申し入れず、若しくはこれを撤回したとき、又は、その異議が連邦議会〔の投票〕によって否決されたときである」(第七八条)。

それゆえ、第七七条三項の定める期間内に異議が申し入れられた法律案が、再度連邦議会の議決に付され、連邦議会がこれを再び可決したとき(したがって異議が却下されたとき)は、法律が成立することになる(第七八条)から、改めて連邦参議院に送付する必要はなく、そのまま大統領の認証を経て公布されることになる(ちなみに、基本法下での法律の成立日は連邦大統領による認証の日付で表示することになっている)。

(3)　もっとも、連邦参議院は、右の引用にもあるように、第七七条第二項によって、連邦議会から「法律の議決を受け取ったときから三週間以内に、法律案を合同で審議するために連邦議会と連邦参議院の構成員から組織される委員会〔＝協議会〕が招集されるべきことを要求することができる」。この委員会の構成および手続を規律する議事規則は、連邦参議院の同意を得た連邦議会の議事規則で定められる。この議事規則(47)によれば、この合同協議会(法案審議合同協議会 Vermittlungsausschuß)(48)の構成員は、一九九〇年のドイツ統一までは連邦議会と連邦参議院で各々一一名であったが、その後の改正で現在では各々一六名になっており、連邦議会からは、各会派から議会内の勢力に応じて(二〇一四年一〇月の時点では、CDU／CSUが七名、SPDが五名、左翼党(Die Linke)が二名、連合九〇／緑の党が二名)選ばれ、連邦参議院からは、各ラントから一名ずつ選出されることになっている。(49) その際この委員会に派遣される連邦参議院の構成員は、特別に、ラントの指示には拘束されず、自由な議論が許されている(第七七条二項三文)。この点は、後述の同意法律にかかわる同委員会についても同様であるが、異議法律の場合には連邦参議院のみがこの委員会の開催を要求しうるのであり、また異議を申し入れようとする場合には、連邦参議院はこの合同協議会の開催を要求しなければならない[50]。

(4)　連邦法律の成立に連邦参議院の同意を要する場合というのは、要するに、内容上ラントの利害を考慮に入れるべき法律の場合であると言えるであろうが、大別すると、①租税ないし財政にかかわる連邦法律（たとえば第一〇六条三項・四項）、②連邦とラントの共同任務にかかわる法律（たとえば第九一a条二項）、③連邦の新編成（したがってラントの統合や分離など）にかかわる法律（第二九条）、④連邦およびラントの官庁の組織・機能に関する法律（たとえば第八四条一項、第八五条）および、⑤基本法改正法律[51]などがある。

これらの場合に、連邦参議院が同意をすれば法律が成立し、同意しない場合には、そのままでは法律は成立しないことは当然であるが、同意するかどうかの票決において否決したのちでも、連邦参議院は、上にも触れたように、法案審議合同協議会の招集を要求することができる。ただし、同意法律の場合は、連邦参議院のみならず連邦議会および連邦政府もこの協議会の開催を要求することができることとなっている（第七七条二項四文）ため、協議会開催の要求は義務的ではなく、連邦参議院はこれを要求せずに即座に否決することもでき、その場合には連邦議会または連邦政府も協議会の開催を要求しうる。それゆえ同意法律については、異議法律の場合のような「三週間」という期限の定めは適用されないとされている[52]。しかし連邦議会や連邦政府がこの協議会の開催を要求しない場合に、連邦参議院に送付された法律案について、連邦参議院がいつまでも決着をつけないままにしておくことを認めることが望ましくないことは理解しうる[53]。そこで、一九九四年一〇月二七日の第四二回基本法改正法律で、第七七条に第二a項が追加され、連邦参議院が協議会の要求をせず、または、合同協議手続が法律の議決を修正するための提案なしに終了してしまっているときは、連邦参議院は「適当な期間内に」(in angemessener Frist) 同意について票決しなければならないこととなった。それでも連邦参議院の票決で同意が拒否された場合には、当該法律案が不成立となることは言うまでもない。

4　連邦参議院の執行権限

以上に触れた立法関与権限以外に、連邦参議院は連邦議会と共同して行使する執行権的な権限も有している。

(1)　たとえば、一九六八年六月二四日の第一七回基本法改正法律によって新たに設けられた第一〇a章の定める「防衛上の緊急事態」(Verteidigungsfall) の確定は、連邦政府の申立てに基づき、連邦議会によって行われるが、その際、連邦参議院の同意を必要とすることになっている(第一一五a条一項)。また連邦議会が適時に集会できず、または防衛上の緊急事態たることの確定につき議決することができないときは「合同委員会」(Gemeinsamer Ausschuß) が確定することとなる(同条二項)。この合同委員会は、基本法(第五三a条一項)により、三分の二は連邦議会議員から、残りの三分の一は連邦参議院構成員から選出された委員により組織されるもので、現時点(二〇一四年一月)では連邦議会から三二名(CDU／CSU一六名、SPD一〇名、左翼党三名、連合九〇／緑の党三名)、連邦参議院から一六名(つまり各ラント一名ずつ)の委員で構成される。[54] この委員会の委員である連邦参議院構成員も、上述の法案審議のための合同協議会構成員と同様、ラントの指示に拘束されない。この委員会は、連邦参議院の同意を得て連邦議会が議決する合同委員会議事規則[55]によって行動するが、この委員会は防衛上の緊急事態においては連邦議会および連邦参議院の地位と権限を行使し(第一一五e条一項)、部分的に立法権限をも有している(同条二項参照)。この点では連邦参議院は連邦議会とほぼ対等の地位に立つ権限を有していると言える。

(2)　さらに連邦参議院は独自に執行権的な権限をも有している。たとえば、連邦参議院は、連邦議会に対立して連邦大統領が「立法上の緊急事態」を宣言する際に、これに同意する権限を有し(第八一条)[56]、連邦政府のなす連邦強制に同意を与え(第三七条一項)、連邦政府のなす事務処理について、連邦政府から常時、報告を受け(第五三条)、郵便・遠距離通信・鉄道等にかかわる特定の事務に関して、連邦政府または連邦大臣等が連邦法律(またはその根拠)に基づいて発する《法規命令》(Rechtsverordnung)に同意を与え(第八〇条二項)、またはこのような法規命令を発するよう連邦政府に提案し(同条三項)[57]、連邦政府が《一般的行政規則》(allgemeine Verwaltungsvorschriften)を発することについて同意を与え(第八四条二項、第八五条二項、第八六条、第一〇八条五項等)、連邦監督のために連邦政府がラントの官庁に受託者を派遣する際に同意を与える権限(第八四条三項)などを有している。しかしこれらの権限も、典型的な二院制を採る国家における第二院の権限として定められていることも少なくないと考えられるので、これらの権限を基本法下の連邦参議院に特殊な権限と言うべきではなかろう。

5　連邦参議院のその他の権限

連邦参議院は、以上の他にも種々の権限を有している。ここでは、網羅的ではないが、いくつかの重要な権限を挙げておこう。

(1)　まず挙げるべきは、連邦議会とともに連邦憲法裁判所の裁判官を選出する権限である。すなわち、「連邦憲法裁判所は、連邦裁判官及びその他の構成員で構成され」、連邦議会および連邦参議院によって、「それぞれ半数ずつ選出される」ことになっている(第九四条一項)。連邦憲法裁判所は、二つの法廷(Senate)から成り、各法廷はそれぞれ八人の裁判官で構成され(連邦憲法裁判所法§二第一項・第二項)、その各法廷の裁判官を、さらに連邦議会と連邦参議院が半数ずつ選出する(同法§五第一項一文)が、各法廷八人の裁判官のうち、三人は連邦の最高裁判所の裁判官から選出され（同法§二第二項一文）、その際、「連邦の最高裁判所の裁判官から任命されるべき裁判官のうち一人は一方の、二人は他方の選出機関から選出され、残りの〔五人の〕裁判官のうち二人は一方の、三人は他方の選出機関から選出される」こととなっている（同法§五第一項二文）。それゆえ、規定上は連邦議会と連邦参議院のどちらが《一方》でどちらが《他方》の選出機関であるかは明白ではないが、実務上は、各法廷ともに、連邦参議院が一人の職業裁判官と残りの三人の裁判官を選出し、連邦議会が二人の職業裁判官と残り二人の裁判官を選ぶことになっているようである。(58) 連邦参議院はこれらの裁判官を票決数の三分の二の多数で選出する（同法§七）。

(2)　次に、連邦参議院は連邦大統領の選挙の手続には関与せず、連邦大統領は、基本法によると、「連邦議会議員と、ラント議会が比例代表選挙の諸原則に従って選挙した、これを同数の議員とによって組織される」連邦会議によって選挙される（第五四条一項・三項参照）が、連邦大統領の訴追については、連邦参議院は連邦議会と同等の権限を有している（第六一条参照）。

(3)　基本法は「連邦の政治的関係を規律し、又は、連邦の立法の対象に関わる条約は、それぞれ連邦の立法について権限を有する機関の、連邦法律の形式での同意又は協力を必要とする」と定めている（第五九条二項）ので、連邦が締結する条約のうち、少なくとも一部のものについては、連邦参議院の同意または協力が必要とされる。

(4)　ついでながら、連邦参議院の構成員は連邦議会およびその委員会のすべての会議に出席することができ、いつでも意見を述べることを認められることとされている（第四三条二項）が、逆に、連邦参議院の会議に出席する権限は連邦議会議員には認められていない。

6　連邦参議院の基本法上の地位

(1)　連邦参議院の性格　以上、やや繁簡よろしきを得ない検討になったが、ではこの考察からして、基本法上の連邦参議院はどのような性格のものとして位置づけるべきであろうか。

連邦参議院を第二院と解しうるかどうかについて、学説には、さまざまな見解があるが、ここではこれらの状況について詳説する余裕はない(59)。しかし、最小限度、次のように解すべきではないかと思われる。

たしかに、連邦参議院の上述の権限のうち、いわゆる同意法律について、連邦議会の議決した法律案に対して同意を与える権限の重要性は否定すべくもない。しかも、連邦法律の成立に連邦参議院の同意を要するとして基本法が列挙している領域は、一九四九年の当初からすると大幅に増大したと言われる(60)。また連邦参議院は、上述のように、法律制定以外のいくつかの点でも連邦議会と対等の地位に立ち、連邦議会に対する均衡機関(Gegengewicht)としての地位にも立っている。そうした意味においては、連邦参議院は、たしかに二院制の下での第一院のように、国民代表議会たる連邦議会の行為に対抗する機関であり、場合によってはこれをチェックする機能を果たす機関である。その限りでは、連邦参議院は第二院に近似した機関とも言いうるであろう(61)。

もとより、他方で連邦参議院は、アメリカの上院のように、連邦参議院にのみ認められている権限もいくつか有している。しかし、このような執行権的権限を有していることは、必ずしも連邦参議院が第二院であることを否定する決定的根拠とはならないであろう。また、すでに触れたように、連邦参議院の構成員が国民による直接選挙によって選出されないということも、連邦参議院の第二院としての性格を否定する根拠とはなりえないことは当然である。アメリカ合衆国の当初の(すなわち修正第一七条成立以前の)上院や、オーストリアの連邦参議院のように、州議会で選挙したり、フランスのように県や市町村の議会が選出したりするようなシステムもあるからである。

しかし、上述のように、連邦参議院はラント政府の代表者が集会する機関であって、その組織が議会的形態とは言いにくく(62)、しかも多くの場合、その審議や議決(票決)の方法等からして――その決定に及ぼす影響力の点では、各ラントの人口数に大まかに対応した差異を認めつつも――、実際には、各州首相会議としての性格さえ有している。この点においてすでに連邦参議院は、二院制議会の一院とは言いえないであろう。

さらに連邦参議院は、すべての立法について議決権限を有してはおらず、単に異議を申し入れることができるに過ぎない領域があり、実際上は、上述のように、連邦参議院の同意なしに成立しうる場合は、同意を要する場合に比べて多くはないとしても、憲法の建前上は《異議法律》が原則であって、《同意法律》は基本法が明文で個別に列挙している場合のみである。このようなシステムの場合、「少なくとも同意法律については、連邦参議院の票決が連邦議会の議決と完全に同等のものとして対置されているがゆえに、連邦参議院は真正の第二院である」とする(63)ことは、やはり当を得ているとは思われない。権力分立制を採る憲法典の下で設置されている一つの国家機関が、ある時は議会の一部として第二院を構成しつつ、それ以外の時はそうとは解しえない場合に、これを全体として第二院とすることは正当ではなかろう(64)。議会とは言えないが立法権を付与された第二院ではある、とするのは、二院制の概念規定としてもきわめて常識に反し、この問題は単に「第二院の概念で何を理解しようとしているかという術語上の問題」(ヘルツォーク)に過ぎないとは言いえないように思われる。

(2)　連邦憲法裁判所による理解　　最後に、連邦参議院の地位に関する連邦憲法裁判所の理解について触れておく。同意法律に関する連邦参議院の立法権限にかかわって、連邦憲法裁判所が連邦参議院の国法上の地位自体について下した判例は少なく、わずかに一九七四年六月二五日の判決(65)がある程度のようである。この判決は、ライヒ保険法(Reichsversicherungsordnung)を戦後になって改正した一九七二年一〇月一六日の定期金保険改正法(Rentenreformgesetz, BGBl. I S. 1965)を改正する一九七三年三月三〇日の第四次定期金保険改正法(Viertes Rentenversicherungs-Änderungsgesetz, BGBl. I S. 257)の制定手続に関わる。すなわち、一九七二年法(一九七三年一月一日施行)はもともと連邦参議院の同意を得て制定された。ところが、これを改正した右の一九七三年法は、連邦参議院の同意を得ずに公布されてしまったので、ラインラント＝プァルツ州とバイエルン州の政府が、基本法(第八四条一項)に違反するとして提訴したもの(抽象的規範統制手続)である。立法技術上(gesetzgebungstechnisch)の必要から、一体として連邦参議院の同意を得て成立した連邦法律の一部を改正する時に、常に連邦参議院の同意を要するかどうかという問題について、それまで連邦憲法裁判所が判断した事例はなかったようである。

この裁判において、連邦憲法裁判所第二法廷は、主としてフリーゼンハーン(66)(*Ernst Friesenhahn*, 1901-84)等の見解を支持して、「同意法律を変更するすべての法律は、それが同意法律であるという理由のみで同意が必要であるとは言え」ず、「同意法律を改正するすべての法律には改めて連邦参議院の同意を要するとするテーゼは、基本法に何らの根拠もない」とし、問題は「当該法律が**その**内容上同意を必要とすると言えるかどうか」(傍点部の強調は原文)であり、「当該法律が同意を必要とする規定を含まず、また同意を必要とする規定を変更する何らの規定も含んでいないときは、その法律には連邦参議院の同意を必要としない」として、一九七三年改正法を合憲とした(67)。そして、この判決の中で連邦憲法裁判所は、ここでもフリーゼンハーンに依拠しつつ、連邦参議院の地位につき、要旨次のように述べている。すなわち、

「基本法の規定の仕方からすれば、連邦参議院は、《第一院》と同等に立法手続に関与するような、一元的な立法機関の第二院ではない。」「このことは、すでに法律の公布文にも示されるところであり、そこにおいては、同意法律の場合であっても、『連邦議会と連邦参議院は以下の法律を議決した』という形式ではなく、『連邦議会は連邦参議院の同意を得て、以下の法律を議決した』という形式で公布されるのである。」「基本法第七七条一項によれば、連邦法律は連邦議会によって議決される〔のであって〕、連邦参議院は立法に際して単に協力するにすぎない（基本法第五〇条）。そしてこの協力は、ある時は提案権（Initiativrecht）を通じて（第七六条一項）、またある時は連邦政府の法律案に対して第一ラウンドで態度決定をすることによって（第七六条二項）、法案審議合同協議会の開催を要求することによって（第七七条二項）、連邦議会が議決した法律に対して異議を申し入れることによって、および、同意を与えまたはこれを拒否することによって（第七七条三項）なされる。その際、本質的に重要なことは、法律に対する同意が必要とされるのは、基本法に従えば例外であるということである。同意は一定の、基本法に個別的に明文で列挙された場合にのみ必要なのであり、それは特に強く諸ラントの利害領域（Interessenbereich）に関わる場合なのである（BVerfGE 1, 76 [79]）。この原則からすれば、連邦参議院の一般的なコントロール権は引き出しえない。つまり、大半の連邦法律は諸ラントの利害に多少とも（irgendwie）関わっているのであるから、このように広範かつ一般的に理解された連邦参議院の権限を想定しようとすれば、権限規定それ自体にとって必要な明白性（Klarheit）は失われてしまうこととなろう(68)」〔傍点部の強調も原文〕。

この判例は、たしかにやや特殊な事例に関するものではあるが、基本法下の連邦参議院の性格について判示したほぼ唯一のものと言ってよいように思われる(69)。そしてこの判断は、以上の検討からして、基本的に正当なものと評価しうる。バドゥーラも述べるように、一般的に言って、「第二の代表機関」（zweite Vertretungskörperschaft）は、それが「職能身分ないし団体を代表するものであれ、連邦国家における連邦構成分肢を代表する連邦機関であれ」、「少なくとも立法の領域において、議会制的国民代表機関（parlamentarische Volksvertretung）と対等の議決権を有している場合にのみ、本来の意味においてそれを《第二院》と称することができる」のであって、「連邦参議院には、単に同意法律についてのみこうした地位が与えられているにすぎず、連邦の立法全体についてこうした地位が与えられているわけではない」がゆえに、連邦参議院をもって真正の第二院と性格づけることはできないと言うべきである。(70) その意味では、„Bundesrat“の語に「連邦参議院」という訳語を当てることはミスリーディングであって、別の、より適切な訳語を模索しなければならないと言えるかもしれない。(71)

注

（1）ちなみに日本国憲法の「国会」に当たる語は、英語で“the Diet”と訳されている（また明治憲法下の「帝国議会」も“the Imperial Diet”）が、この“Diet”の語は、OEDによれば、語源的には、「日帰り旅行」(a day's journey)とか「一日分の仕事」(a day's work)など種々の意味を有するdietaに由来し、これが「議会」を意味するようになったのは、神聖ローマ帝国の„Reichstag“（ここにいう„Tag“が“day”を意味することは言うまでもない）の英語訳としてのようで、本来は議会も一日の議事のために召集される集会を意味するものであったようである。“parliament”の語が、語源的には議論・会話（フランス語のparler、イタリア語のparlare等）のための場所を意味するものであったことも興味深い。歴史上は、Dietの方は、どちらかといえば立憲君主国における議会の名称として用いられることが多い。これに対して、parliamentないしParlamentの語は、どちらかというと、国民の直接選挙によって選ばれた代表議会の意味（ドイツ語で多くの州議会を指すのに用いられる„Volksvertretung“はこの謂）を含意して用いられることが多いように思われ（Vgl. dazu *Rudolf Weber-Fas*, Wörterbuch zum Grundgesetz, 1993, S. 237）、イギリスにおいても、“a member of Parliament”（略してM.P.）というと、普通「下院議員」を意味する。

（2）モンテスキューの権力分立論については、とりあえず小嶋和司「権力分立」（憲法論集二『憲法と政治機構』所収）一四七頁以下、とくに一五二頁以下を参照。

（3）引用は野田良之ほか訳『法の精神』（上）岩波文庫版二九七頁による。

（4）モンテスキューの生涯については、さしあたり宮沢俊義『モンテスキュー　法の精神』（昭和一一年）一頁以下参照。

（5）周知のように、昭和二一年一月に起草された松本烝治国務大臣のいわゆる甲案・乙案では、明治憲法の「貴族院」を「参議院」と改めることとして二院制を維持することを構想していたが、マッカーサー草案では、「国会ハ三百人ヨリ少ナカラス五百人ヲ超エサル選挙セラレタル議員ヨリ成ル単一ノ院ヲ以テ構成ス」（第四一条）として、「一院制」案が示されていた。そこで、政府はこれを基礎としつつも二院制を維持するべきだとして、「三月二日」案において「国会ハ衆議院及参議院ノ両院ヲ以テ成立ス」とする規定（第四〇条）を置くこととし、総司令部の理解を求めるために、松本国務大臣の手によって、この事情を説明する文書を起草して三月四日に提出している。この「説明書」（憲資・総第九号六七頁以下）の中で、政府は、二院制を採用することが「世界多数国ノ例ニ倣フトカ又ハ我国過去五十六年間ノ歴史ヲ株守スルトカ云フカ如キ理由ニ依ルモノニ非ス二院制カ一院制ニ比シ少クトモ我国情ニ照シテ我国ノ制度トシテハ長所アリト信シタルニ依レリ」と述べられている。

（6）　もっともここでは、これら両院が立法権（la puissance législative）の担い手であるとする規定があるのみで、これら両院を包括する機関の名称は存在しなかったように思われる。

（7）　ここでも、第五編の表題は「両議院について」（Von den Kammern）であって、両議院を包括する「議会」の名称はない。

（8）　ちなみに、今日ではむしろ、衆議院・下院などの国民代表議院を《第一院》といい、貴族院・上院などを指して《第二院》と呼ぶのが慣わしであるが、一九世紀までは逆に、《第一院》（Erste Kammer）が貴族などの特権身分の構成する議院（イギリスの貴族院など）を指す言葉であり、これに対抗する市民階級の代表たる議院が《第二院》（Zweite Kammer）と呼ばれていた（たとえば *Huber*, Deutsche Verfassungsgeschichte, Bd. 1, S. 341 f. はそうした用法に依って説明されている）。プロイセン憲法では明文で出てくるこれらの概念も、そうした古い用法に基づいている。なお、この点も含めて、*Roman Herzog*, Art. „Zweikammersystem“, in: *Hermann Kunst* u. a. (Hrsg.), Evangelisches Staatslexikon, 2., vollständig neu bearb. u. erweit. Aufl., 1975, Sp. 2989 ff.

（9）　シュミットは、この類型の貴族院の例として一八五〇年のプロイセン憲法第六五条の例を引き合いに出して、上記の規定を引用している（*Carl Schmitt*, Verfassungslehre, 1928, S. 296）が、これは不正確であり、本文で触れたように、同条の規定そのものにはかかる文言は見当らず、同条廃止後の法律中の文言である（Vgl. *E. R. Huber*, Dokumente, S. 508）。邦訳は『ドイツ憲法集』七〇頁。

（10）　*Carl Schmitt*, a. a. O. (Anm. 9), S. 297. シュミットはこのように、諸権力の「分立」（Teilung）の語を、「正確には、複数の権力のうちのある権力の内部における区別を意味し、たとえば、立法権を元老院と代議院のような二つの議院に分けるようなことを意味する」とし、通常「権力分立」として言われている事柄に対しては、„Gewaltenteilung“ ではなく、„Gewaltenunterscheidung“（すなわち「諸権力の区別」）の語を用いるべきことを提案し（A. a. O., S. 186）、これについて論じた第一五章の表題も「権力の区別（いわゆる分立）」としている。

（11）　一九四六年のバイエルン憲法第三章（第三四条以下）は、「ラント内の社会的・経済的・文化的及び共同体的団体の代表」からなる参事会(Senat)を置いていたが、この参事会はラント議会の議決した法律に対して異議を提起することができたにすぎず(第四一条)、これを第二院として性格づけることは不適当であろう。なお、この制度は一九九八年二月二〇日の法律(GVBl. S. 42)で廃止された。

(12) アメリカ合衆国憲法では、第一条第七節二項が「下院及び上院を通過したすべての法律案は……」としているのがこれに当たるであろう。

(13) 佐藤幸治『日本国憲法論』(成文堂、二〇一一年)四三八頁によれば、日本国憲法の第四二条、第四八条、第五六条、第五九条を根拠として、「このようにそれぞれに独立に意思決定を行う権能をもつ二つの議院によって議会が構成されることを二院制(両院制)という」とされる。

(14) *E. R. Huber*, Deutsche Verfassungsgeschichte, Bd.1, S. 341 f.

(15) 山田晟『ドイツ法律用語辞典』(補正版一九八九年刊)四七九頁。また同『ドイツ法概論I〔第三版〕』一九八五年、四五頁でも、現行の基本法の連邦議会に関して、「ドイツの議会は連邦議会および連邦参議院によって構成される二院制であるか、または連邦議会だけの一院制であるかについては説がわかれているが、実質的には二院制であるといってもさしつかえない。」とされている。Vgl. auch *Michael Borchmann*, Der Bundesrat — Essential der föderativen Ordnung in der Bundesrepublik, in: Staat und Recht, Jg. 40, 1991, Heft 1, S. 24 ff. またヘルツォークも、ドイツ連邦共和国の連邦参議院が、後述する「同意法律」(Zustimmungsgesetze)について拒否権(Vetorecht)を有していることを根拠として、これを「真正の第二院」であるとみなしてよいとしている(*Roman Herzog*, Der Bundesrat, in: *Joseph Isensee* und *Paul Kirchhof* (Hrsg.), Handbuch des Staatsrechts der Bundesrepublik Deutschland, Bd. II, 1987, S. 480)。ちなみにヘルツォークは、国民選出の議会的機関であることが《第二院》たることの要件であるかのように説いているが、連邦参議院が《第二院》であるかどうかの問題は、その構成員が国民の選挙によって組織されるかどうかには依存しないと解される(古典的な貴族院を想起しさえすれば明白であろう)。なお、この問題についての議論状況についても、*Herzog*, a. a. O., S. 480, FN. 30 にあるように、後述する連邦憲法裁判所の判決をめぐって諸文献があるようである。

(16) この点については、さしあたり、初宿正典「フランクフルト憲法の成立に与えたアメリカ合衆国憲法の影響」法学論叢一三四巻三・四号九七頁以下、とくに一二八頁以下を参照のこと。なお、その後のいく度もの改正を経た現行のベルギー憲法の邦訳は、阿部照哉・畑博行(編)『世界の憲法集〔第四版〕』(有信堂、二〇〇九年)四一五頁以下〔武居一正の訳・解説〕を参照。

(17) Vgl. *E. R. Huber*, Deutsche Verfassungsgeschichte, Bd.2, S. 407.

(18) *Peter Badura*, Staatsrecht, 4., neubearbeitete Aufl., 2010, S. 577 (Rn. 57). なお、清宮四郎『ドイツ憲法の発展と特質』一九五三年、三八頁参照。

(19) 清宮・前掲書三八頁は、連邦参議院が国民代表機関ではなく邦また邦政府の代表であることを理由に、連邦参議院が「議会の一院とは異なるもの」だとしているが、私見では、注(15)でも触れたように、このことは決定的理由とはならないように思われる。

(20) なぜなら、議会が政府の締結する条約に同意権を有することは、日本国憲法(第七三条三号ただ書および第六一条参照)も含めてむしろ普通であるし、宣戦布告の権限ないし宣戦布告への同意権を議会またはその一院が有するとしている例も少なくない(たとえばアメリカ合衆国憲法第一条第八節一一項、フランス第五共和制憲法第三五条など)。

(21) Vgl. *Peter Badura*, a. a. O.(Anm. 18), S. 578 (Rn. 58).

(22) *Paul Laband*, Der Bundesrat, in: *Dieter Wilke* und *Bernd Schulte* (Hrsg.), Der Bundesrat: Die staatsrechtliche Entwicklung des föderalen Verfassungsorgans, 1990, S. 40 ff. [Originär in: Deutsche Juristen-Zeitung, Jg. 16, 1911, Sp. 1 ff.]

(23) Vgl. *Richard Thoma*, Das Staatsrecht des Reiches, in: *R. Thoma* und *G. Anschütz*, Handbuch des Deutschen Staatsrechts, 1930, Bd. 1, S. 69 ff., insb. S. 72.

(24) この草案の詳細については、初宿正典「フーゴ・プロイスのヴァイマル憲法草案」愛知教育大学『社会科学論集』二八号(一九八八年)二〇五頁以下を参照されたい。

(25) プロイスの生涯およびその憲法構想全体の概観として、初宿正典「フーゴ・プロイスとヴァイマル憲法構想」宮田光雄編『ヴァイマル共和国の政治思想』(創文社、一九八八年)一三九頁以下参照。

(26) *Carl Schmitt*, a. a. O. (Anm. 9), S. 296 は、ヴァイマル憲法のライヒ参議院に関連して、「立法に際して関与する権利(第六九条による法律発議権および第七四条による異議権)を通じて、ライヒ参議院は権力分立的構成を採る制度において第二院としての機能を果たすことはありうるが、決してライヒ議会と並んで議会(Parlament)を構成したりはしない」と述べている。なお、シュミットは二院制の文脈で、本文でも触れた「ライヒ経済会議」に言及しているが、結論的にはこれも第二院ではないとしている(A. a. O., S. 298 f.)。またアンシュッツも、憲法第一七条一項二文がラントの議会(Volksvertretung)を一院制として構成することを要請しているか、それとも二院制を採ることも可能であるか、という問題に関連してであるが、ライヒ参議院が「《第二》院でないことは疑いの余地がない」としている（*G. Anschütz*, Die Verfassung des Deutschen Reiches vom 11. August 1919, [Unveränderter Nachdruck der 14. Aufl. 1933], 1960, S. 134）。

(27) この点については、*Huber*, Deutsche Verfassungsgeschichte, Bd.7, S. 1008 u. S. 1059 を参照。なお、右の注(26)のシュミットの説も参照。

(28) これらの法律の文言については、『ドイツ憲法集』参照。

(29) もっとも、議会評議会においても、当初「諸邦院」(Länderkammer)という文言が考えられたことはあったようである（Vgl. JÖR, Bd.1, S. 379 ff., insb. S. 381.）。なお、本書の序章の四八頁注(17)参照。

(30) この文言のうち、末尾の「欧州連合の事務」にかんする部分は、当初はなかったもので、マーストリヒト条約への同意に伴う一九九二年一二月二一日の第三八回目の基本法改正法律によって追加された部分であるが、この点はここでの叙述には直接に関わるものではない。

(31) Vgl. JÖR, Bd.1., S. 379 f.

(32) なお、JÖR, Bd.1., S. 383 でも引用されているヘレンキームゼーでの憲法会議報告（Bericht über den Verfassungskonvent auf Herrenchiemsee vom 10. bis 23. August 1948, in: PR, Bd. 2, S. 504 ff.: Dokumente Nr. 14, insb. S. 592）によると、基本法第五〇条に対応するヘレンキームゼー草案第六五条は、連邦参議院設置の目的に関して「ラントは、連邦参議院を通じて連邦の立法、統治(Regierung)及び行政において協力する。」としており、この点では大きな変化はない。しかし、基本法第五一条の連邦参議院の組織に関しては、これに対応するヘレンキームゼー草案（第六六条および第六七条）は、連邦参議院型と元老院(Senate)型の二つの案を併記しており、後者の案の第六六条は、「① ラント人口一五〇万人につき一人の元老院議員が割り当てられる。過剰分が七五万人以上に達するときは、これを一五〇万と同等に計算する。② 各ラントは少なくとも一人、最大五人までの元老院議員を派遣する。③ 大ベルリーンは、それが連邦に受け入れられるまでは、二人の元老院議員を派遣する権利を有する。」という規定であった。ヘレンキームゼーの会議においては、非常にしばしば、しかも相当に激しい議論がたたかわされていた様子が窺われる（詳しくは、PR, Bd. 2, S. 128 ff., 136 ff., 284 ff., 369 ff. およびその総括的報告としての A. a. O., S. 506 ff.: Darstellender Teil, Fünftes Kapitel, S. 539 ff.）。議会評議会でのSPDは、当初は連邦参議院型に反対し、むしろ元老院型の導入を主張していたが、後に連邦参議院型を採用することについて基本的に同意する方向転換した（Vgl. JÖR, Bd. 1, S. 379 f.）ため、その後の議会評議会ではその方向でのみ議論が進んでいる。議会評議会での議論の経緯については、さらに *Andreas Hanikel*, Die Organisation des Bundesrats, 1991, S. 1 ff. が総括的にまとめているのが参考になる。

(33)　一九九〇年八月三一日の統一条約による第三六回改正でこのような配分に変更されたものである。各ラントの票決数については、*von Münch/Kunig*(Hrsg.), Grundgesetz-Kommentar Ⅱ, 5. Aufl. 2001, S. 934 に、各ラントの規模、有権者数などとともに一覧表が載せられている。この一票決数は現在でも変わっていない。

(34)　Vgl. Geschäftsordnung des Bundesrates（GOBR）in der Fassung der Bekanntmachung vom 10. Juni 1988 (BGBl. I S.857), §1.

(35)　*R. Herzog*, Der Bundesrat, in: *J. Isensee* u. *P. Kirchhof* (Hrsg.), Handbuch des Staatsrechts der Bundesrepublik Deutschland, Bd. II, 1987, S. 508.

(36)　ビスマルク憲法の連邦参議院と基本法のそれとを主として比較した研究として、*Udo Scholl*, Der Bundesrat in der deutschen Verfassungsentwicklung. Reichsverfassung von 1871 und Grundgesetz. Schriften zum Öffentlichen Recht, Bd. 407, 1982. とくに本文との関連では、S. 47 ff. 参照。

(37)　Geschäftsordnung des Bundesrates, a. a. O. (Anm. 34), §46 が「代理構成員もこの議事規則の定める連邦参議院及びその諸委員会の構成員である。」としているのは、このことを確認した規定である（*Herzog*, a. a. O., S. 508）。

(38)　*Herzog*, a. a. O. (Anm. 35), S. 515. 議事規則第二九条によれば、票決は、構成員名ではなく各ラント名がアルファベット順に呼ばれて、指定票決者の挙手によってなされることとなっている。なお、いわゆる移民法の同意採決において、ＳＰＤとＣＤＵが連立政権を担っていた二〇〇二年当時のブランデンブルク州の代表の意見が一致しなかったために、統一的な投票がなかったとされたことによる採決の合憲性が争われた事件についての BVerfGE 106, 310 がある（これについては、*F. Becker*, Die uneinheitliche Stimmabgabe im Bundesrat — Zur Auslegung von Art. 51 III 2 GG, in: NVwZ, 2002, S. 569 f. この事例については、『ドイツの憲法判例Ⅲ』四四七頁以下〔畑尻剛の訳・解説〕を参照）。

(39)　ヘッセ（初宿正典・赤坂幸一訳）『ドイツ憲法の基本的特質』（成文堂、二〇〇六年）六一三頁。

(40)　Vgl. Geschäftsordnung des Bundesrates, a. a. O. (Anm. 34), §3.

(41)　議事規則には明文の定めはないが、実際には、議長は一九五〇年以降、各ラントの首相が輪番で当たることになっているようである（*Badura*, a. a. O. (Anm. 18), S. 580）。なお村上淳一／守矢健一／ハンス・ペーター・マルチュケ『ドイツ法入門』〔改訂第

八版」（有斐閣、二〇一二年）五一頁も参照。

（42）　*Herzog*, a. a. O. (Anm. 35), S. 507.

（43）　一九九三年から一九九四年にかけてなされた基本法改正（第四〇回ないし第四二回）によっても、連邦参議院の権限規定が追加されたり変更されたりしている箇所があり、これらについても、必ずしも網羅的にではないが、必要に応じて触れている。これらの改正の詳細については、初宿「最近のドイツの憲法改正について」自治研究第七一巻二号～三号（一九九五年二～三月）を参照のこと。

（44）　第七六条二項・三項は一九九四年一〇月二七日の第四二回改正法律により変更されているが、本文に述べた点については変更はない。

（45）　筆者の見出した限りで言えば、連邦法律の成立（ないし廃止）について連邦参議院の同意を必要とする旨の定めを置いているのは（二〇一四年現在で）次の各条項である。第一六a条二項・三項、第二三条一項・一a項・七項、第二九条七項、第七二条三項、第七四条二項、第七九条二項、第八一条二項、第八四条一項・五項、第八五条一項、第八七b条一項・二項、第八七c条、第八七d条二項、第八七e条五項、第八七f条一項、第九一a条二項、第九一c条四項、第九一e条三項、第九六条五項、第一〇四a条三項～六項、第一〇四b条二項、第一〇五条三項、第一〇六条三項～六項、第一〇六a条、第一〇六b条、第一〇七条一項、第一〇八条二項・四項・五項、第一〇九条四項・五項、第一〇九a条、第一一五c条一項・三項、第一一五d条二項、第一一五k条三項、第一一五l条一項、第一二〇a条一項、第一三四条四項、第一三五条五項、第一四三a条三項、第一四三b条二項、第一四三c条四項、第一四三d条二項・三項。なお、これら以外にも、講和条約の締結、一般的行政規則の制定、法規命令の発布等について連邦参議院の同意を要する旨を定めた規定がある。

（46）　もっとも、*Herzog*, a. a. O. (Anm. 35), S. 479 u. 492 によれば、実務上は五五％ないし六〇％の法律が連邦参議院の同意が必要となっているようであり、*Fritz Ossenbühl*, Die Zustimmung des Bundesrates beim Erlaß von Bundesrecht, in: AöR, Bd. 99, 1974, S. 369 ff., insb. S. 372 によれば、連邦参議院の同意によって成立した五〇％以上の連邦法律のうちで、約七割は基本法第八四条一項の例外を規定する場合、つまり、ラントが「官庁の設置及び行政手続」について原則的に有している固有事務執行権にかかわるものであるという。ちなみに、第七六条に基づいて連邦参議院が提出した法律案、および連邦参議院の事前の同意を得て連邦政府が提案した法律案については、連邦議会の議決後に改めて連邦参議院の同意を必要としないことになるのか、それとも、第七七条一項二文からすると、この場合も連邦参議院に改めて送付されることとなるのかどうか、文言上は明らかでないが、連邦参議院が先に票決ないし同意した法律案であっても、連邦議会で修正して議決されることがありうるのであるから、このような場合についても、改めて同意の可否または異議の手続が採られることになろう(もとより、連邦議会で修正なしに可決された法律案については、その同意はきわめて形式的なものとなるであろうが)。

(47) Vgl. Gemeinsame Geschäftsordnung des Bundestages und des Bundesrates für den Ausschuß nach Artikel 77 des Grundgesetzes (Vermittlungsausschuß) vom19. April 1951, § 1.

(48) この合同協議会は、日本国憲法の定めるいわゆる両院協議会(第五九条三項、第六〇条二項、第六一条、第六七条二項)に類似してはいるが、連邦参議院を議会の第二院と解さない立場からは、これを両院協議会と訳すのはミスリーディングであるし、「合同委員会」とすると、後で多少触れる第五三a条(第一一五a条二項、第一一五e～h条等も参照)の定める「合同委員会」(Gemeinsamer Ausschuß)と混同されやすいので、とりあえずこう訳しておく。

(49) Vgl. *H.-H. Rohlfs/U. Schäfer*, Jahrbuch der Bundesrepublik Deutschland 1993/94, S. 237 f. 現時点での構成については、この合同協議会のホームページ(http://www.vermittlungsausschuss.de)に拠った。

(50) *Badura*, a. a. O. (Anm. 18), S. 326 (Rn.62); Reihe Alternativkommentare (Gesamtherausgeber *Rudolf Wassermann*), Kommentare zum Grundgesetz für die Bundesrepublik Deutschland, Bd.2, 1989, S. 518 f. (Rn. 17)

(51) もとより、この場合には、第五二条三項一文の定める通常の議決手続(票決の過半数による議決)とは異なり、連邦参議院構成員の三分の二の同意を必要とする(第七九条二項)。

(52) Vgl. *Schmidt-Bleibtreu/Klein*, Kommentar zum Grundgesetz, 7. Aufl., 1991, S. 896 ff.; Vgl. auch *Rudolf Weber-Fas*, Wörterbuch zum Grundgesetz, 1993, S. 336. 一九九四年一〇月二七日成立の第四二回基本法改正法律(BGBl. I S.3146)について言えば、同年六月三〇日に基本法改正法律案が本会議で圧倒的多数で可決されたが、連邦参議院は八月二六日に、全員一致の議決で否決したのち、合同協議会の開催を要請した(Vgl. Frankfurter Allgemeine Zeitung vom 27. August 1994, Nr.199/34D, S.1)。そこでこの合同協議会が九月一日に招集されて妥協点が模索され、翌二日に連邦議会との妥協が成立し、九月六日、第七七条二項末文の規定に基づいて、再び連邦議会の議決に付され、圧倒的多数(賛成五七一、反対一三、棄権一)で再度可決されて(Deutscher Bundestag Stenographischer Bericht, Plenarprotokoll 12/241 vom 6. September 1994, S. 21283 ff.)、改めて連邦参議院に送付され(九月九日)、連邦参議院も九月二三日、今度はほとんど混乱もなく、改めて改正案を可決するに至った(ヘルツォーク大統領による認証は一〇月二七日)。

(53) Vgl. BT-Drucks. 12/6633, S. 11.

(54) Vgl. *H.-H. Rohlfs/U. Schäfer*, Jahrbuch der Bundesrepublik Deutschland 1993/94, S. 252 ff.

(55) Geschäftsordnung für den Gemeinsamen Ausschuß vom 23. Juli 1969 (BGBl. I S. 1102).

(56) もとより、立法上の緊急事態の宣言後の法律への同意権も規定されている(第八一条二項)。

(57) この権限にかかわる第八〇条三項の規定は、一九九四年一〇月二七日の第四二回改正法律で追加された新規定である(この時の改正についての詳細は、初宿正典「最近のドイツの憲法改正について(二)」自治研究七一巻三号参照)。

(58) *Ernst Benda* und *Eckart Klein*, Lehrbuch des Verfassungsprozeßrechts, 1991, S. 38 f. つまり、連邦憲法裁判所法§五第一項二文の前段に言う「一方」は連邦参議院で「他方」が連邦議会であるが、後段では「一方」「他方」の意味は逆転することになる。これは、おそらく、連邦の最高裁判所の裁判官からの選出については連邦議会から多く(合計六人中四人)選出させる方が望ましく、その代わりに、その他の裁判官については連邦参議院から多く(合計十人中六人)を選出させることとしているのであろう。筆者の作成になる阿部照哉編『比較憲法入門』(一九九四年第一刷)三四九頁の図は――Fachredaktionen des Bibliographischen Instituts (Hrsg.), Wie funktioniert das? Der moderne Staat (Ein Meyer-Nachschlagewerk), 1974, S. 195 等に拠ったものではあったが――、ある時期までは正しかった選出方法が、その後、本文のように変わったものと思われ、その限りで不正確となったため、同書第二刷(一九九八年)以降で、本文の叙述の趣旨に沿った図に修正した。

(59) この問題について、古くは、*Hans-Josef Vonderbeck*, Der Bundesrat – ein Teil des Parlaments der Bundesrepublik Deutschland? Zur Bedeutung der parlamentarischen Repräsentation, 1964 およびそこに引用されている膨大な文献を参照。また、*Dieter Wilke* u. *Bernd Schulte* (Hrsg.), Der Bundesrat, a. a. O. (Anm. 22), S. 468 ff. にも多くの文献が網羅されている。

(60) Reihe Alternativkommentare, a. a. O. (Anm. 50), S. 514 (Rn. 13). ただし、この状況は二〇〇六年頃以降のいわゆる連邦制改革により、変化が見られる。

(61) *Konrad Hesse*, Bundesrat, in: Evangelisches Staatslexikon, Hrsg. v. *Hermann Kunst* u. a., 2. Aufl., 1975, Sp. 253 f.

(62) *Hans-Josef Vonderbeck*, a. a. O. (Anm. 59), S. 106 ff. 彼自身は、結論的には、連邦参議院をもって「非議会的な第二院」(eine nichtparlamentarische Zweite Kammer)として性格づけているが、彼自身が正当にも論じている(A. a. O., S. 109)ように、「連邦参議

院はある時は第二院であり、また他の時には第二院ではない、とする見解は、第二院としての性格はその時々に個々の場合に行使される権限から導出されるべきではなく、その機関の構造と機能の全体の統一的な考察から認められるのでなければならない」と解される。

(63) *Roman Herzog*, Stellung des Bundesrates im demokratischen Bundesstaat, in: *Isensee/Kirchhof*, a. a. O. (Anm. 35), S. 480.

(64) 前注(61)の文献および注(62)参照。

(65) BVerfGE 37, 363.

(66) *Ernst Friesenhahn*, Die Rechtsentwicklung hinsichtlich der Zustimmungsbedürftigkeit von Gesetzen und Verordnungen des Bundes, in: Der Bundesrat als Verfassungsorgan und politische Kraft, 1974, S. 251 ff. ただしこの文献は未見である。

(67) BVerfGE 37, 363 [379 ff.]

(68) BVerfGE 37, 363 [380 f.]

(69) もとより、この判例を引用して、具体的に連邦参議院の同意を得ずになされた法律改正が、基本法第七八条、第八七b条二項一文に違反すると判断したものとしては、基本法第八七b条一項の連邦国防行政に関わって、連邦参議院の同意を得ずになされた一九七七年七月一三日の兵役義務法および代役法改正法(BGBl.I S.1229)に対する一九七八年四月一三日の第二法廷判決がある(BVerfGE 48, 127)が、ここでは、連邦参議院の地位・性格についての新たな判示はないので、ここでは検討の対象にしない。

(70) *Badura*, a .a. O. (Anm. 18), S. 577 (Rn. 57).

(71) 本書の序章注(17)参照。

〔補遺〕

本章の初出後に公表された、ドイツの連邦参議院に関する研究文献で筆者が目にしたものとして、たとえば、次のようなものがある。

＊高田篤「ドイツ『連邦参議院』の展開についての一考察」佐藤幸治ほか編・阿部照哉先生喜寿記念論文集『現代社会における国家と法』(成文堂、二〇〇七年)四二七頁以下。高田は、連邦参議院の性格等についての筆者の見解に(阿部照哉

編『比較憲法入門』二八一頁以下所収の初宿「ドイツ」における記述も含めて）基本的に理解を示しつつ、とくに二〇〇六年の基本法大改正（いわゆる連邦制改革）によってもたらされた「機能転換」について論じる。

＊服部高宏「ドイツにおける『二院制』――連邦制改革をふまえて――」比較憲法学研究一八・一九合併号（二〇〇七年）五五頁以下。服部は、連邦参議院の立法機関としての意義を強調し、「立法過程の動態に着目する限りでは、ドイツにおいて二院制を語ることに、十分な意味があるのではないだろうか」と締めくくる。

＊加藤一彦「ドイツ基本法における連邦参議院の地位と機能――二院制の例外形態としての連邦参議院」浦田一郎ほか編・山内敏弘先生古希記念論文集『立憲平和主義と憲法理論』（法律文化社、二〇一〇年）一八五頁以下。加藤は、基本法下の連邦参議院を、ビスマルク憲法下の連邦参議院とヴァイマル憲法下のライヒ参議院の中間的性格を持つ「一種独特の機関」であると位置づけ、連邦参議院は「第二院であるか否かという定義問題には還元でき」ないとする。

＊岡田信弘編『二院制の比較研究』（日本評論社、二〇一四年）とくに六五頁の以下イェンス・ヴェルク「形態は機能に従う」（加藤一彦訳）および一三〇頁以下の加藤一彦のコメント「独特な立法参与機関としてのドイツ連邦参議院――ドイツ連邦参議院の地位と機能」。ヴェルクは「連邦参議院は完全に形式的な観点からは議会の第二院とは見なされない」が、「機能的に第二院に相当する」とする。

第一三章　基本法における《執行権》の概念
——日本国憲法上の《行政権》の概念と関連させつつ

はじめに——問題の限定

(1)　行政国家化現象?　「行政の肥大化」とか「行政国家化現象」とかいったことが言われてからすでに久しい。たしかに、政治的・社会的および経済的な生活が複雑になり、加えて国際関係が複雑化し錯綜してくるにつれて、現代国家における政府・内閣の役割が大きくなってこざるをえなかったことは否定できない。日本国憲法は、国会を「国権の最高機関」(第四一条)と規定しつつ、議院内閣制を採用している(第六六条三項、第六七条一項、第六八条、第六九条、第六三条など)が、こうした憲法の下においても、右の事情は変わるところはない。ところが従来、行政の概念については、「近代国家における行政は、法の下に法の規制を受けながら、現実に国家目的の積極的実現をめざして行われる全体として統一性をもった継続的な形成的国家活動」(田中二郎)であるとするような、少数の積極的概念規定の試みにもかかわらず、《行政》をもって、国家の対人的作用のうち立法と司法とを除いた残余の作用であるとする、いわゆる《行政控除説》が、まったく不当とは言い切れないとされたのも、そうした現代国家における多種多様の任務を処理すべき機関として内閣を位置づけざるをえないという現実の状況のしからしむるものとも言えるであろう（もっとも、このような状況は、昨今は多少変化してきているように思われるが）。

(2)　行政権に関するわが国の古典的学説　ところで、日本国憲法第六五条のいう《行政権》について、かつての憲法学界の代表的な見解の一例として、たとえば清宮四郎は、「立法は、国民を拘束する成文の一般的・抽象的法規範を定立する作用であるのに対し、司法および行政は、ともに、立法によって定立された法規範を、個別的・具体的な事件に適用し、執行する作用である。したがって、国家の作用は、まず、立法作用と国法を執行する作用とに分たれる。」としていた。(1) これと類似した理解は、むしろ広く支持された一般的な理解と言うことができ、他の例をいちいち示すまでもないであろう。

(3)　ロックの二権分立論　国家作用を、このように《立法》とその《執行》との二つに分けるという枠組みが、基本的には、すでにジョン・ロックの権力分立論において、はっきりと表れていたことは、ここで繰り返して言うまでもなかろうが、その基本的な枠組みのみをここで要約しておくと、ロックの『市民政府論』(2) においては、国家の権力は《立法権》と《執行権》とに分離される。《立法権》は「協同体とその成員とを保護するために国家の力がいかに用いられるべきかを指示する権利をもつ権力」であるのに対し、立法権の担い手たる立法府（ロックにあっては立法府は《常設》である必要はないとされている）が作る法は、「たちまちのうちに短時間に作られるけれども永続不断の効力をもち、絶え間ない執行または執行への留意が必要である」ので、「制定されかつ効力を持続する法の、執行を引受けるべき権力が、常設されていることが必要である」とされる。ロックにおける《執行権》には、一方で裁判権が含まれており、他方で、この執行権は「その社会を構成するすべてのものに対する、社会自体の内部における、その国内法の執行」を意味し、「その社会に利益または損害を与えるかも知れない一切のものに対する、対外的公安公益事項の管理」を意味する《連合権》とでも呼ぶべき権力と区別されている点に特徴があると言える。もっともここでいう執行権と連合権とは「常にほとんど統合されている」とされているので、ロックにあっては三権分立ではなく《二権分立》が論じられているとされるのである。

(4)　モンテスキューの三権分立論　これに対して、モンテスキューの『法の精神』[3]においては、たしかに、三権分立理論が提唱されているけれども、彼においてもやはり、立法と執行という二元論的な枠組みが出発点となっていると考えられるのである。すなわち、モンテスキューは、「各国家には三種の権力がある」として、それらをそれぞれ「立法権力」(la puissance législative)、「万民法に属する事項の執行権力」および「公民法に属する事項の執行権力」とし、第三の権力は「犯罪を罰し、あるいは、諸個人間の紛争を裁く」権力であって、「人はこれを《裁判権力》(la puissance de juger)と呼ぶ」のに対して、第二の権力は「講和または戦争をし、外交使節を派遣しまたは接受し、安全を確立し、侵略を予防する」権力であって、この執行権力を「単に国家の執行権力(la puissance exécutrice)と呼ぶ」としている。この箇所のモンテスキューの記述にあっては、第二権力たる「国家の執行権力」の作用は、上記のように、外交にかかわる執行に限定されていて、国内法の執行については念頭にないようにも見えるが、あとに続く叙述においては、執行権力は「公的な決定を執行する権力」であるとか、「一般意思の執行」であるとかいうように、法律を執行させる権力として理解されており、此彼の間に若干の食い違いが見られるように思われる[4]。しかしここでの関心はむしろ、右の引用に示されるように、モンテスキューにおいても、――おそらくは前述のロックの影響を受けてであろう――今日言うところの執行権と司法権のなす作用を、いずれも《法の執行》と捉えるところから出発しているように思われる、という点であり、その限りにおいて、枠組みとしては、先行に引用した清宮説もこれと軌を一にするところがあったと言えよう。

する」（日本国憲法第七三条一号前段）ことにとどまるものではないことは言うまでもないところで、行政権の担当機関たる内閣は、「国務を総理する」（同号後段）以外に、外交関係の処理や条約の締結のような、伝統的な意味における《行政》（ドイツ語でいうVerwaltung）には属さないような種々の作用も営むのである。もとより、清宮がこのことを無視していたわけではなく、清宮においても、基本的には控除説的な理解に立ちつつ、憲法第七三条の列挙する内閣の権限は、《行政》の重要なものを例示したものと捉えられていたことが知られる。

(5)　本章のテーマ　しかしながら、今日、《行政》という作用が決して、立法府の制定した法律を誠実に「執行

このような《行政》と《執行》の概念の内延ないし外延の問題については、筆者もかねてより、ドイツの基本法上の概念との関連で多少の関心を抱いてきたが、その後、主として日本国憲法の行政権概念の解釈の観点から、詳細な検討をした研究が公にされている。(5) そこにすでに問題点は適確に押さえられているように思われるので、ここでそれらの問題の詳細を改めて論じることは、屋上屋を架する虞れもないではないが、基本法の成立・改正過程の検討等(6)を進める過程で本書の筆者が抱いてきた関心は、むしろ、基本法における《執行権》（vollziehende Gewalt）の概念が《行政》（Verwaltung）概念との関係でいかなるものと理解されるかという点にあり、右の先行業績ではその点には余り言及されていないので、本章はこの点を中心に、管見に属している若干の文献を参考にしながら、基本法の該当条項の制定ないし改正の過程を振り返ることによって、多少の検討を試みるものである。

第一節　基本法第二〇条の成立過程における《執行権》

(1)　基本法第二〇条　一九四九年の基本法第二〇条は次のように規定して、その第二項および第三項で、《執行権》(vollziehende Gewalt)という文言を用いている(以下の傍点による強調はすべて初宿)。

(1)　ドイツ連邦共和国は、民主的かつ社会的な連邦国家である。
(2)　すべての国家権力は、国民に由来する。国家権力は、選挙及び投票において国民により、かつ、立法、執行権及び裁判の個別の諸機関を通じて行使される。
(3)　立法は憲法的秩序に、執行権及び裁判は法律及び法に拘束されている。

ところが、この条項の成立過程では、ここでの二箇所の《執行権》という用語は、当初の草案では《行政》(Verwaltung)とされていたことがわかる。[7]

(2)　第二〇条の成立過程　そもそもこの種の規定は、ヴァイマル憲法第一条の国家形体についての規定に相当するものであるが、基本法の草案たるいわゆるヘレンキームゼー草案では、これに対応する規定は予定されていなかった。基本法第二〇条に相当する規定を盛り込むべきだとする提案は、一九四八年一〇月一四日の基本原則委員会の第一一回会議において、ＣＤＵで議長のフォン・マンゴルト議員によって提出されたもので、それによれば、現行の第二〇条に相当する当時の第二一条の草案は、次のような規定であった。

(1) ドイツ連邦共和国は、議会制的統治形体と連邦国家的構造を有する民主的かつ社会的な国家である。
(2) 国民は国家権力の担い手である。
(3) 立法、行政(Verwaltung)及び裁判において、統一的な国家権力は、これらの各分野について個別の諸機関を通じて別々に行使される。
(4) 裁判及び行政(Verwaltung)は、すべての人に平等な法律の支配に服する。(8)

ここに見られるように、権力分立を規定する第三項、および裁判と行政の法律適合性の原則を定める第四項において、現行の基本法とは異なり、《行政》という文言が用いられており、その後の審議においても、しばらくはこの点の変更はなされないまま議論が続けられるのであるが、当時の議事録を見ると、この段階で、上記の第二項と第三項の文言に関連して、ＳＰＤのシュミートが、「執行(Exekutive)は統治(Regierung)と(Verwaltung)を含むもので、……執行権(vollziehende Gewalt)のことだ(9)」という趣旨の発言をしているのが注目される。

また、第四項についても、かかる規定の必要性自体については意見の一致をみたものの、文言については、同じくシュミートが、《支配》(Herrschaft)という語はキツすぎないか、それと、法律がすべての者に平等でなくてはならないことは基本権の中にすでに書かれているので、ここは端的に「裁判及び行政は法律の下にある(stehen unter dem Gesetz)」とすれば、簡潔明瞭であり、文言としてもきれいだ、等々と主張してこれが容れられることとなり(10)、この段階での議論は次の条項に進んだ。

その後、審議が全般編纂委員会に移った段階で、同年一一月一六日に同委員会が提案した規定の中に初めて、それまでの《行政》に代わって《執行権》という文言が登場するのである。すなわち、その草案第二　条の文言は以下のようである(11)。

(1)　ドイツは、民主的かつ社会的な連邦共和国である。
(2)　国民は国家の権力の担い手である。
(3)　その権力は、国民によりこの基本法に従って、選挙及び投票を通じて、かつ、立法、裁判及び執行権の個別の諸機関を通じて、行使される。政府は国民に対して責任を有する。
(4)　立法は憲法的秩序に、裁判及び執行権は、法律及び法に拘束されている。

この草案が中央委員会での審議のたたき台となるのであるが、そこでの審議の中心は、本章のテーマにとって関心のある《執行権》の文言にはなく、これについては、わずかに、一一月一七日の第四回会議（第一読会）において、全般編纂委員会を代表して答弁したＦＤＰのデーラー議員が、第四項の文言に関連して、「《執行権》(vollziehende Gewalt)という文言において理解されるべきは、統治(Regierung)および行政(Verwaltung)のことである」と答弁しているにすぎない[12]。

本条についての中央委員会での審議は、その後一二月一五日の第二読会（第二七回会議）において続けられるが、そこでもこの問題についてはほとんど議論の対象になっておらず[13]、続く一九四九年二月九日の第三読会（第四八回会議）では、この第二一条については全く何の議論もなされず[14]、結局、一九四九年五月五日～六日の第四読会（第五七～五八回会議）において、第四項の《執行権》と《裁判》の語の順序を入れ替えるべきだとするＳＰＤのツィンの提案が容れられて[15]、現行規定のような「執行権及び裁判は……」という文言に落ち着くことになる。

以上のような、基本法第二〇条の成立過程によると、当初の《行政》の語が《執行権》の語に変更されたのは、伝統的な意味における《行政》以外に、《統治》ないし《政府》を意味する „Regierung“（英語でいう government に相当）をも含ましめるという趣旨で、《執行権》(vollziehende Gewalt)という概念が用いられるほうが望ましいと考えられたためだと言ってよかろう。

第二節　基本法第一条三項とその改正による《執行権》

1　第一条三項の成立過程

次に、右で述べた点を基本法第一条三項について見てみることとする。同条は現行規定では次のような文言になっている。

(1) 人間の尊厳は不可侵である。これを尊重し、かつ、保護することが、すべての国家権力の責務である。
(2) それゆえに、ドイツ国民は、世界のすべての人間共同体、平和及び正義の基礎として、不可侵にして譲り渡すことのできない人権を信奉する。
(3) 以下の基本権は、直接に適用される法として、立法、執行権及び裁判を拘束する。

同条は、第一項および第二項がヘレンキームゼー草案の第一条に、また第三項が同草案第二一条一項に由来する。(16)
すなわち、同草案の当該文言は次のとおりである。

第一条
(1) 国家は人間のためにあるのであって、人間が国家のためにあるのではない。
(2) 人間の人格の尊厳は不可侵である。公権力はそのあらゆる現象形態において、人間の尊厳を尊重し保護することを義務づけられている。

第二一条
(1) 基本権は排除されてはならない。かかることを目指す提案は、許されない。

⑵　基本権は立法者、裁判官及び行政(die Verwaltung)を直接に拘束する。

この草案の第一条一項の文言はそれ自体として哲学的にもきわめて興味深いが[17]、ここでは本章のテーマとの関連性からして、第一条一項・二項については詳細の検討を割愛し、以下ではもっぱら、本章のテーマに直接関わって、第一条三項と右の草案第二一条二項のみを検討の対象とする。[18]

ちなみに、この草案の第二一条ではとくに、現行条文のように《立法》ではなくて《立法者》(Gesetzgeber)、また《裁判》ではなくて《裁判官》(Richter)という文言が用いられており、この点は、後述する点との関わりでも、とりあえず留意しておくべきであろう。

さて、右の第二一条二項は、一九四八年九月二三日の基本原則委員会の第四回会議においては、前日の小委員会の提案を受けて、次のように変更して[19]、第一条三文として提案された。

第一条　人間の尊厳は、各人に生まれながら備わっている永久の諸権利に依拠する。ドイツ国民は、新たに、すべての人間共同体の基礎として、かかる権利を承認する(anerkennt)。それゆえに基本権は、ラントにおいても、直接に適用される法として、立法、行政及び裁判を拘束するものとして、保障される。

上述のように、基本法第二〇条の審議の過程では、一九四八年一一月一六日の全般編纂委員会およびその翌一七日の中央委員会において、当初の《行政》の文言が《執行権》に変更されたのであったが、第一条についても、右の一一月一六日の全般編纂委員会で修正案が出されて、この規定を第一条としてではなく、基本権カタログに続けて第二〇条一項として盛り込むべきだとし、その文言としては、次のように《執行権》の語を用いた提案が出されたようである。[20]

第二〇条(1)　基本権は直接に適用される法である。基本権は、連邦及びラントにおいて、立法、裁判及び執行権を拘束する。

しかし、基本原則委員会では、同年一二月一日の第二読会(第二七回会議)において、本条第三項は次のような規定にすることで落ち着いたようである。[21]

(3)　以下の諸条項においては、これらの基本権は、われわれの時代のわれわれの国民のために形成され書き留められたものであって、ラントにおいても直接に適用される法として、立法、行政及び裁判を拘束する。

これを受けて、中央委員会も、同年一二月三日の第一読会(第一七回会議)において、何らの討論もなく上記と同一の文言の草案を議決することになる。[22]

そして、全般編纂委員会も一二月一三日、この提案に従って本条第三項として次のような文言を提案することになる。[23]

(3)　これらの〔第二項で挙げられた〕不可譲の法益を保護するのに奉仕するのが基本権である。基本権は直接に適用される法として、立法、行政及び裁判を拘束する。

興味深いことに(あるいはむしろ、奇妙なことに、と言うべきか)、基本法制定時のこれらの諸委員会の審議において、上述した(第一節)第二〇条三項・四項の文言との整合性については、上記の史料による限りでは、何ら問題とされていないようであり、その後の審議においても、議論の関心はむしろ、第一項の《人間の尊厳》条項にあったように見受けられるのである。[24]

2　第一条三項の改正

(1)　さて、本条はその後、西ドイツ(当時)の再軍備に伴って一九五六年三月一九日になされた基本法の第七回改正(BGBl. I S. 111)において変更されて、現行の規定になったのであるが、連邦議会におけるこの改正案の審議において、その点についてどのような議論が行われたのか、きわめて興味のあるところである。しかし、結論を先回りして言えば、少なくとも本条については余り詳細な議論がなされたような形跡はない。

すなわち、この改正案は、一九五六年二月二九日に、ホーゲンを委員長とする「法制度・憲法委員会」(Ausschuß für Rechtswesen und Verfassugsrecht)が提案したもので、翌三月一日にCDU／CSUのシュヴァルツハウプト議員[25]が行なった報告によると、第一条三項の「新しい文言は、国家権力のすべての行使が《基本権》に拘束されているのだということを明らかにするもの」であり、《行政》の代わりに《執行権》という表現が用いられたのは、「第二〇条二項二文および第三項[26]に用いられている文言と対応するものであって、連邦軍にかかわるすべての国家的措置も《執行権》の中に」含まれている(mit eingeschlossen)ことについて、いかなる疑念も除去せんとするものである」とされている。

(2)　改正案提案者の理由づけはこれがすべてであるとすると、この改正の趣旨は、これを第二〇条の制定経過について上述した点をも合わせ考えれば、おおよそ次のようになろう。

すなわち、「連邦軍に関わるすべての国家的措置」は、ドイツ法上も、伝統的な《行政》の概念には含まれず、それゆえ、連邦軍に関わる国家の措置によって《基本権》が制限されたりするような場合には、当初の規定では、かかる措置が、基本法の客観的価値規範でもある《基本権》の拘束を受けるかどうかが曖昧になるおそれがないとは言えない（もっとも、上述の第二〇条三項によって、《執行権》も「法律及び法（Recht）に拘束されている」ので、このような改正を施さなくても同様の帰結を導くことは十分可能であろうが）。そこで、「連邦軍に関わるすべての国家的措置」にも《基本権》の拘束が及ぶようにするために、《行政》の概念よりも広い《執行権》という概念を用いて、その点につき、曖昧さをなくすることが望ましいと考えられた、ということである。(27)

現行の基本法上は、以上に触れた二箇条以外で《執行権》という文言の用いられている規定は存在しないし、これらの条項についても、《執行権》なる概念の導入ないし変更の経緯の検討によっては、以上のような点以外には何ら明らかにならなかった。ついでに言えば、《行政》に取って代わるべき概念が、何故《執行》（Vollziehung）ではなくて《執行権》（vollziehende Gewalt）とされているのか。他の二権が逆に《立法権》（gesetzgebende Gewalt）及び《裁判権》（rechtsprechende Gewalt）ではなくて、単に《立法》（Gesetzgebung）および《裁判》（Rechtsprechung）となっている点と併せて、疑問が残るが、(28)管見に属する限りでは、この点は議事録等からは明らかでない。

(3)　その点はさて措くとすると、以上のささやかな検討によって次のことが明らかになるように思われる。すなわち、ドイツ語でいう《執行権》の概念は、外交とか軍事といった、伝統的な意味では必ずしも《行政》（Verwaltung）とは言えない国家作用をも含ましめる趣旨で用いられるのが普通であり、逆に、ここでいう狭義の《行政》は、わが国でいう「法律の執行」にほぼ相当するということ、したがって《執行権》の作用は、そうした意味における《行政》（すなわち「連邦法律の執行」）に限らず、外交・軍事を含めて広く国の内外の政策の立案・実施等に及ぶものとして理解されている、ということである。この意味における《執行権》の担当機関が《政府》（Regierung）を中心とする種々の機関なのであって、連邦政府が「連邦法律の執行」（基本法第八四条以下参照）をなすべき機関として規定するのみならず、とくに連邦首相について、「政治の基本方針を定めてこれについて責任を負」う機関として定めている(同法第六五条)のも、こうした趣旨に出たものと思われる。

もっとも、基本法では、上述の第一条三項の改正と同一の改正法律によって追加された第八七b条等において、たとえば「連邦国防行政」(Bundeswehrverwaltung)という表現が用いられており、その限りでは、広義における行政概念が完全に排除されているわけではない点も考慮すべきであるが、基本的にはやはり以上に述べたことが妥当すると言えるのではあるまいか。

この点、現在のドイツの基本的な教科書のひとつともいえるバドゥーラの『国家法』において、「基本法および法律に従って主として執行権の行使をする機関、すなわち、政府、諸省、行政官庁、その他の行政庁および公法上の法人」を、「《執行機関》(Exekutive)という集合名詞」を用いて総称し、その意味での《執行機関》が「法律から自由な」行為や、「計画・形成任務」をなすことが許される旨を説明しているのも[29]、このような文脈において理解しうるものと言えよう[30]。もちろん、これによって《法治国家》原則が軽視されてはならないことは言うまでもない。

おわりに——日本国憲法制定過程における《行政権》の概念

以上述べた点に関連して、冒頭で指摘したように、日本国憲法における《行政権》が、単に「法律の執行」としての狭義の《行政》の担当機関であるにとどまらず、むしろ以上で検討したようなドイツ憲法的意味での《執行権》に相当する権力であるとすれば、残る問題は、行政＝Verwaltung、執行＝Vollziehung というように、つねに一対一に対応するものとして単純に理解するのではなく、以上のような両概念の錯綜した関係を十分に留意しつつ理解を進めなければならないということになろう。

最後に、この点に関連して言えば、今日通常《行政》と訳される語は英語では“administration”であるが、日本国憲法の制定過程等においては、《行政権》はむしろ“executive power”の訳語として用いられ、逆に“administer”には別の用語が当てられていた[31]ということが知られる[32]。

すなわち、「行政権は、内閣に属する」と定める日本国憲法第六五条に対応するマッカーサー草案の規定（第六〇条）では、“The *executive power* is vested in a Cabinet.”となっているし、日本国憲法の英訳では“*Executive power* shall be vested in the Cabinet.”となっている。また、現行憲法の第六六条第三項に対応するマッカーサー草案第六一条第二項では、“In the exercise of the *executive power*, the Cabinet is collectively responsible to the Diet.”となっており、英訳日本国憲法においても有意な違いはない。

ところが、このマッカーサーの草案の邦訳およびそれを模範として作成された、いわゆる三月二日案、三月六日案（憲法改正草案要綱）および四月一七日の憲法改正草案のいずれにおいても、これらの規定における“executive power”は、いずれも《行政権》と訳されているのである。

また、第七三条に相当するマッカーサー草案（第六五条）は次のような規定になっている（紙幅の都合上、同条柱書きおよび第一号、第四号のみ摘記する）。

In addition to other *executive* responsibilities, the Cabinet shall:
Faithfully *execute* the laws and *administer* the affairs of State;
……
Administer the civil service according to standards establishes by the Diet;
……

これに対する邦訳は、

内閣ハ他ノ行政的責任ノホカ
法律ヲ忠実ニ執行シ国務ヲ管理スヘシ
……
国会ノ定ムル規準ニ従ヒ内政事務ヲ処理スヘシ
……

となっている。ここでは“execute”が「管理」と訳され、“administer”は「処理」と訳されていて、いずれも、直接にここでの文脈においてはあまり有意な参考とはならないが、“executive responsibilities”が「行政的責任」とされている点は、右の第六五条の場合と同様の問題を含んでいる。

もっとも、第七三条に対する英訳日本国憲法では、右の部分は、マッカーサー草案とは異なり、

The Cabinet, in addition to other general *administrative* functions, shall perform the following functions:
Administer the law faithfully; conduct affairs of state.
……
Administer the civil service, in accordance with standards established by law.
……

となっていて、「一般行政事務」に相当する英語として“general *administrative* functions”が選ばれていることが知られる。

さらに、憲法制定議会たる第九〇帝国議会の一九四六年七月の衆議院帝国憲法改正案委員会における審議においても、金森徳次郎国務大臣が、第六五条の《行政権》の概念について次のように答弁していることが参考になる。

すなわち、七月一日の第二回会議において、政府説明として金森国務大臣は、

「内閣ノ制度ニ付キマシテハ、根本ノ原則ト致シマシテ国ノ政治ノ中カラ立法ヲ除キ、司法ヲ除キマシタ其ノ残ル所ノ広ク言ハレテ居リマス行政ト云フ範囲ニ属シマスル権能ハ、内閣ニ属スルト云フコトヲ明ラカニシテ居リマス、此ノ行政権ト申シマスル事項ノ範囲ハ極ク狭イ行政ト云フ範囲トハ異ナリマシテ、謂ハバ執行権トモ言フベキ広イ範囲ヲ包容致シテ居ル訳デアリマス、……」

と述べており[33]、また、同年七月二〇日の第一八回会議においても、衆議院の解散に触れている政府の憲法改正草案第四一条(すなわち、現行憲法の四五条)ただし書についての原健三郎議員の質問に対してであるが、金森国務大臣は、

「此ノ規定ノ建前ハ、議会ノ働キ、裁判所ノ働キ、ソレカラソレ以外ノ執行行為ト云フ大体三ツノ分ケ方ニシテアル訳デアリマス、衆議院ヲ解散致シマス行為ハ、固ヨリ司法権ノ行為デハアリマセヌ、議会自ラノ行為デアリ得ル訳ナノデアリマス、斯ウ云フコトニナリマスト、結局其ノ外ノ権利即チ国ノ仕事ヲ執行シテ行ク即チ立法、司法以外ノ執行権ノ範囲ニ属スルト思フノデアリマス〔ママ〕ソレハ此ノ憲法草案ノ第六十一条〔現行憲法では第六五条〕ニ『行政権は、内閣に属する。』ト云フコトガアリマス、此ノ行政権ト云フ言葉ガ、学者ノ間ニ広イ意味ニモ狭イ意味ニモ用ヒラレテ居リマスルガ、コヽノ行政権ハ謂ハバ執行権トデモ言フベキ最モ広イ意味ニ考ヘテ居ル、ソコデ其ノ実体ヲ決メマスノハ、行政権ノ所管ニナル訳デス、……」

と発言している[34]。

これらの答弁からしても、日本国憲法上は、《行政権》という用語が用いられてはいるものの、この語で意味されているのは、ドイツの行政法理論で伝統的に言われてきた《行政権》概念とは異なる、さらに広い意味をもつべき概念であることが念頭に置かれていたのではないかとも思われるのである。

ちなみに、周知のとおり、アメリカ合衆国憲法が第二条で合衆国大統領に付与している権限は《執行権》(executive power)であって、決して《行政権》ではない。そしてこの《執行権》は、従来《行政権》とは区別されて理解されてきたものであって、「『行政権』(administration, administrative power)という観念」は、大統領の憲法上の権限としてではなく、「議会が特定の領域で立法権・司法権類似の権限を有する『行政機関』を創出して法律の執行を委ねた段階で形成され、憲法上の概念として位置づけられることはなかった」とされている。(35) それというのも、アメリカ合衆国では、憲法が大統領に執行権を付与しているにもかかわらず、「実際の法律の執行は、州際通商委員会に代表されるような、特定領域における法律の執行のために議会が設けた独立の行政機関によって行われて」きたからである。したがって、《行政権》は、「連邦議会によって付与された権限であり、しかも「大統領による政治的監視に馴染まない、専門的な技術の行使として捉えられた」のであって、むしろ、《執行権》の担当機関としての大統領の固有の権限として憲法が挙げているのは、軍事・外交に関する権限であり(第二条二節)、「法律の執行」に関して言えば、大統領は「法律を誠実に執行させるようにする」権限であって、大統領みずからが法律を《執行》するわけではないのである。(36)

このことから推測されることは、日本国憲法は大なり小なりアメリカ合衆国憲法の影響を受けて、右に述べてきたような意味での《執行権》の概念を示唆されながら、「そういう熟語があまり一般に行われていない」(注(34)参照)という事情にあったこともあってか、旧憲法時代に主としてドイツの行政法理論の影響を受けて学問上展開されてきた《行政権》の用語を維持しつつ、しかも内容的にはすでに制定当初から、旧来の行政の概念では捉えられない権限をも行政権の担当機関たる内閣(政府)に付与してきたのではないか、ということである。(37) かつて「行政権の肥大」(38)といった言い方がなされたのも、このこととまったく無関係とは思われない。もとより、このことをさらに厳密に論証するためには、戦前のわが国の行政法理論や、それが影響を受けたドイツの行政法理論における《行政》の概念を検討する必要があるが、ここではとりあえず、以上の検討に留めておかざるをえない。

注

(1) 清宮四郎『憲法Ⅰ〔第三版〕』(有斐閣、一九七九年)三〇〇頁(傍点は初宿)。
(2) 以下では、便宜上、岩波文庫版(鵜飼信成訳)によった。傍点もこの邦訳のまま。
(3) 以下では、便宜上、岩波文庫版(野田良之ほか訳)上巻二九一頁以下の邦訳によった。ただし傍点は初宿。
(4) 右の邦訳末尾(四四五頁)の訳注でも同様の指摘がなされている。
(5) 宮井清暢「『行政権』と『執行権』のあいだ――憲法学における『行政権』の捉え方についての覚え書き①②」愛知学院大学論叢『法学研究』三四巻三・四号一三三頁以下および三五巻一・二号六五頁以下。本章においても、この論文からいくつかの示唆が得られたことを記しておく。また、フランスにおける議論については、光信一宏「フランス第三共和制下の執行権論」愛媛法学会雑誌一五巻二号一六九頁以下が、カレ・ドゥ・マルベールとモーリス・オーリウの《執行権》論を検討している。なお、佐藤幸治『日本国憲法論』(成文堂、二〇一一年)四八一頁以下でも、日本国憲法における《行政権》の概念の特徴を《執行》の概念にも関連させつつ論述されている。
(6) 基本法の邦訳は、初宿正典・辻村みよ子編『新解説世界憲法集〔第三版〕』(三省堂、二〇一四年)および『ドイツ憲法集』を参照。
(7) 基本法の成立過程については、主として第一次史料として PR, Bd. 5/I u. 5/II および HA-Steno. に依り、適宜、JÖR, Bd. 1 に依っている。なお、HA-Steno. は、PR, Bd. 14 に収載されているが、ここでは後者での頁数は逐一摘示しない。
(8) JÖR, Bd. 1, S. 195; PR, Bd. 5/I, S. 288. 念のためにこの項の原文を掲げておくと、„Rechtsprechung und Verwaltung stehen unter der Herrschaft des für alle gleichen Gesetzes.“
(9) PR, Bd. 5/I, S. 294. ちなみに、DUDEN, Das große Wörterbuch der deutschen Sprache in 6 Bänden, Dudenverlag, 1981 においても、„vollziehende Gewalt“ は „Exekutive“ と同視されている。
(10) 議長のフォン・マンゴルトは、この短縮案で、「自由に介入しない行政行為もあるではないか」とする行政法学者の異論も解決し、すべてはっきりした、と賛意を述べている。PR, Bd. 5/I, S. 295.

（11）JÖR, Bd. 1, S. 199.

（12）HA-Steno., S. 47, JÖR, Bd. 1, S. 200.

（13）JÖR, Bd. 1, S. 201. この時の審議では、先の全般編纂委員会が、中央委員会の草案では第四項が、„Die Gesetzgebung ist an die verfassungsmäßige Ordnung, Rechtsprechung und vollziehende Gewalt sind an Gesetz und Recht gebunden.“となっていたのを、„...*die* Rechtsprechung und *die* vollziehende Gewalt...“というように、それぞれの箇所に定冠詞を挿入するべきだとする修文上の提案がなされたのを受けて、これを受け入れたにすぎない。Vgl. HA-Steno, S. 320. なお、*Werner Frotscher*, Regierung als Rechtsbegriff, Verfassungsrechtliche und staatstheoretische Grundlagen unter Berücksichtigung der englischen und französischen Verfassungsentwicklung, 1975, S. 173 ff., insbes. 175 参照。

（14）HA-Steno. S. 621.

（15）HA-Steno. S. 748 f., S. 767; JÖR, Bd. 1, S. 201.

（16）PR, Bd. 2, S. 579 ff. insbes. S. 580 u. 582. 同草案の第二一条三項〜五項は略。

（17）フランスの哲学者ジャック・マリタン（*Jacques Maritain*, 1882-1973）も、その著『人間と国家』（Man and the State, The University of Chicago Press, 1956）の中で、「人間は決して国家のためにあるのではない。国家こそ人間のためのものである。」（久保正幡・稲垣良典訳〔創文社、一九六二年〕一六頁）と述べている。もとより、ヘレンキームゼー草案のこの文言がこの著名な哲学者の影響を受けたのかどうかは、分からない。

（18）このヘレンキームゼー草案と基本法およびヴァイマル憲法との対応関係については、拙稿「ヘレンキームゼー草案の基本権部分――ボン基本法およびヴァイマル憲法との対比において」愛知教育大学『社会科学論集』一八号（一九七九年）二〇三頁以下、同「ヘレンキームゼー草案（続）――大統領と連邦政府」同誌一九号（一九八〇年）二〇九頁以下、および同「ヘレンキームゼー草案（三）――裁判に関する部分」同誌二二号（一九八二年）二四九頁以下を参照。なお同草案の第二一条の第一項、第三項および第四項は、基本法第一九条に対応している。

（19）PR, Bd. 5/I, S. 62 FN. 3, FN. 3; JÖR, Bd. 1, S. 48.

（20）PR, Bd.5/I, S. 578 ff., insbes. S. 583. ただし、この点はJÖR, a. a. O. では触れられていない。Vgl. auch *W. Frotscher*, a. a. O.（Anm.13）,

S. 175.

(21) JÖR, Bd. 1, S. 50.

(22) HA-Steno. S. 205.、中央委員会の草案全体は、PR, Bd. 5/II, S. 802.

(23) JÖR, Bd. 1, S. 51.

(24) Vgl. a. a. O., S. 51 ff.

(25) BT-Drucks. II/2150, S. 2. なお *v. Mangoldt/Klein/Starck*, Das Bonner Grundgesetz. Kommentar, Dritte, vollständig neubearbeitete Auflage, 1985, S. 103 FN143 も、連邦議会での審議に関しては、この報告に言及しているにすぎない。

(26) ちなみに、ここでは „Art. 20 Abs. 2 Satz 2 und 3" となっており、文字どおりでは「第二〇条第二項第二文及び第三文」ということになろうが、第二項には第三文はないので、これを引用する注(25)のシュタルク執筆の注釈(S. 103 FN 143)の表記(„Art. 20 Abs. 2 und 3")のように解して、本文のように訳しておく。

(27) Vgl. *W. Frotscher*, a. a. O. (Anm. 13), S. 176 f.

(28) 山田晟『ドイツ法律用語辞典』〔補正版〕四三九頁の „Vollziehende Gewalt" の項の説明によると、「執行権。立法および裁判以外の国家権力。①広義では行政官庁による法律の執行(狭義の行政権)と政治的権力による統治の権利を意味する。②狭義では狭義の行政権と同義」であるとして基本法第一条三項が引用され、同項での „Vollziehende Gewalt" は「執行権(広義)」であるとの指摘がなされ、さらに „Regierung" の項を参照せしめている(傍点の強調は初宿)。この説明では《執行権》と《行政権》の用語の関係が問題とされていて、本文で指摘した疑問に対する答えは出てこないが、それはともかく、この説明によっても、《執行権》と《行政》との関係についての概念上の問題点自体は適切に指摘されているといえよう。

(29) *Peter Badura*, Staatsrecht. Systematische Erläuterung des Grundgesetzes für die Bundesrepublik Deutschland, 4., neubearbeitete Auflage, 2010, S.678.

(30) 基本法における《執行権》の概念について、詳しくは、*Klaus Stern*, Das Staatsrecht der Bundesrepublik Deutschland, Bd. III/1 unter Mitwirkung von *Michael Sachs*, 1988, S. 1320 ff. を参照のこと。

(31) 以下の引用は、阿部照哉・佐藤幸治・宮田豊編『憲法資料集』(一九六六年)一三頁以下および二八五頁以下によった。ただしイタリックによる強調は初宿。

(32)　もとより、ドイツ語の „verwalten"（„Verwaltung"）„vollziehen"（„Vollziehung"）が、それぞれ英語の "administer"（"administration"）"execute"（"execution"）に対応するとしても、英語のこれらの語が（語源的にも）つねに、前者よりも後者の方が広い意味で用いられるという関係にあるのかどうかについては、OED その他の辞書類を見た限りでは、目下のところ確信はない。

(33)　『第九十回帝国議会衆議院帝国憲法改正案委員会議録（速記）』五頁。ただし、旧漢字のみ改めた。傍点は初宿。次注の引用についても同じ。

(34)　同書三三九頁。なお、草案第六二条第二項〔＝現行憲法第六六条第三項〕についての小島徹三議員の質問に対する答弁でも「此ノ憲法全体ヲ通ジマシテノ文字ノ使ヒ方ノ上ニ於キマシテ、行政権ト云フ言葉ハ広ク使ハレテ居リマス、立法ニアラズ、司法ニアラズシテ、執行的ナ権利ト云フモノハ、原則トシテ行政権ニ入ッテ居ルト云フ意味ニ解釈シテ居リマス、随ッテ学問風ナ言葉デ言ヘバ、寧ロ執行権ト言フ法ガ適当デアリマスケレドモ、サウ云フ熟語ガ余リ一般ニ行ハレテ居リマセヌノデ、左様ナ言葉デ示シタ訳デアリマス」と述べている（同書三四九頁）。なお、清水伸編『逐条日本国憲法審議録』第三巻も参照。

(35)　この部分およびこれに続く部分の記述は、松井茂記『アメリカ憲法入門』〔第七版〕（二〇一二年）一四七～八頁によった。

(36)　佐藤幸治・前掲書（注5）四八〇頁参照。

(37)　もとより、内閣が《行政権》以外（以上）の権限を付与されている（たとえば日本国憲法第三条、第六条二項、第六一条、第六九条、第七二条、第七三条等参照）とは言っても、あくまでも「内閣は憲法上列挙された権限のみをもつ」のであって、それ以上の権限を内閣の権限として読み込むことは、「政治の領域で疑いなく中心にいる機関に憲法が明示的に認めていない権限を容認することにつながる」（毛利透「行政概念についての若干の考察」同著『統治構造の憲法論』〔岩波書店、二〇一四年〕二二二頁）との指摘には十分留意する必要がある。この点も含めて、本章では、その初出の時期からしても、高橋和之『国民内閣制の理念と運用』（有斐閣、一九九四年）、佐藤幸治「自由の法秩序」（佐藤ほか編『憲法五十年の展望Ⅱ』〔有斐閣、一九九八年〕所収）および毛利・前掲書引用のその他の文献等の検討は、他日を期する。

(38)　私見では、正確には「行政権の担い手たる内閣の権限の増大」あるいは「内閣権限の増大」と称すべきものであろう。

第一四章　フランクフルト憲法におけるライヒ裁判所の管轄権
――とくに憲法訴願制度に着目して

はじめに

ドイツ連邦共和国基本法をきわだたせている最大の特徴の一つは、憲法の番人（Hüter der Verfassung）として広範な権限を付与されている連邦憲法裁判所（Bundesverfassungsgericht）の存在であることは言うまでもない。この憲法裁判所制度の成立の背景には、第二次世界大戦後の《二つのドイツ》の存在をはじめとするさまざまの政治的要因があったであろうし、その評価の点でも、さまざまに見解が分れている。[1] しかし、本章で注目したいのは、基本法の連邦憲法裁判所の活動においてとくに重要な地位を占めているといわれる、いわゆる憲法訴願〔憲法異議〕（Verfassungs-beschwerde）に対する管轄権をも有する憲法裁判制度は、それが基本法上に根拠をもつに至る（一九六九年）ちょうど一二〇年前の一八四九年のいわゆるフランクフルト憲法（Die Frankfurter Reichsverfassung）において、すでにその原型が見られたという事実である。オーストリアの憲法裁判所も広範な管轄権を有しており（第八九条、第一二〇条、第一二六a条、第一三七～第一四八条）、その第一四四条には、「行政官庁の処分（Bescheide）によって」憲法上保障された権利を侵害されたと主張する訴願に対して憲法裁判所が管轄権を有する旨の規定が置かれているが、[2] 権利侵害の主体を公権力全般にまで拡げている基本法の憲法訴願制度[3]は、やはり、フランクフルト憲法にその先駆的形態をもつものと見てよいと思われるのである。フランクフルト憲法は、たしかに、机上のものとして終わってしまったが、しかし、そのことは、同憲法における憲法裁判の理念の価値を減ずるものでは決してない。本章は、ドイツにおける憲法裁判制度の歴史的発展の中で画期的な意義をもつこのフランクフルト憲法における憲法裁判の規定の成立経過を追跡することによって、そこにおける憲法裁判制度が、単に客観的憲法保障のみならず、基本権保障のための制度として構想されていたことを再確認しようとするものである。[5]

第一節　十七人委員会の構成と憲法草案

(1)　十七人委員会の構成　　ヴィーン会議(一八一四〜一八一五年)によって成立したドイツ同盟(der Deutsche Bund)がフランクフルト・アム・マインに設けていた同盟会議(Bundestag)は、一八四八年三月一〇日、「一般の信頼を受けている男性(Männer des allgemeinen Vertrauens)を、それも、専門〔特別〕委員会(engerer Rat)の一七票の各一票に対して一人の男性を、早急に(同月末中に)代表として出し、同盟会議とその委員会を助けて同盟の憲法(Bundesverfassung)の改正の準備を目的として専門家としての意見を出すよう委託すべきことを、同盟を構成するすべての政府に対して求める」ことを決議した。[6]この決議は、いったんは、プロイセンの反対に遭って宙に浮いた(三月一三日)が、ベルリーンに三月革命の波が押し寄せたあと、再び確認された(三月二五日)。各政府によって任命された腹心の者たち(Vertrauensmänner)は、三月末になると、次第にフランクフルトに集まって来て、四月三日に第一回の会合を開いた。その後、四月二六日に、いわゆる「十七人委員会憲法草案」(Der Verfassungsentwurf der Siebzehn)

ができあがって、同盟会議の改正委員会に手渡されるまで、二〇回以上にわたって会合を開いた。十七人委員会の構成メンバーとその代表地、職業・身分等を表にすると、次のとおりである。(7)

票	委員	出身地	職業・身分等	備考
1*	シュメーアリング ゾンマルーガ	オーストリア	士族(Ritter) 男爵	
2	ダールマン	プロイセン	ボン大学教授(歴史学)	G・V・N***
3	キルヒゲースナー ← ククムス	バイエルン**	— —	
4	トット	ザクセン	議員・法学者	V
5	ヴァンゲンハイム ← ツァハリーエ	ハノーファー	修道院参事官(Klostervogt) ゲッティンゲン大学教授(国法学者)	F・V
6	ウーラント	ヴュルテンベルク	詩人・文学史家	V
7	バッサーマン	バーデン	書籍商・議員	V・副議長・N
8	ヨルダン ← ヴィッパーマン	クーアヘッセン	議員 法学者・議員	V・F・N

	ベルク ←		マールブルク大学教授	
9	ランゲン	ヘッセン＝ダルムシュタット	—	
10	ドロイゼン	ホルシュタイン	キール大学教授（歴史学）	N
11	ヴィルマー	ルクセンブルク	—	V
12	ガーベレンツ ルター	テューリンゲン（ザクセン公爵家）（マイニンゲン）	言語学者	V V
13	マックス・フォン・ガーゲルン ****	ブラウンシュヴァイク、ナッサウ	公使館参事官（Legationsrat）男爵	V・議長・N
14	シュテーヴァー	メークレンブルク	荘園領主	V
15	アルブレヒト	オルデンブルク、アンハルト、シュヴァルツブルク	ライプツィヒ大学教授（国法学）	G・V
16	ヤウプ ペトリ *****	ホーエンツォレルン、リーヒテンシュタイン、ロイス、ヴァルデック、リッペ	元ギーセン大学教授（政治学） —	V
17	ゲルヴィーヌス	自由都市（ハイデルベルク出身）	歴史学者	G

注

*　第一票、第一二票および第一六票は二人で一票である。十七人委員会は、文字どおりの人数ではなく、票数をもとにしたものである（*R. Hübner*, a. a. O. (unten Anm. 7), S. 9）。

**　バイエルンの代表キルヒゲースナーは、委員会が始まる前に召還され、代わりに選ばれたクムスが委員会に出席した四月二八日にはすでに草案ができあがってしまっていたので、《十七人委員会草案》にはバイエルンの声は反映されていないと言われている（*Hübner*, a. a. O., S. 9 f.）。以下、委員名欄の矢印は、途中で交代したことを示す。

***　備考欄の記号は次のことを示す。

G＝《ゲッティングンの七人》（一八三七年）に属していた人。これについてはE. R. *Huber*, Deutsche Verfassungsgeschichte, Bd. 2, S. 96 ff.

V＝予備会議（Vorparlament）の議員。

F＝予備会議で設置された、いわゆる五十人委員会（Fünfziger Ausschuß）の委員

N＝フランクフルト国民議会の憲法委員会委員。

****　マックスは、のちにフランクフルト国民議会の議員となるハインリヒ・フォン・ガーゲルンの実弟である。

*****　ペトリとヤウプは、とくに世襲制について、意見を異にしたという（Vgl. *Hübner*, a. a. O., S. 17 f. FN. 29 u. S. 31, FN. 36）。

これらの委員のリストを見てみると、その三分の一以上が大学の教授ないし学者であることがわかる。

(2)　十七人委員会の憲法草案　さて、この十七人委員会が四月二六日に完成させた憲法草案(8)の中で、本章で取り上げるのは、その第Ⅲ条二四節に置かれたライヒ裁判所の憲法裁判権の規定である。以下、その成立までの経過を簡単に見ておく(9)。

十七人委員会はその第二回の会合（四月五日）で、「憲法草案作成委員会」（Kommission zur Ausarbeitung eines Verfassungsentwurfs）、すなわち、十七人委員会の全体会議で作成すべき最終草案のためのたたき台となる予備草案（Vorentwurf）を作成する小委員会（予備委員会）を設置し、その委員にダールマン、ヨルダン、バッサーマンおよびアルブレヒトを任命した。しかし、右掲の表にあるように、ヨルダンは四月一四日以降はヴィッパーマンに取って代わられてしまうし、バッサーマンはその出身のバーデンでの政治情勢からして、バーデン議会議員としてバーデンに居ることを余儀なくされたので、定期的に同委員会に出席することができなかった。そのため、結局、実際の予備草案作成作業は、ダールマンとアルブレヒトの二人の手によってなされることになる。

(3)　予備草案　早くも四月一五日には、この予備草案が第九回目の全体会議に提出され、すぐに第一読会が行われ、ダールマンが草案を朗読し、アルブレヒトが提案理由を述べた。その後、各条についての審議が行われることになるのであるが、その中でもっとも激しい議論となったのは、「ライヒの統治機構」（Verfassung des Reiches）に関する第Ⅲ条であり、四月一七日の第一一回会合から二〇日午前の第一六回会合までを要した。そのうちでもとくに、ライヒ元首の世襲制に関する§五については、激しい議論となり、結局、第Ⅲ条Cのライヒ裁判所については改めて討議すべく、法学者のアルブレヒトとツァハリーエおよびバッサーマンの三名で新たな小委員会を組織して、この点について予備的審査をさせることとして、全体会議は、ひとまず同日午前の残りの時間から、「ドイツ国民の基本権」に関する第Ⅳ条の審議に移ることになる。

この小委員会は、すでに四月二一日午後の第一八回会合に、検討結果の報告を行なった。その審議の中で、当初一七名とされていたライヒ裁判所の構成員数が二一名に変えられた（§二二）ということも興味深いが、ここではその点は措き、ニュルンベルクに設置されたライヒ裁判所の管轄に関する予備草案§二三（最終草案では§二四）の成立についてのみ見ることとする。この条項の検討のために設けられた特別小委員会は、上述の三委員のうち、バッサーマンの代わりに選ばれたヤウプを含む三人から成り、三人は四月二二日午後の第一九回会合に、全員一致の検討結果を答申した。この小委員会の提案によって、同条は相当の追加修正を受けることになるのである。

ここで、ファラー(*Hans Joachim Faller*, 1915-2006)の論文に付加されている資料[10]に基づいて、四月一五日の予備草案の§二三と四月二六日の最終草案の§二四を比較しながら、ライヒ裁判所の管轄についての各号の内容を見てみることとする(傍線部は上下の相違部分である——以下同じ)。

予備草案	最終草案(A)
§二三　ライヒ裁判所の管轄に属するのは次の各号の事項である。 a.　個々の邦(Staat)[11]間及び君侯[12]間の紛争。それゆえ、ライヒ裁判所は、この関係においては、従来の同盟決定機関(Bundesausträgalinstanz)に代わるものである。 c.　ラント憲法の解釈に関する、個々の邦政府とそのラント等族(Landstände)との間における紛争。	§二四　ライヒ裁判所の管轄は次の各号の事項に及ぶ。 a.　ドイツの個々の邦の間、又は君侯間の、政治的及び法的な、あらゆる種類の紛争。ただし、ライヒ政府事項の範囲に属すべき紛争はこの限りでなく、かつ、裁量による決定(gewillkürte Austräge)は留保される。 b.　ドイツ諸邦内の皇位継承〔順位〕、統治能力及び摂政に関する紛争。ただし前号と同じ留保が付される。 c.　ドイツの君侯に対する私人の訴訟事件。ただし、ラント裁判所の管轄に属する事件は、この限りでない。 d.　ドイツの邦において、私人の要求に応じる義務について、複数の邦の間で疑義ないし論争がある場合に、邦に対して私人が提起する訴訟事件。 e.　ラント憲法の有効性ないし解釈に関する、個々の邦政府とその等族〔議会〕(Stände)との間における紛争。

d.　ライヒ財産(Reichsfiskus)及びその個々の会計(部署)に対する法的紛争。

e.　その他、ライヒ裁判所は、利害関係人の申立に基づき、裁判が拒否されたこと(Justizverweigerung)、管轄権を有するラント裁判所がないこと、又は、かかる異議(Anstand)に対する管轄権(Kompetenz)に争いがあること、の理由があるすべての場合に、裁判による決定をなすことができる。

f.　ライヒ議会の各院によってなされる、ライヒ大臣又はラント大臣に対する訴追、及び、ラント等族によってなされるラント大臣に対する訴追。この訴追権はライヒの基本法及びラントの基本法に対するすべての侵害によって根拠づけられる。他の場合への〔この訴追権の〕拡大は、ライヒ法律の詳細の規定に委任(überlassen)される。

---

f.　ライヒ財産及びその個々の支部(Zweige)に対するあらゆる訴え。

g.　裁判が拒否されたこと(verweigerte Rechtspflege)又は妨げられたことを理由とする、各ラント憲法に従って決定されるべき訴願に関して、最高決定機関〔終審〕としてなされる決定。

h.　ライヒの基本法ないしラントの基本法の侵犯を理由として、ライヒ議会の各院によってなされる、ライヒ大臣又はラント大臣に対する訴追、及び、ラント等族によってなされるラント大臣に対する訴追。訴追権を他の場合に拡大させることに関する問題は、ライヒ法律の詳細の規定に留保(vorbehalten)される。

i.　ライヒに対する大逆罪及び反逆罪(Hoch- und Landesverrat)の場合において、陪審裁判官によって判決を下されるべき刑事裁判及びライヒの元首に対する不敬罪(Majestätsverbrechen)の場合の同様の刑事裁判。

これらの場合にライヒの元首の権限になる恩赦には、ライヒ裁判所の判断(Gutachten)が先行しなければならない。

さらにライヒ裁判所は、ライヒ政府の要求に基づいて、個々の邦の法又は統治行動(Regierungshandlung)によって、ライヒの法律によって保障された諸権利が侵害されたとする主張に対して、意見(Gutachten)を出すことができる。

この十七人委員会草案は、四月二七日に同盟会議の議に付され、ダールマンがその序文を朗読した。しかし、その草案は同盟会議の受け入れるところとはならず、後のフランクフルト国民議会での討議においても、形式的には、そのたたき台となったわけではなかった。しかし、フランクフルトのパウル教会(Paulskirche)での憲法制定作業にとって、この草案は実質的には大きな意味をもっていたと考えられるのであり、とりわけライヒ裁判所の地位と管轄に関する条項は、部分的にもせよ、ほとんどそのまま受け継がれていることが分かるのである(後述)。もちろんこのことは、十七人委員会の委員の五人が、後述の国民議会の憲法委員会の委員にもなった、という事情による面があったとも言えようが、それだけではなく、やはりこの草案の内容それ自体にも因るところが大きいと言える[13]。

第二節　フランクフルト国民議会の憲法委員会における審議(第一草案)

(1)　十七人委員会の憲法草案は、すでに言及したとおり、具体的な審議日程に上らないまま、実際上の憲法制定作業は、一八四八年五月一八日にフランクフルトのパウル教会[14]に集まった憲法制定国民議会(Deutsche constituirende〔ママ〕 Nationalversammlung)の手に移ることになる。当日の開会式には約三三〇人が集まり、翌一九日には出席議員三九七人中三〇五人の賛成でハインリヒ・フォン・ガーゲルンが議長に選出された[15]。

五月二四日、国民議会は三十人の憲法委員会常任委員を選出し、これに憲法草案の起草を委託した。議長には十七人委員会の副議長であったバッサーマンが、また副議長は、逆に十七人委員会の議長であったマックス・フォン・ガーゲルンが選出された。またドロイゼンが書記を務めた。この委員会には、他にダールマンとヴィッパーマン[16]を含めて、十七人委員会の委員のうちの五人が入っていたほか、有名な法学者でフライブルク大学のヴェルカーやグライフスヴァルト大学のベーゼラーやハイデルベルク大学のローベルト・フォン・モールなどもいた[17]。憲法委員会は、まず最初に、国民議会の総会に《基本権》に関する草案を提出し、国民議会での冗長な審議の末、一二月二七日に、この基本権の部分のみが「ドイツ国民の基本権に関する法律」(Gesetz, betreffend die Grundrechte des deutschen Volkes)として施行されることになるのであるが、憲法委員会はこの間、いわゆる統治構造に関する部分についても審議をしていた。予備委員会(Vorkommission)の草案では、その第Ⅲ条の§五にライヒ裁判所の管轄について規定されていたが、その内容は、配列が異なったり、表現が若干ちがっている点を除くと、上記の十七人委員会の草案と内容的にほぼ符合している。この草案に基づいて、憲法委員会は、九月中旬から一〇月の初めにかけて検討作業を行い、憲法制定国民議会の全体会議に答申すべき草案(第一草案)を作成した。以下、再びファラーに拠って、予備草案と第一草案(B欄)を比較しながら見ていくこととするが、その際、十七人委員会草案(A欄)との対応(上端)も示しておくこととする(A欄に×印を付たものは、十七人委員会草案には対応する規定がないことを示す——以下同じ)。

A	予備草案	第一草案(B)
	§五　ライヒ裁判所の管轄に属するのは次の各号の事項である。	§二　ライヒ裁判所の管轄に属するのは次の各号の事項である。
×	b) ライヒ権力と個々の邦の政府との間の権限紛争で、両当事者の一方がライヒ裁判所の判断を請求したとき。	a) ライヒ権力と個々の邦との間における、権限の範囲に関する紛争。
a.	g) ドイツの個々の邦の間の政治的及び法的なあらゆる種類の紛争。ただし、ライヒ政府事項の範囲に属すべき紛争はこの限りでない。裁量による決定は、争いとなっている問題の判断がライヒの利害に抵触しない限りにおいて、許される。	b) ドイツの個々の邦の間の政治的及び法的なあらゆる種類の紛争。裁量による決定は、争いとなっている問題の判断がライヒの利害に抵触しない限りにおいてのみ、許される。

b.	h) 個々の邦内の皇位継承〔順位〕、統治能力及び摂政に関する紛争。ただし、本条g)号の制限の下で決定についての留保が付される。
e.	a) ラント憲法の有効性ないし解釈に関する、個々の邦の政府とその人民代表議会(Volksvertretung)との間における紛争。
×	i) 個々の邦の政府がラント憲法を独断で廃棄し又は変更したことを理由とする訴願。
f.	l) ライヒ財産に対するあらゆる訴え。
d.	k) 要求に応じる義務について複数の邦の間で疑義ないし論争がある場合に、ドイツの邦に対して私人が提起する訴訟事件。その義務が同時に複数の邦にある場合においても同様である。
h.	c) ライヒ憲法の侵犯、及び、ライヒ大臣の責任に関する法律に列挙されているすべての国事犯(Staatsverbrechen)を理由とする、ライヒ大臣に対する訴追に関する刑事裁判。
h.	d) 〔同右〕
×	e) 〔同右〕

c) 個々の邦内の皇位継承〔順位〕、統治能力及び摂政に関する紛争。

d) ラント憲法の有効性ないし解釈に関する、個々の邦の政府とその人民代表議会との間における紛争。

e) 政府がラント憲法を廃棄し又は憲法に違反して変更したことを理由とする、個々の邦に属する者の訴願。

f) ライヒ財産に対する訴え。

g) 要求に応じる義務について複数の国家間で疑義ないし論争がある場合に、ドイツの邦に対して提起される訴。その義務が同時に複数の邦にある場合においても同様である。

h) ライヒ憲法の侵犯、及び、ライヒ大臣の責任に関する法律に列挙されているすべての重罪(Verbrechen)を理由とする、ライヒ大臣に対する訴追に関する刑事裁判。

i) ラント憲法の侵犯を理由とする、個々の邦の大臣に対する訴追に関する刑事裁判。ただしラントの裁判所が関わりを有する場合はこの限りでない。

k) すべてのライヒ公務員の職務違反及び軽罪(Vergehen)に関して、陪審裁判官によって判決を下されるべき刑事裁判。

i.	f)　ライヒに対する大逆罪及び反逆罪の場合において陪審裁判官によって判決を下されるべき刑事事件。――これらの場合にライヒの元首の権限になる恩赦には、ライヒ裁判所の判断が先行しなければならない。	l)　ライヒに対する大逆罪及び反逆罪の場合において陪審裁判官によって判決を下されるべき刑事事件。
g.	m)　裁判が拒否されたこと、又は妨げられたことを理由とする訴願に関して最高決定機関〔終審〕としてなされる決定。	m)　ラント法律上の救済手段(Mittel der Abhilfe)がすべて尽くされている場合で、裁判が拒否されたこと、又は妨げられたことを理由とする訴願。
×	n)　ライヒ裁判所は、邦議会(Staatenhaus)[18]、国民代表議会(Volkshaus)及びライヒ内閣の間での紛争がライヒ憲法の解釈に関わる場合で、双方が〔ライヒ裁判所の〕意見(Gutachten)を求めた(verlangen)ときは、意見を出すものとする。	n)　邦議会、国民代表議会とライヒ政府との開における紛争がライヒ憲法の解釈に関わる場合で、紛争当事者がライヒ裁判所の決定(Entscheidung)を求める(einholen)ことで一致したとき。

(2)　この段階での審議の中で、とくに現行の基本法との関連で、何と言っても興味深いのは、第一草案のm)の《憲法訴願》であろう。その審議の中で、「妨げられた裁判(gehemmte Justiz)とは何ぞや。訴訟が長びいたら何時でもこの訴願が提起されることになってしまうのではないか」とする批判が出され、またこれに対しては、「それは裁判が妨害されたこと(Hemmung)ではなく、遅延(Verschleppung)である」との反論がなされたが、結局、第一草案にあるような、いわゆる補完性(Subsidialität)の要件が付加されることになった。ちなみに基本法の第九四条二項も、一九四九年制定当時においては、かかる要件を課していなかったのが、一九六九年一月二九日の改正によって、「前もって裁判で争う方途を残らずとることを憲法訴願の申立ての要件とする」旨の文言が付加されることになったことと

思い合わせると、きわめて興味深いことと思われる。また、同日の改正で、基本法第九三条一項に付加された第四a号の憲法訴願の文言と類似した趣旨の規定、すなわち、「基本権侵害を理由とする、ライヒ権力及び国家権力に対する各人の訴願」をライヒ裁判所の管轄権の中に取り入れるべきだとする提案も、すでにこの時点でも出されていなかったわけではないが、この段階ではまだ多数の賛成を得るには至らなかった。このような規定は、のちの本会議での審議の中で、付加されることになる（後述）。

第三節　国民議会の本会議における審議(19)

(1)　憲法委員会は憲法制定国民議会にその草案を提出し、一八四八年一一月二七日日から本会議での検討作業（第一読会）が始められたが、シュトゥットガルト出身の穏健左翼議員モーリッツ・モール――上述のローベルト・フォン・モールの弟――は、この第一草案に対して、原理的・根本的な疑念を提出し、ドイツにおいて、草案に見られるような憲法裁判制度を導入すること、とりわけ、ライヒ権力と個々の国家の間における紛争や、ライヒ憲法・法律・条約などの解釈に関する紛争の決定をライヒ裁判所に委託するごとき制度を導入することには反対である旨を主張した。その際、彼は、アメリカとドイツの国制の相違を主たる根拠の一つとしたのであるが、これに対しては、マンハイムの弁護士で中道右派の指導的立場にあったフォン・ゾイロンが反論し、モールの主張は、アメリカの国制とそこにおける裁判所の地位に関する十分なる理解の欠如によるものであると断じた。その結果、モールの動議は採択されず、基本的にこの第一草案に従って審議が進められたが、とくに議論を呼んだのは、「基本権侵害を理由とする各人の訴」を取り入れるかどうか、という点であった。そして、次の五つの点について採決することで意見が一致した。すなわち、(イ)ライヒ裁判所による基本権保障に関する規定をそもそも（憲法に）組み込むべきかどうか。(ロ)この点について、個々の邦政府に対する訴えを許すべきかどうか。(ハ)また、個々の邦の国家権力、それゆえ、個々の邦の立法権力をも含めての国家権力が基本権を侵害した場合に、それらの国家権力に対する訴えも、許されるべきかどうか。(ニ)ライヒ政府がそれらの基本権を侵害した場合には、ライヒ政府を相手とするライヒ裁判所への訴えをも許すべきかどうか。(ホ)個々の邦に対する訴えは、その事柄が当該邦の裁判所の権限でない限りにおいて、という条件の下でのみ提起されるべきかどうか、という点であった。そして、これら五点について個別の採決の結果、(イ)、(ロ)、(ニ)は可決されたが、(ハ)は否決され、(ホ)はすでに片付いているとされた。結局、第一草案のうち、この第一読会でこの採決に基づく付加がなされて、第一草案のe)のあとにf)として置かれ、以下、号が一つずつ繰り下げられたが、第一草案のk)はこの段階で削除された。以下、第一草案（上述のB）と、その本会議における修正とを比べてみると、その相違点は下のようになる（傍線部はBとの相違点を示す）[20]。

B	本会議第一読会における修正案（C）
d)	d) ラント憲法の有効性若しくは解釈に関する、又はその規定の不履行を理由とする、個々の邦の政府とその人民代表議会との間における紛争。
e)	e) 政府がラント憲法を廃棄し、侵害し又は憲法に違反して変更したことを理由とする、個々の邦に属する者の訴え（Klagen）。
×	f) ドイツ国民に保障された基本権の一つが侵害されたこと（erlittene Verletzung）を理由として、個々の邦に属する者がその自国政府に対して、及びライヒ政府に対して、提起する訴え。
f)	g) 〔内容は同一。〕

g）	h）〔内容は同一。〕
h）	i）〔内容は同一。〕
i）	k）〔「……ただし」以下が削除されたほかは、内容的に同一。〕
k）	〔削除〕
l）	l）〔「陪審裁判官によって判決を下されるべき」の部分を削除。〕
n）	n）ライヒ（Reichsversammlung）又はその下にあるライヒの立法諸団体（gesetzgebende Körper）とライヒ政府との間における紛争が、ライヒ憲法の解釈に関わる場合で、紛争当事者がライヒ裁判所の決定を求めることで一致したとき。

この中で、本章にとって注目すべきは、政府による基本権侵害に対する訴えと並んで、e）にラント憲法の「侵犯」（Verletzung）――それゆえ、憲法の廃棄・変更のみならず、個別的な侵犯――に対しても、個々人が訴えを提起しうるとする案が出ていることである（しかし、後述のように、最終的にはもとの規定に戻ってしまうことになるのであるが）。

⑵　憲法委員会の常任委員の一人であったドロイゼンは、本会議のこのような成り行きにあまり満足していなかったようで、「われわれの原案にあるような高度なセンスがなくなって、よろしくない」との不満を漏らしている。

原案はいま一度、憲法委員会に戻され、そこで再度修正がなされることになる（一八四九年一月二七日、同三一日）。この審議の中では、上記の、基本権侵害を理由とする訴願に対するライヒ裁判所の管轄権について本会議でなされた追加修正（上記f）号）に対する見直しが議論になった。個々の国家における皇位継承等に関する紛争だけでも、すでにライヒ裁判所の業務はたっぷりあるのに、その上、ありとあらゆる基本権の保障までやらせることになれば、もはやライヒ裁判所は、無限の仕事で手いっぱいになってしまう。そんなことは、下級裁判所でもできることだ。かつてのライヒ宮廷裁判所（Reichskammergericht）のように、ありとあらゆる些細な事件の訴訟（Bagatellsache）がライヒ裁判所に提起されれば、ライヒ裁判所は窒息してしまうだろう。「すべての基本権についてライヒ裁判所に決定させようとすれば、われわれは、ライヒ裁判所をぶち壊してしまうことになろう」という批判的意見である。

しかし、この意見に対しては、国民はライヒ裁判所で自分の権利を保護してほしいと思っており、ライヒ裁判所は、基本権の解釈に関する一種の破棄院（Kassationshof）なのであって、これは非常に必要なものだ、とする反論も出された。そして結局、中道右派の代表者の一人、ベーゼラーが、一方でライヒ裁判によって、ドイツの国家公民に保障されたすべての権利に対する侵害にまで訴権（Klagerecht）を拡げつつ、他方では、この訴権の範囲や、それを主張する方法等についての詳細をライヒの法律に留保するという趣旨の条項を提案し、これが委員会で受け入れられた（後述の最終的に可決された憲法（D）の第一二六条g）号にあたる）。

その他、この憲法委員会の修正案が先の本会議での修正案（C）と異なっている点は、ライヒ権力の行為は、執行権力としてのライヒ政府の行為のみならず、ライヒ議会の可決したライヒ法律による行為も、個々の邦の訴えによって、ライヒ裁判所の判断に服することとされた点（後述Dのa）号）や、いったんはCで付加された、ラント憲法の問題に対するライヒ裁判所の管轄権が制限され、ラント憲法の侵犯（Verletzung）を理由とする個々の邦の構成員の訴えは許されなくなる（Dのa）号前段）と同時に、ラント憲法の「規定の不履行を理由とする」紛争にも、ライヒ裁判所の管轄が及ばなくなった点である。

さて、一八四九年三月六日、この憲法委員会による修正案（ここでは第二草案と呼んでおく）は、再び憲法制定国民議会の本会議にかけられ、第二読会で、ほとんど修正もなく可決されることになる（三月二八日）。

ただ一つ違っている点は、ラント憲法の侵犯を理由として政府を相手どって個々の邦の構成員が提起する訴えが、《補完性》の留保条件のもとに、付加された（Dのf）号二文）ことである。

(3)　では、最後に、以下では、一八四九年三月二八日に可決・公布されたいわゆるフランクフルト憲法（「ドイツ帝国憲法」）のライヒ裁判所の管轄に関する条項（§一二六）を、今までに述べてきた十七人委員会草案（A）、憲法委員会の第一草案（B）、第一読会での修正案（C）のそれぞれとの対応を一括して考慮に入れつつ、掲げることとする。(21)

A	B	C	フランクフルト憲法（D）
§二四	§二	§二	§一二六　ライヒ裁判所の管轄に属するのは、次の各号の事項である。
×	a)	a)	a)　ライヒ法律の発布及び政府の処分（Maaßregeln）〔ママ〕によってライヒ憲法が侵犯されたことを理由としてライヒ権力を相手として個々の邦が提起する訴え、及び、ライヒ憲法の侵犯を理由としてライヒ権力が個々の邦を相手として提起する訴え。
×	n)	n)	b)　邦議会とその下にある国民代表議会との間、及びその各々とライヒ政府との開の紛争が、ライヒ憲法の解釈に関わる場合で、紛争当事者がライヒ裁判所の決定を求めることで一致したとき。
a.	b)	b)	c)　ドイツの個々の邦の間の、すべての種類の政治的及び私法的な紛争。
b.	c)	c)	d)　個々の邦内の皇位継承〔順位〕、統治能力及び摂政に関する紛争。
e.	d)	d)	e)　ラント憲法の有効性若しくは解釈に関する個々の邦の政府とその人民代表議会との間における紛争。
×	e)	e)	f)　政府がラント憲法を廃棄し又は憲法に違反して変更したことを理由とする、個々の邦に属する者の訴え。 政府がラント憲法を侵犯したことを理由とする、個々の邦に属する者の政府に対する訴えは、ラント憲法の中に与えられた救済手段を用いることができない場合にのみ、これをライヒ裁判所に提起することができる。

×	×	f)	g) ライヒ憲法によってドイツの公民(Staatsbürger)に保障された諸権利が侵害されたことを理由とする公民の訴え。この訴権の範囲及びこれを主張する方法に関する詳細の規定は、ライヒの立法に留保されている。
g.	m)	m)	h) ラント法律上の救済手段がすべて尽くされている場合で、裁判が拒否されたこと、又は妨げられたことを理由とする訴願。
h.	h)	i)	i) ライヒ大臣に対する訴追でライヒ大臣の責任に関する場合において、その訴追に関する刑事裁判。
h.	i)	k)	k) 個々の邦の大臣に対する訴追で、その大臣の責任に関する場合において、その訴追に関する刑事裁判。
i.	l)	l)	l) ライヒに対する大逆罪及び反逆罪の場合における刑事事件。ライヒに対するその他の犯罪がライヒ裁判所の管轄に委ねられるべきかどうかは、後に制定されるライヒ法律に留保される。
f.	f)	g)	m) ライヒ財産に対する訴え。
d.	g)	h)	n) 要求に応じる義務についての複数の邦の間で疑義ないし論争がある場合、及び、複数の邦に対する共同体的な義務が一つの訴の中で主張される場合の、ドイツの邦に対する訴え。

第四節　フランクフルト憲法における憲法裁判

(1) 上述の§一二六の各号を通観して、これを分類すれば、おおよそ次のようになろう。[22]

① 連邦制に基づく憲法争訟に対する管轄——a)、c)

② ライヒ内の機関争訟に対する管轄——b)

③　邦内の憲法争訟に対する管轄――d)、e)
④　憲法訴願――f)、g)、h)
⑤　大臣訴追に対する管轄――i)、k)
⑥　その他――l)、m)、n)

これらは、今日いうドイツ型の《憲法裁判》の主なものをほぼすべて含んでいると言えるものであり、とりわけ、すでに一言したとおり、基本法下で一九六九年に初めて憲法上にもその根拠をもつに至った《憲法訴願》(基本法第九三条一項四a号)が、基本法公布よりちょうど一二〇年前のフランクフルト憲法にすでに登場していたことは、大いに興味を引くところである(この点、さらに後述)。

しかし、周知のごとく、フランクフルト憲法は、ドイツ三月革命の挫折と運命を共にし、一八五一年八月二三日には、同盟会議がこの憲法の効力を明示的に否定するに及んで、この憲法はついに陽の目を見るに至らなかった。それゆえ、フランクフルト憲法のライヒ裁判所も、現実には設置されなかったことは言うまでもない。

(2)　ここで、その後のドイツの諸憲法において、憲法裁判がどのように制度化されていたかを、ごく概括的に触れておこう。

まず、プロイセン主導型の小ドイツ主義的帝国建設の試みの途上で、一八四九年五月二八日に作られ、一八五〇年四月二九日に発効した、いわゆる《エアフルト連合》(Erfurter Union)の憲法は、(23) フランクフルト憲法を模範として作られており、ライヒ裁判所の管轄については、その§一二四で、フランクフルト憲法とほとんど同一の規定を置いていた。(24) しかし、オーストリアの強烈な反対にあったプロイセンは、一八五〇年一一月二九日、オルミュッツ協定(Vertrag von Olmütz)(25)によって紛争を解決しようとして、この憲法を廃棄した。

その後も、一九世紀のドイツの政治・法生活の中では、憲法裁判の思想は、ほとんど姿を消していくのであり、一八六七年四月一六日の北ドイツ連邦憲法はもちろん、一八七一年四月一六日のいわゆるビスマルク憲法においても、フランクフルト憲法流の憲法裁判制度はまったく存在しなかった。ビスマルク憲法においては、連邦を構成する個々の国家間の紛争で、私法的性質を有しておらず、それゆえ、権限を有する裁判機関によって決定することができない場合には、当事者の一方の申立てによって、連邦参議院(Bundesrat)という一種の政治機関に、その仲裁を求めることとされていたし(第七六条)[26]、また、ライプツィヒに設置されていたライヒ裁判所は、民事・刑事事件に対する最高裁判所としての地位と権限しか有さず、フランクフルト憲法のライヒ裁判所との共通点は、上記§一二六の1)についてのみであった。そしてビスマルク自身も、憲法問題は、高度に政治的な意味と効果を有するがゆえに、独立した裁判所の判決という形ではなく、政治機関によって決定されるべきであることを、くりかえし言明したとされている[27]。

(3)　一九一九年のヴァイマル憲法下の国事裁判所(Staatsgerichtshof)は、いくつかの重要な憲法上の問題に関する管轄権を有していた。たとえば、ライヒ法律の執行に関する争いについて、ライヒ政府およびラント政府の申立てにより、国事裁判所が決定することを定める第一五条二項、ラントの合併または分離に際しての財産処分について争いのある場合に関する第一八条七項、ラント内の憲法争訟やライヒとラントの間の非私法的争訟に関する第一九条、ライヒの大統領、宰相・国務大臣の憲法違反・法律違反を理由としてライヒ議会が提起する公訴に関する第五九条などが、その主なものである[28]。

しかしこの国事裁判所は、フランクフルト憲法のライヒ裁判所に類比しうるような独自の憲法裁判所ではなかったし、最高国家機関のあいだの紛争は、まったく政治的な力関係に委ねられていた。もっとも、フランクフルト憲法においても、この最高国家機関のあいだの機関争訟（上述b）号）は、基本法第九三条一項一号のような義務的（obligatorisch）管轄ではなく、あくまでも、当事者の同意を必要とする任意的（fakultativ）管轄ではあったが、しかし、このような争訟をも裁判所によって解決しようとする憲法裁判の思想は、フランクフルト憲法の中にその理想型に近い形で、これを見出すことができるのである。そして、ここに見られる近代法治国家の思想には、アメリカ合衆国の最高裁判所の、とりわけ一八〇三年以来の実践が少なからぬ影響を与えたと言われている。(29) たしかに、裁判による憲法の保障を論ずる際に、アメリカ的な司法審査制（judicial review）の機能を、ドイツ型の《憲法裁判所》のそれと同視することはできないとしても、連邦制をとる国家において、連邦法律（当時のドイツでは「ライヒ法律」）と州法律（フランクフルト憲法下では「邦法律」）とが、連邦憲法（ライヒ憲法）と一致していなければならない、しかも、単に立法行為のみならず、行政行為も憲法に適合していなければならない、とする思想に対して、アメリカ合衆国最高裁判所の実践とそこに見られる法の支配の思想が与えた影響を肯定することも、あながち不当ではなかろう。(30)

(4)　それはともかくとしても、すでに若干指摘したとおり、フランクフルト憲法のライヒ裁判所に与えられた管轄権は、これを基本法下における連邦憲法裁判所のそれと比較してみると、日本国憲法第八一条のごとき《一般条項》によってではなく、いわゆる《列挙主義》（Enumerationsprinzip）に基づいているとはいえ、相当広範な管轄権をもつ《憲法の番人》としての裁判所という理念においては、多くの共通するところを有していることが分かるであろう。この点は少しあとでさらに具体的に触れるが、連邦制の確立に伴う諸問題、とりわけ、連邦最高機関の間の紛争や連邦とラントの間の紛争の処理のごとき、政治的紛争の処理をも法的拘束に服させんとする思想において、フランクフルト憲法と基本法は、今日的視点から見た場合の、ドイツ型憲法裁判の典型ということができるであろう。

それと同時に、基本法との関連でとくに注目すべきは――やや繰り返しになるが――フランクフルト憲法における《憲法訴願》制度であろう。そして、上に述べたライヒ内の機関争訟やライヒ・邦間の憲法争訟などは、大なり小なり――また、それがライヒ裁判所その他の《裁判所》の管轄とされたか《政治機関》の判断に委ねられたかは別として――基本法以外でも認められてきたところであってみれば(上述)、この憲法訴願制度による基本権保障こそ、フランクフルト憲法がライヒ裁判所に与えた最大の特色であったと言っても過言でないように思われるのである。

ところで、フーバーが「個人による(individuell)憲法訴願」として分類している三つの事項のうち[31]、f)号は、個人が《基本権》侵害を理由として出訴するのではなく、「個々の邦の政府がラント憲法を廃棄し若しくは違憲の改変を行なったこと又は憲法を侵犯したことを理由として、その邦に属する者〔邦の住民〕が邦政府を相手どって起こす訴え」であり、今日いうところの民衆訴訟(Popularklage)にあたると言うほうが正確であるように思われる。f)号前段(憲法廃棄・違憲の改変)の場合には、f)号後段(憲法の侵犯)の場合とはちがって、いわゆる《補完性原則》がなく、「ラント憲法の中に認められている救済手段を用いることができない場合にのみ」との限定が付されていない点が特徴的である。もっとも、フーバーもf)号が民衆訴訟としての性格を有していることを看過しているわけではなく、彼はこのf)号をして、「憲法に違反して行動した官憲に対する古来の臣民の抵抗権」を、政府の憲法改廃や議会による許されない憲法改正に対して用いさせる訴権に変形することを意図したもの」と解している[32](傍点の強調も原文)。

§一二六のg)号は、ライヒ憲法訴願であり、これは「ライヒ憲法上、ドイツの国家市民に保障された諸権利」(いわゆる基本権)の侵害に対する訴えである。ただこの訴願に関する詳細は、ライヒの立法に留保されたのであり、フランクフルト憲法の挫折によって、この立法は実際にはなされなかったので、この権利が当時どの程度の重要性をもつものとして認識されていたかについて、ここで詳しく検討することはできないが、すでに、この条項の成立過程を検討した箇所（第三節(2)）で述べたように、かかる訴願権が、ライヒ裁判所の業務を著しく増大させることになるとする有力な反対意見があったことは、今日の基本法下における憲法訴願の数が、憲法裁判全般に占める割合を考えれば、きわめて示唆的である（この点についてはすぐあとでさらに言及する）。

§一二六のh)号の訴願は、特殊な性格をもった訴願である。すでに一八二〇年五月一五日のヴィーン最終規約（Wiener Schlußakte）の第二九条は、ドイツ連邦内の邦において裁判拒否（Justizverweigerung）があった場合で、法律上の方法では十分なる救済（Hülfe）が得られない場合には、「連邦会議は、拒否され、又は妨げられた裁判に関する、ラントの憲法及び既存の法律によって決定すべき訴願を受理し、これに対して連邦政府の下での裁判的救済をなす義務がある」としていた[33]。これは、領邦君主（Landesherr）の専断的裁判権（Kabinettsjustiz）の禁止を意味し、後の「裁判を受ける権利」へ発展していくものであった[34]。フランクフルト憲法の本号も、ラントにおいて裁判を受ける権利が十分に行使しえなかった場合に、「最終的手段として」ライヒ裁判所の判断を受けることを認めたものである。

(5)　では、最後に、先ほど残しておいた点につき、簡単に触れておく。第二次大戦後の一九四八年八月一〇日、キームゼーのヘレン島（Herrenchiemsee）にある古城（Altes Schloß）で開かれた憲法委員会（Vefassungskonvent）で作成された（八月二五日）、いわゆるヘレンキームゼー草案[35]は、その第九七条で連邦憲法裁判所に関する一般条項を掲げた上で、第九八条でその管轄事項を一一項目に分けて列挙しており、そのうち第一号の大統領訴追は基本法第六一条に、第六号の政党の違憲性判断は基本法第二一条に、第七号の選挙争訟は基本法第四一条に、第九号の基本権喪失は基本法第一八条に、それぞれ別個に規定されることになるが、興味深いのは、同草案の同条第八号がすでに「この基本法によって保障された基本権が侵害されたことを理由とする訴願」として、憲法訴願を定めていたことである。もっとも、同草案はその第一三八条で、「命令（Anordnung）又は行政官庁の不作為によって権利を侵害され、又は自己の負う必要のない義務を負わされたと信じる者」が裁判上の救済を要求することができる、とする、権利救済に対する一般条項を設けているので、これとは別にどこまで憲法訴願が必要であり、かつ許されると考えられたかについては、必ずしも定かではないが[36]、かかる独立した憲法訴願の必要性自体については争いはなかったようである。ちなみに、同草案の第一三八条では、とくに《立法行為》や《司法行為》に対する訴願が含まれていないので、その意味でも、前記第八号は、現行の基本法に後に導入されることになる憲法訴願制度と同様の射程をもちうるものであったと言えよう。

しかし、ボンに設置された基本法制定会議であるいわゆる議会評議会では、ヘレンキームゼー草案の右の第八号は採択されるには至らず、基本法第九三条二項は、たんに、連邦憲法裁判所の権限を、同条一項で列挙したもの以外でも連邦法律で創設しうることを認めたにとどまったのであり、一九五一年三月一二日の連邦憲法裁判所法の第九〇条がこの制度を確立し、すでに言及したごとく、一九六九年一月二九日の第一九回基本法改正によって、基本法第九三条一項四a号・四b号として、憲法訴願制度が初めて基本法上にもその根拠をもつことになるのである。本書の別の章で示すように[37]、基本法下において、《憲法訴願》制度は連邦憲法裁判所の活動においてきわめて重要な位置を占めている。上述の第一九回基本法改正で、基本法第九四条二項に第二文として、「連邦法律は、あらかじめ裁判上の手段を残らず尽くすことを憲法訴願申立の要件となし、かつ、特別の例外手続を規定することができる」とする《補完性原則》が追加されたのも、このような状況を背景にしたものと言えよう。そして、同様の問題点がフランクフルト憲法の審議過程の中でも論議されていたことは、すでに述べたとおりである。

(6)　では、現行の基本法において連邦憲法裁判所の管轄とされている事項を列挙してみよう[38]。

	争訟の種類	基本法の該当条項
狭義における憲法争訟	1. 連邦の憲法上の機関のあいだの憲法争訟	第九三条一項一号
	2. 連邦とラントのあいだの憲法争訟	第九三条一項三号
	3. 他に裁判上の方法がない限りでの、他の公法上の争訟	第八四条四項二文
	イ. 連邦とラントのあいだの争訟	第九三条一項四号
	ロ. 相異なるラントのあいだの争訟	
	ハ. 一ラント内における争訟	
	4. ラント法律の規定によるラント内の憲法争訟	第九九条
規範統制手続	A 抽象的規範統制	
	5. 連邦法若しくはラント法が基本法と一致するかどうか、又は、ラント法が他の連邦法と一致するかどうかについての意見の相違又は疑義	第九三条一項二号
	6. 法が連邦法としての効力を保有するかどうかについての意見の相違	第一二六条
	B 具体的規範統制	
	7. 連邦法律若しくはラント法律が基本法と一致するかどうか、又は、ラント法律若しくはその他のラント法が連邦法律と一致するかどうか	第一〇〇条一項
	8. 法が連邦法としての効力を保有するかどうかについての意見の相違	第一二六条
	9. 国際法の原則が連邦法の構成部分であるかどうか、及びそれが直接に個々人に対して権利・義務を生ずるかどうか、についての疑義	第一〇〇条二項（第二五条）

憲法訴願	10. 公権力の行為によって基本権及びそれと同等の権利（第二〇条四項、第三三条、第三八条、第一〇一条、第一〇三条、第一〇四条）を侵害されたことを理由として各人が申し立てうる一般的憲法訴願	第九三条一項四a号
	11. 法律によって基本法第二八条の権利を侵害されたことを理由とする市町村及び市町村組合の憲法訴願で、ラントの憲法裁判所に訴願を申し立てることが許されていない場合	第九三条一項四b号
その他の手続	12. 政党の違憲性及び解散の確認	第二一条二項
	13. 基本権の喪失	第一八条
	14. 連邦大統領が故意に基本法又はその他の連邦法律に違反したことを理由とする連邦大統領訴追	第六一条
	15. 連邦裁判官及び（場合によっては）ラントの裁判官が基本法の原則又はラントの憲法的秩序に違反したことを理由とする裁判官訴追	第九八条二項、五項
	16. 選挙の審査手続における連邦議会の決定に対する訴願	第四一条二項
	17. ラントの憲法裁判所が連邦憲法裁判所又は他のラントの憲法裁判所の決定と異なる決定をしようとする場合の、基本法の解釈	第一〇〇条三項

連邦憲法裁判所のこれらの権限を、本章で検討したフランクフルト憲法のライヒ裁判所のそれと比べてみると、いわゆる《具体的規範統制》やそれに類する手続（右の一覧表の7、8、9、17）はフランクフルト憲法ではほとんど予定されていないし、政党の違憲性や基本権の喪失に関する権限（同12、13）のごとき、第二次大戦後の新しい状況の中で出てきた《たたかう民主制》に関わる問題の規定や、選挙の審査に関わる規定（同16）は、フランクフルト憲

法には全く見られない。また逆に、立憲君主制に関するフランクフルト憲法の規定（上述d）や、ライヒ財産に対する訴（上述m）などが、基本法に対応する規定がないのは当然であろうが、連邦内（ないしライヒ内）の最高機関のあいだの紛争（1とb）や連邦（ないしライヒ）とラント（ないし邦）のあいだの紛争（2、3イ、5とa）、ラント（ないし邦）間の紛争（3ロとc）、ラント（ないし邦）内部の紛争（3ハ、4とd）、e）などは、ほぼ対応しているほか、やや詳細に検討した憲法訴願についても、共通している（10とg）、h）ことがわかるであろう。

もちろん、基本法はその他にもフランクフルト憲法にはないいくつかの管轄権を認めているし、逆にフランクフルト憲法にも、基本法下では通常裁判所の管轄に属している事項がライヒ裁判所の管轄とされていたものもあり（たとえばl）、両者の類似性には、歴史的状況の相違による限界があることは当然であるが、にもかかわらず、フランクフルト憲法がライヒ裁判所に与えていた《憲法の番人》としての地位は、実質的には、基本法下の連邦憲法裁判所の地位にとっての原型であったとみることができるように思われるのである。

注

（1）　基本法における連邦憲法裁判所制度の成立過程については、さしあたり、永田秀樹「西ドイツ連邦憲法裁判所成立過程の研究」（『法学論叢』一〇四巻二号〔一九七八年一一月〕五六頁以下）を参照。

（2）　*P. C. Mayer-Tasch* (Hrsg.), DieVerfassungen der nichtkommunistischen Staaten Europas, 2., neubearbeitete.Aufl., 1975, S. 424 ff., insb. S. 477.

（3）　基本法下での憲法訴願制度については、すでに川添利幸「西ドイツにおける憲法訴願制度の本質」『公法研究二四号』（一九六二年）一五〇頁以下、阿部照哉「憲法訴願制度の一考察」（『法学論叢』一〇六巻三号（一九七九年）一頁以下）などがあるし、現在までにきわめて多くの研究がある。

（4）　ドイツにおける発展については、池田政章「ドイツ型憲法裁判の系譜と特質」（一～三）（『国家学会雑誌』七三巻六号、八号、七四巻一・二号）がビスマルク憲法までの発展を概観しており、フランクフルト憲法については、同論文（三）、一～一〇頁で述べられている。

（5）　フランクフルト憲法の成立過程については、本来は、Protokolle による検討がなされるべきであるが、ここではこれらの第一次史料には拠りえなかったことをお断りしておく。

（6）　*Huber*, Dokumente, Bd. l, S. 330.

（7）　*E. R. Huber*, Deutsche Verfassungsgeschichte, Bd. 2, S. 596; *Rudolf Hübner*, Der Verfassungsentwurf der Siebzehn Vertrauemsmänner. Ein Beitrag zur Vorgeschichte der Frankfurter Verfassungswerkes. Sonderabdruck aus : „Festschrift für *E. Rosenthal*“, Jena, 1923, S. 9 ff. によった。

（8）　この草案は、*Huber*, Dokumente, Bd. 1, S. 352 ff. に収載されている。これによると、この草案の構成は次のとおりである。

序文

前文（Entwurf des deutschen Reichsgrundgesetzes）

第Ⅰ一条　基本的規定（Grundlagen）――§§ 一～二

第Ⅱ条　ライヒの権限（Bedeutung des Reichs）――§ 三

第Ⅲ条　ライヒの統治機構（Verfassung des Reichs――§ 四

　A.　ライヒの元首（Reichsoberhaupt）――§§ 五～一〇

　B.　ライヒ議会（Reichstag）――§§ 一一～二一

　C.　ライヒ裁判所（Reichsgericht）――§§ 二二～二四

第Ⅳ条　ドイツ国民の基本権（Grundrechte des deutschen Volkes）――§ 二五

第Ⅴ条　ライヒ基本法の保障（Gewähr des Reichsgrundgesetzes）――§§ 二六～三〇

（9）　この部分の叙述は、主として *Hübner*, a. a. O.（Anm. 7）, S. 14 ff. に拠った。

（10）　*Hans Joachim Faller*, Die Verfassungsgerichtsbarkeit in der Frankfurter Reichsverfassung vom 28. März 1949, in: Menschenwürde und freiheitliche Reichsverfassung. Festschrift für *Willi Geiger* zum 65. Geburtstag, hrsg. v. *G. Leibholz, H. J. Faller, P. Mikat* und *H. Reis*, 1974, S.

827 ff., insb. S. 857 ff.

（11）　ライヒを構成する個々の支分国のことで、一九一九年のヴァイマル憲法では Land（州）と呼ばれるようになる。*F. Hartung*, Deutsche Verfassungsgeschichte vom 15. Jahrhundert bis zur Gegenwart, 9. Aufl., 1969, S. 321 参照（成瀬／坂井訳『ドイツ国制史』岩波書店、一九八一年）。ここでも、この訳書の訳語に従って、Staat を《邦》と訳した。

（12）　《君侯》（regierende Fürsten）というのは、上位から順に、皇帝（Kaiser）、王（König）、大公（Großherzog）、公爵（Herzog）、侯爵（Fürst）を総称したものである。

（13）　この点について *Hübner*, a. a. O.（Anm. 7）, S. 54 f. は興味深い報告をしているが、詳細は触れない。

（14）　フランクフルト憲法（正式名称は《ドイツ・ライヒ憲法》Die Verfassung des Deutschen Reiches）が《パウル教会憲法》とも俗称されるのはこのためであることは言うまでもない。

（15）　*Huber*, Deutsche Verfassungsgeschichte, Bd. II, S. 619. なお、*Huber*, a. a. O., S. 610 によると、集まった議員数はその後四〇〇から五〇〇人に増えたという。

（16）　ヴェルカーにつき、さしあたり、*Huber*, a. a. O., Bd. I, S. 376 f. および *Huber*, Dokumente, Bd. I, S. 373, Anm. 1.

（17）　憲法委員会の主たるメンバーにつき、*Huber*, a. a. O., Bd. I, S. 775. また国民議会議員の職業・身分的構成については、A. a. O., S. 610 ff.

（18）　ここにいう Staatenhaus は、フランクフルト憲法 § 八五および § 八六によれば、ライヒを構成する個々の邦の代表から成るもので、いわば参議院ないし上院に相当するものであり、Volkshaus と並んで、ライヒ議会（Reichstag）を構成している。前掲（注11）のハルトゥング『ドイツ国制史』二六二頁では、前者を「邦議院」、後者を「衆議院」と訳している。

（19）　以下この節の叙述は、主として *H. J. Faller*, a. a. O.（Anm. 10）, S. 836 ff. に拠っている。なお、*Huber*, Deutsche Verfassungsgeschichte, Bd. 2 は、この立法過程についてはなぜかほとんど触れていない。

（20）　*Faller*, a. a. O.（Anm. 10）では、第一草案（B）は Anlage 2 の右欄に、本会議第一読会での修正案（C）は Anlage 1 の左欄に置かれているが、ここでは、比較しやすいように、便宜上、このように逆に配列した。

（21）　*Faller*, a. a. O., S. 864 ff. なお、ファラーは、上述（第二節）の憲法委員会での一月二七日および三一日の修正、および三月六日に国民議会の第二読会に提出された第二草案を Anlage 3 として掲げているが、主たる問題点はすでに本文中で触れたし、第二草案は、ほとんど(f)号後段を除いて)フランクフルト憲法の§一二六と異なるところはないので、ここでは逐一掲げなかった。

(22) *Huber*, Deutsche Verfassungsgeschichte, Bd. II, S. 837 ff. は、以下の分類中の⑥をさらに大逆罪・反逆罪に関するl)と国庫に関するm)n)に二分し、また *Faller*, a. a. O. (Anm.10), S. 841 ff. は、①のa)を同時に「規範統制」として説明し、かつ、f)を「民衆訴訟」(Popularklage)として別扱いしている。

(23) *Huber*, Deutsche Verfassungsgeschichte, Bd. II, S. 885 ff.; *Huber*, Dokumente, Bd. I, S. 551 ff.

(24) *Huber*, Dokumente, Bd. I., S. 557 によれば、相違しているのは「大臣訴追」に関するk)と「ライヒ財産に対する訴え」に関わるm)のみであり、しかもこれらについても、本質的なところでは異なるところはない。

(25) *Huber*, Dokumente, Bd. I, S. 580 ff.

(26) 第七六条「(1) 異なる邦の間の争訟は、それが私法的性質を有しておらず、それゆえ権限ある裁判所によって裁判することができない場合に限り、当事者の一方の訴えに基づき、連邦参議院が処理するものとする。(2) 憲法上、その争訟を裁判する官庁を定めていない邦での憲法争訟は、当事者の一方の訴えに基づき、連邦参議院が調停しなければならず、これが成功しない場合は、帝国立法の方法によって処理しなければならない。」(『ドイツ憲法集』一一二頁)。Vgl. auch *Richard Thoma*, Das Staatsrecht des Reiches, in: Handbuch des Deutschen Staatsrechts, hrsg. v. *G. Anschütz* u. *R. Thoma*, 1. Bd., 1930, S. 69 ff., insb. S. 72.

(27) *Faller*, a. a. O. (Anm.10), S. 852 f.

(28) ヴァイマル憲法における国事裁判所の権限を中心に考察したものとして、阿部照哉「ワイマール憲法下の憲法裁判」(矢野勝久教授還暦記念論集『現代における法と行政』法律文化社、一九八一年三三頁以下)を参照。

(29) *Faller*, a. a. O. (Anm.10), S. 850 f. なお、初宿「フランクフルト憲法に及ぼしたアメリカ合衆国憲法の影響」法学論叢一三四巻三・四号(一九九四年一月)九七頁以下も参照。

(30) この点を詳細に検討するには、今のところ文献的資料に乏しいが、たとえば *Hübner*, a. a. O. (Anm.7), S. 10 f. は、十七人委員会草案の中心的作成者で、パウル教会の国民議会の憲法委員会の常任委員でもあった、かのダールマンが、ドイツの政体としては共和制を非として斥けつつも、連邦制をはじめとするアメリカの制度に共鳴していたことを指摘していることが示唆的である。

(31) *Huber*, Deutsche Verfassungsgeschichte, Bd. II, S. 835.

(32) *Huber*, a. a. O., S. 836. そこで参照されている *Hans Schneider*, Widerstand im Rechtsstaat, 1969 も参照。

(33) *Huber*, Dokumente, Bd. I, S. 95.

(34) *Huber*, Deutsche Verfassungsgeschichte, Bd. I, S. 617 u. 763.

(35) この草案の全体については、PR, Bd. 2. が詳しいが、この検討は本書で、部分的ながら、個別のテーマに即して行なっているので、ここでは連邦憲法裁判所の管轄権に関する条項(A. a. O., S. 599 f.)の検討のみにとどめる。この草案の裁判に関する部分の詳細については、さしあたり、初宿「ヘレンキームゼー草案(三)――裁判に関する部分――」愛知教育大学『社会科学論集』第二二号(一九八二年)二四九頁以下参照。

(36) PR, Bd.2., S. 622: Vgl. auch JÖR, Bd.1, S. 671.

(37) 本書第一五章参照。

(38) 以下の表は、*Horst Säcker*, Das Bundesverfassungsgericht. Status - Funktion - Rechtsprechungsbeispiele, München, 1975, S. 40 ff. にならって作成したものである(ただし一部省略)。それゆえ、一九九四年一〇月二七日の第四二回基本法改正で追加された第九三条一項二a号は、この表では触れていない。

第一五章　ドイツの連邦憲法裁判所

はじめに

わが国で《憲法訴訟》という問題が語られるようになったのはそう古いことではない。現行憲法第八一条の下での憲法判断は、いわゆる付随的審査制の枠内でなされ、したがってそれらは、原則として、具体的な民事・刑事および行政の各争訟事件の処理の中で、裁判所が事件を処理する過程において必要な限りでの憲法判断が、原告等の主張に応えるという形でなされるにすぎない。

これに対してドイツでは、伝統的にVerfassungすなわち国の統治組織に関わる紛争が、裁判手続の中で論議され判断されることは、ごく普通のことであり、すでに一九世紀以来、この意味での《憲法争訟》(Verfassungsstreitigkeiten)が語られてきた。そこで本章では、まず、現行憲法たるドイツ連邦共和国基本法の下での連邦憲法裁判所(Bundesverfassungsgericht)に至る憲法裁判所的裁判機構について、ごく簡単に触れた後に、主として現行憲法下での連邦憲法裁判所について、その構成、機能・権限等に触れ、併せて、日本国憲法改正論議における憲法裁判所導人論に関連しても、若干のコメントを加えることとする。

第一節　ドイツにおける憲法裁判所制度の歴史的概観

1　ドイツ近代憲法史における憲法裁判管轄権

(1)　フランクフルト憲法のライヒ裁判所　一八一五年のドイツ同盟(Deutscher Bund)の下での問題を別とすれば、一八四九年のいわゆるフランクフルト憲法(パウル教会憲法)におけるライヒ裁判所(Reichsgericht)の憲法裁判管轄権の構想が特に注目されるところである。前章で触れたように、この憲法の§一二六には、すでに今日の基本法下での連邦憲法裁判所の権限に匹敵すると言っても過言でないほどの権限が予定されていた。すなわち、連邦制に基づく中央政府と支分国とのあいだの権限紛争、帝国内部の機関争訟(Organstreit)に対する管轄のほか、特に注目すべきことは、今日いうところの憲法訴願〔憲法異議〕、つまり、帝国憲法によってドイツの公民に保障された権利が侵害されたことを理由とする訴え等についても、ライヒ裁判所の管轄権を認めていた[1]。もちろん、周知のごとく、この憲法自体は実施されるに至らなかったものであるから、このことの意義を余りに強調しすぎることはできないけれども、少なくとも、戦後の基本法下の連邦憲法裁判所制度の模範となった点は大いに注目すべきであることは、すでに前章で強調したとおりである。

(2)　ビスマルク憲法下の連邦参議院　一八七一年のドイツ帝国憲法(いわゆるビスマルク憲法)は、これも周知のとおり、国民の基本権に関する条項を全く持っていなかったので、上述した憲法訴願のような紛争は、帝国レベルでは起こりえなかったが、第一二章でも触れたように、連邦構成国間の憲法紛争で、私法的性質のものでなく、したがって裁判所が決定できない紛争に限り、連邦参議院（Bundesrat）が裁判することとなっていた（第七六条）。

(3)　ヴァイマル憲法下の国事裁判所　一九一九年成立のいわゆるヴァイマル憲法下では、その第一〇八条に基づいて、一九二一年法によってライプツィヒに設置されたドイツ国国事裁判所（Staatsgerichtshof für das Deutsche Reich）が、憲法の列挙する紛争（たとえば第五九条など）について管轄権を有していた。すなわち、ライヒ法律の執行に関して意見の相違があるときでライヒ政府およびラント政府が求める場合（第一五条三項）、ラントの合併または分離に関する紛争（第一八条七項）、ラント内または異なるラント相互間の憲法紛争およびライヒとラントの間の憲法紛争で非私法的な性質の紛争（第一九条）などについて、この国事裁判所が裁判することになっていた。

(4)　憲法裁判の伝統　このようにして、近代以降のドイツにおいては、上述のフランクフルト憲法の憲法訴願を別とすれば、主として、国家機関の間、ラントとラントの間、国とラントの間の紛争といった、国家機関の権限等に関わる紛争について、多くの場合に特別の裁判所その他の機関が裁判するという、憲法裁判の伝統が根づいていたと言ってよかろう。

もとより、こうした本来的な憲法裁判以外に、通常裁判所等の裁判官が法律の適用に際して形式的および実質的に法律の合憲性を判断しうるかどうかという問題は、一九世紀後半以降、„richterliches Prüfungsrecht“の問題として、学界では議論されてきたところであるが、その点はここでは触れない。

2 基本法下の連邦憲法裁判所と各ラントの憲法裁判所

(1) 連邦憲法裁判所　基本法においては、第九二条が、「裁判権は裁判官に委任され、連邦憲法裁判所、この基本法に予め規定されている連邦裁判所及びラントの裁判所によって行使される」とした上で、第九三条は、連邦憲法裁判所が第一項で列挙するもろもろの権限を有する旨を定め、第二項では、連邦法律で同裁判所にその他の権限を創設することができることを定めていた。しかし、連邦憲法裁判所自体は、基本法成立と同時には設置されず、基本法施行後約二年を経た一九五一年三月一二日の連邦憲法裁判所法によってカールスルーエに設置されるに至った。現在の建物は一九六九年以来用いられているもので、ベルリーンの建築家パウル・バウムガルテン(*Paul Baumgarten*, 1900-84)の設計によって、市の中心部の宮殿のすぐ近くに建設されたものであり、ガラス張りの三階建ての建物は、民主政の哲学たるTransparenz(透明性)を表現したものだと言われている。

(2) 連邦最高裁判所等　ちなみに、本章のテーマに関わって、現在のドイツには複数の最高裁判所が管轄事項ごとに設置されている点に触れておく。すなわち基本法第九二条後段は、裁判権は「連邦憲法裁判所、この基本法に予め規定されている連邦裁判所及びラントの裁判所によって行使される」とし、第九五条一項にいう連邦の最高裁判所(Oberste Gerichtshöfe des Bundes)として、カールスルーエ(バーデン=ヴュルテンベルク)〔民刑事部〕とライプツィヒ(ザクセン)〔刑事第五部〕に連邦通常裁判所(Bundesgerichtshof)、ライプツィヒに連邦行政裁判所(Bundesverwaltungsgericht)、カッセル(ヘッセン)に連邦社会裁判所(Bundessozialgericht)、エアフルト(テューリンゲン)に連邦労働裁判所(Bundesarbeitsgericht)、およびミュンヒェン(バイエルン)に連邦税財務裁判所(Bundesfinanzgericht)という五つの連邦最高裁判所のほか、基本法第九六条一項に基づく連邦裁判所として、ミュンヒェンに連邦特許裁判所(Bundespatentgericht)、また、フランクフルト(ヘッセン)に連邦懲戒裁判所(Bundesdisziplinargericht)が設置されているが、本章で主として問題とする連邦憲法裁判所は、これらの系列からは独立した裁判所として、憲法に関わる特別の、しかも非常に強大な判断権を与えられた裁判所として存在していることになる。このこともあって、ドイツの国家構造の中における連邦憲法裁判所の位置づけについては、従来から議論のあるところである。

(3)　ラントの憲法裁判所　　ラントの憲法裁判所制度もここでの検討の主たる対象ではないが、これについても多少触れておくと、ドイツの合計一六のラントには、当該ラント内における憲法争訟について管轄権を有する憲法裁判所が設置され、統一後の五つの新しいラントにも、すべて設置されている。もっとも、その名称は様々であり、„Landesverfassungsgericht" „Verfassungsgericht" „Verfassungsgerichtshof" „Staatsgerichtshof" の四種類に分かれている。(2)

第二節　基本法下の連邦憲法裁判所の構成

1　連邦憲法裁判所の構成

(1)　二つの法廷(Senat)と裁判官の員数　　さて、連邦憲法裁判所は、二つの相互に独立した法廷(Senat)で構成され、各法廷は、現在ではそれぞれ八人の裁判官で組織される。裁判官の員数は、設立当初は各法廷一二人ずつであったが、その後各一〇人ずつとなり、現在では各八人ずつとなっている。いずれの時期においても、裁判官の員数が偶数であることは、比較法的にはどちらかといえば珍しいように思われるが、連邦憲法裁判所が憲法問題の専属的裁判所であるとする建前の下で、憲法違反の判決をするためには明白な多数による判断を必要とするためだとする意図から、意識的に偶数にされたという経緯がある。

(2)　**裁判官たる資格**　各法廷の八人の裁判官のうち、三人の裁判官は、連邦の最高裁判所のいずれかにおいて、少なくとも三年間勤務した裁判官から選挙されるものとされている(基本法第九四条一項、連邦憲法裁判所法§二)。残り五人の裁判官の資格については、基本法はとくに定めを置いておらず、連邦憲法裁判所法(以下、単に「法」と略記することがある)§三の一般的要件のみが要求される。すなわち、「裁判官は、満四〇歳以上であって、連邦議会議員の被選挙権を有し」ていること、「裁判官は、ドイツ裁判官法による裁判官職の就任資格を有して」いることと等である。連邦憲法裁判所の裁判官の資格に関してとくに興味深いのは、一方で、「裁判官は連邦議会、連邦参議院、連邦政府のいずれにも、また、これらに相当するラントの機関にも、所属してはならない」として、一般的な兼職禁止規定を置きつつ、他方で、「裁判官としての活動は、ドイツの大学(deutsche Hochschule)での法学教官としての活動以外の職業活動とは両立しない」(傍点筆者)として、「ドイツの大学での法学教官」との兼職を例外的に認めていることである(§三第四項)。

したがって、裁判官出身の三人以外のこれら五人の裁判官は、弁護士であったり、行政官であったりするわけであるが、現在時点でいえば、いずれの法廷の場合も、五人のうち四人は大学教授であり、残り一人が行政官の出身である。

もちろん、「連邦憲法裁判所の裁判官としての活動は、大学教官としての活動に優先する」(法§三第四項二文)ので、大学での研究・教育を理由として裁判官としての職務を疎かにすることはできないが、大学教授たる裁判官の最大のメリットのひとつは（収入の点を別とすれば）、同裁判所に附属する図書館で国の内外のほとんどあらゆる資料が二四時間いつでも利用できることだとのことである（ウド・シュタイナー元裁判官の言）。

(3)　**裁判官の選出方法**　裁判官の選出の方法について、基本法は、「連邦憲法裁判所の構成員は、連邦議会及び連邦参議院がそれぞれ半数ずつ選出する」と規定するのみである（第九四条一項二文）が、連邦憲法裁判所法(3)は、さらにこれを詳細に規定し、「連邦の最高裁判所の裁判官の中から選任されるべき裁判官のうち、一人は一方の選挙機関、二人は他方の選挙機関が各法廷に選挙し、それ以外の裁判官のうち、三人は一方の選挙機関、二人は他方の選挙機関が、各法廷に選挙する」（法§五第一項二文）という、やや複雑な規定の仕方をしている。現在の実務では、初期の頃とは異なって、連邦の裁判官から選ばれる三人の裁判官のうち、連邦議会がいずれの法廷にも各二人、連邦参議院が各一人を選出し、そして逆に、残りの五人の裁判官うち、連邦議会は各二人、連邦参議院は各三人を選出することとなっているようである(4)。

(4)　**裁判官の任期・定年**　裁判官の定年については連邦憲法裁判所法§四が規定している。それによると、裁判官の任期は一二年とし、遅くとも定年までとされ（第一項）、裁判官が、引き続きまたは後に再選されることは認められない（第二項）。また、定年は、裁判官が満六八歳に達した月の末日である（第三項）が、裁判官は、任期が満了した後も、後任者が任命されるまで、その職務を引き続き遂行する（第四項）。この定年の規定は当初はなかったものであるが、一九七〇年に連邦憲法裁判所に個別意見（Sondervotum）の制度が導入されると同時に、このような

定年六八歳、再任禁止という規定が入れられたという経緯がある。(5)

2　連邦憲法裁判所の活動単位

(1)　双子裁判所　以上のように、連邦憲法裁判所は、それぞれ八人の裁判官で構成される二つの独立した法廷で構成されていることから、しばしば《双子裁判所》(Zwillingsgericht)と形容されることがある。そしてこれら二つの法廷は、後にも触れるように、原則として別々に活動する。

(2)　総　会　しかし、例外的に、一方の法廷が法的問題について他方の法廷と異なった法的見解を示そうとするときは、各法廷から三分の二の裁判官(すなわち六人以上)が出席して開かれる《総会》(Plenum)が判断する(法§一六、連邦憲法裁判所規則§四八以下)。この他、総会は、任期または定年前の裁判官の退官や罷免の手続、および連邦憲法裁判所規則の改正の場合(連邦憲法裁判所規則§六八参照)などにも行動し、その詳細は連邦憲法裁判所法および連邦憲法裁判所規則(以下、単に「規則」と略記することがある)が定めているが、ここではその詳細にまでは触れない(詳細は法§一〇五条、規則§四八以下など参照)。

(3)　部　会　連邦憲法裁判所役立当初は、この《部会》の制度はなかったが、一九八五年の連邦憲法裁判所法改正(BGBl. I S. 2226)によって、部会(Kammer)の設置が導入された。すなわち、一年度を任期として、三人の裁判官で構成される二以上の部会が各法廷に設置され(法§一五a)、その全員一致の決定によって、具体的規範統制(基本法第一〇〇条一項、法§八〇)の申立てが不適法であるかどうかの認定や、個人および市町村(Gemeinde)による憲法訴願（基本法第九三条一項四a号・四b号、法§九〇～九一）の申立ての却下（法§九三b）や、受理された憲法訴願についての認容の可否（法§九三c）などについて決定する。部会が認容した憲法訴願は、法廷による裁判と同等の効力を持つとされている（法§九三c第一項二文）。部会の設置は、とくに憲法訴願等の申立件数の増加に対応して、事件を迅速に処理するためのものと言ってよい。しかし、この点についてもこれ以上の詳細には触れない。

第三節　連邦憲法裁判所の権限

1　基本法および連邦憲法裁判所法による列挙

連邦憲法裁判所の権限については、基本法の規定の上では、大別して、三つの類型に分けられる。すなわち、まず、①基本法第九三条一項が第一号から第四c号までの合計八つの事項として列挙している個別の権限である。次に、②基本法第九三条一項五号が、「基本法が規定しているその他の権限」としていることに基づく権限である。すなわち、第一八条（基本権の喪失）、第二一条二項（政党の違憲性）、第四一条二項（選挙に関する連邦議会の決定に対する抗告）、第六一条（連邦大統領の訴追）、第八四条四項二文（連邦参議院の決定に対するラントの出訴）、第九八条二項・五項（裁判官訴追）、第九九条（一ラント内の憲法紛争の裁判）、第一〇〇条一項（いわゆる具体的規範統制）、第一〇〇条二項（国際法の原則についての疑義）、第一〇〇条三項（ラントの憲法裁判所の請求に基づく決定）、および第一二六条（連邦法としての有効性についての決定）の各場合（法§一三第一号～第四号、第九号～第一四号参照）である。

そして第三に、③連邦法律が連邦憲法裁判所に付与したその他の権限（基本法九三条二項、法§一三第一五号）である。

後にやや詳しく触れる憲法訴願（憲法異議）自体も、一九六九年までは基本法には根拠規定がなく、連邦憲法裁判所法のみに根拠をもつ制度であったのであり、それゆえ、憲法訴願権限も、元来はこの第三の類型の一例であったということができる。その他の点についての詳細は略する。

2　各法廷への管轄分配

(1)　連邦憲法裁判所法は、二つの法廷の管轄の分担を定めている（§一四）。それによると、第一法廷は、基本法第九三条一項二号（法§一三第六号）の定めるいわゆる抽象的規範統制手続、および基本法第一〇〇条一項（法§一三第一一号）の定める具体的規範統制のうち、主として基本法第三三条、第一〇一条、第一〇三条および第一〇四条に基づく権利との抵触が主として主張されるもの、ならびに§九一による憲法訴願および選挙法分野を除く分野の憲法訴願を管轄する（法§一四第一項）。

それに対し、第二法廷は、連邦憲法裁判所法§一三第一号から第五号までに列挙された権限、すなわち、基本権の喪失（基本法第一八条、法§一三第一号）、政党の違憲性（基本法第二一条、法§一三第二号）、選挙審査や連邦議会議員の資格の得喪（基本法第四一条二項、法§一三第三号）、連邦大統領の訴追（基本法第六一条、法§一三第四号）、いわゆる機関争訟（基本法第九三条一号、法§一三第五号）、ならびに連邦憲法裁判所法第六a号から第九号までと一二号および第一四号の事件、さらに、第一法廷の管轄に属さない規範統制手続および憲法訴願を管轄する（法§一四第二項）。

また上記の基本法第九九条および第一〇〇条三項に関する事件（法§一三第一〇号および第一三号参照）における

法廷の管轄についても、上記の各法廷の管轄に関する規定に従って定められる（法§一四第三項参照）。

⑵　以上の管轄分担が原則であるが、どちらか一方の法廷の負担過重が、単に過渡的なものとは言えないものとなり、一方の法廷の過重負担が生ずる等、やむをえなくなった場合には、この原則と異なる管轄を、連邦憲法裁判所の総会で定めることができることとされている（法§一四第四項）。そして現に、一九九三年一一月一五日の総会の決定（BGBl. I 2492）により、上述の第一法廷の管轄とされる事件のうち、庇護法、外国人法、国籍法など合計九項目に関わる規範統制手続および憲法訴願手続については、第二法廷が管轄することとなっており、[6]これにより、両法廷の負担の均衡が図られることとなった。また、いずれの法廷の管轄となるかについて疑義のあるときは、長官、副長官および各法廷から当該年度を任期として二人ずつ選任される四人の裁判官で構成する委員会が、これについて決定することとなっている（法§一四第五項、規則§四三以下参照）。

総会の権限および部会の権限については、すでに上記⑵②で概略述べたので、繰り返さない。

3　連邦憲法裁判所の主要な権限

基本法下の連邦憲法裁判所は、このように、近世以降のドイツの裁判制度の中でも、もっとも強大な権限を付与された裁判所と言ってよい。そして、これらの権限のうち、連邦の機関相互あるいは連邦とラントの機関の間の権限紛争などは、ドイツにおいては一九世紀以来の伝統的な憲法争訟であるが、ここでは、むしろそれらについては触れず、わが国における議論との関連でとくに重要な四つの権限のみについて、さらに多少の検討を加えることとする。すなわち、政党の違憲性の審査手続、ならびに規範統制手続および憲法訴願手続である。

(1)　**政党の違憲性判断・禁止命令権限**　　基本法第二一条二項および連邦憲法裁判所法§一三条二号に基づく政党の違憲性判断権限は、戦後のドイツ憲法の大きな特色のひとつをなしている。すなわち、基本法第二一条は、第一項で「政党は、国民の政治的意思形成に協力する。政党の結成は自由である」として、政党を憲法上に明文で位置づけた上で、「政党の内部秩序は、民主制の諸原則に合致していなければならない。政党は、その資金の出所及び用途並びにその財産について、公的に報告しなければならない。」として、《民主制の諸原則》に合致しない政党の存在を危険視している。その上で、第二項で「政党のうちで、その目的又はその支持者の行動からして、自由で民主的な基本秩序を侵害若しくは除去し、又はドイツ連邦共和国の存立を危うくすることを目指すものは、違憲である」とし(同項一文)、その違憲の問題の決定を連邦憲法裁判所の権限だとしている(同項二文)。政党禁止(Parteiverbot)に関するこの第二項二文の文言の意味はきわめて重要である。すなわち、一般の社団であれば、「団体のうちで、その目的若しくはその活動が刑事法律に違反するもの、又は憲法的秩序若しくは諸国民の間の協調の思想に反するもの」を禁止する旨を定める基本法第九条二項と、それを具体化した結社法(Vereinsgesetz v. 5. 8. 1964, BGBl. I S. 593)[7]の§三により、連邦/ラントの内務大臣の命令で禁止・解散等の処分がなされうるが、政党については、基本法上特別の地位を与えられ、結社法の適用を除外されている。その結果、政党の禁止・解散の権限は、一般団体の場合とは異なって、内務大臣にはなく、連邦憲法裁判所のみがこれを判断する権限を有することとなる(具体例については後述)。

(2)　**抽象的規範統制**(Abstrakte Normenkontrolle)　　さて、基本法第九三条一項二号が定めるこの抽象的規範統制権限であるが、この権限は、わが国において、ドイツの連邦憲法裁判所の権限として、もっともよく知られ、また、近時の（たとえば読売新聞社等の）憲法改正構想においても、これを模範とする制度の導入の提案がなされていることは、衆知のとおりである。基本法第九三条一項二号によると、この権限は、「連邦政府、ラント政府、又は連邦議会構成員の四分の一の申立てに基づき、連邦法若しくはラントの法が形式上及び実質上この基本法と適合するかどうか、又は、ラントの法がその他の連邦法と適合するかどうかについて、意見の相違又は疑義がある場合」の連邦憲法裁判所の決定権限である。

ちなみに、この点に関連して、わが国では、よく知られている警察予備隊違憲訴訟についての最高裁判決（最大判昭和二七年一〇月八日民集六巻九号七八三頁）が、原告の主張、すなわち、「最高裁判所が一方司法裁判所の性格を有するとともに、他方具体的な争訟事件に関する判断を離れて抽象的に又一審にして終審として法律、命令、規則、又は処分が憲法に適合するや否やを判断する権限を有する点において、司法権以外のそして立法権及び行政権のいずれの範疇にも属しない特別の権限を行う性格を兼有する」とする主張を斥けて、次のように判示したとき、ここで念頭に置かれていたのは、ドイツの連邦憲法裁判所の抽象的審査権のような権限であったと推測される。すなわち、同判決にいわく、「この点に関する諸外国の制度を見るに、司法裁判所に違憲審査権を行使せしめるもの以外に、司法裁判所にこの権限を行使せしめないでそのために特別の機関を設け、具体的争訟事件と関係なく法律命令等の合憲性に関しての一般的抽象的な宣言をなし、それ等を破棄し以てその効力を失はしめる権限を行わしめるものがないではない」と。

この判示は、ややもすると、あたかも一般の訴訟事件と同様に、たとえば個々の国民が、法令の合憲性について裁判所の判断を求めて出訴できるかのごとくに受け止められかねない言い回しになっているが、先に引用した基本法九三条一項二号（法§一三第六号も参照）の文言にあるとおり、決して、国民が個人としてかかる訴訟提起をなしうるわけではなく、提訴権の主体は限定されていることに留意すべきである。

(3)　具体的規範統制(Konkrete Normenkontrolle)　次に、具体的規範統制手続についても、ごく概略の説明をしておく。この手続について、基本法第一〇〇条一項は、「裁判所が、裁判に際してある法律の効力が問題となっている場合に、その法律が違憲であると思料するときは、その〔裁判〕手続を中止し、かつ、あるラントの憲法に対する違反が問題となっているときは憲法争訟について管轄を有するラント裁判所の決定を、また、この基本法に対する違反が問題となっているときは連邦憲法裁判所の決定を、求めるものとする。このことは、ラントの法によるこの基本法の違反、又は、ラントの法律と連邦法律との不一致が問題となっている場合にも同様とする」と規定している。

後でもさらに少し触れるように、日本国憲法の制定過程においては、この具体的規範統制手続にきわめて類似した制度、すなわち、具体的事件の中で憲法に関する論点が提起されたときには、裁判所は最高裁判所に事件を移送し、最高裁判所が憲法に関する問題のみを判断したのち、その判断に従って下級審での審理判断がなされるという制度が構想されていた。すなわち、憲法に関わる判断を最高裁判所に独占させる制度である。しかし——これもややもすると誤解されがちな点であるが——、ドイツのこの制度は、連邦憲法裁判所以外の裁判所が、あくまでも具体的事件における法律適用において、その適用されるべき法律が、明らかに基本法に違反すると思料する場合にのみ、その手続を中止し、裁判記録を添付して連邦憲法裁判所の判断を仰ぐ制度なのであって(法§八〇)、憲法判断をした結果、違憲ではないと考えるとき、あるいは後に言及するように、いわゆる《憲法適合的解釈》(verfassungskonforme Auslegung)が可能である場合には、憲法適合的解釈を行うことによって自ら裁判するべきものとされている点に、とくに注意が必要である。したがって、実際には、ドイツにおける憲法判例を見る場合には、連邦行政裁判所をはじめとする各連邦最高裁判所および各専門領域の下級裁判所の判例も検討する必要があることになる。この点は、さらに後に少し触れる点とも関わるが、その前に、急いで次の憲法訴願について概略説明しておく。

(4)　憲法訴願（憲法異議）（Verfassungsbeschwerde）[8]　この憲法訴願制度自体は、冒頭でも少し触れたように、すでに一九世紀から構想されてきたものである（本書第一四章参照）が、基本法下で初めて実現されることとなったものである。もっとも、上述のとおり、基本法施行当初は、基本法にはこの制度を根拠づける規定はなく、一九五一年の連邦憲法裁判所法（§九〇）によって創設された通常法律上の制度にすぎなかったのであるが、その後、一九六九年一月二九日の基本法第一九改正法律（BGBl. I S. 97）によって、基本法第九三条一項に第四a号および第四b号として現行規定のような憲法訴願制度が基本法上にも根拠づけられたのに伴い、一九七〇年一二月二一日になされた連邦憲法裁判所法の大幅な改正（BGBl. I S. 1765）により、憲法訴願は同法§一三第八a号として、連邦憲法裁判所の一連の権限列挙規定の中にも置かれることとなったという経緯がある。

基本法第九三条一項四a号によると、《憲法訴願》とは、「各人が、自己の基本権の一つ、又は、第二〇条第四項、第三三条、第三八条、第一〇一条、第一〇三条及び第一〇四条に含まれている諸権利の一つを公権力によって侵害されている、とする主張をもって提起することができる」ものであり、また、基本法第九三条一項四b号および連邦憲法裁判所法§九一により、個人のみならず、市町村および市町村組合も、「ある法律によって〔基本法〕第二八条の自治権が侵害されたこと」を理由として、同様に憲法訴願を提起することができることになっている。

以上、連邦憲法裁判所の権限のうち、主要な四つの権限のみについて概観した。もとより、連邦憲法裁判所の権限の範囲はきわめて大きく、論者によっては、連邦憲法裁判所は、連邦議会、連邦政府、連邦裁判所と並ぶ《第四権力》だとする評価もありうるところであるが、紙幅の都合上、またわが国との関連からも、以下でも、上に触れた四つの問題についてのみ、多少ともこれらの権限に関わる実務についても触れつつ、最後に、わが国との関連にも多少言及するにとどめることとする。

4　連邦憲法裁判所の主な権限の行使

以下の叙述においては、主に連邦憲法裁判所のホームページから得た資料を基にして述べるが、ここでは十分な分析をする余裕はなく、単にいくつかの特徴を垣間見るものにすぎない。(9)

(1)　受理件数の概観　まず、二〇一三年末までの連邦憲法裁判所の全体の受理件数(10)をみてみると、その総計は二〇万七、六五一件で、そのうち、圧倒的多数を占めるのが憲法訴願（上記3(4)）で、その数が約二〇万四八二件、実に九六・五%強を占めている。もっとも、このうち実質的な審査にまで進んで訴えが認められたのは、約二・四%程度に過ぎないとはいえ、公権力による個別的・具体的な基本権侵害に対する市民の最後の《避け所》として連邦憲法裁判所が果たすべき機能は極めて重要であると言えよう。また件数の点で第二位を占めるのが、いわゆる具体的規範統制（上述3(3)）の三、五五七件であるが、それでも全受理件数の約一・七%に過ぎない。そして、受理件数で第三位を占めるのは、連邦憲法裁判所法§三二に基づく仮命令に関わるもの（二、六一五件）であるが、これを別とすると、次に多数を占めるのが、いわゆる抽象的規範統制（上述3(2)）の一七八件であり、全受理件数のわずかに〇・一%にも及ばないことがわかる。

この統計的な数字を一瞥しても分かることは、わが国でドイツの連邦憲法裁判所の特徴として強調されている（強いて言えば強調されすぎている嫌いのある）抽象的規範統制手続は、実は受理件数からしてもきわめて例外的な手続なのであって、何といっても圧倒的多数を占めるのは、上記の憲法訴願であることがわかる。また、受理件数の第二位である具体的規範統制手続についても、この数年の傾向を見ると、明らかに減少傾向にあることが分かる。

この点も含めて、以上に述べた四つの権限の行使の実際について、以下では個別にさらに触れることとする。

(2)　政党の違憲性審査　(a)　まず、基本法第二一条二項の政党の違憲性審査手続であるが、この制度については、一九四九年の連邦共和国発足直後の早い時期に下された、一九五二年の社会主義国家党および一九五六年のドイツ共産党の違憲判決(11)によって、わが国でも余りにもよく知られている。その後、六〇年代から八〇年代にはこの手続がとられたことはなかったのであるが、東西ドイツ統一後の一九九三年九月になって、連邦政府と連邦参議院がＦＡＰ（Freiheitliche Deutsche Arbeiterpartei）という右翼団体の違憲性について、また、ハンブルク議会が、同様にNationale Listeという右翼団体の違憲性について、それぞれ連邦憲法裁判所に提訴した。連邦憲法裁判所は、これら二件の申立てについて併合審理し、一九九四年一一月一七日に、これら両団体はいずれも基本法にいう意味での《政党》（Politische Partei）には当たらないとして、原告側の申立てを認めず、却下する決定を下した（BVerfGE 91, 262）。その結果、これら両団体はその後、上述の結社法の§三に基づき、内務大臣によって禁止・解散されている（前者のＦＡＰについては、一九九五年二月二四日に連邦内務大臣によって禁止された(12)）。

(b)　また、二〇〇一年には、やはり右翼団体のＮＰＤ（Nationaldemokratische Partei Deutschlands ＝ドイツ国民民主党）とその部分組織であるＪＮ（Junge Nationaldemokraten ＝国民民主青年団）について、連邦政府、連邦議会および連邦参議院が提訴した裁判に対して、連邦憲法裁判所の二〇〇三年三月一八日の決定(BVerfGE 107, 339)が出されている。この裁判では、連邦憲法裁判所は、これを政党であることを前提として審理を進めたが、裁判官の意見が五対三で分かれ、全裁判官の三分の二に達しなかったため、被告に不利益な決定をなすには法廷構成員の三分の二の多数を必要とすると定める連邦憲法裁判所法§一五第四項の規定に従って、手続の打切りを宣言した。[13] いずれにせよ、二〇一三年末までの時点でこの手続が用いられたのは、合計わずかに八件程度である。

(3)　**抽象的規範統制手続**　この手続も、上述のとおり、連邦憲法裁判所の全受理件数中のわずかに〇・一%にも満たず、この数年をみても、毎年せいぜい一から六件という数に留まっている。たしかに、この権限は、細々ながらほぼ間断なく用いられてはいるし、時には重要な問題に関わることもある。たとえば、一九七三年七月三一日の基本条約判決(BVerfGE 36, 1)とか、外国人選挙権にかかるシュレースヴィヒ=ホルシュタイン州の選挙法の合憲性が争われた事件(BVerfGE 83, 37)のように、政治的に極めて大きい影響力をもつ判決・決定も下されていることは事実である。また、近時では、同性パートナー(Lebenspartnerschaft)法についての抽象的規範統制手続による合憲判決(BVerfGE 105, 313)のように、現代社会の先端的問題について決定した裁判もある。とはいえ、この権限は、決して連邦憲法裁判所の主たる活動とは言えないのではないか、また、この権限は、結局は、立法では多数決原理によって敗北した議会少数派が、さらに当該立法の合憲性を議会外で争う途を開くだけではないのか、とする批判もありうるところである。この点は、本章の最後のところでさらに触れる問題とも絡む問題である。

(4)　**具体的規範統制手続**　(a)　上述のとおり、たしかに、各専門領域の裁判所(便宜上、以下では「専門裁判所」

ということがある）は、みずから連邦法律の条文についての違憲判決（わが国で言うところの法令違憲）を出すことはできない。かかる権限は連邦憲法裁判所が独占している権限だからであり、ここにこそ憲法裁判所（Verfassungsgericht）、すなわち、法令等の違憲性に関する判断を本務とする裁判所たる連邦憲法裁判所の大きな特質のひとつがあることは言うまでもない。

しかし、これら専門裁判所も、憲法たる基本法に拘束されているのであって、「裁判に際してある法律の効力が問題となっている場合」――つまり基本法と抵触するかどうかが問題となっている場合――に、その法律が憲法に適合しているかどうかについて、いわば予備的判断をすることが義務づけられるわけである。その際に、裁判官が文字どおりの《合憲》判断をする場合はもちろんのこと、法律の《憲法適合的解釈》を施して、わが国で言うところの適用違憲的な判断をすることは可能なのであり、また実際にもそうした判断がなされている事例が少なくない。つまり、それら専門裁判所は、法律自体は違憲でないと考える場合には、違憲でないという前提で具体的事件についての判断を下すことができるのは当然であるし、そればかりでなく、具体的な事件に当該法律を適用することは違憲である、というような形式で、いわゆる《適用違憲》の判決をすることもできるわけで、この場合には連邦憲法裁判所に移送する必要はなく、また移送は基本的に許されないと解されている。

(b)　この点に関して、連邦憲法裁判所は、ごく初期の段階から、次のような見解を表明していた。たとえば――ごく一例であるが――すでに一九六七年一一月二九日の決定（BVerfGE 22, 373 [377 f.]）では、次のように判示している。多少長くなるが、要約して引用すると、次のようになる。すなわち、

基本法第一〇〇条一項による移送（Vorlage）が許されるのは、移送裁判所（vorlegendes Gericht）〔つまり基本法第一〇〇

条一項に従って連邦憲法裁判所に移送 vorlegen しようとする裁判所のこと〕が、自ら下すべき決定に関してその有効性が問題となる法律の規定が憲法違反であると思料する（für verfassungswidrig halten）場合のみである。これに反し、ある規範がその解釈について争いがあって、ある解釈からは憲法に抵触するが、別の解釈をすればその規範は憲法と両立しうると解されるときは、当該裁判所は、この後者の解釈を自己の判断の基礎にしなければならず、このような場合に、連邦憲法裁判所の判断を求めることは許されない。なぜといって、本件では、移送裁判所は、問題となっているＢＧＢの§一七〇八第一項が憲法違反であるなどとは思料しておらず、審級秩序において自らより上の審級に位置する裁判所による当該規範の解釈が——そしてこの解釈は当該裁判所が否定しているものなのであるが——、基本法第三条二項と両立しないとの見解であるに過ぎない。かかる場合には、基本法第一〇〇条一項の文言と趣旨からして、連邦憲法裁判所への移送を根拠づけるものではない。連邦憲法裁判所の確立した判例によれば、裁判所がある規範の合憲性に疑いを抱いているに過ぎなければ、移送は許されないのである。

この決定においては、すでに連邦憲法裁判所判例集の第一巻以来の多くの判例が参照されている。要するに、「移送手続の目的とするところは、移送裁判所とそれより上級の審級秩序に位置する裁判所との間における、ある規範の憲法的解釈についての意見の相違について決定すること」ではなく（BVerfGE 22, 373 [377]）、移送裁判所が、事件に適用すべき規範が憲法違反であると思料する場合のみなのであって、もし「ある規範について通常の解釈ルールからすれば複数の解釈が可能であって、ある解釈では憲法に適合するが、他の解釈では憲法違反の帰結を生じるような場合には、憲法適合的解釈が考慮されることとなり、ある規範が憲法適合的に解釈しえ、かつその解釈が意味のあるものであるときは、その規範は無効と宣言されるべきではない」というのである（BVerfGE 48, 40 [45]）。

それればかりか、連邦憲法裁判所の見解からすれば、さらに、「むしろ法律の憲法適合的解釈はすべての裁判所の任務であって、連邦憲法裁判所〔のみ〕に留保されているのではなく」、「基本法第一〇〇条一項による移送が考慮されるのは、移送裁判所が当該法律の憲法適合的解釈が不可能であると考え、それゆえ当該法律の憲法違反について確信している場合のみ」だ(BVerfGE 68, 337 [344])とされることになる。連邦憲法裁判所は、移送裁判所よりも上級の裁判所の憲法解釈であっても当該移送裁判所を拘束しはしないとしており、そうなれば、法律の憲法適合的解釈については、最上級の裁判所(たとえば連邦行政裁判所)の過去の判例であっても、その拘束力が否定され、移送裁判所は、常にまず自らの判断で憲法適合的解釈を施さなければならないこととなる。そして、この手順が踏まれていないと判断されれば、連邦憲法裁判所により、移送手続は不適法であるとして却下されるのである。

(c)　連邦憲法裁判所が基本法第一〇〇条一項によって、法律の合憲性に関する判断を独占的に行うこととするのが本来の制度の趣旨であるとすれば、このようにして、すでに連邦憲法裁判所設置のごく初期の段階から、この違憲審査集中型の趣旨は破られていると言ってもよい面がある。したがって、専門裁判所は――文字どおりの《文面違憲》の場合は別として――、ある規範について複数の解釈がありうる場合に、ある解釈では違憲となるとしても別の解釈では合憲となりうる場合には、裁判所は憲法適合的解釈をすべきであり、むしろ、そうすることを連邦憲法裁判所によって命じられていると言ってもよいのである。連邦憲法裁判所は、実際、ある決定の中では、「法律の憲法適合的解釈という命令(Gebot)」という言い回しまで用いている(BVerfGE 32, 373 [383])。

また実際、かなり多くの事例で、専門裁判所は、こうした解釈によって、具体的な事例に適用すれば違憲となると判断して、被告人を無罪にしたり原告の請求を認容したりしている。たとえば、一連のイスラーム教徒スカーフ事件のひとつで、ルター派の信仰の中で教育を受けたドイツ生まれのドイツ人としてニーダーザクセンの学校での教師採用を希望したのに採用が拒否された事件で、第一審のリューネブルク行政裁判所は、一九九五年のいわゆる十字架判決(BVerfGE 93, 1)に言及しつつ、処分が違憲だとして原告を勝訴せしめた(14)。また、このバイエルンの十字架判決後に、バイエルン州はそれまでの学校規則を変更して、改めて教室の壁に十字架を掲げることを原則とするラント法律を制定したのであったが、これに対する訴訟において、連邦行政裁判所は、この学校法について憲法適合的解釈を施しつつ、申立人の異議を認めなければ憲法違反となるとして、原告を勝訴せしめた(BVerwGE 109, 40)[15]。もちろん、こうした専門裁判所の判断に不服であれば、さらに、すぐ後で触れる連邦憲法裁判所への憲法訴願の道があるわけであり、むしろ憲法訴願が適法であるための要件として言われる、いわゆる《補完性》(Subsidiarität)の原則も、こうした憲法適合的解釈がなされたことを前提として、充足されていると解されることとなろう。

これまでの数字では、二〇一三年末までの具体的規範統制手続の受理件数の合計は、上記のごとく、三、五五七件であり、毎年せいぜい五〇件程度が各専門裁判所から連邦憲法裁判所に移送されているにすぎず、しかもその傾向はこの数年はむしろ減少傾向にあると言えるようである。このことは、連邦憲法裁判所が負担軽減のためのストラテジーとして、できるだけ専門裁判所での処理を慫慂している結果と言えるのかもしれないが、にもかかわらず、近年は未処理で積み残しとなる件数が再び増加する傾向にあり、二〇〇四年あたりからは、未処理件数のほうが処理件数を上回ってきていることが、資料にも見える。

(5)　憲法訴願　最後に、憲法訴願については、両法廷あわせると毎年五、〇〇〇件代から六、〇〇〇件代の請求がなされ、そのうち毎年五、〇〇〇件以上が処理されている。近年の統計では、そのうち三分の二は一年以内に処理されているが、四年以上かかっているものも五%近くになっている。

もっとも、たとえば二〇一三年度について言うと、六、四七七件の請求のうち、両法廷で認容(Stattgabe)されたのは七二件にすぎない。つまり、ほとんどは不適法で受理されなかった(Nichtannahme)り、若干のものは取り下げ

(Rücknahme)られたり、その他の理由で処理済となっており、実質的な審査にまで進んだのは(認容されたものと棄却されたものを含めて)せいぜい約二%程度だということになる。そしてこの数字は近年、大体あまり変わることなく推移していると見てよかろう。

しかも特徴的なことは、二〇一三年末までの数字で見ると、憲法訴願手続の合計約二〇万件のうち、訴願の対象となった「公権力の行使」の相当多くの部分が、五つの連邦最高裁判所を含む「専門裁判所の裁判」であり、そのうち、これら連邦最高裁判所の裁判に対する訴願だけでも約四割を占めていることである。(16) このことは、おそらく制定者の予想をはるかに上回る数字であったと言える(17)のではないだろうか。

(6)　小　括　(a)　こうして、連邦憲法裁判所の手続においては、憲法秩序の維持という伝統的な憲法裁判は、現在においても、もちろん重要ではある(たとえば上述した同性パートナー法についての抽象的規範統制手続による合憲判決 BVerfGE 105, 313 など)が、確かな傾向として、具体的規範統制および憲法訴願による、個々人の具体的な権利主張についての判断に基づく基本権保護に、その重点が移っていることはほぼ疑いない。手元にある判例集(一〇六巻〜一〇九巻)四冊のみでみても、掲載されている合計六一件のうち、ほぼ四分の三に当たる四六の手続がこれら両者で占められている。(18)

(b)　たしかに、基本法第九四条二項一文は、連邦法律によって「連邦憲法裁判所の裁判がいかなる場合に法律としての効力(Gesetzeskraft)を有するかについて定める」とし、連邦憲法裁判所法§三一条二項によると、「§一三第六号、第一一号、第一二号及び第一四号の事件」において、連邦憲法裁判所の裁判が法律の効力を有し、「§一三第八a号の事件において、連邦憲法裁判所が一の法律を基本法に適合する若しくは適合しない又は無効であると宣告する場合も同様とする」としているから、本章でとくに言及した四つの手続のうち、抽象的規範統制（基本法第九三条一項二号、法§一三第六号）および具体的規範統制（基本法第一〇〇条一項、法§一三第一一号）における連邦憲法裁判所の裁判は「法律としての効力」を有するし、憲法訴願（基本法第九三条一項四a号、法§一三第八a号）の場合においても、連邦憲法裁判所の違憲判決は、当該事件について法律の適用を排除するという効果に留まらず、判決主文が連邦法律公報（Bundesgesetzblatt）に登載されて、法律としての効力を有することになる。その限りでは、「主観的な権利の侵害が問題となるときでも、単なる個人の権利教済にとどまらず、憲法秩序の維持・形成という客観的目的が同時に追求せられ」、「その限りで、客観的な目的が憲法訴訟手続を規定しているともいえる」との指摘[19]は正当であろう。そうなれば、連邦憲法裁判所は、たしかに憲法秩序の維持という機能も果たす裁判所としての性格を保持しつづけていると言える。

(c)　しかし――繰り返しになるが――、今やその主たる活動領域からすれば、むしろ、連邦憲法裁判所の役割は、個々人の権利・自由の保護の最終的機関、あるいは、いわば《第四審裁判所》としての役割を中心的に担っていると言ってよいようにも思われ、このことはすでにわが国の研究者によっても指摘されているところである[20]。ここでは改めてその点を指摘するに留めておく。

それればかりか、連邦憲法裁判所は一九九五年以降、どちらかといえば、憲法判断に対して消極的な傾向を示す事例さえ見受けられる。たとえば、ブランデンブルク州でのいわゆるＬＥＲ（Lebensgestaltung-Ethik-Religionskunde）教育をめぐる紛争に対して、基本法の定める公立学校での正課としての宗教の授業（Religionsunterricht）の原則とその例外に関わる抽象的規範統制手続および憲法訴願手続において、連邦憲法裁判所としては初めて、裁判所自身の提案・主導によって《和解勧告》を行なっている（BVerfGE 104, 305）。この事件が宗教問題に絡む紛争であった（基本法第七条三項、第一四一条）ため、一九九五年の十字架判決以降の連邦憲法裁判所が踏み込むのを避けた特殊な事例と言えるとすれば、これを一般化することは危険かもしれないが、連邦憲法裁判所法自身にも明文の根拠規定のない《和解》という方法を、連邦憲法裁判所自身が積極的に勧め、しかも立法による規定を合意の内容に含む提案をしたこと(21)は、それ自体、これまでには見られなかったことであり、連邦憲法裁判所の《新しい顔》として注目しておいてよいようにも思われるのである。

5　連邦憲法裁判所批判

連邦憲法裁判所発足当初は、第一法廷が政府に批判的、第二法廷が政府寄りで、それぞれ《赤い法廷》、《黒い法廷》と呼ばれたこともあったが、現在では、連邦憲法裁判所の存在自体についての批判は、もはやほとんど見受けられないように思われる。むしろ、憲法解釈学は圧倒的に連邦憲法裁判所判例の分析と評価に極めて多くの労力を割いてきていると言ってよかろう。スメントが、一九六二年に連邦憲法裁判所開設一〇周年記念式典の講演で、「今や、基本法は実際には連邦憲法裁判所が解釈するとおりに妥当している」と語ったと言われる状況は、基本的には現在も変わっていない。

しかし、その後の連邦憲法裁判所の判例、とくに一九九五年五月一六日の十字架判決（BVerfGE 93, 1）などが内外の大きな関心を呼び、《危機》と呼ばれたこの時期の一連の判例以来、一時期、連邦憲法裁判所の権威が失墜したのではないかと思われるような事態が生じたことは、よく知られているところである。たとえば、右の十字架判決に対しては、当のバイエルン州からはもちろんのこと、きわめて多方面からの批判があったし、バイエルンでは同年一二月に、この判決で違憲とされた学校規則とほぼ同内容と言ってもよい法律を制定して、依然として十字架を学校の教室に掲げる政策で対抗したし、バイエルンの憲法裁判所はこの改正法律を憲法適合的解釈の手法で合憲と判断した[22]。また、「兵士は殺人者だ」(A soldier is a murder)事件に対する同年一〇月一〇日の判決(BVerfGE 93, 266)に対しても、たとえば、連邦憲法裁判所は専門裁判所の事実認定に過剰に介入しているのではないかとする批判などがなされた。また、同年一月一〇日の「座り込みデモ」事件判決(BVerfGE 92, 1)についても、政治的批判も含めて、さまざまな批判があったようである。

このようなことはかつてはあまりなされなかったことであり、上記のような一九九五年の一連の決定以降しばらくの間、こうした批判が、学界のみならず一般国民の間からもなされ、また、先ほど述べた憲法訴願や具体的規範統制手続における連邦憲法裁判所の態度、あるいは上述した「和解提案」のような行動についても、学界からの批判がなされている。しかしこれらの点の詳細については、すでに個々の裁判に関する文献等でも種々に報告されているので、ここではこれ以上触れない。

第四節　日本国憲法と《憲法裁判所》

(1)　憲法制定過程における議論(具体的規範統制)　日本国憲法制定当時、一九四六(昭和二一)年九月ぐらいまでの時点で考えられていたのは、上述したドイツの具体的規範統制手続に類似した制度、つまり、最高裁判所に憲法判断を集中させる制度を構想していたことは明らかである(もちろんこの当時はまだ基本法は制定されていないが)。すなわち、金森徳次郎国務大臣の当時の答弁からしても、日本国憲法は新たに「例外的に」最高裁判所(のみ)に対して《法律》に対する合憲性審査権限を与えたのだとする趣旨のことが述べられ、さらに、もし具体的な訴訟においいて下級裁判所で適用すべき法律が憲法に違反するかどうかが問題となったときには、下級裁判所は自らは判断できず、最高裁判所へ当該事件を移送する手続が構想されていたことも窺われる。[23] 当時の政府草案（第七七条）では、第八一条は二項からなり、最高裁判所が終審裁判所であることと、最高裁判所のみが違憲審査権を有する趣旨が文言上は明白であった。その後の衆議院における修正によって現在のような一続きの文になったわけであるが、その当時（昭和二一年八月二一日）の芦田均の委員長報告の中においては、「第七十七条ノ最高裁判所ノ権限ニ関スル規定ノ修正ハ、単ナル字句ノ修正デアリマシテ、其ノ内容ニ於テハ変更ハナイノデアリマス」とのみ述べられていたこと[24]もよく知られている。

もっとも、制定過程を見る限り、政府が当時、いわゆる抽象的審査権限を最高裁判所に認めるような制度を構想していたとは解されないが、佐々木惣一博士のように、第八一条は元来の政府草案のように二項立てが正しいとし、具体的事件において法令の適用が問題となる場面で下級裁判所も含めて違憲審査ができるのは第八一条によるものではなく、司法作用の当然の帰結であり、それゆえ、第八一条が「最高裁判所は……」とわざわざ規定しているのは、いわゆる抽象的審査権を根拠づけるものであって、現行訴訟法制度がこれを認めていないとしても、憲法上、最高裁判所がこのような決定権限（博士のいわゆる「純粋合憲性決定権」）を有することは明らかだ、とする見解[25]も見られたところである。

(2)　最高裁判所判例における《憲法裁判所》　ちなみに、最高裁判所自身、そのごく初期の一部の判例においては、単にわが国における上記のような意味での違憲審査権を有する裁判所をもって《憲法裁判所》と表現していたものもないわけではない。さらに、読み方によっては、抽象的権限も有することを認めているかのような言い回しさえ見られる（最大判昭和二三年七月八日刑集二巻八号八〇一頁〔八〇七頁〕）。すなわち最高裁判所は、裁判所における「裁判」が「一般的抽象的規範を制定するものではなく、個々の事件について具体的処置をつけるものである」から、その本質は憲法第八一条にいう一種の「処分」であるとする趣旨を判示する文脈において、次のように判示している。いわく、

「法律、命令、規則又は行政処分の憲法適合性が裁判の過程において終審として最高裁判所において審判されるにかかわらず、裁判の憲法適合性が裁判の過程において終審として最高裁判所において審判されない筈はない。否、一切の抽象的規範は、法律たると命令たると規則たるとを問わず、終審として最高裁判所の違憲審査権に服すると共に、一切の処分は、行政処分たると裁判たるとを問わず、終審として最高裁判所の違憲審査権に服する。すなわち、立法行為も行政行為も司法行為（裁判）も、皆共に裁判の過程においてはピラミッド型において終審として最高裁判所の違憲審査権に服するのである。かく解してこそ、最高裁判所は、初めて憲法裁判所としての性格を完全に発揮することができる。」〔傍点は初宿〕。

しかしその後、最高裁判所自身が、先にも言及した警察予備隊違憲訴訟の判決以来、こうした権限を否定していると見られることも周知の事柄である。それゆえ、日本国憲法下の最高裁判所は、憲法判断を独占して行うことを本務とする裁判所という意味での《憲法裁判所》ではない、と一般に言われることになる。

(3)　憲法改正論議等における憲法裁判所導入論のイメージ　　憲法裁判所をわが国にも導入すべきだとの議論は、すでにかなり以前からあり、たとえば、「憲法保障として憲法裁判所方式をとるのが、少なくとも現在の世界の趨勢」であり、韓国が憲法裁判所型にしてから「憲法裁判がいちじるしく活性化した」という例を挙げて、「憲法裁判の

活性化のためには、大陸型の憲法裁判所の制度にきりかえる必要があるではなかろうか」として、むしろ積極的な見解（たとえば伊藤正己）が表明されたりもしている。[26] もっとも、この見解が現行憲法の改正を前提とする議論かどうかは、必ずしも明らかではないが、上記の佐々木説をはじめとする学説の中にも、憲法改正を必要とすることなく、法律によってかかる制度を導入することが可能とするものもある。

他方、近時の憲法改正論議とも関連して、最高裁判所とは別にドイツ型の憲法裁判所を設置すべきだとする議論もなされている。たとえば、読売新聞社が一九九四年以来出している一連の憲法改正案においては、はっきりと、ドイツの制度、とくに抽象的審査権限をもつ裁判所をイメージした憲法裁判所制度の導入が提案されている。[27]

こうした積極論の主張の中には、これを設置すべき理由として、「裁判の遅延」を解消して「速やかな判断を下し得る」という理由が挙げられている。たしかに、抽象的審査手続が導入されれば、憲法に関して法律の合憲性を直接に憲法裁判所において第一審かつ終審として争うことができるのであるから、現行制度よりも速やかに合憲・違憲の判断が下されることは事実かもしれない。しかし、かかる判断によって、合憲違憲の問題を憲法裁判所の一度限り判断で確定させることが、はたして妥当な結論を得るための途なのかどうかは、必ずしも一義的に肯定できないように思われる。

これに対して、いわゆる具体的規範統制手続、つまり、具体的事件を前提として、そこにおいて適用が問題となる法令の合憲性に関する判断を最高裁判所に独占せしめる制度は、必ずしも憲法改正を前提とせずに導入しうるとする議論もありうる。しかしこの場合にも、当事者が憲法違反の主張をすれば直ちに事案を最高裁判所に移送するという制度ではなくて、現在のドイツの実務の傾向のように、憲法適合的解釈を施すことが不可能であって、かつ事案に適用すべき法令を違憲と考える場合にのみ最高裁判所に移送しうる、とする制度であれば、はたしてこの制度を導入することにどれほどのメリットがあるかは、必ずしも判然としない。

加えて、本章で検討したように、当のドイツ自身では、連邦憲法裁判所が、今や、むしろ個々人の権利侵害の主張に関する具体的な争訟事件についての最終審としての役割に重心を変えていると言ってよいとすれば、わが国における憲法裁判所構想がもつ意味は、実はそれほど大きくはないようにも思われるのである。(28)

注

(1)　フランクフルト憲法の関連条文については、『ドイツ憲法集』二一頁以下、とくに四一～四二頁参照。なお、同憲法における Reichsgericht の権限については、本書第一三章〔初出＝初宿「フランクフルト憲法におけるライヒ裁判所の管轄権」愛知教育大学社会科学論集二二号（一九八二年）二四九頁以下〕参照。

(2)　各ラントごとの憲法裁判所の名称については、本書の序章注(23)参照。ちなみに、これら一六のラントのうち、唯一シュレースヴィヒ＝ホルシュタインのみは、戦後当初の一九四九年一二月一三日の憲法典（ただし、名称は Landessatzung für Schleswig-Holstein）の第三七条が、二〇〇八年五月一日まで、憲法紛争についての裁判権を連邦憲法裁判所に委任していた（基本法第九九条参照）が、同日以降は、ラント独自の憲法裁判所（Landesverfassungsgericht）が設置されている。同州憲法（Verfassung des Landes Schleswig-Holstein in der Fassung der Bekanntmachung vom 13. Mai 2008）の第四四条参照。本章の初出誌（『比較憲法学研究』一七号〔二〇〇五年〕三二頁）では、旧制度に基づいた言及がなされており、現行制度はこれとは異なっていることになる。

(3)　本章でしばしば言及される連邦憲法裁判所法（Bundesverfassungsgerichtsgesetz）および連邦憲法裁判所規則（GOBVerfG）の邦訳については、初宿正典・須賀博志編訳『原典対訳 連邦憲法裁判所法』（成文堂、二〇〇三年）を参照。なお、ホルスト・ゼッカー（生天目忠夫訳）『概説 連邦憲法裁判所』（信山社、二〇〇二年）にも、これらの法令の邦訳（ただし一九九三年八月改正までを反映）がある。

(4)　*Benda/Klein*, Verfassungsprozessrecht. Ein Lehr- und Handbuch, 2., völlig neubearbeitete Auflage, 2001, insbes. S. 55 f. なお、本書の第一二章およびその注(58)参照。

（5）この点について詳しくは、本書第一六章〔初出＝初宿「最高裁判所裁判官の定年制――ドイツにおける議論とも関連させつつ」佐藤幸治・清永敬次編『園部逸夫先生古稀記念・憲法裁判と行政訴訟』（有斐閣、一九九九年）八五頁以下〕を参照。
（6）この総会決定についても、前掲『原典対訳　連邦憲法裁判所法』（注2）一九～二〇頁の注参照。
（7）従前の規定では《宗教団体》にも同法の適用除外条項が適用されていたが、二〇〇一年の改正法で削除された。これについては、本書第七章〔初出＝初宿「ドイツの結社法における宗教・世界観団体の地位――一九六四年法とその改正を中心に」樋口陽一・上村貞美・戸波江二（編集代表）栗城壽夫先生古稀記念『日独憲法学の創造力〔上巻〕』（信山社、二〇〇三年）四〇一頁以下所収〕参照。
（8）《憲法異議》という訳語で言われることが今日ではむしろ多いようであるが、一応ここでは《憲法訴願》と表記しておく。
（9）なお、『ドイツの憲法判例』の末尾にも、一九九九年末までの詳細な資料が添付されているのが参考になる。
（10）ここで便宜上《受理》と訳しているのは、原語は Eingänge であり、厳密には《受理》ではなく連邦憲法裁判所への《手続申請数》であって、受理（Annahme）された数と不受理（Nichtannahme）された数、および取下げ（Rücknahme）などの数を含む数字である。
（11）これについては、本書第一〇章三六三頁以下参照。
（12）この点については、Datenhandbuch zur Geschichte des Deutschen Bundestages 1949 bis 1999, Bd. 1, 1999, S. 109 を参照。なお、*v. Münch/Kunig* (Hrsg.), Grundgesetz-Kommentar, 5. Aufl. 2001, Bd. 2, S. 56 f. も参照のこと。
（13）ＮＰＤ裁判については、さしあたり、ジュリスト一二四九号（二〇〇三年七月一五日号）一一三頁の山口和人の報告を参照。なお、この部分については、本書の序章三八頁も参照されたい。
（14）この判例については、渡辺康行「文化的多様性の時代における『公教育の中立性』の意味」樋口陽一ほか編『国家と自由』（日本評論社、二〇〇四年）七九頁以下、とくに八四頁の分析を参照。
（15）二〇〇一年の改正以前の結社法に関する一九七一年の連邦行政裁判所の決定もその一例としてあげることができようが、これについての詳細も、本書第七章二五五頁以下を参照。
（16）連邦憲法裁判所のホームページ（http://www.bundesverfassungsgericht.de）による。
（17）渡辺康行（注14）参照。
（18）第一〇六巻（二〇〇三年）登載の合計一七件のうち、憲法訴願＝七件、具体的規範統制＝二件、抽象的規範統制＝六件であるが、第一〇七巻(二〇〇四年)では一五件のうち、憲法訴願＝九件、具体的規範統制＝四件、抽象的規範統制＝〇件である。第一〇八巻(二〇〇四年)では一七件のうち、憲法訴願＝一一件、具体的規範統制＝四件、抽象的規範統制＝一件、最後に第一〇九巻(二〇〇四年)では一二件のうち、憲法訴願＝九件、具体的規範統制＝〇件、抽象的規範統制＝一件となっている。最近の数字もおそらくそれほど変化はなかろう。

(19)　高見勝利「西ドイツの憲法裁判」芦部信喜編『講座・憲法訴訟』第1巻(有斐閣、一九八七年)一〇四頁。

(20)　『ドイツの憲法判例』第一版の栗城壽夫「はしがき」(一九九五年)にいわく、「連邦憲法裁判所の活動の重点は、むしろ、……《弱い》権限の行使にかかわる日常業務的裁判活動にある」。

(21)　この事件については、『ドイツの憲法判例Ⅲ』五二二頁以下(斎藤一久の訳・解説)を参照。なお、本書第五章二〇九頁以下も参照。

(22)　「十字架判決」とそれに対する学界等からの批判については、さしあたり、『ドイツの憲法判例Ⅱ』一一五頁以下(石村修の訳・解説)を参照。

(23)　『第九十回帝国議会衆議院帝国憲法改正案委員会議録(速記)』第十九回(七月二二日)三六六～三六七頁。

(24)　同右第二一回(八月二一日)三九二頁。

(25)　佐々木惣一「国家行為の純粋合憲性に対する最高裁判所の決定権」『憲法学論文選一』(有斐閣、昭和三一年〔復刻版＝平成二年〕)一三九頁以下参照。

(26)　たとえば、伊藤正己『裁判官と学者の間』(有斐閣、一九九三年)一三六～七頁。なお、この伊藤見解にも関連して、園部逸夫「最高裁判所大法廷と憲法裁判所」榎原猛・阿部照哉・佐藤幸治・初宿正典編『国法学の諸問題〔宮田豊先生古稀記念〕』(嵯峨野書院、一九九六年)一三七頁以下も参照。

(27)　『憲法改正　読売試案二〇〇四年』(読売新聞社、二〇〇四年)参照。

(28)　主要各国の憲法裁判所制度について概観したものとして、L・ファヴォルー(山元一訳)『憲法裁判所』(敬文堂、一九九九年)がある。なお、この問題に関連する最近の論文として、宍戸常寿「日本憲法史における『憲法裁判権』――『憲法裁判権の動態――ドイツ憲法研究ノート――』補遺」東京都立大学法学会雑誌四五巻二号(二〇〇五年一月)一頁以下が参照されるべきである。

〔補遺〕

＊　本章で取り扱ったテーマに関しては、ドイツの連邦憲法裁判所の組織・手続・権限について詳細に解説・検討している畑尻剛・工藤達朗編『ドイツの憲法裁判〔第二版〕』（中央大学出版部、二〇一三年）がきわめて有益である。

＊　また、毛利透「『法治国家』から『法の支配』へ――ドイツ憲法裁判所の機能変化についての一仮説」（法学論叢一五六巻五・六号、二〇〇七年、三三七頁以下）は、ドイツの憲法裁判制度が規範統制による憲法秩序維持を主任務とした「抽象的審査制」であるという命題は、「現状と大きく乖離している」とする点で、筆者と同じ認識に立ち、付随的違憲審査権を「法律の適用が憲法違反となる場合には、その適用を排除する権能」と考えるなら、ドイツの全専門裁判所はそれらを有していると述べる方が、実態に即しているとする点においても、筆者と評価を共有するところが多い。

＊　本書の初校段階で、マティアス・イェシュテットほか（鈴木秀美ほか監訳）『越境する司法――ドイツ連邦憲法裁判所の光と影』（風行社、二〇一四年九月）が出版されたが、その内容を本書に反映することはできなかった。

第一六章　最高裁判所裁判官の定年制
——ドイツにおける議論とも関連させつつ——

はじめに

（1）　官公庁や企業における《定年制》が憲法（とくに第一四条一項の平等原則）に違反するかどうかの問題は、男女別定年年齢などをめぐって、裁判でもしばしば争われてきているが[1]、憲法典自身が定年制を採ることを定めている場合には、立法論としては議論の余地があるとしても、定年制それ自体は憲法上とくに問題となりえない。むろん、私企業において定年[2]があまりに低年齢に定められている場合や、公務員の定年について憲法の委任を受けた法律上の具体的な年齢設定が立法者の裁量権を逸脱していると解されるときは、違法性が問題となりうることは当然である。

本章は、裁判官について定年制を定める日本国憲法の規定（第七九条五項、第八〇条一項ただし書）に関して、とくに最高裁判所の裁判官の定年制に焦点を当てながら、多少とも比較法的に検討してみようとするものである。すなわち日本国憲法は、一方で、内閣総理大臣をはじめとする内閣の構成員はもとより国会議員等についても、とくに定年に関わる規定を置かないが、他方で、裁判官については、第七九条五項が、最高裁判所の裁判官について、「法律の定める年齢に達した時に退官する。」と定め、下級裁判所の裁判官についても、第八〇条一項ただし書が同様の規定を置いている。そして、これらの憲法規定による委任を受けて、現行の裁判所法第五〇条は、最高裁判所の裁判官および簡易裁判所の裁判官については「年齢七十年」、また地方裁判所、高等裁判所または家庭裁判所の裁判官については「年齢六十五年」をもって定年とし、それぞれの年齢に達した時に退官すると定めている[3]。

もとより本章は、法律の定めるこの定年年齢が不当であるとか憲法に違反するといったようなことを主張せんとするものではなく、むしろ、主としてドイツの連邦憲法裁判所判事の定年制問題とも比較しつつ、なにゆえ日本国憲法は裁判官についてのみこうした《定年制》を置いているのか、その背後にある考え方は何なのかを、とくに最高裁判所の裁判官の定年制を考察の中心に置きつつ、多少とも検討してみようとするものである（それゆえ下級裁判所のそれについては、必要に応じて触れるにとどめる）。

(2)　ところで、裁判官の身分保障については、憲法に関する現代の代表的な教科書類においても、ある程度詳細に触れられるのが普通であるが、裁判官の定年にかかわる日本国憲法の上記規定について触れている例はきわめて少ない[4]。このことは、裁判官が一定の年齢に達した時に退官し、裁判官としての身分を喪失するものとする制度には、とくに問題がないと考えられていることを意味しよう。

しかし、裁判官について定年制を採用することは、裁判官の職務の性質上当然の帰結ということにはならない。たとえばアメリカ合衆国憲法は、合衆国の司法権を担当する最高裁判所および下級裁判所の裁判官につき、「罪過なき限りその職を保持」する（hold their Offices during good Behavior）旨を定めている[5]（第三条一節）。この規定は、文字どおりの終身在職権（lifetime tenure）そのものを定めたものではなく、したがって、必ずしもすべての裁判官が文字どおり生存している限り在職できることを意味するものではない。しかし、少なくともアメリカ合衆国の裁判官には、いわゆる定年がなく、それゆえこの規定が、裁判官は「罪過なき限り」免職させられることがないという身分保障の意味をもつことは、疑いを容れないところである。この規定がいかなる経緯を経て、いかなる趣旨で制定されたのかについて、ここで詳らかにする余裕はないが[6]、この一例からも知られるとおり、裁判官についての定年制は必ずしもその職務と密接不可分であるわけではないと言えよう。

(3)　翻って、わが明治憲法には、日本国憲法第七九条五項や第八〇条一項ただし書に対応する規定がなかった。それゆえ、はじめは定年がなく、裁判所構成法(明治二三年法六号)も「判事ハ終身官トシ親任勅任又ハ奏任トス」(第六七条)と定めるのみであった。その後、一九二一年(大正一〇年)五月一八日の改正(法一〇一号)で初めて同法に定年規定が設けられた。すなわち、この改正による同法第七四条ノ二では、「大審院長年齢満六十五年其ノ他ノ判事ノ職ニ在ル者年齢六十三年ニ達シタルトキハ退職トス但シ控訴院又ハ大審院ノ総会ニ於テ三年以内ノ期間ヲ定メ仍在職セシムヘキモノト決議シタルトキハ其ノ期間満了ノ時ニ於テ退職トス」とされた。もとよりその際、「憲法に規定がないのに、法律で定年を設けることは、裁判官の身分を保障する憲法の規定に反しはしないか、が問題とされたが、結局、憲法に違反しない、という解釈におちついた」とされる[7]。この点は、現行憲法や裁判所法の制定過程においてもしばしば論議された点である。そこで次に、この点に関する日本国憲法および裁判所法の制定過程を簡単に振り返ってみることとする。

第一節　日本国憲法制定と定年制の導入

1　憲法への定年制規定の導入論

(1)　松本烝治を委員長として一九四五(昭和二〇)年一〇月一三日に設置された憲法問題調査委員会の第四回調査会会議(一一月一九日)においてすでに、「裁判官ハ……其ノ職ヲ免ゼラルルコトナシ」とする明治憲法第五八条の改正に関連して、「其ノ職」とは「官ヲ指スモノナルコトニ解釈ハ一定シテヰル。従ツテ停年退職ハ違憲デハナイトサレテヰルガ、之ヲ官ト解スルコトニ付テ此ノ条文ハ裁判ノ独立ヲ保障スル精神カラ来テヰルノデアルカラ、職モ併セテ保障シナケレバ徒ニ官ノミ有セシメ職ハ無クテモ差支ナイトイフコトニモナリ、実質的ニハ違憲デアルトモ考ヘラレル。」として、先に触れた違憲論にも関連する議論のあったことが知られる。(8)

その後、一九四六(昭和二一)年一月二六日の第一五回調査会では、松本委員長の手になる二つの草案(いわゆる松本甲案・乙案)が審議の素材とされ、その中で明治憲法第五八条に関して、「(1)終身官たることを明定すべきか。『其ノ職』を『其ノ官』と改むべきか。(2)定年制に付規定を設くるの要なきか。(3)検事に付考慮を要せざるか」といった議論がなされたことが窺われる。

(2)　しかし、当初政府内部で目論まれた明治憲法部分改正構想は、総司令部の容認しうるところではなく、同年二月一三日になって、いわゆるマッカーサー草案が、ホィットニー(*Courtney Whitney*, 1897-1969)やケーディス(*Charles L. Kades*, 1906-96)から松本国務大臣や吉田茂外務大臣らに手交されたことは、周知の事柄である。このマッカーサー草案では、「最高法院〔最高裁判所〕ハ首席判事及国会ノ定ムル員数ノ普通判事〔陪席判事〕ヲ以テ構成ス右判事ハ凡ヘテ内閣ニ依リ任命セラレ不都合ノ所為無キ限リ満七十歳ニ到ルマテ其ノ職ヲ免セラルルコト無カルヘシ」とされていた（第七一条第一～二文）。ここで「不都合ノ所為無キ限リ……其ノ職ヲ免セラルルコト無カルヘシ」と訳されている部分は、原文の英語では“hold office during good behavior”となっているから、これが上記のアメリカ合衆国憲法を模範とするものであることは言うまでもないが、合衆国憲法とは異なって、「七十歳」という具体的な定年年齢が予定されていたことが興味深い。

もっとも、この草案に至る総司令部の「司法部に関する章についての小委員会案」でも、これとほぼ同趣旨の文言が構想されていたが、そこでは定年年齢は「六十歳」とされていた（第五八条）。審議の過程では、ずっと定年は「七十歳」とされていたのに、ここでどうして「六十五歳」とされたのかは、よく分からないとされている(9)。

それはともかくとして、マッカーサー草案を受けて政府が作成したいわゆる三月二日案には、国民審査に関する規定（第八四条）のみあって、定年に関わる文言はまったく見出されないのに対して、三月六日案（憲法改正草案要綱）では、「最高裁判所……ノ裁判官ハ満七十歳ニ達シタル時退官スルモノトスルコト」として、現行の裁判所法と同様、最高裁判所の裁判官の定年を七十歳として、退官の時期まで予定されていた（第七五条一項）。

2　法律による定年制規定への方針変更

(1)　その後、四月一七日の政府草案が発表されるまでの間に、法制局と総司令部側との間で折衝が続けられるが、その過程で、四月九日の交渉のときに、裁判官の定年を何歳とするかについては、憲法の中には規定せず、憲法には単に「法律の定める年齢」と規定するに留めることに方針変更がなされた。当時の法制局の見解によると、「定年の年齢については、なお研究の余地があるから、この際は法律の定めにゆずることにしたいという司法省の意見があり、われわれも、それを尤もなことと考えた」ためであったという。司法省の見解は、「従来、裁判所構成法に定めている判事の定年を変更するのについてさらに研究を要するとし、且つ、憲法に定める基本的な事項でもない」というものであった。また、司法省が総司令部側に対し、"during good behavior" を削った理由として、「一般の日本人の目から見ると、バッド・ビヘビアのときにはいつでも罷免できるというふうに、逆にとられるおそれがあるから、かえって危険である」と指摘したところ、総司令部側でもこれにとくに異議がなかったので、草案ではそういう方向で改められることとなったとされる。[10]

それゆえ、四月一七日の政府草案では、現行の第七九条五項と同様に、単に「法律の定める年齢に達した時に退官する」(第七五条一項)とのみ規定することとし、その具体的な定年年齢の定めは法律に譲ることとされた。[11]

(2)　ついでながら、下級裁判所の裁判官の定年に関する第八〇条一項についても、ここで簡単にその経緯に触れておく。これについては、マッカーサー草案では、判事は「凡ヘテ十年ノ任期ヲ有スヘク再任ノ特権ヲ有シ……満七十歳ニ達シタルトキハ退職スヘシ」(第七二条)とあり、これを受けた三月二日案も、任期に関する規定(第八五条二項)とは別立てで、第八六条に「裁判官ハ満七十歳ニ達シタルトキハ当然退職ス」とする規定を予定していた。この点に関しては、憲法改正草案要綱も、「裁判官ハ満七十歳ニ達シタル後ハ在任スルコトヲ得ザルコト」として、やや文言は異なるものの、同様の制度を予定した。これに対して四月一七日の政府草案は、最高裁判所の裁判官の場合と同様、具体的な年齢は法律の定めに委ね、憲法上は現行規定と同一の規定を置くに留めた(第七六条一項ただし書)。

(3)　さて、政府草案に対する衆議院の審議においては、第七五条(現行第七九条)に関しては、最高裁判所裁判官の国民審査の導入について議論が集中しており、定年制の問題については、それほど詳細な議論があったわけではない。とは言え、多少とも議論がなされたことが議事録に見える。

すなわち、第九十回帝国議会に政府案として提出された政府草案について、衆議院本会議での提案説明後に行われた質疑の最終日(六月二八日午後)に、安部俊吾が次のように質問している(要旨)。すなわち、

「定年制度ト云フモノハ弊害アッテ一利ナシ」と思われ、「七十歳ニシテ尚ホ頭脳明晰ナ人モアレバ、四十歳ニシテ既ニ老朽ニ入ツタ人モアルノデ」あって、「其ノ人ノ気力、気魄ノ如何ニ依ツテ能力ニ差ガ生ズルモノ」である。しかも「独リ裁判官ノミナラズ、大学教授、或ハ其ノ他ノ官吏ニ致シマシテモ、元気旺盛、頭脳明晰ナル者ハ、年ノ如何ニ拘ラズ、経験知識ガ広メラレル、サウ云フ年ニナツテ退官スルノガ惜シイト云フヤウナ人材ヲ退官セシメルト云フコトハ甚ダ不幸」なことであるから、「是モ定年云々ト云フコトヲ抹殺致シマシテ、年齢ハ相応ニ重ネテモ、其ノ気魄其ノ頭脳ガ明晰デアリ、而モ公正妥当ナル精神ヲ持ツテ居ルヤウナ裁判官、或ハ大学教授、或ハ文官ハ、年齢ニ拘ラズ其ノ職ニ留マルト云フヤウナ成文ヲ、其ノ条文ニ挿入セラレル用意アリヤ否ヤ」(12)。

これに対して木村篤太郎司法大臣(13)は、次のように答弁した。すなわち、裁判官はその職務の性質上その身分を保障されることは当然で、濫りに罷免するようなことのないようにしなくてはならないが、他方裁判官を「終身官トスルニ於キマシテハ、又老朽無能ノ人ガ此処ニ集マル虞ガアル」のであって、これは慎まねばならない。したがって「一定ノ年限ヲ保障シテ、其ノ年限ニ達スレバ退官スルト云フコトガ最モ適当デアラウカト存ズル」とした。いうところの「老朽無能ノ者」については、第七四条(現行第七八条)で罷免しうる規定を設けているから、これで十分運用できる、というわけである。

(4)　同日、政府草案は七二名の委員から成る衆議院帝国憲法改正案委員会に付託されることになるが、その七月二二日(第一九回)の審議において、原健三郎が、「丁度総理大臣ヤ議員ニハ年齢ノ定メガナイヤウニ、内閣ガ之裁判官ヲ任命シ、更ニ国民ノ審査ニ付スルト云フナラバ、予メ法律ニ年齢ヲ定メル必要ハナイト思フ」がどうかと質問したのに対して、金森徳次郎国務大臣は次のように答弁している。すなわち、

たしかに、定年制は「唯年齢ガ其ノ段階ニ至ツタト云フコトダケデソノ退官ヲ求メルト云フコトニ」なるから、「謂ハバ玉石共ニヤルト云フコトニナリマシテ、甚ダ面白クナイト云フ感ジハ私共モ平素カラ持ツテ居ル」。しかし実際問題に当てはめていって、「中々必要ナ審査ヲ個別的ニ加ヘマシテ其ノ人ニ退官ヲ求メルト云フコトハ困難ナ事情ガアリ」、今日一般に「其ノ弊害ヲ認メ詰リ玉石共ニヤルト云フ制度ヲ設ケナイト云フコトニ対シテ弊害ヲ感ゼラレテ居ル部面ガアル」ので、「中々此ノ退職ノ円満ナル道行キガ旨ク行キマセヌ」。実は、現行の第七九条五項〔当時は第七五条一項〕の規定は、「初メハ画一ノ年齢ヲ此ノ憲法ノ上ニ明文ヲ以テ定メヨウトシテ」いたのだが、これは「少シク無理」である。「大体観察カラ言ツテ何歳ヲ以テ停年ニシテ宜イカト云フコトハ中々決メ兼ネルノデアリ」、「殊ニ特別ナル重要ナル地位ニナリマスルト、ソレハカナリ広イ範囲カラ選バレタル人ガ其ノ地位ニアリマスルノデ、其ノ人ノ個性ヲ或ル程度マデ考エ得ルノデアリマスカラ、機械的ナ一般的ナ年齢ダケデハ不十分デモアル訳デアリ」、そういうことを考えた結果、憲法では規定せず、「法律ヲ以テ、各裁判所ノヤツテ居ル一般ノ状況ヲ考ヘマシテ実行上成ベク旨ク行ケルヤウナ、而モ世間カラ非難ヲ受ケナイヤウナ停年ヲ決メタイト考ヘテ」いる、と。(14)

この答弁の中で金森はさらに、アメリカの制度に触れて次のようなコメントを付加しているのが興味深い。すなわち、アメリカの最高裁判所がやはり定年制がないために不便を感じているかどうかということは断言できないが、

「『ニューディール問題』等ノ時ニ相当ノ波瀾ヲ起シマシテ、九十歳近クノ人ガ果シテ其ノ地位ヲ占メテ居ツテ宜イカドウカト云フ疑惑ノ為ニ、大統領ガ特別ナル企テヲシタト云フコトモ聞イテ居リ」、そういうことを考えると、本条の規定も「サウ不自然ナモノデハナイ」と考えられる、と。

(5)　こののち、憲法草案の審議の場は、七月二三日に芦田均委員長の指名した一四名の小委員会での秘密会議に移る。その第八回会議(八月二日)において、当時の第七五条が第七九条とされ、もともとの政府草案ではその第一項の末尾にあった定年規定が、第五項[15]として独立した項とすることとされて、現行規定となるに至ったのである。[16]

ちなみにこの時の修正は、最高裁判所長官の地位を補職制度とするかどうかの問題に関連してなされたものであった。すなわち、政府草案の第七五条一項では、「最高裁判所は、法律の定める員数の裁判官でこれを構成し、その裁判官は、すべて内閣でこれを任命し、法律の定める年齢に達した時に退官する。」となっていた。法制局は、最高裁判所の長官を最高裁判所の中から長官という職に補するということにするのであればこのままでもいいが、もし長官を別に任命し、それ以外に内閣の任命する最高裁判所裁判官を作るということにするならば、この文言を書き直す必要がある、との見解であった。そこで社会党の鈴木義男が、「最高裁判所長官ハ、内閣総理大臣ト対等又ハソレ以上ノ人物ヲ任命スルト云フ積リナンデ、都合ニ依ツテハ総理大臣ヲ辞メタ人デ適任者ガアレバ最高裁判所長官ニスル」というような制度にしてほしい旨を主張し、自由党もこれに賛成した。そこで結局、第六条二項として、最高裁判所長官を内閣総理大臣が任命する旨の規定を追加すると同時に、草案の第七五条一項を現行のように修正し、かつ、定年制にかかわる同項末尾部分を独立の項とする修正がなされたのであった。[17]

(6)　その後の貴族院での審議では、九月二三日の委員会において、憲法第八〇条一項ただし書の定める下級裁判所の裁判官の定年の問題について、霜山精一の質問に対する木村司法大臣の答弁がなされたことが知られている。

霜山は、「従来は裁判官ト云フモノハ終身官トナッテ居リマシテ、各国ノ憲法ノ中ニモ、裁判官ヲ終身官デアルト云フ規定ノ置イテアルモノモアリマセウ」し、わが国でも憲法（明治憲法）にはその種の規定はないが、「裁判所構成法ノ中ニ裁判官ハ終身官トスル、デスカラ、職務ヲ辞メマシテモ、判事タル身分ハ残ッテ居ル、終身退職判事デアルト云フ身分ハ残ッテ居ルコトニ従来ハナッテ居リマシタ」が、「過去ノ終身官ト云フモノハモウ此ノ新憲法ノ下ニ於テハ、御廃メニナル趣旨デアルカドウカ」と質問した。それに対して司法大臣は、裁判官の終身官たることは将来廃止されることと考えるとし、「職ヲ伴ハナイ官ト云フモノハ、実ハ不合理デアル」から、「新憲法ノ下ニ於テハ、サウ云フ制度ヲ廃止スルト云フ考デアリマス」と答弁している。

ちなみに霜山のこの質問は、最高裁判所裁判官の国民審査制度とひっかけてなされており、文脈からすると、必ずしも第八〇条一項ただし書に限定しての質問なのかどうか、むしろ第七九条五項も念頭に置いたものではないのかとの疑問もないわけではないが、木村司法大臣は第八〇条一項ただし書への質問と受けとめて答弁している(18)。

それはともかく、以上のような経緯で第七九条五項の定年規定が成立するに至った。

では次に、憲法制定と並行して進んでいた裁判所法制定の過程について、若干触れておくこととする。

第二節　裁判所法制定過程における論議

1　裁判所構成法改正問題

(1)　一九四五（昭和二〇）年一一月九日に、「終戦ニ伴フ新事態ニ即応スル司法制度ヲ確立スル為従来ノ制度ニ再検討ヲ加ヘ之ヲ改正スルノ要アリ」として、司法省内に司法制度改正審議会（以下、便宜上単に「審議会」と略記する）を設置することが閣議決定された。それに基づき、司法大臣を会長とし、司法省、裁判所、検事局、貴衆両院、学界、弁護士会、関係官庁から選ばれた三五人以内の委員によって組織される審議会が発足し、同月二四日の第一回総会以降、その活動が始まった。この作業の結果、現行裁判所法およびその附属法令が整備され、それによって従前の裁判所構成法（明治二三法六号）および関係法令が廃止されたのであるが、ここでは紙幅の関係上、主として本章での検討の対象たる裁判所法第五〇条についてのみ触れることとする。[19]

この見直し作業の中心は、同年一二月六日以降、美濃部達吉を委員長とする第一諮問事項関係小委員会[20]（以下、単に「小委員会」と略記）によって進められる。司法省では、すでに審議会設置の前から「司法制度改正ノ要点」をまとめ、これを検討していたが、その中の「判事ノ地位ノ保障」の一項目として、「定年制ヲ廃止シ実質的理由ニヨル退職ノミノ制トス（裁構法七四条、七四条ノ二）」との表現がみられる。

(2)　この頃に司法省当局が提出した試案の「判事、検事ノ地位保障、待遇」の中の項に、「(二)判事身体若ハ精神ノ衰弱ニ因リ職務ヲ執ルコト能ハザルニ至リタルトキハ司法大臣ハ大審院長及大審院ノ部長ヲ以テ構成スル会議ノ決議ニ依リ之ニ退職ヲ命ズルコトヲ得判事職務ヲ執ルニ付不適当ナルニ至リタルトキ亦同ジトスルコト」との表現が見られる。一二月一七日の第三回小委員会会議で、この第二項について、司法省調査官で幹事の荻野益三郎が、提案理由の説明の中で、判事に退職を命ずる場合の手続を定めた裁判所構成法第七四条は手続上必ずしも簡便でないのでこれを改めるとの趣旨とともに、右の後段の文言について、こういう規定を設ければ、現行の「停年退職制ヲ廃止スルモ老朽ノ判検事ノ渋滞ヲ懸念スルノ要ガ無クナルノミナラズ却ツテ高齢者ニテモ適当ナル者ハ引続キ在職セシメ又ハ新ニ採用シ得ルコトトナルノデ当然停年退職制ノ存廃ガ問題ニナツテ来ルト思フ」とし、たとえこれを存置するにしても、たとえば大審院長や控訴院長についてはその適用を除外するというような特例を設けることも考えられるので、その点も含めて審議願いたい、といった趣旨のことを述べている。

この議論では(判事と検事の双方が問題になっている点はさておき)、要するに、裁判官の定年制の問題については、年齢で一律に区切るのではなく、定年年齢に達する以前であっても適切な会議体の判断で退職を命じうるし、逆に、高齢者でも適当な者は引き続き職務遂行ができるようにすべきだとの趣旨が見える。

この停年退職制の存廃問題につき、同日の小委員会では賛否両論があったが、これを廃止すべきか否かについての採決の結果、存置すべきであるとの意見が多数を占め、ただし「定年退職制ノ特例ニ付テハ当局ノ決ニ任スルコト」との留保が付けられた。

2　裁判官の定年制導入

(1)　一九四六(昭和二一)年一月下旬から、司法省では上記の荻野益三郎を中心として、裁判官構成法改正案の立案作業が始まる。その際、裁判所と検事局を分離すべきだとする前述の小委員会の決議を基本とするため、一九二八(昭和三)年に司法省が立案した裁判所法案を骨子として改正作業が行われた。すなわち、この昭和三年の裁判所法案では、第六六条に、先に引用した一九一〇年改正の裁判所構成法第七四条ノ二と同一の文言がすでに予定されており、加えて、第六七条には「身体又ハ精神ノ衰弱ニ因リ職務ヲ執ルコト能ハザルニ至リタルトキ」に退職を命じることができる旨の規定(第一項)、また「疾病其ノ他已ムコトヲ得ザル事由アル場合」の依願退職に関する規定(第二項)が見える。これを基本とする修正点のひとつとして、ここで問題となる定年に関して、裁判所法案の第六六条を裁判所構成法第七四条ノ二のように改めるとともに、第二項として、「大審院長タルベク新ニ判事ニ任ゼラルル場合ハ年齢ニ拘ラザルコトヲ得此ノ場合在職五年ニ達シタルトキハ退職トス」との文言を付加すべきことが提案された（右の第六七条に関する修正についてはここでは触れない）。

(2)　一九四六年七月三日に、憲法の改正に伴う主要法律の制定または改正について内閣総理大臣の諮問に応ずる調査会（臨時法制調査会）が設置された。司法関係の法律については、その第三部会が担当することとなる。一方、司法省においても、憲法の改正に伴う司法制度の改正について司法大臣の諮問に応ずる審議機関を設置することが決められており、同年七月九日には、臨時法制調査会第三部会と表裏一体となって必要な立案作業をするための審議会（司法法制審議会）が設置された。それゆえ、司法法制審議会の決議がそのまま臨時法制調査会第三部会の決議となることになっていた。

そこで、同年七月一二日の司法法制審議会第一回総会後、引き続いて、裁判所構成法や検察庁法、判事弾劾法等を分担する第一小委員会（構成員四五人）が組織され、判事の梶田年を主査として審議が始まるが、この第一回小委員会に席上配布された資料は、①「裁判所構成法につき考慮すべき問題」と、②「臨時司法制度改正準備協議会における意見の大要」という二つであった。前者の中に、本章のテーマにとっての「問題」の一つとして、最高裁判所および下級裁判所の判事の「定年を何年を以て相当とするか」との項目が見える。その際の「考慮」のための素材になったのが後者の資料②である。この②にいう協議会は、すでに一九四六年六月に設けられていたものであるが、その協議会における各委員の意見を大審院で整理したものがこの②であり、これを見ると、最高裁判所判事の定年については「七十五歳」とすべきだとの意見でおおむね一致していたが、下級裁判所の判事の定年については「七十歳」と「六十五歳」の二意見に分かれていた。

3　定年二分論

（1）　さて、小委員会では七月二〇日の第四回会議において、奥野健一（司法事務官）や兼子一（文部教官）ほか合計五名の起草委員と、根本松男判事ほか合計九名の幹事が指名された。この起草委員によって作られた「〔第一次〕裁判所構成法改正法律案要綱」（七月二二日）によると、裁判官の定年については、上記の政府の憲法改正草案の第七五条一項および第七六条一項ただし書を受ける形で、最高裁判所と下級裁判所のいずれについても、「年齢が六十五年に達したときは退官するものとする」とされていたが、七月二七日の同委員会の幹事会に提出された「〔第二次〕裁判所構成法改正法律案要綱」の最高裁判所に関する修正案では、最高裁判所の裁判官の定年は「年齢七十年」とされた。この間の議論は詳らかでないが、この日の幹事会では、年齢をもう少し上げてはどうか、長官のみについて考えたらどうか、などの意見も出たものの、とりあえず原案どおりと決定された。

しかしその後、起草委員会でさらに案が練られた結果、八月七日の第一一回小委員会の審議に付された「〔第三次〕裁判所法案要綱（案）」では、最高裁判所の「長官年齢七十五年、その他の裁判官年齢七十年」を定年とし、高等裁判所の裁判官の定年については、「長官年齢七十年、その他の裁判官年齢六十五年」とされた[21]。その際、最高裁判所の裁判官の定年に関して、長官とそれ以外の裁判官の定年を区別する必要はないとの意見も出たが、奥野起草委員が、「長官は内閣総理大臣と同一に親任されることになり」、「長官の年齢については普通の裁判官より延長するのが相当との意見もでて」きたので両者を分けたのだと説明して、この方針が多数決で決定された。また翌八日の第一二回小委員会では、高等裁判所の長官のみについては「七十歳」を定年とすべきだとの意見でまとまった。この点についてはのちにも同様の説明がなされるが、最高裁判所長官は首相と同様の特別の地位にあるとの理由でその定年を他の判事よりも高くするというのであれば、高等裁判所の裁判官の場合、長官についてのみ定年年齢を高くするというのは理屈に合わないことになろう。

(2)　小委員会での検討を終えた後、審議は司法法制審議会総会に移る。その第四回総会(八月一二日)において、最高裁判所の「長官年齢七十五年、その他の裁判官年齢七十年に達したときは退官するものとすること」との案につき、草野豹一郎委員から、「停年に長官と判事に段階を設けた理由如何。枢密院顧問官の平均年齢に比しても七十五年は高きに失する七十二《〔ママ〕》年か七十三年位を相当とする」との意見があり、これに賛成する意見もあったが、憲法改正案の修正案でも長官が首相と同等で特別に高いものとしていることも考慮すべきだとの起草委員の意見で、多数決により原案に決まった。

(3)　その後の審議は臨時法制調査会に移り、その第二回総会の第二日(八月二二日)に牧野英一委員が、定年問題につき、大要次のような質問をしている。

憲法の規定に従って裁判官に一定の定年が設けられるのは当然であろうが、長官が七十五歳、その他の裁判官が七十歳というのは果たして妥当かどうか。最高裁判所の判事についてはとくにそうだが、下級裁判所の判事についてみても、現行の定年制〔裁判所構成法第七四条ノ二〕と比べてあまりに隔たりがある。帝国大学ではおおむね六十が定年で、裁判官は現行でもそれより三歳高いのだが、それよりさらに引き上げて六十五歳にするとすれば、「果して社会の一般通念がそれで宜しいと受容れる」であろうか。「やはり今日の停年制の実施が六十三で潔く退いて行く」ことによって「裁判所の空気が常に新にせられて結構である」ということであれば、このことを考慮すべきではないか。私見ではまず「最高裁判所の長官は六十八位にして、裁判官が六十五」、「高等裁判所の長官が六十五で判事が六十三」ぐらいでどうか。もっとも、長官とそれ以外とで区別することが適当かどうかは別だ。

この意見に対して、幹事の奥野委員は、この点は「実に御尤も」と考えるのであり、この原案が新聞等に発表されてから後、各方面から、「最高裁判所の裁判官の停年は少しく高きに過ぎるではないか」、むしろ「少しく若い、新鮮味を加へることにしたらどうか」といった意見が相当にあるので、これは再考しなければならないのではないかと考えている、として、牧野意見にむしろ同調する見解に変わっている。

(4)　これを受けて再検討の上、九月九日の司法法制審議会第一四回小委員会に配布された「〔第六次〕裁判所法案要綱」では、「最高裁判所の長官は、年齢が六十八年、判事は、年齢が六十五年に達した時に、退官するものとすること」、また高等裁判所地方裁判所および簡易裁判所の裁判官については「年齢六十三年」を定年とするとの修正がなされていたが、この案は撤回されたので、九月一一日以降の司法法制審議会総会では、先の第五次案を討議の対象とすることになった。

それゆえ、一〇月二二日から首相官邸で開催された臨時法制調査会第三回総会の第二日(二三日)に配布された「〔第七次〕裁判所法案要綱」でも、定年については第五次案(注(21)参照)と同一であった。そしてそこでの審議経過報告の中で部会長は、最高裁判所の裁判官の定年は長すぎるとの意見に対して、「元来最高裁判所の長官及び裁判官はこれに適当な人材を得るといふことは甚だ容易ではない。成るべく広い範囲にして置く方が宜しからう、且つもし老衰の事実でもあれば、国民審査法といふ制度もあるのであるからといふやうなことから遂に僅少の差でこの原案通りに決つた」と説明している。

他方、この間、一〇月一八・一九日の両日に行われた控訴院長検事長会同の席で、各地の控訴院長はいずれも、定年年齢を七十歳ないし六十五歳に下げるべきだとの意見であった。しかもその際、長官とその他の裁判官とで定年を区別する必要はないとする意見が大勢を占めた。最終的には、後述するとおり、この意見が採用されることになる。

4　定年一元化論

(1)　これ以降の経緯の詳細については、紙幅の関係上、若干省略するが、一〇月一二日の民事局の局議では、以上のような各方面からの意見を受けてであろう、「最高裁判所の裁判官の定年は六十五才《ママ》、下級裁判所の裁判官の定年は六十三才《ママ》とすべきか」との意見があったが、二五日以降一一月九日までの民事局での局議で討議に付された「〔第二次〕裁判所法案」(一〇月二二日案)では、定年を定める第一一条は、「最高裁判所の長官は、年齢が　年、判事は、年に達した時に、退官する。」となっており、民事局内部でもまだ議論が固まっていなかったためか、具体的な年齢の部分が空白になっている。(22)

(2)　最高裁判所の裁判官の定年を、現行の裁判所法第五〇条と同じく、「年齢七十年」とする案が最初に登場したのは、第二次案をさらに修正して一一月一一日に作成された「〔第三次〕裁判所法案」である。すなわちこの第三次案では、「最高裁判所の裁判官は、年齢が七十年に達した時に、退官する。」(第一一条)として、長官とその他の裁判官の区別なく、一律に定年が七十歳とされている。そして、一一月二五日に召集される第九一会臨時国会に裁判所法案が提出されることが閣議了解されたため、その前に法制局で同月一四日から二八日までの一五日間に、この第三次案をもとに各条ごとの審査が行われることになる。問題の第一一条については、一一月一六日に検討され、憲法第七九条五項を受けて、旧裁判所構成法第七四条ノ二に相当する規定として、長官とその他の裁判官との間に区別をつけずに、右のように年齢七十年を定年とすることでまとまったようである。

なお、この時点までは、現行の裁判所法第五〇条の構造とは異なり、下級裁判所の裁判官の定年は最高裁判所の裁判官の定年規定とは別の条文となっており、右の第三次案でも、高等裁判所および地方裁判所の裁判官の定年については、第四三条で「裁判官は、年齢が六十五年に達した時に、退官する。」とされ、また簡易裁判所の裁判官については、第五八条で「簡易裁判所判事は、年齢が六十八年に達した時に、退官する。」とされている。(23) 下級裁判所の裁判官の定年に関するこれらの規定については、一一月二一日〜二三日の審査の中で、次のような意見が出ている。

すなわち第四三条に関しては、高等裁判所と地方裁判所の裁判官の間に実質上区別する必要がないので一律としたが、地方裁判所の裁判官は数が多いので、問題があるのではないかという意見が出た。とりわけ興味深いのは、旧裁判所構成法第七四条ノ二では「六十三年」となっていたのを「六十五年」に引き上げたのは、「新しい制度の下においては、弁護士から相当の人を裁判官に任命することが予想され、従つて、従来のような官吏制度の定年とは、別の観点から定年を考えたため」だとされ、定年問題を弁護士からの裁判官登用の問題と結びつけた議論がなされていたことである。

また簡易裁判所判事の定年を「六十八年」とした理由は、「職務の内容が高等裁判所、地方裁判所の裁判官に比べて、比較的に複雑でないのと、これによつて、高等裁判所や地方裁判所の裁判官の定年に達した人の中から、簡易裁判所に適任者を迎えることができると考えられるからである」とされている。現在の簡易裁判所の裁判官への登用の実務とも、ある程度一致する見解と言えよう。(24)

(3)　現行法規定に至る最終段階は、第四次および第五次の裁判所法案においてである。すなわち右の第三次案の各条についての法制局の審査の結果を踏まえて、一一月二六日以降、司法省内でさらに省議が続けられた。この結果を折り込んでできた第四次および第五次の案では、それまで定年について最高裁判所の裁判官と下級裁判所の裁判官とを分けて規定することとしていたのを一元化し、第五次案で見れば、「最高裁判所長官は年齢七十五年、最高裁判所判事及び高等裁判所長官は年齢七十年、その他の裁判官は年齢六十五年に達した時に退官する。」（第五〇条）とされている。[25]

この点は、その後さらに検討を重ねて修正した第六次案（第五二条）、第七次案（第五二条）および一九四七（昭和二二）年一月二八日の閣議決定を受けて修正された第八次案においても変わっていない。

(4)　この第八次案は、二月六日に「裁判所法案帝国議会へ提出の件」として枢密院へ諮詢され、三月一一日までに合計六日にわたる審査がなされたが、その過程で、総司令部との協議の結果として、定年年齢の引下げが決定されることとなる。すなわち、裁判所法案についても、すでに一九四六年八月以降、総司令部の民政局（Government Section）とくにその立法司法担当課（Legislative and Justice Division）のオプラーおよびブレイクモアと司法省との間で、何度にもわたって協議がなされていた。[26]定年制問題についても、すでに一九四六年八月の段階で、オプラーから、最高裁判所の長官とその他の裁判官で「体力の差違があるわけではない」のだから、定年年齢につき両者の間に「区別を設けるのは意味がな」い、七十五年や七十年というのは高過ぎる、六十五年か六十八年位だと思う旨の意見が出ていた。九月二三日の会談でも、司法省が「日本では最高裁判所の判事を若い者の中から選ぶことは仲々困難である。経験ある有能な人を選ぶには年齢をこの位に上げるのが適当であると考えた」と弁明をしたが、オプラーは七十歳でも高いと思うが、その位ならまあいいだろう、ただ最高裁判所長官の定年年齢が七十五年というのはいずれにせよ余りにも高過ぎる、との見解であった（もっとも、この時点ではブレイクモアは年齢制限を加えないほうがよいとの考えであったようであるが）。

その後、翌一九四七年一月のブレイクモアとの会談において、司法省自身も、こちらの案（第二次案の英訳）にいう判事の定年は「少し高過ぎると思うのだが、とにかく司法省としては一応審議会の決定に従った」と弁明したが、ブレイクモアは「実際それは少し高過ぎるから、司令部側からも反対意見が出るだろうと思う」と答えており、この案では受け入れられないとの意向を繰り返している。

(5)　こうして、同年二月末になっても総司令部との間で合意が得られなかったので、二月二八日には、法案審議の促進を図るために、総司令部と司法省の双方から全権を委任された委員を出して、「特別法案改正委員会」(Extraordinary Bill Revision Committee)が作られることとなった。総司令部側の委員には右の両名が含まれており、その中心となったのは、やはりオプラーであった。この委員会は、三月三日から一五日まで十回にわたって討議を重ねているが、定年年齢引下げの具体的な提案が総司令部側から出てくるのは、三月四日の第二回委員会においてである。すなわち、ここでの討議の資料は第八次案であるが、これについて総司令部側は、七十五年や七十年は少し高過ぎるし、「高等裁判所長官とその他の下級裁判所の裁判官とを区別することも、納得できない。むしろ最高裁判所の裁判官は六十八年、その他の裁判官はすべて六十五年ということにしてはどうか」と具体的な提案を出してきた。これに対して司法省は、簡易裁判所の裁判官の定年については六十八年としたいとの意向を示したが、総司令部側は、それなら最高裁判所の裁判官を六十八年、その他の裁判官を六十五年にするか、裁判官を例外なしに六十八年とするかのどちらかにすべきだとして、折り合いがつかなかった。そこで日本側が、最高裁判所裁判官は七十年、その他の裁判官は六十五年というのではどうかと提案すると、総司令部側は、「それなら別段異議はない」との回答であった。しかし結論は翌日の委員会に持ち越すこととなった。

なお、この日の会談で大審院長細野長良(1883-1950)が、「自分としては、日本人の体格からみて、定年を六十五年にするのが一番よいと思うが、已むを得なければ、六十八年までにしてもよい。しかしいずれにしても、あまり年を取ると、仕事がやりにくくなるのであつて、殊に、これからは最高裁判所の裁判官の数が今より、ずつと少なくなるのであるから、よほど若い元気のよい者でないと、渋滞なしに裁判事務をやつてゆくことが、むずかしくなると思う」との意見を述べているのが興味深い。

(6)　そこで、三月五日の第三回委員会で、司法次官谷村唯一郎(1887-1982)が、司法省の見解として、最高裁判所の裁判官は七十年、下級裁判所の裁判官は六十五年ということにしたいと思うと述べると、総司令部側は、それで結構だとの回答であったので、そういう方向で修正がなされることになったようである。

すなわち、右のようにしてようやく総司令部の承認が得られたので、司法省では、ここまで維持してきた従来の構想を修正した第九次案をまとめ、それが三月八日の閣議で決定されることになる。ここにおいて、ようやく現行の裁判所法第五〇条と同一の文言が確定するに至ったのである。かくして、最終的な裁判所法案が三月一一日に閣議決定され、枢密院の諮詢を経て、同月一三日に衆議院本会議に上程され、特別委員会の審議を経て一八日に本会議で可決された。そして翌一九日には貴族院本会議に上程され、二六日に本会議で可決された裁判所法が、四月一六日、法律第五九号として公布され、日本国憲法と同時に施行されるに至った。衆議院本会議に上程されてからは、この問題についての実質的な審議はほとんどなかったようである。(27)

第三節　ドイツ連邦憲法裁判所の裁判官の定年制

1　前節までのまとめ

前節において、裁判官の定年を定める現行の裁判所法第五〇条の成立過程を中心に、煩を厭わず追跡してきたが、ここから分かるように、わが国における裁判官の定年制は、憲法制定過程において、マッカーサー草案以降、これを設けることについてはほとんど不可避の前提として議論されていた。また司法省内部での検討作業も、一九二一（大正一〇）年の裁判所構成法改正によって付加された第七四条ノ二の定年退職制を基本的に維持することから出発していた。その目的については、必ずしも詳細に論じられているようには思われないが、総司令部側が「最高裁判所長官の定年を七十五年、その他の裁判官を七十年」等とする日本政府側の案を、ついに最後まで承認しなかったという事実からすると、彼らが、あまり高齢の裁判官は裁判実務処理能力の上から好ましくないとの考えを抱いていたことが窺われる。その意味では、裁判官の定年制の目的は、たしかに「高齢者の精神上・肉体上の能力を考慮するとともに、裁判官の新陳代謝を図ること」[28]にあったとも言えよう。ただ、こと最高裁判所の裁判官に関する限りで言えば、憲法が予定している国民審査制度が実効的に機能すれば、何らかの点で問題のある裁判官は、この制度によって罷免することも可能なはずである。また、下級裁判所の裁判官についても、第八〇条一項の定める十年任期・再任制の存在を考えると、理論上は、必ずしも一律に年齢を限って退職すべきことを定める必然性はないようにも思われる。もとより、長寿時代の今日において、もし現在の定年が低すぎるというのであれば、裁判所法を改正して定年年齢を引き上げれば済むのであるから、とくに深刻な問題になるわけではない。しかし、明治憲法には裁判官の定年に関する規定が存在しなかったことは上述したとおりであるし、上述したアメリカ合衆国の制度以外にも、たとえばフランスの現行憲法のように、元共和国大統領が終身の憲法院の構成員である（第五六条二項）としている例もあるのであって、日本国憲法の定年制度が裁判制度に必然的に内在するものだとは必ずしも言えないであろう。

そこで以下では、従前の制度では終身裁判官が存在していたのに、法律の改正によって途中から一律の定年制度を導入したドイツの場合を例にとって、その際の定年制度導入の趣旨を多少とも検討してみることとする。

2　二系統の裁判官の存在（旧制度）

(1)　一九四九年制定のドイツ連邦共和国基本法は、第九四条一項で「連邦憲法裁判所は、連邦裁判官及びその他の構成員で構成される」（第一文）とし、また第九七条二項において、裁判官の独立の保障規定を置きつつ、「立法によって定年年齢（Altersgrenze）を確定し、その年齢に達した時に、終身で任用された裁判官が退職するものとすることができる」旨を定めている。この規定に基づき、「ドイツ裁判官法」（Deutsches Richtergesetz）は、連邦およびラントの裁判官の資格、任務、身分保障等々、裁判官の法的地位全般について規律している。ここでは、連邦憲法裁判所の裁判官の定年制の問題に限定して、若干の検討を加えるに留める。

(2)　さて、基本法第九二条以下の規定が設置を予定していた連邦憲法裁判所は、一九五一年三月一二日の連邦憲法裁判所法（BGBl. I S. 243）によってカールスルーエに設置されたが、当時の連邦憲法裁判所法第四条[29]は、「連邦憲法裁判所は、連邦裁判官及びその他の構成員で構成される」と定める基本法第九四条一項一文を受けて、次のように規定していた。

第四条　①　各法廷の四人の裁判官は、連邦上級裁判所[30]の裁判官の中から、これらの裁判所での職務の任期期間について選出される。

②　その他の裁判官は、八年の期間について選出されるが、最初の選出に際しては、その半数が四年の期間について選出される。再任は許される。

③　裁判官は、後任が任命されるまでの間、引き続きその職務を遂行する。」

連邦憲法裁判所が設置された当初の二つの法廷の裁判官数は、「各一二名」であった（第二条二項）が、その後、一九五六年七月二一日の改正（BGBl. I S. 662）により、「各八名」となった。そして同時にこの改正によって右の第四条一項も変更され、連邦上級裁判所の裁判官の中から、それらの裁判所での職務の任期期間について選出される裁判官の数は「三名」となり、また同項に第二文として、「連邦上級裁判所において少なくとも三年間裁判官の職にあった者のみが選出される。」との第二文が付加された。

その際、すぐあとで触れる一九七〇年一二月二一日の連邦憲法裁判所法の第四改正法律（BGBl. I S. 1765）の時点までは、第四条一項にいう三人の裁判官は、「ドイツ裁判官法の定める定年までの期間について選出される」こととなっていた。ここに所謂「ドイツ裁判官法」（DRiG）によると、連邦上級裁判所（この時点ではすでに「連邦最高裁判所」の意味）の裁判官は、「満六八歳に達する月の末日」に、またその他の裁判官は「満六五歳に達する月の末日」に退職する（in den Ruhestand treten）こととなっていた（第四八条[31]）。それに対して、右記の当時の第四条二項にいう「その他の裁判官」（各法廷五人）については、任期は八年であったが定年制度はなく、それゆえ再任もありえた。いずれにせよ、この当時の連邦憲法裁判所法自体には、同裁判所裁判官の定年に関する規定はなかった。

このように、定年の異なる二つの系統の裁判官が存在し、年金等の身分保障も含めて異なる規律が存在していたことについては、すでに当初から批判のあるところであったようである[32]。しかも「連邦の最高機関の一つという国法上の地位にある連邦憲法裁判所に所属するということの中には、その職業上の経歴のいかんにかかわらず、同様に高い責任を有することも含まれるの」であってみれば、そうした二系統の区別に正当な理由を見出すことは困難であった[33]。

実際、この当時の裁判官の在任期間や退職時の年齢はまちまちであり、ほんの一例を挙げれば、ガイガー(*Willi Geiger*, 1909-94)のように、在任期間が二六年余り(退職時の年齢は満六八歳)という裁判官出身の裁判官もあれば、ライプホルツ(*Gerhard Leibholz*, 1901-82)のように、在任期間が二〇年余り(退職時の年齢は満七十歳)という学者出身の裁判官もいた[34]。

(3)　そういうこともあって、上記の一九七〇年の改正によって、連邦憲法裁判所法第四条は次のように改められて現在に至っている[35]。

第四条　①　裁判官の任期(Amtszeit)は一二年とし、遅くとも定年までとする。
②　裁判官は、引き続き又は後に再選されること(Wiederwahl)は、これを認めない。
③　定年は、裁判官が満六八歳に達した月の末日とする。
④　裁判官は、任期が経過した後も、後任が任命されるまでの間、その職務を引き続き遂行する。

ここで興味深いのは、この改正がいかなる趣旨でなされたかである。最後にこの点を、当時の連邦議会の議事録等を参照しながら、多少追究してみることとする。

3　裁判官の定年の統一化と再任禁止制の導入（新制度）

(1)　実はこの連邦憲法裁判所法の第四改正法案は、すでに前年一九六九年二月一二日に連邦政府（当時はまだCDUのキージンガー政権）によって連邦議会に提出されていたものであるが、時間切れで第五立法期中には成立せずに終わっていたもののようである。[36]この改正の中心は、いわゆる連邦憲法裁判所の決定における《少数意見制度》の導入（第三〇条二項）および違憲法律の効力に関する規定（第三一条）の改正とともに、とくにここで問題とする連邦憲法裁判所裁判官の地位の統一に関する改正であった。

この改正案について、連邦憲法裁判所は、一九六九年一一月一三日の総会での決議において態度を表明している。その中で、連邦憲法裁判所自身も、「すべての裁判官の均等な処遇のために、定年としては満六八歳に達した時と決めるのがよいと思う」旨述べている。[37]そしてこの改正案は、他の改正点に関する連邦参議院の態度表明とそれに対する連邦政府の見解を添えて、一九七〇年二月一六日、連邦政府から再度、連邦議会に送付された。

(2)　この中で連邦政府（この時にはSPDのブラント政権の時代に入っていた）は、第四条の改正の趣旨として、次のように述べている。[38]

「二系統の裁判官についての任期に異なる取扱いをしている現行制度は、連邦憲法裁判所の機能とその構成員の任務を正当に評価したものとは言えない。今次の提案は、こうした従前の二系統の裁判官の異なる法的地位を一元化し、同時に裁判官の独立を強化せんとするものである。すなわち、任期を一二年に確定し、同時に定年を超えてはならないということは、一方で、従前八年任期で任命されていた裁判官にとっては、任期が著しく延長されることになる上に、他方で、任期終了後に裁判官選出機関によって再任されることがなくなり、裁判官の憲法上の行動を選出機関にコントロールされないという意味で、裁判官の独立を強化することにもなる。」

ここまでは、この改正の効果としてすぐに思いつく事柄であるが、これに続いて連邦政府が、《再任》と《少数意見制度の導入》との関係につき、次のような趣旨のことを述べているのが興味深いところである。

「連邦憲法裁判所判事の再任の可能性が定められていることは、とくに次のような場合には、すなわち、第三〇条二項として提案されているように、ある裁判官が多数決で自分の見解を否決された場合〔つまり多数意見を構成しえなかった場合〕、その裁判官は法廷の多数意見とは異なる見解を少数意見(Sondervotum = dissenting vote)として決定に付加することができることになるとすれば、適切とは思われない。というのは、そうなれば、場合によっては、少数意見を出したことと、〔選出機関による〕選挙権の行使との間に、何らかの関連性が生じる可能性を排除することができないであろうと思われるからである。」

右の最後の部分はやや分かりにくいので多少説明を要しようが、この点は議会の審議でも何度か議論されている問題である。すなわち、連邦法務大臣のヤーンは、一九七〇年三月一三日の連邦議会の会議において、政府提出の改正法案の理由説明の中で、次のような趣旨のことを述べている。すなわち、

再任を認めると同時に少数意見を導入することについては、連邦議会の方々からだけでなく、連邦憲法裁判所内部からも疑義が呈されていた。再任を排除すべきだと主張する方々は、「少数意見を書いたことと再任についての決定との間に、たとえ微かであっても関連性が認められうることは、裁判所の威信のために、どうしても避けたい」との見解である。連邦政府が、任期を一二年に限定し、再任を認めないこととしたのは、〔むしろ〕とりわけ憲法裁判が今後も絶えることなく発展していくことを期待してのことである。(39)

(3)　このあと、先の改正案は、連邦議会の法務委員会で同年一一月一二日まで逐条審議され、その間、連邦憲法裁判所や憲法学者の意見を聴いた上で、(40)連邦議会本会議に上程された。その際、同年一二月二日の連邦議会の席上、

アルント議員（SPD）は次のように述べている。

「連邦憲法裁判所判事の地位とその再任という問題には、SPDとしては非常に密接な関連があると考えている。たしかに連邦憲法裁判所の裁判官もただの人間である。しかしわれわれは、連邦憲法裁判所の裁判官たちが今までおよそ二〇年の連邦憲法裁判所の歴史の中で、その判断に際して人間であることの誘惑に打ち勝つのに十分に独立していたことを実証しているとの見解に与するものである。

とはいえしかし、われわれは、過去に連邦憲法裁判所の裁判官選出委員会（Wahlgremien）で、再任される用意のある裁判官が再任されなかった二つの具体的な事例があったことを知っている。SPDはこれら二つのいずれの場合についても責を負うものではなかったので、臆することなく言えるのであるが、だからこそ、そして、少なくともこうした面から裁判官の独立が侵害される危険が存するからこそ、少数意見と再任の間にも、裁判官の地位と再任の間にも、関連性があると考えるのである。われわれは、こうした問題に鑑みて、再任は絶対にできないようになっていなくてはならないと思料し、こういう決断をしたのである。」

第三〇条二項における少数意見制度の導入の問題については、わが国でもすでに数多くの研究があるので[41]、ここではその詳細には触れないが、右の議論にも見られるように、少数意見を書いた裁判官が、場合によってはその意見の内容のゆえに議会の裁判官選出委員会で再任されない危険があるので、それを排除して、裁判官が自由に少数意見が表明できるようにするためにも、一律に再任ができないようにしたのだとの趣旨が示唆されている。

(4)　もっとも、裁判官選出委員会の側の不当な判断という側面ではなく、再任されたいという誘惑に陥らない裁判官自身の側の資質を問題にする意見もあった。たとえば、「再任されることを当てにするという誘惑に陥らない裁判官であって初めて、判断を下すに際して、より自由に自分の個人的見解を、匿名でなく表明することができることは、疑いえない」というような見解[42]も見られた。こうした意見をも踏まえてであろう、過去のわが国での研究においても、次のような傾聴すべき分析がなされている。すなわち、この改正の趣旨は、「少数意見制の採用が裁判官をして少数意見による宣伝を行わしめることを防止するため」であり、「少数意見が採用されるならば、各裁判官が個別に意見を書くことが認められるため、裁判官が市民を余りにも意識しすぎ、しかも再選されたいばかりにスタンドプレイ的意見なり、プロパガンダ的色彩の意見を書き勝ちになる欠点を内包する。そこでこのような裁判官の態度をチェックする意味をもって」再選を禁止したのだ、とするのである(43)。

(5)　たしかに、少数意見制の導入と同時に再任禁止規定を盛り込んだのには、両者の間の関連性を考慮したとの側面も否定できない。しかし、右に引用した連邦議会での審議からすると、むしろこの規定は、再任制が存置されれば起こる可能性のある、議会によるコントロールを排除して、裁判官の独立を強化するためであったとも考えられる。それに、「過去二〇年間に連邦憲法裁判所判事が自ら身をもって実証してきた独立性と清廉潔白を想起すれば、だれも右の〔注42〕ような見解に同意することはできないであろう。自己の任務を自覚した責任感のある裁判官で、どうしても書く必要があると考える少数意見を書くか、それとも自分の再任を危うくすることがないように、これを差し控えるかの選択を迷うような裁判官など、考えられない」と言われている。そうであれば、再任禁止規定の導入は、少数意見を書いたことと再任するかどうかの議会の判断との間に、場合によっては何らかの関連性を見出そうとする(あまり根拠のない)試みを、はじめから根絶しておくためのものであったと言えるのではなかろうか(44)。

このことは、この再選禁止規定の導入の趣旨には同時に次の二点も含まれていたことをも考慮すれば、一層明らかである。そうだとすれば、この改正の目的が、上記のような裁判官の側の再任への《野心》のごときものを排除せんとするものであったと見るのは、やや一面的に過ぎる見方であるとも言えるように思われる。

すなわち、上に引用した連邦政府の提案理由の中で(45)、①再任制度廃止と②任期制について、次のように説明されていることに留意すべきである。

①　再任を排除することによる裁判官の独立の強化は、むしろ裁判官を一律に終身で任用することによっても達成されるのではないかとの意見もありうるところであるが、そうなれば逆に、新しい裁判官を任命することによって裁判所に新風を入れようとする努力が実らないこととなる。憲法裁判が、現代のように急速に変転する能率主義的社会において、つねに進展する要求をきちんと評価すべきであるとすれば、そうした新風を入れることを断念しえないはずである。それに何といっても、連邦憲法裁判所の裁判官を終身で任用することは、憲法機関たる連邦憲法裁判所の国法上の地位に鑑みても、適切ではなかろう。つまり、基本法下の民主制国家の憲法機関は、国民またはその選挙された代表者によって、期限付きでのみ正統性を与えられるというのが、基本法の下で一貫して実現されている民主制的国家原理の一つであり、この原理は、特別に憲法の番人に任ぜられている憲法機関についても無視することのできないものである。すでに従前から、この期限付きの正統性という原理は、期限付きで選出されてきた連邦憲法裁判所の大多数の裁判官については実現されてきていたものであるが、二系統の裁判官の地位を法的に統一するのに、裁判官を終身で選出するという方法によってではなく、定年制を全裁判官に拡張することによって実現せんとしたのは、こうした理由によるものである。

②　連邦憲法裁判所の全裁判官について十二年という一度きりの任期制を導入すれば、場合によっては、職務遂行能力が衰えていないにもかかわらず、定年に至るかなり前の時点で退職してしまう裁判官が出ることも予想されるところである。しかし、この度の改正について述べた理由に比べれば、この疑義は後退せざるをえないし、実際のところ、このことがとくに深刻な問題になることもない。それと言うのも、経験則からすると、連邦憲法裁判所の裁判官は五十歳かそれ以上の年齢で選出されることが多いし、一般的に言って、連邦憲法裁判所の裁判官に選出されるのは、その高い能力とその人格のゆえに、任期を経過した後でも、ほどなく学問、政治あるいはその他の領域で何らかの新しい適切な活動の場を見つけられるような裁判官ぐらいなものだからである。

もとより、法務委員会や連邦憲法裁判所裁判官の中にも、再任と定年を結合させた制度の可能性を提言する意見も見られたようである。すなわち、すべての裁判官を最初は八年任期で選出し、この最初の任期が経過した後、定年まで再任される道を開いておくことを認めるというのがベターではないか、という意見であった。そうすれば、終身任命によって判決が固定化する危険を回避しつつ、同時に卓越した実績のある裁判官を再任できるということになるという見解であった。しかしこの意見は多数の同意を得るには至らなかった。(46)

ちなみに、この改正法には、同法施行時に就任している裁判官についての経過規定が置かれており、この新しい法律による再任禁止制度が、その施行前に退官した裁判官について適用があるかどうかが、ツァイドラー(Dr. *Wolfgang Zeidler*, 1924-87)裁判官に関して争われた事例がある。すなわち同裁判官は、一九六七年八月に連邦憲法裁判所判事に任命され、一九七〇年六月まで第一法廷に所属していたが、一九七〇年に連邦行政裁判所長官に就任したため、いったん連邦憲法裁判所判事を退職したのち、一九七五年一一月に第二法廷の判事として再任されたのであるが、連邦憲法裁判所は、同判事の場合には再任禁止規定の適用がなく、したがって同判事の再任は違法でなかったと判断している。(47) しかし、もはやこの問題について詳述する余裕はない。

注

（1）　佐藤幸治先生還暦記念『現代立憲主義と司法権』（青林書院、一九九八年）所収の藤井樹也「定年制と憲法」が、アメリカの年齢差別問題とともに、わが国の定年制の問題を論じている。

（2）　法令上は、従前は「定年」（裁判所法第五〇条、自衛隊法第四五条など）と表記する例と、「停年」（教育公務員特例法第八条二項〔旧規定〕）と表記する例があり、意味は同じであったと考えられるが、後者の語は現在では用いられなくなっているようである。ここでは、主として引用文献の表記に依拠して、両者をとくに区別せずに用いる。「判事」と「裁判官」についても同様とする。

（3）　裁判所法の他には、検察庁法が、検事総長については六十五歳に達した時に、またその他の検事について六十三歳に達した時に退官するとする定年制を置いている（第二二条）。しかしこの点は、国家公務員法上の公務員等の定年の問題とともに、さしあたりここでの直接の関心事ではない。

（4）わずかに伊藤正己『憲法〔第三版〕』（弘文堂、一九九五年）五八六頁は、憲法第七九条五項につき言及している。もとより注釈書の類では、第七九条五項の説明が多少ともなされるのは当然であるが、なかでも宮沢俊義著・芦部信喜補訂『全訂日本国憲法』（日本評論社、一九七八年）は、数頁にわたって注釈を加えている（六四九頁以下）。

（5）この部分の訳語については、他に「不都合な行いのない限りその職を保有する」とするもの（後藤浩司『原文で読む「米国憲法入門」』（信山社、一九九五年）八一頁）、「その行動が善良である限り、無期限に在職できる」とするもの（飛田茂雄『アメリカ合衆国憲法を英文で読む』（中央公論社、一九九八年）一二一頁）、「罪過のない限り、その職を保持し」とするもの（高橋和之編『〔新版〕世界憲法集（第二版）』（岩波文庫、二〇一二年）〔土井真一訳〕六八頁）、「非行なき限り、その職を保ち」とするもの（初宿正典・辻村みよ子編『新解説世界憲法集〔第三版〕』（三省堂、二〇一四年）八〇頁〔野坂泰司訳〕）など、さまざまな訳が試みられているが、ここではとりあえず高井裕之訳（阿部照哉・畑博行編『世界の憲法集〔第四版〕』（有信堂、二〇〇九年）一〇頁）によった。

（6）たとえば浅香吉幹『現代アメリカの司法』（東京大学出版会、一九九九年）一三三頁以下でも、とくにこの点には触れられていない。

（7）宮沢・前掲書（注4）六五四頁。なおこの第七四条ノ二の規定は、その後一九三七（昭和一二）年にも改正され（法八二号）、各自の誕生日ごとの退職に伴う補充手続の不便を解消するために、定年退職の時期を五月三一日と一一月三〇日の年二回に限定することとし、また三年以内の定年延長が司法大臣の権限とされた。宮沢・同書六五一～二頁の説明も参照。

（8）以下の史料的叙述は、内藤頼博『終戦後の司法制度改革の経過――一事務当局者の立場から――』全五分冊（司法研修所、一九五九～一九六〇年）によるが、煩雑になるため、逐一頁は示さない。なおこの史料には、第六分冊として便利な総索引が付けられており（一九七一年一一月）、ここでもこの総索引を利用して、ここでのテーマにかかわる部分を参照した。ただし旧漢字のみ改めた〔その後この部外秘史料は、同名で『日本立法資料全集 別巻九一～九四』（信山社、一九九七～九八年）として復刻されている〕。ちなみに、上記引用の（1）に見られる《官》と《職》の区別の問題については、さしあたり宮沢・前掲（注4）六五二～四頁参照。

（9）高柳賢三・大友一郎・田中英夫編著『日本国憲法制定の過程Ⅰ 原文と翻訳』（有斐閣、一九七二年）一九三頁。

（10）「憲法制定の経過に関する小委員会第二十七回議事録」三八頁の佐藤達夫参考人の発言。なお、高柳賢三・大友一郎・田中英夫編著『日本国憲法制定の過程Ⅱ解説』（有斐閣、一九七二年）二四一～二頁参照。

（11）兼子一・法協六七巻一号（一九四九年）六八頁は、「最高裁判官の員数や定年を法律で定めることができることにしておくと、政府と国会とがこれを加減することによって、最高裁判所の大勢を左右できることになり、司法権の独立を害するおそれがある」ので、「最高裁判所の裁判官の員数及び定年は、法律に委任せず憲法で直接に規定する」べきだと主張していた(「憲法改正の諸問題　第六　司法」の項)。

(12)　官報号外(昭和二一年六月二九日)第九十回帝国議会衆議院議事速記録一一二頁。次注の引用部分も含め、旧漢字のみ表記を改めた。

(13)　同上一一四頁。なお、清水伸編『逐条日本国憲法審議録〔増訂版〕』第三巻(原書房、一九七六年)五一七頁は、この答弁が金森国務大臣のものと誤記しているが、右の官報号外一一四頁によれば、金森は裁判官の定年問題については木村司法大臣に委ねる旨を発言しており、この点についての答弁の任に当たったのは同司法大臣であった。

(14)　『第九十回帝国議会衆議院帝国憲法改正案委員会審議録(速記)』第一九回三六三頁による。ただし旧漢字のみ表記を改めた。

(15)　平成七年にはじめて公にされた『第九十回帝国議会衆議院帝国憲法改正案委員小委員会速記録』二三二頁では、「三項の次に」加えられるべきものとされているが、「四項の次」の誤りかと思われる。なお、この速記録を英語に翻訳して総司令部に提出した文書からの再邦訳たる森清監訳『憲法改正小委員会秘密議事録——米国公文書公開資料——』(第一法規、一九八三年)三四四頁では、「同条の第三項に」と訳されているが、これも誤りであろう。

(16)　なお、佐藤達夫著・佐藤功補訂『日本国憲法成立史』第四巻(有斐閣、一九九四年)七八一頁以下も参照。

(17)　『第九十回帝国議会衆議院帝国憲法改正案委員小委員会速記録』(注15)二三〇〜二三一頁。なお佐藤(注16)七八一〜二頁参照。

(18)　「第九十回帝国議会貴族院帝国憲法改正案特別委員会議事速記録」第二〇号(九月二三日付)九頁による。ただし旧漢字のみ表記を改めた。なお、清水・前掲書(注13)五五二頁もこの質疑を第八〇条の箇所に配している。

(19)　以下の経過についても、内藤・前掲書(注8)を参考にしたが、煩雑になるため、逐一頁は示さない。なお、佐々木雅寿『現代における違憲審査権の性格』(有斐閣、一九九五年)一五〇頁以下は、裁判所法制定過程を詳細に検討しているが、定年制の問題は検討対象としていない。

(20)　第一諮問事項とは、「新情勢ニ鑑ミ裁判並ニ検察ノ機構ニ付改正ヲ要スベキ具体的事項如何」である。

(21)　地方裁判所の裁判官については、長官の定年を六十五年とする以外は高等裁判所と同様の定めとするとされているが、簡易裁判所についての定めはここには見当らない。なお、この第三次要綱案を修正した第四次要綱案も八月二一の第五次要綱案も、この点は不変である（ただし第五次案には簡易裁判所の裁判官の定年につき六十五歳とする旨の規定がある）。

（22）　この第二次案では、高等裁判所および地方裁判所の裁判官の定年についても、「裁判官は、年齢が　年に達した時に、退官する。」（第五一条）として、年齢部分は空白のままであった。

（23）　憲法施行後の一九四八（昭和二三）年に改正されて新たに設置された家庭裁判所についての規定がこの時点ではまったく存在しないのは言うまでもない。

（24）　佐藤功『憲法（下）〔新版〕』（一九八四年）一〇三八頁は、「簡易裁判所の裁判官の定年が七〇年とされているのは、簡易裁判所は多数設置され、その扱う事件は比較的に簡易なものであり、また老練な裁判官が望ましい場合もあることを考慮し、他の裁判所の裁判官よりも定年を高くし、定年で退官した裁判官がその後に任命されることを可能にするためである」と説明している。

（25）　第四次案には条名の記載がなく、定年については、「最高裁判所長官は年齢七十五年、最高裁判所判事及び高等裁判所長官の職に在る判事は年齢七十年、その他の裁判官は年齢六十五年に達した時に退官する。」とされている。

（26）　オプラー（Dr. *Alfred C. Oppler*, 1893-1982）とブレイクモア（*Thomas L. Blakemore*, 1915-94）については、オプラー著・内藤頼博監訳『日本占領と法制改革』（日本評論社、一九九〇年）に詳しい。

（27）　なお、裁判所法の成立過程全般については、大石眞「裁判所法成立過程の再検討」佐藤幸治・清永敬次編『園部逸夫先生古稀記念　憲法裁判と行政訴訟』（有斐閣、一九九九年）一四九頁以下が、憲法上の論点を中心に詳細な検討を加えている。

（28）　佐藤功・前掲書（注24）一〇二八頁。

（29）　連邦憲法裁判所法の原典では「条」（Artikel）でなく「パラグラフ」（§）であるが、ここでは、まったくの便宜上、このパラグラフをすべて「条」と表記しておく。

（30）　現在では基本法第九五条一項にいう「連邦最高裁判所」（oberste Gerichtshöfe）のことであるが、一九六八年の第一六回基本法改正までは、これらが「連邦上級裁判所」（obere Bundesgerichte）と総称されていた。なお山田晟『ドイツ法律用語辞典〔補正版〕』（信山社、一九八四年）二七八〜九頁参照。

（31）　ドイツ裁判官法（Deutsches Richtergesetz in der Fassung der Bekanntmachung vom 19. April 1972 [BGBl. I S. 713], das zuletzt durch Artikel 17 des Gesetzes vom 6. Dezember 2011 [BGBl. I S. 2515] geändert worden ist）の現行の第四八条では、定年規定はやや複雑になっており、原則的定年（Regelaltersgrenze）は「満六七歳」である（第一項）が、終身裁判官で一九四七年一月一日以前生まれの者

の原則的定年は満六五歳であり、一九四六年一二月三一日以後生まれの終身裁判官の原則的定年は、年齢に応じて満六五歳から満六六歳と異なってくる。詳細は同条三項の一覧表を参照。

(32) Bundesverfassungsgerichtsgesetz. Kommentar von *Theodor Maunz* u. a., Stand: März 1992, Rn.1 zu § 4.

(33) *Max Dietlein*, Neuregelungen für die Verfassungsgerichtsbarkeit, in: DVBl. Bd. 86, Heft 4 vom 15. Februar 1971, S. 125 ff., insb.. 127 f.

(34) 各裁判官の出身・生年月日・任命・退官年月日等については、『ドイツの憲法判例Ⅲ』五五六頁以下に、二〇〇八年八月までの一覧がある。

(35) 同法はその後も幾度か改正されている(最新の改正は二〇一三年八月二九日=BGBl. I S. 3463)が、第四条に関してはその後の変更はない。

(36) 38. Sitzung v. 13. März 1970, Sten. Ber. S. 1902A.

(37) BT-Drucks. VI/388, S. 15 (Anlage).

(38) BT-Drucks. VI/388, S. 5 f., insb.. 6.

(39) 38. Sitzung v. 13. März 1970, Sten. Ber. S. 1903D.

(40) この過程および法務委員会での議論については、さしあたり、BT-Drucks. VI/1471, S. 1 ff. を参照のこと。

(41) とくに櫻田勝義「西ドイツ連邦憲法裁判における少数意見制の成立過程」法学三七巻一号(一九七三年)一頁以下。同「少数意見論序説(一)」判タ二七五号(一九七二年)二頁以下、とくに一一頁、同「西ドイツ司法改革の一側面」判時六一九号(一九七一年)一三頁以下。大越康夫「西ドイツ連邦憲法裁判所における少数意見」社会科学討究三三巻一号(一九八七年)二七七頁以下など。

(42) *Ernst Müller-Meiningen jr.*, in: Süddeutsche Zeitung vom 2. 12. 1970. ただし引用は、とりあえず *Dietlein*, a. a. O. (Anm. 33), S. 128 によった。

(43) 櫻田勝義・前掲(注41)法学三七巻一号二〇頁、同・判時六一九号一五頁。

(44) *Federer*, in: JZ 1969, S. 369 ff., insb. 371; *Dietlein*, a. a. O. (Anm. 33), S. 128.

(45) BT-Drucks. VI/388, S. 6.

(46) BT-Drucks. VI/1471, S. 3.

(47) BVerfGE 40, 356.

初出一覧

＊本書に収載するにあたって、タイトルについても、全体の統一性の観点から修正をした部分があるが、この一覧では初出時のタイトルを掲げておいた。

序　論　「比較の中の二つの憲法――ドイツと日本」産大法学四七巻三・四号(二〇一四年)三〇～八八頁。また、後半のみ『聖学院大学総合研究所紀要』五三号(二〇一一年)一五頁以下

第Ⅰ編

第一章　「基本法前文における《神》の文言についての若干の覚書き――その成立過程の予備的考察」法学論叢一四〇巻三・四号(一九九七年)九五～一一一頁

第二章　「基本法の人権条項の規範性――基本法第一条三項の成立過程と連邦憲法裁判所の判例を中心に」『佐藤幸治先生還暦記念　現代立憲主義と司法権』(米沢広一・松井茂紀・土井真一＝刊行代表)青林書院(一九九八年)二四七～二八三頁

第三章　「基本法第一四〇条の成立過程について」比較憲法学研究一八・一九号合併号(二〇〇七年年)一四七～一六七頁

第Ⅱ編

第四章　「ドイツの現行憲法秩序における国立大学神学部の地位――ヴァイマル憲法から基本法へ」曽我部真裕・赤坂幸一編『大石眞先生還暦記念　憲法改革の理念と展開　下巻』信山社（二〇一二年）一九七頁～二三四頁

第五章　「いわゆるブレーメン条項の適用範囲――統一ドイツにおける宗教教育の新展開」法学論叢一四四巻四・五号（一九九九年）六六～九五頁

第六章　「世界観上の告白の自由に関する若干の考察――ドイツ憲法を手掛かりとして」長谷部恭男ほか編『現代立憲主義の諸相　高橋和之先生古稀記念　下』有斐閣（二〇一三年）二五九頁～二七九頁

第七章　「ドイツの結社法における宗教・世界観団体の地位――一九六四年法とその改正を中心に」『栗城壽夫先生古稀記念　日独憲法学の創造力〔上巻〕』（樋口陽一・上村貞美・戸波江二＝編集代表）信山社（二〇〇三年）四〇一～四三三頁

第八章　「憲法と芸術の自由」『京都大学法学部創立百周年記念論文集』（同刊行委員会＝編）二巻、有斐閣（一九九九年）一〇三～一三九頁

第九章　「集会の自由に関する若干の考察――とくに基本法第八条二項の成立過程を中心として」法学論叢一四八巻五・六号（二〇〇一年）九〇～一二〇頁

第一〇章　「ボン基本法の『抵抗権』条項――その成立過程と問題点」法学セミナー一九八一年二月号七一頁～八四頁〔要旨：「抵抗権の理論――とくにボン基本法の『非常

事態憲法』との関連において」『比較法研究』四二号（一九八〇年）一一五〜一三六頁）

第Ⅲ編

第一一章　「立候補の自由に関する若干の覚書」
『佐藤幸治先生古稀記念論文集　国民主権と法の支配［下巻］』（初宿正典・米沢広一・松井茂記・市川正人・土井真一＝共編）成文堂（二〇〇八年）二一五〜二三八頁

第一二章　「ドイツ憲法における参議院の法的地位――二院制に関する若干の覚書き」
法学論叢一三六巻四・五・六号（一九九五年）一三五〜一六四頁

第一三章　「ボン基本法における《執行権》の概念についての若干の覚え書き――日本国憲法上の《行政権》の概念と関連させつつ」
法学論叢一三二巻四・五・六号（一九九三年）一六三〜一七九頁

第一四章　「フランクフルト憲法におけるライヒ裁判所の管轄権」
愛知教育大学社会科学論集二二号（一九八二年）二四九〜二六一頁

第一五章　「ドイツの連邦憲法裁判所」
比較憲法学研究一七号（二〇〇五年）二九〜五六頁

第一六章　「最高裁判所裁判官の定年制――ドイツにおける議論とも関連させつつ」
『園部逸夫先生古稀記念　憲法裁判と行政訴訟』（佐藤幸治・清永敬次＝共編）有斐閣（一九九九年）八五〜一一八頁

ドイツ人名索引

＊　この索引は、本書中で、フランクフルト憲法、ヴァイマル憲法およびボン基本法の制定過程、および特に基本法の改正過程(議会評議会)における諸委員会や本会議等での討論の中でしばしば登場する政治家等の人物を中心に作成したものであり、人名の原語と生(没)年のあとに、政治家については、所属政党がある時はそれを記載した。

＊　学者やそのほかの歴史上の人物(たとえばヒトラー)等については、必ずしも網羅的には拾っていない。それらの人物については、適宜、本文や注の中で原語と生没年を記載した。

＊　生没年等については、主として、PR, Bd. 2 ff.; *E. R. Huber*, Deutsche Verfassungsgeschichte, Bd. 8 (Register), 1991; *Walther Killy* u. a. (Hrsg.), Deutsche Biographische Enzyklopädie, 13 Bde. およびインターネット上の情報に依った。

＊　日本人を含めて，ドイツ人以外の人名は拾っていない。

ア行

アルブレヒト (Wilhelm E. Albrecht, 1800-76) …… 480, 482
アルント (Adolf Arndt, 1904-74) SPD …… 362, 383, 570
アンシュッツ (Gerhard Anschütz, 1867-1948) …… 226, 229, 236, 447
イェルプケ (Ulla Jelpke, 1951-　) PDS …… 263, 271
ヴァルター (Felix Walter, 1890-1949) CDU …… 405
ヴァンゲンハイム (Friedrich Hermann Albert v. Wangenheim, 1807-89) …… 479
ヴィッパーマン (Wilhelm Wippermann, 1800-57) …… 479, 482, 485
ヴィルヘルミ (Hans Wilhelmi, 1899-1970) CDU …… 361
ヴィルマー (Jean Jacques Willmar, 1792-1866) …… 480
ウーラント (Ludwig Uhland, 1787-1862) …… 479
ウール (Hans-Peter Uhl, 1944-　) CDU/CSU …… 269
ヴェーバー (Helene Weber, 1881-1962) CDU …… 68, 74, 80, 187, 188
ヴェッセル (Helene Wessel, 1898-1969) Zentrum …… 129
ヴェルカー (Karl Theodor Welcker, 1790-1869) …… 485, 505
ウルマン (Wolfgang Ullmann, 1929-2004) Bündnis 90/Die Grünen …… 147, 148
ヴンダーリヒ (Hans Wunderlich, 1899-1977) SPD …… 80
エーヴェン (Bert Even, 1925-　) CDU …… 359, 361, 362, 366-368, 382
エーダティ (Sebastian Edathy, 1969-　) SPD …… 267, 269, 270
エーバーハルト (Fritz Eberhard, 1896-1982) SPD …… 74, 89, 90, 139
エーベルト (Friedrich Ebert, 1871-1925) USPD …… 287

エーラース (Adolf Ehlers, 1898-1978) SPD …… 187, 188, 211
エズデミア (Cem Özdemir, 1965-) Bündnis 90/Die Grünen …… 270

カ行

ガーゲルン (Heinrich v. Gagern, 1799-1880) …… 481, 485
ガーゲルン (Max v. Gagern, 1810-89) …… 480, 481, 485
ガーベレンツ (Hans Conon v. d. Gabelentz, 1807-74) …… 480
カイザー (Jakob Kaiser, 1888-1961) CDU …… 189
カウフマン (Theophil Heinrich Kaufmann, 1888-1961) CDU …… 211, 400
カッツ (Rudolf Katz, 1895-1961) SPD …… 402
キージンガー (Kurt Georg Kiesinger, 1904-88) CDU …… 568
ギージ (Gregor Gysi, 1948-) Die Linke …… 389
キルヒゲースナー (Carl Kirchgeßner, 1807-58) …… 479, 481
ククムス (Konrad Cucumus, 1792-1861) …… 479, 481
クシャイドレ (Kurt Gscheidle, 1924-2003) SPD …… 359, 360, 362, 367
グナイスト (Rudolf von Gneist, 1816-95) …… 3
グレーヴェ (Otto Heinrich Greve, 1908-68) SPD …… 92, 404
クロル (Gerhard Kroll, 1910-63) CSU …… 71, 72
ゲルヴィーヌス (Georg Gottfried Gervinus, 1805-71) …… 480
ケンプフラー (Friedrich Kempfler, 1904-85) CDU/CSU …… 254

サ行

シェーンフェルダー (Adolf Schönfelder, 1875-1966) SPD …… 186, 187
シュヴァルツハウプト (Elisabeth Schwarzhaupt, 1901-86) CDU/CSU …… 465
シュタードラー (Max Stadler, 1949-2013) FDP …… 271
シュタイン (Lorenz von Stein, 1818-90) …… 3
シュタムベルガー (Wolfgang Stammberger, 1920-82) FDP, SPD …… 368, 371
シュテーヴァー (Theodor Ernst Stever, 1815-57) …… 480
シュトラウス (Franz Josef Strauss, 1915-88) CSU …… 302, 303
シュトラウス (Walter Strauß, 1900-76) CDU …… 92
シュトレーリッツ (Johannes Strelitz, 1912-91) SPD …… 358, 369
シュミート (Karl [Carlo] Schmid, 1896-1979) SPD …… 68, 69, 73, 74, 80, 89, 91, 92, 131, 132, 186, 187, 189, 211, 333-335, 358, 380, 460
シュミット (Carl Schmitt, 1888-1985) …… 26, 150, 422, 445, 447
シュミット (Helmut Schmidt, 1918-) SPD …… 376

シュメーアリング (Anton v. Schmerling, 1805-93) ………………………………… 479
シュラーゲ (Josef Schrage, 1881-1953) CDU ……………………………………… 80
シーリ (Otto Schily, 1932-) SPD …………………………………………… 273, 274
ズーア (Otto Suhr, 1894-1957) SPD ………………………………………… 69, 189
スメント (Rudolf Smend, 1882-1975) ………………………………………………… 533
ズュスターヘン (Adolf Süsterhenn, 1905-74) CDU …… 70, 75, 90, 91, 125-129, 131-133, 135, 185, 189
ゼーボーム (Hans-Christoph Seebohm, 1930-67) DP …… 71, 75, 91, 96, 130, 131, 139, 191, 212, 357, 358, 403, 404
ゾンターク=ヴォルガスト (Cornelie Sonntag-Wolgast, 1942-) ……………… 272
ゾンマルーガ (Franz Vinzenz Frh. v. Sommaruga, 1780-1860) …………………… 479

タ行

ダールマン (Friedrich Christoph Dahlmann, 1785-1860) …… 479, 481, 482, 484, 485, 506
ツァハリーエ (Heinrich Albert Zachariae, 1806-75) ………………………… 479, 482
ツィン (Georg August Zinn, 1901-76) SPD …… 80, 95, 114, 131, 132, 135, 190, 191, 334, 461
デーラー (Thomas Dehler, 1877-1967) FDP……………………………… 190, 191, 334, 461
ドイブラー=グメーリーン (Herta Däubler-Gmelin, 1943-) SPD ……………… 262
トーマ (Richard Emil Thoma, 1874-1957) ……… 86-88, 97, 113, 222, 233, 296-298, 329, 347
トット (Karl Gotthelf Todt, 1803-52) ……………………………………………… 479
トラウブ (Gottfried Traub, 1869-1956) DNVP…………………………………………… 288
ドロイゼン (Johann G. Droysen, 1808-84) ……………………………… 480, 485, 491

ナ行

ナーディヒ (Friedelike Nadig, 1897-1970) SPD ………………………………… 80
ナヴィアスキー (Hans Nawiasky, 1880-1961) ………………………………… 354, 380
ナウマン (Friedrich Naumann, 1860-1919) DDP ……………………………………… 289

ハ行

バイエルレ (Josef Beyerle, 1881-1963) Zentrum, CDU ……………………………… 380
ハイレ (Wilhelm Heile, 1881-1969) DP ……………………………………………… 80, 356
バッサーマン (Friedrich D. Bassermann, 1811-55) ……………… 479, 481, 482, 485

ハンジング (Hermann Hansing, 1908-77) SPD ……………………………… 252, 253
ヒルシュ (Burkhard Hirsch, 1930-) FDP ……………………………… 147, 172, 359
ファイネ (Gerhard Feine, 1894-1959) …………………………………………… 380
プァイファー (Anton Pfeiffer, 1888-1957) CSU ………………………………… 80
ブーハー (Ewald Bucher, 1914-91) FDP ………………………………………… 368
フェヒト (Hermann Fecht, 1880-1952) CDU ……………………………… 400, 401
フォン・ゾイロン (Alexander v. Soiron, 1806-55) ……………………………… 489
フォン・ブレンターノ (Heinrich von Brentano, 1904-64) CDU ……… 189, 211, 334, 402-404
フォン・マンゴルト (Hermann von Mangoldt, 1895-1953) CSU …… 67, 68, 71-75, 80, 88, 89, 91, 97, 113, 114, 229, 329, 330, 333-335, 380, 459, 472
ブラント (Willy Brandt, 1913-92) SPD ………………………………………… 568
フリードリヒ (Hans-Peter Friedrich, 1957-) CSU ………………………… 279
ブリル (Hermann Brill, 1895-1959) SPD ………………………………………… 380
プロイス (Hugo Preuss, 1860-1925) DDP ……………………… 287, 288, 427, 447
ブロックマン (Johannes Brockmann, 1888-1975) Zentrum…………………… 191, 212
ベーゼラー (Georg Beseler, 1809-88) ………………………………………… 486, 492
ペトリ (Moritz Leopold Petri, 1802-73) ……………………………………… 480, 481
ヘヒャル (Hermann Höcherl, 1912-89) CSU …………………………………… 250
ヘプカー=アショフ (Hermann Höpker-Aschoff, 1883-1954) FDP …… 127, 131, 211
ベルク (Theodor Bergk, 1812-81) ……………………………………………… 480
ベルクシュトレーサー (Ludwig Bergsträsser, 1883-1960) SPD …… 74, 80, 86, 125, 126, 131, 356
ヘルツォーク (Roman Herzog, 1934-) ……………………………… 441, 446, 452
ベンダ (Ernst Benda, 1925-2009) CDU ………………………………………… 366
ホイス (Theodor Heuss, 1884-1963) FDP…… 68, 71-75, 80, 90, 92, 113, 114, 125, 127-129, 176, 189, 331, 356
ホイヤー (Uwe-Jens Heuer, 1927-2011) PDS ………………………………… 171
ホーゲン (Matthias Hoogen, 1904-85) Zentrum, CDU…………………………… 465

マ行

マイヤー (Karl Sigmund Mayr, 1906-78) CDU ………………………………… 80
マトホェーファ (Hans Hermann Matthöfer, 1925-2009) SPD …… 359, 361, 366, 367, 382, 384
メジエール (Thomas de Maizière, 1954-)………………………………… 278, 279

メンツェル (Walter Menzel, 1901-63) SPD …… 189, 211
モール (Moritz Mohl, 1802-88) …… 489
モール (Robert von Mohl, 1799-1875) …… 486, 489
モッセ (Albert Mosse, 1846-1925) …… 3

ヤ行

ヤーン (Gerhard Jahn, 1927-98) SPD …… 569
ヤウプ (Karl Heinrich Jaup, 1781-1860) …… 480, 481, 483
ヨルダン (Silvester Jordan, 1792-1861) …… 479, 482

ラ行

ライプホルツ (Gerhard Leibholz, 1901-82) …… 23, 51, 567
ラフォンテーヌ (Oskar Lafontaine, 1943-　) SPD, DIE LINKE …… 389
ランゲン (Theodor Friedrich Langen, 1800-82) …… 480
ルター (Carl Luther, 1792-?) …… 480
レーア (Robert Lehr, 1883-1956) CDU …… 132, 133
レンツ (Dr. Lenz) …… 363, 364, 366, 372, 373
レンナー (Heinz Renner, 1892-1964) KPD, DIE LINKE …… 80, 139, 403, 406, 415
ロェースラー (Karl Friedrich Hermann Roesler, 1834-94) …… 3

Gesammelte Schriften über rechtsvergleichende Untersuchungen
zur deutschen und japanischen Verfassung

Inhaltsverzeichnis

著者紹介

初 宿 正 典（しやけ　まさのり）

1947年　滋賀県に生まれる。

1971年　京都大学法学部卒業

愛知教育大学助教授，京都大学教養部(当時)助教授，京都大学大学院法学研究科を経て

現　在　京都産業大学大学院法務研究科教授

主な著書

『憲法2 基本権〔第3版〕』（成文堂、2010年）；『基本判例憲法25講〔第3版〕』（成文堂、2011年）；『憲法判例〔第7版〕』（共編、有斐閣、2014年）；『いちばんやさしい憲法入門〔第4版補訂版〕』（共著、有斐閣、2014年）；『憲法 Cases and Materials 人権〔第2版〕』（共編、有斐閣、2013年）など。主な訳書として、ヘッセ『ドイツ憲法の基本的特質』（共訳、成文堂、2006年）；『ドイツ憲法集〔第6版〕』（共編、信山社、2010年）；『新解説世界憲法集〔第3版〕』（共編、三省堂、2014年）など多数。

日独比較憲法学研究の論点

2015年２月20日　初版第１刷発行

編 著 者　初　宿　正　典

発 行 者　阿　部　耕　一

〒162-0041　東京都新宿区早稲田鶴巻町514番地

発 行 所　株式会社　成　文　堂

電話 03（3203）9201（代）　FAX 03（3203）9206

http://www.seibundoh.co.jp

印刷　藤原印刷　　製本　佐抜製本　　検印省略

ISBN978-4-7923-0569-7　C3032

定価（本体9000円＋税）